비유로 풀어본 성경 1부 • 히다와 마샬

חִידָה וּמָשָׁל

원문으로 살펴본 믿음과 십일조

임파(林芭) 지음

도서출판 예랑

비유로 풀어본 성경—히다와 마솰

지은이_ 임파(林芭)

초판 1쇄 인쇄_ 2021.11.15
발행처_ 도서출판 예랑
발행인_ 김창호
등록번호_ 제 11-390호 1994년 7월 22일

주소_ 경기도 의왕시 왕곡로 55, 103-1102(인스빌1단지)
전화_ 010-2211-4111
팩스_ 031-696-6366

Youtube:엔테비블로 tv
http://cafe.daum.net/entebiblo

ISBN 978-89-88137-15-4 03230
정가_ 25,000원

비유로 풀어본 성경 — 히다와 마샬

〈믿음과 십일조를 중심으로〉

חִידָה וְמָשָׁ֣ל

목 차

책을 펴면서

하나님이 그 자녀에게 하늘의 말씀을 주셨다.
그러나 인생들은 하늘나라의 이야기를 들어도 도무지 알 수 없다.

다른 신들을 섬기지 말라.
안식일을 거룩히 지키라.
부모를 공경하라.
살인하지 말라.
간음하지 말라.
도적질하지 말라.
거짓 증거 하지 말라.
이웃의 아내나 그 소유를 탐내지 말라.
서로 사랑하라.
용서하라.
기도하라.
구제할 때 오른손이 하는 것을 왼손이 모르게 하라.
겉옷을 달라고 할 때 속옷까지 내어주라.
여자를 보고 음욕을 품는 자마다 마음에 이미 간음하였다.
십일조 하라.

이 말씀을 모르는 이들은 아무도 없다.
그러나 모두 오해 하였다.

인생들에게 주어진 이 하나님의 말씀을 인생들은 도저히 알아들을 귀가 없다.

모두 소경이요 귀머거리일 뿐이다.

성령 안에서 하나 되지 못하면 그 누구도 말씀 한 구절을 알 수 없다.

간음은 남녀 간의 불륜이 아니며,

도적질은 남의 물건을 훔치는 내용이 아니며,

살인하지 말라는 사람의 목숨을 끊는 내용이 아니다.

서로 용서하라, 사랑하라는 서로 용서하고 사랑하라는 의미가 아니다.

십일조는 돈 내라는 소리가 아니다.

인생들에게 주어진 하늘의 말씀을 알려면 눈에 안약을 바르고 마음에 할례가 일어나야 한다. 그렇지 아니하면 인생들에겐 하늘의 말씀이 한낱 방언으로 번역한 글로싸(γλώσσα)와 디알레크토스(διάλεκτος)에 지나지 아니한다. 천만번을 듣고 외워도 한낱 소리 나는 구리와 울리는 꽹과리일 뿐이다.

성경에 기록된 말씀은 지혜가 임하지 아니하고 읽게 되면 읽을수록 더욱더 소경됨이요 귀머거리가 되어 같은 것을 끊임없이 반복하는 윤회의 구덩이에 더욱 깊이 빠지게 된다.

스트롱 번호

스트롱번호	3962	2257	3588	1722	3588	3772
원 어	Πάτερ	ἡμῶν	ὁ	ἐν	τοῖς	οὐρανοῖς
발 음	파테르	헤몬	호	엔	토이스	우라노이스

130년 전 목사이자 신학자였던 제임스 스트롱(1822 -1894)이 성경 연구의 편의를 위해 KJV 성경을 기초로 해서 구약과 신약의 모든 단어마다 번호를 붙여놓고 성경 구절과 각 단어가 어떻게 사용되었는지 100여 명의 학자와 함께 연구를 통해 뽑아서 색인 사전을 만들었다.

그 결과 구약(히브리어) 8,674개의 단어와 신약(헬라어) 5,523개의 단어에 번호를 부여해서 사용된 예를 찾아보기로 편찬해 놓은 책이 스트롱 성경 사전이다. 1979년 미국의 베이커 북 하우스에서 우리가 볼 수 있게 성경 사전을 처음 출간하였으며 그와 함께 스테판 본 원어 성경이, 유럽에서는 알란드 본 원어 성경이 처음 출간되었다.

현재 우리나라에서 시판되는 원어 성경을 보면 스테판 역과 알란드 역이 함께 있어서 비교하여 볼 수 있게 만들어 놓았다. 성경 원본은 현존하는 것이 하나도 없고 모두 사본들이다. 1979년 이후 많은 이들이 출판된 원어 성경과 이 스트롱 사전을 통해 성경을 연구해오고 있었으나, 원어 성경을 통해 연구하고 해석해 보아도 오래전부터 해석해 오던 방식에서 크게 벗어나지 못하고 있었음을 안타깝게 느끼게 되었고 예수께서 우리에게 전해주고자 하는 원래의 그 의미를 잃어버리고 문자를 통하여 학자와 종교인의 눈을 통해 원어 성경을 해석하는 오류를 범하고 있다는 것을 알게 되었다. 1990년대에 들어서 예수께서 우리에게 말씀해주시고자 하는 원래의 그 의미를 어떻게 하면 다시 찾을 수 있을까 하는 부담을 가진 이들이 나타나서 다시 성경을 돌이켜 보는 계기가 되었다.

하나님이 우리에게 오셔서 말씀을 주셨는데 그것이 히브리어(구약성경)와 헬라어(신약성경)로 기록하고 있다. 그러나 히브리어나 헬라어의 문자를 연구한다고 해서 예수께서 우리에게 말씀하신 원 의미를 알 수 있는 것이 결코 아니라는 것이 밝혀졌다. 성경에 기록된 히브리어나 헬라어는 지금은 사용하지 않는 죽은 언어라는 것도 밝혀졌다. 현대 히브리어나 현대 헬라어를 통해 해석하는 것은 하나님 말씀과 아무 관련이 없다.

성경에 나타난 문자를 통해 알 수가 있었다면 이스라엘 백성처럼 히브리어를 모국어로 하는 민족은 당연히 깨달아 알 수 있었을 것이다. 그러나 유대인들은 예수를 하나님으로 인정하지 않고 있을 뿐 아니라 모세 오경이라 이름 붙인 기록 또한 지금까지 그 의미를 여전히 알지 못하고 있다. 자신들의 역사적인 기록으로 보기 때문이다. 그러나 그 의미를 알았던 자들은 깨어있던 믿음의 선진들 뿐이었다. 이천 년 전 예수께서 유대 땅에 오셨을 때 그 당시 예수를 따라다니던 많은 사람이 예수께서 하시는 말씀을 못 알아듣는 사람들이 없었다. 자신들이 사용하는 언어였기 때문이었다. 그러나 그 당시 예수께서 말씀하시는 그 내용을 알아듣고 깨닫는 사람들은 극히 드물었다. 지금 또한 마찬가지다. 원어를 아무리 잘한다 해도 학문이 될 수밖에 없는 오류를 범하고 있다. 그러므로 지금 우리가 반드시 해야 할 일은 예수께서 우리에게 말씀하시고자 하는 그 원 의미가 무엇이며 그 의미를 바로 알고 나의 것으로 깨닫는 것이 제일 중요하다.

우리의 삶의 목적은 내면에 근원으로 계신 예수 그리스도를 깨우는 일이다. 내면에 감추어져 있는 예수 그리스도(보석)가 발견되지 아니하면 끝없는 윤회의 생을 반복할 수밖에 없다. 이처럼 성경을 통해 마음을 초월하는 일을 우리에게 말씀하시고 있다. 이것은 마음 밖에서는 찾을 수도 없으며 또한 언어의 세계나 이론의 세계로서는 결코 열리지 아니한다.

그러면 지금부터 내면에 계신 하나님이 우리에게 말씀하시고자 하는 것이 무엇인지 알아보고자 한다.

헬라어 히브리어 성경과 사전

1979년 처음으로 헬라어(신약) 사전과 히브리어(구약) 사전이 미국 베이커 북 하우스에서 출간되었다.

천 년 전부터 학자들이 성경 사전을 만들어 내려고 많은 노력을 하였으나 여의치 않다가 1979년에 이르러서야 미국에서 286 컴퓨터의 등장으로 그 도움을 받아 그동안 연구하여 온 사전을 쉽게 만들 수 있게 된 것이다. 그리고 같은 해에 미국에서는 스테판 본 원전 성경이, 유럽에서는 알란드 본 원전 성경이 출간되었다. 대부분의 번역된 성경은 1979년에 나온 헬라어 히브리어 사전을 바탕으로 나온 번역들이 아니다. 헬라어 히브리어 사전을 통해서 본 성경은 번역되어 나온 성경과 차이가 크다. 번역이 잘못되었어도 의미가 같다면 아마 상관없을 듯이 보인다. 그러나 사전을 통해 본 성경은 지금 번역된 것과 많이 다르다는 것이 밝혀졌다. 그리고 사전 또한 번역의 한계(시제를 뛰어넘지 못한다)가 있어서 오류가 있다는 것도 밝혀졌다. 그래서 지금부터 하나하나 대조해 보면서 설명을 이어가려 한다.

예) 주기도문의 처음 부분이다. 번역이 잘못되었다는 것을 알 수 있다.

(마 6:9) 하늘에 계신 우리 아버지

스트롱번호	3962	2257	3588	1722	3588	3772
원어	Πάτερ	ἡμῶν	ὁ	ἐν	τοῖς	οὐρανοῖς
발음	파테르	헤몬	호	엔	토이스	우라노이스
품사	명사,남성,단수	명사,1인칭,복수	관사,단수	전치사	관사,복수	명사,여격,남성,복수
뜻	아버지	우리	그	안에 계신	그	하늘들

3962번 '파테르' : 명사,호격,남성,단수이며 '아버지' 다.
2257번 '헤몬' : 명사,대명사,소유격,1인칭,복수이며 '우리' 다.
3588번 '호' : 관사,호격,남성,단수
혹은 형용사,형용대명사,관계사로 '그' 다.
1722번 '엔' : 전치사,여격이며 '안에 계신' 이다.
3588번 '토이스' : 관사,여격,남성,복수이며 '그' 다.
3772번 '우라노이스' : 명사,여격,남성,복수이며 '하늘들' 이다.
해석: "그 하늘들 그 안(속)에 계신 우리(나)의 아버지"

다시 번역한 것이 지금 번역된 한글 성경과 일치 한다고 생각하면 큰 오산이다. 이래서 영문이나 한글로 번역하면 문제가 발생한다. 위 내용은 시제가 전혀 없는 내용이다. 그런데 번역된 내용은 시제가 있다. 이 내용은 1인칭 현재 단수다.

시상에 있어서는 과거시상과 미래시상이 끊어진 현재시상만 있다. 내면에서 현재 순간 일어나는 일이다. 나와 하나로 있는 그 아버지이며 그 아버지는 나(예수 차원) 자신으로 드러난다. 이것을 이해할 수 있는가? 아버지가 대상이 아니다. 하나님이 대상이 아니다. 그러므로 하나님을 기다릴 필요가 전혀 없다. 이미 와서 계신다. 그러나 번역된 것은 모두 하나님이 대상이 되어있다. 그래서 모두 하나님을 그렇게 기다리고 있다. 이에 각종 종교 행위가 나온다. 그러므로 이렇게 번역하면 원래의 그 의미가 사라진다.

'우리'로 번역한 것은 지금 시대의 개념으로 보면 너, 나, 우리 모두의 개념이다. 그러나 '헤몬'은 1인칭으로 되어있다.

주기도문은 예수께서 제자들에게 말씀하신 내용으로 여기 등장하는 우리(1인칭)는 예수 차원의 우리다. 반드시 골방 안에 들어가 있어야 우리(1인칭)가 무엇인지 안다. 이 시대의 개념의 우리가 아니다. '우리'가 골방 안에서의 1인칭 복수다. 우리나라 문법에는 1인칭 복수의 개념이 없다. 1인칭은 바로 '나'이기 때문이다. 그런데 복수다. 골방 너머의 지성소에 아버지와 예수와 나와 하나로 있다. 그리고 참 하늘이 되기 이전의 겉사람 안에 무수한 이방인들이 있다. 내면의 하늘과 땅과 바다에 하나님을 모르는 수많은 이방인이 있다. 이들을 통칭해서 십사만사천이라 칭한다. 불경에서는 팔만사천으로 설명한다.

마음의 하늘에는 새가 날아다니고 마음의 땅에는 기는 것 네 발 달린 것 각종 짐승이 있고 마음의 땅에 사는 것 그리고 마음의 바다에는 각종 물고기가 살아있다. 이것을 구약에서는 짜바, 신약에서는 파스라고 지칭하는데 주로 만물, 모든 것으로 번역해 놓아서 큰 혼돈을 초래한다. 모두 겉사람 안에서 살아가는 것들이다. 하나님을 모르는 이방인들로 등장한다. 이들은 깨어있지 못하고 술에 취해있다. 이들과 함께 깨어있는 예수와 하나 된 믿음의 선진들 역시 내면에 함께 거하고 있으나 종교인들은 내면에서 이 보석들을 발견하지 못하고 생을 살아가다가 죽고 다시 태어나기를 반복한다. 이 보석들을 발견하려면 반드시 몸 된 성전 안에 있는 골방 안으로 들어가 문을 닫아야 한다. 그러하다면 우선 내면에서 누스 안에 몸 된 성전을 먼저 세우고 그 안에 있는 골방 안으로 들어가야 한다. 좁은 문이다. 이 일이 결코 쉬운 일이 아니라는 것을 창세기부터 말씀하신다.

현대에 사는 우리는 의식 잠재의식 무의식으로 내면세계를 표현한다. 마음 안에서 일어나는 심리 현상들이다. 깨어있지 못하면(골방 안으로 들어가 문을 닫지 아니하면) 이 심리 현상들을 통제할 수도 없고 다스릴 수도 없다. 이들에 종이 되어 끝없는 윤회의 삶을 살아야 한다.

예를 들어 꿈속에서도 마찬가지다. 인생들은 꿈을 마음대로 조절할 수도 없고 꿈꾸는 자를 지켜볼 수도 없다. 모두 이들의 종이 되어 윤회의 삶을 살아간다. 그런데 지혜를 받은 자들은 예수 그리스도의 은혜로 이것들을 통제하고 다스릴 수가 있다는 것을 성경 말씀을 통해 알 수 있게 된다. 성경 전체가 내면에 계신 예수 그리스도의 은혜로 마음(휘장)을 초월하고 다스리는 내용이다. 그래서 원어를 통해서 이에 관한 내용을 자세히 들여다보아야 한다.

1. 히다(비사)와 마솰(비유)

구약성경의 '히다'와 '마솰'의 올바른 의미와 그 관계를 아는 것이 창세기부터 성경 기록 전체를 여는 지름길이다. 히다와 마솰로 성경 전체를 기록하고 있다. 그러므로 '히다'와 '마솰'을 올바로 이해하지 못한다면 결코 성경을 열 수도 없으며 왜곡하여서 말씀이 아닌 삿된 견해가 하나님 말씀으로 둔갑한다. 특히 창세기는 '히다'와 '마솰'의 보고라고 할 수 있기에 더욱 그러하다. 구약은 '히다'와 '마솰'의 관계로 신약은 '파로이미아', '크룹토'와 '파라볼레'로 연결되어 있다. 그리고 구약성경의 히다와 마솰이 신약성경에서의 파라볼레와 연결되어 있다. 이러한 관계를 바로 깨닫지 못하면 성경은 결코 열릴 수 없으며 역사서나 과학서나 교훈서가 될 수밖에 없다.

히브리어 '히다'는 헬라어의 '파로이미아, 크룹토'와 같은 의미이며 히브리어의 '마솰'은 헬라어의 '파라볼레'에 상응한다. '히다'는 우리 성경(개역)에서 은밀한 말, 수수께끼, 어려운 문제, 오묘한 말, 속담, 비밀한 말 등으로 번역하였고 '마솰'은 비유, 잠언, 속담, 노래, 풍사 등으로 번역하였다. 번역된 성경은 정확히 '히다'와 '마솰'의 그 관계와 그 뜻을 알지 못하고 오역하는 크나큰 실수를 범하였다. 이렇게 번역하면 거짓으로 하나님 말씀이 변질되어 그 하나님을 대적할 뿐이다.

2420	חִידָה(히다)	은밀한 말, 수수께끼, 어려운 문제, 오묘한 말, 풍자, 비밀한 말로 번역
4912	מָשָׁל(마솰)	노래, 속담, 잠언, 비사, 비유, 말거리, 풍사로 번역
3942	παροιμία(파로이미아)	비사, 비유, 속담으로 번역
2928	κρύπτω(크룹토)	숨기다, 감추다, 가리우다로 번역
3850	παραβολή(파라볼레)	비유, 속담으로 번역

(개역 성경을 참조하였다.)

구약성경에 등장하는 2420번 히다는 신약성경의 3942번 파로이미아와 2928번 크룹토와 같으며 구약성경에 등장하는 4912번 마솰은 신약성경의 3850번 파라볼레에 상응한다. 구약성경에 등장하는 히다는 은밀한 말, 수수께끼, 어려운 문제, 오묘한 말, 풍자, 비밀한 말 등으로 번역하였고 마솰은 노래, 속담, 잠언, 비사, 비유, 풍사로 번역하였다. 신약성경에서 '파로이미아'는 비사, 비유, 속담 등으로 번역하였고 '크룹토'는 감추다, 숨기다, 가리우다로 번역하였다. 그리고 '파라볼레'는 비유, 속담으로 번역하였다.

우리 성경의 번역으로는 '히다'가 '마솰'이요, '마솰'이 '히다'인 것처럼 되어서 '히다'와 '마솰'의 그 원의가 무엇인지 전혀 모르게 혼돈을 초래하고 있다. 또한 파로이미아와 크룹토와 파라볼레의 관계가 무엇인지 모르게 혼돈하여 번역하고 있다. 이 단어의 원래의 뜻은 현재 번역된 그 내용이 원래의 그 의미와 완전히 다르다는 것이 큰 문제다. 그 의미를 모르고 번역을 엉뚱하게 하고 있다. 그래서 번역된 성경들은 원래의 그 의미를 완전히 벗어나 있다. 그 의미를 벗어나면 더욱 하나님 말씀이 아닌 삿된 견해일 뿐이고 이것을 읽는 사람들은 여전히 말씀을 떠나서 바벨탑을 쌓고 바알 신을 섬기게 되어 악처에 떨어지는 결과를 초래한다. 지금 번역된 성경의 현주소다.

구약의 '히다'와 '마솰'의 관계는 시편 78편에 분명히 밝혀져 있다. 기록된바 "내가 입을 열고 '비유(마솰)'를 베풀어서 '옛 비밀한 말(히다)'을 발표하리니(아삐아;1인칭,미완료)"(시 78:2) 하였다. 마태 사도는 이 말씀을 인용하기를 "내가 내 입을 열어 '비유(파라볼레)'로 말하고 창세로부터 '감추인 것(크룹토)'을 드러내리라(에류코마이;1인칭)"(마 13:35) 하였다. 마태 사도는 자신 안에서 발견하여 드러난 구약의 히다를 '감추인 것(크룹토)'으로 의역하였다. 이처럼 '히다(크룹토)'는 반드시 내면에서 '파라볼레'를 통하여 드러내어야 성경 말씀이 열린다. 그 이외는 모두 하나님 말씀이 아닌 거짓된 견해일 뿐이다. 특히 밖에서부터 들은 것, 배운 것이 아니다. 창세기부터 기록된 모든 내용(기록)은 감추인 히다(크룹토)인 것이다.

감추어져 있는 히다(크룹토)를 드러내려면 반드시 '창세로부터'로 오역한 '아포 카타볼레스 코스무(ἀπο καταβολῆς κόσμου)'가 선행되어야 함을 말씀하고 있다. 예수께서 말씀하시는 모든 비유(파라볼레)는 아포 카타볼레스 코스무를 통해서 모든 히다를 밝히 드러내신다. 그러므로 문자대로 읽으면 성경 기록은 절대로 그 의미를 알 수가 없는 감추어진 하늘의 비밀이다. 성경에서 '마솰'이 쓰인 이유는 '히다'를 밝히기 위함이다. '히다'와 '마솰'이 쓰인 그 이유를 정확히 밝히고 있다. 그러므로 예수께서는 천국의 비밀(뮈스테리온)을 언제나 '파라볼레'를 통하여 밝히셨다. 그것은 구약에 '히다'에 해당하는 '파로이미아'와 '크룹토'를 밝혀내기 위함이었다. 왜냐하면 '히다' 곧 '파로이미아'와 '크룹토'가 성경의 핵심 내용이다. 이것을 밝혀내지 못한다면 더는 하나님 말씀이 아니요, 세상의 학문이요, 지식이요, 철학이요, 교훈서요, 종교가 될 뿐이다.

이 관계를 놓치면 성경 전체의 의미를 놓치고 마는 것이며 성경 말씀이 아닌 엉뚱한 이야기 바로 역사서나 소설이나 동화 이야기가 하나님 말씀으로 변질되는 것이다. 무엇보다 이 관계를 제일 먼저 이해하는 것이 성서의 말씀을 여는 지름길이다.

그렇다면 '히다' 의 원의는 무엇일까?

헬라어의 '파로이미아' 와 '크룹토' 를 비교하여 살펴보면 '히다' 란 원래 '명확한 진리, 확실한 진리' 인데 격언이나 지혜로운 말이나 상징적인 말이나 잠언 등의 형태로 번역자가 번역하였다. 글을 쓰는 사람은 더는 증명이 필요 없는 명확한 진리로서 천명하였으나 글을 읽는 사람이 그 의미를 바로 알지 못하면 결국 그 진리는 비밀한 말이나 오묘한 말이나 수수께끼가 되어 변질되어 버린다. 즉 원 의미는 온전히 사라지고 문자만 남아 있게 되어 원래의 뜻이 완전히 왜곡되어 휘장 너머에 있는 근원(베레쉬트)인 하늘의 진리를 자신 안에서 열 수 없게 된다. 그러면 장님과 귀머거리가 되어 입으로는 하나님을 부르지만 다른 하나님으로 근본인 그 하나님을 대적하는 결과를 초래하여 우상인 바알신을 하나님으로 알고 섬기게 된다.

예수께서 여러가지 '파라볼레(비유)' 로 천국을 말씀하신 것도 성경에 기록된 천국의 진리가 확실함에도 그것이 사람들에게 수수께끼가 되어서 좀처럼 깨닫지 못하기 때문이다. 즉, 보아도 보지 못함이며 들어도 듣지 못함이다.

그러므로 성경은 예언하기를 "내 백성이여 내 교훈을 들으며 내 입의 말에 귀를 기울일지어다. 내가 입을 열어 비유(마솰)를 베풀어서 옛 비밀한 말(히다)을 발표하리니(아빠아;1인칭) 이는 우리(1인칭)가 들은 바요 아는 바요 우리 열조(아브;1인칭)가 우리(1인칭)에게 전한 바라 우리(1인칭)가 이를 그 자손(벤)에게 숨기지 아니하고 여호와의 영예와 그 능력과 기이한 사적을 후대에(레도르 아하론) 전하리로다"(시 78:1-4) 하였다.

'히다' 자체는 예(선지자, 1인칭)로부터 들어서 알고(야다:하나 된 앎) 있으며 열조(아브;1인칭)에게서 전해진 것임에도 그것이 오해되어 전해지는 동안 하나님과 하나 된 그 의미를 상실하였기 때문에 그 '히다' 는 비밀한 말이 되어 감추어져 버렸고 완전히 오해되어 버렸다. 이 열조(아부)는 내면에 있으므로 각자 안에서 하나 되어 전해들은 것이다. '야다(바네다엠:1인칭,복수)'는 외부에서 이론으로 가르침을 받아 전해진 것이 아니다. 믿음의 선진들은 모두 자신의 내면으로 구름들과 함께 오신 예수 그리스도를 통하여 예수와 하나가 되었다. 이것이 히다와 마솰과의 관계다. 사람의 입으로 글로 전해진 것을 이야기하는 것이 아니다. 성경 기록은 예수 그리스도와 하나 되기 전에는 그 누구도 알 수 없는 비밀(뮈스테리온)인 것이다. 예수 그리스도로 인하여 내면의 깨어남(에게이로)이 없다면 언어로 문자로 이야기해 보아야 점점 더 귀머거리요 장님이 될 뿐이다. 이처럼 천국의 비밀(뮈스테리온)은 저희에게는 지금도 여전히 히다로 감추어져 있는 것이다.

창세기를 비롯한 성경의 기록자는 명확한 진리로서 그 기록을 남긴 것이지만 그 기록을 읽는 깨닫지 못한 후손들은 원 의미를 잃어버리고 왜곡해서 이해할 수밖에 없는 문자만 남게 된 것이다. 원 의미가 사라진 문자를 가지고 서로 피를 흘리는 투쟁을 하여 왔고 지금도 그러하다. 무엇보다도 서글픈 일은 모든 성경 말씀도 그러하지만, 특히 처음부터 이야기되는 창세기의 기록은 온통 히다요 마솰이다. 이 히다와 마솰과의 관계를 이해하지 못한다면 계시록까지 연결되는 성서의 기록을 전혀 이해할 수 없는 이상한 글이 되고 마는 것이다. 명확한 진리의 말씀이 무슨 사건의 기록이나 역사서처럼, 교훈서처럼 읽히고 있는 것이 오늘날 우리가 처한 비극 중의 큰 비극이다.

더욱이 신학자들은 원 의미를 간과하고 문자대로 읽어야 한다면서 자신들도 알지 못하는 신화를 창조해오고 있다. 성경은 사건 기록이나 역사서가 아니고 하나님의 진리를 드러내기 위하여 있는 그 기록(헤그라페)들이다. 하나님 말씀인 히다를 바로 자신 안에서 마솰에 의해 드러내야 한다. 비록 사건 기록이라 할지라도 그 속에 감추어져 있는 예수 그리스도를 통하여 하나님의 말씀으로 드러나지 아니하면 성경은 에스겔 선지자가 본 대로 골짜기에 가득한 마른 뼈들에 불과하다.

성경에서 문자는 죽이는 것이라 하였다. 왜 그러한지 우선 히다로 된 그 예를 몇 개 들여다보겠다.

사사기 14장에 삼손이 블레셋 사람들에게 수수께끼(히다)를 내는 장면이 나온다. "먹는 자에게 먹는 것이 나오고 강한 자에게서 단것이 나왔느니라"(삿 14:14) 하였다. 사사기를 읽어보면 그 해답이 무엇인지 안다. 수수께끼를 내는 삼손에게는 그 의미가 명확한 것이지만 블레셋 사람들에게는 그것이 감추어져 있으므로 문제로 제시된 것이다.

(삿 14:8) 얼마 후에 삼손이 그 여자를 취하려고 다시 가더니 돌이켜 그 사자의 주검을 본즉 사자의 몸에 벌떼와 꿀이 있는지라

사자가 무엇인가? 또 사자의 주검이 무엇이며 벌떼와 꿀이 무엇인가? 히다로 이루어진 이 말씀을 풀어야 한다. 마솰이 임하지 아니하면 그 의미가 무엇인지 전혀 알 수가 없게 된다. 이것은 역사적으로 일어난 일이 아니다. 이스라엘 땅에는 사자가 살지 않는다. 사자는 떼를 지어 사는데 이스라엘 땅에는 사자들이 번식할 정도로 먹이가 풍부하지 않다. 꿀벌은 썩고 냄새나는 짐승의 사체에 결코 집을 짓지 아니한다. 사체를 찾아 돌아다니는 들짐승들이 그 사체를 내버려 두지도 않지만, 특히 꿀벌의 특성상 썩어가는 사체에 집을 짓고 꽃가루를 가져와 양식으로 꿀을 내어 새끼를 키우는 일은 있을 수 없다. 꿀벌의 집에 사체가 생긴다면 집을 당장 옮길 것이다. 이래서 히다와 마솰의 관계는 참으로 어렵다. 세상 문자, 그 의미대로 읽으면 절대로 원 의미를 알 수가 없는 것이 성경 말씀이다. 이 히다와 마솰이 성경 전체를 푸는데, 가장 중요한 열쇠이며 성경 전체를 통해 연결되어 있다. 이 관계를 알지 못하면 성경 말씀은 결코 열리지 않는 봉한 샘이다. 인생들의 눈으로 머리로 알 수 있는 기록이 아니다. 그러나 성경에 등장하는 모든 선지자는 자신 안에 나타난 무지개(퀘세트)를 통하여 비로소 이 관계를 깨닫게 되었다는 것을 기록하고 있다.

예를 들어 '너는 구제할 때 오른손의 하는 것을 왼손이 모르게 하

라'(마 6:3)하였다. 또 오리를 가게 하거든 십 리를 동행하라 하였고(마 5:41). 이 뺨을 치는 자에게 저 뺨도 돌려대며 겉옷을 빼앗는 자에게 속옷을 주라 하였다(눅 6:29). ~ 간음하지 말라, 도적질하지 말라, 살인하지 말라, 용서하라, 서로 사랑하라, 기도하라 하였다. 이 말씀을 모르는 이들이 없다. 그러나 예수께서 말씀하신 그 모든 말씀은 하늘 안에 계시는 하나님의 말씀이다. 그러므로 인생의 눈으로 인생의 머리로는 그 의미를 전혀 알 수가 없다. 하나님과 하나 되지 못하면 그 누구도 알 수 없는 하늘의 말씀이다.

간음은 남녀 이성 간의 간음이 아니며, 도적질은 남의 물건을 탐내거나 훔치는 내용이 아니며, 살인하지 말라는 사람의 목숨을 끊는 내용이 아니다. 서로 용서하라, 사랑하라는 말씀은 서로 간에 용서하고 베풀고 사랑하라는 그 의미가 전혀 아니다. 십일조는 돈 내라는 소리가 아니다. 이 이외에도 기도하라, 예배드리라, 교회를 세우라 하는 내용 또한 그 누구도 파라볼레가 내면에 임하지 아니하면 성경 기록 그 어떤 구절도 알 수가 없다. 창 1:1절 또한 하나님이 천지를 창조하신 내용이 전혀 아니다.

"혼인한 자들에게 내가 명하노니, (명하는 자는 내가 아니요 주시라) 여자는 남편에게서 갈리지 말고" 이 내용 또한 결혼한 부부가 이혼하지 말라고 하는 내용과는 아무 관련이 없다. "만일 네 손이나 네 발이 너를 범죄케 하거든 찍어 내버리라 불구자나 절뚝발이로 영생에 들어가는 것이 두 손과 두 발을 가지고 영원한 불에 던지우는 것보다 나으니라 만일 네 눈이 너를 범죄케 하거든 빼어 내버리라 한 눈으로 영생에 들어가는 것이 두 눈을 가지고 지옥 불에 던지우는 것보다 나으니라"(마 18:8-9). 이 또한 인생들의 머리로 알 수 있는 내용이 전혀 아니다. 이처럼 비사(파로이미아)는 참으로 어렵다. 인생들의 도덕적인 문제와는 아무 관련이 없는 하나님의 말씀이다. 반드시 비유(파라볼레)가 임해야 하는 이유다. 비유(파라볼레)가 임하지 아니하면 성경 기록 어떠한 한 구절도 알 수 없는 기록이 되고 만다. 성경 기록 전체가 히다와 마솰의 관계로 이루어졌다. 그러므로 이 히다와 마솰은 이론과는 아무 관계가 없다. 인간의 두뇌로 알 수 있는 것이 아니며 학문으로 접근할 수 없다. 그런데 종교인들이 학자들이 성경을 엉터리로 번역하였고 엉터리로 해석해 왔다. 이 시대를 사는 종교인들의 현주소이기도 하다.

하나님으로부터 게시된 명확한 진리가 모세를 비롯한 여러 선지자에 의해서 인생들에게 전해졌지만, 인생들은 몸과 마음의 감각적 욕망을 좇아 해석하다가 그것이 무엇인지 알 수 없는 비밀(수수께끼)이 되었다. 그래서 예수께서 오셔서 그 수수께끼(히다) 같은 내용을 아포 카타볼레스 코스무를 통하여 파라볼레를 베풀어 너희에게 소상히 밝혀주신 것이다. 그러므로 예수께서 오셔서 말씀하신 모든 비유(파라볼레)의 말씀은 비사(파로이미아)를 풀어내기 위함이었다. 이것을 놓치면 그 어떤 것도, 하나님 말씀에 접근할 수가 없는 인간들의 역사서나 교훈서가 될 뿐이다. 예수를 대적한 서기관들과 바리새인들에게는 여전히 파로이미아(히다)로 말씀하신다. 그래서 이들은 더욱더 장님이 되고 귀머거리가 될 뿐이다.

> 예수께서 이 비유(파로이미아)로 저희에게 말씀하셨으나 저희는 그 하신 말씀이 무엇인지 알지 못하니라(요 10:6)

'비유'로 오역한 '파로이미아'는 구약의 '히다'와 같다. 예수께서는 저희에게 여전히 알 수 없는 파로이미아로 말씀하시는 것이다.

다니엘서에 사자가 나온다. 다니엘은 사자 굴에서 살아 나왔지만 다른 이들은 그렇지 못하였다. 왜 그러할까? 여기에 비밀이 있다. 들짐승 사자가 아니기 때문이다. 이 이야기가 무엇인지 히다로 이루어진 그 내용을 반드시 풀어내야 한다. 신약에 우는 사자가 삼킬 자를 찾아다닌다고 하였다. 무슨 뜻인가?

도마복음 말씀7에서 예수가 "사람에게 먹혀서 사람이 되는 사자는 축복을 받았다. 그러나 사자가 사람을 잡아먹고 그 사자가 사람이 되는 경우, 그 사람은 저주를 받았다." 하였다.

창세기부터 사자에 관한 이야기가 많이 등장한다. 이 내용들 모두 히다로 된 것을 밝히 알지 못하면 수천 년이 지나도 절대로 예수께서 말씀하시는 것을 알지 못한다. 여기에 하늘의 비밀(뮈스테리온)이 담겨져 있기 때문이다. 여기 등장하는 사자가 죽어야 하는 때가 이르러야 벌이 모이고 꿀을 내게 된다.

> 예수께서 이 모든 것을 무리에게 비유(파라볼레)로 말씀하시고 비유(파라볼레)가 아니면 아무것도 말씀하지 아니하셨으니 이는 선지자로 말씀하신바 내가 입을 열어 비유(파라볼레)로 말하고 창세부터(아포 카타볼레스 코스무) 감추인 것(크룹토)들을 드러내리라(중간디포넌트,1인칭) 함을 이루려 하심이니라(마 13:34-35)

예수께서 일하심(아포 카타볼레스 코스무)으로 비로소 감추인 것(크룹토)들을 파라볼레를 베풀어 그 감추인 말씀들을 밝히 드러내 주신다. 그럼에도 이천 년이 지난 오늘날까지도 그 비사와 비유의 의미를 알지 못하고, 성경을 읽는 많은 사람이 그 의미를 모르고 읽으며 성경(그 기록)을 성경(그 기록)으로 읽지 못하고 있다. 이를 일컬어서 "보아도 보지 못하고 들어도 듣지 못하고 마음으로 생각지 못한다"라고 하였다. 그러나 히다가 더는 히다가 아니며 마솰이 더는 마솰이 아닌 때가 올 것이 성경에 예언되었다. 기록된바 "나의 거룩한 산 모든 곳에서 해됨도 없고 상함도 없을 것이니 이는 물이 바다를 덮음같이 여호와를 아는 지식(데아)이 세상(에레츠;마음 땅)에 충만할 것임이니라"(사 11:9) 하였다.

그러나 사단의 등장으로 이 히다를 거짓되게 풀어내는 자들이 등장할 것을 예언하였으니 '궤휼(삔)에 능한 자'(단 8:23~)의 출현이다. 이 자가 거룩한 백성을 부패하게(솨하트) 만든다. 누구든지 그 하나님과 하나 되어있지 아니하면 히다와 마솰과의 그 의미를 모르고 거짓되게 머리로 푸는 자에게, 학문으로 종교적으로 푸는 자들에게 속을 수밖에 없다. 이 상황이 현재 이 시대를 사는 우리 모두에게 처한 안타까운 현실이다.

이것을 비사(파로이미아)로 너희에게 일렀거니와 때가(호라) 이르면 다시 비사(파로이미아)로 너희에게 이르지 않고 (그) 아버지에 대한 것을 밝히 이르리라. 그 날에(그 헤메라 안에서) 너희가 내 이름으로(그 오노마 안에서, 예수 안에서) 구할 것이요 내가 너희를 위하여 아버지께 구하겠다. 하는 말이 아니니 이는 너희가 나를 사랑하고 또 나를 하나님으로부터 온줄 믿은 고로 아버지께서 친히 너희를 사랑하심이니라. 내가 아버지께로 나와서 세상(그 코스모스 안으로)에 왔고 다시 세상(그 코스모스)을 떠나 아버지께로 가노라 하시니 제자들이 말하되 지금은 밝히 말씀하시고 아무 비사(파로이미아)도 하지 아니하시니 우리가 지금에야 주께서 모든 것을 아시고 또 사람의 물음을 기다리시지 않는 줄 아나이다. 이로써 하나님으로부터 나오심을 우리가 믿삽나이다.(요 16:25-30)

비사(파로이미아)가 그날(그 헤메라 안에서) 안에서 밝히 드러난다고 하였다. 그날(그 헤메라 안에서)이 내면에 임하면 그때는 예수 그리스도와 하나 되어 밝히 이 이치를 알게 된다. 그러므로 반드시 파라볼레인 그 헤메라(ἡμέρα)가 임해야 한다. 헤메라는 창세기 1장에 등장하는 욤이다. 욤은 그 생명의 그 빛이다.

삼손이 가서 여우 삼백을 붙들어서 그 꼬리와 꼬리를 매고 홰를 취하고 그 두 꼬리 사이에 한 홰를 달고 홰에 불을 켜고 그것을 블레셋 사람의 곡식이 자란 밭으로 몰아들여서 곡식단과 아직 베지 아니한 곡식과 감람원을 사른지라(삿 15:4-5)

삼손이 아무리 재주가 좋다 해도 한순간에 여우 삼백을 잡을 수 없다. 여우가 많지 않기 때문이다. 또 여우 꼬리에 꼬리를 묶고 불을 켜면 둘이 같이 돌아다닐 수 있을까? 여우는 뜨거운 불을 끄기 위해 땅 위를 뒹굴 것이다. 이 내용은 히다로 이루어져 있다. 삼손이 붙들었던 여우는 들짐승 여우가 아니다. 블레셋 사람들이 양식으로 삼는 곡식과 그 밭이 무엇인지 비사로 된 내용을 풀어내야 한다. 여기 등장하는 곡식은 입으로 먹는 곡식이 아니기 때문이다. 이것을 풀지 못하면 한낱 어린이 동화일 뿐이다.

(삿 16:27) 그 집에는 남녀가 가득하니 블레셋 모든 방백도 거기 있고 지붕에 있는 남녀도 삼천 명가량이라 다 삼손의 재주 부리는 것을 보더라

(삿 16:30) 가로되 블레셋 사람과 함께 죽기를 원하노라 하고 힘을 다하여 몸을 굽히매 집이 곧 무너져 그 안에 있는 모든 방백과 온 백성에게 덮이니 삼손이 죽을 때에 죽인 자가 살았을 때 죽인 자보다 더욱 많았더라

블레셋은 당시 부족사회이기에 몇천 명을 죽일 정도의 큰 돌 신전을 만들 수 없다. 또 만약 삼손이 돌로 지은 신전 기둥을 손으로 만약 무너뜨린다 해도 기둥 몇 개만 넘어질 것이다. 이렇게 큰 돌로 지은 신전은 기둥과 기둥 사이의 거리가 떨어져 있을 것이므로 삼손이 두 팔을 벌린다 해도 닿지 않을 것이다. 이 내용은 모두 히다로 이루어진 성경의 핵심 내용으로 역사적 사건이 아니다. 히다로 구성된 이 내용을 들여다보면 예수의 십자가 사건과 똑같은 내용으로 이루어졌다는 것을 알 수 있다.

마침 거기 많은 돼지 떼가 산(오로스)에서 먹고 있는지라 귀신들이 그 돼지에게로 들어가게 허하심을 간구하니 이에 허하신대 귀신들이 그 사람에게서 나와 돼지에게로 들어가니 그 떼가 비탈로 내리달아 호수

에 들어가 몰사하거늘 치던 자들이 그 된 것을 보고 도망하여 성내와 촌에 고하니(눅 8:32-34)

유대 땅에서는 돼지는 부정하다고 하여 유대인들은 돼지를 키우지 아니한다. 더군다나 농사를 지을 수 있는 땅이 부족하다 보니 갈릴리 호수 주변에서는 더욱 돼지를 밖에다 키운다는 것은 어렵다. 만약 돼지를 키우는 자가 있으면 그는 당장 추방당할 것이다. 유대인들은 지금도 돼지의 의미를 오해하여 돼지고기를 먹지 아니한다. 말씀에 등장하는 돼지가 무엇인지 비사(파로이미아)로 된 내용을 풀어야 한다. 먹기 위해 기르는 집짐승이 아니기 때문이다.

여호와께서 모세에게 이르시되 불 뱀을 만들어 장대 위에 달라 물린 자마다 그것을 보면 살리라 모세가 놋 뱀을 만들어 장대 위에 다니 뱀에게 물린 자마다 놋 뱀을 쳐다본즉 살더라(민 21:8-9)

성경에 뱀이 많이 등장하는데 이 뱀이 무엇을 이야기하는지 예수께서 비유(파라볼레)를 베풀어 말씀하였다. 들짐승이 아니기 때문이다.

예) 이집트에 피라미드가 있다. 노아 홍수 전에 세워진 것이라면 노아 홍수 때 온 땅이 지진이 나고 샘이 터졌다고 기록하고 있는데 역사적 사건이라면 피라미드가 온전한 상태로 남아 있지 못한다. 또 피라미드가 노아 홍수 이후에 만들어졌다면, 이 세상에는 노아 가족 이외에는 어떠한 사람도 살아있지 못하였는데 어떻게 그 큰 피라미드를 세울 수가 있는가?

노아 때 홍수의 사건은 역사적 사실이 아님을 알아야 한다. 성경은 역사를 기록한 역사서가 아니다. 이래서 히다는 하나님과 하나 되지 못한 인생들은 수 천만년이 지나도 결코 알 수가 없다.

막달라 마리아가 죽은 예수의 시체가 있는 열린 무덤 안으로 들어갔다. 이 사건이 비사(파로이미아)와 비유(파라볼레)로 등장하고 있다. 이천 년 전 예수께서 십자가에 죽고 그 시체가 무덤 안으로 들어갔다. 이것은 역사적 사건이다. 그러나 성경 말씀은 전혀 다른 내용을 기록하고 있다. 이래서 하나님 말씀은 사람의 생각으로 풀어낼 수가 없다. 이 내용을 잠깐 언급하면 막달라 마리아 자신이 무덤이라는 것을 나타낸다. 마리아 자신(무덤) 안에 예수가 부활한 것을 보고 있는 내용이다. 자신의 에고(무덤)가 열려(찢어짐)있는 것이다. 막달라 마리아와 다른 마리아의 눈에만 보이고 그 주위에 있는 다른 사람의 눈에는 보이지 않는다.(마2 8:1-) 막달라 마리아와 다른 마리아 마음 안에서 일어나는 내용이다. 이래서 성경 말씀은 저희에게는 감추어져 있는 비밀이다. 이 내용은 다음에 보아야 하겠다.

> 무덤에 들어가서 흰옷을 입은 한 청년이 우편에 앉은 것을 보고 놀라매 청년이 이르되 놀라지 말라 너희가 십자가에 못 박히신 나사렛 예수를 찾는구나, 그가 살아나셨고 여기 계시지 아니 하니라 보라 그를 두었던 곳이니라(막 16:5-6)

예수께서 갈릴리 호수 위를 걸어오고 계신다. 베드로 자신도 물 위를 걷게 해달라고 예수께 간청한다. 그러나 베드로는 몇 걸음 걸어오다 바람을 보고 무서워 이내 물에 빠진다(마 14:25~). 이 내용도 부인할 수 없는 역사적 사실이다. 그러나 원전으로 보는 성경은 그 역사적 내용이 아닌 다른 내용을 우리에게 알려주고 있다. 비사(파로이미아)로 된 내용이다. 베드로는 자신의 에고의 바다에 다시 빠지는 것을 기록하고 있다. 다음에 그 설명을 이어가겠다.

이래서 성경에서 문자는 죽이는 것이라 하였다는 것을 상기시킨다. 문자대로 읽으면 반드시 죽는다. 성경 말씀이 아니다. 성경은 히다와 마솰과의 관계로 기록하고 있다. 비유(예수)가 내면에 임하지 아니하면 절대로 알 수 없는 수수께끼가 되어버린다.

2. 간음한 여인에 관한 이야기

이 문제를 어떻게 생각하는지 독자에게 먼저 묻고 싶다.

간음한 여인에 관한 이야기가 등장한다(요 8장).

그런데 본문을 자세히 보면 말도 안 되는 이상한 이야기로 기록되어 있다. 이치에 맞아야 하는데 이치에 맞는 것이 하나도 없다. 하나님의 말씀이라면 정확하게 이치에 맞아야 한다.

> 아침에 다시 성전으로 들어오시니 백성이 다 나아오는지라 앉으사 저희를 가르치시더니 서기관들과 바리새인들이 간음 중에 잡힌 여자를 끌고 와서 가운데 세우고 예수께 말하되 선생이여 이 여자가 간음하다가 현장에서 잡혔나이다 모세는 율법에 이러한 여자를 돌로 치라 명하였거니와 선생은 어떻게 말하겠나이까(요8:2-5)

1. 여자가 간음하였다면 죄를 지었기 때문에 율법을 중시하는 서기관들과 바리새인들이 성전 안으로 여자를 끌고 들어올 수 없다. 죄를 지은 자는 그 누구도 성전 안에 절대로 들어올 수 없다.
2. 여자가 간음하였다면 반드시 간음한 남자도 끌고 와야 하는데 간음

한 남자가 나오지 않고 있다. 신명기에는 간음한 남자와 증인 둘을 데리고 와야 한다고 기록하고 있다.

"사람이 아무 악이든지 무릇 범한 죄는 한 증인으로만 정할 것이 아니요 두 증인의 입으로나 세 증인의 입으로 그 사건을 확정할 것이며"(신19:15)

3. 성전 바닥은 돌로 되어있기 때문에 땅에 글씨를 쓸 수 없다.

"저희가 이렇게 말함은 고소할 조건을 얻고자 하여 예수를 시험함이러라 예수께서 몸을 굽히사 손가락으로 땅에 쓰시니"(요8:6)

4. 성전은 거룩한 곳이기 때문에 서기관과 바리새인들은 돌 같은 무기는 들고 들어갈 수도 없으며 돌을 들어 상대를 칠 수 없다. 성전 안에는 하나님께 바칠 제물을 들고 들어간다.
5. 서기관들과 바리새인들이 모두 떠나고 오직 예수와 여자만 남았다고 했는데(9절) 예수께서 '나는 세상의 빛이다.' 라고 말씀했을 때(12절) 바리새인들이 예수의 증거가 참되지 않다고 하였다(13절). 바리새인들이 떠나지 않고 그대로 여자와 예수 주위를 둘러싸고 돌을 들고 치려고 하고 있다(59절). 진실만을 이야기해야 하는 성경 기록이 참으로 이상하지 아니한가.

(요 8:9) 저희가 이 말씀을 듣고 양심의 가책을 받아 어른으로 시작하여 젊은이까지 하나씩 하나씩 나가고 오직 예수와 그 가운데 섰는 여자만 남았더라 (13)바리새인들이 가로되 네가 너를 위하여 증거하니 네 증거는 참되지 아니하도다(59) 저희가 돌을 들어 치려하거늘 예수께서 숨어 성전에서 나가시니라.

이 기사는 헬라어 원문으로 보면 더욱 이상한 점들로 가득하다. 복음 서신 거의 전부가 말도 안 되는 이상한 이야기들로 가득 차 있다. 그런데 성서학자들이 종교인들이 성경을 번역할 때 모두 말이 부드럽게 이어지도록 번역을 하였다. 그러니 예수께서 우리에게 문제로 제시한 말씀들이 원 의미와 완전히 다르게 엉뚱하게 오해되고 있다. 가장 문제가 되는 것 중 하나는 예수 믿으면 구원, 불신 지옥이라 하는 것이다. 그런데 원문으로 보는 성경에는 이런 내용이 전혀 없다. 거짓이다. 한 가지 잊지 말아야 할 점은 예수의 말씀은 모두 비사(파로이미아)와 관련지어 비유(파라볼레)로서 말씀을 베푸시는 것이다. 구약이 없이는 새 언약이 임하지 않는다. 예수께서 말씀하시는 모든 말씀은 구약과 연결되어 있다. 구약은 구약성경(39권)을 이야기하는 것이 아니다. 이처럼 하나님 말씀은 종교인들에게는 여전히 히다로 감추어져 있다.

어떠한 간음이었기에 성전 안으로 들어올 수 있으며, 어떠한 돌을 들고 있었는지 알아보아야 한다. 성전 안에서는 여성들은 절대로 여성의 뜰을 넘어서 들어갈 수 없다. 그런데 예수께서는 여성의 뜰을 넘어서 계시며 이곳에서 말씀을 베푸시고 계신다. 그러므로 여기에 등장하고 있는 서기관들과 바리새인들에 의해 예수 앞으로 끌려온 여자(귀네)는 여성이 아니다.

(요 8:3) 서기관들과 바리새인들이 간음 중에 잡힌 여자를 끌고 와서 가운데 세우고

'간음 중에 잡힌' 으로 번역한 부분이다.

'ἐν μοιχείᾳ κατειλημμένην(엔 모이케이아 카테일렘메넨)' (스테판 역)

'ἐπὶ μοιχείᾳ κατειλημμένην(에피 모이케이아 카테일렘메넨)' (알란드 역)

'카테일렘메넨' 은 완료, 수동태로서 이들에 의해 간음이 적발되어

드러난 것이다. 하나님의 말씀이 모세를 통하여 이들에게 주어졌으나 이들은 그 원 의미를 모르고 문자대로 적용한 그 기준에 의해 이 여자(귀네)가 간음하였다고 그 간음을 드러낸 것이다. '엔 모이케이아(ἐν μοιχείᾳ)'는 '간음과 하나 되다'의 뜻이며 '에피 모이케이아(ἐπὶ μοιχείᾳ)'는 '간음과 하나가 된 그 위에 서 있다'의 뜻이다.

(요 8:4) 예수께 말하되 선생이여 이 여자가 간음하다가 현장에서 잡혔나이다.

'간음하다가'로 오역한 '모이케우메네(μοιχευομένη)'는 현재, 수동태로 '현재 간음 당하고 있는'이다. 번역을 잘못하고 있다. 이 여인은 간음한 여인(귀네)이 아니라 현재 간음을 당하고 있는 여인(귀네)이다. 잡혀 온 여인(귀네)은 남자와 간음해서 잡혀 온 여인(귀네)이 아니라 현재 간음을 당하고 있는 채로 끌려온 것이다. 삼자에게 억울하게 피해를 겪었다면 피해를 준 자를 처벌하고 피해를 겪은 자에게는 위로해야 마땅하다. 그런데 예수께서 간음을 당한 여인(귀네)에게 다시는 죄를 범하지 말라고 하신다(11절). 이 내용 또한 말도 안 되는 참으로 이상한 내용이다. 여자(귀네)는 죄를 범한 것이 아니라 피해를 겪은 자다. 죄를 저지른 것이 아닌데도 예수께서 죄를 지었다고 말씀하신다. 도무지 이해가 안 되는 내용이 등장한다. 그러면 누구로부터 어떠한 간음을 현재 당하고 있는가를 보아야 한다.

내용을 자세히 살펴보면 바로 서기관들과 바리새인들로부터 집단으로 간음을 당하다가 간음을 당한 채로 이들에 의해 예수 앞으로 끌려온 내용이다. 그런데 서기관들과 바리새인들 자신들은 죄가 없고 여인(귀네)이 계속해서 간음한다고 고발하는 내용이다. 그러면 이 내용이 무슨 내용이며 무슨 간음인가를 알아야 한다. 바로 하나님 말씀에 대한 간음을 이야기하고 있다. 서기관들과 바리새인들의 견해와 여인(귀네)의 견해가 달랐다. 서기관들과 바리새인들이 보기에 이 여인(귀네)이 하나님 말씀을 잘못 알고 있다고 고발하는 내용이다. 그런데 왜 예수에게 끌고 왔는가? 바로 예수의 제자였기 때문이다.

(귀네는 여성이 아니다. 말씀을 따라가는 자, 여성과 남성 모두 귀네(여자)다. 여기서는 귀네가 남성이라는 것이 드러난다.)

이들과 예수의 제자 사이에 하나님 말씀에 대한 논쟁이 벌어졌다. 그러면 예수께서 왜 자신의 제자에게 다시는 죄를 저지르지 말라고 말씀하신 것인가? 그의 제자(귀네)가 예수에 대해 바로 알아야 하는데 잘못 알고 있다. 여자(귀네)가 알고 있는 예수와 실제의 예수와는 완전히 다르다는 내용이다. 대단히 중요한 내용이다. 예수에 대하여 정확하게 올바로 알아야 한다는 것이다. 이로 인하여 여자(귀네)와 서기관들과 바리새인들 간에 말씀에 대한 논쟁이 벌어졌는데 그들에게 잡아먹힌 결과가 된 것이다. 여자(귀네)가 예수의 말씀에 대하여 잘못 알고 있었던 것이 드러난 것이다.

예수께서는 말씀을 정확하게 알지 못하는 것을 죄(하마르타노)로 여기신다. 우리는 예수를 모르는 사람들에게 예수를 전하면 칭찬받는 줄 안다. 대단히 오해하였다. 더욱 죄를 쌓을 뿐이다. 다른 예수를 전하는 것이 악을 행하는 것임을 알아야 한다. 이 천년 간 이 악행이 계속 이어져 왔다.

그런데 9절에서 이 여인이 죄의 그 의미를 알게 된 것이다. 이 여인(귀네)이 예수의 그 생명의 그 빛 안으로 들어와서 보니까 자신과 예수만이 있고 나머지는 그 말씀(그 생명의 그 빛) 밖으로 밀려난 것이 드러난 것이다. 여자(귀네)가 드디어 예수(빛) 안에 있게 된 것이다. 그동안 이 여인(귀네)은 머리로 다른 예수를 알았다. 그 생명의 그 빛인 그 예수 안에서 밀려나 있었던 것이 드러난 것이다. 이것이 간음이며 죄다. 이론과 종교 행위는 그 예수(생명의 빛)와 아무 관계가 없다. 반드시 그 예수(생명의 빛) 안으로 들어와서 예수(내면에 계신다)를 보고 만져야 한다. 그 이외에는 모두 간음이며 도적질이며 살인 행위다. 십계명 어느 것도 지키지 못한다. 그래서 예수께서는 이론에 해박한 서기관들과 바리새인들에게 '독사의 새끼들아' 그런 험악한 말씀을 하신다.

(요 8:12) 예수께서 또 일러 가라사대 나는 세상의 빛이니 나를 따르는 자는 어두움에 다니지 아니하고 생명의 빛을 얻으리라
"Ἐγώ εἰμι τὸ φῶς τοῦ κόσμου·(에고 에이미 토 포스 투 코스무)
"나는 그 세상의 그 빛이다."

'세상'으로 번역한 '투 코스무(τοῦ κόσμου)'는 몸과 마음 세상을 뜻한다. 안이비설신의(眼耳鼻舌身意)를 통해 보는 마음 세상이다. 세상에서는 '코스모스(코스무의 원형)'를 공간 개념으로 밖으로 보이는 세상으로 생각한다.

'나를 따르는 자는'으로 번역한 '호 아콜루돈 에모이(ὁ ἀκολουθῶν ἐμοὶ)'는 '동행하다, 함께 같은 길을 가다'다. 예수와 하나 된 그 길이다. 나를 따르는 자로 해석해 버리면 예수 뒤를 따라가는, 예수가 대상이 되어버린다. 그러므로 번역을 이렇게 하면 문제가 생긴다. 이 문제가 정말 심각하다. 원래 우리에게 전해주고자 하는 말씀과 완전히 다르게 된다. 번역의 한계다.

'생명의 빛을 얻으리라'로 번역한 '알르 에케이 토 포스 테스 조에스(ἀλλ' ἕξει τὸ φῶς τῆς ζωῆς.)'는 '다만 그 생명의 그 빛을 소유하리라.'다. 종교인들이 말하는 생명의 빛과 구분된다.

그러하다면 예수의 '그 생명의 그 빛(τὸ φῶς τῆς ζωῆς)' 안으로 끌려 들어가면 어떠한 현상이 일어나는가?

겉사람의 삶 곧 서기관들과 바리새인들의 세계관이 무너지게 된다. 의식 무의식 잠재의식 곧 마음(휘장)의 세계를 초월하게 된다. 번뇌 망상이 일어나는 마음, 꿈꾸는 마음과 떨어져 깨어서 지켜보게 된다. 인생들은 의식 무의식 잠재의식을 마음대로 통제할 수가 없다. 특히 무의식은 더욱 그렇다. 예를 들어 꿈을 통제할 수 없다. 꿈에 항상 잡아먹힌다. 마음에 지배를 당하기 때문이다. 그러면 마음에 포로가 되어 윤회

에서 나올 수 없다. 무의식이 몸과 마음을 계속해서 만들기 때문에 몸이 죽는 그 순간 그 조건에 의해서 몸과 마음이 다시 나타나게 된다. 한순간도 쉬지 않고 계속된다. 성경은 마음으로부터 자유, 마음의 실체를 알고 그 마음을 초월하고자 하는 것이 핵심이다. 뱀이 지배하는 마음에서 벗어나는 이야기다. 마음을 초월하는 이야기가 창 1:1절부터 계시록까지 이어진다. 우주 창조가 아니다. 모두 이 간음을 통해 마음의 실상을 고발하는 내용이며 그리고 그 치유의 방법을 자세하게 비유(파라볼레)로 설명하고 있다. 그러므로 예수께서 말씀하시는 겉사람 안에서 일어나는 간음에 대하여 자세히 알아야 한다.

여자를 보고 음욕을 품는 자마다 마음(카르디아)에 이미 간음하였다.(마 5:28)

밖의 남녀 이성을 보고 음욕을 품는 내용이 아니다. 이 내용은 후반부가 되면 그 의미를 자연히 알게 된다. 예수의 그 생명의 그 빛(τὸ φῶς τῆς ζωῆς) 안으로 들어가면 의식 무의식 잠재의식을 초월하여 지배할 수 있게 된다. 이것이 창 1장의 내용이며 계시록에서는 일곱 인, 일곱 나팔, 일곱 대접 심판을 통하여 설명하고 있다. 그렇게 되면 속사람이 되어서 겉사람을 떨어져서 지켜볼 수 있게 된다. 필요할 때마다 겉사람을 사용하는 것이다. 윤회에서 벗어난 결과다. 윤회에서 벗어나지 못하는 자가 간음을 당하는 여자(귀네)로 비유하여 등장하며 윤회에서 벗어나지 못하도록 하는 자가 간음을 하는 자로 말씀하신다. 곧 서기관과 바리새인들을 비유하여 말씀하신다. 이들이 뱀이며 이들의 아비가 뱀이다. 이 둘은 마음(겉사람) 안에서 기능을 한다. 이제 이 여자(귀네)는 휘장(마음)의 세계에서 벗어났다. 성경 기록 전체가 마음을 초월하고자 내면에서 일어나는 일을 기록하였다.

(요 18:36) 예수께서 대답하시되 내 나라는 이 세상(코스모스)에 속한

것이 아니라

"내 나라는 이 세상(코스모스)에 속한 것이 아니라"고 번역한 부분이다.

'Η βασιλεία ἡ ἐμὴ οὐκ-ἔστιν ἐκ τοῦ-κόσμου-τούτου·(헤 바실레이아 헤 에메 우크-에스틴 에크 투-코스무-투투)

"나의 그 나라는 그 코스모스(몸과 마음)로부터 나온 것이 아니다."

하나님 나라는 코스모스(몸과 마음)로부터 나온 것이 아니라고 말씀하신다. 그러므로 하나님 나라는 마음(겉사람)에서 나오는 논리나 교리로 접근할 수 없다. 반야심경에서는 무안이비설신의(無眼耳鼻舌身意)를 통해 설명하고 있다. 부처의 세계는 몸과 마음을 통해서 볼 수 있는 것이 아니라 하였다. 그러므로 안이비설신의를 통해 보는 세상과는 완전히 거꾸로 간다.

하나님 나라(그 생명의 그 빛)는 인생의 몸과 마음 곧 감각적 욕망(이생의 자랑, 안목의 정욕, 육신의 정욕)으로부터 기인한 세계가 아니다. 그러므로 하나님의 나라는 인간의 인식 느낌 반응 알음알이를 통해서 알 수 있는 곳이 아님을 말씀하고 있다. 하나님 나라를 알려면 나타난 이 우주가 그리고 몸과 마음이 온전히 사라지는 경험을 하여야 알 수가 있다. 그래서 성경에서는 하나님이 우주를 창조하지 아니하였다고 하였다. 우주 만물은 죄에 의해서 나왔다고 말씀하시고 있다. 그런데 종교인들이 천지 만물을 하나님이 창조하였다고 오해하고 번역을 하였다. 하나님은 나타난 이 세상 나라들을 다스리지 아니하신다고 기록하고 있다. 이 세상(몸과 마음)을 나와 일치시키고 이끌림 당하는 것이 간음하고 있다는 내용이다. 여자를 보고 음욕을 품는 것이다. 몸과 마음에서 일어나는 심리 현상을 나와 일치시키는 것이 거짓말이며 도적질이며 음욕을 품고 간음함이며 살인 행위이다.

세상, 천하, 땅으로 번역한 단어들이 성경에 많이 나온다. 모두 몸과 마음에 일어나는 심리 현상들을 분석하여 말씀하고 있다. 코스모스, 게, 아이온, 오이쿠메네, 아그로스, 아로트리오, 코라, 코리온, 에레츠, 아다마, 테벨, 올람 등 이외에도 더 등장한다. 그만큼 마음 안에서 일어나는 심리 현상을 세밀하게 분석하여 드러낸 것이 성경이다. 그런데 번역자들이 세상, 땅으로 번역해서 공간 개념으로 오해하게 하였다. 예수께서는 우리의 마음의 실상을 알지 못하고 마음에 종이 되어 사는 것을 죄, 간음, 살인, 술에 취한 것으로 말씀하신다. 간음한 자는 결단코 천국에 들어가지 못한다고 하였다. 하나님의 빛 속에 들어온 여자(귀네)는 죄가 사라졌다. 죄는 마음 안에서만 기능을 한다. 마음을 초월하는 내용이다.

서기관과 바리새인을 들어서 안이비설신의를 통해서 배우고 소유하고 움직이는 자를 간음하는 자로, 유전을 이어받는 자를 간음을 당하는 자로 말씀하고 있다. 모두 여자를 보고 음욕을 품는다. 이들이 뱀이며 이들에게 가르침을 전해준 이가 그 아비이며 뱀이다. 이들에게 물리면 독이 퍼져 하나님과 끊어지는 사망을 당한다. 독사이며 독사의 새끼들이다. 이 독사가 창 2장부터 계시록까지 등장한다.

그 생명의 빛인 그 예수를 오해하고 살아가는 것을 간음 당하는 여자(귀네)로 등장시켜서 설명하고 있다. 여기 등장하는 여자(귀네)는 예수의 제자가 되었으나 그 예수를 오해하여 여전히 자신의 겉사람에 지배를 받는 상황을 설명하고 있다. 이들 모두 죄 아래 놓여있다.

잠시 속사람(그 생명의 빛)의 지배를 받다가 겉사람에게 빠지는 이유다. 예수의 제자라고 떳떳하게 생각했던 그 여자(귀네)가 서기관들과 바리새인들에 의해 예수 앞으로 끌려 나와 자신의 실상이 여실히 드러나게 되고 바로 그 시점에서 그 예수와 하나 되는 내용이다. 이 내용이 창 2장에 하아담과 하잇솨 그리고 아담과 이솨를 들어서 설명하고 있다. 내면에서 간음하고 있는 아담과 하와를 자세히 드러내어 설명하고 있다.

겉사람에 지배받으면 끝없는 윤회의 늪으로 빠진다. 이들이 성전(히에론)에서 돌을 들고 있다. 겉사람으로부터 나오는 양식을 먹고 사는 이들은 여전히 '리도스'의 돌을 들고 있다. 바리새인의 돌(리도스)은 돌 성전을 쌓는 재료다. 모두 향벽설위(向壁設位)를 위함이다. 그 예수는 모퉁이 돌이다. 돌(리도스) 위에 돌(리도스)이 남지 않고 모두 무너져야 예수 그리스도의 몸 된 성전이 자신 안에 세워진다. '리도스' 돌에는 항상 불을 품고 있어서 그 불이 나와 그 돌을 들고 있는 자신들을 태운다. 죄는 그렇게 이어진다. 이들은 이 '리도스(돌)'로 에고의 성전을 세운다. 결국 타는 불 속으로 들어가서 윤회의 불길 속으로부터 나오지 못하는 그 이유를 예수께서 설명하고 있다.

(마 17:15) 주여, 내 아들을 불쌍히 여기소서 저가 간질(미치다)로 심히 고생하여 자주 불에도 넘어지며 물에도 넘어지는지라

도마복음 말씀 13

예수가 그의 제자들에게 말했다. "내가 누구와 같은지 비교하고 내게 말하라." 시몬 베드로가 그에게 말했다. "당신은 거룩한 천사와 같습니다." 마태가 그에게 말했다. "당신은 현인과 철인 같습니다." 도마가 그에게 말했다. "선생님, 내 얼굴은 당신이 누구와 같은가를 전혀 파악할 수 없어서, 나는 그것을 표현할 수가 없습니다." 예수가 말했다. "나는 너의 선생이 아니다. 너는 마시고 있었기 때문이다. 너는 내게 속하고 내가 널리 퍼뜨린 넘치는 샘에 도취되어 있다." 그다음에 그는 그를 잡아 그 옆에 끌어당겨 그에게 세 마디 말을 하였다. 도마가 그의 동료들에게 돌아왔을 때, 그들은 그에게 물었다. "예수가 너에게 무어라고 말했는가?" 도마가 대답하였다. "만일 내가 너희에게 그가 내게 한 말 중 한 마디를 말한다면, 너희는 돌들을 들어서 내게 던질 것이다. 그러면 불이 돌들로부터 나와서 너희를 태워 버릴 것이다!"

(약 4:4) 간음하는 여자들이여 세상과 벗 된 것이 하나님의 원수임을

알지 못하느뇨 그런즉 누구든지 세상(코스모스)과 벗이 되고자 하는 자는 스스로 하나님과 원수 되게 하는 것이니라

번역이 잘못되었다.

Μοιχοὶ καὶ μοιχαλίδες,(모이코이 카이 모이칼리데스)

'간음하는 여자들이여(모이칼리데스)' 앞에 '간음하는 남자들(모이코이)'이 한글 번역에는 빠져있다. 여기 등장하는 간음하는 남자들과 간음하는 여자들은 이 세상의 남성 여성이 아니다. 이성 간의 불륜을 이야기하는 것이 아니다. 모이코스(간음하는 남자)와 모이칼리스(간음하는 여자) 모두 겉사람 안에 있다. 창 2장 이하에 자세히 이를 설명하고 있다. 안이비설신의를 통해 들어오는 것을 맨 처음 접촉하고 결정하는 것이 여자(이솨)이며 이 여자를 통해 온전히 결정을 내리는 것이 남자(이쉬)다. 이 여자(모이칼리데스)와 남자(모이코이)가 안이비설신의를 통해 들어오는 것마다 본질을 모르고 왜곡하고 있다. 이 둘은 언제나 하나가 되어있다. 돕는 배필로 번역하였다(창 2:18). 왜곡하면 몸과 마음을 통해 들어오는 모든 심리 현상을 나와 일치시키게 된다. 보고 듣고 냄새 맡고 먹고 마시고 느끼고 반응하고 좋은 것은 취하고 싫은 것은 밀어낸다. 순간마다 전도몽상이 일어남이다. 예수는 이를 거짓으로, 간음으로, 도적질로, 살인 행위로 그리고 술에 취해있다고 선언하고 있다. 몸과 마음의 그 실상을 모르고 있어서 발생한 사건으로, 뱀의 노예가 되어있어서 일어나는 일이다. 에덴동산(아다마) 안에서 이를 자세히 밝히 드러내고 있다.

"세상과 벗 된 것이 하나님의 원수임을 알지 못하느뇨"로 번역한 부분이다.

"οὐκ-οἴδατε ὅτι ἡ φιλία τοῦ κόσμου, ἔχθρα τοῦ θεοῦ ἐστιν;
(우크-오이다테 호티 헤 필리아 투 코스무, 에크드라 투 데우 에스틴?)

"그 세상(코스모스)과 벗 된(좋아하는) 것이 그 하나님과 원수(적의)

가 됨을 알지 못하느뇨?"

'세상'으로 번역한 '코스모스(κόσμος)'는 몸과 마음을 비유로 이야기한다. 몸과 마음을 나와 일치시키는 것이 죄이며 간음이며 도적질이며 살인 행위다. 몸과 마음에서 나오는 모든 알음알음을 나와 일치시키는 것이 하나님과 원수가 됨이다. 간음하는 남자와 간음하는 여자의 그 실상을 드러내고 있다. 몸과 마음에서 일어나는 현상을 처음 나의 것으로 알게 하는 역할을 하는 것이 간음하는 여자들이고 받아들이고 결정하는 것이 간음하는 남자들로 비유하여 등장한다. 간음하는 남자와 간음하는 여자가 겉사람 안에 하나로 있다. 이 둘은 항상 하나로 작용을 한다. 그래서 이를 자세히 해체하여 보아야 한다. 남자와 여자를 분리하여 자세히 그 실상을 밝혀내는 것이 창 2,3,4장에 나오는 내용이다. 모두 오해하고 있는 에덴동산의 이야기다. 창세기 2:4절부터 하나님의 말씀을 따라가는 자, 내면에서 발생하는 일을 이야기하였다. 그리고 에덴동산 안에 살아가는 뱀에 물리게 되면서 길고 긴 이 간음이 이어진다. 계시록까지 이 이야기가 진행된다. 그만큼 왜곡된 나라고 하는 에고는 끈질기다. 그래서 이 휘장(에덴동산)을 분석하고 알아야 해체하여 찢어낼 수 있게 되어 지성소 안에 거하시는 하나님과 하나가 된다. 지성소 안에 거하시는 하나님은 대상이 아니다. 아비담마에서는 마음과 마음 부수를 통하여 이를 설명한다.

성경은 역사적인 내용을 기록한 역사서가 아니다. 바로 나의 간음을 서기관들과 바리새인들에 의해 예수(그 생명의 그 빛) 앞으로 이끌려 나와서 간음하는 마음의 실상을 밝히 드러내어 치료해야 하는 나의 이야기를 하고 있다. 성경 말씀 창 1:1절부터 계시록까지 모두 나에 관한 문제점을 드러내어 치료하는 내용이다. 하나님을 따라가는 자 모두 그 수준 차이가 있다. 그 자신의 치료에 관한 이야기를 기록한 내용이 하나님 말씀이다. 내면의 일이라 시제가 전혀 없다. 그런데 머리가 좋다고 하는 학자들과 종교인들이 성경 말씀이 무엇인지도 모르고 모두 변질시켜놓았다. 하나님에 의해 전해진 말씀은 믿음의 선진들 뿐 아니라 옆에 있는 이웃에게 그리고 바로 나에게 주어진 나에 관한 기록이다. 이것을 놓치면 하나님이 대상이 되고 우상이 되어버린다. 대상이 되고 우상이 된 하나님은 처음부터 살인한 자요, 거짓말하는 자요, 간음한 자요, 우상이요, 마귀요, 사단이다. 전 세계에 걸쳐있는 현대판 바리새인들이 이 모양이다. 느낌 인식 알음알이 반응 좋은 것은 취하고 싫은 것은 밀어내는 모든 작용은 몸과 마음 곧 세상(코스모스)에서 일어나는 현상이다. 이를 창세기에 에덴동산(아다마)을 밝히 드러내어 자세히 설명하고 있다.

예수께서 이 여인(귀네)에게 '더이상 죄를 범하지(하마르타노) 말라.' 하신다.

더이상 몸과 마음에 붙들리지 말고 몸과 마음 너머에서 오는 생명의 빛 곧 깨달음에서 떠나지 말라 하신다. 그리고 예수께서 더이상 말씀을 드러내지 않고(크룹토) 이 돌(리도스) 성전(히에론)으로부터 떠나신다(거부한다)(요 8:59). 서기관들과 바리새인들이 거하는 돌(리도스) 성전은 불타는 불구덩이다. 예수와 불타는 불구덩이와는 이렇게 대립하고 있다. 그래서 갈애의 불구덩이인 이 마음(카르디아)을 세밀하게 들여다보아야 이미 와 계신 그 예수가 보인다. 바울은 이 죄(하마르티아)를 통하여 바로 그곳에서 은혜(카리스)를 발견하였던 대표적인 사도다.

예수는 세상에서 일어나는 도적질, 거짓말, 이혼, 간음, 살인, 폭력, 전쟁, 등 이런 것에 대하여 한마디도 이야기하지 않는다. "구제할 때 오른손이 하는 것을 왼손이 모르게 하라" 하였다. 이 일이 현실이 되면 하나님 아들로 돌아가 아버지와 하나 되어 베레쉬트가 된다. 그러므로 하나님은 대상이 아니다.

'가이사의 것은 가이사에게 하나님의 것은 하나님에게' 돌아간다. 모두 자신들이 심은 것은 자신들이 거둔다. 좋음(토브)을 심으면 하나님이 된다.

성경에서 죄의 종류가 많이 등장한다. 하마르티아, 하마르타노, 오페일레타, 에피듀마아, 파라바세, 파랍푸토 등 이외에도 등장한다. 그 이유가 있는 것이다. 인생들이 생각하는 죄의 개념과 다르다. 하늘의 말씀을 열지 못하는 모든 빗나감이 죄이다. 대표적인 것이 이론과 종교 행위다. 인생들은 먹고 마시는 것을 죄로 여기지 아니한다. 예수도 먹고 마시고 붓다도 먹고 마셨다. 인생들과 똑같이 먹고 마신다. 그런데 깨어있는 자의 마음 안에서 일어나는 느낌 인식 반응은 전혀 다르다. 마음(카르디아)의 지배에서 벗어나 있다. 마음의 초월을 이룬 것이다. 그래서 예수는 항상 바다 위를 걸어오신다.

> 모든 형성된 것들은 참으로 무상하여 일어났다가 사라지는 법이다. 일어났다가는 다시 소멸하나니 이들의 가라앉음 즉 적멸이 진정한 행복이다.(상윳따니까야)

성경에 나오는 모든 내용은 이 세상에서 일어나는 일과 관련된 것이 아니라 이 세상의 언어를 사용하여 하늘 세계의 감추어진 일을 드러내고자 비사(히다)로 기록하였고 이를 비유(마솰)를 통하여 알 수 있게 하였다. 반드시 비유(그 생명의 그 빛)를 통하여 하늘의 비밀을 열 수 있게 하였다. 비유를 통하지 않고서는 그 어떤 말씀도 알 수 없는 것이다. 마음에서 일어나는 모든 알음알이의 그 실상을 알고 초월하고자 함이다. 이것을 오해하여 수천 년간 엉뚱한 이야기가 성경 말씀으로 둔갑하였다.

요한복음 8:9절에 간음한 여인(귀네)이 예수를 통하여 세상(몸과 마음)을 초월하여 생명의 빛 안으로 들어왔다. 그러므로 자신 안에 있는 이 예수가 그 생명의 그 빛인 비유(파라볼레)다. 그러므로 파라볼레(비유)는 이론이 아니다. 여인(귀네)에게 있어서 간음의 세계(코스모스)는 끝(종말)이 났다. 12절 예수께서 자신을 그 생명의 그 빛이라고 말씀하신다. 생명의 빛 안에 들어오면 일어나는 현상이 있다. 보고 듣고 맛보고 느끼고 인식하는 것들이 예전과는 완전히 다르다. 마음을 초월하였기 때문에 마음(카르디아)이 개입을 하지 못한다.

"여자(귀네)는 교회(에클레시아)에서 잠잠하라"(고전 14:34)가 현실이 된다. 간음의 세계에 종말이 왔다. 그동안 여자(귀네)가 보고 듣고 맛보고 느끼고 생각하는 것들 이 모두가 예수께서 말씀하시는 간음임을 알게 된다.

여자(귀네)에게 음욕을 품는 자마다 마음에 이미 간음하였느니라(마 5:28)

밖에 있는 아리따운 여인을 보고 음욕을 품는 것을 말씀하는 것이 아니다. 세상의 도덕적인 것들을 말씀하는 것이 아니다. 인생들이 간음의 세계를 떠나려면 반드시 예수 그리스도의 생명의 빛 안으로 들어와야 한다. 그렇지 않고서는 모두 죄 아래 있게 된다. 예수께서 항상 그 생명의 그 빛 안에서 말씀하신다.

예수께서 일어나사 여자 외에 아무도 없는 것을 보시고 이르시되 여자여(귀네) 너를 고소하던 그들이 어디 있느냐 너를 정죄한 자가 없느냐 (요 8:10)

예수의 그 생명의 그 빛 안에 들어와야 간음의 세계가 끝(종말)이 난다. "여자를 보고 음욕을 품는 자마다 이미 간음하였다"라고 말씀하신 예수의 그 뜻을 비로소 알게 된다. 보고, 듣고, 먹고, 마시고, 냄새 맡고, 느끼고, 생각하고, 인식하고, 반응하는 몸과 마음에서 나타나는 모든 현상이 간음하는 세상(코스모스)의 그 실상이다. 그러므로 세상(코스모스)을 해체하여 옥토로 개간해야 한다. 이 이야기가 창 1:1절부터 시작된다. 겉사람의 몸과 마음 곧 색(色), 수(受), 상(想), 행(行), 식(識)은 모두 고통스러운 것이며 모든 조건 지어져 일어났다. 조건 지어져 일어난 모든 것은 변하기에 자아라는 것은 없다. 만약 자아가 있다면 영원하고 불변하여야 한다. 예수는 변하고 고통인, 겉사람 안으로 오시는 그 세상(코스모스)의 그 빛이다.

나는 빛으로 세상(코스모스) 안으로 들어왔나니 무릇 내 안으로 들어와 하나 되어 믿는 자마다 어두움에 거하지 않게 하려 함이로라(요 12:46)

이러한 마음 세상을 코스모스, 게, 아이온, 오이쿠메네, 아그로스, 아로트리오, 코라, 코리온, 에레츠, 아다마, 테벨 등 다양하게 마음 세상을 표현하여 말씀하신다. 우리 내면의 실상을 드러내어 고발하기 위함이다. 겉사람의 심리 현상들이 어떻게 작용하는지 그 실상을 해체하여 알아야 온전히 마음을 초월할 수 있다. 몸과 마음이 가짜이기 때문이다. 가짜인 몸과 마음에 영겁을 통해 끊임없이 속아 살아왔다고 창 1:1절부터 말씀하신다.

이천 년간 예수의 말씀을 오해하여 종교 행위로 고행으로 간음하는 세상을 벗어나려 노력했지만, 그 간음의 세상에서 한 치라도 벗어날 수 없다는 것을, 말씀을 통하여 알게 된다. 몸과 마음의 실상인 그 에고가 그렇게 쉽게 물러나지 아니한다. 우리의 어떠한 노력으로도 에고(휘장)는 찢어지지 아니한다. 예수께서 에고(휘장)를 찢는 그 방법을 자신의 십자가에서 보여주셨다.

사도 바울도 정욕(퓌로)이 일어나면 혼인하라 하였다(고전 7:9). 그런데 말씀을 정확하게 모르는 자들은 혼인하는 그 방법을 모른다. 혼인하려고 하면 반드시 지혜가 필요하다. 노아의 기록에도 방주 안으로 정결한 짐승 일곱 쌍과 부정한 짐승 두 쌍을 이끌고 들어가서 정결한 짐승과 부정한 짐승 암수와 하나 되어 때마다 양식을 먹인다. 붓다께서는 위빠사나로 이를 설명하신다. 바울은 이 내용을 그의 서신에서 계속해서 설명을 이어간다. "내가 너희를 정결한 처녀로 한 남편인 그리스도께 드리려고 중매함이로다"(고후 11:2). 자신을 십자가에 달아매어 몸과 마음을 초월하는 방법을 이야기한다. 여기에 더 혼인할 이유가 없는 자들과 경수가 끊어진 참 과부가 등장한다. 깨어난 자들이다. 이들에게 계속해서 바울과 하나 되어있으라(메노) 한다(고전 7:8). 붓다께서는 탐진치 삼독을 온전히 넘어서야 하는 것으로 말씀하였다. 사띠, 사마타, 위빠사나를 통해서 이 일을 이루게 하신다. 마음에 정욕이 일어나는 것은 모두 결혼해서 자세히 알고 소멸해야 적멸의 상태인 아나스타시스, 에게이로의 세상이 내면에 나타난다. 모두 일어남과 부활로 번역하였다. 하나님의 그 생명의 그 빛 속에 들어와야 간음의 세상이 종말을 맞고 새로운 세상, 곧 부활이 일어난다. 몸과 마음 안에 그 생명의 그 빛이 임하여 고난으로 더불어 아나스타시스, 에게이로의 열매가 열린다. 몸과 마음에 정욕이 불처럼 일어나는 그 세상(코스모스)의 그 실상을 알기 위해 혼인(예수와)을 하면 종말과 함께 윤회가 끝이 난다. 마음은 그렇게 해서 초월 된다.

보라 내가 새 하늘과 새 땅(에레츠)을 창조(바라)하나니 이전 것은 기억되거나 마음에 생각나지 아니할 것이라(사 65:17)

새 하늘 새 땅은 과거(겉사람)가 온전히 사라진 천국(속사람)이다. '창조하다' 로 오역한 '바라' 동사는 창조하는 것이 아니라 과거의 기억을 가진 마음(카르디아)을 초월(찢어버림)하고자 하는 하나님의 일하심이다. 히다로 되어있는 '바라' 의 원 의미를 모르고 '창조하다.' 로 번역하여서 하나님이 우주 만물을 창조하였다고 수천 년간 오해하였다. 하나님은 우주 만물을 창조하지 아니하였다. 우주 만물은 죄로 인하여 생겨났다고 말씀하고 있다. 정욕이 불같이 일어나는 그 마음을 초월해야 하는 내용이다. 마음을 초월하려면 반드시 예수의 말씀을 통하여 자신의 십자가에 달려 죽어야 한다. 그러면 예수 그리스도의 신부가 된다.

(사 66:22) 나 여호와가 말하노라, 나의 지을 새 하늘과 새 땅(에레츠)이 내 앞에 항상 있을 것같이 너희 자손과 너희 이름이 항상 있으리라

새 하늘과 새 땅을 '너희'라고 말씀하고 있다. 창 1:1절 등장하는 처음 하늘과 처음 땅은 장차 새롭게 태어날 너희다. 공간 세상의 우주가 아니다. 성경은 겉사람의 과거 마음(카르디아)이 없어진 새 마음(누스)을 되찾게 하신다. 누스 안에 하나님이 거하시는 몸 된 성전이 있다. 우주 창조가 아니다.

(벧후 3:7) 이제 하늘과 땅(게)은 그 동일한 말씀으로 불사르기 위하여 간수하신 바 되어 경건치 아니한 사람들의 심판과 멸망의 날까지 보존하여 두신 것이니라

처음 하늘과 처음 땅은 '경건치 아니한 사람들'로 비유하고 있다. 정욕이 불같이 일어나는 것을 소유한 자들이다. 하나님을 따라가는 자의 겉사람(처음)을 지칭한다. 겉사람에게 속사람인 예수께서 오셔서 길가 밭, 돌밭, 가시덤불 밭을 개간하여 옥토로 일구어 말씀의 씨를 뿌리고 키워서 열매를 내어 하나님이 거하시는 몸 된 성전에 드리기 위함이다. 아버지가 아들을 낳는 내용이다. 이것이 창 1:1절의 내용이며 성경 전체의 대주제다.

(벧후 3:13) 우리는 그의 약속대로 의에 거하는바 새 하늘과 새 땅을 바라보도다

하나님이 약속한 새 하늘과 새 땅 곧 하나님이 거하실 몸 된 성전이 우리(1인칭) 안에 세워지길 원하신다.

(계 21:1) 또 내가 새 하늘과 새 땅을 보니 처음 하늘과 처음 땅이 없어졌고 바다도 다시 있지 않더라

처음 하늘과 처음 땅과 바다가 사라진 새 하늘과 새 땅은 모든 번뇌

망상이 사라진 새로운 세계 곧 천국이다. 각자 안에 이미 와서 계신 예수 그리스도와 하나 됨이다.

(고후 5:17) 그런즉 누구든지 그리스도 안에 있으면 새로운 피조물이라 이전 것은 지나갔으니 보라 새것(새사람)이 되었도다

'피조물'로 번역한 단어가 2937번 '크티시스'로 '새롭게 된'이다. 피조물이 아니다. 하나님의 아들은 피조된 것이 아니라 하나님이 낳으셨다. 학자들이 번역을 엉뚱하게 하였다. 이 내용은 뒤에서 언급하였다.

그러므로 창 1:1절에 나오는 '바라'는 아들을 낳기 위해 하나님이 일하심이다. 하나님이 아들 그 예수를 겉사람 안으로 보내셔서 마음 밭을 옥토로 개간하여 말씀의 씨앗을 뿌리시고 열매(아들)를 거두신다. 말씀으로 아들을 낳으신다. 창세기 1:1절 "태초에 하나님이 천지를 창조(바라)하시니라."고 오역한 문장에 '창조하다'가 아들을 낳음이다. 우주를 창조하는 단어가 아니라 내면에서 그 하늘들과 그 땅을 옥토로 개간(크티시스)하는 내용으로 말씀의 씨를 뿌리서 아들을 낳기 위함이다.

'크티시스(κτίσις)'는 하나님과 하나 되기 위해 겉사람의 정과 욕심을 떠나는 내용이다. 몸과 마음의 그 실상을 알아서 초월하고자 함이다.

'크티시스'는 겉사람의 정과 욕심을 속사람의 제물이 되게 하는 첫 걸음에 해당하며 속사람과 하나 되기 위해 하나님을 따라가는 겉사람의 마음 밭을 개간함을 의미한다. 그러므로 크티시스는 '피조물'이 아니다. 종교인들이 오해하여 번역하였다. 겉사람과 하나 된 속사람은 하나님의 아들이다. 하나님의 아들을 낳기 위함이 크티시스다. 하나님이 거하시는 몸 된 성전이 된 새사람을 낳기 위해 개간하심이다. 완성되면 새 하늘 새 땅이 되었다 한다. 예수 그리스도의 신부다. 예수와 하나 된 신부는 피조물이 아니다. 그러므로 "그리스도 안에 있으면 새로운 피조

물이라"라고 번역한 것은 너무도 크나큰 오역이다. 이를 위해 "엘로힘이 베레쉬트와 하나 되기 위해 정욕으로 가득한 마음의 그 하늘들과 마음의 그 땅을 개간하시느니라"라고(창 1:1) 말씀하신다. 그리고 개간이 온전케 이루어지면 "또 내가 새 하늘과 새 땅을 보니 처음 하늘과 처음 땅이 없어졌고 바다도 다시 있지 않더라 또 내가 보매 거룩한 성 새 예루살렘이 하나님으로부터 하늘에서 내려오니 그 예비한 것이 신부가 남편을 위하여 단장한 것 같더라"라고(계 21:1-2) 말씀하신다.

그러면 하나님의 그 생명의 그 빛이 어찌하여야 겉사람의 세상(코스모스) 안으로 임할 수 있을까? 달리 표현한다면 어떻게 예수께서 달리신 그 십자가에 달려서 휘장(몸과 마음)을 초월할 수 있을까?

이천 년 전 예수께서 골고다 언덕에서 십자가에 달려서 죽었다. 이것은 역사적으로 일어났던 사건이다. 그러나 원어로 보는 성경은 역사적 사건을 말씀하지 아니한다(시제가 없다). 비사(파로이미아)와 비유(파라볼레)와의 관계로 되어있다. 하나님을 따라가는 자 각자 안에서 일어나야 할 일이다. 이 핵심을 알아내지 못하면 헛일이다. 이 일은 종교 행위로 되는 것이 아니다. 이 죽음은 마음(휘장)을 초월한다. 예수의 죽음이 아니면 육체는 죽일 수 있으나 마음은 죽이지 못해서 마음이 또 육체를 계속해서 만들어 내기 때문에 다음 생을 또 살아야 한다.

마음(휘장)을 찢어버려야 다시 태어나는 일이 없다.

그러면 마음을 어떻게 초월할 수 있을까? 성경에서 마음을 초월하는 방법을 자세하게 설명하고 있다. 창 1:1절부터 이 이야기가 시작된다. 예수의 십자가 사건을 통해 온전히 마음을 초월하는 것을 보여주신다.

이천 년 전부터 예수께서 우리의 죄를 대신 사해 주셨다고 그동안 배워왔고 그렇게 알아 왔다. 이것은 성경 말씀에 없는 거짓이다. 번역을 잘못하여서 발생한 큰 문제다. 그러하다면 만약 이천 년 전에 예수께서 내 죄를 대신 사해 주셨다면 왜 마음속에 여전히 죄가 남아 있는가? 기도해도, 예배드려도, 금식해도 어떻게 번뇌 망상 곧 과거로부터 기인한 죄가 내면에 그렇게 멀쩡히 살아 있는가?

성경에서 말씀하는 것은 대속(代贖)이 아니라 속죄다. 속죄하는 방법을 예수께서 보여주셨다. 그런데 이 속죄가 비사(파로이미아)와 비유(파라볼레)와의 관계로 되어있다. 이래서 성경은 학자들과 종교인들이 해석하면 안 된다. 그런데 종교인들이 예수가 무엇인지도 모르고 그 예수를 우상으로 높이 세워놓고 종교를 통해 해석해 왔고 이를 통해 통치해 왔다. 이들은 예수의 그 생명의 그 빛 안으로 들어오는 것을 이렇게 막아왔다. 장님이 장님을 인도한 격이 되었다. 그러면 어떻게 우리가 그 예수께서 말씀하시는 그 생명의 그 빛 안으로 들어갈 수 있는가? 이는 지도와 같이 그 길을 차례로 안내하고 있다. 육신의 정욕, 안목의 정욕, 이생의 자랑으로부터 떠나는 길이다. 이 세상(몸과 마음)과 완전히 거꾸로 간다. 마음이 청정해지는 그 길이다. 그래야 이미 와 있는 생명의 법을 자신 안에서 하나 되어 보고 만질 수(호라오) 있게 된다.

3. 믿음에 대해서

칼빈이 가토릭으로부터 종교개혁을 선언하였는데 그 모티브 중 하나가 '오직 믿음으로 구원받는다' 라는 것이었다. 이것은 성경에 없는 거짓으로 말씀을 잘못 해석하여 발생한 일이다. 성경 기록에서는 칼빈이 이야기한 그 믿음과는 전혀 다르게 그것을 말씀하고 있다. 성경에서 말씀하는 믿음에 대하여 다루려면 믿음에 대한 구절들을 모두 찾아서 설명해야 하지만 그 흐름이 모두 같으므로 간단히 몇 구절만 들여다보겠다.

(히 11:1) 믿음은 바라는 것들의 실상이요 보지 못하는 것들의 증거니 Ἔστιν δὲ πίστις ἐλπιζομένων ὑπόστασις, πραγμάτων ἔλεγχος οὐ βλεπομένων.(에스틴 데 피스티스 엘피조메논 휘포스타시스, 프라그마톤 엘렝코스 우 블레포메논)

크나큰 오역이다. 번역된 내용은 하나님 말씀이 아니다. 잘못 번역된 문장 때문에 믿음에 대해서 크게 오해를 해 왔던 대표적인 구절이다. '믿음(피스티스)은 바라는 것들의 실상이요' 에서 '바라는 것들의' 로 오역한 'ἐλπιζομένων· 엘피조메논'은 현재, 수동태다. 따라서 '현재 바라지는 것들'로 번역해야 한다. 내가 바라는 것과 하나님이 바라는 것과는 완전히 다르다. 그러므로 믿음은 (하나님으로부터) 바라지는 것들의 실상이다. 내가 바라고 희망하는 것이 아니다. 내(겉사람)가 바라는 나의 믿음을 버려야 속사람의 믿음 곧 예수의 믿음이 임한다. 예수 안에는 아버지가 계신다. 아버지와 하나 되어 우리 안에 하나님이 거하실 몸 된 성전이 세워지는 것이, 바로 그 실상(휘포스타시스)이다. 하나님이 바라는 것이지 나의 믿음이 아니다. 내가 원하는 것은 겉사람의 세계 곧 안이비설신의(眼耳鼻舌身意)를 통해 들어오는 감각적 욕망의 충족이다. 나의 믿음 나의 신앙이 지진이 나고 홍수가 나서 완전히 망해야 각인의 믿음이 떠나고 속사람의 믿음 곧 예수의 믿음이 내면에 도래한다. 그렇지 않고는 절대로 내려놓지 못하는 것이 자기 믿음이다. 이래서 애굽에서의 믿음으로부터 떠나기 위해 애굽에서 크나큰 고통을 당해야 여호와의 말씀을 따르는 모세가 나타나 이끌어 가기 시작한다(내면의 일이다). 그리고 열 가지 재앙을 반드시 겪어야 하며 양고기와 무교병을 몸 안에 넣어야 갈대 바다를 향해, 광야를 향해 갈 수 있는 지혜가 임한다. 이처럼 견고해진 자기 믿음을 버리고 떠나는 것은, 참으로 어려운 일이다. 그러면 이 세상의 신념(의지)과는 완전히 거꾸로 가게 된다. 애굽으로부터 온갖 멸시 천대를 받아야 한다. 안이비설신의를 통하여 들어오는 감각적 욕망에 대해 혐오를 느껴야 한다는 비유다. 믿음의 선진은 모두 그러한 과정을 지났다. 그러므로 창세기부터 계시록까지 기록된 모든 말씀은 참믿음을 소유하는 그 길을 기록하였다.

1650번 '엘렝코스(ἔλεγχος)' 어근: 1651번에서 유래, 어의: 책망, 심판.

1651번 '엘랭코(ἐλέγχω)' 어의 : 죄를 깨닫게 하다, 잘못을 말하다, 책망하다, 꾸짖다. 991번 '블레포(βλέπω)' 어의 : 알다, 깨닫다.

'증거니'로 오역한 1650번 '엘렝코스'는 책망이다. 다시 번역하면 "믿음은 바라지는 것(수동태)들의 실상(그리스도)이며 (이것을) 깨닫지 못하는 것(수동태)들의 책망이다."

믿음은 바라지는 것들(수동태)의 실상(몸 된 성전)이며 이것을 깨닫지 못하면 책망, 심판이 따르는 것이다. 하나님의 자녀들에게 주어지는 말씀이다. 서기관과 바리새인들에게 주어지는 말씀이 아니다. 책망, 심판을 이야기하면 모두 무섭게 생각한다. 하나님이 심판하시는 내용이 아니다. 모두 비사(히다)와 관련된 비유다. 하나님의 속성은 정확한 정견을 갖추게 한다. 하나님은 어떠한 심판도 하지 아니하신다. 의인과 악인에게 똑같이 비를 내려주신다. 모두 자업자득이다. 그 기준을 제시하는 것이다.

우리는 믿음을 이야기할 때 나의 종교적 체험이나 지식을 이야기한다. 그러나 기록에서는 전혀 다르게 말씀한다. 나의 믿음, 지식, 종교적 체험이 아니라 수동태로서 속사람 예수께서 가지고 있는 믿음을 이야기한다. 각자의 지식이나 종교적 체험들은 모두 겉사람(애굽)에서 일어나는 일이다. 예수의 믿음은 몸 된 성전의 지성소로부터 나온다. 예수 안에 아버지가 하나 되어 거하신다. 아버지와 예수는 하나다. 이것이 나타나지는 것을 믿음으로 이야기한다. 이것이 아니면 당연히 나의 믿음은 책망(엘렝코스)을 받아 자기 믿음이 무너져야 한다. 예수 그리스도의 생명의 빛이 내면에 임하지 아니하면 바울 되기 전 사울처럼 자기 신앙을 포기하기란 거의 불가능하다.

(히 10:38) 오직 나의 의인은 믿음으로 말미암아 살리라.

번역이 잘못되었다.

ὁ-δὲ δίκαιος ἐκ πίστεως ζήσεται·(호-데 디카이오스 에크 피스테오스 제세타이)

"오직 나의 그 의로움은 예수께서 가지고 있는 믿음으로 사는 것이리라."

믿음(피스테오스)이 소유격으로 등장하며 전치사 에크(ἐκ)와 만난다. 예수께서 가지고 있는 믿음으로 살려면 선 조건이 십자가에 달려 겉사람을 초월하여야 한다.

'믿음으로 말미암아 살리라' 라고 번역된 원본 '에크 피스테오스 제세타이' 에서 '에크(ἐκ)' 전치사는 '~밖으로, ~밖에서' 이며 '믿음으로' 번역된 '피스테오스(πίστεως)' 는 소유격으로 되어있다.

이 뜻은 의인이 가지고 있는 예수 그리스도의 믿음은 밖으로 드러나게 되어있다. 나의 믿음을 버려야만 속사람의 믿음으로 들어가서 그 안에 있는 예수의 믿음과 하나 되어 밖으로 나타난다. 나의 마음(휘장)을 찢고 예수가 가지고 있는 믿음 곧 아버지와 하나 된 믿음이 (밖으로: 겉사람에게) 드러나는 것이다. 이런 문장의 형태를 띠는 소유격이 있는 경우 'possessed by' 또는 'belonging to' 의 뜻으로 해석해야 하는 것이 예수께서 말씀하시는 믿음을 올바르게 표현하고 있다. '믿는다' 로 쓰이는 '피스튜오스(πιστεύως)' 동사는 문장에서 '소유격' 으로 쓰이고 있다.

이 동사는 특수한 것을 제외하면 목적어를 직접 취하지 않는다. 영어에서도 'believe' 라는 동사는 목적어를 직접 취하지 아니하고 전치사 'in' 을 사용하여 'believe in Jesus' 라 하며 'believe Jesus' 라고 사용하지 않는다. 'believe Jesus' 로 사용하면 예수를 대상으로 믿는 것이 된다. 헬라어나 영어에서도 '믿음' 이란 단어를 사용할 때는 목적어를 직접 취하지 않는다는 것, 곧 대상으로 믿는 것이 아님을 나타내고 있다. 그런데도 영어권에서도 문자로는 'believe in Jesus' 라고 사용하면서 '예수를' 목적인 대상으로 섬기는 것은 동서양이 마찬가지인 듯하다.

헬라어의 문장에서 주어로 쓰이는 단어는 주격, 소유의 의미는 속격, 목적어로 쓰이면 목적격, 여격으로 쓰이면 여격으로 사용하는 어미변화가 있다. 여격이란 사용된 명사로 하여금 무엇을 받는 자리에 서 있어서 동작 상태를 나타내고 있다. '~에게서, ~로부터' 의 뜻을 지닌다.

그러므로 '예수로부터, 예수에게서'의 뜻으로서 예수께서 가지고 있는 동일한 믿음을 요구한다. 동일한 믿음을 가지고 있으려면 예수 안에 있을 수밖에 없다. 예수 안에는 아버지가 하나 되어있다. 이와 똑같음을 요구한다. 그래서 예수를 대상으로 믿는 것이 아님을 성경 전체를 통해 우리에게 알려주고 있다. 이것을 알기란 참으로 어렵다. 왜냐하면 밖에 오신 예수는 너무도 위대하고 힘이 있고 못 하는 것이 없는 전지전능한 신으로 등장하였기에 여기에 굴복하지 않을 수 없다. 그래서 예수께서 비사(파로이미아)와 비유(파라볼레)를 통해 믿음이 무엇인지를 우리에게 알려주시고 자신은 비참하게 사망을 당한 죄의 모습으로 죽음을 택하였다. 소유의 소유격(Possessive Genitive)은 비유로 된 그 문장의 의미에서 belonging to, possessed by의 뜻을 지닌다.

'예수께 속한 믿음, 예수께서 가지고 있는 믿음'을 나타낸다. 예수께서 가지고 있는 믿음은 예수 안에 계신 아버지가 아들 예수와 하나 되어있다. 소유격의 본질적인 특징은 관련되어있는 것을 소유한다. 명사는 소유격(속격) 명사(genitive noun)에 의해 소유되는 말로도 표현할 수 있다. 소유격에 있어서 소유라는 의미가 일반적이다. 소유의 여격(Dative of Possession)일 때는 어떤 조건에서는 '소유의 소유격'과 같은 기능을 하고 있다. 성경에 등장하는 믿음에 관련된 속격은 소유의 소유격으로 해석하여야 원래 가지고 있는 그 의미를 나타낼 수 있는 것을 발견하게 된다. 곧 예수께 속한 믿음, 예수께서 가지고 있는 아버지에 대한 믿음을 나타낸다. 문법은 단지 참고 사항이다.

이 믿음이 창세기에서부터 자녀를 통해 계속 나타나기 때문이다. 이 내용의 흐름이 중요하다. 성경 기록은 예수께서 지닌 똑같은 믿음을 우리에게 요구한다. 이것이 큰 문제다. 나의 믿음이 아니다. 이천 년 동안 종교인들이 원의를 모르고 나의 믿음을 강조해 왔다. 그래서 각종 종교 행위가 성행하게 된다. 과연 예수께서 말씀하는 이 믿음을 지닌다면 어떤 현상이 내면에서 일어나는가? 하는 것이다. 그 하나는 몸과 마음에서 일어나는 것에 속지 아니한다. 몸과 마음에서 일어나는 모든 현상은 모두 조건이 되어 일어난다. 중생들은 보는 나, 듣는 나, 느끼는 나, 생각하는 나가 있다고 자연스럽게 믿는다. 몸과 마음에서 왜곡되어 일어나는 현상에 속고 있기 때문이다. 이것은 예수께서 말씀하는 믿음이 아니다.

창세기 2장부터 이 문제가 핵심으로 등장한다. 하아담과 하잇솨를 들어서 이 믿음을 말씀하신다. 속사람에 속한 것이 그 믿음이다. 그러므로 예수께서 말씀하시는 모든 내용은 구약의 내용과 연결되는 비사(파로이미아)이며 이에 대한 것을 비유(파라볼레)를 통해 제자들에게 말씀하신다. 물론 서기관들과 바리새인들은 알아들을 수가 없었으며 제자들 또한 예수께서 비사(파로이미아)에 대한 것을 비유(파라볼레)를 베풀어 말씀하였으나 그 당시 그 뜻을 알아듣는 제자들이 없었다. 치유 받은 문둥병 환자 중 한 사람, 치유 받은 중풍병자, 혈루병에서 치유 받은 여인(귀네), 치유 받은 소경, 간음으로 서기관과 바리새인들에 끌려온 여인(귀네)처럼 내적 치유를 받은 자들 이외에는 없었다. 결국 제자들은 예수께서 부활하신 이후 마가의 다락방 사건을 통해 그 의미를 깨달을 수 있었다. 이처럼 믿음에 대한 말씀은 비유(파라볼레)로서 대단히 어려운 문제다. 문법을 통하여 다가갈 수 있는 내용이 전혀 아니다. 예수 안에 하나 되어있는 아버지에 대한 믿음이 문제로 제시된다. 이것을 각자에게 요구한다. 아버지와 하나 되어있는 그 예수가 내 안에 현재 계시 되고 있는가? 하는 것이다. 문법은 하나의 참고 사항일 뿐이다. 예수께서 말씀하시는 믿음은 속사람에게 속해있다. 그러면 몸과 마음에서 일어나는 현상에 속지 아니한다. 애굽에 속한 마음 밭을 해체해서 의식, 무의식, 잠재의식 그 속에 있는 것을 의식으로 드러내서 확인할 수 있어야 한다. 이 믿음을 가지려면 예수께서 강조하신 카타볼레스 코스무가 선행되어야 한다. 마음 밭을 해체해서 옥토로 만들어야 가능하다. 바로 정견을 갖추기 위함이다. 붓다께서는 십이연기와 사성제 팔정도를 통해 이를 말씀하신다.

경에서 쓰인 믿음은 예수께서 가지고 있는 것이 캐논이며 나의 잘못된 믿음을 성경 전체를 통해서 책망하기 때문이다. 나의 믿음은 애굽의 실상이며 그 마음을 해체하여 들여다보지 못하며 옥토로 개간하지 못한다. 곧 카타볼레스 코스무를 실행하지 못한다. 그래서 경에서 쓰인 믿음은 나의 믿음이 아니고 예수 그리스도에게 속한 믿음, 예수께서 가지고 있는 아버지에 대한 믿음을 뜻한다. 예수께서 가지고 있는 믿음의 실상은 아버지와 하나 된 것이다. 이것이 아니고 다른 것이 내 안에 거한다면 이는 바른 믿음이 아닌 귀신 들림이라 한다. 그래서 책망을 받게 된다. 반드시 바른 견해, 정견을 가지고 있어야 하며 그리고 하나님과 하나 됨이 일어나야 한다. 이 내용이 창세기부터 시작된다. 그와 대조를 이루고 있는 자기 믿음을 세운 것이, 바벨탑이며 소돔과 고모라성에서의 믿음이며 바알 신을 섬김이다. 이들을 창녀 창기로 일컫는다.

구약에 등장하는 많은 이들은 바알 신을 하나님으로 보았음을 알 수 있다. 이들의 믿음을 통해 해석한 하나님이 바알이다. 이래서 비사(히다)와 비유(마솰)는 대단히 어렵다. 바알로 기록하고 있어서 바알이지 하나님이 아니라고 생각하면 큰일이다. 왜곡된 하나님을 바알이라 기록한 것뿐이다. 지금도 이름만 예수이지 그 내용은 그렇지 않은 모든 것은 다른 예수 곧 바알이다. 그래서 나의 믿음 곧 자기 믿음을 버리고 예수께서 가지고 있는 믿음 곧 아버지와 하나 된 믿음을 소유하는 그 길을 가야 한다.

이 길은 좁은 길이며 내면으로 향하는 길이며 내면의 마음 밭을 옥토로 개간하는 일이라 사람들이 찾지 아니한다. 그러므로 모든 성경 기록은 내면에서 일어나는 일을 비사(히다)와 비유(마솰)와의 관계로 말씀하고 있다. 그래서 시제가 없다. 지금은 사용하지 아니하는 죽은 언어다. 그러므로 역사적인 내용이 아니다. 아담, 노아, 아브라함, 다윗, 예수, 그 모두는 역사적인 인물을 말씀하는 것이 아니라 내면에서 현재 나타나는, 하나님으로부터 나온 생명의 빛에 관한 속성을 이야기하였다는 것을 발견해야 한다. 이에 관한 내용은 뒤에서 설명을 이어가겠다.

(롬 3:28) 그러므로 사람이 의롭다 하심을 얻는 것(수동태)은 율법의 행위에 있지 않고 믿음으로(여격) 되는 줄 우리가 인정하노라(생각한다)

여기 쓰인 믿음은 '피스테이(πίστει)' 여격으로 예수께서 소유하고 있는 믿음이다. 사람이 의롭게 되는 것은 자기 믿음이 아니고 하나님에 의해 세워진 성전이 내면에 나타남이다.

(고후 5:7) 이는 우리가 믿음으로 행하고 보는 것으로 하지 아니함이로라.
διὰ πίστεως-γὰρ περιπατοῦμεν, οὐ διὰ εἴδους·
(디아 피스테오스-가르 페리파투멘, 우 디아 에이두스)

'믿음으로'가 아니라 '디아 피스테오스(믿음을 통하여)'이다. '우리가 믿음으로'라고 번역한 것은 '우리가 가지고 있는 믿음으로'라고 오해하게 된다. 그러나 '우리'는 1인칭이다. '디아(διά)' 전치사는 '~통하여'의 뜻으로 예수께서 가지고 있는 믿음 안으로 통과하게 되면 온전히 예수께서 가지고 있는 믿음으로 바뀌게 됨을 말씀한다. '믿음(πίστεως 피스테오스)'은 명사 소유격이다. 예수께서 소유하고 있는 믿음이다.

'보는 것으로 하지 아니함이다'라고 번역한 '우 디아 에이두스'에서 '보는 것으로' 번역한 '에이두스(εἴδους)'는 '겉사람의 눈으로 보는 것'을 말씀한다. 그러므로 믿음은 우리가 행하고 보는 것(겉사람의 종교적 체험)이 아니라 정의한다. 속사람의 눈으로 보는(호라오) 것이 있기 때문이다. 이러므로 번역이 참으로 중요하다. 조금이라도 잘못 번역하면 전혀 다른 의미로 변질된다.

여기서는 '겉사람의 눈(세계)을 통하여 보는 것(체험)이 아니다'라고 말씀한다. 불경 중에 반야심경에서는 '무안이비설신의(無眼耳鼻舌身意)'를 말씀하고 있다. 부처의 세계는 눈,귀,코,혀,몸,마음의 세계가 아니라 한다. 겉사람을 통하여 볼 수 있는 세계가 아니며 겉사람을 통하여 결코 다다를 수 있는 세계가 아니다. 세상 사람들은 감각적 욕망이 채워져야 행복해한다. 이것들이 없으면 몹시 불행해한다. 감추어진 이 세계는 겉사람의 세상과 완전히 거꾸로 되어있다. 그러므로 예수께서 가지고 있는 믿음은 겉사람의 눈(에이두스)을 통하여는 결코 볼 수 없다. 겉사람의 세계를 통해서 보고 행동하는 것들을 자기 믿음이라 한다. 그래서 이 길은 내면으로 향하는 좁은 길이며 고뇌의 눈물을 쏟으며 책망(엘렝코스)을 받고 수치를 당하여야만 갈 수 있는 유일한 길이다. 일부러 보여주기 위해 예수가 십자가의 길을 갔다. 그렇지 않고 쉽게 깨닫는 사람들은 전생부터 이 길을 가던 사람들임에 틀림이 없다.

(갈 2:16) 사람이 의롭게 되는 것은 율법의 행위에서 난 것이 아니요 오직 예수 그리스도를 믿음으로 말미암는 줄 아는 고로 우리도 그리스도 예수를 믿나니 이는 우리가 율법의 행위에서 아니고 그리스도를 믿음으로써, 의롭다 함을 얻으려 함이라 율법의 행위로서는 의롭다 함을 얻을 육체가 없느니라
εἰδότες ὅτι οὐ-δικαιοῦται ἄνθρωπος ἐξ ἔργων νόμου, ἐὰν-μὴ διὰ πίστεως Ἰησοῦ χριστοῦ, καὶ ἡμεῖς εἰς χριστὸν Ἰησοῦν ἐπιστεύσαμεν, ἵνα δικαιωθῶμεν ἐκ πίστεως Χριστοῦ, καὶ οὐκ ἐξ ἔργων νόμου· διότι οὐ-δικαιωθήσεται ἐξ ἔργων νόμου πᾶσα σάρξ.

번역이 대단히 잘못되었다.

그리스도를 대상으로 믿는 것이 아니다. 다시 번역하면 “사람이 의롭게 되는 것은(수동태) 율법의 행위들에서 나오는 것이 아니요, 오직 예수 그리스도의 믿음(소유격)을(예수가 소유한 믿음) 통해서 앎(에이도테스)이다, 그리고 우리(1인칭)가 그리스도 예수가 가지고 있는 믿음 안으로 들어간다(하나 되기 위해). 이는 율법의 행위에서가 아니요, 그

리스도(소유격)의 믿음 안에서 밖으로 나타나짐으로(에크) 우리가 의롭다 함을 얻게 됨이다(과거,수동태). 그리고 모든 육체(사르크스)가 율법의 행위들(종교행위)로서 의롭게 될 수 없다."

예수 그리스도의 믿음을 통해서 우리 안에 하나님이 거하시는 몸 된 성전이 나타난다. 이것이 '의롭게 되는 것'이다. 종교적인 행위가 아니요, 자기 체험이 아니다. 우리에게 예수 그리스도가 가지고 있는 똑같은 믿음을 요구하는 것이다. 속사람을 요구하신다. 그러하다면 사울이 빛 속으로 끌려 들어갔던 것처럼 그 빛 안으로 들어가야만 한다. 간음한 여인(귀네) 또한 그 생명의 빛 안으로 끌려 들어갔다. 이처럼 성경에서 말씀하는 믿음을 소유하기란 참으로 어렵다.

'ἐὰν-μὴ δια πίστεως 'Ιησοῦ χριστοῦ,(에안-메 디아 피스테오스 예수 그리스투)'. '오직 예수 그리스도를 믿음으로 말미암는 줄'로 번역한 원문이다. 번역된 문장을 보면 목적격인 '예수 그리스도를'로 번역하고 있으나 예수 그리스투('Ιησοῦ χριστοῦ)가 소유격이다. 그리고 그 앞에 '믿음으로' 번역된 '피스테오스(πίστεως)' 또한 '소유격'이다.

오직 예수 그리스도의 믿음(소유격) 또는 예수 그리스도가 소유한 아버지에 대한 믿음임을 알 수가 있다. 예수 그리스도가 가지고 있는 똑같은 믿음을 우리에게 요구하고 있다. 그래서 예수가 가지고 있는 믿음 안으로 들어가야 함을 말씀하고 있다. 예수가 가지고 있는 믿음 안으로 들어가면 예수께서 가지고 있는 믿음과 똑같은 믿음이 밖으로 나타나게 된다.

이것이 호몰로게오(ὁμολογέω)다. 그러나 한글 성경은 예수 그리스도를 대상으로 믿는 것으로 번역하여서 크나큰 오해를 가져오고 있다. 번역된 구절은 말씀을 왜곡하였다. 그러면 더욱더 우리에게 주어진 하나님 말씀이 아니다. '이는 우리가 그리스도를 믿음으로 의롭다 함을 얻는다.'로 번역하고 있는 문장이다.

'ἵνα δικαιωθῶμεν ἐκ πίστεως Χριστοῦ,
(히나 디카이오도멘 에크 피스테오스 크리스투)'

이 또한 크나큰 오역이다. 예수 그리스도를 대상으로 믿는 것이 아니다.

바른 번역: "이는 그리스도(소유격)의 믿음 안에서 밖으로 나타남(드러남)으로(에크) 우리가 의롭다 함을 얻게 되었다(과거,수동태)."

의롭게 되는 것은 종교적 행함도 아니요, 도덕적으로 옳은 것과도 관련이 없다.

'디카이오도멘(δικαιωθῶμεν)' : 동사, 가정법, 과거, 수동태, 1인칭, 복수로서 '우리'가 1인칭, 수동태다. 각자 내면에서 속사람에 의해서 일어나는 일이다.

'에크 피스테오스(ἐκ πίστεως)'에서 '에크(ἐκ)' 전치사는 '안에서 밖으로'의 뜻이다. 내면에서 그리스도의 믿음이 계시 됨을 말씀하신다. 부활로 나타나심이다. 그리고 '피스테오스(πίστεως)'는 명사, 소유격이다. 전치사와 결합하여 그 의미는 그리스도의 믿음을 가지고 있는 것이 밖으로 나타남을 의미한다. 그리스도의 믿음이 속사람으로부터 밖으로, 곧 겉사람에게 나타나는 것이 야고보서 2장에서는 '행함'으로 번역하고 있다. 이래서 오해되고 있다. 곧 부활이며 깨어남이다. 겉사람이 율례를 지키는 행함도 아니며 도덕적으로 좋은 일을 행하여 나타나는 것도 아니다. 겉사람의 행위로는 불가능하다. 겉사람의 의지나 행위가 철저히 망해야 한다.

"영혼(하나님의 영, 관사 없음) 없는 몸(소마)이 죽은 것 같이 행함(에르가:하나님의 일)이 없는 (그) 믿음은 죽은 것이니라"(약 2:26)

행함이 없는 그 믿음은 죽은 것이라 하여 열심히 봉사도 하고 종교적 행위도 열심을 내서 한다. 또 음식을 끊고 몸을 망쳐가며 기도를 하기도 한다. 특별히 돈 십일조와 헌물은 빠지지 않고 드린다. 만일 다른 행함은 하더라도 돈 십일조를 드리지 않으면 그것은 믿음이 아니라고 인식한다. 모두 대단히 오해 하였다. 여기 등장하는 행함은 내 안에서 하나님이 일하심(에르가)이다. 번역이 이처럼 크나큰 오해를 가져온다. 원래의 그 의미와 다르다면 더욱 하나님 말씀이 아니다. 그래서 종교인들이나 학자들이 성경 번역을 하면 절대로 안 된다. 하나님의 일(에르가)은 오직 하나 겉사람의 마음을 초월하는 일이다. 그래야 하나님이 거하시는 몸 된 성전이 그 안에 세워진다.

'하나님의 영(푸뉴마,관사없음)' 이 없는 소마(몸)는 하나님이 거하지 않는 허물어진 성전으로 귀신들이 거한다. 허물어진 몸 된 성전을 내면에 다시 세우는 일이 '행함' 으로 번역한 '에르가' 다. 에르가(행함)가 없으면 내면에 하나님이 거하시는 몸 된 성전은 세워지지 아니한다. 하나님이 거하시는 몸 된 성전을 겉사람의 정과 욕심(강도들)으로부터 침입당하지 않도록 지켜야 하며, 만약 강도떼들의 침입으로 허물어지면 다시 건축하여야 한다. 이것이 에르가다. 그러하다면 반드시 내면의 마음 밭을 카타볼레스 코스무(καταβολῆς κόσμου)를 통해 개간해야 한다. 마음의 그 실상을 드러내어 개간해야 한다. 이것이 믿음에서 나오는 행함이다. 예수께서 가지고 있는 믿음은 아버지에 의해 세워진 것으로 율법으로 인한 것이 아님을 말씀한다. 율법을 의지한 믿음은 버려야 할 자기 믿음이다. 예수께서 가지고 있는 믿음은 아버지와 하나로 있는 것이다.

(약 1:6) 오직 믿음으로 구하고 조금도 의심하지 말라
αἰτείτω-δὲ ἐν πίστει, μηδὲν διακρινόμενος·
(아이테이토-데 엔 피스테이, 메덴 디아크리노메노스)

번역이 잘못되었다.

'엔(ἐν)' 전치사는 '안에서', '~속으로 들어가 있다' 다. 빵 속으로 들어가면 빵으로 바뀌고 포도주 속으로 들어가면 포도주로 온전히 바뀌는 전치사다. 비유(파라볼레)로 되어있다. '믿음 안에서 온전히 하나 되

어 거하는 것'이다.

'아이테이토(αἰτείτω)'를 '구하다'로 번역하였는데 '아이테이토'는 '묻다'다. 계속해서 내 안에 하나 되어있는 예수에게 물으라 한다. 물으려면 내면에 계신 예수 그리스도를 발견해야 한다. 그를 발견하려면 마음 밭을 해체하여 의식으로 드러내어 보석을 캐내야 한다. 마음 밭을 옥토로 개간해야 한다는 선 조건이 있다. 번역된 내용은 원의에 비하여 그 의미가 전혀 다르게 번역되어 있어서 모두 자신이 원하는 육신의 요구를 구하게 된다. 이 말씀의 내용은 의심하지 말고 내면에 하나님이 거하실 몸 된 성전이 세워지도록 계속해서 하나 된 하나님에게 물으라(아이테이토) 함이다. 곧 자신의 마음 안을 해체하여 개간해야 함을 말씀하신다. 자신 안에 있는 하나님에게 묻고 물어야 옥토로 개간이 된다. 마음 안을 지속적인 관찰함을 말씀하신다. 몸과 마음을 무더기로 보면 결코 보이지 아니한다. 보는 나 듣는 나 느끼는 나가 유지되면 육신이 원하는 것을 구하게 된다. 그러면 예수를 대상으로 아부하고 겉사람이 생각하는 천국에 들어가고 싶어지는 것이다. 그래서 그 마음을 해체하여 개간하게 되면 보는 나, 듣는 나, 느끼는 나가 사라지기 시작한다. 무더기로 보는 이 겉사람이 해체되어야 속사람인 예수 그리스도가 나타나기 시작한다. 그러므로 마음(카르디아)이 사라져야 한다.

출애굽에서처럼 애굽(카르디아)으로부터 반드시 떠나야 광야 안으로 들어간다. 애굽 안에서의 믿음은 자기 믿음이다. 자기 믿음은 지옥인 것이다. 그래서 반드시 자기 신념 자기 믿음을 떠나야 한다. 광야는 누스(몸된 성전이 세워지는 터)에 해당한다. 히에론 성전(애굽에서 재앙이 내릴 때부터) 안으로 들어와야 누스가 등장하고 그 안에 나오스 성전이 있다. 누스 안으로 들어오면 카르디아(마음)가 떨어져 보이게 된다. 그러면 보는 나, 듣는 나, 느끼는 나가 멀리 떨어져 있게 된다. 몸과 마음이 내가 아닌 것이 드러난다. 몸과 마음에 속아 산 것이 드러나야 믿음의 선 조건이 된다. 믿음은 겉사람의 앎과 행함이 아니며 겉사람의 의지가 아니다.

(벧전 1:5) 너희가 말세에 나타내기로 예비하신 구원을 얻기 위하여(구원 안으로) 믿음으로 말미암아 하나님의 능력으로 보호하심을 입었나니

τοὺς ἐν δυνάμει θεοῦ φρουρουμένους διὰ πίστεως, εἰς σωτηρίαν ἑτοίμην ἀποκαλυφθῆναι ἐν καιρῷ ἐσχάτῳ·(투스 엔 뒤나메이 데우 프흐루루메누스 디아 피스테오스, 에이스 소테리안 헤토이멘 아포칼ㅎㅎㄹㄲ ㅂ데나이 엔 카이로 에스카토)

번역이 잘못되어 있다.

우선 '말세'로 번역한 '엔 카이로 에스카토(ἐν καιρῷ ἐσχάτῳ·)'는 '카이로스의 마지막 안에서' 또는 '마지막인 카이로스 안에서'다. 번역이 어려우나 앞에서부터 전해지는 문장의 의미만 알면 된다. 이 세상의 종말이 아니다. 지구 종말을 뜻하는 것이 아니라 시간 개념인 겉사람의 크로노스가 끝이 나고 시공을 초월한 속사람의 카이로스가 도래한다. 그 카이로스 안으로 들어감을 뜻한다. 그러므로 번역을 잘못하고 있다.

'카이로스'는 하나님의 때다. 시간, 공간개념이 없다. 그래서 시제가 없으며 완료시상과 미완료시상이 없다. '카이로스의 끝 안에서(엔 카이로 에스카토)'는 하나님의 때(빛) 속에 온전히 끌려 들어감이다. 곧 생명의 빛으로 들어가 하나 됨이다. '카이로스의 끝 안에서'는 내면에 하나님의 몸 된 성전이 세워지는 때를 말씀한다. '카이로스' 안에서도 몸 된 성전이 온전히 세워지기까지 그 길을 가야 한다. 그 끝이 임해야 몸 된 성전이 완성된다. 이때 겉사람의 세계(에고)가 온전히 끝이 났음을 말씀하신다. 비로소 하나님(관사없음)의 보호하심을 입게 된다(현재,수동태).

'나타내기로'로 오역한 '아포칼루프데나이(ἀποκαλυφθῆναι)' 동사, 과거, 수동태로 우리 안에 있는 지성소를 덮고 있는 휘장(마음)이 이미 찢어졌음을 말씀한다. '이미 드러났음'이다. 그러므로 '나타내기로 예비하신'이 아니다. 이미 드러났음을 확정하심이다. 하나님이 계신 지성

소가 드러나진 것이다. '믿음으로' 번역된 '피스테오스'는 명사, 소유격 이다.

다시 번역하면 "예수께서 가지고 있는 믿음으로 너희가 하나님의 능력으로 보호하심을 입게 된다, 카이로스의 끝(마지막) 안에서 구원 안으로(구원과 하나 됨) 이미 드러났음을 확정하였다."다. '카이로스의 끝(마지막 때)'은 우리가 생각하는 '말세'가 아니며 에고가 온전히 끝나고 하나님의 때 안에서의 결실이며, 하나님의 일 하심이다. '구원을 얻기 위하여'는 구원 안으로(하나 됨)'이며 '믿음으로 말미암아'로 번역된 것도 나의 믿음이 아닌 '예수의 믿음을 통하여 구원 안으로(하나 됨)'다. 몸 된 성전이 세워지는 것을 말씀한다. 성경 기록은 믿음(예수의 믿음)과 그 믿음으로 말미암는 하나님의 의에 대하여 자세히 말씀하고 있다.

사도 바울은 '하나님의 의'를 전하는 사람들이 '하나님의 의'를 오해하여 도리어 불의를 전하는 혼란에 빠져있다고 말씀한다. 다른 예수이며 바알 신이다. 예수께서 말씀하시되 성령이 너희에게 오시면 죄에 대하여 의에 대하여 심판에 대하여 책망하시리라 하였다.

> 죄에 대하여라 함은 저희가 나를 믿지 아니함이요(요 16:9)
> 큰 오역이다.
> περὶ ἁμαρτίας μέν, ὅτι ου-πιστεύουσιν εἰς ἐμέ·
> (페리 하마르티아스 멘, 호티 우-피스테우신 에이스 에메)

'나를'로 번역한 '에이스 에메(εἰς ἐμέ)'는 '내 안으로 들어와서(하나 되기 위해)'다. 대상이 아니다. 믿음은 그리스도 안으로 들어와서 그리스도와 하나 되어야 함을 말씀한다. 전치사 '에이스(εἰς)'는 '~안으로 들어가다(하나 되기 위해)'다. 그러므로 대상인 '나를'이 아니다. 즉 죄라고 함은 '저희가 믿어서 내 안으로 들어오지 않는다.' 또는 '우리가 예수 그리스도 안으로 들어와서 그와 하나 되지 않는 그것이다'라고 말씀하신다. 그리스도 밖에 있으면 죄다(과녁에서 빗나가다). 대상 자체가 죄다.

의(디키이오신)가 이루어지려면 먼저 예수 그리스도 안으로 들어와서 하나 되어야 함을 말씀한다. '의롭다 하실(디키이오세이)' 또는 '의롭다 하심을 얻어(디카이오덴테스)', 이것들 모두는 하나님의 의로우심(디카이오쉬네)의 능력이 우리 안에서 일하심을 뜻한다. 하나님의 의(디카이오쉬네)는 그리스도의 형상과 모양이 우리 안에서 온전히 똑같이 이루어짐을 말씀한다. 곧 하나님이 거하시는 몸 된 성전이 세워짐이다. 그러면 내가(예수 차원) 하나님이 된다.

그리스도의 믿음 안으로 들어오면 그리스도 밖에서 그 무슨 행위(온갖 율법)로 구원받고자 하던 나의 그 모든 행위에서 작별하게 된다. 이것을 종말이라고 오역하였다. 하나님이 거하실 몸 된 성전이 우리 안에 세워지지 아니하면 그것은 하나님의 의(디카이오수네)가 아닌 죄다. 오해한 율법의 행위가 죄로 결론이 나며 하나님과 끊어짐을 의미한다. 이래서 예수께서 서기관과 바리새인에게 "독사의 새끼들아, 너희가 어떻게 지옥의 판결을 ~" 그렇게 험악한 말씀을 하신다. 예수 그리스도가 가지고 있는 믿음 이외에는 내면에 속사람이 나타나지는 것은 불가능하다. 에고(휘장)가 하나하나 벗겨져야 하기 때문이다. 에고는 겉사람의 힘으로 찢는 것은 불가능하다.

(롬 4:9) 그런즉 이 행복이 할례자에게뇨 혹 무할례자에게도뇨 대저 우리가 말하기를 아브라함에게는 그 믿음(주격)을 의로 여기셨다 하노라.
큰 오역이다.
λέγομεν-γάρ ὅτι ἐλογίσθη τῷ 'Αβραὰμ ἡ πίστις εἰς δικαιοσύνην.
(레고멘-가르 호티 엘로기스데 토 아브라함 헤 피스티스 에이스 디카이오쉬넨).

우리(1인칭,복수)가 말하기를 그 아브라함의 그 믿음은 하나님의 의(義)안으로 들어오는 것(하나 되기 위해)으로 여기심을 받았다(과거,수동태).

- '헤 피스티스 에이스 디카이오쉬넨(ἡ πίστις εἰς δικαιοσύνην)' : '그 믿음이 하나님의 의안으로 들어오다.'

하나님의 의(디카이오수넨)안으로 들어와서 하나님과 하나 되는 것이 믿음이다. 예수를 그 대상으로 믿는 것이 아니다. 아브라함이 하나님의 의(디카이오수넨)안으로 들어와서 있게 되니 그동안 자신이 소중하게 의지하며 소유하였던 그 칼(잣대:자기 믿음)을 버렸다. 그와 동시에 아브라함 안에서 나온 하나님의 그 아들 이삭이 살게 된다. 그 이후 아브라함은 믿음의 조상이 되었다. 그가 소유하던 그 칼을 버린 것이다. (종교인들은 애굽에서 받은 하찮은 성직도 내던지기가 그렇게 어렵다.)

(요 6:35) 예수께서 가라사대 내가 곧 생명의 떡이니 내게 오는 자는 결코 주리지 아니할 터이요 나를 믿는 자는 영원히 목마르지 아니하리라

ὁ πιστεύων εἰς ἐμὲ οὐ-μὴ διψήσῃ πώποτε. (호 피스튜온 에이스 에메 우-메 디푸세세 포포테)

번역이 잘못되었다.

'나를 믿는 자는' 으로 오역한 "ὁ πιστεύων εἰς ἐμὲ(호 피스튜온 에이스 에메)는 믿어 내 안으로 들어오는 자는(하나 되기 위해)' 이다.

'εἰς(에이스)' : 전치사. '~안으로 들어오다(하나 되기 위해).'

바른 번역은 "믿어서 내 안으로 들어오는 자(하나 되기 위해)는 언제든지 목마르지 아니하리라." 다. 말씀과 하나가 되어있으므로 목마름이 없다. '포포테(πώποτε)' 는 '영원히' 가 아니라 '언제든지' 가 더 합

당하다. '영원히' 라고 하면 시간 개념이 존재한다. 여기 그리스도 예수 안에서는 '시간' 개념이 없다. 그래서 '언제나' 로 번역하는 것이 좀 더 원 의미에 가까울 것 같다. 오해하지 않게 좀 더 가깝게 해석되는 단어를 찾아야 한다. 예수 안으로 들어오면 예수와 하나 된다. 그러면 나라고 하는 것은 온전히 사라진다. 이것이 무엇인지 스스로 체험할 수밖에 없다.

> (요 3:16) 하나님이 세상(코스모스)을 이처럼 사랑하사 독생자(단독자)를 주셨으니 이는 저를 믿는 자마다(믿어서 안으로 들어오는 자) 멸망치 않고 영생(아이오니온)을 얻게 하려 하심이니라.
> ὁ πιστεύων εἰς αὐτὸν μὴ-ἀπόληται, ἀλλ ἔχῃ ζωὴν αἰώνιον.
> (호 피스튜온 에이스 아우톤 메-아폴레타이, 알 에케 조엔 아이오니온)

"믿어서 저 안으로 들어오는 자는(하나 되기 위해) 아이오니온 생을 소유한다." 한글 번역은 큰 오역이다.

바른 번역은 "하나님이 나(코스모스)를 사랑(아가파오)하셔서 단독자를 넘겨주셨으니 누구든지 믿어서 저 안으로 들어오는 자는(하나 되기 위해) 멸망치 않고 아이오니온 생(몸된 성전: 아버지가 계심)을 소유한다."이다.

'독생자' 로 번역한 '모노게네스(μονογενής)' 는 '독생자' 가 아니다. '단독자' 다. 도마복음에서는 단독자로 표현하였다. 불경에서는 '천상천하 유아독존' 으로 표현하였다. 누구든지 믿어서 예수 안으로 들어오는 자는 모두 '단독자' 인 예수와 하나 됨을 말씀하신다. 하나 된 예수는 대상이 아니다. 이 '모노게네스(단독자)' 는 밖에 있는 예수를 지칭하는 것이 아니라 각자 안에 계신 예수이다.

'영생' 으로 번역한 '조엔 아이오니온' 은 '영원한 생' 이 아니라 시간 개념이 전혀 없는 예수 그리스도 안에 있는 것을 나타내고 있다. 예수 안에는 의식 무의식 잠재의식을 모두 넘어서 있는 천국이다. 그러므로 천국은 죽어서 가는 것이 아니다. 이미 천국은 각자 안에 와서 있다. 발견하여 캐내야 한다.

(요 6:47) 진실로 진실로 너희에게 이르노니 믿는 자는 영생(아이오니온)을 가졌나니

큰 오역이다. 앞의 요 3:16절 문장과 같다.

ὁ πιστεύων εἰς ἐμὲ ἔχει ζωὴν αἰώνιον.
(호 피스튜온 에이스 에메 에케이 조엔 아이오니온)
믿어 내 안으로 들어오는 자는(하나 되기 위해) 아이오니온 생을 소유한다.

그리스도 예수 안으로 들어와야 아버지가 계시는 아이오니온 생을 소유하게 된다. '아이오니온'은 '아이오니오스'의 목적격으로 감각적 욕망(갈애)을 십자가에 달아 죽이고 난 이후 오는 깨어남, 초월을 비유하여 말씀하고 있다. 초월 안에 하나님이 거하시는 몸 된 성전이 있다. 붓다께서는 열반으로 설명하였다.

(롬 3:31) 그런즉 우리가 믿음으로 말미암아 율법을 폐하느뇨 그럴 수 없느니라 도리어 율법을 굳게 세우느니라

이 문장 또한 크나큰 오역이다.

νόμον ουν καταργοῦμεν διὰ τῆς πίστεως μὴ-γένοιτο· ἀλλὰ νόμον ἱστῶμεν.(노몬 운 카타르구멘 디아 테스 피스테오스; 메-게노이토, 알라 노몬 히스토멘)
따라서 우리가(1인칭) 예수께서 소유한 그 믿음(소유격)에 의하여 율법

을 폐하느뇨? (율법과)하나가 되지 못하며, 다만 율법을 세운다.

'그럴 수 없느니라' 라고 번역한 '메-게노이토' 는 '하나 될 수 없다' 라는 뜻이다. '기노마이(γίνομαι)' 는 하나 되다, 한 몸을 이루다의 뜻이다. 무슨 뜻인가? 율법과는 하나(기노마이)가 되지 못한다. 다만 율법을 세워야 한다. 그 율법은 내 안에 계신 하나님에게로 인도할 뿐이기 때문이다. 성장할 때까지 한시적으로 몽학선생의 역할을 한다. 그래서 이 율법을 폐할 수 없는 것이다. 애굽으로부터 광야 사십 년의 과정이 반드시 있어야 한다. 몸과 마음의 속성을 자세히 알아야 하기 때문이다. 율법을 최상으로 세우기 위함이 아니다. 내 안에 계신 하나님과 내가 하나가 되기 위해 잠시 나타나서 인도할 뿐이다. 율법은 몽학선생으로서 이정표로서 그 역할을 감당하기 위함이다. 바울 사도는 몽학선생 아래서 훈련을 받지 아니하면 복음으로 오지 못한다고 강조하였다.

내 안에 하나님이 거하시는 몸 된 성전이 세워지기까지 한시적으로 율법을 세워야 한다. 율법은 몽학선생으로서 우리를 그리스도(내 안에 있다)에게로 인도한다. 그리스도에게로 인도되면 그 이후 이 몽학선생을 떠나보내야 한다. 그러므로 율법과는 하나가 될 수 없다. 목적을 이루었으면 잔인하지만, 그 스승(내 면에 있음)을 반드시 십자가에 매달아 죽여야 한다. 그래야 내가 그 몽학선생으로부터 자유케 된다.

그런데 이 몽학선생이 우리를 떠나려 하지 않는다(우리가 놓아주질 않고 계속해서 섬긴다). 이 내용이 로마서에서 깊이 다루어지고 있다. 그래서 예수께서 십자가를 지신다. 그리고 대 자유를 얻는다. 밖에 오신 예수는 목적이 이루어지면 반드시 죽어야(떠나보내야) 한다. 예수께서 말씀하시는 율법과 바리새인들이 생각하는 율법의 개념은 완전히 다르다. 바리새인들이 생각하는 율법은 행위로 지켜야 할 것들이고 예수께서 말씀하시는 구약의 율법은 각자 안에서 세워질 하나님의 몸 된 성전이 세워지는 일을 지향하고 있다. 그러므로 반드시 몸과 마음을 해체하여 그 실상을 알려주는 구약을 잘 알아야 한다. 성경의 구약(39권)

을 이야기하는 것이 아니다.

아브라함의 잘못된 믿음을 여호와 하나님께서 바로 잡아 주신다.

아브람을 초월했던 아브라함이지만 자신의 속사람을 죽일 수 있는 칼(잣대, 자기 믿음)을 여전히 지니고 있었다. 모리아 산에서 이 칼의 의미를 알고 비로소 내려놓는다. 하나님의 의(디카오쉬네)안으로 들어 간다. 속사람을 죽이는 일을 그쳤다. 그리고 사람과 산 짐승을 제물로 바치는 일을 없이 하였다. 그래서 아브라함은 믿음의 조상이 되었다.

그런데 이후에 입다가 다시 같은 잘못된 행동을 한다. 자신의 딸을 죽이면서도 그것이 하나님 앞에서 죄를 범하는 것인지도 모른다. 입다는 살인을 저질렀다. 자신 속으로부터 나온 속사람을 죽였다. 곧 하나님으로부터 나온 생명의 그 빛을 사라지게 하였다. 그러나 무지한 그는 오히려 서원을 지켰다고 백성 앞에서 당당하다. 그가 생각한 율법이 그 자신과 속사람을 죽였다. 이처럼 잘못된 종교성, 잘못된 믿음은 자신도 죽이고 자신 안에 있는 속사람도 죽인다. 장님이 장님을 이끌어 간다. 하나님 앞에서의 서원은 그런 것이 아니다. 서원은 죽은 자에게 생명을 불어넣어 살리는 것이다. 속사람이 드러나도록 겉사람이 제물이 되는 내용이다. 자신이 하나님의 아들로 돌아가는 것이 서원이다. 하나님으로부터 나온 자도 이런 오류를 범하고 있는 것을 우리에게 알려준다.

어느 장로가 서원을 지키기 위해 집을 팔아 교회에 바치고 자신은 세를 얻어 살고 있다는 이야기를 듣는다. 그 자신은 예수로부터 칭찬을 받을 것을 생각하여 행복함을 소유할지 모르지만, 이 같은 일이 입다와 같이 살인한 것인 줄 모른다. 이처럼 종교 행위는 살인이며 간음을 불러온다. 자신 안에 하나로 계신 생명의 빛이신 하나님과 더욱 멀어지게 한다. 이 내용은 히다로 되어있다. 이래서 구약에 나오는 내용은 참으로 어렵다. 입다가 저지른 일은 살인이요 간음을 함이다. 모든 종교 행위가 그러하다.

신약에서 바리새인들은 항상 마음에 돌(리도스)을 들고 있다. 간음한 여인(귀네)이 서기관과 바리새인들에 의해 성전에 계신 예수 앞에 끌려 왔을 때 그들은 그녀(귀네)를 향해 돌을 던지려고 들고 있다(성전 안에서는 어떠한 무기도 지닐 수 없다. 파로이미아다). 이 돌이 바리새인들의 믿음(자기 믿음)을 상징한다. 곧 살인과 간음을 하는 무기다. 그런데 성경 지식이 많은 서기관들과 바리새인들이 성전 안에서 돌을 들고 있는 것이 하나님 앞에 죄를 범하는 것인지조차도 모른다. 무지가 성전을 더럽히고 있다. 지금 이 시대가 그러하다. 모든 종교인이 그 돌(리도스)을 여전히 들고 예수를 죽이려 하고 있다. 그래서 각종 종교 행위가 나온다. 종교 행위는 예수 그리스도를 죽인다. 모두 다른 예수 곧 바알을 섬기고 있기 때문이다.

> (창 22:13) 아브라함이 눈을 들어 살펴본즉 한 숫양이 뒤에 있는데 뿔이 수풀에 걸렸는지라 아브라함이 가서 그 숫양을 가져다가 아들을 대신하여 번제로 드렸더라

히다로 되어있는 내용이다. 문자대로 읽으면 큰일이다.

아브라함은 새로이 깨어나서 자신의 품에 지녔던 칼을 내려놓고 믿음의 조상이 되었다. 모리아 산에서 숫양의 뿔이 수풀에 걸려 있어서 그 숫양을 그가 가지고 있는 칼로 대신 잡아 번제로 드렸다 하였다. 무슨 내용인가? 하나님은 더 이상 칼(도그마)로 살생을 못 하게 하신다. 여기 나오는 숫양은 세상 짐승이 아니다. 그래서 히다는 참으로 어렵다. 집짐승 숫양이 아브라함과 이삭 둘만이 있는 높은 산 위에까지 왜 홀로 올라가겠는가? 들짐승도 있을 텐데. 숫양은 제물로 드릴 수 있는 정결함을 상징한다. 뿔은 힘 있는 자의 권세를 말한다. 바로 아브라함 안에서 나온 하나님의 아들 이삭에 대한 아브라함 자신을 비유함이다. 자신을 산 제물로 드릴 수 있는 곳까지 가야 속사람이 등장한다.

※ 성경에 등장하는 짐승은 모두 사람의 속성을 비유하고 있다. 욥에게도 마찬가지다. 욥이 가지고 있던 가축들은 욥의 속성을 나타낸 히다다. 세상의 사람들이 키우는 살아 있는 가축들이 아니다. 욥이 깨닫

고 나서 원래 자신이 소유하고 있던 것의 두 배를 소유하게 되었다. 노아도 방주를 만들고 그 안으로 여호와께서 정결한 짐승 일곱 쌍과 부정한 짐승 두 쌍을 이끌어 오신다. 모두 히다로 된 말씀이다.

아브라함은 더이상 이삭의 부모도 스승도 아니다. 그 예표로 숫양(아브라함과 이삭)이 죽어야 한다. 이삭을 이끌어 가는 것은 예와 하나님이기 때문이다. 예수께서 져야 하는 십자가 사건이 똑같이 그것을 드러낸다. 이천 년 전에 오신 밖의 예수가 우리를 이끌어 가는 아비가 아니다. 아브라함이 이삭에 대해서 반드시 죽어야만 하는 것이며 이삭 또한 그 죽음을 넘어서야 한다. 그래야 믿음의 조상(근원)이 된다. 믿음은 겉사람의 죽음을 넘어서야 나온다. 그리고 이삭 또한 마찬가지다. 그래서 아브라함에게 아들 이삭을 번제로 바치라 하신다(창 22:2). 하나님의 아들은 하나님이 그의 말씀으로 직접 낳으신다. 이삭을 드림이 아브라함 자신을 드림이다. 이처럼 온전한 속사람이 나타나는 길은 멀고도 멀다.

아브라함은 나의 아들이라고 생각했던 그 이삭을 내어놓아야 한다. 이삭을 나의 아들이라고 생각하는 것이 간음이다. 그러려면 아브라함(마음)이 죽어야 한다. 아브라함이 하늘의 제사장이 되어 자신을 드려야 한다. 아브라함은 이삭을 나의 아들이라 생각하고 있었으나 이삭은 누구의 아들도 아닌 하나님으로부터 나온 그 하나님의 그 아들이다. 하나님이 직접 낳으셨다. 모에드(생명의 빛)가 경수가 끊어진 사라의 태를 통해 나타났다. 하나님이 직접 낳으셨다. 모에드는 하나님 자신이며 그 생명의 그 빛이다. 이삭도 자신을 이끌어가는 참 아버지가 아브라함이 아니라 자신 안에 계신 생명의 빛임을 알게 된다. 이것이 이삭을 드림이다. 겉사람이 기능하는 아브라함이 이삭을 번제로 드릴 수 없다. 겉사람의 잣대, 그 칼을 버려야 한다. 그리고 반드시 하늘의 제사장이 되어야 아브라함과 하나 된 이삭을 드릴 수 있다. 그리고 왕으로서 이삭을 받는다. 그래야 이삭과 아브라함 안에 거하시는 하나님이 온전히 드러나게 된다. 하나님의 것을 하나님께 드림이 십일조와 헌물의 핵심이다. 아브라함과 이삭이 하늘로부터 나옴이 하나님께 드림이며 하나님에게 돌아감이다.

몽학선생 아래 있다가 장성하면 반드시 그 몽학선생을 떠나야 한다. 아쉽지만 그 스승을 반드시 떠나보내야 한다. 붓다께서도 자신 안에서 법을 보는 자가 나를 본다고 하였다. 장성하면 밖의 스승을 떠나보내야 한다. 그런데 오늘날 목회자들은 내 양 네 양을 구분해서 목숨이 다할 때까지 데리고 있으려 한다. 그리스도에게 시집도 보내지 않고 과부로 죽게 만들어 귀신들과 마른 뼈들로 가득한 무덤에 생매장하고 못 나오게 매일 매일 봉인해 버린다. 살인함이며 간음을 행함이다. 자기 믿음인 그 돌(리도스)을 알뜰히 끌어 안고 있다. 그리고 그 돌을 들고 항상 던질 곳을 찾는다. 참 과부가 예수께 비오스를 드리는 것과는 대조를 이룬다. 비오스를 드린 과부는 더이상 과부가 아니다. 정결한 신부가 되어 예수와 혼인을 한다.

도마복음 말씀 13

도마가 대답하였다. "만일 내가 너희에게 그가 내게 한 말 중 한 마디를 말한다면, 너희는 돌들을 들어서 내게 던질 것이다. 그러면 불이 돌들로부터 나와서 너희를 태워 버릴 것이다!"

서기관들과 바리새인들이 지닌 돌에서는 항상 불이 나온다. 이 불은 자신에게 심판을 가져온다. 그들 스스로는 의롭다고 하지만, 그들은 하나님의 심판 가운데서 벗어날 수가 없음을 말씀하고 있다. 이 불이 자신 안에 있는 예수 그리스도를 죽인다. 잘못된 믿음이다. 예수를 따르는 제자들 역시 자신 안에 있는 돌을 버리지 못하고 있다는 말씀이다. 예수를 따라다니지만, 간음이며 살인을 여전히 행하고 있다는 것을 제자들은 아직 모른다. 오늘날 예수 천당, 불신 지옥을 많이 외친다. 서기관들과 바리새인들과 다를 바가 없다. 성경 말씀을 자세히 알면 성경 기록이 이 시대를 사는 우리에게 캐논으로 다가온다. 그래서 구약부터 자세히 알아야 새 언약으로 올 수 있다.

(요 11:25) 예수께서 가라사대 나는 부활이요 생명이니 나를 믿는 자는 죽어도 살겠고
Ειπεν αὐτῇ ὁ 'Ιησοῦς, 'Εγώ εἰμι ἡ ἀνάστασις καὶ ἡ ζωη. ὁ πιστεύων εἰς ἐμέ, κἂν ἀποθάνῃ ζήσεται·
- '에이펜 아우테 호 예수스(Ειπεν αὐτῇ ὁ 'Ιησοῦς):

그 예수께서 말씀하셨다.'

'에고 에이미 헤 아나스타시스(Εγώ εἰμι ἡ ἀνάστασις): 나는 나다 그 부활이다.' '카이 헤 조에 호 피스튜온 에이스 에메(καὶ ἡ ζωη ὁ πιστεύων εἰς ἐμε): 그리고 그 생명이니 믿어서 내 안으로 들어오는 자는(하나 되기 위해)' '칸 아포다네 제세타이(κἂν ἀποθάνη ζήσεται): 죽고 나서 살겠다.'

그러므로 믿음은 예수 안으로 들어와서 예수와 하나 되어야 한다. 성경에서 말씀하는 믿음은 예수가 대상으로 있는 것이 아니다. 대상을 향하여 기도하고 예배하는 모든 종교 행위는 버려야 할 겉사람의 믿음이다. 겉사람이 행하는 모든 종교 행위는 선악 지식나무로부터 먹고 사망(하나님과 단절)한 결과다. 이 겉사람의 믿음이 무너져야 속사람의 믿음이 다가온다. 그러므로 대상을 향하여 있는 겉사람이 죽은 이후에 그 부활이 있다. 겉사람이 죽지 아니하면 여전히 돌(리도스)을 들고 있어서 속사람 예수 그리스도를 대적한다. 간음과 살인이 계속되고 있다. 돌(리도스)은 선악과(에츠 하다아트 토브 바라:좋아함 싫어함을 아는 나무)로부터 기인한다. 하나님과의 단절 곧 사망 당한 것이다.

그 예수께서 말씀하셨다, 나는 나다 그 부활이다. 그리고 그 생명이다, 믿어서 내 안으로 들어오는 자는(하나 되기 위해) (겉사람이 온전히) 죽고 나서 살겠다.

한글 번역은 큰 오역이다.

'에고 에이미 헤 아나스타시스(Εγώ ϵἰμι ἡ ἀνάστασις): 나는 나다 그 부활이다.' 그 의미는 구약의 '스스로 있는 자'로 잘못 번역한 '예히예 아쉐르 예히예'의 완성이다(출 3:14). '예히예 아쉐르 예히예'는 과거시상과 미래시상만 가지고 있어서 새 언약에 나타날 예수 차원의 나(에고 에이미)를 지향한다.

예수 차원의 '내(현재시상만 가지고 있다)'가 현재 나투심이 '예히예 아쉐르 예히예'의 완성이다. 예수 안에는 아버지가 계신다. '스스로 있는 자'로 오역한 '예히예 아쉐르 예히예'는 신약에 나타날 예수 차원의 '나(에고 에이미)'를 말씀한다. 곧 내 안에 계시(부활) 될 '그리스도'이다. 기름 부음 받은 자이며 아버지와 하나 됨을 말씀하고 있다. '에고 에이미(나는 나다)'는 과거시상과 미래시상이 없는 현재상만 가지고 있다.

'죽고 나서(과거태) 살겠다.' 무슨 뜻인가?

육체적 죽음을 이야기하는 것이 아니다. 지금 겉사람(에고)이 온전히 죽어야 속사람이 살아나는 것을 말씀한다. 선악 지식나무로부터 먹고 사망 당한 그 이유를 철저히 알아야 사망(하나님과 끊어짐)으로부터 나올 수 있다. 곧 부활(깨어남)을 이야기한다.

이 문장은 시제가 없고 현재시상만 가지고 있다. 누구든지 지금 겉사람이 죽으면 속사람이 부활(깨어남)하는 것을 말씀한다. 육체가 죽고 나서 부활하는 것을 말씀하는 것이 아니다. 지금 살아 있을 때 죽어있는 나의 영성이 깨어나야 함을 말씀하신다. 천국은 죽어서 가는 것이 아니다. 내가 살아 있을 때 깨어나야 함을 이야기한다. 그래야 살아(ζήσεται·제세타이) 날 수 있다. 여기 말씀하시는 '그 예수'는 이천 년 전 역사적 '그 예수'를 말씀하시는 것이 아니다. 내면에 나타나는 속사람을 비유(파라볼레)하였다. 그래서 '에고 에이미(나는 나다)'는 현재상만 가지고 있다. 과거상이 없어서 이천 년 전 역사적 예수를 말하는 것이 아니다.

이천 년 전에 육체를 입고 오신 그 예수가 이 말씀을 하였지만 새 언약은 일인칭 현재 단수가 기본이며 구약과 연결되어 있다. 바로 나에 관한 말씀으로 내 안에서 현재 일어나는 일을 말씀하고 있다. 이래서 종교인들은 성경을 읽어도 소경이 된 것을 모른다.

(요 11:26) 무릇 살아서 나를 믿는 자는 영원히 죽지 아니하리니 이것을 네가 믿느냐.

크나큰 오역이다.

καὶ πᾶς ὁ ζῶν καὶ πιστεύων εἰς ἐμέ, οὐ-μὴ ἀποθάνῃ εἰς-τὸν- αἰῶνα. πιστεύεις τοῦτο

'카이 파스 호 존(καὶ πᾶς ὁ ζῶν): 그리고 누구든지 현재 살아서'

'카이 피스튜온 에이스 에메(καὶ πιστεύων εἰς ἐμε): 그리고 현재 믿어서 내 안으로 들어오는 자는(하나 되기 위해)'

'우 메 아포다네(οὐ-μὴ ἀποθάνη): 결코 죽지 아니한다.'

'에이스-톤-아이오나(εἰς-τὸν-αἰῶνα): 그 아이오나 안으로 들어와서'

'피스튜에이스 투토(πιστεύεὶς τοῦτο): 이것을 네가 믿느냐?'

"현재 살아서 믿어 내 안으로 들어오는 자(하나 되기 위해) 누구든지 그 아이오나 안으로 들어오게 되어서 결코 죽지(사망: 하나님과 단절) 아니한다. 이것을 네가 믿느냐?"(아이오나 안에는 아버지가 계신다)

현재 살아 있을 때 깨어남(깨달음)이 있어야 한다. 죽어서 천국 가는 것이 아니다. 깨달음을 오게 하려면 내면의 의식 무의식 잠재의식이 어떻게 일어나는지 그 실체를 알아야 한다. 무의식의 속성을 알아서 의식의 표면으로 끌어내어야 마음이 무엇인지 그 실체를 알 수가 있다. 알아야 해결책을 강구할 것이 아닌가! 알아야 휘장(마음)을 찢을 수 있다. 예수 믿으면 천국, 불신 지옥이 아니다. 이런 말은 성경에 없는 거짓말이다.

'이것을 네가 믿느냐? (피스튜에이스 투토;)'

믿어서 그리스도 예수 안으로 들어옴이 그 아이오나 안으로 들어오는 것을 말씀한다. 내(예수 차원)가 하나님이 되는 것을 말씀하고 있다. 불경으로 말하면 내가 부처가 됨이다. 이것이 하나님으로부터 온 믿음이다.

(요 11:27) 가로되 주여 그러하외다 주는 그리스도시오, 세상에 오시는 하나님의 아들이신 줄 내가 믿나이다.

번역이 잘못되었다.

- '레게이 아우토, 나이, 퀴리에. 에고 페피스튜카 호티 수 호 크리스토스'
(λέγει αὐτῷ, Ναί, κύριε· ἐγὼ πεπίστευκα ὅτι σὺ ει ὁ Χριστός)·
'그에게 대답하되 주여 그러합니다, 내가 믿나이다, 당신은 그 그리스도시오' '호 휘오스 투 데우(ὁ υἱὸς τοῦ θεοῦ)': '그 하나님의 그 아들' '호 에이스 톤 코스몬 에르코메노스(ὁ εἰς τὸν κόσμον ἐρχόμενος.)': '그 세상(몸과 마음, 겉사람) 안으로 현재 오시는(나투시는) 분'

그 세상(겉사람) 안으로 계속해서 지금 오고 계시는(에르코메노스) 그리스도이시다. 하나님을 따라가는 자 안으로 계속해서 나투시고(에르코메노스) 계신다. 한순간도 쉼 없이 계속하여 나에게 계시하고 계신다. 계속해서 내가 하나님의 아들임을 나타내 주고 계신다. 지구(공간 세상)에 오시는 것이 아니다. 나의 내면 세상(코스모스)에서 일어나는 일이다.

'톤 크스몬(τὸν κόσμον)' 원형은 '코스모스'로서 밖의 세상을 말하는 것이 아니라 마음 세상을 의미하는 비유(파라볼레)다. 그 세상(겉사람)이다.

마음 세상(코스모스)에는 마음 하늘, 마음 땅, 마음 바다가 있다. 이 세상(코스모스) 안에 예수 그리스도 자기 자신(살과 뼈)이 있다. 그 안으로 들어오시는 내용이다.

(요 12:46) 나는 빛으로 세상에 왔나니 무릇 나를 믿는 자로 어두움에 거하지 않게 하려 함이로라.
ἐγὼ φῶς εἰς τὸν κόσμον ἐλήλυθα ἵνα πᾶς ὁ πιστεύων εἰς ἐμὲ ἐν τῇ σκοτίᾳ μὴ μείνῃ

큰 오역이다.

'ἐγὼ φῶς εἰς τὸν κόσμον ἐλήλυθα 에고 포스 에이스 톤 코스몬 엘렐뤼다' : '나는 빛으로 그 마음 세상(코스모스) 안으로 들어왔다.'

'ἵνα πᾶς ὁ πιστεύων εἰς ἐμὲ 히나 파스 호 피스튜온 에이스 에메' : '믿어서 내 안으로 들어오는 자(하나 되기 위해)는 누구든지'

'엔 테 스코티아 메 메이네(ἐν τῇ σκοτίᾳ μὴ μείνῃ)' : '그 어두움 안에 머물지 않게 한다.'

해석: 나는 빛이므로 그 세상(마음 세상) 안으로 왔다, 믿어서 내 안으로 들어오는 자는(하나 되기 위해) 누구든지 그 어두움 안에 머물지 않게 된다.

믿어서 예수 그리스도 안으로 들어와야 한다. 그러면 예수 그리스도와 하나 되어 그리스도 예수가 된다. 그러하다면 반드시 허상인 그 마음(코스모스)을 해체해서 그 실상을 드러내야 한다. 이것이 속사람 예수로부터 온 올바른 믿음이다. 그리고 예수 그리스도 안으로 들어와서 하나 되어야 한다. 내가 그리스도가 되어야 하며 영(하나님, 관사 없음)이 되어야 한다. 하나님을 대상으로 섬기는 것은 우상을 섬기는 것이며 간음이며 살인행위다.(어릴 때 몽학선생 아래에서 배워야 할 때가 있으나 장성해서는 그 몽학선생을 떠나야 한다.)

'신령과 진정으로 예배하라' (요 4:24)라는 것은 하나님 말씀이 아니며 이런 내용은 성경에 없다. 종교인들이 만들어 낸 거짓으로 다른 하나님을 섬기는, 바알 신을 섬기는 행위다. 휘장(겉사람)을 찢어서 하나님과 하나 되어서 진리인 그리스도가 되어야 하는 것을 이처럼 오해하여 번역하였다.

(요 4:24) 하나님은 영이시니 예배하는 자가 신령과 진정으로 예배할지니라
Πνεῦμα ὁ θεός· καὶ τοὺς προσκυνοῦντας αὐτὸν ἐν πνεύματι καὶ ἀληθείᾳ δεῖ προσκυνεῖν.
(푸뉴마 호 데오스 카이 투스 프로스쿠눈타스 아우톤~)

ἐν πνεύματι καὶ ἀληθείᾳ (엔 프뉴마티 카이 알레데이아)
: 영 안에서 그리고 진리 안에서 πνεύματι(푸뉴마티 앞에 관사가 없다): 영이 된 나다. 말씀이 육(사르크스)이 됨이다. ἀληθείᾳ(알레데이아 앞에 관사가 없다): 진리가 된 나(그리스도가 된 나)다.

영(하나님) 앞에 그리고 알레데이아(진리인 그리스도) 앞에 엔(ἐν) 전치사가 있다. 영과 진리인 그리스도와 하나다. '엔(ἐν)' 전치사는 속에서 하나로 있기에 분리될 수 없다. 결국 하나님이 되어야 하는 조건이다.

재해석: "그 하나님은 영(관사 없음)이시다. 그를 '프로스퀴눈타스(경외, 공경)' 하는 자들은 영(관사 없음)이 되어서 진리(관사 없음)가 되어서 '프로스퀴네인(경외, 공경)' 하라."

'프로스퀴눈타스'를 경외, 공경으로 번역할 수밖에 없는 것도 언어의 한계다. 하나님은 모든 언어를 초월해서 있다. 그래서 번역하기가 대단히 어렵다. 내가 하나님이 되는 것이지 대상에게 예배드리는 내용이 전혀 아니다. 그러므로 지금 번역된 성경은 성경으로서의 가치가 전혀 없다. 누가 자기 자신을 우상으로 섬기겠는가! 깨달은 상태를 유지

하라는 내용이다. 불경의 내용으로는 부처가 된 상태로 있으라 함이다.

종교인들은 위대하고 성스러운 하나님이 감히 죄 많은 인간 안으로 들어와 하나 된다는 것은 상상도 못 할 이단으로 정죄하였기 때문에 이처럼 '신령과 진정으로 예배하라' 라고 번역을 하였다. 하나님의 대상화다. 대상이 된 하나님은 다른 하나님으로 옛 뱀이며 마귀다(계 12:9,20:2). 이처럼 종교인들이나 학자들이 성경을 번역하거나 해석하면 안 된다. 그러므로 지금 번역된 모든 성경(기록)이라고 하는 것들은 폐기해야 옳다. 성경이 아니다. 나(예수차원)를 올바로 아(찾)는 것이 믿음이다.

우리가 온전히 깨닫지 못하여도 경에 기록된 대로 노력하라 찾으라 두드리라(골방에 들어가라고 하심) 하셨으므로 내가 무엇인가? 순간순간 내면을 향해 들여다보고 분석해야 한다. 그러하다면 언젠가는 예수차원의 나를 발견하게 된다. 마음 너머에서 끊임없이 생명의 그 빛(그리스도)이 마음(휘장)으로 쏟아져 내려오고 있는 상황을 발견하게 된다. 그런데 우리가 밖(세상의 감각적 욕망)을 향해 있으면 마음 너머의 지성소로부터 계속해서 쏟아져 나오는 이 생명의 빛을 알 수가 없다.

(행 16:31) 가로되 주 예수를 믿으라 그리하면 너와 네 집이(너희는 하나님의 성전이다.) 구원을 얻으리라(수동태) 하고

크나큰 오역이다.

οἱ δὲ εἶπαν, Πίστευσον ἐπὶ τὸν κύριον Ἰησοῦν χριστόν καὶ σωθήσῃ, σὺ καὶ ὁ- οἶκός- σου.

'주 예수를 믿으라' 고 오역한 '피스튜손 에피 톤 퀴리온 예순 크리스톤(Πίστευσον ἐπὶ τὸν κύριον Ἰησοῦν χριστόν)은 '그 주 예수 그리스도 위에 서서 믿으라' 또는 '믿어서 그 예수 그리스도 위에 서서 있으라' 다.

'에피(ἐπὶ)' : 전치사, ~위에. '톤 큐리온(τὸν κύριον)' 목적격이 '에

피' 전치사를 만난다. 모든 전치사구는 형용사와 부사 역할을 한다. 그 주 예수 그리스도가 에피 전치사를 만나고 있다. 바로 그 예수 그리스도 주를 반석으로 하여 그 위에 굳건히 서 있어야 함을 뜻하고 있다. '그리스도 예수를 반석으로 그 위에 세워져서 믿으라' 한다. 그 근본인 뿌리가 예수 그리스도다. 예수 안에 아버지가 계셔서 하나를 이룬다. 이것이 예수의 믿음이다. 그러므로 주 예수를 목적으로 해서 믿으라는 말이 아니다. 예수 그리스도를 대상으로 믿는 것이 아니다. 그러면 구원(몸 된 성전)이 나타나게 된다(수동태)고 하였다. 능동형이 아니고 수동태다. 내 안의 몸 된 성전은 나의 힘으로 세워지는 것이 아니다. 몸 된 성전은 내 안에 계신 하나님에 의하여 이루어진다. 수동태다. 그러므로 먼저 내면의 하나님을 찾아야 한다. 그러므로 '예수 믿으면 천국'은 거짓말이다. 겉사람의 의지가 아니다. '그리하면' 이 아니고 '그리고(카이)' 다. '너와 하나님이 거하시는 그 너의 몸 된 성전이 와지게 된다.' 라고 말씀하신다. 구원으로 번역한 'σωθήση(소데세)' 는 수동태로서 하나님에 의해 구원이 와지게 된다, 보호되어 진다는 뜻이다.

너(자신)와 네 집(오이코스: 몸된 성전)이 어디에서부터 보호되는가?

안이비설신의 감각적 욕망으로부터, 겉사람의 속성으로부터 속사람(몸 된 성전)이 보호되는 것을 말씀한다. 시제는 일인칭 현재 단수다. 현재 내 안에서 일어나는 일이다. 이것을 사전적 의미인 구원으로 번역하였다. 겉사람의 휘장이 찢어지면 겉사람은 사라지고 속사람이 나타난다. 그러므로 주 예수를 믿으면 너와 네 집이 구원된다고 하는 말이 아니다. 감각적 욕망으로부터 항상 깨어 있어야 함을 말씀하신다. 번역이 잘못된 것을 조상 탓으로 돌릴 수 없다.

우리가 겉사람의 의지와 지식을 통해서 믿고 안 믿고의 문제가 아니라 속사람에 의해서 내면에 하나님이 거하실 몸 된 성전이 세워지느냐 하는 것이 문제다. 겉사람으로부터 깨어남이 있어야 한다. 겉사람이 지성소를 덮고 있는 휘장이다. 우리 안에 몸 된 성전이 세워지려면 그 무엇이 되었든 겉사람의 속성들을 바로 알고 그것들로부터 떠나야 한다.

우리에게 몸 된 성전이 세워지지 아니하면 믿음이 없다 하시며 귀신이 거하는 집이다. 우리 안에 하나님의 거룩한 몸 된 성전이 세워지지 아니하면 세워질 때까지 조금도 쉼 없이 끝없는 윤회의 생을 살아야만 한다. 감각적 욕망(강도)이 순간순간 쳐들어와 재산(말씀)을 훔쳐 가고 노예로 끌고 가기 때문이다. 이것이 성경에 기록된 말씀이다. 속사람은 속사람에 의해서 나타난다. 수동태다. 겉사람의 의지는 잠시 어린아이 때 몽학선생 아래서 필요하다. 장성하여선 속사람에 의해서 이끌림을 받아야 한다. 이래서 속사람의 의지와 겉사람의 의지는 완전히 다르다. 겉사람의 의지가 뱀으로부터 기인한다는 것을 창2장 이하에 자세히 설명하고 있다. 붓다께서는 십이 연기를 통해 이를 말씀하였다.

(롬 1:12) 이는 곧 내가 너희 가운데서 너희와 나의 믿음을 인하여 피차 안위함을 얻으려 함이라
τοῦτο-δέ-ἐστιν, συμπαρακληθῆναι ἐν ὑμῖν διὰ τῆς ἐν ἀλλήλοις πίστεως ὑμῶν- τε καὶ ἐμοῦ·

'너희와 나의 믿음을 인하여' 로 번역한 부분은 큰 오역이다.

'ἐν ἀλλήλοις πίστεως ὑμῶν- τε καὶ ἐμοῦ·(엔 알레로이스 피스테오스 휘몬-테 카이 에무)': '너희들과 나의 믿음의 서로(1인칭) 안에서' 다.

'ἐν ἀλλήλοις(엔 알레로이스)' 는 '서로(1인칭) 안(속)에서' 다.

"너희들과 나의 믿음의 서로(1인칭) 안에서 이것에 의해서(통하여) 너희들 속에서 함께 위로함을 얻게 하려함이다."

사도 바울은 자신과 너희 안에서 하나님과 하나로 있다고 말씀하고 있다. 이것이 믿음이다. 하나님과 하나 되고 형제들과 하나 된 것이 올바른 믿음이다. 겉사람의 눈으로 보니 분리되어 보인다. 이것은 허상이다. 그래서 겉사람을 십자가에 달아 죽여야 한다. 마음으로부터 보는 세계를 초월하고자 함이다. 마음에 의해 나(에고)라고 하는 것은 왜곡

되어서 일어나는 현상일 뿐이다. 보는 나, 듣는 나, 느끼는 나는 조건에 의해 일어난 현상이다. 이래서 한글 번역은 원래의 그 의미와 완전히 다르다.

'ἐν ὑμῖν(엔 휘민)' 을 '너희 가운데서' 로 번역하였다. 오해의 소지가 있다. '휘민' 은 여격으로서 각자 마음 안에서다. '너희 가운데서' 하면 '무리 속에' 있는 느낌이 든다. '너희 각자 속에서' 이며 '각자가 가진 믿음 안에서' 다. 내면의 일이다.

(롬 1:17) 복음(여격)에는 하나님의 의가 나타나서 믿음으로 믿음에 이르게 하나니 기록된 바 오직 의인은 믿음으로 말미암아 살리라 함과 같으니라.
δικαιοσύνη γὰρ θεοῦ ἐν αὐτῷ ἀποκαλύπτεται ἐκ πίστεως εἰς πίστιν, καθὼς γέγραπται, Ὁ δὲ δίκαιος ἐκ πίστεως ζήσεται.

번역이 잘못되었다.

'ἐκ πίστεως εἰς πίστιν(에크 피스테오스 에이스 피스틴): 믿음 안으로 들어가서 그 믿음이 밖으로 나타나게 된다.'

'에크(ἐκ)' 전치사. 어의: '~밖으로, 밖에서, out of.'

'에이스(εἰς)' 전치사. 어의: 안으로 들어가다(하나 되기 위해).

의미를 따라 번역해 보면

"왜냐하면 복음 안에서 하나님(관사 없음) 의가 현재 나타나게 됨이다. 믿음 안으로 들어가서(하나 되기 위해) 그 믿음이 밖으로 드러나게 된다. 기록된바 오직 그 의인은 이 믿음(예수께서 소유하고 있는 믿음)으로 산다."

그 의인은 속사람인 예수와 하나 되어 밖으로 드러난 믿음으로 산다고 하였다. 하나님과 온전히 하나 됨이다. 예수께서도 아버지와 나는 하나라 하였다. 이것이 행함이다. 내면의 일이다. '하나님' 으로 번역한

'데오스' 앞에 관사가 없다. 사도바울 자신은 하나님(데오스)이 되었다고 선언하였다(롬 1:1). 성경 말씀의 핵심 내용이다.

601번 ἀποκαλύπτω(아포칼뤼프토):575와 2572에서 유래, 덮개를 제거하다, 드러나다. 575번 ἀπό(아포): 전치사 ~부터, 분리. 2572번 καλύπτω(칼룹프토): 덮다, 숨기다. 602번 ἀποκάλυψις(아포칼뤼푸시스):계시, 드러남, 나타남(휘장을 벗겨내다).

601번 '나타나서'로 번역된 '아포칼뤼프토'는 575번 2572번에서 유래했으며 지성소를 가리고 있는 덮개를 제거하는 뜻으로 사용된다.

이 휘장(에고)을 벗겨내면 내면의 지성소가 드러난다.

계시록(아포칼뤼푸시스)의 말씀이 이 덮개를 제거하는 내용이다. 일곱 인으로부터 일곱 나팔, 일곱 대접 심판을 통해 지성소를 덮고 있는 덮개(휘장, 에고)를 하나하나 벗겨내는 내용이다. 모두 내면의 일을 기록하였다.

에덴동산(간)을 에덴 아다마(마음)로 지칭한다. 아다마는 의식 무의식 잠재의식을 포함한다. 아다마와 에레츠와의 관계를 자세히 알아야 왜곡하지 않고 창세기를 포함한 성경 전체의 핵심에 도달하게 된다. 모두 땅, 지면으로 번역을 하여 혼란을 초래한다.

에덴동산은 잠겨 있는 샘이며 덥혀 있고 봉해져 있는 샘이다. 이(에고)를 벗겨내는 내용을 창세기 1장부터 기록하였다. 창세기 역시 역사적인 내용과 아무 관련이 없는 내면의 심리 현상을 드러내어 개간하여 참 열매를 맺는 내용이다.

(아 4:12) 나의 누이, 나의 신부는 잠근 동산이요 덮은 우물이요 봉한 샘이로구나 (15) 너는 동산의 샘이요 생수의 우물이요 레바논에서부터 흐르는 시내로구나

에고로 봉해져 있는 에덴동산을 벗겨내면 예수 그리스도의 신부가

되고 그와 하나 되어 아들을 낳게 된다. 에덴동산을 동방(케뎀)의 에덴에 창설(나타)하셨다(창 2:8). 하나님의 말씀을 드러내어(케뎀) 그 기준으로 말씀을 따라가는 자의 내면에서 일어나는 심리 현상을 알 수 있게 의식으로 자세히 드러내어 에덴동산(아다마)을 이야기하고 있다. 대단히 어려운 내용으로 성경 전체가 감추어진 겉사람의 심리 현상을 알 수 있게 드러내어 초월하는 내용이다. 정과 욕심으로 가득한 겉사람의 마음 밭을 옥토로 개간할 수 있도록 그 속성들을 세밀히 드러내어 설명하고 있다. 그러므로 에덴동산의 내용은 휘장으로서 그 기능을 자세하게 이야기 하고 있다. 성경의 핵심 내용이다. 예수께서 이 휘장의 속성을 자세하게 아시고 자기 십자가를 통하여 이를 찢으신다. 그러므로 하나님을 따라가는 모든 이들은 자신의 십자가를 통하여 각자의 휘장을 찢어야만 한다. 역사적 예수가 대신 겉사람의 휘장을 찢어주시는 것이 아니다.

(롬 3:22) 곧 예수 그리스도를 믿음으로 말미암아 모든 믿는 자에게 미치는 하나님의 의니 차별이 없느니라.

큰 오역이다.

δικαιοσύνη δὲ θεοῦ διὰ πίστεως ’Ιησοῦ Χριστοῦ, ϵἰς πάντας καὶ ἐπι πάντας τοὺς πιστεύοντας οὐ-γάρ-ἐστιν διαστολή,

(디카이오쉬네 데 데우 디아 피스테오스 예수 크리스투, 에이스 판타스 카이 에피 판타스 투스 피스튜온타스, 우-가르-에스틴 디아스톨레.)

“하나님(관사없음) 의(력)는 곧 예수 그리스도의 믿음으로(통하여) 모든 그 믿는 자들 안으로(하나 되기 위해) 그리고 그 모든 믿는 자들에 대하여 차별이 없느니라.”

‘예수 그리스도를 믿음으로 말미암아’로 번역하고 있는 ‘디아(διὰ) 피스테오스 예수 크리스투’는 ‘예수 그리스도의 믿음으로 말미암아, 예수 그리스도가 소유하고 있는 믿음으로 인하여’이지 ‘예수 그리스도를 믿음으로 말미암아' 가 아니다. 하나님의 말씀을 완전히 왜곡하고 있다.

예수 그리스도가 소유격으로 되어있고 믿음 또한 소유격으로 되어 있다. 그리고 그 앞에 '디아(διά)' 전치사를 만나고 있다.

'디아' 전치사는 '~을 통하여'의 뜻이다. '예수 그리스도를 통하여' 이다. 예수 안으로 들어가서 예수가 되어서 나와야 한다. 그러면 예수 그리스도로 온전히 뒤바뀐다. 이만큼 전치사 하나가 그 문장의 의미를 완전히 바꾸게 된다. 그러므로 예수를 대상으로 목적으로 믿는 것이 아니다. 예수는 믿음의 대상이 아님을 성경에서 말씀하고 있다. 예수가 믿음의 대상이 될 때는 십자가에 달아 매 죽여야 함을 곳곳에서 말씀하고 있다. 예수께서 아버지와 하나 된 믿음이 나에게도 똑같이 일어나야 함을 강조한다. 내가 가지고 있는 믿음과 예수의 믿음이 완벽히 같아야 한다는 것이다. 그러려면 겉사람의 믿음이 종말을 당해야 하며 철저히 망해야 한다.

그러므로 예수께서 내가 그 길이요 그 진리요 그 생명이라 말씀하시는 것이 나에게 있어서도 내(너희들 모두)가 그 길이요 그 진리요 그 생명이 되어야 한다는 것이다. 이천 년 전에 오셨던 그 예수만이 그 길이요 그 진리요 그 생명이라 생각하면 큰일이다. 그 예수를 우상화 하는 것이 된다. 예수께서 바로 베드로에게 사탄아 뒤로 가라 말씀하신 것이 바로 그 이유다. 베드로는 그 이유를 몰랐다. 예수로부터 점수를 얻으려고 그랬는지도 모른다. 예수께서 말씀하시는 그 믿음은 종교 행위를 한다고 해서 오는 것이 아니다. 바리새인들은 종교 행위를 통해 율법을 지킴으로 해서 하나님께 잘 보이며 나아가려 하였다. 대단히 오해하였다. 예수를 따르는 제자들의 믿음과 예수께서 소유한 믿음이 성경 전체를 통해 대비하여 등장한다.

우리는 예수를, 하나님을 믿는 것이 아니다. 그 예수가, 그 하나님이 대상이 아니다. 대상인 예수는 거짓말하는 자요, 살인자요, 우상이요, 옛 뱀이요, 사탄이다. 그래서 반드시 장대에 매달아 죽여야 한다. 예수께서 가지고 계셨던 그 믿음이 어떤 것인지 바로 알아야 하며, 그리고 반드시 그 방법대로 실천하여야 함을 강조하고 있다. 그래서 예수께서 가지고 있는 똑같은 모양(호모이오마)의 믿음을 각자 가지고 있어야 한다고 말씀하신다. 그것은 예수를 소유하면 된다. 그러므로 예수께서 알려주시는 방법대로 실천하지 아니하는 자들로부터 예수는 이들에게서 떠나신다.

> 예수께서 가라사대 죽은 자들로 저희 죽은 자를 장사하게 하고 너는 나를 좇으라 하시니라(마 8:22, 눅 9:60)

예수께서는 종교 행위를 하는 이들을 향해 죽은 자(하나님과 끊어진)들이라 하신다. 이들의 우두머리를 아비(부친)라 한다. 죽은 아비를 떠나라 하였다. 이 시대에 우리에게 주는 교훈이 정말로 크다. 진리가 아닌 것을 잘못 전하는 자를 죽은 아비라 말씀하신다. 죽은 아비가 전하는 말은 죽은 자를 장사하게 하는 일이라고 선언하신다. 이 아비를 장사하는 행위는 이들이 가지고 있는 율례의 전통을 유전 받는 일이다. 이들의 아비에게서 가르침을 받는 행위가 죽은 자를 장사하는 행위라 예수께서 말씀하신다. 그러므로 이들이 거룩하게 행하는 모든 종교 행위는 장례 행위이며 이를 행하는 자들은 사람을 죽이는 백정이다. 그러므로 이들이 세운 돌 성전은 사람을 죽이는 도살장인 것이다. 예수께서는 이들을 버리고 나를 좇으라 하신다. 아주 냉정하게 말씀하신다. 그곳에 있던 바리새인들은 아주 섭섭하고 분노를 금치 못했을 것이다. 자신들을 따르는 제자를 예수에게 빼앗겼기 때문이다. 그러므로 지금 이 시대에 교회(돌 성전)를 짓고 모여 예배를 드리고 각종 종교 행위를 하는 자들의 그 정체가 무엇인지 말씀을 통해 정확하게 알 수 있다. 예수는 이처럼 말씀에 있어서는 그 누구와도 그 어느 것과도 타협하지 아니한다. 냉정하기 이루 말할 수 없다.

'하나님의 의력(디카이오수네)'은 예수 안에서 예수 그리스도의 믿음에 의하여 하나 된 것을 일컬음이며 그 누구도 차별이 없음을 말씀한다. 바로 내면의 일이다.

(롬 3:25). 이 예수를 하나님이 그의 피로 인하여(피 안에서)믿음으로 말미암는 화목 제물로 세우셨으니 이는 하나님께서 길이 참으시는 중에 전에 지은 죄를 간과하심으로 자기의 의로우심을 나타내려 하심이니

번역을 잘못하였다.

ὃν προέθετο ὁ θεος ἱλαστήριον διὰ τῆς πίστεως ἐν τῷ-αὐτοῦ- αἵματι, εἰς ἔνδειξιν τῆς-δικαιοσύνης-αὐτοῦ, διὰ τὴν πάρεσιν τῶν προγεγονότων ἁμαρτημάτων.

"이 예수를 그 하나님이 그의 피 안에서 그의 그 믿음으로 인하여 속죄 제물로 세우셨으니 전에 지은 그 죄들의 그 용서를(파레신) 통하여 자기의 그 의로우심을 선언하심이다."

'길이 참으시는 중에' 는 본문에 없다.

그리스도의 피는 사망을 뛰어넘는(유월) 생명이다. '피' 는 참된 유료로 하나님의 말씀을 비유하고 있다(요 6:55). 반드시 겉사람이 자기 십자가에 달려야 생명의 피 곧 속사람의 양식(아르토스)이 지성소로부터 나온다. 예수 안으로부터 예수 그리스도의 믿음으로 그 죄를 없이 하시고 그 의로우심(디카이오쉬네)을 선언하신다. 예수 그리스도는 죄가 없다. 죄가 있는 마음(카르디아)을 찢어 버렸기 때문이다. 그러므로 나(겉사람)의 믿음이 아니다.

무슨 뜻인가? 죄는 마음(카르디아) 안에서만 살아있어서 그 힘을 발휘한다. 그래서 그 마음(카르디아)을 찢어 버리셨다는 뜻이다. 죄로부터 완전히 떠나셨다. 그러므로 죄에 대하여는 죄가 살아있는 그 마음을 알아야 그 해결책을 강구 할 수 있다. 그러므로 종교적으로나 도덕적으로 아무리 의로운 일을 하였다고 마음 안에서 살아있는 죄(하마르티아)의 문제를 해결할 수 없다. 그래서 예수께서 서기관들과 바리새인들에게

그렇게 험악한 말씀을 하는 것이다. 겉사람의 마음을 찢으면, 보는 나, 듣는 나, 느끼는 나가 사라진다. 이는 모두 죄로부터 기인한 것이기에 마음 안에 뱀(사단)이 여전히 왕으로 살아있기 때문이다. 마음을 집으로 삼고 있는 죄를 해결하려면 마음이라는 그 집을 헐어버려야 문제가 해결된다. 종교적으로 아무리 거룩한 행위를 한다고, 사람들에게 좋은 일을 많이 한다고 하여 죄가 살아있는 그 마음이 없어지지 아니한다. 그러므로 믿음은 마음(카르디아) 너머에 있는 지성소 곧 속사람으로부터 나온다. 겉사람의 지식이나 체험은 사망(하나님과 단절)에서 나오지 못한다.

그러므로 사람이 무엇인가? 하는 것을 창세기 2장부터 세세히 밝히는 내용이다. 그러므로 보는 나, 듣는 나, 느끼는 나에 대하여 세밀히 해체하여 그 실상을 알아야 한다. 보는 나, 듣는 나, 느끼는 나가 있다고 생각하는 것은 무더기로 보아서 생긴 일이다. 왜곡해서 보기 때문에 일어난 일이다. 성경에서는 죄(하마르티아)의 영향을 받아 몸과 마음이 나오고 이에 따라서 무더기로 보는 나라고 하는 현상들이 발생한 것을 말씀한다. 뱀에 의해 선악 지식(좋아함 싫어함을 알게 하는)의 나무로부터 먹어서 발생하였다고 말씀하고 있다. 그러므로 마음의 그 실상을 하나하나 해체하여 바로 알아야 한다. 이 이야기가 창세기부터 계시록까지 이어진다. 성경은 모두 내면의 일을 기록하였다. 그래서 시제가 없다. 역사적인 사건과 아무 관련이 없다. 마음을 초월하는 내용이라서 히다(비사)와 마솰(비유)과의 관계로 이루어져 있다.

좋은 일 선한 일은 반드시 하여야 한다. 좋은 일을 하면 반드시 되돌려 받는다. 심은 대로 거두기 때문이다. 그러나 이 모든 행위는 마음(카르디아) 안에서 일어나는 일이다. 비록 천상 세계에 태어나더라도 여전히 윤회를 벗어나지 못한다. 그러나 하나님 말씀은 마음을 초월하는 내용이다. 감옥을 아무리 좋은 것으로 치장을 하더라도 여전히 벗어나야 할 감옥이다. 그러나 좋은 일을 많이 하는 이들은 말씀을 빨리 깨닫는 것을 볼 수 있다.

(롬 3:28) 그러므로 사람이 의롭다 하심을 얻는 것은 율법의 행위에 있지 않고 믿음으로 되는 줄 우리가 인정하노라.

λογιζόμεθα ουν πίστει δικαιοῦσθαι ἄνθρωπον, χωρις ἔργων νόμου.

(로기조메다 운 피스테이 디카이우스다이 안드로폰, 코리스 에르곤 노무)

여기 등장하는 믿음을 나의 믿음으로 착각하여 의롭게 되는 줄로 오해하게 번역하였다. 크나큰 오역이다.

다시 번역하면 "그러므로 사람(안드로포스)을 현재 의롭게 만드는 것은(수동태) 율법의 행위에 있지 않고 (예수가 가지고 있는)믿음이라 우리(1인칭 복수)는 헤아린다(생각한다)."

'믿음으로' 번역된 '피스테이'가 명사, 여격이다. '여격'에 대해선 앞에서 설명하였듯이 '나의 믿음'이 아니다. 'believe Jesus'가 아니라 'believe in Jesus'에 해당한다. 예수 안에서 하나 됨을 말씀한다. 예수께서 소유한 믿음과 똑같아야 함을 요구한다. 예수께서 가지고 있는 믿음은 참 지혜로 겉사람의 마음을 찢는다. 참 지혜는 생명의 빛이며 하나님 자신이므로 겉사람의 의지와 지식과 행위와는 아무 관련이 없다.

(고후 5:7) 이는 우리가 믿음으로 행하고 보는 것으로 하지 아니함이로라 큰 오역이다.

διὰ πίστεως-γὰρ περιπατοῦμεν, οὐ διὰ εἴδους·

(디아 피스테오스-가르 페리파투멘, 우 디아 에이두스)

"왜냐하면 우리(1인칭)가 믿음으로(예수께서 가지고 있는 믿음) 인하여 현재 살며(깨어 있음) 겉사람을 통해서 보는(에이두스) 것으로 하지 아니한다."

'우리가 믿음으로 행하고'로 번역한 것이 '우리의 믿음으로 행하고'

로 오해한다. 이 문장에 나오는 믿음은 나의 믿음이 아니다. '믿음(피스테오스)'이 '소유격'으로 되어있고 그 앞에 '디아(διὰ)' 전치사를 만난다. 예수께서 가지고 계신 믿음 안으로 들어가서 그 믿음을 통해서 나와야 한다. 이것이 믿음이다. 이 믿음이 바로 하나님의 지혜다.

'페리파투멘(περιπατοῦμεν)': 1인칭 복수. 살다, 종사하다, 행하다.

'보는 것'으로 번역한 '에이두스(εἴδους)'는 겉사람(에고)의 눈을 통해서 보는 믿음이다. 말씀은 이처럼 겉사람의 믿음과 속사람의 믿음을 온전히 구별한다. 겉사람의 안이비설신의를 통해서 보는(에이두스) 것은 모두 왜곡되고 변한다. 이것이 창세기 2장부터 나오는 아담과 하와의 이야기다. 내면에서 일어나는 현상에 대하여 아담과 하와를 비유하여 설명한다. 하아담과 하잇솨는 안이비설신의를 통해서 들어오는 것에 대하여 왜곡하지 아니한다. 그러나 아담(관사가 없다)과 하와는 왜곡하여 알게 된다. 그 원인이 선악 지식(좋아함 싫어함을 알게 하는)의 나무로부터 먹어서 그렇게 되었다고 말씀한다. 뱀의 꼬임에 의해서 발생하였다.

(갈 2:16) 사람이 의롭게 되는 것은 율법의 행위에서 난 것이 아니요 오직 예수 그리스도를 믿음으로 말미암는 줄 아는 고로 우리도 그리스도 예수를 믿나니 이는 우리가 율법의 행위에서 아니고 그리스도를 믿음으로서 의롭다 함을 얻으려 함이라 율법의 행위로서는 의롭다 함을 얻을 육체가 없느니라

이 역시 큰 오역이다.

"오직 예수 그리스도를 믿음으로 말미암는 줄 아는 고로 우리도 그리스도 예수를 믿나니"로 번역한 부분이다.

ἐὰν-μὴ διὰ πίστεως Ἰησοῦ χριστοῦ, καὶ ἡμεῖς εἰς χριστὸν Ἰησοῦν ἐπιστεύσαμεν,

(에안-메 디아 피스테오스 예수 크리스투, 카이 헤메이스 에이스 크리

스톤 예순 에피스튜사멘,)

예수 그리스도를 목적으로 대상으로 믿는 것이 아니다. 앞에 등장하는 예수 그리스도가 '소유격'으로 되어있고 그 앞에 디아(~통하여) 전치사를 만나고 있다.

그러므로 '디아 피스테오스 예수 크리스투(διὰ πίστεως Ἰησοῦ χριστοῦ)'는 '예수 그리스도의 믿음을 통하여'다. 예수를 믿는 나의 믿음을 통해서가 아니다. 크나큰 오역이다. 예수 그리스도께서 가지고 계신 믿음을 통해서다. 그러하다면 예수 안으로 들어가서 그 예수 그리스도께서 가지고 계신 믿음으로 뒤바뀌어야 한다. 예수 그리스도의 믿음으로 바뀌면 겉사람이 죽고 속사람이 부활한다.

"우리도 그리스도 예수를 믿나니"로 번역된 부분도 큰 오역이다.

καὶ ἡμεῖ εἰς χριστὸν Ἰησοῦν ἐπιστεύσαμεν

(카이 헤메이스 에이스 크리스토이 예순 에피스튜사멘). 예수 그리스도 앞에 전치사 '에이스(εἰς)'가 있다. '~안으로'의 뜻이며 '하나 되기 위해 ~안으로 들어가다'의 뜻으로 "그리고 우리(1인칭,복수)가 믿어서 예수 그리스도 안으로 들어간다."이다. 1인칭이다. 각자 안에 계신 그리스도 안으로 들어감이다. 그리스도 안으로 들어가면 그리스도가 된다. 겉사람의 실상을 알고 초월한다는 뜻이다. 그러므로 번역된 문장은 원래의 그 의미와 완전히 다르게 오역하고 있다.

겉사람 안에서 일어나는 모든 감각적 욕망에 대하여 싫어함이 일어나야 한다. 그렇다면 인생들이 그렇게 목말라 하는 감각적 욕망의 속성을 자세히 알고 떠나야 한다. 목마름(갈애)은 결코 채워지지 아니한다. 채울수록 더욱 목마름이 따라온다. 선악과를 계속하여 먹는 그 이유다. 윤회에서 벗어날 수 없다. 그러므로 일반 인생들을 감각적 욕망을 채울 수 있는 애굽을 떠나지 못한다.

그 다음 문장 또한 완전히 오역이다.

"그리스도를 믿음으로서 의롭다 함을 얻으려 함이라 율법의 행위로서는 의롭다 함을 얻을 육체가 없느니라"고 번역한 부분이다.

ἵνα δικαιωθῶμεν ἐκ πίστεως Χριστοῦ, καὶ οὐκ ἐξ ἔργων νόμου· διότι οὐ-δικαιωθήσεται ἐξ ἔργων νόμου πᾶσα σάρξ.(히나 디카이오도멘 에크 피스테오스 크리스투, 카이 우크 에크 에르곤 노무 파라 사르크스)

'그리스도를 믿음으로서(에크 피스테오스 크리스투)' 번역한 부분은 목적격이 아니고 소유격이며 앞에 에크(ἐκ) 전치사를 만나고 있다.

"우리가(1인칭,복수) 율법의 행위들로부터 나온 것이 아니요, 그리스도의 믿음에서 나와서 의롭다 함을 얻게 되었다 함이다."

그리스도의 믿음과 하나 되어 밖으로 드러나는 것을 말씀한다. 그러면 온전히 예수 그리스도의 믿음으로 바뀐다. 나의 믿음이 아니다. 그리스도의 믿음이 밖으로 나타나려면 내면에 오신 예수를 먼저 발견하고 그 예수 그리스도 안으로 들어가서 하나 되어야 한다. '에크(ἐκ)' 전치사는 '안에서 밖으로 나오다'의 뜻이다.

'ἐκ πίστεως Χριστοῦ,(에크 피스테오스 크리스투)': '그리스도의 믿음에서 나와서, 그리스도의 믿음으로 인하여'다. 겉사람의 믿음이 온전히 멸망한 상태다.

(히 11:3) 믿음으로 모든 세계(그 아이오나스)가 하나님의 말씀(흐레마티)으로 지어진 줄(완료, 수동태)을 우리가 아나니 보이는 것은 나타난 것으로 말미암아 된 것이 아니니라.

이 역시 큰 오역으로 오해를 불러오는 대표적인 구절이다.

모든 세계를 하나님의 말씀으로 창조한 것으로 오역하였다. 이러한 구절 때문에 천지 만물을 하나님이 창조한 것으로 오해하여왔다. 이러한 오역으로 인하여 하나님이 전지전능한 신으로 둔갑을 하였다. 이 전지전능한 하나님이 거짓말하는 자며 살인자며 귀신이며 사탄이다.

> Πίστει νοοῦμεν κατηρτίσθαι τοὺς αἰῶνας ῥήματι θεοῦ, εἰς-τὸ μὴ ἐκ φαινομένων τὰ βλεπόμενα γεγονέναι.
> (피스테이 누우멘 카테르티스다이 투스 아이오나스 흐레마티 데우, 에이스-토 메 에크 화이노메논 타 블레포메나 게고네나이)

"우리가(1인칭) 예수께서 가지고 있는 믿음에 의해 하나님(관사 없음)의 말씀(흐레마티)으로 '그 아이오나스(복수)'가 온전케 된 것(수동태)을 우리가 현재 알고 있다. 하나님과 하나 된(기노마이) 것을 깨닫게 된 것(블레포:중.수동태)은 문자적으로 보이는(파이오메논,수동태) 것으로 되었던 것(기노마이:하나되다, 완료)이 아니다."

아들 안에 몸 된 성전(아이오나스)이 온전케 세워진 것(수동태)은 하나님 말씀으로 하나님과 하나 된 것이다. 내면에서 일어나는 일이다. 하나님 말씀으로 우주 창조가 이루어진 것이 아니다.

하나님(데오스) 앞에 관사가 없으면 내가 말씀(호로고스)으로 하나님이 된 것을 말씀하고 있다. '믿음으로'라고 번역된 '피스테이(Πίστει)'는 명사, 여격이다. 여격이므로 'believe in Jesus'의 개념인 예수 안에 있는 믿음, 예수께서 소유한 믿음을 말씀한다.

'지어진 줄을'로 오역한 '카테르티스다이(κατηρτίσθαι)'는 완료 수동태로서 하나님의 말씀(흐레마)에 의해 몸된 성전이 온전케 세워지기 위함의 처음(알파)에 해당한다. 온전케(오메가) 세워지기까지 계속 일하신다. 창세기 1:1절에서 '창조하다'로 오역한 '바라' 동사와 그 의미에서 상응한다.

마음 안에 있는 처음 그 하늘들과 처음 그 땅은 길가밭, 가시덤불밭, 돌밭으로 이생의 자랑, 육신의 정욕, 안목의 정욕으로 가득 채워진 겉사람의 마음 밭이다. 여기에 그 바다는 생략되어 있다. 바다는 무의식의 세계를 비유하였다. 정과 욕심으로 채워진 마음의 그 하늘과 그 땅을 개간하여 옥토로 만들어 가는 것이 '바라' 다. 이 '바라' 동사를 '창조하다' 로 오역하였다. 그러므로 우주 창조가 아니다. 몸 된 성전을 세우기 위해 아들의 마음 밭을 개간하기 위함이다. 예수께서 오셔서 이것을 '아포 카타볼레스 코스무' 와 '메타노에오' 를 통해 말씀하였다. 내면에 하나님이 거하실 몸 된 성전을 온전히 세우기 위해 마음의 그 하늘과 그 땅(밭)을 개간하시는 것이다.

붓다의 말씀으로 설명하면 '바라' 동사는 '방하착(마음을 내려놓음)' 에 해당한다. 곧 사성제, 십이연기와 팔정도 수행을 뜻한다. 내면에 있는 '베레쉬트(근본)' 를 만나서 온전히 하나 되기까지 끊임없이 윤회해야 한다.

2675번 καταρτίζω(카탈티조): 온전케 하다. 13회 쓰였다.

(마 4:21)	그물 '깁는 것을'	(갈 6:1)	바로잡고
(마 21:16)	온전케 하셨나이다.	(살전 3:10)	온전케
(막 1:19)	그물을 '깁는데'	(히 10:5)	예비하셨도다.
(눅 6:40)	온전하게 된	(히 11:3)	지어진 줄을
(롬 9:22)	준비된	(히 13:21)	온전케하사, 원하노라.
(고전 1:10)	온전히 합하라	(벧전 5:10)	온전하게
(고후 13:11)	온전하게 되며		

'지어진 줄을' 로 오역한 단어다.

하나님이 마음 안을 해체해서 온전히 드러내어 옥토로 개간하는 것이 '카탈티조' 다. 결국 모든 감각적 욕망의 실체를 알게 하시고 내려놓게 하는 것이다. '카탈티조'가 내면에서 일어나면 의식 무의식 잠재의식의 모든 알음알이의 그 실체가 드러나 허상이라는 것을 알게 되고, 이 겉사람을 뛰어 넘어섬과 동시에 속사람이 되어 겉사람을 다스릴 수 있게 된다. 그러므로 카탈티조는 중요한 내용으로 예수께서 말씀하신 아포 카타볼레스 코스무와 메타노에오와 같다. 곧 몸 된 성전을 세우기 위하여 성전 터를 닦고 성전 기둥을 세우는 것이다. 그러므로 '카탈티조'는 천지창조, 만물 창조가 아니다.

'바라(카탈티죠, 크티죠)'는 알파(처음)에 해당하며 '아사(포이에오)'는 오메가(나중)로서 온전케 됨을 나타낸다. '바라'와 '아사'는 한 쌍을 이루어 나타난다. 하나님은 '바라'를 시작하시면 온전히 '아사' 되기까지 일하신다. 아사가 되면 일곱째 욤 안으로 들어가서 안식하게 된다. 마음을 온전히 초월하면 더는 마음을 초월하는 일을 하지 않는다. 이것을 안식(샵빠트)으로 번역하였다.

'믿음으로(피스테이)'는 '여격'으로서 인생들이 가지고 있는 믿음이 아니다. 왜냐하면 '모든 세계'라고 오역한 것이 '투스 아이오나스'인데 복수로서 이것은 자기 십자가(장대)로 말미암아 겉사람이 죽고 하나님의 성전이 내면에 나타나진 상태를 말씀한다. 속사람이 나타남이다. 그러므로 '모든 세계'가 아니다. 큰 오역이다. 하나님이 거하시는 몸된 성전이 세워진 하나님 자녀들의 그 실상을 말씀하신다. 붓다께서는 열반으로 말씀하였다.

'흐레마(ῥῆμα)'는 '말씀'으로 번역된 단어인데 경에서 '호 로고스'도 '말씀'으로 번역하여 나온다.

예수 안에 '호 로고스' 말씀이 근본으로 계신다.

'흐레마'로 번역된 '말씀'은 아버지와 하나 된 예수를 통해 나오는 것이 '흐레마'다. 몸 된 성전이 세워진 자를 통해 그 안에 계신 아버지에게서 나오는 하나님의 말씀이 '흐레마'다. 이 '흐레마' 말씀은 죽은 자(사망이 온자)가 받아 지니면 살아난다. 깨달음이 임한다.

'지어진 줄'로 번역된 '카테르티스다이'는 완료 수동태로서 창세기 1:1절의 '바라'와 같은 의미다. 온전하게 세우기 위함의 처음 시작(알파)에 해당한다. 아사 되기까지 계속 일하심이다. 모든 감각적 욕망의 그 실체를 알고 내려놓기 시작하는 것을 뜻한다. 그러면, 하나님의 성전이 내 안에서 세워지기 시작한다. 천지창조를 이야기하는 것이 아니다. 마음 밭을 옥토로 개간하여 하나님이 거하시는 몸된 성전을 세우기 위한 내용이다. 종교인들이 대단히 오해하였다. 그러므로 여기 등장하는 '믿음'은 종교인들은 가지고 있는 믿음이 아니다. 하나님의 말씀(ῥήματι·흐레마티)으로 하나님이 거하시는 몸된 성전(그 아이오나스)이 각자 안에서 세워지는 것을 오해하여 천지창조로 번역하였다.

이 세상(몸과 마음)에서 사망 아래 있던 내가 살아나는 것이 가장 큰 문제다. 이보다 더 큰 일은 있을 수 없다. 성경은 바로 나의 이 문제를 해결하기 위함이다. 나 이외에 우주가, 천지가 어떻게 되었던 그것은 문제가 아니다. 바로 내가 안고 있는 이 일, 곧 죽음에서 살아나는 일이 가장 큰 일이다. 예수께서 말씀하시는 천국은 시공간이 없다. 천국은 예수 안에 있기 때문이다. 이 예수가 각자 안에 있다. 결국 시공간이 없는 상태에 있게 되는데 우주를 왜 만드시는가? 천국엔 몸도 마음도 없다. 시공간이 필요치 않다. 그러므로 생겨난 모든 것은 가짜다. 환상으로 예수를 보는 것도 가짜이며 천국을 보고 왔다는 것도 모두 가짜다. 모두 찢어버려야 할 마음 안에서 일어난 허상이다. 그러므로 하나님은 결코 가짜를 만들지 아니하신다. 나타난 우주 또한 가짜다. 그러므로 몸도 마음도 모두 가짜다. 우리는 이 가짜를 뒤집어쓰고 왔다. 자신이 저지른 결과로 나온 열매일 뿐이며 하나님이 사람을 지으신 것이 아니다.

경에서 '믿음'이란 사람들이 기억하고 있는 지식이 아니다. 믿음(빛)을 가지고 있다가 잃어버리는 경우를 설명하고 있다. 예수의 믿음에 대한 말씀의 의미는 예수께서 소유하고 있는 아버지와 하나 됨을 말씀하고 있다. 이 믿음은 감각적 욕망이나 세상의 지식이나 어떤 개념을 양식으로 삼고 있으면 거하지 못하고 떠나간다. 생겨난 지식이나 개념을 자신과 일치시키고 있기 때문이다. 에고가 점점 강해질 뿐이다. 마음에서 일어나는 모든 것은 조건에 의하여 일어났다가 조건이 사라지면 사라지게 된다. 모두가 변화무상하며 고(苦)일 뿐이다. 내 안에 몸 된 성전이 세워질 때만 진정한 행복이 있다. 붓다께서는 이를 무아로 말씀하였고 대승에서는 임시방편으로 진아로 표현을 하고 있다.

우리는 예수께서 소유하고 있는 믿음에 관하여 그 기록들을 통해서 반드시 알아내야 한다. 베드로가 열성적으로 예수를 따랐다. 목숨을 내어놓을 정도로 그래서 목소리도 컸을 것이 분명하다. 그런데 예수께서 사탄아 내 뒤로 물러나라 하신다(막 8:33). 베드로가 가지고 있었던 믿음은 예수께서 말씀하고 있는 믿음이 아니다. 베드로와 요한 두 형제는 나중 예수께서 왕이 될 때 한 자리씩 얻으려는 속셈이었다. 그 주위에 있던 제자들 모두 그러했다.

막달라 마리아의 세상의 믿음은 타의 추종을 불허한다. 이 여인의 입에서 끝도 없는 세상 지식이 쏟아져 나온다. 모두 헛된 거품이라 경에서는 말씀한다. 이 거품은 일곱 귀신에 의해 나온다고 비유하여 말씀하고 있다. 믿음은 저편 세계(지성소)의 빛(지혜)을 이야기하는 것이다. 아르토스(양식,빛), 브로마(양식,빛), 카이로스(때,빛), 헤메라(날,빛), 세메론(오늘날,빛), 세메이온(징조,빛), 욤(날,빛), 믿음(피스테오,빛), 사랑(아가파오,빛) 이것들은 모두 지성소에서 나오는 빛(지혜)들이다. 이래서 우리가 가지고 있는 믿음은 그리스도의 빛으로부터 나온 것이 아니므로 책망(엘렝코스)을 받아야한다. 하나님으로부터 나오는 생명의 빛을 받으면 몸과 마음의 그 속성을 알고 벗어나기 시작한다. 몸과 마음이 내가 아닌 것이 드러나기 때문이다. 그 마음 안에 있던 꿈과 열정, 지식과 번뇌 망상들이 모두 허상으로 무너지기 시작한다. 에고는 지성소로부터 나오는 생명의 빛에 의해서만 무너진다. 가나안 땅(에레츠) 안에서의 모든 전쟁은 이를 비유하였다. 고로 아무나 이 전쟁을 치를 수 없다. 반드시 애굽으로부터 나와 광야 사십 년을 지나는 훈련을 통해 여호수아(예수)의 인도하심으로 가나안 땅(에레츠) 안으로 들어가야 비로소 이 전쟁을 하게 된다. 이는 종교 행위로 이루어지지 않는다. 기도하고, 예배드리고, 돈 십일조 한다고 가나안 땅(에레츠) 안으로 들어갈 수 있는 것이 아니다. 모든 종교 행위로는 애굽 땅(에레츠) 조차도 벗어나지 못한다. 오히려 에고만 더욱 쌓아간다.

예수께서 너희와 저희를 말씀하시는데 저희는 빵을 얻는 것, 병 고치는 것, 이것 때문에 예수를 따른다고 한다. 경에서도 이런 자들이 대부분이라 말씀한다. 예수 앞에 사탄이 와서 돌(율법을 가진)로 떡(양식)을 만들어 먹으라 했을 때 예수께서는 '아버지가 보내주는 자만 양식(브로시스)으로 삼으시겠다' 하였다. 예수께서는 아무에게나 하늘 양식(아르토스)을 넘겨주시지 않았다. 너희에게만 주시고 저희에게는 비밀(뮈스테리온)로 하였다. 저희에게는 전하지 말라 하신다. 오천 명을 먹이시고 열둘을 찾으시고 나머지 저희를 떠나신다. 육신의 음식을 먹은 이들은 예수를 좇아서 임금 삼고 계속해서 육신의 것을 요구할 것이기 때문이다. 요즘 길거리에서 아무나 예수 믿으라고 말하는 것과 너무나 대조적이다. 예수는 아무에게나 말씀을 주지 아니하였다. 예수께서는 자기 백성(자기 자신)만 찾으러 오셨다. 만백성을 구원하시려고 오신 것이 아니다. 어떤 이들은 예수께서 만백성을 구원하러 오셨다고 알고 있다. 오해하였다. 예수로부터 거부당한 이들은 윤회하면서 때가 이를 때까지 기다려야만 한다.

무리를 명하여 잔디(들풀) 위에 앉히시고 떡 다섯 개와 물고기 두 마리를 가지사 하늘을 우러러 축사하시고 떡을 떼어 제자들에게 주시매 제자들이 무리에게 주니 다 배불리 먹고 남은 조각을 열두 바구니에 차게 거두었으며(마 14:19-20)
예수께서 무리를 명하사 땅에 앉게 하시고 떡 일곱 개를 가지사 축사하시고 떼어 제자들에게 주어 그 앞에 놓게 하시니 제자들이 무리 앞에 놓더라 또 작은 생선 두어 마리가 있는지라 이에 축복하시고 명하사 이것도 그 앞에 놓게 하시니 배불리 먹고 남은 조각 일곱 광주리를 거두었으며(막 8:6-8)
예수께서 떡 다섯 개와 물고기 두 마리를 가지사 하늘을 우러러 축사하시고 떼어 제자들에게 주어 무리 앞에 놓게 하시니 먹고 다 배불렀더라 그 남은 조각 열두 바구니를 거두니라(눅9:16-17)
옥에 갇힌 애굽 왕의 술 맡은 자와 떡 굽는 자 두 사람이 하룻밤에 꿈

을 꾸니 각기 몽조가 다르더라(창 40:5)
떡 굽는 관원장이 그 해석이 길함을 보고 요셉에게 이르되 나도 꿈에 보니 흰 떡 세 광주리가 내 머리에 있고 그 위 광주리에 바로를 위하여 만든 각종 구운 식물이 있는데 새들이 내 머리의 광주리에서 그것을 먹더라(창 40:16~) 뿌릴새 더러는 길가에 떨어지매 새들이 와서 먹어 버렸고(마 13:4)
아무나 천국 말씀을 듣고 깨닫지 못할 때는 악한 자가 와서 그 마음에 뿌려진 것을 빼앗나니 이는 곧 길가에 뿌려진 자요(마 13:19)

경에서 새를 악한 자로 비유해서 말씀하기도 한다. 떡 굽는 관원장의 머리에 있는 광주리에 새가 와서 그 안에 있는 식물을 먹는다(창 40:17). 하나님의 양식을 악한 자가 와서 훔쳐 가는 내용이다. 하나님의 말씀을 잃어버림이다. 그래서 죽음이 온 것을 히다(비사)로 말씀한다. 말씀의 양식을 받았으나 길가밭, 돌밭, 가시덤불밭을 벗어나지 못하였다. 떡 굽는 관원장이 죽게 된다.

예수께서 많은 이들에게 빵(아르토스: 하늘양식)을 먹이신다. '거두어들인(씨를 심은 결과) 빵' 이 막 8:7~8절에는 일곱 광주리, 마 14:19절과 눅 9:16절에는 열두 광주리를 거두어들인다. 여기 광주리가 말씀을 받아들이는 너희를 비유하고 있다. 하늘의 양식(아르토스)을 먹은 자를 마가복음 8장에서는 일곱을 누가복음에서는 열둘을 찾으셨다고 말씀하신다. 나머지는 풀밭(들풀) 위에서 썩은 것을 먹었다 하였다. 열둘을 제외한 오천 명의 믿음은 자기 믿음이라 말씀하신다. 이들이 오해하여 보았던 것은 자기 믿음으로 에고를 쌓을 뿐이다. 예수께서 이런 인생들을 떠나가신다.

막 8:6절에 '땅 위에 앉게 하시고' 로 번역한 '에피 테스 게스(ἐπὶ τῆς γῆς)' 는 각자의 마음 땅(게) 위에 앉게 하시는 것이다. '게(γῆ)' 는 "혈과 육으로 하나님의 나라를 유업으로 받을 수 없고 또한 썩을 것은 썩지 아니한 것을 유업으로 받지 못하느니라" 하였다(고전15:47~50).

썩은 마음 밭을 이야기 한다. 예수께서 각자의 욕망의 마음 위에 말씀의 빵을 받아먹게 하신다. 그러나 예수께서 주시는 이 말씀의 빵(양식)을 먹고 변화된 사람이 열둘 뿐임을 말씀하신다. 자업자득이다.

'잔디 위에 앉히시고'(마 14:19)로 번역한 '에피 투스 코르투스(ἐπὶ τοὺς χόρτους)'는 '그 들풀 위에서'다. '코르투스'는 풀, 들풀로서 하나님의 말씀으로 교육받지 못한 마음(카르디아) 곧 감각적 욕망인 갈애로 채워진 마음이 '코르투스'다. 이들은 자신의 '코르투스' 마음 위에서 육신의 양식으로 바꿔 먹었을 뿐이다. 예수께서 말씀하시는 진리에 관해서는 관심이 없었다. 코르투스 들풀은 감각적 욕망으로 가득한 썩게 하는 마음 밭(게)에서 자란다. 예수께서 주시는 말씀의 양식(아르토스)을 오해하여 이들은 자신의 욕망을 채우고자 하였다. 하나님의 말씀에는 관심이 없었고 자신들의 육신을 채워 줄 것에만 관심이 있었다.

이 내용은 이천 년 전의 이야기가 아닌 바로 이 세대의 이야기다. 물질 축복과 영적인 축복을 받기 위하여 자신이 원하는 것을 얻기 위하여 모든 종교 행위를 하는 자신을 생각하게 한다. 이런 상태는 하나님의 말씀으로 훈련받지 못한 아무렇게나 자란 들풀(코르투스)이 자라는 마음 밭이라 한다. 우리가 어릴 땐 이렇게 출발한다. 그러나 나이가 들어서도 내면의 세계를 들여다보지 못하고 종교 행위를 통해 밖으로 원하는 것을 계속해서 찾아다닌다면 이것은 보통 큰 문제가 아니다. 그러므로 이런 것은 성경에서 말씀하는 그 믿음이 아니다.

(히 11:4) 믿음으로 아벨은 가인보다 더 나은 제사(제물)를 하나님께 드림으로 의로운 자라 하시는 증거를 얻었으니
Πίστει πλείονα θυσίαν 'Αβελ παρὰ Κάϊν προσήνεγκεν τῷ θεῷ, δι' ἧς ἐμαρτυρήθη εἶναι δίκαιος,(피스테이 플레이오나 뒤시아이 아벨 파라 카인 프로세넹켄 토 데오, 디 헤스 에마르튀레데 에이나이 디카이오스,)
"믿음(여격)으로 아벨은 가인에 비하여 온전한 제물을 그 하나님(관

사 있음)께 드림으로 의로운 자라 하시는 증거를 얻게 되었으니(수동태),"

한글 번역이 잘되어 있는 것처럼 보이나 내용은 그렇지 않다. 여기 기록되어있는 '믿음'은 아벨의 자기 믿음이 아니라 하나님이 가지고 계신 믿음이다. 하나님의 믿음과 똑같다. '믿음(피스테이)'은 '여격'이다. 아벨이 소유하고 있는 그 하나님의 믿음이다.

아벨은 그 하나님의 믿음으로 양의 첫 것을 피를 내어서 드렸다(히다다). 가인은 제물을 온전히 태워서 드려야 함에도 하나님의 믿음을 소유하지 않고 자신의 믿음으로 온 정성을 다해 경작하여 거기서 나온 제물을 정성껏 드린 내용이다. 이 제물이 불의의 재물이다. 이 내용은 모두 비사(히다)로 되어있는 중요한 내용이다. 창세기에서 아벨과 가인의 내용이 나올 때 다시 다루어야 하겠다.

오늘날 종교의 행위 중 하나인 물질을 드릴 때 정성을 다해 드린다. 돈을 드릴 때는 구겨진 것을 다리미로 펴기도 하고 목욕도 하고 깨끗한 옷도 입고 정성을 기울여 준비하는 것이 보통이다. 특별한 날은 더 신중하게 한다. 사람에게 칭찬받는 행동이 책망받은 가인의 행위임을 알지 못한다.

"약대가 바늘귀로 들어가는 것이 쉬우니라" 예수께서 말씀하였다. 약대가 바늘귀로 들어간다는 것은 있을 수 없다. 이래서 기록된 내용을 아주 자세히 보아야 한다. 놓치면 큰일이다. 아벨의 행위는 종교 행위가 아님을 알아야 한다. 이것을 놓치면 큰일이다. 비사(히다)로 되어있어서 대단히 어렵다. 하나님은 인간들이 좋아하는 그 어떤 것도 받으실 수가 없다. 모두 마음에서 나오는 것들이다. 탐진치가 없는 것만 받으실 수가 있다. 하나 되기 위해서다. 그러므로 아벨이 드린 양의 첫 것은 지성소로부터 나온 생명의 빛이다. 그러면 신도들이 드리는 예배, 기도, 십일조, 헌금이 지성소로부터 나온 것인가? 묻고 싶다. 지성소는 내면에 있다.

(약 1:6) 오직 믿음으로 구하고 조금도 의심하지 말라
번역이 잘못되었다.
αἰτείτω-δὲ ἐν πίστει, μηδὲν διακρινόμενος
(아이테이토-데 엔 피스테이, 메덴 디아크리노메노스)

"믿음(여격) 안에서 묻고, 조금도 의심(판단)하지 말라."

이이테오(αἰτέω): 묻다, 구하다, 요구하다.

세상의 것을 구하는 것이 아니라 자신 안에 있는 하나님에게 묻는 것을 말씀한다. 옥토가 어떻게 만들어지는지 하나님이 거하시는 몸 된 성전이 어떻게 세워지는지 묻고 구하는 것이다. 내면에 계신 예수 그리스도께 묻고 의심(마음에서 일어남)하지 말라 하신다. 그러면 먼저 내면에 계신 예수를 발견하여야 한다. 겉사람으로 돌아가지 말라 하신다. 대단히 어려운 일이다. 결국 겉사람의 욕망을 채워주는 애굽을 떠나야 하는 내용이다. 자신의 마음 안을 들여다보며 마음의 실상을 파악하고 있어야 하는 내용이다.

물질, 사업, 건강 등 육신의 것을 구하는 것도 아니며 영적인 것을 구하는 것도 아니다. 대단히 오해하였다. 그러므로 지금 이 세대를 보아도 마찬가지다. 얼마나 하나님 말씀이 왜곡되어 있는지를~

여기 나오는 '믿음(피스테이)'은 여격으로 예수께서 가지고 계신 아버지와 하나 된 것을 말씀하고 있다. 이 믿음을 가지려면 나의 감각적 욕망의 실체를 알고 떠나야 한다. 대단히 어려운 내용으로 겉사람에게 재앙이 임하지 아니하면 거의 불가능하다. 계시록에 겉사람에게 계속 쉬지 않고 재앙이 임하는 내용이 나온다. 스물한 번의 책망이 계속 이어진다. 그러므로 자신의 의지로 자신의 믿음으로 이 길을 가지 못한다.

히브리서 11장은 믿음의 선진이 가지고 있던 믿음에 대해 보여준다.

(히 11:11) 믿음으로 사라 자신도 나이 늙어 단산하였으나 잉태하는 힘을 얻었으니 이는 약속하신 이를 미쁘신 줄 앎이라

'믿음으로(πίστει· 피스테이)' : 명사, 여격, 여성, 단수.

사라의 믿음은 여격으로 자신 안에 하나님의 믿음을 가지고 있었다. 하나님의 지혜가 임한 것이다. 하나님의 지혜는 사람이 가지고 있는 능력과는 다르다. 바로 '기한'으로 번역을 한 '모에드'다. 모에드는 지성소로부터 나오는 생명의 빛이다. 모에드에 의해서 사라의 태를 통해 이삭이 나온다. 이것이 하나님의 믿음이다. 겉사람의 의지와 아무 관계없는 지성소로부터 나오는 하나님의 그 생명의 빛이다. 이 생명의 빛(별)들, 곧 오토 모에드 욤 샤네들이 내면의 하늘에 빛나는 것을 자세히 볼 수 있게 되는 길을 가야 한다.

아래 문장에 등장하는 '믿음으로(피스테이)'는 모두 명사, 여격이다. 하나님으로부터 나온 하나님 자신인 생명의 빛이다.

(히 11:20) 믿음으로(피스테이, 여격) 이삭은 장차 오는 일에 대하여 야곱과 에서에게 축복하였으며,
(히 11:21) 믿음으로(피스테이, 여격) 야곱은 죽을 때에 요셉의 각 아들에게 축복하고 그 지팡이 머리에 의지하여 경배하였으며,
(히 11:22) 믿음으로(피스테이, 여격) 요셉은 임종 시에 이스라엘 자손들의 떠날 것을 말하고 또 자기 해골을 위하여 명하였으며,
(히 11:23) 믿음으로(피스테이, 여격) 모세가 났을 때 그 부모가 아름다운 아이임을 보고 석 달 동안 숨겨 임금의 명령을 무서워하지 아니하였으며,
(히 11:24) 믿음으로(피스테이, 여격) 모세는 장성하여 바로의 공주의 아들이라 칭함을 거절하고(25) 도리어 하나님의 백성과 함께 고난받기를 잠시 죄악의 낙을 누리는 것보다 더 좋아하고(26) 그리스도를 위하여 받는 능욕을 애굽의 모든 보화보다 더 큰 재물로 여겼으니 이는 상주심을 바라봄이라.
(히 11:27) 믿음으로(피스테이, 여격) 애굽을 떠나 임금의 노함을 무서워

아니하고 곧 보이지 않는 자를 보는 것같이 하여 참았으며,
(히 11:28) 믿음으로(피스테이, 여격) 유월절과 피 뿌리는 예를 정하였으니 이는 장자를 멸하는 자로 저희를 건드리지 않게 하려 한 것이며,
(히 11:29) 믿음으로(피스테이, 여격) 저희가 홍해를 육지같이 건넜으나 애굽 사람들은 이것을 시험하다가 빠져 죽었으며,
(히 11:30) 믿음으로(피스테이, 여격) 칠 일간 여리고를 두루 다니매 성이 무너졌으며,
(히 11:31) 믿음으로(피스테이, 여격) 기생 라합은 정탐꾼을 평안히 영접하였으므로 순종치 아니한 자와 함께 멸망치 아니하였도다.
(히 11:32) 내가 무슨 말을 더 하리요 기드온, 바락, 삼손, 입다와 다윗과 사무엘과 및 선지자들의 일을 말하려면 내게 시간이 부족하리로다.
(히 11:33) 저희가 믿음으로(디아 피스테오스) 나라들을 이기기도 하며 의를 행하기도 하며 약속을 받기도 하며 사자들의 입을 막기도 하며,

'믿음으로' 번역한 δια πίστεως(디아 피스테오스)는 명사, 소유격, 여성, 단수로 '(예수께서 가지고 있는)믿음을 통하여'다.
소유격으로 '예수께서 가지고 계신 믿음'과 전치사 '~통하여서(디아)'가 하나를 이룬다. 이 믿음은 하늘의 지성소로부터 오는 참 지혜이며 생명이다.

(히11:39) 이 사람들이 다 믿음으로 말미암아 증거를 받았으나 약속을 받지 못하였으니
'믿음으로 말미암아(διὰ τῆς πίστεως· 디아 테스 피스테오스)' 명사 소유격이 전치사 '디아(διὰ)'를 만나고 있다. '그 믿음을 통(인)하여'다. '예수께서 가지고 계신 믿음으로 말미암아'다. 나의 신념이나 믿음이 아니다. 소유격과 디아 전치사가 함께 등장한다.

(히 11:40) 이는 하나님이 우리를 위하여 더 좋은 것을 예비하였은즉

우리가 아니면 저희로 온전함을 이루지 못하게 하려 하심이니라.
(히 12:1) 이러므로 우리에게 구름같이 둘러싼 허다한 증인들이 있으니 모든 무거운 것과 얽매이기 쉬운 죄를 벗어 버리고 인내로써 우리 앞에 당한 경주를 경주하며,

모든 믿음은 죄를 벗어 버리게 한다. 그러므로 겉사람의 체험과 지식과 의지 그리고 종교 행위는 죄를 벗어버리지 못한다. 그러므로 이는 믿음이 아니다.

(히 12:2) 믿음의 주요 또 온전케 하시는 이인 예수를 바라보자 저는 그 앞에 있는 즐거움을 위하여 십자가를 참으사 부끄러움을 개의치 아니하시더니 하나님 보좌 우편에 앉으셨느니라.

번역이 원래의 그 의미를 드러내지 못한다. 예수를 바라보는 것이 아니다.
ἀφορῶντες εἰς τὸν τῆς πίστεως ἀρχηγὸν καὶ τελειωτὴν Ἰησοῦν, (아포론테스 에이스 톤 테스 피스테오스 아르케곤 카이 텔레이오텐 예순)

"완성자(온전케 하시는)이신 예수 그 믿음의 왕(주) 안으로 들어와서 바라보자" 예수와 하나 되어 바라본다(호라오). 하였다. 반드시 내면에 계신 예수의 눈으로 바라보아야 한다.
여기 등장하는 믿음의 선진은 모두 하나님의 눈을 통해서 '호라오(보다)' 한 것이다. 하나님과 하나 된 속사람의 눈으로 보는 것이다. 자

'바라보자'로 번역한 872번 '압호라호(ἀφοράω)'는 575번 3708번에서 유래했다. 575번 ἀπό(아포) 전치사. '~부터'
3708번 ὁράω(호라오): 보다.(속사람의 눈으로 보는 것이다.)

신의 믿음을 통해서 보는(에이도) 것이 아니다. 겉사람이 속사람에게 제물이 된 상태가 되어야 '호라오'의 눈이 나타난다. 자신이 소중하게 생각하는 에고가 찢어져야 '호라오'가 나타난다. 종교인들이 말하는 '자기 믿음'이 아니다. 이 믿음은 하나님으로부터 오는 참 지혜다.

오늘날 대부분 종교인은 호라오를 경험하지 못하고 이생을 떠난다. 겉사람 너머에 있는 속사람을 보지도 못하고 이생을 마감한다. 오늘날 믿음을 이야기하고 믿음을 가졌다는 신앙인들을 보면 바알 신을 섬겼던 사람들과 다른 점이 없다. 세상 돈과 권세가 우상이 되어있고, 종교가 우상이 되어있고, 직책이 우상이 되어있다. 모두 자신이 섬기는 하나님 곧 바알 신이다. 모두 썩은 면죄부를 받고 좋아한다. 술에 취했어도 보통 취한 것이 아니다.

> (롬 10:9) 네가 만일 네 입으로 예수를 주로 시인하며 또 하나님께서 그를 죽은 자 가운데서 살리신 것을 네 마음에 믿으면 구원을 얻으리니(ὅτι ἐὰν ὁμολογήσῃς ἐν τῷ- στόματί- σου κύριον Ἰησοῦν, καὶ πιστεύσῃς ἐν τῇ καρδίᾳ- σου ὅτι ὁ θεὸς αὐτὸν ἤγειρεν ἐκ νεκρῶν, σωθήσῃ·)

번역된 이 문장 또한 원 의미와 거리가 너무나 멀다.

내면에서 일어나는 일로서 깨어난 예수 그리스도는 대상이 아니다. 퀴리온 예순(κύριον Ἰησοῦν) 앞에 관사가 없다. 입으로 번역한 스토마티(στόματί)는 얼굴에 달린 입이 아니다.

"그러므로 만일 너의 주 예수를 너의 그 입(언어) 안에서(하나 되어) 같은 말을 하였다면(호몰로게세스), 그리고 그 하나님께서 그를 죽은 자들(겉사람) 속으로부터 밖으로 깨어난(속사람;몸 된 성전) 것을 너의 그 마음(카르디아) 안에서 믿었다면 (겉사람으로부터)보존 하실 것이다(수동태)."

겉사람의 안이비설신의(眼耳鼻舌身意)로부터 강도가 침입하지 않도록 속사람(예수 그리스도)의 몸 된 성전을 지키실 것이라 하였다. 그러므로 강도의 소굴인 겉사람의 속성(육신의 정욕, 안목의 정욕, 이생의 자랑)을 자세히 알아야 한다. 대상인 예수를 마음으로 믿고 입으로 시인하면 구원을 얻는다고 하는 거짓된 교리는 이제는 없어져야 한다.

ὁμολογέω(호몰레게오): 하나 되어 같은 말을 한다.

(롬 10:10) 사람이 마음으로 믿어 의에 이르고 입으로 시인하여 구원에 이르느니라

καρδία- γὰρ πιστεύεται εἰς δικαιοσύνην, στόματι- δὲ ὁμολογεῖται εἰς σωτηρίαν.

"왜냐하면 마음(카르디아,여격)에 현재 믿어지게 되어(수동태) 의력 안으로 들어오고 입으로 현재(속사람 하나 되어) 같은 말을 하게 되면(호몰로게이타이) 깨어남 안으로 들어온다(보존된다)."

우선 자신 안에서 속사람(예수 그리스도)을 찾아내야 하며 그리고 속사람과 하나 되기까지 그를 따라 힘든 그 여정의 길을 가야 한다. 육신이 원하는 갈애를 거부하고 계속해서 그와 하나 되는 이 길을 간다는 것은 참으로 어렵다. 그래야 결국 예수 그리스도와 하나 되어 한목소리를 낸다. 마음으로 믿어 의에 이르고 입으로 시인하면 구원을 얻는다고 하는 그런 거짓된 교리는 이제는 버려야 한다.

지금까지 '믿음'이 쓰여 있는 몇 구절을 보았다.

살펴본 구절 모두가 현재 신앙생활하고 있다는 신도들의 믿음과는 전혀 관련이 없음을 드러내고 있다. 지금 이 시대에 일반적으로 우리가 알고 있는 믿음은 반드시 허물어야 할 그 바벨탑을 쌓아오고 있다는 것이 드러난다. 어느 단체에 소속이 되어있던, 안 되어있던 아무 관계가 없다. 종교성은 내 안에서 무너져야 하는 거침돌(리도스)이다. 자신의 에고로 세워졌기 때문이다. 자신의 믿음인 이 거침돌은 완전히 무너져야 한다.

예수께서 말씀하신 것은 반드시 자신 안에서 마음을 해체해서 그 마음의 실상을 알아 가야하며 이 공부는 깨달음(몸된 성전이 세워짐)에 이를 때까지 매일매일 실행해야 한다고 말씀하신다. 몸된 성전이 세워지면 보는 나, 듣는 나, 느끼는 나, 생각하는 나가 무너져서 몸과 마음을 초월하여 겉사람을 다스리게 된다. 결국 마음을 초월하는 내용이다. 이것이 성경에서 말씀하는 예수 그리스도의 믿음이다. 이것을 오해하여 신령과 진정으로 예배하라고 크나큰 오역을 하였다. 예수를 대상으로 믿으면 큰일이다. 결코 윤회에서 벗어나지 못한다.

4. 좋은 목자

(요 10:1) 내가 진실로 진실로 너희에게 이르노니 양의 우리에 문으로 들어가지 아니하고 다른 데로 넘어가는 자는 절도며 강도요 (2)문으로 들어가는 이가 양의 목자라 (3)문지기는 그를 위하여 문을 열고 양은 그의 음성을 듣나니 그가 자기 양의 이름을 각각 불러 인도하여 내느니라 (4)자기 양을 다 내어놓은 후에 앞서가면, 양들이 그의 음성을 아는 고로, 따라오되 (5)타인의 음성은 알지 못하는 고로, 타인을 따르지 아니하고 도리어 도망하느니라 (6)예수께서 이 비유로 저희에게 말씀하셨으나 저희는 그 하신 말씀이 무엇인지 알지 못하니라 (7)그러므로 예수께서 다시 이르시되 내가 진실로 진실로 너희에게 말하노니 나는 양의 문이라 (8)나보다 먼저 온 자는 다 절도요, 강도니 양들이 듣지 아니하였느니라 (9)내가 문이니 누구든지 나로 말미암아 들어가면 구원을 얻고 또는 들어가며 나오며 꼴을 얻으리라 (10)도적이 오는 것은 도적질하고 죽이고 멸망시키려는 것뿐이요 내가 온 것은 양으로 생명을 얻게 하고 더 풍성히 얻게 하려는 것이라 (11)나는 선한 목자라 선한 목자는 양들을 위하여 목숨을 버리거니와 (12)삯꾼은 목자도 아니요, 양도 제 양이 아니라 이리가 오는 것을 보면 양을 버리고 달아나나

니 이리가 양을 늑탈하고 또 헤치느니라 (13)달아나는 것은 저가 삯군인 까닭에 양을 돌보지 아니함이나 (14)나는 선한 목자라 내가 내 양을 알고 양도 나를 아는 것이

이 말씀 모두 비사(파로이미와)와 연결되는 비유(파라볼레)로 되어 있다. 비사로 기록된 말씀은 반드시 먼저 비유를 발견하여야 그 의미가 풀린다. 그러므로 비사와 비유는 하나로 연결되어 있다. 이 구절들 대부분 번역 또한 문제가 있다.

(요 10:1)내가 진실로 진실로 너희에게 이르노니 양의 우리에 문으로 들어가지 아니하고 다른 데로 넘어가는 자는 절도며 강도요

"Αμὴν ἀμὴν λέγω ὑμῖν, ὁ μὴ-εἰσερχόμενος διὰ τῆς θύρας εἰς τὴν αὐλὴν τῶν προβάτων, ἀλλὰ ἀναβαίνων ἀλλαχόθεν, ἐκεῖνος κλέπτης ἐστὶν καὶ λῃστής·

내가 진실로 진실로 저희에게 말하거니와 그 양들의 그 우리 안으로 문(뒤라)을 통하여 들어가지 아니하고 다른 데로 넘어가는 자 그는 도적이며 강도다.

이 내용은 제자들도 예수와 함께 있었지만, 서기관들과 바리새인들에게 하는 말씀이라서 '너희에게'로 번역을 하면 오해가 생긴다.

6절에 "그 예수가 그들에게 이 비사(파로이미아)를 말씀하셨으나 그들은 그가 하신 말씀이 무엇인지 알지 못하였다."라고 하였기 때문이다. 저희 곧 서기관들과 바리새인들에게 하는 말씀이라서 '너희에게 이르노니'로 번역하면 구별이 안 된다. 번역으로 '너희에게'는 통상 제자들을 지칭하기에 구분하여 '저희에게' 또는 '당신들에게'로 번역해야 옳다. 원문으로 보면 '저희에게'와 '너희에게는' 같은 단어라 문맥을 따라 번역이 이루어져야 한다. 예수께서 서기관들과 바리새인들을 향하여 도적이며 강도들이라 말씀하신다.

(요 10:2)문으로 들어가는 이가 양의 목자라

ο-δὲ εἰσερχόμενος διὰ τῆς θύρας ποιμήν ἐστιν τῶν προβάτων.

(호-데 에이세르코메노스 디아 테스 뒤라스 포이멘 에스틴 톤 프로바톤.)

그 문(뒤라)을 통하여 들어가는 자가 그 양들의 목자다.

양 우리의 문(뒤라)은 몸 된 성전의 문과 같다. 좁은 문이다.

예수께서는 "골방(타메이온)으로 들어가 문(뒤라)을 닫으라" 하였고 (마 6:6). "좁은(스테네스) 문(퓔레스)으로 들어가라" 하였다(마 7:13, 눅 13:24). 좁은 문(퓔레)과 양의 문(뒤라)은 내면의 몸 된 성전 안에 있다. 좁은 문과 양의 문 그리고 양의 우리(아울레)는 예수 자신을 지칭하고 있으며 이 예수가 각자 안에 있다.

양의 우리(아울레)는 골방(타메이온)과 같다. 골방은 누스(νοῦς) 안에 있는 나오스(ναός) 성전의 성소 안에 있다. 골방 안으로 들어가서도 나오지 못하도록 문(뒤라)을 닫고 있어야 한다. 뱀에 미혹되어 골방문을 열고 나오면 선악 지식나무에서 먹게 되어 카르디아(καρδία)로 끌려가 뱀의 종이 된다. 하나님과의 단절이다. 뱀이 도적이요 강도의 우두머리다. 뱀이 성소에까지 영향을 미친다는 것을 알 수 있다. 골방 안에 들어갔어도 자신이 이루고자 하는 꿈이 여전히 솟아 나오면 문을 열고 나온다고 하였다.

그러므로 구약이 없으면 골방 안으로 들어가기도 어렵고 혹 골방 안으로 들어간다고 해도 구약을 모르면 문을 열고 나오게 된다. 구약은 구약성경(39 권)을 이야기하는 것이 아니다. 골방 안으로 들어가려면 애굽에서의 핍박이 있어야 말씀을 받은 모세가 나타나 이끌어가며 열 가지 재앙과 양고기와 무교병을 배 안에 넣고 모세를 따라 갈대 바다를 향하여 갈 수 있다. 그리고 얍빠샤(메마른 땅)가 드러난 그 갈대 바다를 건너 광야 안으로 들어가야 하며 여호수아의 인도로 가나안 땅

(에레츠) 안에 들어가서 전쟁을 치러야 한다. 이처럼 골방 안으로 들어가기가 참으로 어렵다. 전쟁을 치르는 것이 디아코니아가 할 일이다.

실례로 요한복음 8장 말씀에서 바리새인들이 현재 간음 당하고 있는(수동태) 여인(귀네)을 예수가 있는 성전 안으로 끌고 들어왔다.

죄를 짓지 않은 여자(여성)인 경우라도 성전 안에 있는 여인(여성)의 뜰을 넘어서 들어갈 수 없으나 서기관들과 바리새인들은 여자(귀네)를 예수가 있는 곳까지 끌고 들어가는 것을 볼 수 있다. 그러므로 여기 등장하는 여자(귀네)는 여성이 아니다. 그러므로 뱀은 성소의 골방 앞까지 들어가서 골방 안에 있는 제사장을 꾀어 불러낼 수 있다는 내용이다. 골방 안으로 들어가서 반드시 문을 닫고 있어야 하는 그 이유다. 골방 안에서는 오직 사띠, 사마타, 위빠사나가 이루어짐을 노아의 방주 사건을 통해 알 수 있다.

그러므로 밖에다 건물 성전을 지어놓고 그곳으로 인도하는 자들은 도적이요 강도라는 것을 의미한다. 예수의 말씀이다. 이 현상은 이천 년 전 예수가 오셨던 시대나 지금이나 마찬가지다. 예수 그리스도는 항상 내면에 있는 몸 된 성전의 지성소로부터 오신다. 마음(카르디아)의 벽, 에고의 벽을 뚫고 그 문을 통하여 들어오신다는 것을 알 수 있다. 이처럼 양들은 앞을 잘 분간하지 못하여 반드시 참 목자가 있어야 한다.

그 문으로 예수께서 들어오실 수 있도록 먼저 훈련과 고뇌가 있어야 하는 것을 각 서신을 통해 알 수 있다. 그동안 마음은 에고를 견고하게 하는데 길들어져 왔다. 부활하신 예수 그리스도께서 마가의 다락방 안으로 오셨던 사건을 통해 우리에게 이를 알려주신다. 닫혀 있는 다락방은 각자 안에 있다. 훈련된 제자들의 그 에고의 벽을 뚫고 예수께서 들어오신다. 그러므로 예수께서 밖으로 오시는 것도 아니며 파란 하늘에 떠 있는 구름을 타고 오시는 것도 아니다. 내면세계의 구름(믿음의 선진들)이며 내면 하늘에 떠 있는 생명의 별들이다.

이처럼 내면에 있는 양 우리의 문을 통하여 들어오지 않는 자들은 육신의 정욕, 안목의 정욕, 이생의 자랑을 이루고자 하는 자들이며 이들이 도적이요 강도이며 양들을 훔치며 늑탈하고 있는 자들이라 말씀하신다. 그 도둑과 강도는 목자의 옷을 입은 이리라고 말씀하고 있다. 이들은 겉사람의 문, 에고의 문을 통하여 온다. 거짓 목자들은 양들을 겉사람의 세계로 이끌어가고, 좋은 목자는 내면에 있는 속사람 곧 하나님과 하나 되기 위해 인도하신다.

(요 10:3)문지기는 그를 위하여 문을 열고 양은 그의 음성을 듣나니 그가 자기 양의 이름을 각각 불러 인도하여 내느니라
τούτῳ ὁ θυρωρὸς ἀνοίγει, καὶ τὰ πρόβατα τῆς-φωνῆς-αὐτοῦ ἀκούει, καὶ τὰ-ἴδια πρόβατα καλεῖ κατ! ὄνομα, καὶ ἐξάγει αὐτά.
그 문지기는 그에게 문을 열며, 그 양들은 그의 그 음성을 들으며, 그는 자기 양들의 이름을 각각 부르고, 그들을 이끌어 간다.

문지기로 번역한 뒤로로스(θυρωρος)는 파수꾼이다. 내면에서 일어나는 일이다. 골방 안으로 강도가 들어오지 못하도록 몸 된 성전을 지키는 파수꾼이다. 이를 디아코니아(διακονία)라고 한다. 자신의 몸 된 성전의 문을 닫고 깨어서 지키는 자다. 디아코니아가 졸게 되면 강도인 감각적 욕망이 몸 된 성전을 뚫고 골방 안으로 침입하여 양들을 겉사람에게 끌어가고 그 성전 또한 무너지게 된다. 그러면 디아코니아가 깨어나 무너진 성전을 다시 세워야 한다. 구약성경에 적으로부터 침입을 받아 성전이 헐리고 백성들이 끌려가는 내용이 등장한다. 모두 내면의 이 일을 비사(히다)로 말씀하고 있다.

앞에서 언급하였던 오역이 된 구절 "주 예수를 믿으라 그리하면 너와 네 집이 구원을 얻으리라"(행 16:31). 라고 한 내용은 "너 자신과 네 안에 세워져 있는 하나님이 거하시는 몸 된 성전이 보호되어 진다."이다. 겉사람의 감각적 욕망인 강도로부터 보호되는 것을 말씀하고 있다.

'주 예수를 믿으라' 라고 번역한 '피스튜손 에피 톤 퀴리온 예순 크리스톤' 은 '그 주 예수 그리스도 위에 서서 믿으라' 또는 '믿어서 그 예수 그리스도 위에 서서 있으라' 다. 주 예수를 대상으로 믿는 것이 아니다. 그 뿌리가 예수 그리스도이기에 그 위에 서 있어야 한다. 그러므로 '주 예수를 믿으라' 하는 것은 성경에 없는 거짓말이다. 시제는 일인칭 현재 단수다. 그 주 예수 그리스도 위에 서 있으면 순간순간 겉사람으로부터 일어나는 감각적 욕망의 실상을 알고 그 강도들로부터 보호된다는 것이다. 하나님이 무엇이 부족해서 구원을 얻으려 하겠는가?

속사람이 겉사람을 온전하게 지배하고 다스리는 내용이다. 너 자신을 강도들로부터 되찾아 온 것을 말씀하신다. 아들을 되찾아 오심이다. 만약 성전이 헐리면 보수해야 한다. 느헤미야 서신서가 대표적이다. 몸 된 성전을 지키는 디아코니아가 되어야 적으로부터 항상 지켜낼 수 있다. 이제부터는 다시 찾아온, 몸 된 성전을 강도들(번뇌 망상)에게 다시는 빼앗겨서는 안 된다는 것을 말씀하시고 있다(각종 율례를 지키는 것으로는 안 된다).

'그는 자기 양들의 이름을 각각 부르고, 그들을 이끌어 간다.' 라고 하였다. 예수께서는 자기 양들에 대하여 속속들이 모두 알고 있으며 그 양들을 아버지와 하나 되게 이끌어 가신다는 내용이다. 예수 그리스도에 의해 자신의 양들이 아버지와 하나가 될 수 있다고 말씀하시고 있다.

누스(νοῦς)에 해당하는 산에서 백여 년의 기간을 통해 노아의 방주가 완성되면 방주 안으로 정결한 짐승 일곱 쌍과 부정한 짐승 두 쌍이 이끌려 들어온다. 겉사람들과 만나지 않는 산에서 방주가 세워지는 동안 내면의 속성들이 정결한 짐승 일곱 쌍이 될 정도로 정결한 짐승이 70~80% 정도로 바뀌게 된다. 방주가 만들어지는 긴 세월 동안 그만큼 자신의 내면을 들여다보고 내면에 있는 짐승들을 들여다보고 길들여왔기 때문이다. 그러므로 누구도 예외 없이 반드시 이런 훈련의 과정이 필요하다. 단순히 그 과정 없이 내면을 이야기한다고 되는 일이 아니다. 붓다께서는 바라문교도를 외도라고 하였다. 세상 종교인들은 내면에 부정한 짐승들이 99.9% 차지하고 있으리라 생각한다. 그래서 보는 나, 듣는 나, 느끼는 나가 있다고 생각한다. 모두 과거에 기인한 자기 믿음과 겉사람의 정과 욕심에 붙들려 살고 있다. 이들은 역사와 전통을 중요시 한다.

쿰 언약이 이루어지는 동시에 방주 안으로 이끌려 들어온 짐승들에게 때마다 양식을 공급해야 한다. 방주의 문을 닫으면 노아 안에 있는 속성들은 하나님으로부터 나오는 양식에 더욱 길들어지고 변화를 받게 된다. 겉사람의 번뇌 망상과 완전히 차단된 그 기간을 일 년으로 비유하여 말씀하고 있다. 실제로 누스 안에만 들어가도 번뇌 망상이 들어오지 않는 것을 체험하게 된다. 그러나 골방에 해당하는 방주 안에 들어간다는 것은 누스 안에서 아주 미세하게 일어나는 작용들이다. 아무리 작은 것이라 하더라도 해결하지 아니하면 결코 지성소가 열리지 아니한다. 나라는 것이 있기 때문이다. 그러므로 지성소 안에는 나라고 할만한 것이 아무것도 없다. 의식 무의식 잠재의식을 온전히 넘어서 있다.

방주가 번뇌 망상의 물들로부터 보호되며 그 위를 유유히 흘러 다니다가 때가 이르면, 아라랏에 다다르게 된다. 그때는 바닷물(많은 물고기가 살아간다)이 빠져나가고 방주의 문이 열림과 동시에 노아와 하나된 정결한 짐승들이 방주 밖으로 나온다. 카라트 언약이 이루어지고 이끌고 나온 정결한 짐승을 제물로 드림과 동시에 그 구름 속에서 무지개(예수 그리스도)가 나타난다. 그리고 그 정결하게 된 그 땅(아다마)에 포도 농사를 지어(아바드) 포도주를 내어 마시고 온전히 취하게 된다. 마음을 온전히 초월하여 하나님과 하나를 이룬다. 히다로 이루어진 말씀이다. 히다는 내면으로 임하는 마샬이 있어야 풀린다.

이같이 좋은 목자 예수는 내면에서 일어나는 모든 심리 현상에 대하여 섬세하게 알고 있으며 다스릴 수 있으며 이끌고 가신다는 것을 알려준다. 좋은 목자 예수는 계속하여 떡(레헴)과 참된 음료인 포도주를 먹여 주신다. 하나님과 하나 됨이다.

그러므로 각자 안으로 오신 이, 참 목자를 발견하여야 하며 또한 놓치지 않아야 한다. 각자 안으로 오신 예수를 고난의 훈련이 없으면 발견하기도 어렵고 발견한다고 해도 잃어버리기가 십상이다. 그러므로 내면으로 오시는 참 목자를 발견하여 하나 된다는 것은 창세기에 언급하고 있는 그 훈련을 반드시 통과해야 한다. 그러므로 새 언약은 반드시 구약이 먼저 와 있어야 한다. 구약은 구약성경을 뜻하는 것이 아니다.

마음의 속성을 알아야 하는 훈련이 먼저 있어야 좋은 목자를 발견할 수 있으며 또 그를 따라갈 수 있다. 그러면 그가 정확하게 이끌어 가신다고 말씀하고 있다.

예수 그리스도께서는 안이비설신의(眼耳鼻舌身意)를 통해 들어오는 정결하고 부정한 모든 심리 현상에 대하여 소상히 알고 있다. 창 2장에 하아담과 하잇솨를 드러내어서 이를 설명하고 있다.

부정한 짐승이 정결한 짐승으로 바뀌는 것은 알아차림을 통해서 시작되며 지혜를 통해서 완성된다. 악업이라도 알아차리고 거기에 노아가 때마다 주는 양식인 지혜(레헴)를 먹게 하면 정결한 짐승으로 바뀌는 것을 노아의 방주 사건을 통해 우리에게 말씀하시고 있다. 그러므로 노아의 이야기는 읽어서 되는 문제가 아니다. 모두 히다로 되어있으므로 직접 체험해야 하는 중요한 내용이다. 알아차림과 동시에 함께하는 지혜가 일어나 악업이 선업으로 뒤바뀌게 된다. 부정한 짐승을 먼저 집중하여 바라보면 그것이 정결한 짐승으로 뒤바뀌게 되는 일이 임한다. 때마다 짐승에게 양식(레헴)을 먹이는 그 이유다. 이는 하늘의 지혜로부터 임한다. 붓다께서는 이를 사띠 사마타 위빠사나로 말씀하였다. 붓다께서는 사아승지 십만 겁 동안 마음을 초월하기 위해 모든 수행을 다 해보시고 최종 결과로 이를 말씀하였다.

마음을 초월하는 공부의 핵심 방법이다. 그러므로 애굽 땅에 있을 때도 애굽에서 나올 방법은 오직 이 방법뿐이라는 것을 히다로 이야기하였다. 사띠 사마타 위빠사나가 계속 실행되어야 열 가지 재앙이 계속 하여 임한다는 것을 알 수 있다. 그러므로 원어로 성경을 읽어서 되는 것과도 아무 관련이 없다.

중생들은 내면에 있는 십사만사천의 속성 중에 악업이 대부분을 차지한다. 대부분 부정한 짐승들에 속한다. 방주를 세우는 긴 세월 동안 정결한 짐승으로 많이 바뀌게 된다. 다가오는 업(까르마)을 알아차리고 바꾸지 아니하면 계속 그 업에 이끌려가 열매를 맺는다. 나타난 것은 모두 심은 결과로 나타난다. 연기(緣起)다. 붓다께서는 십이연기로 이를 말씀하신다.

예수께서도 심은 대로 거둔다고 말씀하였다. 연기(緣起)에 대해서 카타볼레스 코스무를 통해 이를 자세히 설명하신다. 그러므로 몸과 마음을 뒤집어쓰고 온 것은 자업자득의 결과로 온 것이다. 죄의 결과로 몸과 마음을 뒤집어쓰고 나왔다고 말씀하신다. 그러므로 전생이 있는 것이다. 이처럼 예수께서 중생은 죄로 인하여 계속하여 무수한 전생을 살아왔다고 말씀하신다. 이를 아포 카타볼레스 코스무를 통하여 죄를 실체를 드러내시고 죄로부터 떠나게 하신다. 곧 윤회에서 벗어나게 하신다. 성경은 창 1장부터 윤회에서 벗어나야 함을 말씀하신다.

> 그 주인이 대답하여 가로되 악하고 게으른 종아 나는 심지 않은 데서 거두고 헤치지 않은 데서 모으는 줄로 네가 알았느냐(마 25:26)
> 좋아함과 싫어함을 아는 나무 그것으로부터 먹지 말라. 왜냐하면 네가 그것으로부터 먹는 날 안에서 반드시 죽을(사망) 것이기 때문이다(창 2:17)
> 여호와 하나님이 가라사대 보라 이 사람이 선악을 아는 일에 우리(선악과) 중 하나같이 되었으니 그가 그 손을 들어 생명나무 실과도 따먹고 영생할까 하노라 하시고(창 3:22)

창 3:22절 번역은 크나큰 오역이다. '선악을 아는 일에 우리 중 하나

같이 되었다' 라고 번역하였다. 선악과를 먹었으면 당연히 선악과와 하나 되어야 한다. 번역하는 자들이 심은 대로 거두어야 하는 하나님의 법칙을 바꿔버렸다. '밈메누(그것들로부터)' 를 '우리 중' 으로 오역하였다.

바른 번역은 "여호와 하나님이 말씀하시기를 보라, 하아담이 선악(좋아함 싫어함)을 아는 일에 그것들로부터 하나 같이 되었으니 이제 그가 그의 손을 내밀어 그 생명의 나무로부터도 따서 먹고 영존하지(바하이 레올람) 못하게 하자"다(창 3:22). 하아담이 뱀과 하나가 되었다고 말씀하였다.

심은 대로 거두는 것이 하나님의 법칙이다. 이 문제점을 드러내시고 해결하시는 것이 여호와 하나님이다. 여호와 하나님이 나(겉사람)의 마음(카르디아) 너머에 계신다. 그래서 마음을 해체하여 보아야 한다. 마음(카르디아)과 맞대면하여 계시므로 자세히 그 마음을 들여다보면 여호와 하나님이 희미하게 보이기 시작한다. 이것을 놓치면 안 된다. 여호와 하나님이 겉사람을 이끄시는 것을 스스로 보아야 한다.

내면에 계신 좋은 목자 예수께서 뱀과 하나 된 종에서 나오는 방법을 우리에게 알려주시고 있다. 애굽으로부터의 탈출이다. 그러므로 그 핵심을 바로 알면 절망스럽고 복잡한 마음이 있다 해도 사띠를 통하여 초점을 그에게로 맞추고 있으면 그분이 이끌어 가신다는 내용이다. 좋은 목자 예수 그리스도는 하늘 성전으로부터 오는 참 지혜다.

겉사람의 내면에 뿌리내리고 있는 의지, 학문, 논리가 도적이요 강도가 된다. 애굽의 속성들이요 이방인들이며 에고들이다. 자신의 의지나 학문은 마음을 통하여 일어난 것들이다. 깨어나지 못하면 모두 뱀의 종들일 뿐이다. 그러나 참 지혜는 속사람의 의지(의도)에 해당한다. 속사람은 마음을 넘어서 있는 지성소로부터 임하신다. 마음(카르디아) 안에서 도적과 강도가 자신의 집을 짓고 살아간다. 이들의 양식은 정과 욕심이다. 붓다께서는 탐진치 삼독(三毒)으로 말씀하신다.

예수 그리스도께서는 마음 안에 일어나는 모든 심리 현상과 바로 맞대면하고 계셔서 마음 안의 모든 심리 현상을 꿰뚫어 아시고 계신다. 그러므로 각자 안에서 일어나는 심리 현상을 자세히 들여다보면 예수 그리스도를 보게 된다. 부활(깨어남)하여 내면으로 다시 오신 예수 그리스도는 성령(거룩한 영)과 하나다. 성령은 살과 뼈가 있어서 보고 만질 수 있다. 그러므로 좋은 목자 예수를 각자 안에서 발견하고 그 앞에 잠잠하면 된다고 말씀하신다.

여자(귀네)는 교회(엑클레시아)에서 잠잠하라(고전 14:34)

교회로 오역한 엑클레시아는 종교 행위에서 빠져나온 성도들로 마음 안에 하나님이 거하시는 몸 된 성전이 세워져 있다. 단독자로 하나님이 계시는 몸 된 성전이다. 밖에 돌로 세운 전이 아니다.

하나님 계신 몸 된 성전인 '속사람 앞에서 잠잠하라' 하신다. 겉사람의 모든 이론과 개념, 자기 믿음을 포기하라 하신다. 겉사람은 애굽의 속성을 지칭한다. 그러므로 여기 등장하는 여자(귀네)는 속사람을 발견한 자다. '여자'로 번역한 '귀네'는 여성이 아니다. 하나님을 모시는 자 모두 예수 그리스도의 신부이며 이처럼 속사람 예수 앞에서 모두 여자(귀네)다.

(요 10:4)자기 양을 다 내어놓은 후에 앞서가면 양들이 그의 음성을 아는 고로 따라오되.
καὶ ὅταν τὰ-ἴδια πρόβατα ἐκβάλῃ ἔμπροσθεν αὐτῶν πορεύεται· καὶ τὰ πρόβατα αὐτῷ ἀκολουθεῖ, ὅτι οἴδασιν τὴν-φωνὴν-αὐτοῦ.

"그가 자기 양 떼들을 (거짓 목자들로부터)다 빼앗아 놓으면 그는 그들 앞에서 가고 그 양 떼들은 그를 따라온다. 왜냐하면 그들은 그의 그 음성을 알기 때문이다."

참 목자이신 예수께서 양 떼들을 겉사람 안에 거하는 거짓 목자로부터 끌어내어 다시 찾고자 하는 것은 아버지에게서 오는 양식(아르토스)을 먹이고 그 아들 예수 그리스도를 통하여 하나 되기 위함이다. 원래부터 이들은 하나님의 아들이었다. 좋은 목자는 이것을 알고 오셨다. 그러므로 그 해결 방법도 잘 알고 계신다. 그러나 오늘날 목자라고 하는 자들은 그 의미도 모르고 이들에게 뱀의 양식을 먹이고 있다. 이들은 이미 각자 안으로 오신 예수를 거부하고 밖으로 오실 예수를 기다리며 종교 행위를 통해 미래에 오실 예수에게 잘 보이려 애를 쓰게 만든다. 기다리고 있는 이 예수가 뱀이며 사탄이며 다른 예수다.

거짓 목자들에 의해 술 취한 양들을 이들로부터 지혜를 통해 다시 찾아와야 한다. 하늘로부터 나오는 양식을 먹고 깨어나기 시작하면 이들은 참 목자를 알아보고 따라가기 시작한다고 하였다. 참 목자는 양들의 내면으로 오고 계신다. '내어놓은' 으로 번역한 '에크발로(ἐκβάλλω): 쫓아내다, 내쫓다' 이며 이는 에크(ἐκ): 전치사 '~밖으로' 와 발로(βάλλω): '내던지다', '보내다' 에서 유래했다. 그러므로 문장의 흐름을 따라 해석하면 '에크발로' 는 '거짓 목자의 우리 밖으로 쫓아내다(내던지다).' 의 뜻이 담겨 있다. 이 일은 내면으로 오신 예수 그리스도에 의해, 참 지혜에 의해 일어난다. 이 일은 거짓 목자들의 세상 지혜와 구별된다.

(요 10:5)타인의 음성은 알지 못하는 고로 타인을 따르지 아니하고 도리어 도망하느니라
ἀλλοτρίῳ-δὲ οὐ-μὴ ἀκολουθήσωσιν, ἀλλὰ φεύξονται ἀπ' αὐτοῦ· ὅτι οὐκ-οἴδασιν τῶν ἀλλοτρίων τὴν φωνήν.
"그들은 다른 이(거짓 목자)를 전혀 따르지 아니할 것이다. 도리어 저희로부터 도망할 것이다. 왜냐하면 그들은 다른 이(거짓 목자)의 그 음성을 알지 못하기 때문이다."

좋은 목자이신 예수 그리스도의 음성을 내면에서 듣기 시작한 이들

은 다른 예수(뱀)를 구별하기 시작한다. 중생들은 많은 무리가 가는 그 길이 진리의 길인 줄 안다. 참 목자가 인도하는 길은 아버지와 하나(모노게네스) 되는 길이다. 이 길은 좁은 문으로 내면에서 찾아야 하는 길이다.

좁은 문으로 들어가라 멸망으로 인도하는 문은 크고 그 길이 넓어 그리로 들어가는 자가 많고(마 7:13)

거짓 목자들은 크고 넓은 문으로 이끌어 간다. 이처럼 성경 말씀은 많은 사람이 연구하고 습득하는 학문과 전통으로 접근할 수 없다. 학문은 마음으로 하기 때문이며 자기 믿음을 굳건히 세운다. 어릴 때는 몽학선생 아래서 훈련을 받아야 마땅하지만 장성하여선 그를 떠나야 한다. 그동안 몸담아 왔던 그 몽학선생으로부터 벗어나기가 그렇게 어렵다. 장성할수록 이 몽학선생이 뱀으로 변하여 유혹하기 시작한다. 좋은 목자의 일(에르가)은 모두 깊은 내면에서 곧 카르디아(마음)를 넘어서 있는 누스 안의 몸 된 성전 안에서부터 다루어지는 일이다. 골방은 누스 안에서도 깊은 곳에 있다.

(요 10:6)예수께서 이 비유로 저희에게 말씀하셨으나 저희는 그 하신 말씀이 무엇인지 알지 못하니라
Ταύτην τὴν παροιμίαν ειπον αὐτοῖς ὁ'Ιησοῦς, ἐκεῖνοι- δὲ οὐκ- ἔγνωσαν τίνα ἦν ἃ ἐλάλει αὐτοῖς. (타우텐 텐 파로이미안 에이펜 아우토이스 호 예수스, 에케이노이-데 우크-에그노산 티나 엔 하 엘라레이 아우토이스.)
"그 예수가 그들에게 이 파로이미아(비사)를 말씀하셨으나 그들은 그가 하신 말씀이 무엇인지 깨닫지(기노마이:하나 되다) 못 하였다."

이 구절은 큰 오역이다. 중요한 구절이다.

'비유'로 오역한 3942번 '파로이미아(παροιμία)'는 비사다. 감추어진 것, 수수께끼, 비밀로 번역하고 있다. 그 의미를 알지 못하면 여전히 그에게 감추어져 있는 수수께끼이며 비밀한 것이다. 파로이미아는 반드시 파라볼레가 임해야 그 뜻을 깨닫게 된다. 그러므로 예수께서 저희에게 말씀하시는 것은 모두 파로이미아다.

구약부터 나오는 모든 말씀은 파로이미아 곧 감추어진 내용이다. 예수와 하나 되지 아니하면 그 누구도 성경 말씀을 풀어낼 수가 없다. 파라볼레가 임해야 깨닫게 된다. 구약을 모르면 새 언약이 열리지 않는다. 그러므로 성경을 읽는다고 알 수 있는 일이 아니다. 성경을 백 번, 천 번을 읽어 보아야 헛일이다. 파로이미아를 푸는 열쇠는 파라볼레다. 이처럼 구약성경은 파로이미아로 되어있다는 것을 예수께서 말씀하여 주신다. 구약성경 말씀 곳곳에 이 파로이미아를 열 수 있도록 마솰(비유)을 기록해 두었다. 이것을 깨달아 알았던 자들은 하나님과 하나 된 믿음을 소유하였던 믿음의 선진뿐이다. 그러므로 파로이미아와 파라볼레는 이론이 아닌 지성소로부터 임하는 생명의 빛이다. 그러므로 하나님과 하나로 있었던 믿음의 선진들 이외에는 그 누구도 그 이치를 알 수가 없었기 때문에 성경을 열 수가 없었다. 대표적으로 서기관들과 바리새인들이다. 이들은 평생을 통해 성경을 연구한다. 연구할수록 더더욱 귀머거리요, 장님이 된다. 이는 겉사람의 세계를 통해 열릴 수 있는 일이 아니다. 만약 파라볼레가 내면에 임하게 되면 몸과 마음을 뒤집어쓰고 있는 현상에 속지 아니한다. 보는 나, 듣는 나, 느끼는 나에게서 벗어나게 된다.

여호와께서 또 너를 미침과 눈멂과 경심증으로 치시리니 소경이 어두운데서 더듬는 것과 같이 네가 백주에도 더듬고 네 길이 형통치 못하여 항상 압제와 노략을 당할 뿐이니 너를 구원 할 자가 없을 것이며 (신 28:28-29)

저희의 독은 뱀의 독 같으며 저희는 귀를 막은 귀머거리 독사 같으니

(시 58:4)

너희는 놀라고 놀라라 너희는 소경이 되고 소경이 되라 그들의 취함이 포도주로 인함이 아니며 그들의 비틀거림이 독주로 인함이 아니라(사 29:9)

그 파숫군들은 소경이요 다 무지하며 벙어리 개라 능히 짖지 못하며 다 꿈꾸는 자요 누운 자요 잠자기를 좋아하는 자니(사 56:10)

예수께서 가라사대 내가 심판하러 이 세상에 왔으니 보지 못하는 자들은 보게 하고 보는 자들은 소경이 되게 하려 함이라 하시니 바리새인 중에 예수와 함께 있던 자들이 이 말씀을 듣고 가로되 우리도 소경인가 예수께서 가라사대 너희가 소경 되었더라면 죄가 없으려니와 본다고 하니 너희 죄가 그저 있느니라(요 9:39-41)

※ 내면에 속사람인 예수가 와서 계신 것을 못 보는 것이 소경이요 귀머거리다. 이들은 속사람 예수를 훼방한다.

"화 있을찐저 외식하는 서기관들과 바리새인들이여 ①잔과 대접의 겉은 깨끗이 하되 그 안에는 탐욕과 방탕으로 가득하게 하는도다. ②소경된 바리새인아 너는 먼저 안을 깨끗이 하라 그리하면 겉도 깨끗하리라. 화 있을찐저 ③외식하는 서기관들과 바리새인들이여 ④회칠한 무덤 같으니 ⑤겉으로는 아름답게 보이나 그 안에는 죽은 사람의 뼈와 모든 더러운 것이 가득하도다(마 23:25-27).

①,②,③,④,⑤=소경된 서기관들과 바리새인들의 실상이다.

이들은 성경을 읽고 연구할수록 더욱 소경이 되며 귀머거리가 된다.

예수께서 구별하여 소경과 귀머거리들을 치료하신다.

그 날에 귀머거리가 책의 말을 들을 것이며 어둡고 캄캄한데서 소경의 눈이 볼 것이며(사 29:18) 그 때에 소경의 눈이 밝을 것이며 귀머거리의 귀가 열릴 것이며(사 35:5) 너희 귀머거리들아 들으라 너희 소경들아 밝히 보라(사 42:18) 눈이 있어도 소경이요

귀가 있어도 귀머거리인 백성을 이끌어 내라(사 43:8)

믿음의 선진들은 파로이미아(히다)로 된 말씀을 자신 안으로 오신 예수 그리스도를 통하여 그와 하나 되므로 말씀을 깨닫게 되었다. 소경에서 눈을 뜬 것이다. 곧 마음의 윤회로부터 해탈하였다. 이들은 구름 속에서 무지개(퀘세트)를 발견하였던 믿음의 선진이다. 이 무지개(퀘세트)가 파로이미아를 여는 열쇠다.

(히 12:1)이러므로 우리에게(1인칭,복수) 구름같이(구름을:목적어) 둘러싼 허다한 증인(믿음의 선진들)들이 있으니
(창 9:13)내가 내 무지개(퀘세트)를 구름 속에 두었나니 이것이 나의 세상(에레츠)과의 언약의 증거니라

※ 믿음의 선진들 곧 선지자들은 모두 자신 안에서 이 무지개(예수 그리스도)를 발견하였다. 무지개가 파로이미아를 여는 열쇠다. 그러므로 이 무지개가 임하지 아니하면 누구도 성경 말씀을 알 수 없는 소경과 귀머거리다.

그동안 수많은 랍비 곧 서기관들과 바리새인들이 성경을 연구하였으나 모두 허사였다는 것을 예수의 말씀을 통해 이같이 알 수 있다. 파로이미아로 기록된 이 신비하고 비밀한 이치는 자신 안으로 오신 예수 그리스도 안으로 들어가서 그와 하나 되어야 그 의미를 바로 알 수 있다. 예수 그리스도 안에 아버지가 계신다.

원래(근본)의 나(예수 차원)를 찾는 내용이다. 대상을 섬기는 내용이 아닌데도 유대인들은 오해하였고 지금도 오해하여 대상인 여호와 하나님을 섬기고 있다. 대상인 하나님이 뱀으로 드러난다. 이들은 여전히 소경으로 있다. 그래서 눈에 안약을 발라 그 취한 눈을 고쳐야 한다.

예수께서 비유(파라볼레)로 여러 가지를 저희에게 말씀하여 가라사대

(마 13:3)

예수께서 그들 앞에 또 비유(파라볼레)를 베풀어 가라사대(마 13:24)

예수께서 이 모든 것을 무리에게 비유(파라볼레)로 말씀하시고 비유(파라볼레)가 아니면 아무것도 말씀하지 아니하셨으니(마 13:34)

이는 선지자로 말씀하신 바 내가 입을 열어 비유(파라볼레)로 말하고 창세부터(아포 카타볼레스 코스무) 감추인 것(크룹토)들을 드러내리라 함을 이루려 하심이니라(마 13:35)

예수께서는 제자들에게는 파로이미아(비사)를 파라볼레(비유)로 다시 쉽게 드러내 주신다. 그렇다 해도 알아듣는 제자가 없었던 것을 볼 수 있다. 그나마 막달라 마리아와 가롯유다가 제일 많이 알아들었던 것 같다. 예수가 죽고 부활한 이후에 마가의 다락방 사건을 통해 그동안 예수께서 말씀하였던 이 비유(파라볼레)의 실체를 제자들이 비로소 알게 된다. 체험하지 아니한 자는 절대로 예수께서 말씀하시는 것을 모른다. 모두 오해한다. 알게 된다면 절대로 하나님을 섬기지 아니한다. 하나님은 대상이 아니기 때문이다. 이래서 믿음의 선진은 전통과 모든 종교적 행위를 떠났으며 그들과 함께하였던 옛 동료들을 떠났다.

이 비사(파로이미아)는 예수 그리스도를 통하여, 예수 그리스도 안으로 인도되어 아버지와 하나(모노게네스) 되게 하는 일을 말씀하신다. 예수께서 말씀하시는 모든 내용은 밖의 사건이 아니다. 예수 그리스도는 아버지와 하나(모노게네스)를 이루게 하는 그 양들의 목자이며 문(뒤라)이며 우리(아울레)다. 그러므로 비사(파로이미아)는 반드시 비유(파라볼레)가 임해야 알 수 있다. 모든 성경 말씀은 비사와 비유와의 관계다. 이 관계를 모르고 읽는 것은 하나님 말씀이 아니고 모두 외도다. 파로이미아는 구약성경의 히다이며 파라볼레는 구약성경의 마솰에 상응한다.

너는 구제할 때 오른손이 하는 것을 왼손이 모르게 하라(마 5:30)

누구나 알아들을 수 있는 아주 쉬운 내용으로 들린다.

이것이 무엇인지 알아들을 수 있다면 그는 깨달은 자 이거나 깨달음에 가깝게 다다른 자다. 이 말씀은 하늘의 말씀이다. 어떠한 인생도 이를 알아들을 수 없다. 어려운 사람을 도와줄 때 모르게 하라는 뜻이 전혀 아니다. 그런 의미는 전혀 담겨 있지 않다.

겉옷을 달라하면 속옷을 주라(마 5:40), 오리를 가게 하거든 십 리를 가게 하라(마 5:41), 지붕 위에 있는 자는 집 안에 있는 물건을 가지러 내려가지 말라(마 24:17), 안식일을 지키라, 부모를 공경하라, 도적질하지 말라, 간음하지 말라, 살인하지 말라, 네 이웃의 아내를 탐내지 말라 ~

인생들 그 누구도 알아들을 수 없는 모두 파로이미아로 된 하나님의 말씀이다. 이 내용을 정확히 알았다면 그는 파라볼레가 임한, 곧 몸과 마음을 초월한 하나님이 된 자다. '도적질하지 말라' 인생들은 도저히 알 수 없는 내용이다. 남의 물건을 훔치는 내용도 아니며 남의 물건을 부러워하는 내용도 아니다. '간음하지 말라' 자기 부인 이외의 다른 여자와 정을 통하는 내용이 아니다.

하나님의 말씀은 모두 이 세상에 있는 개념이 아니다. 하나님의 말씀은 마음 너머 하늘로부터 나왔다. 하나님과 하나 되지 못하면 그 누구도 하나님의 말씀을 알아들을 수 없다. 종교 행위를 열심히 한다고 하여 알 수 있는 내용이 아니다. 하루 20시간을 기도한다고 해도 여전히 귀머거리요 장님이다. 이래서 예수께서 오셔서 그처럼 가혹하게 서기관들과 바리새인들에게 '독사의 새끼들아~' 말씀하시는 그 이유다. 서기관들과 바리새인들이 연구하는 구약성경은 하나님 말씀이 아니다. 이처럼 이 시대의 목회자들이 연구하고 설교하는 내용도 대부분 하나님 말씀이 아니다. 이들은 하나님 말씀을 한 부분도 이해하지 못한다. 왜냐하면 몸과 마음을 초월하지 못하였기 때문이다. 하나님의 말씀을 알아들었다면 몸과 마음을 초월한다. 조금 더 자세히 알아들었다면 요 8장에 등장하는 간음한 여인으로 번역한 그 여인(귀네)처럼 생명의 빛 안으로 끌려 들어간다. 그렇게 되면 밤에 잠들어 있을 때도 깨어서 꿈꾸는 마음도 지켜보게 된다. 꿈꾸는 마음이 자신이 아니기 때문이다.

"내가 입을 열고 '비유(마솰)'를 베풀어서 '옛 비밀한 말(히다)'을 발표하리니"(시 78:2) 하였고 마태 사도는 이 말씀을 인용하기를 "내가 내 입을 열어 '비유(파라볼레)'를 말하고 창세로부터(아포 카타볼레스 코스무) '감추인 것(크륩토)'을 드러내리라"(마 13:35). 하였다.

마태 사도는 구약의 히다를 "감추인 것"으로 의역하였다. 마태 사도는 내면에서 파라볼레를 만나 말씀을 열었었다. 파로이미아 곧 크륩토는 파라볼레를 만나야 열리게 된다.

'아포 카타볼레스 코스무'를 통해서 크륩토(감추인 것)를 드러내었다. '아포 카타볼레스 코스무'는 말씀(호 로고스)의 씨를 뿌리기 위해 마음 밭을 옥토로 경작함이다. 반드시 마음 밭을 개간하고 경작해야 하는 힘든 고난의 시간을 지나야 한다. 씨를 뿌리고 자라게 하여 그 열매를 거두어 하나님이 거하시는 성전에 드리기 위함이다. 곧 하나님의 아들을 낳음이다. 각자가 하나님의 아들을 낳아 몸된 성전 안의 지성소에 계시는 하나님께 드려야 한다. 내가 하늘의 제사장이 되어서 받쳐야 하고 내가 하늘의 왕으로서 이 아들(십일조)을 받아야 한다. 생명의 십일조는 반드시 내가 드리고 내가 받아야 한다. 그러나 세상 종교에서는 돈 십일조 곧 사망의 십일조를 드리는 이와 받는 이가 따로 존재한다. 도대체 참 십일조와 헌물이 무엇인지 이들은 모른다. 그러므로 구약성경에 기록된 히다를 알려면 반드시 먼저 예수께서 말씀하시는 파라볼레가 임하여야 풀어낼 수 있다. 머리로 푸는 것이 아니다. 파라볼레는 지성소로부터 나오는 그 생명의 빛이다. 마태 사도뿐 아니라 모든 사도가 이 비사와 비유의 핵심을 마가의 다락방 사건을 통하여 알게 되었다. 그 이전에 예수로부터 고침을 받은 많은 이들이 이 실상을 열두 제자들보다 먼저 알았다.

그러나 이 히다와 마솰을 열었던 자는 극히 드물었다는 것을 알 수 있다. 지금도 성경을 읽는 유대인이나 학자들을 포함한 모든 종교인은 이것을 여전히 모르고 있다. 현재 원어를 한다고 하는 이들 또한 마찬가지다. 이 실상을 자신 안에서 알게 된다면 더는 하나님을 섬기지 아니한다. 모든 종교 행위에서 떠나 내면으로 돌이킨다. 왜냐하면 그 자신이 하나님과 하나 된 참된 아들이기 때문이다.

서기관들과 바리새인들은 구약이 히디와 마솰과의 관계로 이루어진 것을 모르고 있다. 모든 성경 말씀은 마솰인 예수 그리스도가 임해야 알 수 있다. 이들은 구약을 자신들의 역사서로 보며 또한 전통을 중요시한다. 그래서 유대인 자신들은 하나님으로부터 선택된 선민으로 여긴다. 이 이외의 모든 족속은 이방인 곧 짐승으로 보는 것이다. 성경 말씀에 이 짐승들을 모두 죽여야 하는 내용이 많이 등장한다. 이들과의 전쟁을 그리고 있다. 하나라도 살려두면 죄가 생겨난다. 그래서 살려두지 말고 모두 죽여야 한다. 모두 히다로 된 말씀이다. 마음 밖에서 일어난 내용이 아니니다. 하나님 말씀을 오해하여 수많은 전쟁을 하여 사람을 죽여 왔다. 죽이면서도 죄의식이 전혀 없다. 오히려 자랑스러운 일로 영광스런 일로 생각한다. 지금도 어떤 족속들은 하나님을 믿지 않는 사람을 죽이지 못해서 안달이다. 그러나 구약은 히다로 되어있다는 것을 예수께서 말씀하여 주신다. 선지자들은 모두 이 히다를 자신 안으로 오신 예수(마솰)를 통하여 알았다. 이론이 아니다. 생명의 빛이 임하여 알게 된 것이다.

이 시대의 모든 종교인은 성경을 역사적인 내용으로 보고 있다. 이천 년 전 서기관들이나 바리새인들과 다르지 않다. 그러므로 이들 모두 성경의 내용이 무엇인지 전혀 모르고 있다.

이 시대의 종교인들(목회자와 신학자들) 또한 그 내용이 무엇인지 전혀 알 수 없다는 것을 그들의 말과 문서를 통해 알 수 있다. 만약 그 사실을 알게 된다면 목사나 학자의 직함을 당장 버리게 되며 그들의 문서들 또한 가치가 없는 것을 알게 되어 그것들을 소각할 수밖에 없다. 그들의 직위들과 학문이 그동안 자신 안에 있는 예수 그리스도를 대적하였다는 것을 알기 때문이다. 그들의 외적인 모든 종교적 행위 때문에 자신 안으로 오신 예수를 거부하고 있다는 것을 알아야 한다. 이에 대하여 예수께서 말씀하신다.

"성령을 훼방하는 것은 사하심을 얻지 못하겠고"(막 3:29)

번역이 잘못되었다. 이렇게 번역하면 성령이 대상이 되어버린다. 대상으로 있는 성령을 훼방하면 사하심을 얻지 못하는 것으로 오해한다. 이런 뜻이 전혀 아니다.

ὃς-δ'-ἂν βλασφημήσῃ εἰς τὸ πνεῦμα τὸ ἅγιον,
(호스-드-안 블라스페메세 에이스 토 푸뉴마 토 하기온)

"그러나 그 거룩한 그 영 안으로 들어오는 것을 막는(훼방하는) 자 누구든지" 용서함을 얻지 못한다고 하였다. 어디에서 용서함을 얻지 못하는가? 바로 '에이스 톤 아이오나(εἰς τὸν αἰῶνα)' 다. '영원히' 로 오역하였다. '아이오나' 는 시간 개념이 아니다. 속사람의 그 아이오나 안에 아버지가 계신다. 그 아버지와 하나 되어야 용서함을 받는다. 대상으로부터 용서함을 받는 내용이 아니다. 자신의 실상이 무엇인지 알아야 한다는 내용이다. 비사로 된 내용은 인생들이 사용하는 언어로 번역하기가 어렵다. 번역하면 인생들이 아는 개념으로 생각하기 때문이다. 이래서 성경 말씀은 그 어느 하나도 인생들이 알아듣지 못한다. 하늘의 개념을 이야기하기 때문이다. 그러므로 하나님 말씀을 알려면 마음(카르디아)을 초월하여야 한다.

'에이스(εἰς)' : 전치사. '~안으로 들어와 하나 되다, ~하나 되기 위해 안으로 들어오다.'

거룩한 그 영이신 하나님 안으로 들어와 하나 되는 것을 막는 자는 누구든지 사하심을 얻지 못한다. 왜냐하면 하나님과 하나 되지 못하기 때문이다. 겉사람에 의해 하나님과 하나 되지 못하도록 하는 자, 누구든지 하나님(데오스)이 되지 못한다. 그러므로 여기 등장하는 성령(토 퓨뉴마 토 하기온)은 대상이 아니다. 이 내용을 바울은 그의 서신에서 자세히 다루고 있다. 겉사람에 의해 대상을 향해 섬기고 종교 행위를 하는 것이 성령을 훼방하는 것으로 드러난다. 내면의 무지함 때문에 속 사람을 거부하는 것이다. 만약 하루에 스무 시간 동안 무릎을 꿇고 기도를 한다 해도 마찬가지다. 모두 대상을 향해 있는 것이다. 이런 자들은 사하심을 얻지 못한다. 곧 자신이 하나님이 되지 못한다.

이들은 깨달음을 얻지 못한다. 그러므로 내면에 와서 계신 예수 그리스도를 발견하고 그 안으로 들어와야 함을 말씀하신다. 이와 같이 되려면 많은 훈련이 필요하다. 술에 취해 살아온 겉사람은 쉽게 조복되지 않는다. 사람이 살면서 한평생 수많은 잘못된 생각과 잘못을 저지르기도 하고 오해도 하고 실수도 하고 억울함을 당하기도 해서 분노를 일으키고 고통을 당한다.

이는 모두 마음(휘장) 안에서 일어나는 번뇌 망상들의 노예가 되어서 일어나는 현상이다. 몸과 마음을 자신과 일치시켜서 온 현상이다. 휘장이 찢어짐과 동시에 이 모든 번뇌 망상들은 사라진다. 그러므로 이 같은 현상은 카르디아(마음) 안에서 일어나는 현상이므로 카르디아(마음)를 들여다보고 분석해야 한다. 예수께서는 카타볼레스 코스무를 통하여 이를 말씀하였다. 금강경에서는 과거심불가득(過去心不可得) 현재심불가득(現在心不可得) 미래심불가득(未來心不可得)이라 하였다.

그러므로 지성소로부터 겉사람 안으로 오신 좋은 목자 예수를 거부하는 것은 결코 사하심을 얻지 못한다. 휘장을 찢지 못하는 이유다. 이들은 예수를 대상으로 보아 마음에서 일어나는 윤회에서 벗어나지 못한다. 자기 믿음이 자신의 휘장을 찢을 수 없게 만든다. 이들은 결코 사하심을 얻지 못한다. 이들은 더더욱 자신의 휘장을 견고하게 만들어 자신이 만들어 놓은 대상인 그 하나님을 섬긴다. 다른 예수다. 용서함을 받으려면, 반드시 휘장을 찢어야 한다. 그러므로 내면으로 돌이켜 이미 와서 계신 그 예수 그리스도를 자신 안에서 발견해야 한다. 자신 안으로 오신 예수 그리스도는 어떤 모양이나 상이 있는 것이 아니다.

근본인 그 예수 그리스도를 구약에는 '베레쉬트(בְּרֵאשִׁית)' 로 새 언약에서는 '엔 아르케('Eν ἀρχῆ)' 로 말씀하신다. 똑똑하다는 종교인들이 오해하여 모두 태초로 오역하였다. 태초가 아니라 하나님이다. 나(예수 차원)와 하나 된 하나님이다.

그러므로 예수께서 말씀하시는 파라볼레는 아버지와 하나 되어있는 참 나(방편)인 그 근본(베레쉬트)을 드러내기 위해 허상으로 와있는 휘장을 찢어서 휘장 뒤에 계신 근본(베레쉬트)으로 돌아가기 위함이다. 그러므로 근본(베레쉬트)은 대상이 아니다. 예수께서 말씀하고 있는 나(에고 에이미)다.

휘장(마음) 안에서는 온갖 번뇌 망상이 끊임없이 일어났다 변화한다. 윤회에서 벗어나지 못하기 때문이다. 그러므로 휘장은 내가 아니라 찢어야 할 대상일 뿐이다. 마음 안에서 일어나는 모든 현상은 변하는 대상일 뿐이다. 환상으로 예수를 보더라도 그것은 사라져가는 대상일 뿐이다. 그러나 속사람인 예수 그리스도는 대상이 아닌 근본(베레쉬트)이다. 결코 변하거나 사라지지 아니한다. 변하거나 사라지지 아니하는 것이 예수 그리스도이며 에고 에이미다. 변하거나 사라지지 아니하는 하나님은 원하는 마음이 없다. 천국에 가고 싶은 욕망이나 어떠한 소원도 없다. 그러므로 종교 행위도 없다. 만약 마음에 원하는 것이 조금이라도 남아 있다고 하면, 아직은 하나님과 하나 되기 위해 갈 길이 더 남아 있다. 마음이 사라져야 하기 때문이다. 예수께서 말씀하는 골방 안으로 들어와 문을 닫고 있기만 해도 원하는 것이 없다. 이 안에서는 몸과 마음을 입고 태어나는 일이 없다. 오직 아버지가 계시는 지성소 안에서 나오는 하늘의 양식(아르토스)을 먹을 수 있기만을 바란다(마 6:11). 그 양식(아르토스)을 먹을 수 있는 때가 세메론이다. 오늘날로 오역한 세메론(σήμερον)은 창 1장에 등장하는 욤(יוֹם)이다. 그러므로 세메론은 그 생명의 빛이다. 지성소 안으로부터 나오는 양식을 먹으면 하나님과 하나 된 그 생명의 빛이 된다. 참 지혜이며 하나님이다.

이것을 위함이 기도(프로슈케)다. 겉사람의 문제를 해결해 달라고 하는 것이 예수께서 말씀하시는 기도가 아니다. 종교인들에 의해 기도가 오해되어 있다.

예수께서 말씀하시는 기도(프로슈케)의 조건은 반드시 골방 안으로 들어와 문을 닫고 있어야 이 기도(프로슈케)를 할 수 있다. 이 기도를 하면 하늘의 양식(아르토스)을 먹고 하나님의 아들이 된다. 아들은 아버지와 하나다. 곧 하나님이 됨이다. 붓다께서도 깨달으면 부처가 된다고 하였다. 똑같은 말씀이다. 그러므로 성경에 등장하는 하나님은 대상이 아니다. 이 이외의 모든 기도(원함)는 뱀(다른 하나님)에게 하는 기도다.

베레쉬트(근본)를 붓다께서는 무아로 설명하였다. 무아는 나라고 할 만한 것이 없어서 어떠한 번뇌 망상도 없고 원하는 마음도 없다. 시공간을 넘어서 있고 의식 무의식 잠재의식을 온전히 넘어서 있다. 경험해야 할 뿐이다. 대단히 중요한 내용으로 이론과 학문은 결코 도달할 수 없다. 언어의 세계가 아니다.

> (요 10:7)그러므로 예수께서 다시 이르시되 내가 진실로 진실로 너희에게 말하노니 나는 양의 문이라
>
> Ειπεν ουν πάλιν αὐτοῖς ὁ 'Ιησοῦς, 'Αμὴν ἀμὴν λέγω ὑμῖν, ὅτι ἐγώ εἰμι ἡ θύρα τῶν προβάτων.
>
> 그 예수가 다시 저희에게 말씀하시기를 진실로 진실로 내가 당신들에게 말하거니와 나는 그 양들의 그 문이다.

한글 번역은 '너희에게'로 번역하였지만, 내용에 비추어 보면 서기관들과 바리새인들에게 말씀하고 계신 것으로써 이를 분명히 하기 위해 '저희에게' 또는 '당신들에게'로 구분하여야 한다. 그러므로 '너희들에게'라고 번역된 문장도 제자들이 아닌 경우가 있다. 예수께서 아멘, 아멘 두 번 강조 하실 때는 아주 중요한 말씀을 하실 때다. 나는

(ἐγώ εἰμι ; 에고 에이미) 그 양들의 그 문이라고 자신의 실상을 말씀하였다. 예수께서 말씀하시는 '에고 에이미'는 참으로 중요한 의미를 가진다. 단순히 '나는 ~이다'가 아니다. '에고 에이미(나는 나다)'는 구약 말씀에 여호와 하나님으로 등장하였다.

(출 3:14) 하나님이 모세에게 이르시되 나는 스스로 있는 자니라 또 이르시되 너는 이스라엘 자손에게 이같이 이르기를 스스로 있는 자가 나를 너희에게 보내셨다 하라

וַיֹּאמֶר אֱלֹהִים֙ אֶל־מֹשֶׁ֔ה אֶֽהְיֶ֖ה אֲשֶׁ֣ר אֶֽהְיֶ֑ה וַיֹּ֗אמֶר כֹּ֤ה תֹאמַר֙ לִבְנֵ֣י יִשְׂרָאֵ֔ל אֶֽהְיֶ֖ה שְׁלָחַ֥נִי אֲלֵיכֶֽם׃

(바요메르 엘로힘 엘-모쉐 예히예 아쉐르 예히예 바요메르 코 토마르 리브네이 이스라엘 예히예 쉘라하니 엘레켐)

이 문장은 종교인들이 그 의미를 오해하여 크나큰 오역을 불러왔다. 그래서 많은 사람이 오해하여 지금도 여호와 하나님이 무엇인지도 모르고 우상화 하여 그를 부른다.

3068번 יְהוָה (예와): 1961번에서 유래.
1961번 הָיָה(하야): 동사, 어의: 있다, 이다.

'예와'는 '하야(be)' 동사로 '있다, 이다'의 뜻이다.

창세기 2장(2:4절부터)부터 구약성경 전체는 시제가 없고 시상으로는 과거상(완료시상)과 미래상(미완료시상)만 있고 현재상(현재시상)은 없다. 그러므로 '하야' 동사는 '있다, 있을 것이다'로 그 의미가 나타난다.

하나님(근본)은 반드시 과거상과 미래상이 끊어진 현재상 만을 가지고 있어야 한다. 그러나 예와 엘로힘(여호와 하나님)은 현재상이 없고 과거상과 미래상 두 개만 가지고 있다. 왜냐하면 새 언약으로 손가락질하고 있어서 새 언약으로 이끌어 가 열매를 맺어야 하기 때문이다.

그러므로 여호와 하나님의 진정한 의미는 신약(새 언약)성경과 창세기 1장(창 1장~2:3절)에서 그 의미가 드러난다. 그래서 창 1장과 새 언약에서는 여호와의 이름이 등장하지 아니한다.

새 언약에서 예수 그리스도로 나타나기 위함이며 새 언약에서 나타나실 그 그리스도 예수로 열매를 맺는다. 그러므로 새 언약의 그리스도에게로 인도하고 있고, 그리스도가 드러나면 구약의 여호와 하나님은 그 역할을 다하고 사라지는 것이다. 이 관계를 잘 알아야 한다.

신약에 등장한 그리스도는 시제가 없으며 시상에도, 과거상(완료시상)과 미래상(미완료시상)이 없는 현재상만 드러나고 있다. 언어를 초월한다. 그러므로 여호와 하나님과 예수 그리스도는 새 언약에서는 완전히 다를 수밖에 없다. 그러므로 어릴 때는 반드시 여호와 하나님의 이끄심을 받아야 한다.

1961번 אֶהְיֶה(예히예): 동사,칼(능동),미완료,공성,1인칭,단수. '~있다, 있을 것이다.'

'나는 스스로 있는 자니라' 로 오역한 '예히예 아쉐르 예히예 אֶהְיֶה אֲשֶׁר אֶהְיֶה' 는 '있다, 있을 것이다. 관계대명사 있다, 있을 것이다.' 의 뜻으로 히다로 되어있음을 잊어서는 안 된다. 그러므로 여호와 하나님 또한 대상이 아니다. 이 내용은 새 언약 곧 예수 그리스도가 임해야 그 실상이 드러난다. 이 그리스도가 자신 안으로 오셔야 깨닫게 된다. 이론은 아무런 의미가 없다. 그러므로 그리스도는 그 생명의 빛이다.

그러므로 '나는 스스로 있는 자니라' 라고 크게 오역하고 있다.

에고 이에미를 '나는 나다' 로 번역하는 것도 그 의미가 제대로 나타나지 아니한다. 이래서 구약은 히다(파로이미아)로 되어있어서 대단히 어렵다. 예수께서 오셔서 이 파로이미아를 파라볼레로 제자들에게 말씀하여 주시고 계시는 그 이유다. 예수를 따라다니는 제자들도 파라볼레의 그 의미를 아는 자가 그 당시엔 없었다. 제자들 안으로 헤메라(생명의 빛)가 아직 비추어 오지 않았기 때문이다. 제자들이 예수께서 말씀하시는 것을 깨달았던 때가 마가의 다락방 사건을 통해서 알게 된다.

그러므로 구약의 모든 말씀은 자신 안으로 좋은 목자 예수(생명의 빛, 대상이 아니다)가 임하신 것을 양의 문을 통해서 그 우리 안에 들어가 이미 와서 계신 그 좋은 목자와 하나 되어야 파로이미아와 파라볼레가 하나 되므로 그 감추어진 세계가 열린다. 이때 '에고 에미(나는 나다)'가 드러난다. 그러므로 에고 에이미는 대상이 아니다. 구약에 등장하신 예와 엘로힘이 이를 지향하고 있었다. 그러므로 예수께서 말씀하시는 '에고 에이미'는 양과 하나 되어있다는 말씀이다. 양과 하나 되어있지 아니하면 아직은 여호와 하나님의 인도하심을 받아야 한다. 그러므로 에고 에이미를 알려면 반드시 구약을 먼저 알아야 한다. 예수께서 구약을 세우시는 그 이유다. 구약은 성서의 기록 중 구약(39권)을 의미하는 것이 아니다.

(계 1:8) 주 하나님이 가라사대 나는 알파와 오메가라 이제도 있고 전에도 있었고 장차 올 자요 전능한 자라 하시더라
'Εγώ εἰμι τὸ Α καὶ τὸ Ω, ἀρχὴ καὶ τέλος· λέγει ὁ κύριος, ὁ ὢν καὶ ὁ ἦν καὶ ὁ ἐρχόμενος, ὁ παντοκράτωρ.
(에고 에이미 토 알파 카이 토 오메가, 아르케 카이 텔로스 레게이 호 퀴리오스 호 온 카이 호 엔 카이 호 에르코메노스, 호 판토크라톨)

한글 번역은 매우 잘못되었다. 이 구절은 '에고 에이미'에 대하여 더욱 자세히 설명하고 있다. 이 내용 전체가 에고 에이미에 관한 내용이다. 언어의 세계가 아니므로 바른 번역을 하고 나서 이 번역을 버려야 한다.

"나는 나다 그 알파며 그 오메가다, 나는 근본(근원)이며 궁극이다, 가라사대 그 주이며, 그 하나님이며, (근본으로부터) 현재 오고(나투시고) 있으며(현재분사), 그리고 현재 계속 오고(나투시고) 있으며(미완료) 그리고 지금도 계속 오고(나투시고) 계시는(현재분사), 그 전능자(주권

자)다."

이 문장은 마음 너머의 지성소 안에서의 일이다. 그러므로 언어를 초월해 있다. 시제가 없어서 내면으로 오신 예수 그리스도와 하나 되지 못하면 절대로 알 수 없다. 내가 하나님이 되지 못하면 결코 알 수 없는 내용이다. 이론은 아무 소용이 없다. 알 수 없으면 여전히 수수께끼이며 감추어진 것(파로이미아)이다. 내면으로 파라볼레(빛)가 임하여 하나 되면 그때 이 파로이미아가 열리게 된다. 그러므로 말씀에 등장하는 비사와 비유는 이론이 아니다.

예수께서 오셔서 '비유(파라볼레)가 아니면 말씀하지 아니하였다'(마 13:34, 막 4:34) 하는 것은 예수 자신이 생명의 빛이신 파라볼레 임을 나타낸다.

파라볼레는 예수 자신의 그 실상을 드러낸다. 붓다께서는 '에고 에이미'를 무아로 말씀하시고 있을 뿐이다. '나'라고 할 만한 것은 마음의 세계에서는 없다고 하신다. 그러므로 이는 언어의 세계가 아니다. 이것을 예수께서는 "나는 나다, 그 알파이며 그 오메가다, 나는 근본(근원)이며 궁극이다, 가라사대 나는 그 주이며, 그 하나님이며, (근본으로부터) 현재 오고(나투시고) 있으며(현재분사) 그리고 (근본으로부터) 현재 계속 오고(나투시고) 있으며(미완료) 그리고 지금도 (근본으로부터) 계속 오고(나투시고) 계시는(현재분사), 나는 그 전능자(주권자)다." 말씀하신다.

이 말씀이 예수 그리스도의 실상이다. 현재분사이며 완료되지 않은 상태로 계속해서 나투신다. 내가 예수 그리스도와 하나 되어 그리스도 예수가 되지 아니하면 계속해서 미완료 상태가 된다. 이루어질 때까지다. 이것을 나타내기 위해 구약 말씀에 예와 엘로힘이 등장하신다. 그러므로 예와 엘로힘은 스스로 있는 자가 아니다. 이 내용은 언어의 세계도 아니며 마음의 세계에서 일어나는 내용도 아니다. 휘장이 찢어져서 예수 그리스도와 하나 되지 아니하면 절대로 알 수 없는 내용이다. 어떤 이들은 하나님은 존재라고 하는 이들이 있다. 잘못되었다. '나는 나다(에고 에미)'는 존재가 아니다. 존재는 '나'라고 하는 것이 있기 때문이다. 나라고 하는 것은 마음 안에 있는 죄로부터 기인한다. 그러므로 붓다께서 말씀하신 무아가 이해하기가 더 쉬울 것 같다.

'이제도 있고 전에도 있었고 장차 올 자요'로 오역한 부분이다.

'ὁ ὢν καί ὁ ην καί ὁ ἐρχόμενος(호 온 카이 호 엔 카이 호 에루코메노스)'

번역하기가 거의 불가능에 가깝다.

문법대로 문자대로 번역을 억지로 하여서 그 의미를 조금이나마 드러내고자 한다.

'(근본으로부터)그가 지금 오고 계시고(나투시며, 현재분사) 그리고 (근본으로부터) 현재 계속 오고 계시며(나투시며, 미완료) 그리고 지금도 (근본으로부터) 오고 계신다(나투신다. 현재분사).'

내면에서 일어나는 일이다. 시제가 있는 공간 세상에 예수께서 오시는 내용이 아니다. 그러므로 '이제도 있고 전에도 있었고 장차 올 자요'가 아니다. 마음(휘장)이 찢어지기 전부터 일어나는 내용이다. 그러므로 시제 또한 없다. 시공간을 온전히 초월한 내용이다. 이것을 찾아내는 것은 온전히 자신의 몫이다. 역사적으로 오신 예수가 대신 찾아주는 것이 아니다. 그러므로 대상인 그 예수를 계속하여 믿으면 지옥에 떨어질 수밖에 없다.

그 의미를 언어로 표현한다면 현재 나의 내면으로 한순간도 빠짐없이 계속하여 예수 그리스도가 오시면서 너와 나는 하나 된 하나님이라는 것을 알려주시는 내용이다. 이론이 아니다. 한순간도 쉬지 않고 계속적이다. 마음에 사로잡히지 않는 내용이므로 마음을 초월해야 한다. 참으로 설명하기도 어렵고 그 의미 또한 알기 어려운 내용이다.

그러면 어디에서 오시는가?

근본인 '엔 아르케'로부터 오신다. 그가 지금 오고 계시고 (현재분사) 그리고 (근본으로부터) 현재 계속 오고 계시며(미완료) 그리고 (근본으로부터) 지금도 오고 계신다(현재분사).

이것이 '에고 에이미' 이며 대상이 아니다. 근본(엔 아르케)이며 근본과 하나이며 근본으로부터 잠시도 쉼 없이 계속해서 나타나신다. 미완료다. 완료될 때까지 계속된다. 깨달은 나 (예수 차원)에 대한 이야기다. 그러므로 하나님은 대상이 아니다.

욕망을 통해 보는 대상인 하나님은 선악 나무에 사는 뱀이다. 새 언약에서 다른 예수로 말씀한다. 종교인들은 다른 예수인 이 뱀(하나님)을 통해 천국에 가고 싶어 한다. 그리고 육신이 원하는 소원도 이루고자 한다. 알 수 없는 전생부터 이 뱀(하나님)이 겉사람 안에 왕으로 섬김을 받고 그렇게 집을 짓고 살아왔다. 지금도 이 뱀은 하나님으로 계속해서 섬김을 받고자 유혹을 한다. 그러면 또 윤회한다. 뱀이 사는 마음의 집을 허물려면 반드시 마음 안에 사는 그 뱀의 실상을 자세히 알아야 한다. 뱀은 나타난 몸과 마음을 자신과 일치시키는 일을 한다. 참으로 교활하다. 이 내용이 창 2장부터 시작이 된다. 계시록에도 자세히 그려져 나온다.

> 예수께서 가라사대 나는 부활이요 생명이니 나를 믿는 자는 죽어도(나서) 살겠고(요 11:25)

번역이 잘못된 이 구절은 앞에서 다루었다.

"그 예수께서 말씀하셨다, 나는 나이며(에고 에이미) 그 부활이다, 그리고 그 생명이다, 현재 믿어서 내 안으로 들어오는 자는 죽고 나서(과거태) 살겠다."

'에고 에이미' 에 대하여 계속해서 말씀하고 계신다. 구약의 '예히예 아쉐르 예히예' 의 실상이다. 그러므로 스스로 있는 자도 아니요, 존재도 아니다. 무아로 이해하는 것이 좋을 듯하다. 휘장(마음)이 찢어지고 난 이후의 일이다. 몸과 마음을 온전히 벗어버리고 난 이후의 일이다. 경험하지 아니하면 어떤 언어도 설명하기 힘들다. 반드시 죽고 나서(휘장이 찢어지고 나서) 하나님과 하나가 된다. 에고 에이미는 반드시 구야의 예와 엘로힘이 먼저 와 있어야 나투시는 것을 깨닫게 된다.

(요 10:8) 나보다 먼저 온 자는 다 절도요 강도니, 양들이 듣지 아니하였느니라
πάντες ὅσοι πρὸ ἐμοῦ ηλθὸν κλέπται εἰσὶν καὶ λῃσταί· ἀλλ᾽ οὐκ- ἤκουσαν αὐτῶν τὰ πρόβατα.
(판테스 호소이 프로 에무 엘돈 클레프타이 에이신 카이 레스타이˙ 알 우크-에쿠산 아우톤 타 프로바타.)
나보다 먼저 온 모든 자는 다 도적들이요 강도들이다. 그러나 그 양들이 그들을 듣지 않았다.

'에고 에이미'에 대하여 계속해서 말씀하신다.

먼저 온 자는 겉사람의 세계다. 먼저 온 자가 뒤로 물러나야 속사람인 예수 그리스도가 으뜸으로 나투신다. 구름 위에 머리가 되어 나투신다. 이를 '먼저 된 자가 나중 되고 나중 된 자가 먼저 된다'라고 오역하였다.

바로 파로이미아를 드러내기 위해 파라볼레로 임하신다. 겉사람의 세계는 아무리 학문이 깊다 하여도 모두 도적이요 강도다. 속사람의 세계는 언어의 세계가 아니며 초월의 세계다. 그동안 경험하지 못한 생명의 빛이 드러난 세계다. 그러므로 초월의 세계가 아니면 모두 도적과 강도들에게 공격을 받고 끌려가 노예가 되어있다. 파로이미아와 파라볼레가 무엇인지 알지 못하기 때문이다. 이것은 이론과 전혀 관계가 없다.

양들이 그 말씀이 무엇인지 알게 되면 도적들과 강도들의 그 하는 말을 통해 그 실체를 알게 되어 이들을 따르지 아니할 것이다. 전에 소경이었다가 자신 안으로 오신 그 생명의 빛을 통해 이 초월의 세계를 보게 된 소경 되었던 자도 서기관과 바리새인들로부터 떠나 속사람 예수를 따랐다. 이는 윤회를 벗어났다.

자신 안에서 자신과 하나 된 생명의 빛을 보았기 때문이다. 그러므로 체험하지 아니한 자는 이 세계를 알 수가 없다. 자신 안에서 생명의 빛을 보아도 온전히 예수 그리스도와 하나 될 때까지는 그 길을 가야 한다. 아직은 내면에서 예와 엘로힘의 이끄심을 따라서 가야 하는 때가 있다.

(요 10:9)내가 문이니 누구든지 나로 말미암아 들어가면 구원을 얻고 또는 들어가며 나오며 꼴을 얻으리라
(ἐγώ εἰμι ἡ θύρα· δι᾽ ἐμοῦ ἐάν τις εἰσέλθῃ σωθήσεται, καὶ εἰσελεύσεται καὶ ἐξελεύσεται, καὶ νομὴν εὑρήσει.
나는 그 문이다. 누구든지 나를 통하여 들어가는 자는 살림을 받게 되고(수동태) 그는 들어가고 나오면서 꼴을 찾을 것이다.

계속해서 '에고 에이미'에 대하여 말씀하신다.

반드시 예수 그리스도를 통하여 예수 그리스도 안으로 들어가서 그와 하나 되어야 아버지와 하나 되는 일이 일어난다. 아버지와 하나 되어야 예수께서 말씀하신 '나(에고 에이미)'가 임한다. 이것을 '구원을 얻고'로 번역한 미래, 수동태인 '소데세타이(σωθήσεται)'다.

'구원을 얻고'로 번역하면 대상으로부터 얻어지는 것으로 표현되어 '살아나게 되고', '살림을 받게 되고'로 번역하는 것이 좋을 듯하다. 내면에서 마음 밭에 숨겨져 있는 보석을 찾는 개념이다. 찾으면 자신의 것이 된다. 그러므로 대상으로부터 받는 개념이 아니다. 번역을 잘못하고 있다. 언어의 한계다.

그러므로 여기 구원으로 번역한 4982번 소조(σώζω)는 이미 자신 안에 있었던 보석(예수 그리스도)을 스스로 발견해서 소유해야 한다. 원래부터 나의 것인데 잠시 잃어버렸다가 되찾는 개념이다. 어디로부터서 되찾아 오는가? 겉사람으로부터서다. 그러므로 겉사람으로부터서 살림(자유함)을 받게 되며 겉사람으로부터서 보호된다는 뜻이다. 이래서

한글로 이런 번역을 하면 원래 그 의미와 다르게 표현된다.

나(에고 에이미, 예수 차원) 자신을 다시 찾는 개념이다.

술 취해있다가 깨어나는 개념이며 대상에게 구걸하여 얻는 개념이 아니다. 나의 것을 내가 다시 찾는 뜻이다. 나(에고 에이미) 자신으로 되돌아오는 것이며 아픔에서 건강을 회복하는 뜻이다. 그러면 내가 하나님의 아들로 돌아감이요 하나님이 됨이다. 그래서 다시는 이 뱀술에 취하지 않아야 한다. 그러므로 소조를 '구원' 으로 번역을 하면 오해가 발생하여 원래 그 의미에서 멀어진다. 그러면 더는 하나님 말씀이 아니다. 반드시 파라볼레가 임한 자가 이 번역을 하여야 한다.

종교인들은 한번 받은 구원은 영원하다는 잘못된 견해를 가지고 있다. 구원은 받는 개념이 아니다. '에고 에이미' 가 무엇인지 알지 못하여 발생한 일이다. 반드시 '에고 에이미(나는 나)' 가 되어야 한다. 하나님(근본)으로 되돌아가는 것이지 예수를 믿으며 천국에 가서 예수님과 영원히 사는 개념이 아니다.

창세기 2장부터 정신을 차리고 깨어났어도 잘못된 견해가 일어나면 다시 뱀독에 취하여 카르디아(마음) 세상으로 떨어지는 것을 보여준다. 온전한 '에고 에이미' 가 되지 않았기 때문이다. 생명 나무로부터 먹었다 해도 온전히 깨어있지 못하면 마음 안에 있는 뱀에 의해 꼬임을 받아 선악 (좋아함 싫어함) 지식나무로부터 먹게 되어 다시 술 취하게 된다. 그래서 계속하여 끊임없이 생명 나무를 소유하고 생명 나무로부터 먹어야 한다.

사도 바울도 이 현상을 겪게 된다.

그러나 한 번 깨어났던 이들은 그 귀한 경험이 있으므로 고뇌하면서 다시 그 생명의 길로 가게 된다. 사도 바울은 잃어버렸던 그 실상을 되찾는데 이십 년이 넘게 걸렸다. 하아담과 하잇솨가 뱀에 유혹되어 선악 지식 나무로부터 먹고 하나님과 단절된 아담과 이솨가 그때로부터 끊임없이 고뇌함으로 에덴동산(아다마) 밖으로 나가 얼굴에 땀을 흘리며 에덴동산 밖의 그 아다마를 개간하여 결국은 셋(세트)을 열매로 얻게 되어 하나님에게 바친다. 참 아들을 낳아 바치게 된다. 참 아들은 겉사람의 경수가 끊어져야 그 열매가 나온다. 그만큼 내면에서 흘러오고 있던 그 경수를 끊어내기가 그렇게 어렵다. 그 경수는 뱀으로부터 나온다.

거짓 목자에 속아 그를 따랐지만 참 목자의 음성을 듣는다면 결국 자신 안에서 예수 그리스도를 발견할 것이고 그러면 그와 하나 될 것이라고 말씀하신다. 참 목자이신 예수 그리스도가 바로 속사람의 나다. 속사람인 내(예수차원)가 '에고 에이미' 다. 대상이 아니다.

(요 10:10) 도적이 오는 것은 도적질하고 죽이고 멸망시키려는 것뿐이요 내가 온 것은 양으로 생명을 얻게 하고 더 풍성히 얻게 하려는 것이라
ὁ κλέπτης οὐκ-ἔρχεται εἰ-μὴ ἵνα κλέψῃ και θύσῃ καὶ ἀπολέσῃ· ἐγὼ ηλθον ἵνα ζωὴν ἔχωσιν, καὶ περισσὸν ἔχωσιν.

"그 도둑이 현재 오는 것은 도적질하고 죽이고 멸망시키려는 것뿐이다. 내가 이미 온 것(과거태)은 현재(지금) 양들이 생명을 가지고 더 풍성히 가지게(소유) 하려는 것이다."

도둑이며 강도들은 훔치고 죽이고 멸망시키는 것이 그 속성이다. 겉사람의 세계에서 일어나는 일이다. 그래서 이들의 노예가 되어 끊임없이 윤회한다. 말씀에서는 겉사람의 마음이 지옥(게엔나)으로 나온다. 우리 안에 천국과 지옥이 있다. 천국을 발견하여 그곳으로 들어가는 것은 자신이 해야 할 일이다. 대상을 믿고 종교 행위를 통해 이루어지는 것이 아니다. 그러므로 천국은 어디로 가는 것이 아니다. 예수께서는 천국을 양의 내면으로 오는 것으로 말씀하였다. 예수 자신이 천국이다.

겉사람은 먼저 온 자이며, 붓다께서는 오온(五蘊:몸과 마음)으로 설명하였다. 그래서 이를 오래도록 자세히 보아야 무상(無常), 고(苦), 무아

(無我)가 보이기 시작한다. 무더기로 보면 홀리게 되어 몸과 마음에 종으로 살게 된다. 몸과 마음인 오온이 일시적이고 불만족스럽고 그 실체가 없다는 것을 확실히 알아야 한다. 이를 애굽의 종이 되어 고통받고 살던 때로 기록하였다. 모두 조건에 의해 나왔고 변화되어 가는 것이다. 그러므로 놓아버려야 하는 것들이다. 아들(열매)을 낳으면 모두 죽임을 당하여야 하는 세월을 살아야 한다. 마음을 거슬러 가는 길이다. 무상하여 놓아버리려 하면 할수록 내면에 말씀을 받아들이는 모세가 자세히 나타난다. 좌우로 치우치지 않고 모세를 따라 광야 안으로 들어가야 애굽의 윤회에서 벗어나게 된다. 몸과 마음을 실상으로 알고 자신과 일치시키게 하는 뱀이 마음속에 살아가고 있다. 그래서 이 뱀이 살아가는 이 마음의 속성을 잘 파악하여야 한다. 예수께서는 '아포 카타볼레스 코스무'를 통해서 '메타노에오'를 통해서 말씀을 이어가셨다. 길가밭, 돌밭, 가시덤불 밭을 옥토로 개간하는 방법을 제자들에게 말씀하였다. 옥토로 개간하려면 얼굴에 땀을 흘리며 피눈물을 마음 밭에 흘려야 옥토로 개간되며 말씀의 씨가 그 옥토에 뿌려진다. 뱀으로부터 나오는 경수를 끊어내기가 그렇게 어렵다.

수 억겁을 통하여 길들어진 그 마음 밭이 그렇게 쉽게 개간이 되지 아니한다. 마음은 길들어진 대로 움직인다. 이것을 멈추어야 한다. 그래서 갈대 바다를 지나 광야 안으로 이끌어 오는 것이다. 애굽에서 보고 듣고 즐기던 것들과 그 열매가 광야 안에는 아무것도 없다. 그러므로 길들어진 마음을 내려놓고 이 길을 가는 것은 대단히 어렵다. 내면으로 가는 좁은 길이다. 말씀에서는 그 실상을 바로 깨닫게 하려고 평생을 통해 훈련을 이어간다. 애굽에서 나올 때 반드시 열 가지 재앙을 만나고 몸 안에 양고기와 무교병을 넣어야 모세를 따라, 갈대 바다로 가는 길이 열린다. 그리고 압빠샤를 밟고 갈대(쑤프) 바다를 지나 광야 안으로 들어와 광야 사십 년을 가야 한다. 갈대 바다를 홍해로 오역하였다. 또 노아의 방주를 지음이 백여 년에 이른다. 이 과정을 생략하고 지성소로 들어올 수 없다. 이를 생략하고 내면을 이야기하는 것은 모두 이론에 지나지 않는다.

먼저 온 겉사람은 잘못된 견해를 거짓 목자로부터 알 수 없는 전생부터 전해 받아 지니고 있었기 때문에 이것을 초월하여 속사람으로 들어가려면 이와 같은 힘든 고난의 과정이 필요하다는 것을 말씀하신다. 그 과정에서 종교 행위도 행해 보아야 한다. 어릴 때는 반드시 몽학선생 아래서 교육을 받아야 한다. 이 과정은 쉽지 않다. 거짓 목자가 내면에 살고 있기 때문이다. 그래서 밖의 거짓 목자를 따르게 된다. 결국 왜곡된 견해를 가지고 있는 겉사람이 속사람이 임하는 것을 방해한다. 뱀이 겉사람 안에 계속 살아 있는 이유다.

말씀에서는 예수 그리스도께서 이미 겉사람 안으로 오셨다(엘돈, 과거태)고 말씀하시고 있다. 한 번도 떠난 적이 없었던 '그 예수 그리스도가 너희들 안에 이미 와서 있다' 하였다. 그러나 겉사람 안에 와 있는 거짓 목자들 때문에 술에 취해 이미 와서 계신 그 예수를 모두 거부하고 모두 밖의 다른 예수를 기다리고 있다.

도마복음 말씀 7

예수가 말했다. "사람에게 먹혀서 사람이 되는 사자는 축복을 받았다. 그러나 사자가 사람을 잡아먹고 그 사자가 사람이 되는 경우, 그 사람은 저주를 받았다."

속사람을 자신 안에서 발견하여 속사람에게 잡아먹히면 그는 축복을 받았다고 말씀하고 있다. 그러나 사자에게, 겉사람에게 잡아먹혀서 그로 인하여 속사람이 보이지 아니하면 그는 저주를 받았다고 말씀하고 있다.

여기 등장하는 사자는 밖으로 오신 예수를 지칭한다. 그는 대단한 능력이 있다. 죽은 사람도 살리고 각종 질병을 고치는 초능력을 가진 역사적 예수에게 마음을 빼앗기는 이는 사자(육체예수)에게 사로잡혀 먹혔다고 말씀하고 있다. 어릴 때는 그럴 수밖에 없다. 밖으로 오신 예수를 실상으로 보고 대상으로 섬기는 그것이 죽여야 할 다른 예수다. 그래야 자신과 하나 된 참 목자인 예수가 내면에 나타난다.

> 그러하나 내가 너희에게 실상을 말하노니 내가 떠나가는 것이 너희에게 유익이라 내가 떠나가지 아니하면 보혜사가 너희에게로 오시지 아니할 것이요 가면 내가 그를 너희에게로 보내리니 (요 16:7)

밖으로 나타난 그 예수를 장대에 달아야 한다고 말씀하고 있다. 서글프지만 존경하는 그 예수를 떠나보내야 한다.

깨어있지 아니한 자들은 자신들이 존경하고 사랑하는 그 예수에게 각종 헌신적인 종교적 행위를 한다. 그래서 거짓 목자는 숫처녀를 다 늙도록 내쫓아야 할 그놈의 예수에게 묶어놓아 속사람 예수 그리스도에게 시집도 못 가게 막고 있다. 그러면 아버지와 하나 된 속사람의 나(에고 에이미)를 잃어버리게 된다. 이런 자들은 이미 저주를 받았다고 예수께서 말씀하였다. 본질을 잃어버리고 밖의 일, 곧 역사적으로 오신 예수를 섬기는 종교적 행위에 빠져있으면 속사람 예수 그리스도가 내면에서 보이지 않게 된다. 결코 사함을 받지 못하는 성령을 훼방하는 죄를 저지르는 것이다.

예수께서는 제자들에게 이를 강조하여 말씀하신다. 그러므로 제자들 앞에 있는 예수 자신이 때가 이르면 반드시 죽어야 한다.

> (요 10:11)나는 선한 목자라 선한 목자는 양들을 위하여 목숨을 버리거니와
> 'Εγώ εἰμι ὁ ποιμὴν ὁ καλός· ὁ ποιμὴν ὁ καλὸς τὴν-ψυχὴν-αὐτοῦ τίθησιν ὑπὲρ τῶν προβάτων.
> (에고 에이미 호 포이멘 호 칼로스˙ 호 포이멘 호 칼로스 텐-프슈켄-아우투 티데신 휘페르 톤 프로바톤.)

에고 에이미에 대하여 계속 말씀하신다.

“나는 그 좋은 목자다. 그 좋은 목자는 그 양들을 위하여 그 자신의 혼을 내어놓는다(아버지에게)”

선한 목자는 번역을 잘못하고 있다. ‘선한’ 그 의미는 선하고 악하다는 개념이 있다. ‘좋은 목자(칼로스)’의 그 의미는 ‘호 로고스(ὁ λόγος)’가 육신(싸르크스) 안으로 오신 ‘모노게네스(아버지와 하나 된)’다. 에고 에이미가 이루어짐을 말씀한다.

창 1장에 좋다(토브)가 등장한다. 하나님의 속성이 좋음(토브)이다. 좋음(토브)의 속성은 선업을 쌓는 자에게도 악업을 쌓는 자에게도 빛과 비를 골고루 내려 주신다. 토브(좋음)는 겉사람의 마음과 맞대면 하여 항상 계신다. 받는 자의 상태에 따라 그 열매가 나온다. 자업자득이다. 그러므로 이를 ‘선한 목자’로 번역하면 선악 지식으로 가르게 된다. 그 의미를 모르고 잘못 번역하고 있다.

요한복음에 이르도록 성경을 번역한 종교인들은 ‘좋음’과 ‘선’을 구분하지 못하고 있다. 마음 안에 있는 뱀은 항상 선(좋아함)과 악(싫어함)을 말하고 있다. 하나님은 좋음(생명)으로 맞대면하여 있는 마음을 사망으로 여긴다. 좋음은 아들과 하나 됨이요 아버지와 하나 됨이다. 구약의 여호와 하나님의 실상이며 새 언약에 에고 에이미로 드러난다. 사망은 하나님과의 단절이다. 하나님은 마음이 없어서 좋아함 싫어함이 없다. 거울과 같은 캐논의 역할이다. 붓다께서는 무아로 설명하신다. 이래서 그 의미를 알고 번역하는 것이 중요하다.

자신 안에 있는 아버지와 하나 되면, 에고 에이미가 드러나면 몸과 마음을 입고 태어나지 아니한다. 윤회에서 온전히 벗어난다. 이것을, 좋음 좋다로 표현하고 있으며 조건에 의해 생겨난 몸과 마음을 나와 일치시키면 다시 몸과 마음을 입고 태어난다. 뱀의 노예가 되어 뱀의 몸과 마음을 입고 나와 계속해서 윤회한다. 이것을 좋아함 싫어함(선악)을 아는 것이 되고 사망(하나님과 단절)으로 말씀하고 있다.

헬라어 ‘칼로스(καλός)’는 ‘좋다’라는 의미이며, 창 1장에 기록된 히브리어의 ‘토브(טוֹב)’ 와 상응한다. 사도 바울은 이 좋음을 고린도 전서 13장에서 자세히 표현하였다. 이 서신을 모르는 기독교인들은 없을 것이다. 그런데 모두 오해하여 사랑 장으로 오해를 한다. 본질을 잃어버리고 왜곡하여 아는 것이다. 이 내용은 구약에서 말씀하고 있는 그 과정을 모두 거치고 난 이후에 등장한 말씀이다. 그러므로 모두 시제가 없는 것으로 바울 사도 안에서 일어난 일이다. 겉사람을 초월하였다는 뜻이다. 자신 안으로 이미 와 있는 보석을 캐내어 지니고 있지 아니한 이는 이 의미를 알 수 없다. 창 1장에 기록되어 있는 좋음(토브)이 와서 일어나는 내용이다. 그리스도의 생명의 빛이다. 사도 바울은 이 좋음(토브)인 생명의 빛과 하나 되어 말씀하고 있다. 모두 파로이미아와 파라볼레로 된 내용이다. 그러나 ‘아가도스’ 는 문장에 따라 ‘좋다’ 이기도 하며 ‘선하다’ 이기도 하다. 그러므로 ‘아가도스’ 는 그 문맥을 따라서 ‘좋다’ 인지 ‘선하다’ 인지를 구별하여야 한다.

(창 2:17) 선악을 알게 하는 나무의 실과는 먹지 말라 네가 먹는 날에는 정녕 죽으리라 하시니라

וּמֵעֵ֗ץ הַדַּ֙עַת֙ ט֣וֹב וָרָ֔ע לֹ֥א
תֹאכַ֖ל מִמֶּ֑נּוּ כִּ֗י בְּי֛וֹם אֲכָלְךָ֥ מִמֶּ֖נּוּ מ֥וֹת תָּמֽוּת׃

(우메에츠 하타아트 토브 바라 로
토칼 밈메누 키 뻬욤 아칼카 밈메누 모트 타무트)

“그러나 좋음과 싫어함을 아는 나무 그것으로부터는 먹지 말라. 왜냐하면 네가 그것으로부터 먹는 욤 안에서 죽고(하나님과 단절) 죽을 것이기 때문이라 하였다.”

‘선악을 알게 하는 나무의 실과는 먹지 말라’ (창 2:17)로 번역한 것을 보면 ‘선악(좋아함 싫어함)을 알게 하는 나무’ 가 ‘우메에츠 하타아트 토브 바라 וּמֵעֵ֗ץ הַדַּ֙עַת֙ ט֣וֹב וָרָ֔ע 좋음, 그리고 싫어함의 지식나무’ 인데 여기에 ‘토브(좋다)’ 가 나온다.

창 1장은 마음(카르디아)을 넘어서 일어나고 있는 내용이다.

마음 너머에는 선악 개념이 없다. 창 1장은 깨달음 안에서의 과정을 그리고 있다. 작은 깨달음으로부터 온전한 깨달음까지의 내용이다. 그러나 2:4절 이하 내용은 마음(에레츠, 아다마) 안에서 일어나고 있는 내용으로 마음 안에서 '토브(좋다)'와 이에 반대되는 개념인 '라(싫어함)'가 등장하면 선악 개념으로 사용된다. 모두 뱀으로부터 나온 것이다. 그러므로 선악을 지닌 종교인들이 성경을 번역하면 안 되는 그 이유다. '먹는 날에는'으로 번역한 '뻬욤 아칼카'에서 '뻬욤'은 '욤 안에서'다. 그러므로 욤이 두 종류가 나온다. 여기 등장하는 욤은 사망의 욤이다. 지성소로부터 나오는 생명의 욤(빛)이 아니다.

창세기 1장부터 성경 전체의 핵심은 부패한 마음(카르디아)을 초월하여 그 너머에 있는 지성소 안으로 인도하는 내용이다. 생명의 빛을 가지고 있는 좋은 목자만이 그 길로 인도할 수 있다. 에고 에이미가 되기까지다. 그러므로 예수께서 오셔서 어떠한 종교 행위도 못 하게 하는 그 이유를 자세히 알아야 한다. 무엇을 원하기에, 무엇을 추구하기에 종교인들은 하지 말라고 하는 그 종교 행위를 그렇게 하고 있는가?

대부분은 천국에 가기 위해서이며, 자기 욕망을 채우고자 세상 공간에 구름을 타고 오실 예수를 영접하기 위해서일 것이다. 다른 예수다. 마음을 부패하게 만드는 이 뱀을 통해 그 일어나는 사건을 자세히 알아야 한다고 말씀하시고 있다. 뱀의 자식들인 서기관들과 바리새인들은 이 파로이미아로 된 그 내용을 절대로 알 수 없다는 것이다. 신약성경은 구약성경과 하나로 연결되어 있다. 요한복음 또한 알려면 반드시 창세기의 내용을 자세히 알아야 한다는 뜻이다.

자신 안에서 창 2장에 나타난 뱀이 어떻게 움직이는지 자세히 보아야 하기 때문이다. 의도 의지 각종 알음알이를 통해서 생각하고 움직임이 일어나기 때문이다. 겉사람의 모든 심리 현상들은 뱀에 의해 왜곡된다. 이래서 예리하게 이 현상을 지켜보아야 한다. 이로 인하여 촉(觸)이 일어나면 왜곡된 수애취(手愛取)가 일어난다.

안,이,비,설,신,의를 통하여, 그 촉(觸)을 통하여 마음 안으로 들어오는 것들이 왜곡되어 전도몽상이 일어난다. 아담과 하와를 통해 이를 잘 설명하고 있다. 이것이 뱀독에 취해 있는 결과라 말씀하고 있다. 좋아함 싫어함이 일어난다. 좋은 것은 취하고 싫은 것은 밀어낸다.

그 결과 이생의 자랑, 육신의 정욕, 안목의 정욕인 갈애의 열매를 맺는다. 한글 성경은 선악과로 번역을 하고 있다. 그 결과 매 생애 그 갈애의 열매가 열린다. 윤회에서 빠져나오지 못함이다. 이것을 뱀이 살아가는 좋아함 싫어함을 알게 하는 나무로 그리고 있다. 이 나무는 카르디아(마음) 안에서만 자란다. 그러므로 그 마음(휘장)의 집을 허물어버리고 그 너머(몸 된 성전)로 넘어가야 한다.

길들어진 마음을 초월하려면 얼굴에 땀을 흘려야 하는 힘든 과정을 지나야 한다. 예수께서도 광야 안에서 사십일 밤(뉘크스)낮(헤메라)을 통해 겉사람 안에 있는 이 뱀의 움직임을 자세히 보았다. 그래야 이 뱀의 실체를 알게 되어 지성소 안에 계신 하나님으로부터 나오는 양식(아르토스)을 먹을 수 있다. 비로소 금식이 끝이 난다. 광야 사십 년을 가야 하는 이유는 각자 안에 사는 뱀의 실상을 더욱 자세히 알게 하기 위해서다. 애굽 땅(에레츠) 안에서는 뱀의 실상을 알기가 어렵다. 뱀독에 취해 있기 때문이다.

광야 사십 년의 그 고행의 길이 없으면 뱀과 하나님의 양식을 구별할 수 없게 된다. 종교인들은 뱀의 양식에 오히려 더 끌려 있다. 그렇게 뱀의 양식을 먹고 길들어져 왔기 때문이다. 많은 사람이 자신 안에서 하나님의 음성을 들었다고 이야기한다. 그러한 책도 인기다. 그러나 들었다고 하는 그 하나님의 음성이 무엇을 의미하는지 묻고 싶다. 성경 말씀은 인생들에게 주어졌다. 그러나 이것을 아는 이들은 마음(휘장)을 찢은 이들 뿐이었다. 자신 안에서 음성을 들었다는 것은 모두 대상이다. 대상은 모두 변한다. 겉사람은 교활한 뱀과 하나님을 구분하지 못한다. 이래서 문제가 된다. 마음은 가장 뛰어난 요술사다. 그래서 뱀은 천상 세계도 만들어 내고 천상 세계에 영향력을 행사한다. 천상의 세계

중에 지극히 휘황찬란한 세계들도 있다. 수많은 천상의 세계는 모두 윤회의 세계다. 그 끝이 있는 것이다. 모두 찢어야 할 휘장 안에서 일어나는 현상이다. 그러므로 예수께서 말씀하시는 것은 천상 세계에 태어나고자 함이 아니다. 모두 초월함이다. 지성소 안으로 들어가고자 하는 것이다. 그러므로 휘장의 세계 안을 잘 들여다보고 분석해야 한다. 이처럼 뱀은 참으로 교활하다. 그러므로 반드시 광야 안으로 들어와야 뱀의 양식이 무엇인지 구분할 수 있어야 한다. 뱀이 사는 카르디아의 마음을 넘어서 있기 때문이다. 광야 안에서도 뱀이 유혹을 계속한다. 그래서 수많은 백성이 불 뱀에 물려 죽게 된다. 이때 장대에 달린 놋 뱀을 보는 자는 모두 살아난다. 히다로 된 말씀이다. 애굽 에레츠 안에서 보고 듣고 맛보고 즐기던 것을 광야 안에서도 가끔 원한다. 결국 애굽에서 보고 듣고 맛보고 즐기던 것을 체험했던 이들은 모두 가나안 에레츠 안에 들어가지 못하고 광야 안에서 사망 당했다. 그런데 마음(카르디아)을 벗어 버리지 못한 이들이 그 하나님의 음성을 구별할 수 있을까?

창 1장에 사망과 혼돈(토후)과 공허(보후)와 흑암(호쉐크)의 깊음(테홈) 속에 갇혀있는 겉사람에게 지성소로부터 생명의 빛(욥)이 임하여 속사람으로 인도해 가는 것을 '좋다(토브)'로 기록하고 있다. 참 목자 예수 그리스도를 의미한다. 지성소 안으로 들어가게 되면 아버지와 하나 된 에고 에이미가 이루어진다. 생명의 열매다. 그런데 오늘날까지 성경을 번역하는 종교인들이나 읽는 이들이 뱀의 의도를 따라서 번역하였고 그것을 읽기 때문에 오역된 성경의 곳곳에 선악을 말하는 것으로 오해하여 그 글을 읽는 자들 또한 큰 오해를 해오고 있다.

이는 성경 번역자들이 하나님의 생명의 빛을 체험하지 못하고 뱀의 뜻을 하나님의 뜻으로 오해하였기 때문에 벌어진 일이다. 하나님은 심판하는 기능이 없다. 하나님은 근본이며 캐논이다. 그 법으로부터 멀어지는 것은 자신이 선택한 결과다. 선악 지식나무에 사는 뱀의 꼬임에 빠져 그 열매를 맺은 결과다. 중생은 순간순간 뱀이 사는 그 나무로부터 열매를 맺는다. 모두 자업자득이다. 성경이 뱀에 의해 완전히 왜곡된 선악 지식의 책이 된 그 수많은 원인 중 하나는 창 3:22절에도 등장한다.

> (창 3:22)여호와 하나님이 가라사대 보라 이 사람이 선악을 아는 일에 우리 중 하나같이 되었으니 그가 그 손을 들어 생명나무 실과도 따먹고 영생할까 하노라 하시고

וַיֹּ֣אמֶר ׀ יְהוָ֣ה אֱלֹהִ֗ים הֵ֤ן הָֽאָדָם֙ הָיָה֙ כְּאַחַ֣ד מִמֶּ֔נּוּ לָדַ֖עַת
ט֣וֹב וָרָ֑ע וְעַתָּ֣ה ׀ פֶּן־יִשְׁלַ֣ח יָד֗וֹ וְלָקַח֙ גַּ֚ם מֵעֵ֣ץ הַֽחַיִּ֔ים וְאָכַ֖ל
וָחַ֥י לְעֹלָֽם׃

(바요메르 예와 엘로힘 헨 하아담 하야 케아하드 밈메누 라다아트 토브 바라 베아타 펜-이쉴라 야도 베라카 깜 메에츠 하하임이 베아칼 바하이 레올람)

"여호와 하나님이 말씀하시기를 보라 하아담이 선악(좋아함 싫어함)을 아는 일에 그것들로부터 하나 같이 되었으니 이제 그가 그의 손을 내밀어 그 생명들의 나무로부터도 따서 먹고 영존하지(바하이 레올람) 못하게 하자"

한글 번역은 대단히 큰 오역이며 영문 또한 마찬가지다. 성경이라고 알고 있는 이 책을 읽으면 읽을수록 곁길로 인도해 악처로 끌려가게 된다. 왜냐하면 수많은 부분을 이처럼 번역을 잘못하고 있다. 70인 역이나 킹 제임스 역이나 개역 성경은 '하아담 하야 케아하드 멤메누 라다아트 토브 바라(הָאָדָם֙ הָיָה֙ כְּאַחַ֣ד מִמֶּ֔נּוּ לָדַ֖עַת ט֣וֹב וָרָ֑ע)'를 '하아담이 선악을 아는 일에 그것들로부터 하나 같이 되었다'라고 하지 않고 '이 사람이 선악을 아는 일에 우리 중 하나 같이 되었다'라고 오역하였다.

하아담(הָאָדָם)이 선악을 아는 나무의 실과를 먹었으면 그 씨가 그

마음에 떨어져 자라서 나온 열매는 그 나무 중 하나가 되는 것은 자명하다. 뱀과 하나 되었기 때문이다. 하나님의 법은 심은 대로 거두기 때문이다.

> 그 주인이 대답하여 가로되 악하고 게으른 종아 나는 심지 않은 데서 거두고 헤치지 않은 데서 모으는 줄로 네가 알았느냐(마 25:26)

나타난 것들은 모두 심은 대로 거두지 아니하는 것은 아무것도 없다. 모두 그 조건에 의해 그 열매가 나온다. 우주도 사람도 모두 조건에 의하여 나왔다. 조건에 의해 나온 것은 모두 변한다. 변하는 것은 모두 무상하고 고통이며 죄다. 사람도 몸과 마음을 가지고 태어난 조건은 선악 지식나무로부터 먹은 결과로 태어났다고 정확히 말씀하였다. 마음 안에 사는 뱀에 의해 열린 그 열매일 뿐이다. 그러므로 하나님이 사람을 만들었다고 번역한 것은 크나큰 오역이다. 이것은 하나님 말씀이 아니다. (예수와 같이 깨어있었던 선지식들은 자신이 선택하여 사람의 몸을 입고 온다. 뱀에 의해 오는 것이 아니다.)

그러므로 마음에 의해 나타난 것은 모두 조건 지어 일어난 것이다.

모두 마음에서 심은 대로 그 열매를 맺은 것뿐이다. 조건 지어 일어난 모든 것은 지성소 안에 계신 하나님과 대립하고 있다. 그러므로 몸과 마음(코스모스)에서 일어난 모든 것은 변해가는 대상이다. 몸과 마음에서 일어나는 느낌 알음알이 반응은 모두 허상이며 변하지 않는 실상이 아니다. 대상은 모두 변한다. 우주 또한 마찬가지다. 그러므로 모든 대상은 하나님에 의해 나온 것이 아니다. 하나님은 결코 변함이 없다. 변함이 없는 것이 에고 에이미다. 그러므로 변하는 우주도 변함이 없는 에고 에이미와 아무 관련이 없다. 하나님과 하나 되지 못하였다면 모두 하나님과 끊어진 사망에 불과하다. 우주도 사망으로부터 열매를 맺어 나왔음을 알려주신다.

번역한 창 3:22절은 심은 대로 거두는 하나님의 법과 다르다. ‘우리 중 하나’로 번역한 것은 크나큰 오역이다. 이것은 하나님 말씀이 아니다.

‘케아하드 밈메누(כְּאַחַד מִמֶּנּוּ 그것 중 하나, 그것들로부터 하나’

‘밈메누’는 히브리어 문법상 ‘그것 중, 그것으로부터’이기도 하며 ‘우리 중, 우리로부터’이기도 하다.

‘밈메누 מִמֶּנּוּ’가 다른 곳에서는 모두 ‘그것으로부터’로 바르게 번역하였지만, 이곳만 오역하고 있다. ‘밈메누’는 창세기 2장에 두 번, 3장에 다섯 번 쓰였다. 일곱 번 가운데 여섯 번은 ‘그것으로부터’라 번역하였고 마지막에 쓰인 ‘밈메누’가 ‘우리 중’이 되어버렸다. 이 오역은 뱀이 창세기 3:5절에서 말한 대로 된 것이다. ‘너희 눈이 열려서 선악을 아시는 하나님처럼 될 것이다’한 그 교활한 거짓이 종교인들 안에 진리로 자리 잡고 일어난 일이다. 선악(좋아함 싫어함)은 마음 안에서만 일어나는 일이다. 욕심으로 바라본 내용으로 좋게 느껴지는 것은 취하고 싫어하는 것은 밀어낸다. 나의 욕망을 통해서 바라본 하나님이 뱀이며 선악 나무로부터 나온 그 열매가 결과다. 욕망(갈애)이 그 열매다.

이 내용이 새 언약에서 자세하게 나온다. 자신의 꿈을 이루고자 모두 그 예수를 따라다닌다. 제자들 또한 마찬가지다. 이 뱀을 자세히 알아야 자기 십자가에 달려야 할 그 예수가 보이기 시작한다. 죄를 통해서 은혜가 보이기 시작한다. 이들의 눈을 통해 본 그 예수가 선악 나무이며 그 나무에 사는 뱀이다. 결국 이 뱀은 내면에 거하는 것을 알 수 있다. 이 뱀은 세상에서 일으키지 못하는 기적이 없다. 이러므로 섬기는 그 예수를 반드시 장대에 높이 달아 죽여야 한다. 그래야 모두 알게 된다. 결국 왜곡된 개념이 각자 안에 있는 것이다. 각자 안에 있는 욕망을 없이 하려면 반드시 그 욕망의 대상인 그 예수를 죽여야 한다. 십자가(장대) 사건이다. 그래서 그 꿈을 이루려 하는 모든 이들은 그 예수의 죽음을 그렇게 슬퍼하는 것이다. 자신들의 부푼 꿈이 무너지기 때문이다. 속사람 예수가 그들의 포기할 줄 모르는 불타오르는 그 욕망을 송두리째 빼앗아 가져가는 것이다. 내면의 죄(하마르티아)는 이렇게 사해진다.

> 보라 세상(코스모스:몸과 마음) 죄(하마르티아)를 지고 가는 하나님의 어린양이로다.(요 1:29)

그러나 예수가 죽고 부활하였다고 좋아하며 난리들이다. 거짓 목자들에 의해 사라졌던 자신들의 꿈인 그 죄(하마르티아)를 다시 찾아오는 일이 일어난 것이다. 예수의 부활 이후에 다시 등장한 뱀의 사건이 복음서에 기록되어 등장한다. 다른 예수, 뱀이 살아서 다시 찾아온 것이다. 뱀은 이렇게 교활하다. 뱀은 여전히 그들 안에서 그렇게 살아난다. 거짓 목자들은 뱀이 다시 살아났다고 좋아한다. 천국에 가서 영원히 사는 자신들의 꿈이 이루어졌다고 좋아한다. 그래서 이미 와서 있는 그 교활한 그 뱀이 다시 오실 것이라고 좋아하며 간절히 기다린다.

(예수께서 십자가에 달려 고통을 당하고 있을 때 그 장대 위에 빛으로 둘러싸여 기뻐하며 웃고 있는 또 다른 예수의 모습이 베드로의 눈에 들어왔다.) — 베드로 계시록 중에서

욕망의 대상인 이 예수가 반드시 죽어야 한다. 그 예수가 죽는 것을 속사람 예수 그리스도가 그 죽는 그 자리에서 그렇게 기뻐하는 것이다. 정경에 빠져있는 베드로 계시록에 기록된 말씀이다.

그가 죽어야 그를 향해 그렇게 숫처녀의 가슴으로 사랑했던 타오르는 그 모든 욕망 또한 사라진다. 이렇게 해서 부활한 예수 그리스도는 그 욕망이 사라진 바로 그 자리에 다시 찾아오게 된다. 내면의 부활이다. 바로 나(예수 차원) 자신인 에고 에이미다. 붓다께서는 무아로 말씀하신다.

하아담과 하잇솨가 계속해서 '생명들의 나무'로부터 먹었다면 생명

의 그 씨가 그 마음 밭(하아다마)에 떨어져 '생명들의 나무 중 하나'가 되었을 것이다.

그러나 마음 너머에 있는 생명들의 나무로부터 먹다가 뱀에 유혹되어 선악 지식나무로부터 먹고 마음(카르디아)으로 떨어지게 된다. 골방 안에 들어가 있다가 뱀(다른 예수)의 부름에 문을 열고 나간 것이다. 거짓 목자에게 그렇게 유혹당한다. 장님이 장님을 인도하여 모두 구덩이에 빠진 격이다. 그러나 성경 말씀은 하아담과 하잇솨가 이렇게 될 것을 모두 알고 있다. 이 일을 반드시 거쳐 가야 온전한 깨달음에 이른다는 것을 암시한다.

"그 생명들의 나무로부터도 따서 먹고 영존하지(바하이 레올람) 못하게 하자" 하였다.

휘장의 세계인 마음(카르디아) 세상으로 떨어지게 되면 마음 너머에 있는 생명들의 나무로부터 먹으려고 해도 먹을 수가 없다. 그러나 하아담에서 아담으로 하잇솨에서 이솨로 떨어진 그들은 그 생명들의 나무로부터 먹은 경험이 있었기에 이제는 자신들과 하나님이 단절되어 있다는 것을 알고 다시 회복하고자 하여 벌어진 일을 기록하고 있다. 어떻게 하던 다시 회복하고자 하는 그 마음이다.

그러나 마음을 사용하여 생명들의 나무로부터 먹을 수 없다는 것을 알게 된다. '영생할까'로 오역한 '바하이 레올람'은 영생이 아니라 영존이다. 이생의 자랑, 안목의 정욕, 육신의 정욕을 가지고 계속해서 살아감을 뜻한다. 사망한 (하나님과 단절) 상태로 계속해서 살아가고자 하는 것을 하나님이 아시고 그 해결책을 내어놓으신다. 그 내용이 이 말씀에 이어서 계속해서 나오고 있다. 이 내용은 하나님이 화를 내는 것이 아니라 하나님 자신과 하나 되고자 계속해서 생명의 그 길로 인도하시는 내용이다. 결국은 하나 되게 하신다. 그러므로 창세기의 말씀은 필히 알아야 한다. 대단히 중요한 내용이다.

'바하이 레올람'은 하나님과 단절된 상태로 계속해서 마음(카르디아)에 지배를 받아 계속 살아감을 뜻한다. 윤회 안에서의 삶이다. 성경에서는 윤회를 이런 방식으로 표현하였다. 마음의 그 실상을 제대로 알지 못하여 일어난 일이다. 전도몽상이 하잇솨와 하아담에게 일어났다. 그래서 하나님과 단절된 아담과 이솨가 되어 버린 이야기다.

그러므로 자신들이 생각하는 생명들의 나무는 마음 너머 지성소 안에 있는 생명들의 나무가 아니라는 것이 드러나고 있다. 이들이 무화과나무 잎으로 치마를 만들어 입는다. 무화과나무는 이스라엘을 상징한다. 곧 예수다. 무화과나무 그 속으로 들어가 하나 되지 못하고 그 나무로부터 단절된 잎으로 치마를 만들어 입게 된다. 하아담에서 아담이 되어서 자신이 생각하는 그 생명 나무로부터 먹으려 하고 있다.

자신들이 생각하는 생명나무는 더는 생명나무가 아님을 말씀하신다. 뱀이다. 겉사람의 눈으로 보면 뱀은 이처럼 생명나무와 똑같이 보인다. 만약 생명나무로부터 먹으면 당연히 생명나무와 하나가 된다. 그러면 마음을 초월하게 된다. 그러나 그는 생명나무로부터 단절되었다. 그는 자신이 생각하는 그 생명나무로부터 먹으려 하고 있다. 다른 예수다. 그 결과 영존(바하이 레올람)하게 될 뿐이다. 하나님과의 단절을 여호와 하나님이 아시고 그의 일을 계속 진행하신다. 이 일이 하나님의 에르가(일)다. 에르가는 변치 아니하시고 그의 일을 수렁에 빠진 양들 안에서 실행하신다.

하아담에게 일어났던 이 일은 종교인들이 하나님을 믿고 천국에 가서 예수님과 영원히 행복하게 산다고 하는 내용과 일맥상통하다. 다른 예수다. 선악 지식나무로부터 먹은 하아담과 하잇솨는 아담과 이솨가 되어 뱀독에 취해 있는 상태다. 이들 눈으로 보는 생명들의 나무는 지성소 안에 있는 생명들의 나무가 아니라는 내용이다. 뱀독에 취한 마음(카르디아)의 눈으로는 생명들의 나무를 볼 수도 없으며 그 나무들로부터 먹을 수도 없다. 그러므로 하나님의 음성을 들었다고 하는 책들이 인기 있는 이유는 뱀독에 취해서 보기 때문에 일어난 일이다. 이래서 내면의 속성을 자세히 들여다보아야 한다. 휘장(마음)을 찢어 초월한 이들은 그러한 것에 관심 자체가 없다. 만약 하나님의 음성(말씀)을 들었고 그 의미를 안다면 그는 깨달은 자이며 또는 깨달은 자에 가깝다. 종교인들이 보는 예수는 다른 예수라는 것을, 말씀을 통해 알 수 있다. 이들은 자신들이 아는 예수를 통해 영생하려고 한다. 이 같은 내용을 창 3:22절을 통해서 알려주고 있다.

‘레올람(לְעֹלָם)’ 은 신약의 ‘아이온(αἰών)’과 상응하는 단어다.

아이온에는 겉사람의 아이온과 속사람의 아이온이 등장한다. 이 내용과 똑같은 내용이 복음서에 등장한다.

> (딤후 4:10) 데마는 이 세상을 사랑하여 나를 버리고 데살로니가로 갔고 그레스게는 갈라디아로, 디도는 달마디아로 갔고

이 세상(아이온)으로 번역한 아이온은 겉사람의 아이온이다. 사도 바울과 같이 있었던 데마와 그레세게와 디도는 모두 사도 바울과 같이 속사람의 아이온에 함께 거하다가 겉사람의 아이온으로 돌아갔다. 이 일은 자신 안에 있는 뱀(다른 예수)에 유혹되어 일어난 결과라고 말씀하고 있다. 이들은 자신들이 생각하는 하나님을 통해 영생하려 하였다. 그러므로 요한복음을 포함하여 모든 새 언약의 서신들은 구약과 연결되어 있다. 구약이 없으면 신약의 말씀들은 그 의미를 세세히 알 수가 없다. 그래서 속사람의 골방 안으로 들어와서도 계속해서 그 문을 닫고 깨어있어야 함을 강조한다. 그러므로 새 언약에서 몸 된 성전을 지키고 수리하는 디아코니아가 되어야 함을 말씀하고 있다. 디아코니아가 되어야 골방 안으로 들어와 문을 닫고 있을 수 있다. 이 내용이 출애굽기에서도 잘 나타나 있다.

애굽을 떠나, 갈대 바다(홍해로 오역)를 지나 광야 안에 들어왔어도 감각적 욕망이 일어나면 예전에 먹고 마시던 것을 그리워하여 다시 애굽 땅(에레츠)으로 돌아가고자 한다.

애굽 에레츠(땅)에서 나온 모든 이들은 가나안 땅(에레츠) 안에 들어가지 못하고 광야 안에서 죽음을 맞이하였다. 자업자득이다. 하나님이

심판하는 것이 아니다. 자신 안에 있는 갈애 때문에 일어난 일이다. 애굽에서 따라 나온 이들은 자신들의 욕망(소원)을 채워주시는 하나님으로 오해하였기 때문이다. 선악 지식나무는 자신의 욕망을 채워주시는 하나님을 비유함이다. 종교인들이 믿고 간절히 기다리고 있는 그 예수와 일맥상통한다. 그래서 그들은 자신들의 꿈을 이루어주시는 그 예수를 높인다. 말씀에서는 이 예수가 사탄이며 마귀로 등장한다.

참 목자인 예수 그리스도는 구약의 이 모든 내용을 세세히 알고 있다. 그리고 서기관들과 바리새인들에게는 파로이미아로 계속해서 말씀을 이어가신다. 이들은 보아도 보지 못함이며 들어도 들을 귀가 없다.

창 3:22절은 선악 지식나무로부터 먹었으면 뱀과 하나 되었는데 하나님과 하나 됨 (우리 중)으로 오역하였다. 선악 지식나무로부터 먹었으면 뱀과 하나가 되기 때문에 하나님과 하나가 되지 못한다. 생명나무로부터 먹으면 좋음(토브)이 열매로 나온다. 곧 하나님과 하나 된 아들이며 에고 에이미다. 선악을 알게 하는 마음(카르디아)을 초월하여 있다.

그러나 선악 지식 나무로부터 먹으면 사망이 열매로 나와 뱀과 하나가 된다. 갈애의 열매를 맺어 윤회의 늪에서 빠져나오지 못하여 계속해서 몸과 마음을 만들어 그것을 뒤집어쓰고 세상(코스모스)에 또 나온다. 몸과 마음을 나와 일치시키게 된다. 그러나 휘장이 찢어지면 선악 사상이 없어진다. 지성소를 뒤덮었던 마음(휘장)이 지성소와 분리되어 떨어져 나가게 된다. 그러면 몸과 마음을 나와 일치시키는 그 나는 종말을 맞이한다. 마음 안에는 뱀이 장악하고 있는 모든 기억이 있다. 이 기억들과 지성소와는 온전히 단절되어 있다.

> 보라 내가 새 하늘과 새 땅을 창조하나니 이전 것은 기억되거나 마음에 생각나지 아니할 것이라(사 65:17)

종교인들이 번역한 하나님은 선악 사상을 따라서 선악 심판을 하는 하나님으로 묘사해버렸다. 파로이미아(비사)로 된 내용이 무엇인지 알지 못하였기에 일어난 일이다. 말씀에 등장하는 하나님은 심판하는 기능이 없다. 선악을 판단하는 기능 자체가 없다. 마음을 초월해 있기 때문이다. 지성소 안에 계신 하나님은 의식 무의식 잠재의식을 초월해 있다. 하나님이 환상으로 나타난다 해도, 하나님의 음성이 들린다 해도 모두 변화하는 마음에서 일어나는 일이다. 선악 개념은 마음(의식, 무의식, 잠재의식) 안에서 일어나는 개념이다. 종교인들이 성경에 나오는 뱀을 하나님으로 오해하게 번역하였다. 그래서 선한 목자는 큰 오역이다. 영어로 번역한 good 또한 마찬가지다.

'좋은 목자'는 그의 양들을 위하여 그의 혼(푸쉬케)을 아버지에게 맡겨버린다. 아버지와 하나 된 에고 에이미다. 마음 안에서 일어나는 내용으로 자신 안에 이 좋은 목자가 이미 와서 계신다. 이 내용이 창 1:1절의 내용이기도 하다.

"베레쉬트(근본, 근원)를 드러내어 하나 되기 위해 엘로힘이 마음의 그 하늘들과 마음의 그 땅을 바라(개간) 하시느니라."(창 1:1)

'베레쉬트'가 근본이며 예수께서 말씀하시는 에고 에이미다. 그러므로 태초가 아니다. 베레쉬트가 양들의 근본이며 근원이다. 여기 등장하는 엘로힘이 좋은 목자다. 이 좋은 목자가 새 언약에서 예수 그리스도로 나투신다.

창 1:1절에 등장하는 엘로힘은 하나님을 따라가는 자 안에 좋은 목자로 양과 하나 되어있다. 이 좋은 목자 엘로힘은 항상 베레쉬트(근본, 근원)를 향하여 계신다. 그 이유는 그 하늘들(하솨마임)과 그 땅(하아레츠)을 바라(옥토로 개간)하여 베레쉬트를 드러내기 위함이며 베레쉬트와 하나 되기 위함이다. 베레쉬트가 그 하늘들(하솨마임)과 그 땅(하아레츠)에 의해 가려져 있기 때문이다. 이 휘장을 찢어야 한다. 이 휘장을 찢는 것이 '창조하다'로 오역한 '바라'다. 엘로힘에 의해 바라가 이루어진다. 이 휘장을 찢지 아니하면 이 안에 사는 뱀이 항상 강도로 돌변해 들어온다. 죄(하마르티아)를 계속 가지고 있게 된다. 만약 베레쉬트가 온전히 드러나게 된다면 엘로힘은 그 역할을 다하고 사라진다. 사도 바울은 이를 고린도 전서 13장에서 잘 표현하였다. 바울 자신을 그렇게 그리고 있다. 에고 에이미다. 그러므로 베레쉬트(여성)도 근본이며 엘로힘(남성)도 근본이다.

이천 년 전에 역사적으로 오셨던 그 예수는 자신의 그 역할을 다하고 사라졌다. 아버지와 하나 되었다고 말씀하였다. 그리고 각자의 내면에서 부활을 이루었다. 이를 에고 에이미로 말씀하신다. 그러므로 반드시 마음을 안으로 돌이켜 들여다보아야 이 좋은 목자(에고 에이미)를 발견할 수 있다. 원어를 연구하는 것도 마음을 통해서 하는 것이라 결국 버려야 할 것들이다. 자신 안에서 좋은 목자를 찾는 이들은 서로 공경하는 도반들이다. 목사, 장로, 권사, 집사 이런 것들은 종교인들이 오해하여 만든 것들이다. 뱀을 하나님으로 보고 만들어 낸 것들이다.

성경 말씀에 등장하는 사도, 장로, 집사로 번역한 것은 모두 디아코니아다. 디아코니아는 베레쉬트가 드러난 몸 된 성전이 겉사람의 감각적 욕망인 도적과 강도들이 침입하지 못하도록 자신 안에 세워진 몸 된 성전을 지키는 자다. 파수꾼들이다. 디아코니아가 된 자들은 좋은 목자를 자신 안에 소유하고 있다. 그러므로 건물교회를 세우고 그곳으로 끌어모으는 밖으로 나타난 목사들 또한 강도요 도적이라는 것을 알 수 있다. 그런데 이 도적들과 강도들도 때를 따라 필요한 것을 어찌하는가? 그러므로 지혜롭게 대처해야 한다. 속은 이들도 이끌어야 하기 때문이다.

(요 10:12) 삯꾼은 목자도 아니요, 양도 제 양이 아니라 이리가 오는 것을 보면 양을 버리고 달아나나니 이리가 양을 늑탈하고 또 헤치느니라
ὁ- μισθωτὸς- δέ, καὶ οὐκ- ὢν ποιμήν, οὗ οὐκ εἰσὶν τὰ πρόβατα ἴδια, θεωρεῖ τὸν λύκον ἐρχόμενον, καὶ ἀφίησιν τὰ πρόβατα καὶ φεύγει· καὶ ὁ λύκος ἁρπάζει αὐτὰ καὶ σκορπίζει τὰ πρόβατα.

"그 삯꾼은 목자가 아니며 또 그 양들도 자기에게 속하지 않았기 때문에 그 이리가 오는 것을 보면 그 양들을 버리고 도망친다. 그러면 그 이리가 그것들을 물어가고 흩어버린다."

삯꾼은 바른 말씀을 주지 못한다.

사도 바울 같은 경우, 상대방의 내면의 세계를 꿰뚫어 보고 말씀과 다른 거짓 복음이 그 마음 안에 있다면 바로 알려서 깨닫게 만들어 준다. 하나님과 하나 되게 만들어 버린다. 이것을 방언 통역으로 번역하였다. 사도 바울은 육신통이 열린 자다. 하늘로부터 오는 언어, 곧 하나님의 말씀은 어린아이들은 알아듣지 못한다. 이것을 방언으로 번역하였다. 방언으로 번역한 단어는 글로싸와 디알레크토스다. 휘장(에고)이 가로놓여 있으므로 취해서 바로 알아듣지 못한다. 이 휘장의 실체를 드러내어 속사람과 하나 되도록 자세히 깨닫게 해주는 것이다. 하나님과 하나 되게 만들어 버린다. 바울은 이 통역을 누구보다도 더 잘한다고 하였다. 그러므로 방언은 입으로 이상한 소리를 내는 것과는 아무 관련이 없다. 삯꾼들이 입으로 나오는 이상한 소리를 방언이라고 거짓됨을 가르쳤다. 잘못된 가르침은 양을 이리한테 넘겨 버리는 결과로 등장한다. 그러므로 입으로 이상한 소리를 내는 것을 방언으로 아는 것은 뱀에 의하여 잘못된 가르침을 받아 발생한 일이다.

(요 10:13) 달아나는 것은 저가 삯꾼인 까닭에 양을 돌아보지 아니함이나

ὁ-δὲ μισθωτὸς φεύγει ὅτι μισθωτὸς ἐστιν, καὶ οὐ-μέλει-αὐτῷ περὶ τῶν προβάτων.

"왜냐하면 그의 도피하는 것은 그가 삯꾼이요, 그 양들에 대하여 아무 관심도 없기 때문이다."

삯꾼들은 그 양들에게서 오는 이득을 노릴 뿐이지 정말로 그 양들을 그리스도와 하나 되는 올바른 길로 인도할 수 없다. 그 잃어버린 양의

마음속을 들여다보고 무엇이 잘못되었는지 알지 못하기 때문이다.

삯꾼들은 예수 그리스도와 하나 되어 본 적이 없기 때문이다. 반드시 '에고 에이미'가 되어야 좋은 목자다. '에고 에이미'가 된 목자는 건물 성전도 돈 헌금도 요구하지 못한다. 이는 뱀(사단)에 의해 행해지고 있기 때문이다. 참 목자는 하나님이 계시는 몸 된 성전을 세울 뿐이며 참 십일조와 헌물인 하나님의 아들을 낳아서 몸 된 성전 안에 드릴 뿐이다. 내가 드리고 내가 받는다. 사도 바울은 산고의 고통을 겪으면서 이 일을 하였다고 하였다. 자신이 이 아들을 낳았다고 하였다. 대표적으로 아들 디모데다.

이를 인하여 내가 주 안에서 내 사랑하고 신실한 아들 디모데를 너희에게 보내었노니 저가 너희로 하여금 그리스도 예수 안에서 나의 행사 곧 내가 각처 각 교회(엑클레시아 안에서)에서 가르치는 것을 생각나게 하리라(고전 4:17)

여자(귀네)가 해산하게 되면 그때가 이르렀으므로 근심하나 아이를 낳으면 세상(코스모스)에 사람 난(겐나오: 하늘로부터 나아진) 기쁨으로 인하여 그 고통을 다시 기억지 아니하느니라(요 16:21)

나의 자녀들아, 너희 속에 그리스도의 형상이 이루기까지 다시 너희를 위하여 해산하는 수고를 하노니(갈 4:19)

내가 너희를 젖으로 먹이고 밥으로 아니 하였노니 이는 너희가 감당치 못하였음이거니와 지금도 못 하리라(고전 3:2)

아담(관사 없음)이 꾀임을 보지 아니하고 여자(귀네)가 꾀임을 보아 죄(파라바시스)에 빠졌음이니라 그러나 여자(귀네)들이 만일 정절로써 믿음과 사랑과 거룩함에 거하면 그 해산함으로 구원을 얻으리라(딤전 2:14-15)

이 여자가 아이를 배어 해산하게 되매 아파서 애써 부르짖더라(계 12:2)

그러므로 사도 바울은 이미 하나님과 하나 된 '에고 에이미'가 되었다는 것을 알 수 있다. 참 십일조와 헌물 된 하나님의 아들이다. '에고 에이미'가 일어나지 아니한 삯꾼은 양을 늑탈한다.

(요 10:14)나는 선한 목자라 내가 내 양을 알고 양도 나를 아는 것이

ἐγώ εἰμι ὁ ποιμὴν ὁ καλός· καὶ γινώσκω τὰ ἐμὰ, καὶ γινώσκομαι ὑπὸ τῶν ἐμῶν. (에고 에이미 호 포이멘 호 칼로스 · 카이 기노스코 타 에마, 카이 기노스코마이 휘포 톤 에몬)

— 스데판역

"나는 그 좋은 목자다. 나는 그 나의 양들을 알고(기노스코) 그 나의 양들도 그 나에 의해 하나 되어 알게 된다(수동태)."

에고 에이미에 대하여 설명을 계속 이어가고 있다.

"기노스쿠시 메 타 에마(γινώσκουσί με τὰ ἐμά)." 알란드 역에는 이 부분이 반복 추가되어 있다. 번역하기가 어려운 문장으로 번역을 잘못하였다. '기노스코마이 휘포 톤 에몬(γινώσκομαι ὑπὸ τῶν ἐμῶν)'은 한글 번역이 빠져있다. 직역한다면 '그 나의 것들에 의해 하나 되어 알게 되다'인데 '나의 것들(에몬)'이 소유격, 1인칭, 복수다. 소유격, 1인칭, 복수로 양들과 예수와 하나로 있다는 것을 말씀하고 있다. 예수 안에 양들이 하나로 있는 것으로 나온다. 1인칭이다. 번역한 한글 내용은 양과 예수와 분리되어있는 것으로 나오고 있다.

'기노스코마이(γινώσκομαι)' : 동사, 현재, 수동태로 '하나 되어 알게 되다'다. 양들이 예수와 하나 되어있는 내용이다. 이래야 겉사람과 속사람이 온전하게 소통이 된다. '좋은 목자이신 예수와 하나 되어있다'라고 하는 것이 전제가 되어, 요 10:1절부터 말씀이 시작된다. 그러므로 서기관들과 바리새인들은 성경 말씀을 알 수가 없다. 이들은 하나님을 대상으로 섬긴다. 마가의 다락방 사건 이전의 예수의 제자들 또한 그러했다.

14절 의미는 알란드 역과 스데판 역이 같다. '알고' '아는 것'으로

번역한 '기노스코(γινώσκω)'는 '하나 되다', '한 몸을 이루다'다. 하나님과 하나 되어 모든 것이 열린 상태로 아는 것이므로 마음으로 아는 것이 아니다. 마음을 초월함이다. 의미를 따라 다시 번역해야 한다. 성경 전체를 다시 번역할 이유다. 겉사람과 속사람이 온전히 하나 되어있다는 내용이다. 이처럼 파로이미아는 비유(파라볼레)이신 예수와 하나 되는 체험을 하지 아니하면 알 수 없다. 예수의 제자들은 마가의 다락방 사건의 체험을 통하여 구약부터 말씀으로 이어온, 닫혀있던 이 파로이미아를 자신 안에서 열었다.

마가의 다락방 사건의 체험이 파로이미아를 여는 파라볼레다. 파라볼레가 온전히 드러나면 예수 그리스도 곧 에고 에이미가 현실이 된다. 그러므로 예수가 파라볼레로 오신다. 구약과 신약의 모든 말씀을 여는 열쇠는 파라볼레인 예수 그리스도가 오셔서 나와 하나인 에고 에이미가 되어야 한다. 모두 마음 안에서 일어나는 일이다.

그러므로 꾸란에 나오는 하나님 아브라함 예수와 그 내용은 성경에서 말씀하는 것과 아무 관련이 없다. 꾸란은 성경 말씀과 아무런 관련이 없는 전혀 다른 기록이다. 모두 대상을 이야기하기 때문이다.

창 5장의 기록에 나오는 하나님 그리고 아담의 계보에 나타난 셋 에녹 노아 그리고 마 1장에 등장하는 아브라함과 다윗의 자손 예수 그리스도의 계보에 등장하는 아브라함 이삭 다윗 예수는 역사적으로 나타난 믿음의 선진을 말씀하는 것이 아니다. 모두 내면에 임한 생명의 빛들이다. 역사적으로 나타난 이들 역시 자신 안에서 하나님으로부터 나오는 이 생명의 빛들을 발견한 깨달음을 얻은 이들이다.

창 5:1절은 크나큰 오역 중 오역이다. 하나님이 사람을 창조하는 내용이 아니다. 바라와 아사와의 관계가 무엇인지 모르는 데서 오류가 생겼다. 이는 창세기를 다룰 때 설명을 이어가겠다. 생명의 빛들에 대하여 창 1:14절 이하에 잘 나오고 있다.

(창 1:14) 하나님이 가라사대 하늘의 궁창에 광명이 있어 주야를 나뉘게 하라 또 그 광명으로 하여 징조와 사시와 일자와 연한이 이루라

וַיֹּ֣אמֶר אֱלֹהִ֗ים יְהִ֤י מְאֹרֹת֙ בִּרְקִ֣יעַ הַשָּׁמַ֔יִם לְהַבְדִּ֕יל בֵּ֥ין הַיּ֖וֹם וּבֵ֣ין הַלָּ֑יְלָה וְהָי֤וּ לְאֹתֹת֙ וּלְמ֣וֹעֲדִ֔ים וּלְיָמִ֖ים וְשָׁנִֽים׃
(바요메르 엘로힘 예히 메오로트 비르키아 핫샤마임 레합딜 벤 하욤 우벤 하라엘라 베하이우 레오로트 울레모아딤 우레야밈 베샤님)

"하나님이 말씀하시기를 그 하늘들의 궁창 안에 광명체들이 있어 그 낮과 그 밤을 나뉘게 하라. 또 그것들이 오트들을 위하여, 모에드들을 위하여, 욤들을 위하여, 샤네들을 위하여 있으라."

히다로 된 말씀이다. 우선 그 하늘들이 나온다. 새 하늘이다. 그런데 깨달음으로 가는 자의 내면에서 일어나는 현상으로 세 번째 욤 이후에 일어나는 내용이다.

세 번째 욤에 이른 자, 곧 온전한 깨달음으로 가고 있는 자의 마음을 넘어서 지성소로부터의 하늘 안에 궁창이 있고 이 궁창 안에 광명체(마오르)들이 있다. 그리고 광명체들로 인하여 그 낮과 밤을 나누게 한다고 하였다. 이 내용은 첫째 욤(한 욤), 둘째 욤을 지나 셋째 욤이 일어난 이후에 일어난 내용이므로 이 상태에 이르지 아니한 자는 절대로 알 수 없는 내용이다.

예수께서 십자가(장대)에서 죽고 난 이후 셋째 욤에 부활하신다. 휘장(마음)을 찢으시고 난 이후 내면에서 나타나는 현상들이며 지성소 안에서 일어나는 내용이다. '광명'으로 번역한 '마오르(**מָאוֹר**:빛)'의 남성, 복수의 '메오로트(**מְאֹרֹת**)'로부터 오트(**אוֹת**)들, 모에드(**מוֹעֵד**)들, 욤(**יוֹם**)들과 샤네(**שָׁנֶה**)들이 동시에 등장하는 것이다. 모두 새 언약에서의 예수 그리스도가 내면에 임하심으로 나타나는 생명의 빛들이다.

(창 1:15) 또 그 광명이 하늘의 궁창에 있어 땅에 비취라 하시고
וְהָי֤וּ לִמְאוֹרֹת֙ בִּרְקִ֣יעַ הַשָּׁמַ֔יִם לְהָאִ֖יר עַל־הָאָ֑רֶץ וַֽיְהִי־כֵֽן׃
(베하이우 리메오로트 삐르키아 핫샤마임 레하이르 알-하아레츠

바예히-켄)

“또 그것들이 그 하늘들의 궁창 안에 광명체들로(위하여) 있어서 그 땅(마음 밭) 위에 비춰라(히프일동사) 하였다. 그대로 되니라(칼동사).”

내면의 땅(에레츠)에 14절 나오는 빛들이 비치는 이유는 옥토에서 열매(아들)를 맺기 위함이다. 마음 땅(밭)에 비추니 오트들, 모에드들, 욤들, 샤네들이 나타난다. 마음 밭을 해체하여 감추어졌던 보석들을 캐낸 것이다. 이는 모두 생명의 빛으로서 참 지혜다. 이어서 15절 광명체들이 그 땅(마음 밭)에 비치게 된다. 마음 밭에 있던 짜바가(십사만 사천) 이 빛들에 의해 예수 그리스도와 하나가 된다. 그리고 마음 밭을 온전하게 지배하고 다스리기 시작한다. 마음을 초월함이다.

하나님 자신의 생명 빛은 아무 때나 나타나지 아니한다. 나타날 수 있는 바탕이 먼저 이루어져야 한다. 곧 셋째 날로 번역하고 있는 ‘욤(יְוֹם) 쉐리쉬(שְׁלִישִׁי)’를 지나야 한다.

이 구절 안에 나타난 그 광명체(מָאוֹר:마오르)들로부터 오트(אוֹת)들과 모에드(מוֹעֵד)들과 욤(יְוֹם)들과 샤네(שָׁנֶה)들은 모두 ‘셋째 날’로 번역한 ‘욤 쉐리쉬’ 이후에 이루어진 일로 내면에 생명의 빛들이 나타남이다. 내면에 계신 예수께서 죽고 셋째 욤에 부활하시기 때문이다. 예수께서 부활하심으로 다양하게 생명의 빛들이 내면에 나타나고 있다. 이것이 넷째 날로 번역한 ‘욤 레비이(יוֹם רְבִיעִי)’다. 셋째 날(욤 쉐리쉬)이 임하자 그 즉시 부활하시고 넷째 날(욤 레비이)이 임하는 것이다. ‘이루라’고 번역한 ‘베하유(וְהָיוּ)’는 칼동사, 완료, 복수다.

칼동사, 완료태로 강권하여 빛들이 내면에 나타남을 이렇게 설명하고 있다. 모두 하나님 자신에 의하여 하나님의 빛으로부터 나온 생명의 빛들이다. 이 빛들이 새 언약에서 예수 그리스도의 부활을 이루시고 파루시아(임하심)로 나타나고 있다. 나와 예수 그리스도의 살과 뼈로 하나가 된다. 그러므로 대단히 중요한 내용이다. 역사적으로 나타난 믿음의 선진들 또한 이 모든 것이 내면에서 이루어진 자들이다. 그러므로 하나님으로부터 시작된 믿음의 선진은 모두 내면에 나타난 밝은 생명의 빛들이며 참 지혜다. 이 생명의 빛들은 대상이 아니다. 이에 관한 내용은 창세기를 다룰 때 더욱 세밀하게 들여다보겠다.

> 그를 이끌고 밖으로 나가 가라사대 하늘을 우러러 뭇 별을 셀 수 있나 보라 또 그에게 이르시되 네 자손(씨)이 이와 같으리라 (창 15:5)

여호와(예와)가 밤에 아브람을 이끌고 나가 밤하늘에 떠 있는 별들을 보게 한 것이 아니다. 여호와는 아브람 안에 계신다. 아브람 내면에서 생명의 빛들을 볼 수 있게 겉사람의 마음 너머의 세계로 이끌어 가서 잠시 자손들을 드러내어 보여주셨다. 여호와께서 아브람을 그동안 볼 수 없었던 속사람 안으로 이끌고 들어간 것이다. 예수 안에 있는 믿음의 세계다.

동방으로부터 박사들이 별을 따라왔다(마 2:1). 이 별은 밤하늘(공간 세상)에 떠 있는 별이 아니다. 밤하늘에 떠 있는 별이라면 예루살렘 시민들 모두 보았을 것이다. 박사들 내면에 떠 있는 가장 밝게 빛나는 큰 별이다. 이 별이 아기 예수가 있는 곳 위에 머물렀다(마 2:9). 이 문장은 번역을 다시 해야 하는 데 그 아기가 존재하는(에이미, 미완료) 위에 하나 된다는(에파노) 뜻이다. 결국 이 생명의 별이 아기 예수 자신으로 드러난다.

아브라함이 되기 이전 아브람의 내면에 여호와가 나타나 에고의 벽을 허무시고 새 하늘에 떠 있는 지성소로부터 임한 생명의 빛들을 보게 하였다. 그러므로 여호와에 의해 아브람 내면에서 본 수많은 별은 모두 예수 그리스도와 하나를 이룬 자들이다. 불경에서도 이미 수많은 부처가 나왔으며 앞으로도 수많은 부처가 나올 것이라 하였다. 모두 내면에 빛나는 하나 된 생명의 별들이다.

후손으로 번역한 그의 내면을 통해 미래에 임할 씨(제라)를 보게 하였다. 생명의 씨(제라)들을 옥토에 뿌리고 키워서 열매로 내어놓아야 한다. 아브람이 속사람에게 제물이 된 이후에 오는 아브라함의 내면에서 빛나는 아브라함과 하나 된 생명의 빛들이다. 이삭은 사라의 태를 통해 하나님의 생명의 빛인 모에드(מוֹעֵד)를 통해 나왔다(창 17:21). 모에드를 기한으로 번역하였고 창 1:14절에는 모에드를 사시로 번역하였다. 이 단어는 시제를 초월하여 있어서 번역이 안 되는 단어 중 하나다. 이삭은 하나님이 낳은 하나님의 아들이다. 겉사람이 아닌 속사람 아브라함이 낳은 씨(제라)이기는 하지만 모에드를(생명의 빛) 통해 하나님이 직접 낳았다. 성경에 등장하는 모든 믿음의 자손들은 사람의 아들이 아니다. 모두 하나님이 말씀을 통하여 직접 낳으신 생명의 빛인 하늘의 별들이다. 하나님의 아들이며 생명의 빛들로서 내면의 새 하늘에서 밝게 빛나고 있다. 이래서 말씀에 나타난 계보는 역사적 인물들을 이야기하는 것이 아니다. 이들을 만나려면 내면으로 들어가야 한다. 온전히 깨닫게 되면 자신 안에서 이들이 하나로 있는 것을 속사람의 내면에서 보게 된다. 그러므로 성경 말씀에 나타난 하나님이 낳은 믿음의 조상은 대상이 아니며 하나님 자신도 대상이 아니다. 그러므로 대상에게 행하는 모든 종교 행위는 그 하나님을 대적한다.

창 1장(~2:3)은 모두 지성소 안에 거하시는 하나님으로부터 임한 빛들에 의해 생명으로 작용한다. 깨달음 안에서의 일이라 시제가 없다. 창 1장에 등장하는 단어들은 계시록까지 흘러가면서 등장하고 있다. 그래서 각 문장에 시제를 뛰어넘는 이 단어가 등장하면 번역하기가 대단히 어렵다. 모두 생명의 빛이기 때문에 번역을 하여도 크나큰 문제가 된다. 창 2,3,4장에 등장하는 단어들 또한 마찬가지다. 히다로 된 내용은 반드시 생명의 빛인 비유가 등장해야 알 수 있다. 깨달음이다. 하늘인 지성소로부터 오신 그 예수가 하는 모든 말씀은 모두 생명의 빛이다. 그러므로 그 누구도 깨어있지 못하면 한 말씀도 알아들을 수가 없다. 만약 예수가 들려주는 한 말씀만 제대로 알아듣는다면 그는 몸과 마음을 초월하게 된다. 그러므로 이론은 소용없다.

성경은 시제가 없는 언어로 기록되어 있다. 더는 사용하지 않는 죽은 언어다. 예수 및 깨어있었던 믿음의 선진만 사용하였던 언어다. 그 외에는 그 누구도 이 언어로 말하지도 못하며 알아듣지도 못한다. 성경에서 제자들이 비사와 비유를 실제로 체험하여 알게 되는 때는 마가의 다락방 사건을 통해서다. 이때부터 하나님과 하나 된 에고 에이미가 등장한다. 이처럼 예수께서 제자들에게 베푸신 비유는 체험하지 아니하면 절대로 알 수 없다.

요한복음 10장의 내용은 서기관들이나 바리새인들처럼 종교 행위나 학문으로 접근할 수 없는 그 이유를 말씀하신다. 이들은 예수와 양들을 분리한다. 외모로 거룩하게 보이는 거짓 목자의 실상이다. 이 내용이 창 2장 이하에 나오는 뱀의 역할이기도 하다.

뱀의 자식들은 외적인 조건을 잘 갖추고 있기도 하여 거룩하게 보여 많은 사람이 미혹을 당하는 것을 현재도 볼 수 있다. 이처럼 뱀은 참으로 교활하다. 겉사람을 통해서 보는 하나님은 뱀이다. 구약에 나타난 여호와를 뱀으로 보지 않았던 자들은 믿음의 선진들 이외엔 없었고 이천 년 전 역시 역사적으로 오셨던 그 예수를 뱀으로 보지 않았던 자들은 깨달은 제자들 이외엔 없었다. 지금 또한 마찬가지다. 뱀은 사람들 마음 안에서 거룩한 예수의 모습으로 밝게 빛나면서 지금도 그렇게 존경받으며 살아있다.

5. 적그리스도가 무엇인가? (1)

예수께서 오셔서 적그리스도가 무엇인지를 정확하게 말씀해 주신다.

(마 24:5) 내 이름으로 와서 이르되 나는 그리스도라 하여 많은 사람을 미혹케 하리라.

번역을 잘못하였다.
πολλοὶ-γὰρ ἐλεύσονται ἐπὶ τῷ-ὀνόματί-μου, λέγοντες, 'Εγώ εἰμι ὁ χριστός· καὶ πολλοὺς πλανήσουσιν.

"왜냐하면 많은 사람이 나의 그 이름(오노마티)위에 오고 가면서(디포넌트동사) 내가 그 그리스도라 말하고 있어서 많은 이들을 미혹케 하리라."

'내 이름으로' 라고 오역한 '에피 토 오노마티 무(ἐπί τῷ-ὀνόματί-μου)' 는 '나의 그 이름 위에서' 다. 예수 그리스도 그 이름(오노마)과 하나 되지 못하고 그 이름을 기반으로 해서 이용하는 자들이다. 이들은 예수를 이용하는 자들이며 하나님 말씀을 왜곡하고 미혹하는 자들이다. 이들을 적그리스도라고 말씀하고 있다.

이름으로 번역한 '오노마(ὀνόμα)' 는 부르는 이름이 아니다. 예수 그리스도 자신이 '오노마' 다. 예수께서는 자신(오노마) 안에서 하나 되어야 한다고 말씀하신다. 예수 그리스도는 자신의 살과 뼈를 찾으려고 각자 안으로 늘 오시고 있다(미완료). 밖에서 오는 자는 결국은 사람을 미혹하는 적그리스도라고 말씀하시고 있다. 시 공간 세상인 밖의 세상에는 예수 그리스도의 살과 뼈가 없다.

(요 1:14) 말씀(호 로고스)이 육신이 되어(이미 육으로 이루어져(과거태), 우리(1인칭, 복수) 가운데(각자 속에) 거하시매 우리(1인칭)가 그 영광을 보니 아버지의 독생자(모노게네스,단독자)의 영광이요 은혜와 진리가 충만하더라
Καὶ ὁ λόγος σὰρξ ἐγένετο, καὶ ἐσκήνωσεν ἐν ἡμῖν, καὶ ἐθεασάμεθα τὴν-δόξαν-αὐτοῦ, δόξαν ὡς μονογενοῦς παρὰ πατρός, πλήρης χάριτος καὶ ἀληθείας.

'말씀이 육신이 되어 우리 가운데 거하시매' 로 오역한 '카이 호 로고스 사르크스 에게네토, 카이 에스케노센 엔 휘민' 은 '그리고 그 말씀(호 로고스)이 육(사르크스)과 하나 되어, 그리고 우리(1인칭) 속에 이미 거하시매(과거태).' 다. 한글 번역은 크나큰 오역이다.

'우리' 로 번역한 헤민(ἡμῖν)은 1인칭, 복수다. 각자 안에서의 일이다. 1인칭은 나, 2인칭은 너희, 3인칭은 우리를 나타낸다. 여기에 나온 우리(휘민)는 1인칭으로 각자의 내면에서의 일이다. 우리나라 문법에는 1인칭 복수의 개념이 없다. 그러므로 내면에서 아버지와 하나 된 아들 곧 예수 그리스도께서 속사람으로부터 겉사람 안으로 오시는 내용이다.

'육신이 되어' 에서 '되어' 가 에게네토(ἐγένετο)다.

원형은 '기노마이(γίνομαι)' 재귀형으로 '자신을 위하여 한 몸으로 이루어지다' 의 뜻을 가진다. 물질로 된 '육신이 되다' 라는 뜻이 아니다.

예수의 사르크스 안에 하나님이 계시는 몸 된 성전이 세워져 있다. '육신으로' 번역된 '사르크스(σάρξ)'는 썩어질 육체, 변하는 육체를 말씀하시는 것이 아니다. 이래서 예수께서 말씀하시는 비유(파라볼레)는 대단히 어렵다. 속사람의 사르크스이며 절대 변치 않는다. 속사람의 사르크스는 겉사람의 눈에 결코 계시 되지 않는다. 예수 그리스도와 하나 되어야 이 실상을 보고 만질 수 있다. 이래서 하나님 말씀은 체험하지 아니하면 절대로 알 수 없다. 그러므로 종교인들이 성경을 번역하면 안 되는 이유다.

인생의 육신은 변하고 병들고 늙고 죽는다. 여기서 말씀하는 '사르크스'는 변하고 늙고 죽는 것이 아니다. 성경에서 말씀하는 육신(사르크스)은 비유(파라볼레)로서 속사람의 사르크스와 겉사람의 사르크스가 등장한다. '말씀'으로 번역한 '호 로고스(ὁ λόγος)'는 예수 그리스도를 나타낸다. 호 로고스는 절대 변치 않는 하나님이다.

예수 그리스도가 나(예수차원)의 살과 뼈인 육(사르크스: 물질인 육체 아님)으로 하나 되어(에게네토) 우리(1인칭, 복수) 속에 거한다(천국이 내 안에 드러났다). 사도 바울은 자신 안에서 부활하신 그리스도와 자신의 관계를 자신이 그리스도의 살과 뼈로 이루어진 몸(소마: 몸 된 성전)이라고 고백하였다.

그리스도의 부활(아나스타시스)의 몸(소마)은 이미 그리스도를 부르는(칼레오: 입으로 부르는 것 아님) 자들 속에 살과 뼈(말씀)로 살고 있으므로 각자 속(천국이 네 안에 이미 와서 있다)에서 찾아야 한다는 것이다. 사도 바울이 영접한 생명의 빛은 자신 안에서 그리스도의 살과 뼈로 이루어졌다고 고백을 하고 있다.

사도 요한은 이 과정을 예수 그리스도를 시인(호몰로게오: 하나님과 하나 된)하는 영(관사 없음)마다 하나님과 하나 된 자들이라 말씀하고 있다.

(요일 4:2) 예수 그리스도가 육체(사르크스)로 오신 것을 시인하는 영마

다 하나님께 속한 것이요.

ἐν τούτῳ γινώσκετε τὸ πνεῦμα τοῦ θεοῦ· πᾶν πνεῦμα ὃ ὁμολογεῖ 'Ιησοῦν χριστὸν ἐν σαρκὶ ἐληλυθότα, ἐκ τοῦ θεοῦ ἐστιν.

(엔 투토 기노스케테 토 푸뉴마 투 데우 판 푸뉴마 호 호몰로게이 예순 크리스톤 엔 사르키 엘렐뤼도타, 에크 투 데우 에스틴):

"그 하나님의 그 영은 이것 안(속)에서 알찌니 곧 예수 그리스도가 나의 사르크스 안에 오신 것(하나 됨:완료태)을 시인(호몰로게오:입으로 시인하는 것이 아니고 하나 된 상태)하는 영(관사 없음)마다 그 하나님으로부터 나온 자다."

오역으로 개역 성경은 '예수 그리스도가 육체로 오신 것을 시인하는 것'으로 되어 있지만, 원문은 '엔 사르키(ἐν σαρκὶ:육 안에)' 곧 '하나님의 사람들 속에 하나 되어 거하는 것'으로 되어 있다.

번역을 대단히 잘못하고 있다. 한글 번역은 예수가 공간 세상에 오신 것으로 오역하고 있다.

'사르키(σαρκὶ)'의 원형 사르크스(σάρξ)는 육 또는 육체로 번역하였으나 경에서는 속사람의 사르크스와 겉사람의 사르크스가 나온다. 속사람의 사르크스는 인생의 눈으로 손으로 보고 만질 수가 없다. 예수께서 우리 안(속)에 속사람의 사르크스로 오신 것이다. 예수 그리스도의 살과 뼈다. 귀신은 살과 뼈가 없되 예수께서는 살과 뼈가 있어서 보고 만질 수가 있다고 말씀하시고 있다. 속사람의 사르크스는 깨달음이 임해야 보고 만질 수가 있다.

"내 손과 발을 보고(호라오) 나인 줄 알라 또 나를 만져 보라(호라오) 영(귀신)은 살과 뼈가 없으되 너희 보는 바와 같이 나는 있느니라" 하였다(눅 24:39).

그러므로 반드시 새로이 눈을 떠서(깨달아서) 내면에 하나로 계신 그리스도 예수의 살과 뼈를 만져야 한다. 그러려면 반드시 몸과 마음을 초월하는 체험을 하여야 한다. 이래서 성령으로 번역한 하나님인 거룩한 영을 반드시 보고 만져야 한다는 것을 말씀하신다. 수많은 기독교인이 성령에 대하여 볼 수 없다고 오해하고 있다. 자신과 하나로 있는 성령을 늘 보고 만져야 한다.

만일 예수 그리스도가 사람 눈에 보이는 육체로 오신 것을 시인하는 영마다 하나님께 속한 영이라면, 지금도 예수 그리스도가 이천 년 전 육체로 탄생한 것을 부인하는 기독교인은 아무도 없다. 그러면 모두가 다 하나님께 속한 영이므로 모두 다 구원을 받는다는 결론이 나온다. 그러나 원문은 예수 그리스도가 바로 자기 안에, 즉 나(속사람) 자신으로 임한 것을 깨달아 아는(호몰로게오: 하나 됨) 영(관사 없음)마다 하나님께 속한 영이라고 강조하고 있다. 더 나아가 자기 안에 있는 그리스도를 시인하지(깨달아 아는) 않는 자(하나 된 것을 부인하는 자)들이 있다고 성경은 말씀하고 있다. 이래서 큰 문제가 된다. 예수를 자신 안에서 보고 만지지 못하고 대상으로 믿는 자들이 많이 있다는 것이다. 이는 다른 예수이며 적그리스도다.

> (요일 4:3) 예수를 시인(호몰로게오: 하나 됨)하지 아니하는 영마다 하나님께 속한 것이 아니니 이것이 적그리스도의 영이니라 오리라 한 말을 너희가 들었거니와 이제 벌써 세상에 있느니라

번역을 크게 잘못하였다.

우선 앞부분 구절부터 번역하고 뒤에서 '오리라 한 말을 너희가 들었거니와 이제 벌써 세상에 있느니라' 라고 번역한 부분은 뒤에서 따로 구분해서 번역하겠다.

καὶ πᾶν πνεῦμα ὃ μὴ-ὁμολογεῖ τὸν 'Iησοῦν χριστὸν ἐν

σαρκὶ ἐληλυθότα, ἐκ τοῦ θεοῦ οὐκ ἔστιν· καὶ τοῦτό ἐστιν τὸ τοῦ ἀντιχρίστου,(카이 판 푸뉴마 호 메-호몰로게이 톤 예순 크리스톤 엔 사르키 엘렐뤼도타, 에크 투 데우 우크 에스틴. 카이 투토 에스틴 토 투 안티크리스투,)

"그 예수 그리스도가 자신의 육(사르크스) 속에 이미 오신 것을(완료태) 시인(예수 그리스도와 하나 됨)하지 않는 영(관사없음)마다 그 하나님께로 나온 자가 아니요, 이 자는 그 적그리스도다."

그리스도가 자신 속에 부활하여 하나로 계신 것을 깨닫지 못하고 오실 예수를 기다리며 종교 행위를 통해 예수의 이름을 부르는 자들이 있다는 것이다. 이들을 그 적그리스도라 말씀하고 있다. 예수 그리스도께서 지금 자신의 내면에 하나로 계신 것을 깨닫지 못하는 이들이 있다는 것이다. 이들을 향하여 적그리스도라고 정의하고 있다. 자신 속에 이미 와 계신 예수 그리스도를 보고 만질 수 없는 자들이 있다는 것을 말씀하고 있다.

"예수를 시인(호몰로게오: 하나 됨)하지 아니하는 영마다"로 번역한 뒤에 "엔 사르키 엘렐뤼도타(ἐν σαρκὶ ἐληλυθότα)"가 한글 번역이 빠져있다. 완료 능동태로 "이미 사르크스 안(속)에 오셔서 하나 되어 있는"이다.

공간 세상에 오신 예수가 아니다. 각자 안으로 오신 예수 그리스도를 반드시 보고 만져야 한다. 그래서 '영마다'로 번역한 영(푸뉴마) 앞에 관사가 없다. 자신과 하나로 있는 하나님을 보고 만지지 못하는 자이는 귀신의 영이다. 자신 속에 이미 와서 계신 예수 그리스도를 보고 만지지 못하여 밖에 있는 예수를 대상으로 부르는 자들이 귀신(푸뉴마)인 것이다. 다른 예수다.

"그 예수 그리스도가 자신의 육(사르크스) 속에 이미 오신 것을 시인(예수 그리스도와 하나 됨)하지 않는 영(관사없음)마다 적그리스도(ἀντιχρίστου)다"라고 정의하고 있다. 지금도 이천 년간 이런 양태로 이어져 오고 있다.

누가 책임져야 하는가?

지금도 밤낮으로 오실 예수를 기다리며 새벽에 일어나 기도하며 주일마다 예배드리고 간절히 기다리고 있다. 각종 종교 행위를 통해 자신들이 생각하는 예수(다른 예수)가 오시길 학수고대하고 있다. 이들의 다음 생이 참으로 비참하게 될 것도 모르고 이런 짓을 계속 저지르고 있다. 참으로 통탄할 일이 아닐 수 없다.

간음하는 자 살인하는 자는 결단코 천국에 들어갈 수 없다고 하였다. 이런 자들을 옛 뱀, 사탄, 마귀, 적그리스도라고 말씀하고 있다. 오른손이 하는 일을 왼손과 하나 되어 알아야 하는데 모르고 있다. 전 세계를 통해 예배를 드리는 자 중에서 여기에 해당 안 되는 사람이 과연 몇이나 있겠는가? 자기 자신 안에서 자신과 하나로 있는 그 예수 그리스도를 왜 기다리고 있는가! 미쳐도 보통 미쳐 있는 것이 아니다.

누가 자신의 이름(주여!)을 말할 때마다 부르는 사람이 어디 있겠는가. 주여! 주여! 하는 것은 대상이다. 술 취해 있는 겉사람을 자신으로 아는 큰 오해가 있으므로 발생한 문제다. 이들은 자신의 실상을 모르고 있다. 이래서 예수 그리스도께서 오셔서 자기 자신으로 알고 있는 정과 욕심으로 가득한 마음 밭을 해체해서 그 실상을 알게 하여서 옥토로 가꿀 수 있도록 하신다. 자신 안에 이미 천국이 와서 있다(완료태). 내면에 이미 와서 있는 천국을 자신 안에서 발견해야 한다. 그러므로 천국은 죽어서 가는 것이 아니다.

마음 밭을 해체하여 이미 와서 있는 천국(보석)을 찾게 하는 '아포카타볼레스 코스무'는 대단히 중요한 내용이다. 성경 전체의 핵심 중 핵심이다. 겉사람 안으로 오시는 예수 그리스도의 행하심(에르가)이다. 내면에 오신 예수로 말미암아 최종적으로 나의 휘장(몸과 마음)을 찢게 하여 그 예수와 하나 되게 하신다. 이것은 밖의 예수가 대신해주는 것이 아니라 각자가 내면 세상(코스모스)을 해체하여 그 실상을 알아야 보석을 발견할 수 있게 된다. 그래야 술에 취해 있음에서 깨어나게 된다.

'시인' 으로 오역한 '호몰로게오(ὁμολογέω)' 는 하나 됨이며 깨달음이다. 입으로 내뱉는 말이 아니며 이론이 아니다. 호몰로게오는 하나님과 하나 됨이다. 예수 그리스도가 되어야 하는 것이 선 조건이다. 온전하게 마음(카르티아)이 속사람인 예수 그리스도에게 정복되었음을 뜻한다. 그렇다면 자신의 내면의 세계가 어떻게 이루어져 있는지 그 실상을 알게 된다.

애굽 땅(에레츠)에서의 핍박으로 오는 고통과 열 가지 재앙과 광야 안에서의 사십 년 길과 가나안 땅 안에서의 전쟁을 치러야 하는 모든 과정을 지나야 몸과 마음을 온전히 초월할 수 있다. 깨달음은 쉽게 드러나지 아니한다. 그러나 항상 와서 있다. 얼굴에 땀이 흘러내리듯이 내면을 들여다보는 지혜가 있어야 생명의 피가 흘러나와 마음 밭(게)에 떨어져야 마음 밭(게)이 뒤집(개간)힌다. 이런 과정을 통해 마음 밭은 옥토로 변한다. 이 과정이 있어야 몸과 마음을 나와 일치시키는 현상이 사라진다. 보는 나, 듣는 나, 느끼는 나가 허상임이 드러난다.

후반 절에 "오리라 한 말을 너희가 들었거니와 이제 벌써 세상에 있느니라."

이 구절 또한 큰 오역이다.

ὃ ἀκηκόατε ὅτι ἔρχεται, καὶ νῦν ἐν τῷ κόσμῳ ἐστὶν ἤδη. (호 아케코아테 호티 에르케타이, 카이 뉜 엔 토 코스모 에스틴 에데)

"현재 오고 있는(현재,중.수디포넌트동사) 그 한 말을 너희가 이미 들었다(완료,능동태). 그리고 지금 그 세상(코스모스:마음) 안(속)에 이미 있느니라."

예수 그리스도께서 이미 마음 세상(코스모스) 안에 와서 하나로 있다고 말씀하고 있다. 내면에 있는 십자가(장대)에 달려 죽고 부활하셔서 지성소 안에 거하시는 아버지께 가심과 동시에 이미 아버지와 하나 되어 오셔서 계신다. '오리라' 고 번역한 '에르케타이(ἔρχεται)' 는 현재, 중.수디포넌트 동사다. 중간태, 수동태인 디포넌트 동사를 사용하여 '지금 우리 안에 와서 존재한다' 라고 현재 상태를 말씀하고 있다. 디포넌트 동사는 상태동사 혹은 존재동사로 원어를 연구하는 이들이 다시금 표현하여 사용하고 있다. '~ 한 상태로 있으라' 다.

나 자신의 현재 실상, 현재의 상태를 이야기하고 있다. 현재 상태가 예수 그리스도께서 내 안에 나와 하나 되어 계신다고 말씀하신다. 그러면 내(예수 차원)가 하나님 아들로 나타난다.

현재 너희 '그 마음(τῷ κόσμῳ· 토 코스모) 안(속)에 이미 와서 계신다' 라고 말씀하시고 있다. '코스모스' 는 몸과 마음 세상을 비유하고 있다. 밖의 공간 세상이 아니다. 창세기 1:1절에 처음 등장하는 '그 하늘(하샤마임)과 그 땅(하에레츠)' 을 신약 성경에서 '코스모스(κόσμος)' 라고 말씀하고 있다. 그러므로 코스모스 세상은 카르디아와 누스를 포함하고 있다.

(마 13:35) 이는 선지자로 말씀하신바 내가 입을 열어 비유(파라볼레)로 말하고 창세부터(ἀπο καταβολῆς κόσμου· 아포 카타볼레스 코스무) 감춘 것(크륩토)들을 드러내리라 함을 이루려 하심이니라

하나님이 드러내려 하는 것은 정과 욕심이 가득한 그 하늘들과 그 땅에 의해 가려져 있는 그 마음 밭을 갈아엎고 해체해서 옥토로 만들어 그 밭에 말씀의 씨를 뿌리고 키워서 그 열매를 거두어 하나님이 거하시는 몸 된 성전에 드리는 것이다. 결국 아버지에 의해 아들을 낳음을 말씀한다. 창 1:1절의 내용과 같다. 그 열매가 내 안에서 열린 하나 된 예수 그리스도다. 예수 그리스도가 나의 근본이 된다.

'코스무(κόσμου)' 는 '코스모스(κόσμος)' 의 소유격이다. 몸(색)과 마음(수,상,행,식)을 비유로 나타내고 있다. 예수께서는 우리 안에 오셔서

마음의 하늘과 마음의 땅, 곧 코스모스를 해체하여서 그 실상을 낱낱이 밝히 드러내어 계신다. 그리고 길가밭, 돌밭, 가시덤불밭을 일구어 옥토로 만들어 하나님 말씀의 씨를 뿌리시고 키워내신다. 하나님이 거하실 몸 된 성전을 세우고 그 안에 계신 아버지께 드림이다.

그러므로 현재 부활하여 계신 그 예수를 각자 안에서 찾으면 된다. 술에 취해 밖으로 오실 예수를 기다리는 자들을 적그리스도라고 말씀에서 정확하게 밝혀주고 있다. 그러므로 자기들끼리 조직을 만들어 직분을 주고 하는 것이 무슨 짓인지 누가 하는 것인지 자연스레 알게 된다. 이것은 하나님이 하시는 일이 아니며 옛 뱀 마귀 사탄이 하는 일이라고 말씀하신다. 자신 안에 있는 근본 하나님과 아무 관련이 없다. 성경책을 들고 다니면서 예수 믿으라 하는 자들이 누구인지 말씀에서는 정확히 그 정체를 드러내어 알려 주시고 있다.

"너희들이 지금 오고 계신다고 그 말을 이미 들었다. 그리고 지금 벌써(이미 오셔서) 그 세상(코스모스:마음) 안(속)에 거하느니라."

무슨 뜻인가? 앞에서 설명하였듯이 '오리라' 고 번역한 '에르케타이' 는 현재, 디포넌트 동사다. 나의 몸과 마음 밖의 공간 세상에 오는 것이 아니라 바로 내 안에 '나' 자신으로 계속해서 오고(드러내고) 계시는 것을 말씀한다. '나' 라는 것은 예수 차원의 '나' 다.

그런데 '벌써 그 세상(코스모스:몸과 마음) 안에 이미 오셔서 거하신다.' 라고 현재형으로 말씀하고 있다. 내면에 오신 것을 지금도 계속해서 드러내고 계신다. 예수 그리스도께서는 몸과 마음 세상 안으로 오셔서 나의 살과 뼈로 거하고 계심을 계속해서 알려 주신다. 한 몸(소마)으로 계신다. 이것을 모르고 예수 이름을 부르면서 오실 예수를 기다리며 예배하고 기도하며 각종 종교 행위를 하는 자들의 그 정체를 정확히 드러내신다. 이들을 적그리스도라고 말씀하신다. 이천 년 전에도 지금과 똑같은 상황이 벌어진 것을 요한 사도가 기록하고 있다. 대상으로 예수를 섬기는 자들이 적그리스도다.

(갈 1:6) 그리스도의 은혜로 너희를 부르신 이를 이같이 속히 떠나 다른 복음 좇는 것을 내가 이상히 여기노라 (7) 다른 복음은 없나니 다만 어떤 사람들이 너희를 요란케 하여 그리스도의 복음을 변하려 함이라 (8) 그러나 우리나 혹 하늘로부터 온 천사라도 우리가 너희에게 전한 복음 외에 다른 복음을 전하면 저주를 받을지어다 (9) 우리가 전에 말하였거니와 내가 지금 다시 말하노니 만일 누구든지 너희의 받은 것 외에 다른 복음을 전하면 저주를 받을지어다

6절 '속히 떠나'에서 '떠나는 것'으로 번역한 '메타티데미(μετατίθημι)'는 변화하다, 전환하다. 바꾸다, 옮기다 라는 뜻이다. 속사람을 떠나 겉사람으로 전환되면 보는 나, 듣는 나, 느끼는 나의 종이 되어버린다. '다른'으로 번역한 헤테로스(ἕτερος)는 '다른, 변형된, 그 밖의' 뜻으로 하나님으로부터 오는 말씀이 아니다. 말씀이 아닌 다른 것을 받거나 전하면 하나님과 끊어진다. 하나님이 저주하시는 것이 아니라 스스로 저주받는 길을 간다.

(계 12:9) 큰 용이 내쫓기니 옛 뱀 곧 마귀라고도 하고 사단이라고도 하는 온 천하(오이쿠메네)를 꾀는 자라 땅(게)으로 내쫓기니 그의 사자들도 저와 함께 내어 쫓기니라

큰 용, 옛 뱀, 마귀, 사단은 온 오이쿠메네(마음 세상)를 꾀는 자라는 것을 성경 말씀에서 정확하게 밝히고 있다. 마음(오이쿠메네)을 꾀는 자라고 한다. 결국 하나님 말씀에 대하여 잘못된 개념을 가진 자다.

'천하'로 번역한 '오이쿠메네(οἰκουμένη)'는 신약에서 15번 사용되었다. 세상, 천하, 땅으로 번역하여서 원래의 그 의미가 나오지 않는다. 마음 세상을 이야기하며 마음의 심리 현상을 나타낸다. 마음 안에 하나님 말씀이 거하는지 가이사(불의의 맘모나)가 거하는지를 나타낸다. '오이쿠메네'에 대하여 다음 기회에 구체적으로 설명을 이어가겠다.

성경에는 마음 세상(밭)을 나타내는 단어가 많이 있다.

신약성경에 나오는 대표적인 것이 코스모스(κόσμος), 오이쿠메네(οἰκουμένη), 게(γη), 아이온(αἰών), 아그로스(ἀγρός), 아로트리오(ἀροτριόω), 스포리모스(σπόριμος), 코라(χώρα), 코리온(χωρίον) 등이 있다.

마음의 여러 가지 심리 현상에 대하여 비유로 말씀하고 있는 단어들이다. 마음의 다양한 속성들을 드러내어 말씀으로 개간하여 옥토로 만들기 위함이다. 옛 뱀, 사단, 마귀는 온 오이쿠메네(마음)를 꼬이는 자로서 하나님 말씀이 임할 수 없도록 혼란케 하는 자라고 정의하고 있다. 말씀을 잘못 전해서 사람의 마음을 혼란스럽게 만드는 자들을 옛 뱀 마귀 사단이라 말씀한다. 이들을 따르는 자들 또한 그의 사자들이라고 말씀하고 있다. 성경에서 사단 마귀가 많이 등장하고 있는데 비유(파라볼레)로서 하나님 말씀을 오해하고 있는 자들 안에 이 사단 마귀가 살고 있다.

예수 그리스도가 현재 내 안에 나와 하나 되어 있는 것을 모르게, 혼돈하게 하여 대상 하나님으로 왜곡하고 있다. 그러므로 창 1:1절에 나오는 하나님은 대상이 아니다. 대상인 하나님에게 경배하고 찬양하고 기도하고 하는 모든 종교 행위를 버려야 한다. 이들은 밖의 거짓된 하나님(바알)을 계속해서 찾고 부르고 기다리고 있으며 또 다른 사람들에게도 그렇게 전한다. 대표적으로 예수 믿고 구원받으라 하는 자들이다. 그러므로 세상 교회에서 이런 유의 이야기를 한다면 그곳은 도살장이 틀림이 없으며 이를 주관하는 자들은 사람을 죽이는(하나님과의 단절) 백정이라 할 수 있다.

몽학선생 아래에서의 어릴 때는 잠시 그럴 수 있다. 그러나 늙어 죽을 때까지 계속해서 오실 예수를 기다리며 종교 행위를 한다면 당연히 그 정체를 알아야 한다. 깨어난다면 이런 일을 행하는 그 모든 직분은 당연히 버릴 것이다. 버리지 아니하면 그는 다음 생부터 큰 고통을 당하게 된다. 경에서 사단 마귀 적그리스도는 다음 생에 악처에 떨어진다고 말씀하고 있다.

성경에 등장하는 사도(아포스톨로스)는 직분이 아니다. 사도(아포스톨로스)는 자신 안에서 육체 예수가 죽고 속사람 예수가 부활한 것을 보며(호라오) 그 부활체와 하나 되어 있는 것이다. 자신과 하나로 있는 하나님을 호라오 하는 것이다. 집사(디아코니아)로 번역한 '디아코니아'는 집사가 아니라 자신 안에 있는 하나님이 거하시는 몸 된 성전을 겉사람의 감각적 욕망으로부터 지키는 자가 '디아코니아'다. 만약 '디아코니아'가 된 자는 하나님이 계시는 몸 된 성전이 강도들(감각적 욕망)로부터 침입당하게 되어 재산(우시아)을 빼앗기게 되면 반드시 쫓아가서 그 빼앗긴 것을 다시 찾아와야 하며 허물어진 성전 또한 다시 건축하여야 한다.

그러므로 새 언약에서 사도, 장로, 집사들로 번역한 것은 직분이 아니라 자신 안에서 하나님이 거하시는 몸 된 성전을 겉사람의 감각적 욕망, 곧 도적들로부터 지키는 이들이다. 곧 깨달음을 잃어버리지 않게 굳건히 지키는 자들이다. 디아코니아는 자신 안에 하나님이 거하시는 몸 된 성전 안에 하나로 거하는 자들이다. 그중에서 사도는 겉사람을 온전히 초월한 이들이다. 직분이 아닌 디아코니아에 대하여 번역을 다시 생각해보아야 한다. 그러므로 목사나 선교사 그리고 각종 신학 학위들은 자신 안에 하나로 계신 하나님을 왜곡하고 있는 것을 볼 수가 있다. 살인자들이며 간음하는 자들이며 사망 당한 자들이다. 목사는 하나님이 세운 것이 아니다. 자신 안에 있는 하나님을 대적하고 있다. 모두 버려야 한다. 버리고 처절하게 돌이키지 아니하면 그는 그 대가를 사는 동안 모두 받게 된다. 사람을 죽인(하나님과 단절) 결과다. 이들이 다른 예수를 섬기는 자들이며 사단 마귀이며 적그리스도라고 성경에서 말씀하고 있다. 자신 안에 거하시는 그 하나님을 만일 발견한다면 이런 직분들은 구역질이 나서 가지고 있지를 못한다.

초기 불경에서는 마지막 목숨이 끊어질 때, 내면에서 바왕가인 자와나가 다섯 번 일어나는데 마지막 자와나가 다음 생을 결정한다고 설명한다. 재생연결식이다. 자와나가 일어나는 것은 대단히 빨라서 깊은 수행자가 아니면 알 수가 없다. 물질(쿼크)이 일어났다 사라지는 시간보다 17배가 빠르다 한다. 다음 생을 바꾸려면 수다원과는 되어야 한다. 그러나 작은 깨달음이라도 얻는다면, 초선정이라도 얻는다면 다음 생 이후 언젠가는 이 공부를 계속 이어서 할 수가 있다. 말씀에서는 다음 생을 악처에 태어나는 것을 바꾸려면 애굽을 나와 광야 안으로 들어가야 한다. 그리고 태어나지 아니하려면 자신 안에 있는 골방 안으로 들어가서 문을 닫아야 한다. 골방 안으로 들어가려면 애굽 땅(에레츠)에서 일어나는 모든 재앙을 거쳐서 광야 안으로 들어간 이후 그리고 가나안 땅(에레츠) 안에 이르러야 한다. 이 과정을 모두 거쳐야 한다. 그러므로 예수 믿으면 구원된다고 하는 말은 모두 거짓이다. 종교인들이 성경을 오역하여 벌어진 일이다. 그러나 이들에게 책임을 물을 수는 없다. 그렇게 믿은 자신이 그 결과를 받아야 한다. 골방 안으로 들어가서 문을 닫고 있어야 사띠 사마타 위빠사나를 온전하게 실천하게 된다. 그 이전에 애굽 땅(에레츠) 안에서부터 이 훈련을 받아야 애굽 땅(에레츠)을 떠나게 된다. 그러므로 사띠 사마타 위빠사나는 아주 중요하다. 광야 안에서도 이를 놓치게 되면 죽게 된다(비유). 성경 말씀에는 다른 단어를 사용하여 이를 설명하고 있다. 그러므로 자신의 내면에서 조건지어 일어나는 모든 마음의 실상을 충분히 알게 되면 애굽을 나와 광야 안에 들어가서도 사띠 사마타 위빠사나를 하게 되면 그곳에서 때가 이르면 가나안에 들어가게 된다. 그곳에서 문을 닫고 있으면 그 너머에 있는 지성소로 넘어가게 된다.

사도 바울을 통해 보더라도 이를 알 수 있다. 그는 다메섹 도상에서 자신의 내면으로 임한 생명의 빛으로 인하여 깨닫게 되고 동시에 그 자신이 지금까지 얼마나 크게 잘못을 저질렀는지 비로소 알게 되었다(행 9:1~).

그전까지는 그가 하나님을 열심히 잘 섬긴다고 생각하였다.

※ 불경에서도 부처를 만나면 부처를 죽이고 조사를 만나면 조사를

죽이라 하였다. 나(예수 차원)의 근본이 무엇인지를 알게 하기 위해서다. 성경 말씀에서도 예수를 만났다면, 몽학선생인 그 예수께서 하시는 말씀을 자세히 알고 그 이후엔 몽학선생인 밖의 그 예수를 쫓아 버려야 한다고 말씀하신다. 십자가에서의 죽음이다. 반드시 장대에 높이 달아 죽여야 할 뱀이다. 뱀은 뱀인데 놋 뱀이다. 깨달음을 주고 가는 뱀이다.

성경에 등장하고 있는 사단 마귀는 흔히 세상에서 이야기하는 것과 다르다. 하나님이 우리에게 전해주고자 하시는 그 말씀을 왜곡하여 자신의 근본을 잃어버리게 만든다. 그러므로 왜곡된 것은 어떤 것이든 바로잡아야 한다. 그러하다면 성경에서 하는 이야기를 정확히 알아야 한다.

※ 번역을 잘못하여 오해된 내용으로서 이는 반드시 없어져야 할 것들이다.

- 전지전능한 하나님이 우주 천지를 창조하였다.
- 하나님이 흙으로 사람을 만드셨다.
- 윤회가 없다.
- 아담과 하와가 선악과를 따먹어서 모든 사람이 원죄가 있다.
- 예수 믿으면 너와 네 집이 구원을 받는다.
- 다시 오실 예수를 기다리라.
- 신령과 진정으로 예배하라
- 삼위일체 교리
- 예수 천당 불신 지옥

종교인들이 오해하여 번역해서 발생한 문제다. 이는 성경에 없는 거짓말이다.

(히 4:12) (그)하나님의 말씀(호 로고스)은 살았고 운동력이 있어 좌우에 날 선 어떤 검보다도 예리하여 혼과 영과 및 관절과 골수를 찔러 쪼개기까지 하며 또 마음(카르디아)의 생각과 뜻을 감찰하나니

사울은 사도 바울이 되기 전 예수 그리스도와 하나 된 자들을 많이 죽였다. 그는 크나큰 범죄를 저지른 것이다. 그러나 그가 예수 그리스도와 하나 되어 있다는 것을 깨닫는(호라오) 동시에 그의 겉사람(휘장)이 저지른 죄(하마르티아)는 순식간에 사라졌다. 그가 하나님(데오스)이 되었기 때문이다. 하나님(데오스)은 죄가 없으시다. 이처럼 그 누구도 차별이 없다.

(롬 10:12) 유대인이나 헬라인이나 차별이 없음이라 한 주께서 모든 사람의 주가 되사 저를 부르는(에피칼레오마이) 모든 사람에게 부요하시도다.

'부르다'로 번역한 현재, 분사, 목적격인 '에피칼루메누스(ἐπικαλουμένους)'는 '위에 서서 부르다'다. 그 주와 하나 되어 확고하게 그 위에 서서 부르고 있다라는 뜻이다. 그러므로 '부르다'는 대상을 부른다는 의미가 아니라, 자신(예수 차원)이 더욱더 하나님의 살과 뼈임을 깨닫는 내용이다. 하나님이 거하시는 몸 된 성전 됨을 확고히 깨닫는다는 뜻이다.

'에피칼루메누스'는 1909번 '에피(ἐπί)': 전치사, '~위에, ~위로'와 2564번 '칼레오(καλέω)': '부르다'의 합성어다.

그러므로 그 뜻은 '위에 확고히 서서 부르다(하나님과 하나 됨)'다. 이래서 시제가 있는 언어로 번역을 하면 '부르다'는 입으로 대상을 부르는 것으로 오해하게 된다. 그러나 성경 말씀은 전혀 다른 내용을 말씀하고 있다. 예수 그리스도와 내가 온전히 하나 되어 있는 것을 말씀하고 있다. 겉사람과 속사람이 하나 된 것을 말씀하고 있다. 속사람이 겉사람의 몸과 마음에서 일어나는 그 속성을 관찰하며 온전하게 지배하고 다스리고 있는 것이 된다. 몸과 마음에서 일어나고 있는 모든 현상(조건 따라 일어남)을 속사람이 된 내(예수 차원)가 지배하고 다스리는 것이다. 이것을 신령과 진정으로 예배하라고 오역하였다. 이것은 성령으로 번역한 하나님의 빛, 하나님의 영(프뉴마)이 겉사람 안에 임해야 가능하다. 성령으로 번역한 거룩한 영(프뉴마)은 보고 만질 수 있다. 불경에서도 사악한 앙굴리말라는 구십 구명을 죽이고도 부처님을 만나 말씀을 통하여 자신 안에서 불법을 만나 아라한이 되었다. 누구나 차별이 없다. 이미 마음 밭에 묻혀 있는 보화(예수)를 찾아서 캐내면 된다. 캐내면 자신의 것이다.

자신 안(마음 밭)에 있는 보석을 자신이 캐내지 아니하고 밖에 있는 하나님에게 대상인 예수에게 도와달라고 간구하는 자들이 섬기는 그 하나님은 큰 용, 옛 뱀, 마귀, 사단이요, 거짓말하는 자요, 살인자요, 우상 숭배자다. 이들이 적그리스도다. 이들은 이름만 하나님이지 바알 신을 섬기고 있다.

6. 적그리스도가 무엇인가? (2)

신령과 진정으로 예배하라?

성경에 '신령과 진정으로 예배하라' 라고 번역하고 있어서 모두 곳곳에 신당을 세우고 하나님이라는 바알 신을 섬기고 있다. 자신들이 하는 행동이 하나님께 신령과 진정으로 예배하는 줄 안다. 자신들의 행동이 무엇을 의미하는지도 모른다. 옛 뱀이요 사단 마귀이며 온 오이쿠메네를 꼬이는 자들이며 꼬임을 당한 자들이다.

(요 4:24) 하나님은 영이시니 예배하는 자가 신령과 진정으로 예배할지니라

크나큰 오역이다.

Πνεῦμα ὁ θεός· καὶ τοὔς προσκυνου' ντας αὔτὸν ἐν πνεύματι καὶ ἀληθείᾳ δεῖ προσκυνεῖν.

(푸뉴마 호 데오스 카이 투스 프로스퀴눈타스 아우톤 엔 푸뉴마티 카이 알레데이아 데이 프로수퀴네인.)

'하나님은 영이시니 예배하는 자가' 로 오역한 부분이다.

"푸뉴마 호 데오스 카이 투스 프로스퀴눈타스 아우톤(Πνεῦμα ὁ θεός· καὶ τοὺς προσκυνοῦντας αὐτὸν): 그 하나님(관사 있음)은 영(관사 없음)이시다. 그리고 그를 경외(귀의) 하는 자들."

대상을 경외(귀의)하는 것이 아니다. 하나님(데오스) 앞에 관사 '호'가 붙어 있으나 영(푸뉴마) 앞에는 관사가 없다. 이 내용은 대단히 큰 의미를 지니고 있다. 나와 하나로 있지만 나를 이끌어 가시는 하나님이다. 그리고 영(푸뉴마) 앞에는 관사가 없다. 이것은 이미 나와 하나가 된 영이다. 영은 하나님이다. 내가 하나님(영)이 된 내용이다. 하나님의 영(푸뉴마)은 살과 뼈가 있어서 보고 만질 수 있다. 이에 대하여 요 1:1,2절, 요 10:34, 35절, 롬 1:1절을 다룰 때 함께 설명하겠다.

'신령과 진정으로' 오역한 부분이다.

'엔 프뉴마티 카이 알레데이아(ἐν πνεύματι καὶ ἀληθείᾳ)'는 '영 안에서 그리고 진리 안에서'다. 그 의미는 대단히 깊다. 성경 전체의 핵심이 이 안에 다 들어있다. 이래서 한글로 하면 그 의미가 왜곡된다.

'푸뉴마티(πνεύματι)' 앞에 관사가 없다. 영이 된 나(예수 차원)다. 말씀(호 로고스)이 임하여 말씀으로 뒤바뀌면 하나님(데오스)이 된다.

'알레데이아(ἀληθείᾳ)' 앞에도 관사가 없다. 진리가 된 나(예수 차원)다. 말씀이 임하여 말씀과 하나 된 진리인 그리스도가 된 나(예수 차원)를 말씀하고 있다. 그러므로 성경 기록에서 말씀하는 하나님은 대상이 아니다.

전체 해석: "그 하나님(관사 있음)은 영(관사 없음)이시다. 그를 '프로스퀴눈타스'를 하는 자들은 영(관사 없음)이 되어서, 진리(관사 없음)가 되어서 '프로스퀴네인' 하라"

번역하기가 대단히 어렵다. 언어를 초월해 있다.

4352번 προσκυνέω(프로스퀴네오): 4314번, 2965번에서 유래. 절하다, 경의를 표하다. 귀의하다. 4314번 πρός(프로스): ~향하여(전치사). 2965번 κύων(퀴온): 키스하다, 존경하다, 공경하다.

'예배하라' 라고 오역한 '프로스퀴네오' 는 내가 말씀(호 로고스)이 되어 근원(아르케)을 향하여 있는 것이다. 요한복음 1:1절의 내용을 자세히 알아야 한다. 근원인 예수 차원의 내가 되어야 한다. 핵심은 근본(아르케)에 귀의해야 한다. 속사람과 하나가 되면 겉사람을 초월하고 다스리게 된다. 그러므로 대상에게 섬기고 예배하라는 내용과는 전혀 다르다.

이는 자신이 영(하나님)이 되어서 그리고 진리인 그리스도가 되어서 겉사람을 온전히 초월하고 다스리는 것이 원 의미다. 그러하다면 먼저 겉사람이 속사람의 제물이 되어야 한다. 그러기 위해서 겉사람의 속성을 해체하여 그 실상을 알아야 한다. 각자가 하나님(데오스)이 되고, 진리인 그리스도가 되라고 하는 말씀이다. 대상에게 경배하고 예배하라고 하는 뜻이 아니다.

종교인들이 해석하고 번역하였기 때문에 큰 문제가 발생하였다. 그래서 종교가 만들어지고 집단이 형성되고 지배 세력과 피지배 세력이 생긴다. 원 의미는 속사람으로 돌아가서 겉사람을 초월하고 다스리심을 말씀한다. 그래야 속사람과 겉사람이 교통이 되어 온전히 속사람이 겉사람을 지배한다. 속사람이 겉사람의 마음 안에 일어나는 모든 심리 현상을 알고 그 실체를 파악하고 있는 것이다. 겉사람의 심리 현상에 더는 속지 않는다. 그러면 하늘에는 영광, 땅에 평화가 드러난다(번역하기 어려워 이해만 하면 된다). 이것이 속사람에 대한 공경이며 귀의다.

'정성을 다하여 예배하라' 라고 번역하니 종교가 만들어졌다. 예배에 빠지게 되면 대상인 하나님에게 벌 받지 않나 하는 고민에 빠지게 된다. 종교인들이 그렇게 가르치고 있다. 밖의 하나님(귀신)으로부터 늘 감시당하는 것으로 생각되어 항상 노예가 되어 산다. 그래서 하나님(귀신) 때문에 고통을 많이 받게 된다. 도가 지나치면 집을 나가고 가정을 버리기도 한다. 내가 하나님이 되고, 진리인 그리스도가 되어야 한다는 말씀이다. 자신이 단독자(천상천하유아독존)가 되는 것이 핵심이다. 종교적으로 하는 것은 어릴 때의 일이며 몽학선생 아래에서의 일이다. 성장하면 그 일을 떠나야 한다. 우선 자신 안에 몸 된 성전을 먼저 건축해야 한다. 쉽게 설명하자면 깨달음이 와야 한다. 이것 없이는 '프로스퀴네인' 할 수 없다.

예수께서 돌로 지은 성전은 무너져야 하고 몸 된 성전이 세워질 것을 말씀하셨다(마 24:1절 이하). 신령과 진정으로 예배하라고 한 말에 속아서 모두 마음속에 돌로 지은 신전을 세워놓고 하나님이라는 바알신을 섬기고 있다. 예수께서 바리새인 마음 안에 있는 바로 이 돌(리도스) 성전이 무너져야 한다고 하였다. 대상 하나님에게 신령과 진정으로 예배하라고 한 것이 아니다. 예수께서 종교 행위를 하지 못하도록 한 그 이유는 그 본질이 무엇인지 바로 알아야 한다는 것이다. 하나님은 어떤 대상에게 예배하지도 않고 어떠한 예배도 받지 아니한다. 근본이기 때문이다. 나(예수 차원)와 하나님은 하나다. 원래부터 예수 그리스도의 살과 뼈로 이루어졌기 때문에 그 살과 뼈를 내면에서 찾기만 하면 된다. 살과 뼈는 비유다.

그런데 종교인들이 신령과 진정으로 예배하라고 왜곡하여서 적그리스도가 되게 만들었다. 원래부터 하나로 있는 하나님과 단절하도록 만들었다. 이것이 죄(하마르티아)다. 핵심에서 벗어난 것이다. 이래서 예수께서 오셔서 막힌 담을 허시고 화평하게 하였다.

(엡 2:13) 이제는 전에 멀리 있던 너희가 그리스도 예수 안에서 그리스도의 피로(그리스도의 피 안에서) 가까워졌느니라. (14) 그는 우리의 화평이신지라 둘로 하나를 만드사 중간에 막힌 담을 허시고 (15) 원수 된 것 곧 의문에 속한 계명의 율법을 자기 육체로(육체 안에서) 폐하셨으니 이는 이 둘로 자기의 안에서 한 새사람을 지어 화평하게 하시고 (16) 또 ① 십자가로(디아 투 스타우루: 그 십자가를 통하여) 이 둘을 ② 한 몸(엔 헤니 소마티: 한 몸 안에서)으로 하나님과 화목하게 하려 하심이라 원수 된 것을 ③ 십자가로(엔 아우토: 십자가 안에서) 소멸하시

고

① ‘디아 투 스타우루(διά τοῦ σταυροῦ)’ : 그 십자가(장대)를 통하여
② ‘엔 헤니 소마티(ἐν ἑνι σώματι)’ : 한 몸 안(속)에서
③ ‘엔 아우토(ἐν αὐτω)’ : 십자가 안(속)에서

‘십자가(장대)’는 나무 십자가(장대)를 말하는 것이 아니고 ‘예수 자신’을 비유로 말씀하고 있다. 예수 그리스도께서 하나님과 화목하게 하려 하심이며 원수 된 것을 십자가(엔 아우토:예수) 안에서 소멸하였다. 그러므로 십자가를 온전히 알려면 마음을 해체하여 그 실상을 알아야 한다. 마음은 항상 대상을 향하여 있고 조건 지어 일어나고 유지하다가 조건이 사라지면 사라진다. 계속 조건에 의하여 변화하면서 반복한다. 끝없이 이어지는 윤회의 실상이다. 말씀에 등장하는 십자가는 육체 예수가 달렸던 그 십자가(장대)를 의미하지 아니한다. 이 십자가(장대)가 각자 안에 있다. 그 예수다.

(엡 2:17) 또 오셔서 먼데 있는 너희에게 평안을 전하고 가까운데 있는 자들에게 평안을 전하셨으니 (18) 이는 저로(디아 아우토: 저를 통하여) 말미암아 우리(1인칭) 둘이 한 성령 안에서 아버지께 나아감을 얻게 하려 하심이라

여기 나오는 십자가는 나무나 물질로 만든 십자가가 아니라, 예수 자신을 십자가로 비유(파라볼레)한다. 예수 자신이 십자가가 되어서 하나님과 나 사이에 죄로 막혀 있던 휘장(마음)을 찢으시므로 막힌 담(휘장)을 허물고 하나가 되게 하셨다. 십자가(예수) 안에서 원수 된 것을 소멸하신다. 십자가(예수)는 육체(겉사람의 싸르크스)의 죄(하마르티아)를 가만두지 아니한다. 결코 용납하거나 타협하지 아니하시고 도말 해 버린다. 그러므로 육체가 원하는 세상의 복, 곧 이생의 자랑, 안목의 정

욕, 육신의 정욕을 위하여 기도하는 것은 성경에 없는 것임을 명심하여야 한다. 역사적으로 예수께서 십자가에 달리셨을 때 우리도 그곳에 예수와 같이 달렸다고 말을 하는 사람들이 있다. 이 해석은 옳지 않다.

우리가 예수께서 달리신 과거의 그 십자가에 달린 것이 아니라 부활하신 예수 그리스도께서 내 안에 나타나시므로 나의 겉사람이 죽고(물러나고) 속사람이 깨어나는(나타나는) 것을 성경은 비사와 비유를 통하여 말씀하고 있다. 깨어난 나(예수 차원)는 아버지와 하나(호몰로게오)다.

영과 생명으로 그리스도께서 내 안에 오셔서 거할 수 있도록 몸 된 성전을 삼 일(삼 헤메라:시간이 아님)에 일으켜 세우신다. 나의 겉사람의 혈과 육이 먼저 죽어야 부활하신 예수(파라클레토스)께서 내 안에 거하신다. 삼일(삼 헤메라)은 내면에서 나타나는 깨어남이다. 밖의 일이 아니므로 시간 개념의 3일이 아니다. 창 1장에 나오는 '욤(빛)'으로 생명의 빛이 마음 밭에 임한다.

기도하지 말라 죄짓는 것이다. 예수께서 말씀하였다.

도마복음 말씀 6

그의 제자들이 그에게 질문하였다. 그들이 말했다. "우리가 금식하기를 원합니까? 어떻게 우리가 기도하고 자선을 베풀까요? 그리고 우리가 무엇을 먹을까요?" 예수가 말했다. "거짓말하지 말라, 너희 자신에게 해로운 것을 (다른 사람에게)행하지 말라. 이 모든 것들은 하늘에 계신 분 앞에서 드러날 것이기 때문이다. 숨긴 것이 드러나지 않을 것이 없고, 감추어진 것이 널리 빛나지 않을 것이 없다."

금식과 기도하는 것이 하나님께 거짓말을 하는 것이고 자신에게 해를 입히는 것이므로 다른 사람에게도 행하지 말라고 예수께서 말씀하였다.

도마복음 말씀 14

예수가 그들에게 말했다. "너희가 금식할 때, 너희는 너희 자신에게 죄를 지을 것이다. 너희가 기도할 때, 너희는 정죄를 받을 것이다. 너희가 자선을 베풀 때, 너희는 너희의 정신을 해칠 것이다. 너희가 어떤 지방에 들어가서 그 시골을 통과할 때, 너희가 영접을 받을 때, 너희 앞에 놓여 있는 것을 먹고 그곳에 있는 병자들을 치료하라. 너희의 입으로 들어가는 것은 아무것도 너희를 더럽히지 않을 것이고, 너희의 입에서 나오는 것이 너희를 더럽힐 것이기 때문이다."

'입' 으로 번역한 단어는 비유다. 사람 얼굴에 달린 입이 아니다. '입' 에는 겉사람의 입과 속사람의 입이 있다.

금식과 기도가 또 종교 행위가 자신에게 죄를 짓는 것이고 정죄 받는 것이라 말씀하신다. 이것을 행하는 자들이 적그리스도다. 그러므로 교회를 세우고 예배드리고 돈 헌금하는 자들이 누구인지 정확히 예수께서 밝히 드러내신다.

도마복음 말씀 104

사람들이 예수에게 "자, 우리가 다 함께 오늘 기도하고 금식합시다."라고 말했다. 예수가 "내가 무슨 죄를 지었고, 어떤 점에서 내가 잘못했단 말인가? 신랑이 신방을 떠나면 그때 금식과 기도를 하게 하라."라고 말했다.

기도 금식 등 종교 행위를 하는 것이 죄짓는 것임을 예수께서 말씀하였다. 예수께서 신랑(예수 그리스도)을 잃어버릴 때만 금식(감각적 욕망과의 단절)과 기도(신랑을 찾기 위해)를 해야 한다고 하였다.

그러면 예수께서 말씀하시는 금식과 기도가 무엇인가?

이사야서에 잘 나타나 있다.

(사 58:6) 나의 기뻐하는 금식은 흉악의 결박을 풀어주며 멍에의 줄을 끌러주며 압제당하는 자를 자유케 하며 모든 멍에를 꺾는 것이 아니겠느냐

(사 58:7) 또 주린 자에게 네 식물을 나눠 주며 유리하는 빈민을 네 집에 들이며 벗은 자를 보면 입히며 또 네 골육을 피하여 스스로 숨지 아니하는 것이 아니겠느냐

모두 비사와 비유로 되어 있는 말씀이다.

진정한 금식은 율법의 남편 아래에 매여 있던 겉사람을 풀어주어 내면에 몸 된 성전을 세워 진정한 자유를 얻은 단독자(호모게네스)가 되는 것이다.

(사 58:13) 만일 안식일(샤빠트)에 네 발(레겔: 걸음)을 금하여 내 성일(聖日)에 오락(헤페쯔)을 행치 아니하고 안식일을 일컬어 즐거운 날이라 여호와의 성일을 존귀한 날이라 하여 이를 존귀히 여기고 네 길(데레크)로 행치 아니하며 네 오락을 구치 아니하며 사사로운 말을 하지 아니하면 (14) 네가 여호와의 안에서 즐거움을 얻을 것이라 내가 너를 땅(마음 밭)의 높은 곳에 올리고 네 조상 야곱의 업으로 기르리라 여호와의 입의 말이니라

"안식일에 네 발을 금하고 오락을 하지 말고 너의 길로 가지 말고 사사로운 말을 하지 말라"고 하였다.

무슨 뜻인가?

많은 사람이 일요일을 주일로 지키고 이날은 야외에 놀러 다니지도 않고 각종 오락도 하지 않으며 교회에 나와서 예배를 드리고 거룩하게 주일을 성수하는 것으로 알고 있다. 어디 가려면 예배부터 드리고 가라고 한다. 그러나 말씀을 대단히 오해하여 발생한 문제다. 그런 의미가 아니다. 구약성경에는 안식일에 하지 말아야 할 것이 많이 나온다. 모

두 '히다' 다.

(마 12:1) 그때에 예수께서 안식일에 밀밭 사이로 가실새 제자들이 시장하여 이삭을 잘라 먹으니
(마 12:2) 바리새인들이 보고 예수께 고하되 보시오, 당신의 제자들이 안식일에 하지 못할 일을 하나이다
(마 12:11) 예수께서 가라사대 너희 중에 어느 사람이 양 한 마리가 있어 안식일에 구덩이에 빠졌으면 붙잡아 내지 않겠느냐

위 말씀은 모두 비사와 비유(파라볼레)의 관계로 되어 있다.

제자들이 안식일에 하지 말라는 것을 했다고 바리새인들이 예수께 항변하고 있다. 안식일에 대하여 예수께서 바리새인들에게 말씀하고 있다. 예수의 말씀은 그 누구도 이해할 수가 없는 비사(파로이미아)와 비유(파라볼레)의 관계로 되어 있다. 하나님 차원의 것을 이 지상 언어로 말씀하고 있으므로 예수 차원에 있지 아니하면 절대 알 수 없는 동문서답이 될 뿐이다. 안식 문제 또한 그렇다. 구약에 안식일에 관한 것들이 나온다. 이것은 신약에 나타날 예수 그리스도 자신에 관한 것을 비유하여 그림자로 말씀하고 있을 뿐이다. 예수께서 안식일의 주인이라 하였다. 예수께서 안식일에 많은 일을 행하셨다.

(막 2:28) 이러므로 인자는 안식일에도 주인이니라

번역이 잘못되었다.
ὥστε κύριός ἐστιν ὁ υἱὸς τοῦ ἀνθρώπου καὶ τοῦ σαββάτου.
(호스테 퀴리오스 에스틴 호 휘오스 투 안드로푸 카이 투 삽빠투.):
"그러므로 이같이 그 사람의 그 아들이 그 안식일의 주다."

'안식일에도 주인이니라' 라고 번역하였는데 의미는 그것이 아니다. '안식일(삽빠투)' 이 소유격이다. 그러므로 '안식일에도' 가 아니다. '인자' 로 번역된 '호 휘오스 투 안드로푸(ὁ υἱὸς τοῦ ἀνθρώπου)' 는 '그 사람의 그 아들' 이다. '인자' 로 번역하면 그냥 '사람의 아들' 이란 뜻이 된다. 그러나 '그 사람의 그 아들' 은 사람의 아들이 아닌 하나님이 낳은 아들이다. 이래서 비사는 대단히 어렵다. 생명의 빛에 의해 나온 열매다.

'그 사람의 그 아들' 은 '그 삽빠투' 다. 시간 개념이 아니요 날짜 개념이 아니다. 바리새인들은 시간 개념으로 이해를 하였다. 동문서답이다. 이래서 예수의 말씀을 이해하지 못한다. 여기 등장하는 '투 안드로포스' 는 '호 에루코메노스' 의 '투포스' 를 쫓는 자다. 곧 속사람을 나타낸다. 제사장으로 선지자로 왕으로서의 아들이다. 인생의 아들이 아니라 하나님의 아들이다. '멜론토스' 의 '투포스' 를 쫓는 자가 아니다.

인생은 '멜론토스' 의 '투포스' 를 쫓는다. 그 결과 감각적 욕망을 따라간다. 사망이다. 그러므로 여기 등장하는 '그 사람의 그 아들' 은 바로 생명의 빛인 하나님을 따르는 자 곧 하나님의 아들임을 말씀하신다. 하나님은 항상 안식 하신다. 창 1장 마지막 일곱째 날(욤) 안에 안식하신다고 하였다. 이것이 안식일로 오역한 '안식 욤(삽빠트 욤)' 이다. 예수 그리스도는 항상 아버지 안에서 안식하신다. 마음(휘장)을 초월하였다. 그러므로 '안식(삽빠트)' 자체가 예수 그리스도이시다.

예수께서 안식(자신)을 떠난 적이 잠시 있었다. 그것이 십자가의 사건이다. 이 잔을 옮기소서. 하나님이여 왜 나를 버리셨나이까! 하였다. 예수께서 하나님과의 단절 곧 사망을 체험하였다. 이 이야기는 시편 22장을 다룰 때 추가로 설명하여야겠다.

그러므로 이사야 58:13절에 안식일에 하지 말아야 할 것은 안식(예수 자신)에서 벗어나는 일이다. 그것이 "안식일에 네 발을 금하고 오락을 하지 말고 너의 길로 가지 말고 사사로운 말을 하지 말라"다. 온전한 안식(예수 그리스도)이 임하면 십계명에 쓰인 기록이 내면에 온전히 임한다.

일요일에 예배를 빼먹고 오락하고 등산가고 영화 보러 가고 야외에 가서 친목회하고 가족들과 함께 휴식하는 것을 의미하는 것이 아니다. 대단히 오해하였다. 평일에 바쁘게 일하고 일요일에 당연히 가족이나 가까운 이웃들과 편하게 지내야 한다. 유대인들은 샵빠트 욤에 대하여 크게 오해하였다. 예수께서 그들에겐 비사(파로이미아)로 하였고 비유(파라볼레)를 베풀어 주시지 아니하셨다.

'오락(헤페츠)'이 무엇인가? 자기가 좋아하는 것이다. 이것을 안 하면 못 견딘다. 심하면 몸살이 난다. 안식 욤에 이 오락을 하지 말라 하신다. 내면에 안식인 그리스도가 나타나면, 곧 속사람이 나타나면 겉사람이 좋아하는 오락을 하지 못하게 된다. 감각적 욕망이 사라진다.

이 오락이 바울 서신서에 자세히 나온다. 바로 종교 행위들이다. 교회를 세우고 기도하고 금식하고 십일조하고 예배하고 찬송가 부르고 하는 거룩하게 보이는 모든 종교 행위들이다. 율법인 전 남편에 빠지는 것이 오락이다. 율법의 남편이 주는 기쁨은 대단하다. 그래서 전 남편을 위해 하는 모든 행위를 오락이라 말씀하였다. 그러나 새 언약이 찾아오면 예전에 행하였던 모든 이 오락들이 막을 내린다. 과부와 고아들은 옛 언약과 새 언약을 잃어버린 자들이다. 두 종류의 과부가 등장한다. 하나는 옛 남편을 떠나온 자이며 또 한 과부는 남편 그리스도를 잃어버린 자이며 고아 또한 두 종류로 아버지를 잃어버린 자다. 모두 비사와 비유의 관계 속에서 일어나는 일이다.

참 과부에 대해서 나온다. 거룩한 종교 행위를 요구하는 율법의 남편을 떠나온 자다. 곧 그리스도를 신랑으로 맞이할 신부다. 그런데 젊은 과부를 조심하라 하였다. 아직 경수가 흐르기 때문에 예수 그리스도를 만나도 그를 배반하고 다시 전 남편을 만나게 된다고 하였다(딤전 5:11). 그래서 나이 육십을 제시하였다. 비유다.

젊은 과부는 율법인 전 남편을 만나면 경수가 흘러나오기 때문에 다시 아이를 낳게 된다. 율법인 전 남편을 만나면 어쩔 줄을 모른다. 율법의 남편의 아이를 낳아 길렀기 때문에 그의 아이(열매)를 또 낳게 된다. 이것이 이사야에서 제시하는 오락(헤페쯔)이다. 네 발을 금하여 율법의 남편에게로 가지 말라 하신다. 마태복음 6장에 바리새인들이 중언부언한다. 이 중언부언이 율법의 남편을 위한 말이며 외식하는 자가 좋아하는 말이다. 곧 사사로운 말이다. 교회 열심히 다니는 신도에게 예배드리지 말라, 기도드리지 말라고 한번 해보아라. 자기가 섬기는 율법의 남편을 떠나기란 너무도 어렵다. 잠시 떠난다 해도 그 의미를 몰라 불안하다.

로마서에서는 율법인 남편의 정체를 알고 이 남편에게 이혼해 주기를 요구하지만, 율법 남편은 이혼을 절대로 안 해준다. 남편이 죽으면 자유롭지만, 율법의 남편은 먼저 죽는 일은 없다. 그래서 내가 십자가(장대)에 달려 죽는 것이다. 밖의 예수가 이것을 보여주었다. 율법의 남편과 이혼하는 것이다. 율법의 남편에게 헌신하는 자들은 '멜론토스의 투포스'를 쫓는 자들이다. 갈애를 채우기 위함이다. 그래서 윤회한다. 마음(카르디아)에 노예가 되었기 때문이다. 마음(카르디아) 안에 뱀이 왕으로 살고 있다. 고로 뱀에 노예(혼인)가 된 여자(이솨)는 안이비설신의를 통해 들어오는 것을 왜곡하여 반응하고 그것을 실체로 여기는 것이다.

율법의 남편과 이것을 쫓는 여자(귀네)는 겉사람 안에 살고 있다. 육체적으로 죽는다고 율법의 남편과 이혼하는 것이 아니다. '멜론토스의 투포스'를 쫓기 때문에 멜론토스로부터 벗어날 수 없다. 바로 식(識)의 속성이다. 율법의 남편은 절대로 이혼증서를 써주지 않는다. 그래서 윤회의 구렁텅이에 빠져나오지 못하는 것이다.

율법의 남편은 끊임없이 몸과 마음을 생겨나게 만든다. 알 수 없는 전생부터 시작해서 지금까지 그리고 내생까지 마찬가지다. 이 남편은 먼저 이혼해 주는 법이 없다. 끝없이 이 마음(남편)의 노예가 되어 윤회의 생을 살게 된다. 그래서 이혼하려면 반드시 끊임없이 변하는 몸과 마음(율법의 남편)의 실상을 알아야 한다. 그래야 율법인 남편(뱀)의 정체를 알고 그에게서 이혼을 요구할 수가 있다. 내가 힘을 길러야 한다. 지혜의 근본이신 속사람 예수께서 마음 너머에서 오심을 이렇게 표현하였다. 그래서 '아포 카타볼레스 코스무'가 내 안에서 반드시 일어나야 한다. '호 멜톤토스'를 통해서 보는 것이 뱀의 아내다. 속사람에서 보면 간음이다. 그러나 성장하면 '호 에르코메노스'를 통해 보게 된다. 생명이 됨이다. 그러려면 반드시 십자가(장대)에서의 죽음이 필요하다. 전 남편의 실상을 속속들이 알아내야 가능하다. 남편의 실상을 알아야 약점이 드러나고 이혼 절차를 밟는다.

이 남편은 겉사람 속에서만 기능을 한다. 나의 속사람을 발견하면 자동으로 이혼의 절차를 밟게 된다. 이 과정을 예와 하나님이 이끄신다. 전 남편이 허상이라는 것이 드러나기 때문이다. 감각적 욕망인 탐진치 삼독의 실체를 보아야 한다. 끊임없이 변화하며 그 실체가 없다. 조건이 되면 일어나고 조건이 사라지면 사라진다. 내면에서 연기의 실상을 보아야 한다.

그러므로 마음은 항상 대상을 향하여 있고 조건 지어 일어나고 유지하다가 조건이 사라지면 사라진다. 계속 조건에 의하여 변화하면서 사라짐을 반복한다. 그러므로 나라고 할 만한 것은 아무것도 없으며 나라고 여기고 온 것들은 무상하며 그 실체가 없는 것이다. 만약 나라고 하는 것이 있다면 결코 변하지 아니하며 영원불변해야 한다. 성경에서 말씀하고 있는 겉사람은 조건에 의해 나타난 것이다. 나타난 것은 실체가 없고 무상하다. 그러므로 겉사람은(비유) 끝없이 이어지는 윤회의 실상이다. 이 실상은 알고 버려야 할 대상이지 내가 아니다.

이 핵심 내용을 창 1:1절부터 등장하는 그 하늘들과 그 땅을 '바라(בָּרָא)'를 통해 해체하여 그 실체를 드러내어 개간하며 '아사(עָשָׂה)' 할 때까지 계속 진행하신다. 그 하늘들과 그 땅은 겉사람의 실상이다. 새 언약에서 예수께서 내면으로 오셔서 '아포 카타볼레스 코스무' 하심으로 우리의 몸과 마음이 허상이라는 그 실체를 밝히 드러내신다.

계시록에서는 겉사람의 마음 밭(게)을 일곱 인, 일곱 나팔, 일곱 대접을 통해 심판하심으로 드러내며 그 허상인 겉사람의 마음 밭을 해체하여 개간하고 있다. 겉사람을 마치 양파나 양배추 껍질을 스물한 번을 벗겨 내듯 밝히 그 실체를 드러내어 보여주신다. 구약의 성소 휘장은 이처럼 찢어내기가 대단히 어렵다. 열두 마리의 말이 양쪽에서 잡아당겨도 찢어지지 아니한다고 한다. 마음(휘장)을 찢어내는 것은 겉사람이 할 수 없다. 그러나 속사람에 의해서 마음(에고)을 찢어낸다면 그는 마음을 온전히 초월한 자이다. 그러므로 쉽게 마음(에고)을 찢어 낼 수 없다. 속사람을 발견하려면 몸과 마음의 그 실체를 들여다보는 많은 훈련이 필요하다.

이천 년 전 오셨던 역사적 예수가 대신해주시는 것이 아니다. 모두 비사와 비유의 관계로 되어 있다. 내가 속사람의 지혜를 받아 직접 해결해야 한다.

그러므로 이사야 58:13절에 안식일에 하지 말아야 할 것은 진정 안식이 무엇인지에 대하여 새 언약에 나타날 것을 말씀하시고 있다. 그것이 "안식일에 네 발을 금하고 오락을 하지 말고, 너의 길로 가지 말고, 사사로운 말을 하지 말라"라고 하신다. 일요일에 예배를 빼먹고, 오락하고, 등산가고, 영화 보러 가고, 야외 가서 친목회하고, 가족들과 함께 휴식하는 것을 말씀하는 것이 아니다. 평일에 바쁘게 일하고 일요일에 당연히 가족이나 가까운 이웃들과 편하게 화목하게 지내야 한다. 유대인들은 안식일(욤), 기도, 금식을 대단히 오해하였다. 그래서 십계명 전체를 오해하고 있어서 지금도 그 의미를 전혀 모른다.

유대인들은 십계명뿐 아니라 구약의 말씀이 무엇인지 전혀 모른다.

'~도적질하지 말라, 간음하지 말라, 살인하지 말라.' 모두 비사와 비유(히다와 마솰)로 되어 있다. 이는 세상의 일, 도덕적인 일이 아니다. 지금도 수많은 목사나 신학자는 십계명을 세상의 일, 도덕적인 일로 이야기한다.

예를 들어 나의 것이 아닌 남의 물건을 훔치는 것을 도적질로 설명하는 것을 많이 한다. 참으로 어이없는 일이 현재 일어나고 있다. 이것은 하나님의 말씀이 아니다.(다음 기회에 십계명에 대하여 설명을 이어가겠다. 모두 비사로 되어 있는 말씀이다. 비사는 비유를 통해서만 열리게 된다). 예수께서 이들에겐 비유(파라볼레)를 베풀어 주시지 않고 이들을 떠나신다.

오락(헤페츠)이 무엇인가? 종교 행위들이 오락이다. 곧 율법의 남편에게 빠져있는 것이 오락(헤페츠)이다. 율법의 남편이 주는 기쁨은 대단하다. 이 종교 행위를 하지 아니하면 못 견딜 것이다. 율법의 남편에게 모든 정성을 다 바치며 사랑에 빠진 것이다. 숫처녀의 가슴으로 사랑하였고 자신을 내어 준 것이다. 이들은 창기 창녀가 된 줄도 모른다. 그러나 성경은 진실로 창녀 창기가 되어 보아야 새 언약으로 올 수 있다는 것을 말씀하신다. 그렇지 아니하고 기회가 되면, 전 남편에게 되돌아간다. 이래서 몸과 마음을 입고 또 윤회한다. 사도바울은 몸과 마음의 실상을 알고 윤회에서 나와야 한다고 말씀하고 있다.

대표적인 것이 소돔과 고모라 성에서의 간음 사건이다. 소돔과 고모라 성 사람들은 철저하게 하나님을 섬겼다. 도덕적으로 철저하게 올바르게 행동하였다. 그런데 자신들이 생각하는 하나님이라고 성경에서 말씀하고 있다. 소돔과 고모라 성에는 많은 물이 흐르고 있다.

> 이에 롯이 눈을 들어 요단들을 바라본즉 소알까지 온 땅에 물이 넉넉하니 여호와께서 소돔과 고모라를 멸하시기 전이었는 고로 여호와의 동산 같고 애굽 땅과 같았더라(창 13:10)

'물이 넉넉하니'로 번역한 4945번 마쉬케(מַשְׁקֶה)는 목마름을 시원하게 채워줄 물이 아니다. 사람이나 가축에게 온전히 먹일 수 있는 물이 아니다. '마쉬케'는 취하게 하는 물이다. 정신을 흐리게 하는 물이다. 취하게 하는 물, 미치게 하는 물이 온 땅에 풍부하게 있어서 소돔과 고모라 성안으로 흘러 들어가고 있다. 마치 에덴동산(아다마)처럼 그러하였다. 에덴동산은 이 취하게 하는 물로 채워져 있다. 그러므로 이 소돔과 고모라 성 사람들이 모두 취해 있는 것이다. 이것이 오락이다. 이들은 오락에 미쳐있다. 바로 적그리스도다. 이들은 자신들이 생각하는 하나님을 철저하게 섬겼다. 이것이 간음이다. 이래서 여호와께서 에덴동산의 실체를 알게 하시고 아담과 이솨를 에덴동산 밖으로 이끄신다. 하나님의 큰 은혜다. 결코 에덴동산 안으로 돌아가는 일은 없어야 한다. 간음으로부터 온전히 단절해야 한다. 소돔과 고모라 성은 망해야 할 성이다. 롯과 그의 가족들을 이 성 밖으로 속히 이끄신다. 이 내용은 시제가 없다. 현재의 이야기다.

고아는 아버지 하나님을 잃어버린 자다. 아버지가 어디 있는지도 모른다. 아버지가 바로 옆에 있는데도 정신이 취해 있어서 모른다. 아버지에게 돌아오려면 정신이 바로 돌아와야 한다. 모두 비유(파라볼레)다.

참 과부에 대해서 나온다. 참 과부는 율법 남편의 실체를 알고 떠나온 자다. 곧 그리스도를 신랑으로 맞이할 신부다. 그런데 디모데는 젊은 과부를 조심하라 했다(딤전 5:11). 아직 경수가 흐른다고 하였다. 나이 육십을 제시하였다(딤전 5:9). 비유다. 율법의 남편을 만나면 경수가 흘러나오므로 또 아이를 낳게 된다. 떠나온 율법의 남편을 다시 만나면 어쩔 줄을 모른다. 갈애의 열매를 맺는다. 감각적 오욕락이 흐르기 때문이다. 이것이 이사야에서 밝히는 오락(헤페쯔)이다. 네 발을 금하여 율법의 남편에게로 가지 말라 한다. 감각적 욕망이 흐르기 때문에 갈애의 열매를 맺고 죽고 죽는다.

로마서에서는 율법 남편의 정체를 어느 정도 알고 이 남편에게 이혼해 주기를 요구하지만, 율법의 남편은 이혼을 절대로 안 해준다. 남편이 죽으면 자유를 얻지만, 율법의 남편이 먼저 죽는 일은 없다. 그래서 내가 십자가에 달려 죽는 것이다. 그러면 율법의 남편과 이혼하게 된다. 그러므로 십자가에 달리는 것이 무엇인지 알아야 한다. 아무나 자기 십자가에 달리지 못한다. 만약 자기 십자가에 달린다면 보는 나, 듣는 나, 느끼는 나로부터 초월한다. 적멸이다. 모두 비사와 비유의 관계로 된 말씀이다.

7. 창세 전과 창세로부터 (창세 이후)

1. '프로 카타볼레스 코스무(πρό καταβολῆς κόσμου)'
   창세 전으로 번역하였다.
2. '아포 카타볼레스 코스무(ἀπὸ καταβολῆς κόσμου)'
   '아포 크티세오스 코스무(ἀπὸ κτίσεως κόσμου)'
   창세로부터(창세 이후)로 번역하였다.

마 13:35	창세부터	히 9:26	창조할 때부터
마 25:34	창세로부터	히 11:11	(잉)태하는
눅 11:50	창세 이후	벧전 1:20	창세전부터
요 17:24	창세 전부터	계 13:8	창세 이후
엡 1:4	창세 전에	계 17:8	창세 이후
히 4:3	창조할 때부터		* 개역성경 번역

2602번 카타볼레(καταβολή)는 신약 성경에 11회 쓰였다.

히브리서 11:11절 '잉태하는'으로 번역한 '에이스 카타볼렌 스페르마토스(εἰς καταβολὴν σπέρματος)'는 '임신하다, 씨 뿌림'의 뜻으로 번역한 것 그 이외의 다른 구절들은 모두 오역하여 그 의미를 벗어나 있다.

'크티세오스(κτίσεως)' 는 2937번 '크티시스(κτίσις)' 의 소유격이다. '크티시스(κτίσις)' 는 신약에서 19회 쓰였다. '크티시스' 는 2936번 '크티조(κτίζω)' 에서 유래했으며 신약에 14회 쓰였다. 2937번 '크티시스' 와 2936번 '크티조' 는 개역 성경에서 창조하다, 지음, 피조물, 조물 등으로 번역하여 나온다. 모두 오역이다.

특히 '피조물' 로 오역한 문장을 들여다보고 설명하여야겠다. 하나님은 그 어떠한 피조물도 만드시지 아니하였다는 것이 성경 기록이다. 나타난 것은 모두 죄로부터 기인하였다고 말씀하고 있다. 그러므로 하나님은 창조주가 아니다. 종교인들이 오해하여 번역하였기 때문에 이러한 문제가 생겨났다. 이해가 안 되니까 새로운 피조물로 번역하고 있다(고후 5:17).

말씀으로 낳은 그의 아들은 하나님이기 때문에 하나님은 피조물이 아니다. 육체 예수가 죽은 이후 많은 이들이 바울 사도처럼 자신 안에서 예수를 만나 그와 하나 되었다. 그러나 권세를 가진 종교인들은 성스러운 하나님이 죄 많은 인간 안으로 어떻게 들어올 수 있는가 생각하여 이들을 이단으로 몰아 죽였다. 이런 일들은 지금도 벌어지고 있다.

2936번 크티조(κτίζω) 15회 쓰였다.

마 19:4	사람을 지으신	골 1:16	창조되되
막 13:19	창조하신	골 1:16	창조되었고
롬 1:25	피조물	골 3:10	창조하신
고전 11:9	지음을 받지	딤전 4:3	지으신바니
엡 2:10	지으심을 받은 자	계 4:11	지으신
엡 2:15	지어	계 4:11	지으심을 받았나이다
엡 3:9	창조하신	계 10:6	창조하신
엡 4:24	지으심을 받은		

2937번 '크티시스(κτίσις) 19회 쓰였다.

막 10:6	창조	고후 5:17	피조물
막 13:19	창조하신	갈 6:15	지으심을 받은 자
막 16:15	만민에게	골 1:15	창조물
롬 1:20	창(세)	골 1:23	만민
롬 1:25	피조물	히 4:13	지으신 것이 하나라도
롬 8:19	피조물	히 9:11	창조에 속하지
롬 8:20	피조물	벧전 2:13	제도를
롬 8:21	피조물	벧후 3:4	창조를
롬 8:22	피조물	계 3:14	창조의
롬 8:39	피조물		

2938번 크티스마(κτίσμα) 4회 쓰였다.

딤전 4:4	지으신	약 1:18	조물 중에
계 5:13	만물이	계 8:9	피조물들의

2939번 크티스테스(κτιστής) 1회 쓰였다.

벧전 4:19	조물주께

카타볼레, 크티조, 크티시스, 크티스마, 크티스테스는 창 1:1절에 나오는 엘로힘 하나님의 속성인 바라(בָּרָא)와 상응한다. 똑같은 내용이다. 하나님은 죄가 있는 마음과 함께 할 수 없으므로 그 마음을 바라(개간)하신다. 곧 휘장을 찢으시는 것이다. 엘로힘 하나님의 속성이며 그의 일이다.

'창세 전'과 '창세 이후'는 예수께서 오셔서 처음 사용하여 말씀하였던 비유(파라볼레)의 말씀이다. 이 비유(파라볼레)는 우리 안에 원래부터 감추어져(크룹토) 있던 보석 예수 그리스도(생명의 빛)를 찾는 이야기다. 이것을 놓치면 전혀 다른 이야기가 된다. 크룹토(파로이미아)를 온전히 내면에서 드러나게 하심이다. 내면에 원래부터 감추어져 있던 보석을(그리스도) 나타내기 위하여 마음 밭을 바라(개간) 하시는 내용이다. 그러므로 창세 전, 창세 이후가 아니다.

그러므로 예수께서 오셔서 우리에게 말씀하시는 '아포 카타볼레스 코스무(ἀπὸ καταβολῆς κόσμου)'는 히다와 마솰과의 관계 속에서 말씀하신 창 1장 안에 일어나는 모든 내용과 완벽하게 연결되어있다. 예수께서 오셔서 비유(파라볼레)로 창 1장의 히다(감추어진)의 내용을 다시 베풀어 말씀하신다. 그러므로 창세 전, 창세 이후라고 생각하면 큰 일이다. 이는 핵심에서 완전히 빗나간 번역이다. 예수께서 말씀하신 '아포 카타볼레스 코스무'를 통해서 비로소 창 1장의 내용이 무엇인지 드러나게 된 것이다. 마음을 온전히 초월하는 내용이다. 마음을 초월하는 것이 무엇인지 모른다면 예수께서 말씀하신 '아포 카타볼레스 코스무'를 모르는 것이며 창 1장을 비롯하여 성경 전체의 내용이 무엇인지 알지 못하는 것이다. 이론은 아무 소용이 없다. 마음 곧 의식 무의식 잠재의식을 들여다보고 그 실체를 알고 초월하였는가! 하는 것이 문제다.

많은 사람이 이를 '하나님이 천지를 창조하기 전에(창세 전), 천지를 창조하신 이후(창세 이후)'로 오해하는 구절이다. 종교인들이 말씀을 오해하여 번역한 대표적인 구절들이다. 그래서 예수께서 말씀하시는 모든 내용은 인생들이 알아들을 수 없다. 하나님의 그 생명의 빛 안에 들어가지 아니하면 절대로 알 수 없는 내용이다.

(마 13:35) 이는 선지자로 말씀하신바 내가 입을 열어 비유로 말하고 창세부터(ἀπὸ καταβολῆς κόσμου· 아포 카타볼레스 코스무) 감추어진 것(크룹토)들을 드러내리라 함을 이루려 하심이니라
(요 17:5) 아버지여 창세 전(πρό καταβολῆς κόσμου· 프로 카타볼레스 코스무)에 내가 아버지와 함께 가졌던 영화로써 지금도 아버지와 함께 나를 영화롭게 하옵소서
(요 17:24) 아버지여 내게 주신 자도 나 있는 곳에 나와 함께 있어 아버

지께서 창세 전부터(πρό καταβολῆς κόσμου· 프로 카타볼레스 코스무) 나를 사랑하시므로 내게 주신 나의 영광을 저희로 보게 하시기를 원하옵나이다

창세부터(ἀπὸ καταβολῆς κόσμου· 아포 카타볼레스 코스무)

창세부터(오역)는 '율법의 마음 밭, 종교의 마음 밭을 파헤치고 갈아엎다' 라는 뜻이다. 길가밭, 돌밭, 가시덤불밭을 갈아엎고 해체하여 옥토로 만들기 위함이다. '아포 카타볼레스 코스무' 가 임하려면 '프로 카타볼레스 코스무' 가 선행되어야 한다. 하나님의 말씀을 따라 내면을 들여다보고 알아야 한다. 예수께서 프로 카타볼레스 코스무로부터 아버지와 함께 가졌던 영화(독사;거룩)를 드러내기 위함이다. 따라서 아포 카타볼레스 코스무는 아버지와 함께하는 예수 자신을 드러내기 위함이다.

ἀπὸ(아포): 전치사. '~로부터', πρό(프로): 전치사. '~이전에',
καταβολῆ(카타볼레): '마음 밭을 개간하다(말씀의 씨를 뿌리기 위해)'.
κτίσεως (크티세오스): '카타볼레' 와 같은 뜻이다.

마음 밭을 분석하려면 내면을 들여다보고 마음의 심리 현상들이 어떻게 일어났다가 유지되다가 사라지는지 반드시 알아야 한다. 마음은 항상 찰라생, 찰라멸 하면서 조금도 빈틈이 없이 이어지면서 흘러간다. 연이생이다. 몸과 마음을 항상 나와 일치시키는 원인이 된다. 모두 덩어리로 보아서 생긴 일이다.

※ 초기불경에서는 온(蘊), 처(處), 계(界), 근(根), 제(諦), 연(緣)으로 설명을 하고 있다. 마음의 실체를 아는데, 큰 도움이 된다.

온(蘊, 무더기, khandha): 5온 = 물질(色, rūpa), 느낌(受, vedanā), 인식(想, sañña), 심리 현상들(行, sankhārā), 알음알이(識, viññāṇa)등, 다섯 가지 무더기이다.

처(處, 감각 장소, āyatana): 12처 = 눈 · 귀 · 코 · 혀 · 몸 · 마음(眼 ·

耳・鼻・舌・身・意)의 여섯 가지 감각 장소(六內處)와 형색・소리・냄새・맛・감촉・법(色・聲・香・味・觸・法)의 여섯 가지 대상(六外處)인 12가지 감각 장소다.

계(界, 요소, dhātu): 18계 = 12처의 마음(意, 마노, mano)에서 여섯 가지 알음알이를 독립시켜서 모두 18가지가 된다. 즉 눈・귀・코・혀・몸・마음(眼・耳・鼻・舌・身・意)의 여섯 가지와 형색・소리・냄새・맛・감촉・법(色・聲・香・味・觸・法)의 여섯 가지와 눈의 알음알이(眼識), 귀의 알음알이(耳識), 코의 알음알이(鼻識), 혀의 알음알이(舌識), 몸의 알음알이(身識), 마노의 알음알이(意識)의 여섯을 합하여 18가지가 된다.

근(根, 기능, indriya): 22근 = 22근은『초기불교이해』제10장의 자료를 참조할 것.

제(諦, 진리, sacca): 4성제 = 괴로움의 성스러운 진리(苦聖諦), 괴로움의 일어남의 성스러운 진리(集聖諦), 괴로움의 소멸의 성스러운 진리(滅聖諦), 괴로움의 소멸로 인도하는 도 닦음의 성스러운 진리(道聖諦)의 네 가지 진리이다.

연(緣, 조건 발생, paccaya, paṭiccasamuppāda): 12연기 = 괴로움의 발생구조와 소멸구조를 나타낸다.

몸과 마음을 해체(카타볼레) 하지 못하고 무더기로 보고 있어서 몸과 마음을 '나'로 오해하게 한다. 몸과 마음을 해체하여 개간하는 내용이 창 1:1절부터 이어지는 내용이며 성경 전체의 대주제다. 마음을 초월하는 내용이다. 깨어있지 못한 이들은 몸과 마음을 한 덩어리로 알고 '나'로 알고 살아간다. 해체하여 보면 몸은 28가지(구체적 물질 18가지, 추상적 물질 10가지)로 마음은 89가지의 마음과 52가지의 마음 부수로 나뉜다. 마음과 마음 부수는 항상 함께 일어나고 유지하다가 함께 사라진다. 깊은 수행자가 아니라면 마음과 마음이 일어나고 사라지는 그 찰나적 빈틈을 발견하기가 대단히 어렵다. 모두 조건에 의하여 일어나고 유지하다가 사라진다. 조건에 의하여 나타난 것은 모두 변한다. 변하는 것은 모두 참이 아니다. 이는 조금도 쉬지 않고 찰라생, 찰라멸을 반복한다.

성경 말씀으로 표현하자면 변하는 것은 하나님의 살과 뼈가 아니다. 하나님의 살과 뼈는 조금도 변함이 없다. 시공간에 지배받지 아니한다. 이 실상을 알기 위해 예수께서 마음 밭 안으로 오셔서 바라(개간) 하신다. 곧 '아포 카타볼레스 코스무' 다. 그러므로 '아포 카타볼레스 코스무' 는 창 1:1절에 나오는 '바라' 하심과 똑같은 내용이다.

몸과 마음의 실상을 바로 알려주시기 위해서 하나님은 일하신다. 창 1장 전체의 내용으로 몸과 마음을 완벽히 초월하고 다스리는 내용이다. 우주 창조가 아니다.

앞으로는 하나님이 우주 창조, 천지 창조를 하였다고 말을 하지 않기를 원한다. 이것을 믿으면 정견이 아니다. 대부분, 기독교인들은 전지전능한 하나님을 믿는다. 큰일을 당할 일이다. 다음 생에 악처에 태어날 가능성이 매우 크다. 전지전능한 하나님은 없다. 우주를 창조하고 만물을 창조한 하나님은 없기 때문이다. 인간을 만들고 인생의 생사화복을 주관하는 하나님은 없다. 성경에 등장하는 모든 말씀은 비사와 비유로 되어 있다.

모두 내면에서 일어나는 일을 비사와 비유로 설명하고 있을 뿐이다. 우주를 만들고 인간의 생사화복을 쥐고 있는 그 하나님은 바알신이며 사탄이며 마귀이며 우상이며 거짓말하는 자며 살인자로 말씀에 등장한다. 다른 예수다. 이 예수를 죽여야 한다. 그래야 원래 나(비유) 자신을 찾을 수 있다. 나(예수 차원) 자신에 관한 실상이 무엇인지 모르고 있으므로 나온 해석들이다. 모두 종교인들에 의해 그렇게 해석하였다.

몸과 마음은 항상 변한다. 변하는 것은 하나님의 살과 뼈가 아니다. 인생의 복(율로기아)은 예수 그리스도다. 이 예수 그리스도가 바로 나 자신이기 때문이다. 성경은 나(예수 차원) 자신을 찾는 이야기를 한다. 겉사람을 온전히 초월하는 이야기를 하는 것이다. 창 1:1절부터 성경 전체가 이 말씀이다. 이 핵심에서 벗어나면 큰일이다. 육신을 위해서

복을 빌거나 종교 행위를 하면 큰일이다. 다음 생에 악처에 태어날 확률이 아주 높다. 성경 말씀이다.

'카타볼레(καταβολῆ)' 의 뜻은 예수께서 내면 세상(마음 밭)에 오셔서 거칠고 황폐한 마음 밭을 해체하고 뒤엎어서 말씀의 씨를 뿌릴 수 있는 옥토로 바꾸는 것이 '카타볼레' 다.

'카타볼레' 는 인생의 마음(코스모스)을 들여다보고 하나하나 해체해서 그 실상이 무엇인지 낱낱이 알려주시기 위함이다. 이것이 예수께서 우리에게 처음 사용하시어 말씀하시는 '카타볼레(καταβολῆ)' 다.

'카타볼레' 의 사전적 의미는 '던지다, 놓다, 뿌리다' 의 단어에서 나온 뜻으로 기초, 시작, 씨를 뿌림, 뒤엎음의 의미가 있다. '카타볼레' 씨 뿌림은 옥토가 된 '마음(게)' 밭이 있어야 한다.

예수께서 처음 '아포 카타볼레스 코스무' 라는 용어를 쓰셨다. 그러므로 예수께서 말씀하신 것은 아버지 하나님 곧 하나님 나라와 관련이 있다.

하나님의 말씀 곧 씨앗을 복 받은 자의 마음 밭(세상)에 뿌리시기 위함이다. '세상' 으로 번역하고 있는 '코스모스(마음 밭)' 안으로 예수께서 오셔서 말씀의 씨앗을 뿌리시기 위함이다. 말씀의 씨앗을 뿌리려면 우선 마음 밭을 파헤치고 갈아엎어서 옥토로 만들어야 한다. 마음 밭을 해체하여 의식으로 드러내야 한다. 길가밭, 돌밭, 가시덤불밭을 개간하여 말씀의 씨앗을 뿌릴 수 있게 옥토로 가꾸어야 한다. 옥토가 되지 아니하면 옥토로 변할 때까지 끝없는 윤회에 놓이게 된다. 그 누구도 윤회의 늪에서 빠져나올 수 없다. 반드시 하나님 말씀의 씨가 옥토에 뿌려져야 한다.

옥토는 길가밭, 돌밭, 가시덤불밭 속에 살아가는 고통의 원인인 무명(뱀)의 실체를 드러내서 뱀이 종말(에스카토스)이 임한 마음 밭이다. 그 마음 안에서 일어나는 윤회의 속성이 무엇인지 왜 일어나는지 온전하게 꿰뚫어 보았고 그 해결 방법을 알았기 때문에, 개간된 옥토에 천국의 씨가 뿌려지고 자라날 수 있는 것이다. 이것을 예수께서 오셔서 비유(파라볼레)로 말씀하시고 있다. 예수께서 말씀하시는 것을 깨닫게 되면 몸과 마음이 내가 아니라는 것이 온전히 드러난다. 몸과 마음은 영원한 것이 아니라, 조건에 의하여 잠깐 보였다가 사라지는 것을 반복한다. 조건에 의해 생겨난 것은 모두 변한다. 그러나 말씀의 씨는 조건에 의해 생겨난 것이 아니다.

창 1:1절에 그 하늘들과 그 땅을 바라 하시는 목적이 바로 그 실체를 드러내어 옥토로 만들어 말씀의 씨를 뿌리고자 하심이다. 이를 '카타볼레스 코스무'로 말씀하신다.

(마 25:34) 그때에 임금이 그 오른편에 있는 자들에게 이르시되 내 아버지께 복 받을(완료,수동태) 자들이여 나아와 창세로부터(아포 카타볼레스 코스무) 너희를 위하여 예비된 나라를 상속하라

'복 받을 자들'로 오역하고 있는 '율로게메노이(εὐλογημένοι)'는 완료 수동태로 아버지에 의해 이미 복을 받아 지닌 자들이다. 번역을 잘못하였다. 미래형이 아니다. '율로게메노이'의 원형 '율로게오(εὐλογέω)'는 '좋음'과 '로고스(말씀)'의 합성어다. 이것은 세상 복, 육체적으로 얻어지는 복이 아니다. 감각적 욕망을 채우는 것과 전혀 관계가 없다. '로고스'는 하나님 자신이다.

여기 나오는 '너희'들은 하나님 자신을 이미 완료태로서 소유하고 있다고 선언하신다. 이미 로고스(말씀)를 소유하고 있다 하였다. 이것을 '너와 나는 하나다'라고 말씀하신다. 하나님의 살과 뼈가 내 안에 이미 살고 있다고 말씀하시고 있다. 그러므로 하나님이 내 안에 사는 것을 발견하지 아니하면 그것은 믿음이 아니다. 내면에서 하나 된 하나님을 발견한다면 밖으로 향해있는 모든 종교 행위는 단절이 된다. 목사 선교사 장로 집사의 직분들은 모두 애굽에서 일어나는 열매로 이를 버리고 떠날 수밖에 없다. 무가치한 것들이다. 아버지로부터 이미 복 받은 자들인 너희를 위하여 너희 안에 예비한 나라(천국)가 나타나질 마음 세

상(코스모스)이 먼저 와 있어야 한다. 우선해서 예수의 말씀(씨)을 받아들일 기초(옥토)가 먼저 되어 있어야 한다고 말씀하신다.

먼저 고난의 훈련을 받은 그 마음이 필요하다. 애굽을 떠나, 갈대 바다(홍해로 오역)를 건너 광야 사십 년 생활이 필요하며, 세상 사람들이 살지 않는 산에서 백여 년을 걸쳐 방주 짓는 기간이 필요하다. 옥토는 쉽게 되는 것이 아니다. 이 마음 밭(게)이 그만큼 애굽 생활(감각적 욕망)에 길들어져 있다. 몸과 마음이 원하는 것을 거슬러 가야 하는 길이다. 그래야 애굽을 떠나 광야 안으로 들어가서도 말씀을 따라 계속 이동하게 된다.

인생들은 몸과 마음에서 일어나는 감각적 욕망을 채워야 행복해한다. 그렇지 아니하면 고통스럽다. 성경에서 제시한 길은 이 세상 이치와 완전히 거꾸로 간다. 두 주인을 섬길 수 있는 길이 아니다. 그래서 아무나 갈 수 없다. 목사 선교사 장로 집사의 직분으로 갈 수 있는 길이 아니다. 성경에 대한 학문이 많은 것과는 아무 상관이 없다. 내면으로 향하는 좁은 길이기 때문이다. 예수께서 말씀하시는 천국은 각자 안에 있다. 기분이 좋다고 하여 천국이 내면에서 나타나는 것과 아무 관계가 없다. 몸과 마음 곧 휘장이 찢어져야 천국이 나타난다. 그러므로 천국은 몸과 마음 너머에 있다. 행복해하는 마음 슬퍼하는 마음 그 너머에 있다. 그러므로 기쁘고 행복해하는 그 마음을 통해서는 절대로 천국을 알 수 없다. 소원성취가 이루어진 자는 천국을 볼 수 없다. 오히려 고난을 통해 조금씩 들여다볼 수 있는 길이다. 세상에서 고통받는 자들이 들여다볼 수 있는 좁디좁은 길이다. 예수도 신비한 일을 행하지 아니했으면 종교인들로부터 한낮 조롱거리에 불과하였다.

> 주께서 우리로 이웃에게 욕을 당하게 하시니 둘러 있는 자가 조소하고 조롱하나이다(시 44:13)
> 우리는 우리 이웃에게 비방 거리가 되며 우리를 에운 자에게 조소와 조롱거리가 되었나이다(시 79:4)

그는 주 앞에서 자라나기를 연한 순 같고 마른 땅에서 나온 줄기 같아서 고운 모양도 없고 풍채도 없은즉 우리의 보기에 흠모할 만한 아름다운 것이 없도다(사 53:2)

그에게 침 뱉고 갈대를 빼앗아 그의 머리를 치더라(마 27:30)

달린 행악자 중 하나는 비방하여 가로되 네가 그리스도가 아니냐 너와 우리를 구원하라 하되(눅 23:39)

구원은 각자 안에서 이루어진다. 밖에 있는 예수가 구원해 주시는 것이 아니다. 밖으로 오신 역사적 예수는 그 길을 안내 하였을 뿐이다. 내면에 이미 와서 있는 천국인 그 예수를 각자가 발견하여야 한다.

그러므로 성경을 읽어서 되는 문제가 아니다. 성경은 내면에 와 있는 천국을 설명한 설명서일 뿐이다. 각자가 내면에서 성경을 찾아야 한다. 힘든 고난의 기간이 꼭 필요하다. 체험된 사건이 중요하다. 이론으로는 절대로 이루어질 수 없다. "징계는 다 받는 것이거늘 너희에게 없으면 사생자요 참 아들이 아니니라"(히 12:8) 번역을 잘못하였다.

'징계'로 번역한 '파이데이아(παιδεία)'는 훈련, 교육, 양육을 뜻한다.

아들에게 하는 양육이다. 아들에게만 이 훈련을 하신다. 반드시 이 힘든 훈련을 평생을 통하여 받아야 한다. 그러므로 '징계'가 아니다. 번역이 잘못되고 있다. 하나님은 서기관들과 바리새인들(저희)에게는 '파이데이아' 훈련을 하지 않고 이들을 떠나신다. 오직 너희에게만 찾아오셔서 하는 훈련이다.

3809번 '파이데이아(παιδεία)' 훈련, 교육, 양육. 신약에 6회 쓰였다.

엡 6:4	교양	히 12:7	징계를
딤후 3:16	교육	히 12:8	징계는
히 12:5	징계하심을	히 12:11	징계가

'파이데이아'는 3811번 '파이듀오(παιδεύω)'에서 유래하였다. '파이

듀오'는 훈련시키다, 교육시키다의 뜻으로 신약에 13회 쓰였다.

(마 13:24) 예수께서 그들 앞에 또 비유(파라볼레)를 베풀어 가라사대 천국은 좋은 씨를 제 밭(아그로스)에 뿌린 사람과 같으니

예수께서는 '천국은 좋은 씨를 제(αὐτός·아우토스) 밭(ἀγρός·아그로스)에 뿌린 자와 같다' 하였다. '제 밭(아우토스 아그로스)'을 '저 자신(아우토스)'이라 말씀하신다. 자신의 밭(아그로스)을 '예수 자신의 살과 뼈'로 말씀하신다. 그러므로 예수는 대상이 아니다. 오늘날 문명(애굽)사회를 사는 이들에게는 어려운 내용이다. 섬기는 대상 예수가 있어야 쉽게 이해가 된다. 그러나 섬기는 대상 예수는 반드시 장대에 높이 달아 죽여야 더는 대상 예수를 섬기지 아니한다. 그래야 내면으로 돌이킨다. 우리는 마음을 항상 '나'로 생각한다. 보고 듣고 먹고 마시고 느끼고 인식하고 생각하고 반응하는 것을 모두 내가 하고 있다고 생각하고 있다. 보는 나 생각하는 나 느끼는 나가 있다고 생각한다. 전도몽상(顚倒夢想)이다. 이것은 예수 자신의 밭(아그로스)이 아니다.

우리 안에 예수 자신이라고 하는 '아그로스(마음 밭)'가 있다고 말씀하고 있다. 그러면 왜 그러한지 우리 마음 세상(코스모스)을 해체하여 분석하여야 한다. 마음에는 가라지가 나오는 길가밭, 돌밭, 가시덤불밭은 예수 자신이 아니다. 예수 자신이 아닌 것은 항상 변한다. 곧 마음이다. 이를 겉사람이라 칭한다. 그런데 인생들은 변하지 않는 예수 자신이라는 밭(아그로스)을 자신 안에서 발견하지 못하고 평생을 살다가 허무하게 죽는 것을 반복한다. 이 예수 자신(아우토스)이라는 마음 밭(아그로스)을 발견하지 못하고 종교행위만 하다 죽는다면 끝없는 윤회의 구렁텅이에 빠져 고통을 당하게 된다. 너무도 억울하지 아니한가!

※ 아그로스(ἀγρος) 밭에는 두 종류가 나온다. 하나는 아들이요 하나는 악한 자인 가라지다. 겉사람과 속사람이 함께 일하는 밭으로도 나온다. 문장을 따라 해석하여야 한다.

그 하나는 '코스모스(κόσμος)' 마음 밭 안에서 발견할 수 있는 옥토다. 창 1:1절 그 하늘들과 그 땅 안에서 이 아그로스의 밭이 발견되는 것이다. 그래서 아그로스 옥토를 얻기 위해 먼저 와서 있는 마음 밭을 '바라(בָּרָא)' 하신다.

아그로스(ἀγρός) 밭은 코스모스(κόσμος) 마음 밭을 개간해야 등장한다. 그 하늘들(הַשָּׁמַיִם)과 그 땅(הָאָרֶץ)의 마음 밭 안으로 예수 그리스도께서 오셔서 말씀의 씨앗을 뿌리기 위해 개간해야 할 그 밭이다. 그러므로 우주 창조가 아니다. 우주는 우주의 원리대로 그 속성대로 흘러갈 뿐이다. 내 안에서 아그로스의 마음 밭을 발견하면 그때부터는 시공간이 필요하지 않다. 지금 잠깐 입고 있는 몸을 벗든지 벗지 않든지 아무 관계가 없다. 밖의 우주가 없어지는 체험을 한다면 공부하기가 더 좋을 것이다.

(마 13:38) 밭(아그로스)은 세상(코스모스)이요 좋은 씨는 천국의 아들들이요 가라지는 악한 자의 아들들이요
ὁ-δὲ ἀγρός ἐστιν ὁ κόσμος· τὸ-δὲ καλὸν σπέρμα, οὗτοί εἰσιν οἱ υἱοὶ τῆς βασιλείας· τὰ-δὲ ζιζάνιά εἰσιν οἱ υἱοὶ του' πονηρου'· (호-데 아그로스 에스틴 호 코스모스, 토-데 칼론 스페르마, 후토이 에이신 호이 휘오이 테스 바실레이아스, 타-데 지자니아 에이신 호이 휘오이 투 포네루.)

"그러나 그 밭(아그로스)은 그 세상(코스모스)이다, 그 좋은 씨는 그 천국의 그 아들들이다, 그러나 그 가라지들은 그 악한 자(버려진 자)의 아들들이다."

이 문장에서 '그 아그로스(ἀγρός)' 마음 밭은 '그 코스모스(κόσμος)' 마음 밭으로 나온다.

'ὁ-δέ ἀγρός ἐστιν ὁ κόσμος·(호-데 아그로스 에스틴 호 코스모스)': '그러나 그 밭(아그로스)은 그 세상(코스모스)이다.' '그 아그

로스' 마음 밭은 '그 코스모스'의 마음 밭이다. 창 1:1절에 등장하는 '그 하늘들과 그 땅'의 마음 밭 안에서 등장한다. 하나님을 따라가는 자의 마음 밭을 개간하는 이유다. 그 아그로스 마음 밭을 드러내기 위해서다. 이 아그로스 마음 밭 안에 예수 그리스도인 보석이 묻혀 있다. 우주를 창조하는 내용이 아니다. 그래서 비사와 비유의 관계로 된 내용은 대단히 어렵다.

(요 1:10) 그가 세상(코스모스)에 계셨으며 세상(코스모스)은 그로 말미암아 지은 바(기노마이:하나 됨) 되었으되 세상(코스모스)이 그를 알지 못하였고
ἐν τῷ κόσμῳ ην, καὶ ὁ κόσμος δι ' αὐτοῦ ἐγένετο, καὶ ὁ κόσμος αὐτὸν οὐκ ἔγνω.(엔 토 코스모 엔, 카이 호 코스모스 디 아우투 에게네토, 카이 호 코스모스 아우톤 우크 에그노.)

의미를 부여해서 해석한다면 "그가 자녀들 마음 안에서 천국을 계속해서 끊임없이(미완료) 나타내주고 있다(시제 없음)"다.

'그가 세상에 계셨으며'로 오역한 '엔 토 코스모 엔(ἐν τῷ κόσμῳ ην)'은 '그가 그 코스모스(마음) 안에 계셔왔으며(미완료)'다. 이 지구에 유대 땅에 오신 것을 말씀하시는 것이 아니다. 미완료 상태로 계속해서 내면에 오시고 있는 상태를 말씀하고 있다. 완료되지 않은 상태다. 완료될 때까지 계속적이다.

'세상(코스모스)은 그로 말미암아 지은 바(기노마이:하나 됨) 되었으되'로 오역한 '카이 호 코스모스 디아우투 에게네토'는 '그리고 그 마음 세상(밭)은 그를 통하여 (속사람과)하나 되었으니'라고 번역하여야 한다. '지은바 되었으니'로 오역한 1096번 '에게네토(ἐγένετο)'는 과거, 중간디포넌트 동사다. 원형 '기노마이'는 하나 됨을 이야기한다. 속사람과 하나 됨을 이야기하며 하나님에 의해 대상으로 지은 바 된, 피조물이 아니다. 내면의 이야기이며 따라서 대상인 예수가 아니다. 그러

므로 밖으로 향하여 있는 모든 형태의 종교 행위를 장성하여서는 버려야 한다.

예수 그리스도로 말미암아 이생의 자랑, 안목의 정욕, 육신의 정욕으로 채워진 내면의 마음 밭을 해체하고 갈아엎어서 옥토로 만들어 하나님이 거하시는 몸 된 성전을 세우고 예수와 하나 된 살과 뼈를 되찾는 이야기다. 예수 그리스도가 됨을 말씀하신다. 그러므로 예수는 대상이 아니다.

이 세상(공간)이 예수로 말미암아 지어지고 만들어진 것을 이야기하는 것이 아니다. 이 세상(공간)을 창조하는 이야기가 아니다. 모두 비사로 된 말씀이다. 나와 예수와 하나 되는 것을 말씀하신다. 이래서 문명사회(애굽)에서 사는 자들은 이해하기 어렵다. 그렇다면 하나님인 예수가 되었는데 돈과 권세와 세상 지혜는 왜 주지 않는 것인가? 이런 질문을 할 것이다. 성경 말씀은 이 세상 속에서 사는 개념을 모두 초월하는 내용이다. 이 세상과 완전히 거꾸로 가는 내용이다. 인간이 사는 세상 바로 위의 낮은 천상 세계만 하더라도 인간 세상에 있는 개념은 하나도 없다. 늙고 병들고 하는 고통 또한 없다. 돈도 필요 없다. 거기에는 구더기가 좋아하는 배설물들은 존재하지 아니한다.

'세상이 그를 알지 못하였고'로 오역한 '카이 호 코스모스 아우톤 우크 에그노(καὶ ὁ κόσμος αὐτὸν οὐκ ἔγνω)'는 '그리고 그 마음 세상이 그를 이해(인식)하지 못하였고'다.

내면에서의 일이다. 예수 그리스도께서 속사람으로부터 겉사람 안으로 오신 것을 마음(코스모스)이 전혀 모르는 상태다. 예수 그리스도가 이미 코스모스 안으로 오신 것을 모른다. 밖의 세상(공간)에 오신 것을 말씀하고 있는 것이 아니다. 예수 그리스도께서는 마음 안에 이미 오셔서 하나 된 것을 깨닫기를 원하시나 겉사람의 마음 밭의 상태가 그를 인식할 수 없는 상태다. 모두 술에 취해 있으므로 마음이 밖으로 향하고 있다. 그래서 마음 밭을 해체하여 갈아엎어야 한다. 이 내용이 창 1:1절의 내용이며 예수께서 오셔서 말씀하신 '아포 카타볼레스 코스무' 다. 속사람이 오셔서 몸 된 성전을 세울 수 있도록 아그로스 마음 밭으로 개간해야 한다. "천국은 좋은 씨를 제 밭(아그로스)에 뿌린 자와 같다."(마 13:24) 하였다. 겉사람이 깨어있어야 아그로스의 밭에 씨를 뿌리고 키워서 그 열매를 추수해야 한다.

내면에서 하나님과 하나 된 것을 깨닫게 해주시는 말씀인데도 우리의 마음은 이것을 전혀 모른다. 그래서 모두 대상 하나님을 섬긴다. 그러나 대상 하나님은 없다. 만약 대상 하나님이 있다면 그를 당장 죽여야 한다. 이것이 십자가(장대) 사건이다. 숫처녀의 불꽃같은 가슴이 존경하고 사랑하는 그 임을 죽여야 한다. 성경 말씀은 진리다.

이러한 이유로 예수께서는 아직 깨어나지 아니한 제자들에게 비유(파라볼레)로 말씀하실 수밖에 없었다. 그러나 서기관과 바리새인들에게는 처음부터 알아듣지 못하도록 비사(파로이미아)로 말씀하신다(요 10:6).

> 예수께서 이 비유(파로이미아)로 저희에게 말씀하셨으나 저희는 그 하신 말씀이 무엇인지 알지 못하니라(요 10:6)

비유로 오역한 파로이미아는 비사다. 파라볼레(비유)는 파로이미아(비사)를 풀어내기 위함이다. 그러므로 파라볼레(비유)가 내면에 임하지 아니하면 절대로 파로이미아(비사)를 풀어낼 수가 없다. 창 1:1절부터 이 히다(비사)가 시작이 된다. 그러므로 창 1:1절부터 성경 전체가 비사와 비유의 관계로 된 나의 내면의 이야기다. 그러므로 성경 말씀을 풀어내려면 반드시 내면에 생명의 빛이신 파라볼레(비유)가 임해야 알 수 있다. 생명의 빛인 파라볼레(예수)가 임하지 아니한 종교인들이 성경을 해석하여 수많은 사람이 사망의 길로 걸어갔다. 그러므로 비유(파라볼레)는 이론이 아니다. 지성소로부터 나오는 생명의 빛(지혜)으로 곧 예수 그리스도다.

하나님의 생명의 빛이 마음 세상에 이미 와 있으나 맘모나(탐진치 삼독)에 의해 가려져 있으므로 마음 세상을 개간해야 한다. 이미 내면에 와서 있는 이 빛(보석)을 각자가 캐내는 것이 예수 그리스도의 가르침의 실천이며 믿음이며 양육(파이데이아) 받음이다. 각자 자신의 마음 밭을 해체해서 보아야 하는 이유다. 그래야 내면의 마음 밭이 점차 옥토로 개간이 된다. 각자 안에 감추어져 있는 보석을 각자가 발견해서 캐내야 한다. 역사적으로 오신 예수가 대신 보화를 찾아 주시는 것이 아니다. 그러므로 역사적으로 오신 예수가 이야기한 내용을 숙지하였다면 그를 떠나보내고 내면의 마음 밭을 들여다보고 해체하여 옥토로 차근차근 개간해 가야 한다. 이 일은 순간에 이루어지지 않는다. 평생을 통해 개간해야 한다. 석가모니 부처님은 사아승지 십만겁 이전부터 이 일을 해오셨다. 길들어진 마음을 온전히 초월하는 것은 쉬운 일이 아니다.

우리는 깨달은 부처 온전한 하나님이신 예수를 본받아야 하는 것이 아니다. 내가 하나님이 되기 전까지는 십자가에 달리는 예수, 부처가 되기 전의 수행하는 것을 본받아 가야 한다. 그래야 마음 밭이 조금씩 개간이 된다. 마음 밭을 들여다보고 해체하려면 의식 무의식 잠재의식이 어떻게 일어나고 유지하다가 사라지는지 그 뿌리를 보아야 한다. 요나가 바다에서 물고기 뱃속에 들어가 그 뿌리를 보고 나왔다(욘2:6). 그 뿌리에서 나오는 모든 것은 모두 조건에 의하여 일어나고 유지하다가 사라진다. 특별히 무의식의 안을 들여다보아야 하는 내용이 말씀 곳곳에 등장한다. 의식 무의식 잠재의식은 항상 변한다. 꿈에서도 마찬가지다. 이 모두 나의 것도 아니고 나도 아니기 때문이다. 속사람의 아그로스 마음 밭으로 개간해야 물고기 뱃속(스올)으로부터 나올 수 있다.

종교인들은 이천 년 전 오신 역사적 예수에 빠져있다. 이것은 성경 말씀에 기록된 내용과는 전혀 다르다. 모두 물고기 뱃속(스올)에 빠져 있는 것이다. 예수께서 말씀하시길 '자기 자신들 안으로 이미 오셨다' 라고(과거태) 하였다. 그러면 각자 내면에서 이 보화를 찾아서 스올의 그 마음 밭에서 나와야 한다.

그러나 종교인들은 이것을 이해할 수가 없다. '어떻게 나 자신이 예수 그리스도가 될 수 있는가?' '내가 어떻게 하나님이 될 수 있지?' 생각한다. 하나님 말씀은 인간의 머리로 이해하는 것이 거의 불가능하다. 체험하는 수밖에 없다. 우리 안에 예수께서 이미 오셨는데 깨어있지 않으면 알지 못한다. 마음은 정과 욕심으로 가득 채워져 있다. 마음에 세상 욕심이 없고 고요하다고 해서 이 죄가 없는 것이 아니다. 예수께서 우리 안에 오신 것을 모른다면 죄 아래 놓여있으며, 사망 아래 살고 있다. 뱀의 노예로 끊임없이 윤회의 구렁텅이에 빠져있기 때문이다. 이것은 도덕적으로 죄를 안 짓는 것과 전혀 관계가 없다. 종교인들은 서기관들과 바리새인들처럼 종교 행위로 이를 지키려고 애를 써왔다. 이들은 예수를 밖의 대상으로 보았다. 여전히 물고기 뱃속에서 살고 있다.

예수께서 자기 자신 안으로 들어오시다니 무슨 말인지 이들은 이해하려 하지 않는다. 배운 대로 생각할 뿐이다. 그러나 이것을 체험한 자 모두를 이단으로 정죄하여 죽였다. 지금도 수많은 이들이 밖의 예수를 향해 경배한다. 자신 안에서 부활(일어나신)한 예수를 잃어버리고 밖의 다른 예수를 섬기고 있다. 이런 상태로 학자들이 성경을 번역해 버렸다. 나와 예수가 별개가 되어 예수를 섬김의 대상으로 우상으로 만들어 버렸다. 그리고 그 대상 하나님은 그렇게 전지전능하고 위대한 신으로 변질되고 있다. 전지전능하고 위대한 이 하나님은 거짓말하는 자요, 살인자요, 마귀다. 그러므로 삼위일체 교리는 반드시 처단해야 할 교리다. 기독교인들이 믿는 하나님은 마귀요 귀신이다. 모두 이 귀신을 믿고 행복해한다. 사후에 천국에 들어갈 것이라 확신한다. 미쳐도 보통 미친 것이 아니다. 모두 적그리스도들다. 성경 말씀이 무엇인지 몰라서 이런 일이 일어났다. 번역의 잘못으로 이런 결과를 초래했다. 귀신인 전지전능한 이 하나님을 내 손으로 죽여야 내가 자유 할 수가 있다. 반드시 죽여야 한다.

하나님이 나 자신이라면 누가 하나님인 나 자신을 섬기고 예배하며 기도하고 금식하며 돈 십일조 돈 헌금을 하겠는가! 미쳐도 대단히 미쳐있다. 예수께서는 너희가 술 취해 있기 때문이라 말씀하신다. 너희가 모두 독한 독주를 마셨기 때문이라 말씀하신다.

(도마복음 13) 예수가 "나는 네 선생이 아니다. 너희가 취했기 때문에, 내가 이미 다 측량한 샘에서 솟아나는 물을 마시고 너희가 취해 있으므로 너는 그런 말을 한다."라고 말했다.
(사 5:11) 아침에 일찍이 일어나 독주를 따라가며 밤이 깊도록 머물러 술에 취하는 그들은 화 있을진저
(계 17:2) 땅(게)의 임금들도 그로 더불어 음행하였고 땅(게)에 거하는 자들도 그 음행의 술에 취하였다 하고

자신의 내면의 실상을 모르고 밖을 향하고 있는 종교 행위에 빠진 것을 술 취했다고 말씀한다.

(요 10:38) 내가 행하거든 나를 믿지 아니할지라도 그 일은 믿으라 그러면 너희가 아버지께서 내 안(속)에 계시고 내가 아버지 안(속)에 있음을 깨달아 알리라 하신대
(요 14:10) 나는 아버지 안(속)에 있고 아버지는 내 안(속)에 계신 것을 네가 믿지 아니하느냐 내가 너희에게 이르는(랄레오) 말(흐레마타)이 스스로 하는 것이 아니라 아버지께서 내 안(속)에 계셔 그의 일(에르가)을 하시는 것이라
(요 14:11) 내가 아버지 안(속)에 있고 아버지께서 내 안(속)에 계심을 믿으라 그렇지 못하겠거든 행하는 그 일(에르곤)로 인하여 나를 (여겨, 안에서 하나 되어) 믿으라.

인생들은 이천 년간 오실 예수를 부르고 기다리고 있다. 오실 예수에게 열심히 충성하면 믿음이 있다고 인정하고 있다. 그러나 이들 모두 이미 오셔서 내면에 거하시는 그 예수를 모르고 독한 술에 취해 있다.

(요 3:16) 하나님이 세상(그 코스모스)을 이처럼 사랑하사 독생자를 주셨으니 이는 저를 믿는 자마다 멸망치 않고 영생을 얻게 하려 하심이니라

번역이 잘못되었다는 것을 앞에서 보았다.

기독교인들이 성경 말씀 중에서 가장 많이 인용하는 유명한 구절이다. '예수 믿으면 구원된다'라고 아는 구절이다. 이것은 거짓말이다. 원래의 그 의미와 전혀 다른 뜻으로 왜곡하였다.

3439번 '독생자'로 번역된 '톤 모노게네(τὸν μονογενῆ)'는 독생자가 아니다. 독생자로 해석해 버리면 이천 년 전에 역사적으로 오신 한 분 예수로 오해하게 된다. 여기 쓰인 '톤 모노게네'는 바로 각자의 내면 안으로 임하신 그리스도다. 각자 안에 오신 그리스도를 비유하여 설명하시고 있다. 역사적인 내용이 아니다. '주셨으니'로 번역한 1325번 '디도미'는 원래 마음 밭에 묻혀 있었던 보석으로 원래부터 내면에 살고 있었다. 원래부터 내면 안에 있었던 그리스도께서 겉사람 안으로 오신 것을 말씀하신다. 그러므로 '독생자'가 아니라 '단독자'라 해야 옳다. 이 단독자는 대상이 아니다. 불경에서는 누구든지 자신의 마음을 바로 알고 깨달으면 부처가 된다고 하였다. 똑같은 뜻이다. 천상천하유아독존(天上天下唯我獨尊)의 뜻이다. 그러므로 밖의 예수를 섬기는 내용이 아니다. 이천 년 전에 이를 알려주시기 위해 오신 역사적 예수께는 한 번만 감사하면 된다. 마음을 바로 알고 깨달으면 그리스도가 되는 것이, 이 성경 구절의 핵심이다. 예수 그리스도가 마음 안에 이미 와 계신다. '톤 모노게네(단독자)'다.

수많은 종교인이 '하나님이 우리가 살아가고 있는 이 세상(지구)을 사랑하셔서 아들 예수를 보내주신 것으로 오해하고 있다.' 원본 말씀은 예수 그리스도가 바로 내 마음(코스모스) 안에 오시는 것을 말씀하고 있다. 이천 년 전 사건이 아니다. 현재 시제를 사용하고 있다. 여기 등장하는 '세상(코스모스)'은 하나님의 말씀을 받아들이는 '코스모스'

곧 하나님 자녀들의 내면 세상을 뜻한다. 일시적으로 몸과 마음을 뒤집어쓰고 있는 그 이유를 알게 하기 위해서다. 그러므로 몸과 마음에 대해서 관찰하여 몸과 마음의 그 속성을 자세히 파악하여야 한다. 감각적 욕망을 버리고 몸 된 성전이 세워질 좋은 마음(누스)의 그 하늘과 그 땅으로 바뀔 하나님의 자녀들을 뜻한다. 학자들은 '코스모스'를 공간적인 의미로 해석하였다.

성경에서는 두 종류의 세상(코스모스)이 등장하고 있다.

1. 말씀을 받아들일 코스모스를 위해 예수 그리스도가 임하셨다.

2. 다른 하나는 말씀(빛)을 거부하는 세상(코스모스)이다.

몸과 마음의 노예로서 이생의 자랑, 육신의 정욕, 안목의 정욕으로 사는 자들이다. 사망을 당한 코스모스(세상)이며 이들은 애굽 땅(에레츠)을 떠나지 못한다. 이들은 감각적 욕망의 노예가 되어 끊임없이 갈애를 채우려 애쓰며 살아간다. 예수 그리스도가 이 세상(지구) 공간에 와서 무엇을 하겠는가! 자녀들 마음 안으로 오셔서 하나님이 거하실 몸 된 성전을 세우는 일을 하기 위하여 오셨다.

그러므로 '세상'으로 번역된 '코스모스'는 인생의 몸과 마음의 속성에 대하여 말씀하고 있다. 각자의 마음이 하나님의 말씀을 따라 사는가, 아니면 가이사(세상 임금;맘모나)를 따라 사는가로 결정된다.

'저를 믿는 자마다 멸망치 않고 영생을 얻게 하려 하심이니라.'라고 오역한 부분인 '호 피스튜온 에이스 아우톤 메-아폴레타이, 알레케 조엔 아이오니온'은 '(하나 되기 위해)믿어서 저 안으로 들어오는 자는 아이오니온 생을 얻는다.'다. 전체 해석은 "하나님이 나(코스모스)를 이처럼 사랑하셔서 (원래부터 와서 있는) 단독자(속사람)를 (되돌려) 주셨으니, 이는 (하나 되기 위해) 누구든지 믿어서 저 안으로 들어오는 자는 멸망치 않고 아이오니온 생(아버지가 계심)을 소유한다."다.

누구든지 믿어서 그리스도 예수 안으로 들어오는 자는 모두 '단독자'이며 예수와 하나 되어 있다. 이 '모노게네스(단독자)' 안에 아버지가 계신다. 이것이 시공을 초월해 있는 영생으로 오역한 '아이오니온 생'이다. 붓다께서는 열반으로 말씀하신다. 그러므로 대상을 믿는 것이 아니요, 예수와 하나 됨을 말씀하신다. 겉사람을 온전히 초월한 상태다.

애굽 땅을 떠나지도 못한 상태에서 대상인 하나님을 섬기며 믿어보아야 자신의 욕심을 채움이요, 우상을 섬기는 행위일 뿐이며 진리에서 더욱 멀어져 갈 뿐이다. 예수께서 열심히 하나님을 섬기는 서기관과 바리새인들에게 너희 아비는 마귀라 하였다(요 8:44). 하나님과 하나 되려면 반드시 몸과 마음의 속성을 알고 초월해야 한다. 몸과 마음을 초월하면 예수와 하나 되었기에 어떠한 원함도 없다. 종교 행위를 온전히 떠날 수밖에 없다.

"징계는 다 받는 것이거늘 너희에게 없으면 사생자요 참 아들이 아니니라"(히 12:8) 하였다.

번역이 잘못된 것을 앞에서 보았다.

'징계'로 번역한 '파이데이아(παιδεία)'는 훈련, 교육, 양육을 뜻한다. 하나님의 자녀에게만 하는 양육이다. 참 아들에게만 이 훈련을 하신다. 각자의 내면으로 오셔서 '아포 카타볼레스 코스무'의 일을 하신다. 윤회의 속성을 알고 그 윤회에서 벗어나게 하신다.

8. 성경에 두 어머니의 태가 등장한다.

하나는 사라의 태이며 하나는 하갈의 태다. 모두 히다로 되어 있다. 하갈의 태는 하나님과의 단절이다. 곧 윤회의 삶에서 벗어날 수 없음을 이야기한다. 우리가 하갈의 태 안에 있을 때, 죄로 인하여 죽어 있을 때를 '프로 카타볼레스 코스무'라고 말씀하였다. 그러나 이때에도 "아버지여 창세 전(πρό καταβολῆς κόσμου·프로 카타볼레스 코스무)에 내가 아버지와 함께 가졌던(에이미;현재형) 영화(거룩)로써 지금도 아버지와 함께 나를 영화롭게 하옵소서"(요 17:5) 하였다. 그리고 예수께서 오셔서 죽어 있는 우리의 마음 밭을 갈아엎어서 옥토로 개간하여 열매를 맺어 하나님께 드리게 됨을 사라의 태로 옮기었다 하였다. 이 일(에르가)을 '아포 카타볼레스 코스무'를 통해서 아버지와 하나 됨을 현재 계속해서 드러내신다.

'아포 카타볼레스 코스무'가 일어나려면 반드시 하갈의 태(프로 카타볼레스 코스무)에 먼저 들어가 있어야 한다.

'카타볼레스 코스무'는 조건 지어져 나온 그 고통의 원인을 알게 해서 근원(베레쉬트) 곧 휘장 너머의 세계로 안내하는 역할을 하신다. 그러므로 '카타볼레스 코스무'는 죄를 없이 하시는 예수 그리스도의 속성이다. 휘장 너머의 세계, 지성소는 영생으로 오역한 '에이스 투스 아이오나스'로 이는 조건 지어져 나온 세계가 아니다. 천국이며 열반으로 이름할 뿐이다.

몸과 마음은 조건 지어져 생겨났다. 조건 지어져 나온 세계를 예수께서 십자가에서 찢어버리고 휘장 너머의 세계로 들어가셨다. 마음(휘장)에서 일어나는 윤회의 세계에서 온전히 벗어났음을 말씀하고 있다. 새 하늘 새 땅이 내면에 도래한 것이다.

9. 창조주와 피조물에 대하여

성경 말씀에 창조주와 피조물에 대한 말씀은 없다. 창조주와 피조물은 성경에 없는 거짓이다. 종교인들과 학자들이 성경 말씀을 오해하여 위대하고 전지전능한 하나님이 시간과 공간과 물질을 창조하였다고 생각하여 창조주와 피조물이 나오게 되었다. 성경 말씀은 모두 비사와 비유와의 관계 속에 등장한다.

하나님은 보이는 것이든 보이지 않는 것이든 어떤 것도 창조하지 않았다. 나타난 것은 모두 조건이 되어 나타났으며 유지하다가 변하고 조건이 되면 사라지기를 반복하고 있을 뿐이다. 나타난 것은 모두 무상하고 고통이며 자아라는 것은 없다. 그러나 하나님은 결코 변함이 없다. 변하지 않는 하나님이 변하는 것을 만드실 수 없다. 나타난 것은 어떤 것이든 모두 죄로 인하여 나타났다고 하는 것이 성경 말씀이다. 그러므로 나타난 것은 그 어떤 것이든 영원하거나 불변하는 것이 아니다. 창조와 피조물로 나온 구절들이 많아 자세히 다루려면 많은 지면이 필요해서 몇 개의 구절만 다루어 보겠다.

(엡 3:9)영원부터 만물을 창조하신 하나님 속에 감취었던 비밀의 경륜

이 어떠한 것을 드러내게 하려 하심이라
καὶ φωτίσαι πάντας τίς ἡ κοινωνία τοῦ μυστηρίου τοῦ ἀποκεκρυμμένου ἀπὸ τῶν αἰώνων ἐν τῷ θεῷ, τῷ τὰ-πάντα κτίσαντι διὰ 'Ιησοῦ χριστοῦ,

3622 οἰκονομία (오이코노미아) 청지기직분
3623 οἰκονομός (오이코노모스) 청지기
3624 οἰκός(오이코스) 집, 3551 νομός(노모스) 율법
청지기 직분은 말씀으로 내면에 하나님의 집(성전)을 짓는 직분이다.

개역 성경	KJV 번역	헬라어 성경
엡 3:2 은혜의 (경륜)	dispensation	οἰκονομία(오이코노미아)
엡 3:9 비밀의 (경륜)	stewardship	οἰκονομία(오이코노미아)

경륜으로 번역한 3622번 오이코노미아(οἰκονομία)는 9회 쓰였다.

눅 16:2 보던 일을	고전 9:17 직분을	엡 3:9 경륜이
눅 16:3 직분을	엡 1:10 경륜을	골 1:25 경륜을
눅 16:4 직분	엡 3:2 경륜을	딤전 1:4 경륜을

'경륜' 이라는 단어의 뜻을 찾아보니
① 포부를 가지고 일을 조직적으로 계획함. 또는 그 포부나 계획. ~을 쌓다, ~이 있는 사람.
② 나라를 다스림. 또는 나라를 다스리는 데 필요한 경험과 능력.
경륜이라는 뜻이 이 문장에 맞지 않는다.

오이코노미아의 뜻은 말씀으로 마음 밭을 옥토로 개간하여 하나님이 거하시는 몸된 성전을 건축하는 일을 뜻한다.

3466번 비밀로 번역한 뮈스테뤼온(μυστήριον)은 감추어진, 비밀의 뜻이다. 속사람(천국)은 겉사람으로부터 감추어져 있어서 겉사람의 안이비설신의를 통해서는 알 수 없는 세계다. 말씀으로 몸 된 성전을 세

우는 것은 겉사람은 알 수 없는 비밀이다. 그러므로 비밀의 경륜이라고 번역을 하면 안 맞는다.

"영원부터 하나님 속에 감추었던"으로 번역한 부분은 큰 오역이다.

τοῦ ἀποκεκρυμμένου ἀπὸ τῶν αἰώνων ἐν τῷ θεῷ,(투 아포케크륍메누 아포 톤 아이오논 엔 토 데오,)

"그 하나님 속에서의 그 아이오논으로부터 감추어졌었던,"

'그 아이오논(τῶν αἰώνων· 톤 아이오논)'은 번역하기가 어려워 불경에서는 열반으로 설명하고 있으며 이 아이오논 안에 아버지가 계신다. 아이오논에는 겉사람의 아이오논과 속사람의 아이오논이 성경에 등장한다. 겉사람의 아이오논이 십자가를 통과하면 속사람의 아이오논이 나타난다.

번역이 안 되는 문장으로 아이오논은 시공을 초월하여 있는 지성소 안을 뜻한다. 그 아이오논 속에 감추어졌었던 것은 아버지와 하나 된 아들 예수 그리스도다. 이것이 겉사람에게 감추어진 비밀(뮈스테리온)이다. 그러므로 아이오논은 '영원히'와 전혀 관계가 없는 뜻이다. 그래서 아이오논 안에 있는 예수 그리스도가 문장 뒷부분에 나오고 있다.

'만물을 창조하신'으로 오역한 문장 뒤에 '디아 예수 크리스투'가 한글 번역에 빠져있다.

τῷ τὰ-πάντα κτίσαντι διὰ 'Ιησοῦ χριστοῦ,(토 타-판타 크티산티 디아 예수 크리스투.)

'만물'로 번역한 판타(πάντα)는 1243회 쓰였으며 만물, 만유, 만민, 모든 것으로 번역하였고, 구약에서는 짜바(צָבָא)로 486회 쓰였다.

(창 2:1) 천지와 만물이 다 이루니라

וַיְכֻלּוּ הַשָּׁמַיִם וְהָאָרֶץ וְכָל־צְבָאָם׃

(바예쿨루 핫샤마임 베하아레츠 베콜-쩨바암)

"이로써 그 하늘들과 그 땅의 모든 군대(주인 됨)가 완성(완료)되었다."

몸과 마음을 온전히 초월한 내용이다. 그 하늘들과 그 땅의 모든 속성을 온전히 정복(초월)한 하나님의 군대로서 그 주인이 되었다. 예수 그리스도다.

'바예쿨루' (이로써 완성되었다)

'바예쿨루' 는 접속사 '바(그리고)' 가 '킬라(마치다, 이루다, 성취하다의 뜻인 '킬라' 동사의 강의 형)' 의 수동태에 접두된 와우 연속법이다. '바예쿨루' 는 하나님이 온전케(아사) 하신 모든 것(하나님의 군대, ~백성)을 보시니 매우 좋았다고 부족함 없이 완성되었음을 선포하고 있다.

- 짜바(צָבָא)에 대하여: 마음의 하늘에는 새가 날아다니고, 땅에는 기는 것, 네발 달린 것, 육축, 짐승과 땅속에 사는 것, 그리고 바다에 사는 각종 물고기는 하나님을 모르는 이방인들로 나오고 있다. 이들 모두에게 말씀으로 변화시켜 예수 그리스도의 신부(십사만 사천)들로 나오게 하신다. 불경에서는 팔만사천 번뇌로 설명한다.

'쩨바암(צְבָאֹם)' 과 '쩨바오트(צְשָׁאוֹת)'

'쩨바암' 은 '짜바' 의 남성 복수이며 '쩨바오트' 는 여성 복수로 등장한다. '짜바' 는 주인, 군대, 큰 무리, 봉사, 일, 싸움, 전쟁을 위하여, 군장, 일월성신, 별, 만군의, 만상, 백상, 만물 등으로 번역하였다.

창세기 2:1절의 '쩨바암' (주인들, 하나님의 군대)이란 무엇을 일컬음인가? 하나님은 처음 그 하늘들과 그 땅을 해체하여 그 실체를 드러내시고 옥토로 개간하신다. 이생의 자랑, 안목의 정욕, 육신의 정욕으로 가득한 그 마음 밭을 그 하늘들과 그 땅이라 말씀하신다. 그 하늘들과 그 땅을 새롭게 개간하시면서 거기에 궁창(하늘들)과 얍빠샤(메마른 땅)와 바다(얌)를 다스릴 수 있게 감추어진 그 속성을 드러나게 하였다. 그리고 그 하늘들과 그 땅과 그 바다를 초월하여 다스릴 수 있게 하신다. 바로 그 주인인 예수 그리스도다. 이는 대상이 아닌 나(예수차원)의 원래의 본성, 원래의 본 성품을 이야기하고 있다. 히다다.

히브리어 성경은 다스리는 자(섬기는 자)' 를 남자로, 다스림(섬김)을 받는 자를 여자로 표현하고 있다. 그래서 남자와 여자는 항상 하나로 있다. (밖에 보이는 남자와 여자를 이야기하는 것이 아니다.)

'쩨바암' 은 다스리고 다스림을 받는 자들과의 관계성 속에서는 남자로 '쩨바오트' 는 여자로 이 둘은 주이신 하나님으로부터 인도하심을 받으므로 하나님과의 관계성에서는 모두 여자가 된다. 그리하여 자칼(남자)과 네케바(여자)가 온전히 하나 되어 여섯째 날을 지나 일곱째 날 안으로 들어가 아버지와 하나를 이룬다. 그리고 "이로써(마음의) 그 하늘들과 그 땅의 모든 (하나님의) 군대(주인 됨)가 완성(완료)되었다."

> 보라 내가 새 하늘과 새 땅(에레츠)을 창조(바라)하나니 이전 것은 기억되거나 마음에 생각나지 아니할 것이라(사 65:17)
>
> 또 내가 새 하늘과 새 땅(게)을 보니 처음 하늘과 처음 땅(게)이 없어졌고 바다도 다시 있지 않더라(계 21:1)

같은 내용으로 몸과 마음을 온전히 초월하고 다스리는 내용이다.

불경으로 말하면 온전히 깨달은 아라한이 된 내용이다. 그러므로 깨닫지 못하고, 몸과 마음을 온전히 초월하지 못하고 해석하는 그 모든 해석은 의미가 없다. 특히 창세기 1장, 2장 3장의 내용은 깨닫지 못하고 해석하는 것은 거리가 아주 멀다. 그러므로 특히 문법으로 창 1장에 접근하는 것은 불가능하며 그 의미가 나오지 않는다. 온전히 깨달은 자, 내면에서 일어나는 일이기 때문이다.

마음의 하늘에는 새가 날아다니며, 땅에서는 기는 것과 네발 달린 것, 육축, 짐승, 땅속에 사는 것, 바다에는 각종 물고기가 살아간다. 이 모두가 짜바(판타)다. 이방인으로 번역되었고 계시록에서는 이 모두가 변화된 십사만 사천으로 등장한다. 모두 겉사람 속에서 사는 이방인들이며 현시대에서는 심리 현상들로, 각종 알음알이 번뇌 망상 등으로 표현하고 있다.

엡 3:9절 판타를 '창조하신' 으로 오역한 2936번 크티조(크티산티;과

거분사,남성,단수)가 등장한다. 크티조는 말씀으로 겉사람을 변화시키는 내용으로 겉사람 안에 하나님을 모르는 모든 이방인에게 말씀을 주어 아버지에게 돌아오게 하는 내용으로 길가밭, 돌밭, 가시덤불밭을 옥토로 개간하는 내용이다. 창 1장에 바라 하시는 내용이다. 이를 예수께서는 아포 카타볼레스 코스무를 통하여, 메타노에오를 통하여 말씀의 씨를 마음 밭에 뿌리시기 위해 일하신다. '창조하신'으로 오역한 헬라어 크티조(κτίζω)는 창 1:1절의 창조하다 라고 오역한 히브리어 바라(בָּרָא)동사와 동의어이며 모두 히다로 되어 있다. 히다는 반드시 마솰이 등장해야 그 의미가 열린다. 창 1:1절의 '바라' 동사가 계시록 마지막까지 등장한다.

번역된 엡 3:9절의 내용은 원래의 그 의미와 전혀 맞지 않는다.

겉사람의 마음 밭을 옥토로 개간하여 감추어졌던 지성소 안에 아버지와 하나가 되어 있는 예수 그리스도를 나타내기 위함이며 만물을 창조하신 내용이 아니다. 나타난 만물은 모두 조건이 되어 나타났다. 나타난 것은 변화되며 결국 사라지기를 반복할 뿐이다. 그러므로 변하지 않는 예수 그리스도와 아무 관련이 없다. 그래서 나타난 것은 모두 죄로부터 기인하였다. 심지어 속사람으로부터 밖에 나타났던 예수 또한 결국 달아매 죽여야 한다고 하였다. 뱀은 뱀인데 놋 뱀이다. 하나님이 변하는 만물, 가짜를 왜 창조하겠는가! 겉사람으로부터 나타난 것은 모두 가짜이며 죄라고 말씀하고 있다.

창 1:1절의 의미는 "엘로힘(하나님)이 베레쉬트를 드러내기 위해(베레쉬트와 하나 되기 위해) 마음의 그 하늘들과 마음의 그 땅을(옥토로) 개간하시느니라."

겉사람 안에 있는 정과 욕심을 내려놓기 위함이며, 술 취해 있음에서 깨우기 위해 일하시는 내용이다. 천지를 창조하는 내용이 아니다.

(골 1:16) (그)만물(파스)이 그에게 창조되되(크티조) 하늘(οὐρανός 우라노스)과 땅(γη 게)에서 보이는 것들과 보이지 않는 것들과 혹은 보

좌들이나 주관들이나 정사들이나 권세들이나 만물(파스)이 다 그로 말미암고 그를 위하여 창조(크티조)되었고

번역이 원래 의미에 조금도 접근하지 못하였다.

'만물'로 번역한 '파스, 판타'는 마음 안에서 일어나는 모든 심리 현상을 비사로 설명하고 있다. 마음의 하늘과 땅과 바다 안에는 무수한 심리 현상이 있다. 곧 의식, 무의식, 잠재의식 안에는 하나님을 모르는 무수한 이방인들이 살고 있으며 이들이 십사만 사천으로, 불경에서는 팔만사천 번뇌로 비유하여 설명하고 있다.

하나님을 모르는 이 만물(파스)들이 내면에 계신 하나님에 의하여 '크티조' 곧 변화하게 만드신다. 불경에서는 사념처와 팔정도 수행으로 설명하고 있다.

마음의 하늘은 미래(바라는 것) 지향을 의미하며, 땅은 이루어진 것들 곧 나는 사람이다, 이름이 무엇이며, 남자이며, 나는 교수이며, 또 공부를 얼마나 했으며 물질이 얼마나 되고 자녀가 몇이며 세상의 지위가 어느 정도이고 내가 이루어놓은 모든 것이 땅으로 비유한다. 이 땅을 딛고 바라는 것이 있다. 모두 정과 욕심이다. 이것들은 썩어서 하늘나라를 유업으로 받을 수 없는 마음 땅(게)의 것으로 나오고 있다(고전 15:50). 겉사람에게 이루어진 모든 것들은 모두 변화된다. 태어나면 반드시 늙고 병들고 죽는다. 변하는 것은 무엇이든지 하나님의 속성이 아니다. 바로 갈아엎어야 할 땅(게)의 속성이다. 하나님은 결코 변할 수 없기 때문이다. 처음 그 하늘과 그 땅은 모두 변한다. 바다는 무의식을 의미한다. 우리는 무의식을 들여다볼 수 없다. 그러나 예수님이나 부처님은 무의식을 모두 아시고 초월하시고 다스리셨다. 의식 무의식 잠재의식의 모든 것을 예수 그리스도에 의하여 초월하시고 다스리시는 것을 창조하다 라고 오해하여 번역하였다.

(롬 1:20) 창세로부터 그의 보이지 않는 것들 곧 그의 영원하신 능력과

신성이 그 만드신 만물에 분명히 보여 알게 되나니 그러므로 저희가 핑계치 못할지니라
(τὰ-γὰρ ἀόρατα αὐτοῦ ἀπὸ κτίσεως κόσμου τοῖς ποιήμασιν νοούμενα καθορᾶται, ἥ-τε ἀΐδιος αὐτοῦ δύναμις καὶ θειότης, εἰς τὸ ειναι αὐτοὺς ἀναπολογήτους.·
타-가르 아오라타 아우투 아포 크티세오스 코스무 토이스 포이에마신 누메나 카도라타이, 헤-테 아이디오스 아우투 듀나미스 카이 데이오테스, 에이스 토 에이나이 아우투스 아나폴로게투스.)

번역이 매우 잘못되었다.

'창세로부터' 로 번역한 '아포 크티세오스 코스무(ἀπὸ κτίσεως κόσμου)' 에 대하여, '아포(ἀπὸ)' : 전치사, '~이후에, ~부터', '크티세오스(κτίσεως)' 는 소유격이며 원형은 '크티시스(κτίσις)' 다.

'크티세오스' 는 '크티시스' 의 소유격으로 창세기 1:1절에 '창조하다' 라고 오역한 '바라' 와 상응한다. 예수께서 사용하여 말씀하신 카타볼레의 다른 표현이다. 마음 안에 있는 이생의 자랑, 안목의 정욕, 육신의 정욕을 버리게 하는 뜻이다. 마음 밭을 갈아엎어서 말씀의 씨앗을 뿌릴 수 있도록 마음 밭을 옥토로 개간하는 내용이다.

'코스무' 는 '코스모스' 의 소유격이며 '코스모스' 는 인생의 몸과 마음을 비유로 나타낸다.

예수께서 '창세로부터' 말씀하신 것이 '아포 카타볼레스 코스무' 인데 이것과 같은 표현이지만 바울 사도가 다른 단어를 사용하여 표현하고 있다.

예수께서 사용하신 '카타볼레' 는 마음 밭을 해체하여 뒤집어엎어 그 실체를 드러내는 뜻으로 말씀의 씨를 마음 밭에 뿌리기 위해 길가밭, 가시덤불밭, 돌밭을 옥토로 개간하여 말씀의 씨를 뿌리신다.

롬 1:20절에 2937번 '크티시스(κτίσις)' 를 사용하였다. 크티시스와 카타볼레는 창 1:1절 '창조' 로 오역한 히브리어 1254번 '바라' 와 같은

뜻의 헬라어다. 그러므로 '창세로부터'가 아니라 내면에 있는 이생의 자랑, 안목의 정욕, 육신의 정욕, 곧 정과 욕심의 그 실체를 드러내어 그 속성을 알게 하시고 내려놓게 하는 것이 히브리어 '바라'이며 헬라어의 '크티시스와 카타볼레'다.

2936번 '크티조(κτίζω)' 역시 2937번 '크티세오스(κτίσεως)'와 동의어다. 그러므로 크티조와 크티세오스는 같은 뜻으로 사용되어 나온다. 모두 죄를 없이 하는 하나님의 속성이다. '크티시스'나 '크티조'는 한글 성경에서 모두 창조하다, 지음, 피조물로 번역하여 크게 오해케 하는 내용으로 창조하심도 피조물도 아니다.

'창세로부터'로 오역한 그 내용은 "그리스도의 말씀이 임하여서 나의 마음(세상)의 정과 욕심을 내려놓게 되는 때로부터"로 해석하여야 사도 바울이 의도하고자 하는 내용에 접근이 된다.

롬 1:20절 의역을 하면

"왜냐하면 나의 마음(세상)의 정과 욕심을 내려놓게 되는 때로부터 볼 수 없는 것(하나님이 거하시는 몸 된 성전)들 곧 그 온전하게 세우신(몸 된 성전) 것에 분명히 보여 알게 되나니(수동태), 역시 그 영원하신 능력과 신성이다, 이는 저희가 핑계치 못할 것이다."

핑계치 못할 이유는 각자 안에 하나님의 몸 된 성전이 세워지기 때문이며 그렇지 않은 자들은(대상 예수를 섬기는 자) 18절 불의로 가득 채워진 사람들로서 몸 된 성전이 세워지지 아니한 자들이다. 이들은 밖의 대상 하나님을 섬기는 자이며, 스스로 곁길로 간 자들이다. 사도 바울은 그의 놀라운 능력과 신성으로 하나님이 거하시는 몸 된 성전이 내면에 세워지는 것을 말씀하고 있다. 그런데 번역된 내용은 그 의미와 전혀 다르게 번역하고 있다.

(골 1:20) 그의 십자가의 피(피를 통하여)로 화평을 이루사 만물(파스) 곧 땅(게)에 있는 것들이나 하늘에 있는 것들을 그로 말미암아(그 안에서) 자기(자신 안으로)와 화목케 되기를 기뻐하심이라

겉사람 안에 있는 모든 심리 현상들이 예수의 십자가의 피를 통하여 하나 되기를 원하고 있다. 마음을 초월하여 다스리고자 하는 내용이다.

(요 1:3) 만물(판타)이 그로 말미암아 지은바 되었으니 지은 것이 하나도 그가 없이는 된 것이 없느니라
Πάντα δι' αὐτοῦ ἐγένετο, καὶ χωρὶς αὐτοῦ ἐγένετο οὐδὲ ἕν ὃ γέγονεν.(판타 디 아우투 에게네토, 카이 코리스 아우투 에게네토 우데 헨 호 게고넨)

"판타들이 그를 통하여 하나가 되어졌고(과거,디포넌트) 그리고 그가 없이는 어느 것도 하나가 된 것이 없다(과거,디포넌트)."

하나님이 세상 만물을 창조하신 것으로 오해하게 번역하였다. 하나님의 자녀 내면에서 하나님의 말씀에 의한 겉사람과 하나 되는 일을 말씀하고 있다. '판타'들은 내면에 있는 십사만 사천의 모든 속성으로 말씀(흐레마)으로 인하여 모두 하나님의 군대(신부)가 되었다. 하나님은 이들의 주인으로 이들을 다스린다.

이 문장에 1096번 '기노마이'가 세 번 쓰였다. 하나 됨의 뜻이다. 앞에 나오는 두 단어는 디포넌트 동사로 쓰였고 마지막 한 단어는 완료 능동태로 쓰였다. 판타(내면의 모든 심리현상, 십사만사천)들이 하나님에게 헌신하여 하나가 되는 것을 말씀하고 있다. 내면에 있는 각종 번뇌 망상은 하나님이 지으신 것이 아니다. 모두 죄로 인함이다. 번뇌 망상을 모두 초월하면 예수의 거룩한 신부가 된다. 내면에서 일어나는 일이며 모두 파로이미아(비사)로 된 내용이다. 예수께서 휘장을 찢는 것으로 온전히 마음을 초월하신다.

※ 많고 많은 번뇌 망상(파스)을 하나님이 창조하셨다고 하는 것은 말도 안 되는 내용이다. 하나님의 말씀을 따라가는 자들도, 짐승도, 잡아먹고~, 욕심으로 돈도 벌어야 하고, 손해도 보고, 억울함도 당하고, 마음속으로 온갖 나쁜 생각을 많이 하게 되는데 이것들을 정결하신 하나

님이 창조하였다는 것은 어린아이들도 웃고 갈 이야기다.

노아 방주를 완성하고 나면, 정결한 짐승 일곱 쌍과 부정한 짐승 두 쌍이 노아의 내면에 드러난다. 말씀에 의한 백이십 년간의 긴 훈련을 지났기 때문이다. 여호와 하나님이 이들을 방주 안으로 이끄신다. 정결한 짐승이든 부정한 짐승이든 하나님이 만드신 것이 아니다. 이것들을 방주 안에서 말씀으로 훈련하여 모두 온전하게 정결한 짐승으로 바뀌게 하여 방주 밖으로 이끄신다. 그리고 이 정결한 짐승을 제물로 드리게 된다. 이는 노아 자신을 드림이다. 마음을 말씀으로 초월하는 내용이다.

종교인들이 학자들이 위대하신 하나님이 천지 만물을 창조하신 것으로 오해하여 벌어진 일이다. 그래서 이치에 맞지도 않은 해석들이 등장하였다.

(요 1:4) 그 안에 생명이 있었으니 이 생명은 사람들의 (그)빛이라
ἐν αὐτῷ ζωὴ ην καὶ ἡ ζωὴ ην τὸ φῶς τῶν ἀνθρώπων·
(엔 아우토 조에 엔, 카이 헤 조에 엔 토 포스 톤 안드로폰.)

"그의 안에 생명이 계속해서 드러나고 있으니(미완료) 이 생명은 그 사람들의 그 빛으로 계속해서 나타나시니라(미완료)."

'판타, 파스'를 '만물'로 번역하였는데 판타 속에 생명의 빛이 있었다. 생명의 빛인 믿음의 선진(예수)이 함께 하였으나 내면의 각종 심리 현상들과 번뇌 망상들이 처음에는 이(생명의 그 빛)를 깨닫지 못하는 상황이 일어난다.

(요 1:5) 빛이 어두움에 비취되 어두움이 깨닫지 못하더라
καὶ τὸ φῶς ἐν τῇ σκοτίᾳ φαίνει, καὶ ἡ σκοτία αὐτὸ οὐ-κατέλαβεν.
그리고 그 빛이 그 어둠 안에 비취되 그 어둠이 그 빛을 소유하지(넘

겨받지) 못하더라.

2638번 '카타람바노(καταλαμβάνω)' : 소유하다. 넘겨받다. '빛(φῶς 포스)' 은 예수 그리스도를 말씀하며, 사람들 내면으로 그리스도의 빛이 비쳐오면 처음에는 소유하지 못하는데 그 의미를 모르기 때문이다. 이들의 마음이 밖으로 향해 있기 때문이며 대상 하나님을 섬기기 때문에 발생하는 문제다.

(골 1:17) 또한 그가 만물보다 먼저 계시고 만물이 그 안에 함께 섰느니라

καὶ αὐτός ἐστιν πρὸ πάντων, καὶ τὰ-πάντα ἐν αὐτῷ συνέστηκεν·

번역이 잘못되었다.

"예수 그리스도가 판타보다 으뜸으로 계셔서 예수 안에서 그 판타들이 함께 설립(하나 됨)되었다." 예수께서 주관하여 판타와 하나의 지체가 되어 몸된 성전을 세우시는 내용이다. 겉사람 안에 있는 모든 판타들을 말씀으로 돌아오게 하여서 하나 되게(몸 된 성전을 세움) 하였다고 말씀하신다. 그래서 다음 구절이 연이어 나온다.

(골 1:18) 그는 몸인 교회의 머리라 그가 근본이요, 죽은 자들 가운데서 먼저 나신 자니 이는 친히 만물의 으뜸이 되려 하심이요.

καὶ αὐτός ἐστιν ἡ κεφαλὴ τοῦ σώματος τῆς ἐκκλησίας· ὅς ἐστιν ἀρχή, πρωτότοκος ἐκ τῶν νεκρῶν, ἵνα γένηται ἐν πᾶσιν αὐτὸς πρωτεύων,(카이 아우토스 에스틴 헤 켑팔레 투 소마토스 테스 엑클레시아스 호스 에스틴 아르케, 프로토토코스 에크 톤 네크론, 히나 게네타이 엔 파신 아우토스 프로튜온)

이 또한 번역한 내용이 오해를 불러일으킨다. 건물 교회를 세운 것

이 아니다.

"그가 그 몸인 그 엑클레시아의 그 머리이며 근본(근원)이며, 그 죽은 자들 속에서 으뜸(처음)으로 나오신 자이며, 파스들 속에서 으뜸이 되려 하심이다."

'그 몸(소마)인 그 엑클레시아'는 내면에 있는 몸 된 성전을 뜻한다. 그러므로 엑클레시아는 밖에 있는 건물 성전과 아무 관계가 없으며 교회가 아니다. '그가 내면에 세운 하나님이 계시는 그 몸 된 성전의 그 우두머리'라고 정의하고 있다. 단독자가 된 상태다. '교회'로 오역한 단어가 '엑클레시아(ἐκκλησία)'다.

1577번 ἐκκλησία(엑클레시아): 1537번, 2564번의 합성어.
1537번 ἐκ(에크): 전치사. ~속에서 밖으로.
2564번 καλέω(칼레오): 부르다.

※ '엑클레시아'는 '죄 아래에서 밖(예수 안)으로 불러내었다.' 또는 '종교 아래에서 밖(예수 안)으로 불러내어 단독자가 되게 하였다'라는 뜻이다. 왜냐하면 각자 내면에 하나님과 하나 된 몸 된 성전을 세웠기 때문이다. '율법 아래에서 예수 그리스도 안으로 불러내었다'라는 뜻이다. 계시록에 등장하는 일곱 에클레시아는 모두 하나님을 따라가는 자 내면에 있는 엑클레시아다. 교회가 아니다. 몸 된 성전을 의미하고 있으나 모두 하나님의 말씀에서 벗어나 있어서 돌이켜야 하는 상태다. 그가 죽어 있는 모든 파스(모든 심리 현상들)의 우두머리가 되시어 이들을 모두 깨어나게 하여서 이들과 하나 되어 몸 된 성전을 세우신다. 말씀으로 깨닫게 하시며 내면의 모든 심리 현상을 드러내어 올바르게 인도하는 내용이다.

여자(귀네)는 교회(엑클레시아)에서 잠잠하라(고전 14:34)
αἱ γυναῖκες ὑμῶν ἐν ταῖς ἐκκλησίαις σιγάτωσαν·
(하이 귀나이케스 휘몬 엔 타이스 엑클레시아이스 시가토산)

그 여자들은 그 엑클레시아 안에서 고요하라(평화를 유지하라)
몸된 성전을 이룬 자는 곁사람으로 향하는 그 속성(여자)을 내려놓으라 하신다. 곁사람의 우두머리(옛 뱀)인 대상 예수에게 가지 말라 하신다.
(고후 5:17) 그런즉 누구든지 그리스도 안에 있으면 새로운 피조물(크티시스: 새롭게 된)이라 이전 것은 지나갔으니 보라 새것(새사람)이 되었도다
ὥστε εἴ τις ἐν χριστῷ, καινὴ κτίσις· τὰ ἀρχαῖα παρῆλθεν, ἰδοὺ γέγονεν καινὰ τὰ πάντα.

번역된 내용이 원래의 그 의미와 아무 관계가 없다.

크티시스(κτίσις)의 사전적 의미
2937번 κτίσις(크티시스) 2936번에서 유래; '최초의 창조'(본래의 의미로 '행동', 함축적으로 '물건'(문자적으로 혹은 상징적으로), 건물, 창조, 피조물, 법령 <고후 5:17>여명. creation;
2936번 κτίζω(크티조) 아마도 2932와 유사어에서 유래(공장주의 소유권 의미에서); '만들어내다', 즉(근본적으로는, '만들다') '주조하다', 창조하다. <고전 11:9; 골 1:16>동사 to create;
2932번 κτάομαι(크타오마이) 기본 동사; '얻다', 즉 '획득하다'(어떤 수단으로, '소유하다'), 준비하다, 구매하다. <눅 18:12>동사 to get;

※ 사전적 의미로 보면 그 뜻이 잘못되었다는 것을 알게 된다. 이들은 그 당시 세상 사람들이 사용하는 개념으로 사전을 만들었다는 것을 알 수 있다. "무엇이든지 그리스도 속(안)에 있으면 새롭게 나타난 그리스도다. 옛것은 사라졌다. 보라 그 판타들이 새롭게 되었다."

그 판타들이 예수 그리스도 안에서 하나 되어 있는 것을 말씀하고 있다. 몸 된 성전을 세운 지체들로 하나 되어 있다. 그러므로 새롭게 나

타난 그리스도는 피조물이 아니다. 하나님의 아들은 하나님이 말씀으로 낳은 하나님 아들이다. 피조물이 아니다. 종교인들이 오해하고 번역하였으므로 이런 일이 발생하였다. 하나님이 거하시는 몸 된 성전이 된 새사람(그 하나님의 그 아들)을 뜻한다. 새 하늘 새 땅이 된 예수 그리스도의 신부가 되었다 하였다. 예수와 하나 되어 몸 된 성전 안에 서 있는 이는 피조물이 아니다. 지성소 안에는 피조물은 절대로 있을 수 없다. 오직 하나님만이 지성소 안에 거하실 수 있다. 비사(히다)로 되어 있는 내용으로 대제사장도 피를 들고 1년에 한 번 들어오지만, 반드시 밖으로 나가야 한다.

"또 내가 새 하늘과 새 땅을 보니 처음 하늘과 처음 땅이 없어졌고 바다도 다시 있지 않더라 또 내가 보매 거룩한 성 새 예루살렘이 하나님으로부터 하늘에서 내려오니 그 예비한 것이 신부가 남편을 위하여 단장한 것 같더라"(계 21:1-2)

(롬 8:22) 피조물이 다 이제까지 함께 탄식하며 함께 고통받는 것을 우리가 아나니

οἴδαμεν-γὰρ ὅτι πᾶσα ἡ κτίσις συστενάζει καὶ συνωδίνει ἄχρι τοῦ νῦν·

(오이다멘-가르 호티 파사 헤 크티시스 쉬스테나제이 카이 쉬노디네이 아크리 투 뉜)

번역이 잘못되었다.

"왜냐하면 지금까지 함께 재난을 맛보는 함께 고통받는 (말씀으로) 개간(훈련) 하는 그 모든 자를 우리가(1 인칭) 이미 알고 있다."

크티시스는 하나님(말씀)에 의해 일어난다.

예수 그리스도 안에서 하나 되어 있으므로 아버지와 아들도 말씀으로 고난받는 자녀들을 모두 알고 있다. "술 취해 있는 하나님 자녀를 다시 찾고자 함이다." '피조물'로 번역한 '헤 크티시스'는 술에 취해

있으나 하나님의 씨를 가지고 있어서 하나님의 온전한 아들이 될 자들을 훈련하는 내용이므로 자연의 피조물이 아니다. 바로 '나' 자신에 대해 이야기하는 것으로 바로 다음 구절 23절에서 하나님의 아들을 낳아 첫 열매로 받으시기 위함이다.

하나님의 자녀는 피조물이 아니다. 하나님이 어떻게 피조물이 될 수 있는가? 잘못된 개념을 가진 종교인들이 번역하였기 때문에 이런 일이 발생하였다.

(롬 8:23) 이뿐 아니라 또한 우리 곧 성령(토 푸뉴마)의 처음 익은 열매(아파르케)를 받은 우리까지도 속으로 탄식하여 양자 될 것 곧 우리 몸(소마)의 구속(자유하게 됨)을 기다리느니라

οὐ μόνον δέ, ἀλλὰ καὶ αὐτοὶ τὴν ἀπαρχὴν τοῦ πνεύματος ἔχοντες, καὶ ἡμεῖς αὐτοὶ ἐν ἑαυτοῖς στενάζομεν, υἱοθεσίαν ἀπεκδεχόμενοι, τὴν ἀπολύτρωσιν τοῦ-σώματος-ἡμῶν.

(우 모논 데, 알라 카이 아우토이 텐 아파르켄 투 푸뉴마토스 에콘테스, 카이 헤메이스 아우토이 엔 헤아우토이스 스테나조멘, 휘오데시안 아페크데코메노이, 텐 아폴뤼트로신 투-소마토스-헤몬.)

이 구절도 크나큰 오역이다.

양자는 있을 수 없는 번역이다. 양자가 아니다. 이래서 종교인들이 번역하면 안 된다. 하나님의 아들은 아무리 술에 취해 있어도 하나님의 아들이며 누더기를 잠시 입었다고 해서 본래부터 거지가 아니다.

"또한 이것뿐 아니라, 다만 우리들(1 인칭, 복수)은 그 영(그 하나님)의 첫 열매(아파르케)를 현재 소유하고 있다. 그리고 우리(1 인칭, 복수) 자신들의 탄식 속에서, 하나님 자녀 될(부활) 것을, 우리(1 인칭) 그 몸(소마)의 그 구속(해방)을 기다리느니라(현재분사,중.수디포넌트),"

번역을 억지로 하였다. 그 의미만 알면 된다. 첫 열매(아파르케)는 개

간된 옥토에서 하나님의 아들이 나타남이다. 곧 단독자가 된 예수 그리스도이며 이 예수는 각자 안에서의 예수이므로 보편적 예수다. '그 몸(소마)의 구속(해방)' 은 하나님이 거하실 수 있는 몸된 성전으로 세워지는 것이다.

※ 그 몸의 '해방(아폴류트로신), 629번' 과 5206번 '하나님 자녀가(휘오데시안)' 되는 것은 같은 뜻이며, 양자가 아니다. 깨어서 하나님 아들로 돌아간 것이다.

'양자' 는 아버지의 살과 피가 전혀 섞이지 않았다. 그러나 우리는 모두 하나님의 살과 피로부터 나온 그 씨앗을 본래부터 가지고 있다고 말씀하고 있다. 근본부터가 하나님의 자녀(하나님의 살과 뼈로 되어 있다)가 된 것을 소유하고 있다. 그러므로 양자는 완전히 오역이다.

(엡 5:30) 우리는(1인칭) 그 몸(소마)의 지체(하나로)임이니라 (우리는 그의 몸으로부터 나온 몸이요 그의 뼈들로부터 나온 뼈들이다.)

한글 번역은 (우리는 그의 몸으로부터 나온 몸이요, 그의 뼈들로부터 나온 뼈들이다). 원문에 있는 (~)부분이 빠져있다. 나(예수 차원)는 양자가 아니라 원래부터 예수 그리스도의 몸이요 뼈들로 예수와 하나되어 세워져 있다고 말씀하고 있다. 양자는 원래부터 예수 그리스도의 몸과 뼈가 없다.

(롬 8:19) 피조물의 고대하는 바는 하나님의 아들들의 나타나는 것이니 Ἡ γὰρ ἀποκαραδοκία τῆς κτίσεως τὴν ἀποκάλυψιν τῶν υἱῶν τοῦ θεοῦ ἀπεκδέχεται.(헤 가르 아포카라도키아 테스 크티세오스 텐 아포칼루프신 톤 휘온 투 데우 아페크데케타이.)

이 또한 큰 오역이다.

"왜냐하면 간절히(말씀으로) 그 개간되는(훈련받는) 자의 기대(바라는)하는 것은 그 하나님의 그 아들들의 드러남을 기다리는 것이다."

지금은 고난으로(함께 고난받음) 힘들어하지만, 결국 말씀으로 하나님의 아들로 온전히 깨어나는 것을 원한다. 롬 8:17절에 이에 대해 잘 설명하고 있다.

'피조물'로 번역한 단어가 2937번 '크티시스'다. 앞에서는 창조로 번역하였고 여기서는 피조물로 번역하였다. 모두 오역이다.

정과 욕심으로 가득한 겉사람의 마음 밭을 개간하고 있는 것을 말씀하고 있다. 크티시스는 하나님과 하나 되기 위해 겉사람의 정과 욕심을 내려놓게 하는 것으로 십자가에 달리는 처음(알파)에 해당한다. 온전하게 하나님의 아들로 돌아오게 되면 일곱째 날 안에서 하나님과 하나로 되어 안식하게 된다. 더는 마음 밭을 개간하는 일을 할 필요가 없다. 아버지와 하나 되었기 때문이다. 이것을 '만들다'로 오역한 '아사'다. 그러므로 바라와 아사는 하나로 작용을 한다. 하나님이 바라 하시면 반드시 아사하여 정결하게 된 아들을 받으신다. 피조물, 창조하다, 만들다 등으로 오역한 크티조(크티세오스)는 포이에오와 한 쌍을 이루기 위해 일하신다. 온전히 포이에오가 내면에 일어나면 하나님이 계시는 몸 된 성전이 온전히 세워지게 된다. 몸과 마음을 온전히 초월한 내용이다.

첫 열매로 번역한 '아파르케(ἀπαρχή)'는 신약에 9회 쓰였다.

아포(ἀπό); 전치사, '~부터'와 아르코마이(ἄρχομαι); '시작하다'의 합성어다.

첫 열매는 예수께서 말씀을 옥토에 뿌리시고 키워서 열매로 받으시는 것을 뜻하시므로 첫 열매는 말씀에 따라서 나온 것이므로 피조물이 아니다. 아파르케 첫 열매는 부활하신 예수 그리스도를 뜻한다. 그러므로 첫 열매로 나온 나와 하나 된 예수 그리스도는 피조물이 아니다.

(약 1:18) 그가 그 조물 중에 우리로 한 첫 열매(아파르케)가 되게 하시려고 자기의 뜻을 좇아 진리의 말씀으로 우리를 낳으셨느니라

βουληθεὶς ἀπεκύησεν ἡμᾶς λόγῳ ἀληθείας, εἰς τὸ ειναι

ἡμᾶς ἀπαρχήν τινα τῶν-αὐτοῦ-κτισμάτων.
(불레데이스 아페퀴에센 헤마스 로고 알레데이아스, 에이스 토 에이나이 헤마스 아파르켄 티나 톤-아우투-크티스마톤.)

이 역시 큰 오역이다. 마치 하나님이 만물을 만드신 조물주인 것처럼 번역하고 있다. 하나님은 죄를 만드시지도 않으며 죄를 쫓아가는 겉사람을 만드시지 않는다. 겉사람은 모두 뱀을 따라서 자신이 심은 대로 나온 선악(좋아함 싫어함) 지식나무 열매에 불과하다.

바른 번역: "그의 뜻으로 하나님의 그 아들들로 삼으시고자 하신 우리를(목적어,1인칭,복수) 그의 그 개간 하는 자들(말씀을 따라가는)을 그 첫 열매(아들)가 되게 하시려고 우리(1인칭)를 진리의 말씀으로 그가 낳으셨다."

'조물'로 번역한 2938번 원형 '크티스마(κτίσμα)'는 '조물' '피조물'이 아니라 말씀에 따라 마음 밭을 개간하여 아들로 나와 지는 것을 지향한다.

'크티스마'는 2936번 '크티조(κτίζω)'에서 유래했다.

2936번 '크티조'는 사전적 의미로 만들다, 창조하다 라는 뜻으로 번역하였으나 창세기 1:1절의 '바라'와 같은 뜻이 있어서, 이에 대하여 예수께서 옥토에 말씀의 씨를 뿌리기 위해 아포 카타볼레 코스무와 메타노에오를 통해 이를 말씀하신다. 앞에서 설명하였다. 술 취해 비틀거리고 있는 자녀를 깨끗하게 하여서 온전한 아들로 돌아오게 하는 일을 기록하고 있다. 말씀으로 아들을 낳음이며 이것이 하나님께 바쳐야 할 참 십일조와 헌물이다.

(계 3:14) 라오디게아 교회(에클레시아)의 사자에게 편지하기를 아멘이시요 충성되고 참된 증인이시오 하나님의 창조(크티세오스)의 근본이신 이(ἡ ἀρχη·헤 아르케)가 가라사대
ἡ ἀρχὴ τῆς κτίσεως τοῦ θεοῦ·(헤 아르케 테스 크티세오스 투

데우)

"그 하나님의 그 크티세오스의 그 근본(근원)이신 이가"

'창조'라고 번역된 '크티세오스'는 이생의 자랑, 육신의 정욕, 안목의 정욕으로 채워진 나를 말씀으로 변화시키는 것을 '창조'라고 오역하였다. 창 1:1절의 바라와 같은 뜻이며 예수께서 말씀하신 아포 카타볼레스 코스무와 같은 내용이다. 번역이 잘못되었다는 것을 앞에서 보았다. 하나님의 일은 오직 술에 취한 아들을 깨워서 돌아오게 하는 일만 하신다. 근본이신 그 하나님의 속성이다. 근본이신 그 하나님은 오직 크티세오스와 포이에오의 일만 하신다. 아들을 낳으심이며, 죄를 없이 하시며, 깨어나게 해서 돌아오게 하는 일만 하신다.

그 외에 천지를 창조한다든지 기도하면 인생사가 해결된다든지 인생들이 원하는 복이 임한다든지 하는 내용과는 전혀 관계가 없는 내용이다. 감각적 욕망의 마음 밭, 정과 욕심으로 채워진 마음을 해체하고 뒤엎어서 옥토가 되도록 가꾸는 것이 크티세오스다. 말씀으로 훈련받을 때(함께 받으심)는 몹시 힘이 들지만 인내하라고 말씀하고 있다. 고난(파이데이아;훈련)은 육신이 원하는 감각적 욕망을 기분 좋게 하는 것과 반대로 가기 때문에 찾는 이가 없다 하신다. 세상의 대상 예수를 떠나 거꾸로 가는 길이라서 찾는 이가 적다. 그런데 예수 그리스도와 하나가 되면 쉽다고 말씀하고 있다.

(시 119:71) 고난당한(아나) 것이 내게 유익이라 이로 인하여 내가 주의 율례를 배우게 되었나이다

이상으로 창조주와 피조물에 대한 설명을 간략하게 하였다. 성경에서 창조하다, 만들다, 조성하다, 그리고 조물, 피조물, 만물로 번역한 구절들은 모두 오해하여 번역을 왜곡하였다.

10. 십일조에 대하여 (1)

(마 23:23) 화 있을진저 외식하는 서기관들과 바리새인들이여 너희가 박하와 회향과 근채의 십일조를 드리되, 율법의 더 중한바 의와 인과 신을 버렸도다. 의와 인과 신은 버렸도다. 그러나 이것도 행하고 저것도 버리지 말아야 할지니라.

Οὐαὶ ὑμῖν, γραμματεῖς καὶ Φαρισαῖοι, ὑποκριταί, ὅτι ἀποδεκατοῦτε τὸ ἡδύοσμον καὶ τὸ ἄνηθον καὶ τὸ κύμινον, καὶ ἀφήκατε τὰ βαρύτερα τοῦ νόμου, τὴν κρίσιν καὶ τὸν ἔλεον καὶ τὴν πίστιν· ταῦτα ἔδει ποιῆσαι, κἀκεῖνα μὴ ἀφιέναι.

번역이 매우 잘못되었다.

잘못된 번역 때문에 오해하여 이천여 년 동안 종노릇 하게 만들었고 바알 신과 거래를 해왔다. 그러나 이제는 예수께서 말씀하신 그 의미를 바로 알아야 한다.

"ταῦτα ε(δει ποιῆσαι, κἀκεῖνα μὴ ἀφιέναι.(타우타 에데이 포이에사이 카케이나 메 압휘에나이)

'이것도 행하고 저것도 버리지 말아야 할지니라'고 오역한 부분이다. 3778번 '타우타(ταῦτα)'를 '이것도'라고 오역하였다. '타우타'는 형용대명사, 목적격, 중성, 복수로 '이것들을'로 번역해야 한다. 목적격을 '이것도'라고 번역한 것은 큰 오역이다. 2548번 '카케이나(κἀκεῖνα)'를 '저것도'라고 번역한 것 또한 오역이다. 대등접속사,형용대명사,목적격,중성,복수로 '저것들을'로 번역해야 한다. 4160번 '포이에사이(ποιῆσαι)'를 '행하다'로 번역하고 있으나 이 해석은 옳지 않다. 원문에서 전달하고자 하는 그 의미를 완전히 벗어나 있다.

4160번 원형 '포이에오(ποιέω)'는 창 1장에서 '만들다'로 오역한 '아사'와 그 의미에서 상응한다. 창 1장에 처음 등장하는 '아사'의 의미는 내 안에서 하나님의 몸 된 성전이 온전히 세워져서 완성될 때 사용하고 있는 단어다. 그러므로 예수께서 사용하신 포이에사이는 대단히 중요한 내용이다.

하나님이 내 안에서 온전히 나투심을 뜻한다. 이것을 예수께서 포이에사이를 사용하여 말씀하시고 계신다. 그러므로 '행하고'가 아니다. 23절은 "그 하나님의 공의와 그 긍휼과 그 붙잡힌 바 된 것, 이것을 네 안에 온전히 이루어지도록 하라"의 뜻이다. 마음 밭이 옥토로 개간되어 말씀의 씨를 심고 그 열매를 맺어 하나님께 온전히 드려야 한다는 뜻이다. 온전한 아들을 드림이다. 하나님의 아들은 하나님이 직접 낳으신다. 경수가 끊어진 사라의 태(옥토)를 통해 낳으신다.

비사와 비유의 관계로 된 내용을 '행하다'로 번역하여서 인생들은 자신의 의지를 동원해서 자신의 믿음을 통해서 해결할 수 있는 것처럼 오역하였다. 이래서 종교가 생겨나고 유지된다. '행하다'로 오역한 '포이에사이'는 인생의 의지로 믿음으로 종교성으로 될 수 있는 것이 아니다. 반드시 예수 그리스도에 의하여 생명의 빛 안으로 들어와야 한다. 내면에 하나님이 계시는 몸 된 성전이 온전히 세워지는 것을 뜻한다.

'버리지 말아야(μὴ ἀφιέναι·메 아피에나이)'로 오역한 '버리다'는

863번 '아피에미(ἀφίημι)' 다. '아피에미'는 '버리다'가 아니라 '용서하다'의 뜻이다.

'말아야'로 번역한 3361번 '메(μη)'는 '아니다'로서 부정의 의미가 있다. 그러므로 '버리지 말아야'가 아니라 '용서하지 말아야 한다'다. 이것은 예수께서 제자들에게 직접 강조하신 말씀이다. 반드시 심사숙고해야 할 사항이다.

'십일조를 드리되'로 번역한 '아포데카투테(ἀποδεκατοῦτε)'는 동사,현재,2인칭으로 '너희가 지금 십일조를 드리면서' 또는 '너희가 현재 십일조를 드리고 있는데'로 해석하여야 한다.

'더 중한바 의와 인과 신을 버렸도다'로 번역된

'ἀφήκατε τὰ βαρύτερα τοῦ νόμου, τὴν κρίσιν καὶ τὸν ἔλεον καὶ τὴν πίστιν·(압훼카테 타 바뤼테라 투 노무, 텐 크리신 카이 톤 엘레온 카이 텐 피스틴)'

은 '더 중요한 그 하나님의 그 법과 그 공의와 그 긍휼과 그 믿음(붙잡힘)을 내버렸다(떠났다)'다.

그러므로 23절 전체의 바른 번역은 "화 있을진저 외식하는 서기관들과 바리새인들아 왜냐하면 너희가 그 박하와 그 회향과 그 근채의 십일조를 현재 드리고 있는데 그 율법의 더 중요한 그 하나님의 법과 공의와 그 긍휼과 그 붙잡힘은 버렸도다. 그러나 이것들을 네 안에서 온전하게 이루어져야 하며, 저것들을 행하는 것을 결코 용서해서는 안 된다."다.

"하나님의 그 공의와 그 긍휼과 그 붙잡힘(이것들을)을 너희 안에 온전하게 이루어지도록 해야 하며 그 박하와 그 회향과 그 근채의 십일조를 드리는 것을 절대 용서 해서는 안 된다"라고 서기관들과 바리새인들에게 말씀하신다.

이것은 예수의 말씀이다. 십일조를 비롯하여 원래의 그 의미를 잃어버리고 행하는 모든 종교 행위는 하나님을 대적하는 것이 된다고 말씀하신다. 예수께서는 이것을 행하는 자들에게 화 있을진저 말씀하신다.

농담이 아니다. 다음 생부터 그 대가를 받는다. 자신이 행한 대로 받는다. 하나님이 심판하시는 내용이 아니다. '그 박하와 그 회향'은 기도를 포함한 거룩하게 행하고 거룩하게 보이는 각종 종교 행위들을 비유하고 있다. 그리고 종교 행위에 필요한 직분들 또한 그렇다. 이 직분들이 예수 그리스도를 대적하고 있다는 것을 말씀하고 있다.

예수께서는 서기관들과 바리새인들에게 끊임없는 도전을 받았다. 그들은 결코 자신들의 신앙을 포기하지 아니하였다. 자신들의 신앙이 예수를 대적하였다. 예수께서는 어떠한 직분도 허락하지 아니하셨다는 것을 알 수 있다. 뱀들아 독사의 새끼들아! 존경받는 원로들에게 가혹하게 말씀하신다. 나이가 많던, 적든 상관이 없다.

이처럼 예수께서 강조하셔서 말씀하시는 것을 종교인들이 이천 년을 넘게 하나님 말씀을 왜곡시켜 버렸다. 그들 자신도 하나님의 말씀을 잘 몰랐기 때문이다. 예수의 생명의 빛 안으로 들어오지도 못하였고 다른 이들도 그 빛 안에 들어오지 못하도록 막아왔다. 육신의 눈으로 성경을 보았기 때문이다. 장님이 된 그들은 모든 것을 종교 행위로 포장해 버렸다.

종교의 노예로 만들어 버렸고 철저히 하나님 말씀을 왜곡시키고 하나님 이름을 이용하여 절대 권력을 갖고 교육하여왔다. 그들은 예수께서 말씀하시는 생명의 빛 안으로 들어와 본 경험이 없었다(중세시대에 수도사와 수녀들이 이 빛 안으로 이끌려 들어온 체험을 하였다).

하나님은 하늘에 있는 하나님의 집(성전의 지성소)에만 거하신다. 하나님의 거룩한 성전이 우리 마음(카르디아) 너머(누스)에 있다. 카르디아 너머의 누스 안에 있는 거룩한 성전이 겉사람 안에 세워지길 원하신 것이다. 밖의 돌(리도스) 성전은 하나님이 거하시는 집이 아니다. 돌(리도스) 성전은 각자 마음 안에 있는 몸 된 성전을 오히려 더 못 보게 막는다. 겉사람이 세운 돌(리도스) 성전이 무너져야 내면 안으로 들어올 수 있다. 밖의 종교 행위를 통해서는 절대 각자 안에 몸 된 성전이 세워지지 아니한다.

참 십일조는 몸 된 성전 안에 계시는 하나님께 드려야 한다. 그러므로 십일조(데카토오)는 돈이 아니다. 아들을 낳음이다. 내면에 생명의 빛이 나타나는 것이 십일조와 헌물이다. 죽어 있던 자가 아들로 돌아감이다. 겉사람의 정과 욕심 곧 이생의 자랑, 육신의 정욕, 안목의 정욕을 내려놓을 때만 거룩한 십일조(데카토오)는 드려질 수 있다. 십일조의 핵심이다.

내가 제사장으로서 드리고 내가 왕으로서 받는다. 그러므로 '십일조를 드리다'의 '데카토오'는 '드리는 것'과 '받는 것'이 동시에 일어난다. 드리는 것이 받는 것이다. 내가 제사장이 되어서 드리고 내가 하늘의 왕으로서 받는다. 내가 드리고 내가 받는다. 그런데 세상 종교에서는 드리는 자와 받는 자가 다르다. 성경에서 말씀하는 내용과 완전히 다르다. 이들은 그림자에 노예가 되어 있다. 그러므로 이들이 드리는 십일조는 사망의 십일조다.

참 '십일조'는 나 자신이 강도인 겉사람의 육신의 정욕, 안목의 정욕, 이생의 자랑의 강도들에게 빼앗긴 것을 다시 찾아와서 내 안의 몸 된 성전 안에 거하시는 하나님께 드리는 것이다. 원래 빼앗겼던 순수한 나(예수 차원)를 다시 찾아와야 한다는 것이다. 그러므로 생명의 십일조와 헌물은 예수 그리스도의 생명의 빛이다. 예수 그리스도께서는 우리 안에서 지금도 자신의 생명의 빛 안으로 이끄신다.

11. 십일조에 대하여(2)

(창 14:11~) 네 왕이 소돔과 고모라의 모든 재물과 양식을 빼앗아 가고 소돔에 거하는 아브람의 조카 롯도 사로잡고 그 재물까지 노략하여 갔더라 아브람이 그 조카의 사로잡혔음을 듣고 집에서 길리고 연습한 자 삼백십팔 인을 거느리고 단까지 쫓아가서 그 가신을 나누어 밤을 타서 그들을 쳐서 파하고 다메섹 좌편 호바까지 쫓아가서 모든 빼앗겼던 재물과 자기 조카 롯과 그 재물과 또 부녀와 인민을 다 찾아왔더라 아브람이 그돌라오멜과 그와 함께한 왕들을 파하고 돌아올 때 소돔 왕이 사웨 골짜기 곧 왕곡에 나와 그를 영접하였고 살렘 왕 멜기세덱이 떡과 포도주를 가지고 나왔으니 그는 지극히 높으신 하나님의 제사장이었더라 그가 아브람에게 축복(바라크)하여 가로되 천지의 주재시요 지극히 높으신 하나님이여 아브람에게 복(바라크)을 주옵소서 너희 대적을 네 손에 붙이신 지극히 높으신 하나님을 찬송할지로다. 하매 아브람이 그 얻은 것에서 십 분의 일(미아쎄르)을 멜기세덱에게 주었더라 소돔 왕이 아브람에게 이르되 사람은 내게 보내고 물품은 네가 취하라

(히 7:1-11) 이 멜기세덱은 살렘 왕이요 지극히 높으신 하나님의 제사장

이라 여러 임금을 쳐서 죽이고 돌아오는 아브라함(아브람)을 만나 복(율로게오: 좋은 하나님의 말씀)을 빈 자라 아브라함(아브람)이 일체 십분의 일(데카테)을 그에게 나눠 주니라 그 이름을 번역한즉 첫째 의의 왕이요 또 살렘 왕이니 곧 평강의 왕이요 아비도 없고 어미도 없고 족보도 없고 시작한(아르케) 날(헤메라)도 없고 생명의 끝도 없어 하나님 아들(토 휘오 투 데우:그 하나님의 그 아들)과 방불하여 항상 제사장으로 있느니라 이 사람의 어떻게 높은 것을 생각하라 조상 아브라함(아브람)이 노략물 중 좋은 것으로 십 분의 일을 저에게 주었느니라 레위의 아들들 가운데 제사장의 직분을 받는 자들이 율법을 좇아 아브라함(아브람)의 허리에서 난 자라도 자기 형제인 백성에게서 십 분의 일(아포데카토)을 취하라는 명령을 받았으나, 레위 족보에 들지 아니한 멜기세덱은 아브라함(아브람)에게서 십 분의 일(데카토)을 취하고 그 약속(에팡겔리아) 얻은 자를 위하여 복(율로게오)을 빌었나니 폐 일언하고 낮은 자가 높은 자에게 복(율로데오) 빎을 받느니라 또 여기는 죽을 자들이 십 분의 일(데카테)을 받으나 저기는 산다고 증거를 얻은 자가 받았느니라 또한 십 분의 일(데카테)을 받는 레위도 아브라함(아브람)으로 말미암아 십 분의 일(데카토오)을 바쳤다 할 수 있나니 이는 멜기세덱이 아브라함(아브람)을 만날 때에 레위는 아직 자기조상의 허리에 있었음이니라 레위 계통의 제사 직분으로 말미암아 온전함을 얻을 수 있었으면 (백성이 그 아래서 율법을 받았으니) 어찌하여 아론의 반차를 좇지 않고 멜기세덱의 반차를 좇는 별다른 한 제사장을 세울 필요가 있느뇨

위 개역성경 말씀 중에 번역이 가장 잘못되어 있는 것은 '아브라함'으로 번역한 단어인데 헬라어 기록은 '아브람('Αβραάμ)'으로 나와 있다. 번역을 잘못하고 있다. 아브라함이 되기 이전의 아브람의 때다. 곧 육체의 때다. 그러므로 아브람 때와 아브라함의 때는 완전히 다르다. 큰 오역이다.

히브리서 7장 '아브람'이 전쟁에서 이기고 돌아와 살렘 왕이요 하나님의 제사장인 멜기세덱에게 과거에 강도들에게 빼앗겼던 것을 다시 찾아온 것을 알림과 노획물 그중에서 십 분의 일을 바친다.

이것은 제물이 아니라 알림과 나눔이었음을 알아야 한다. 제물은 하나님께 드리는 것이다. 아브람이 멜기세덱에게 전쟁의 탈취물 중에서 십 분의 일을 드린 것은 세금도 제물도 아니었다. 멜기세덱은 살렘 왕이요 하나님 아들(토 휘오 투 데우:그 하나님의 그 아들) 이요 하나님 자신이요 지극히 높으신 하나님의 제사장인데 아브람이 드린 것을 받으셨다.

멜기세덱은 하나님의 아들이요 하나님이시며 하나님의 제사장이다. 제사장은 반드시 하나님께 드릴 거룩한 제물만을 받는다. 멜기세덱 자신 또한 죄가 전혀 없기 때문이다. 그런데 아브람이 드린 것은 거룩한 제물이 아닌데도 멜기세덱이 그것을 받으신 것이다. 전쟁에서 사람을 죽이고 탈취한 것을 받으신 것이다. 여기에 하늘의 비밀이 있다. 율법을 지키는 서기관과 바리새인의 입장에선 하나님의 계명을 어긴 것이다. 모세가 받은 율법으로 보면 멜기세덱은 하나님의 계명을 어긴 것이 된다. 멜기세덱은 레위 제사장들의 법을 초월해 있는 것을 알 수 있다. 이 내용에 비밀이 담겨 있다. 멜기세덱은 모세 이전의 시대에 나타났다. 새 언약을 보여주신다. 멜기세덱은 하나님의 아들로 생명의 빛으로 오셨다.

하나님에게 제물을 드릴 때는 병든 것이나 흠이 있는 것은 드릴 수 없다. 거룩한 제물이 아닌데도 멜기세덱은 왜 받으신 것일까? 말도 안 되는 일이 벌어진 것이다. 거짓말 같은 이 내용이 성경 말씀에 기록되었다. 있을 수 없는 일이 벌어진 것이다. 문둥병자는 하나님이 거하시는 성전에 절대로 들어올 수 없다. 죄가 있기 때문이다. 그런데 문둥병자가 하나님의 성전에 들어온 것과 같은 일이 벌어진 것이다. 있을 수 없는 일이 일어난 것이다. 여기에 하나님의 은혜가 있다.

가만히 그 문장을 들여다보면 멜기세덱은 레위 제사장이 아니었다.

새 언약에 나타난 예수 그리스도는 유다 지파였다. 예수 그리스도는 하늘의 왕으로 곧 하나님의 아들로 제사장으로 선지자로 오셨다. 율법을 초월해 있다.

아브람이 레위 제사장에게 드린 것이 아니라는 내용이다. 제물은 반드시 레위 제사장에게 드려야 한다. 그 당시 레위 제사장이 있었다는 것을 짐작할 수 있다(히 7:6). 어느 시대 어느 민족이나 제사장은 있었다. 아브람 시대에도 이방인들이 사람을 제물로 드리는 일이 있었던 것을 보아 제사장이 있었다. "멜기세덱이 아브라함(아브람)을 만났을 때는 레위는 아직 자기 조상의 그 허리 속에 있었음이니라"(히 7:10) 이때 레위는 아직 제 역할을 하지 못하였다. 성경에는 많은 이방신이 등장하며 이를 행하는 제사장이 등장한다.

아브람은 레위 제사장에게 가지 아니하였다. 도리어 아브람은 레위 제사장이 아닌 하늘의 제사장에게 드린 것이다. 어떻게 이런 일이 일어날 수 있었던 것일까? 놀라지 않을 수 없다. 멜기세덱이 하늘의 제사장인 줄을 어떻게 알았을까? 아직 제 역할을 하지 못하였지만 레위 제사장은 지위나 외모의 풍채가 흠모할 만한데 그들을 외면하고 고운 모양도 없고 풍채도 없고 보기에 흠모할 만한 아름다운 것이 없는 멜기세덱이 참 제사장인 줄 어떻게 알고 그를 영접하였을까? 더군다나 아브라함이 아닌 아브람 때를 살고 있었는데, 참으로 신기한 일이 벌어진 것이다.

그러나 만약 다른 이가 전쟁에서 이기고 돌아와 탈취물 중에서 십분의 일을 드린다면 멜기세덱은 절대로 받지 아니한다. 여기에 성경의 비밀이 있는 것이다. 멜기세덱은 살렘 왕 곧 평화의 왕이다.

(창 14:18) 살렘 왕 멜기세덱이 떡(레헴)과 포도주를 가지고 나왔으니 그는 지극히 높으신 하나님의(레엘) 제사장이었더라

멜기세덱이 하늘의 제사장일 줄은 레위 제사장들이나 이방신을 위

한 제사장들은 전혀 알지 못했는데 육체 때의 아브람이 어떻게 그를 알아보고 다가왔는가 하는 것이다.

예수께서 유대에 오셨을 때 서기관과 바리새인들은 예수가 하나님의 아들이라는 것을 부정하였다. 그들은 예수를 하늘의 제사장으로 인정하지 않았으며 늘 그를 따라다니며 대적하였다. 하늘의 제사장을 부정한 것이다. 그리고 결국 그를 죽였다. 아브람 시대에도 마찬가지다.

멜기세덱과 아브람과의 관계를 볼 때 전생부터 수많은 인연이 있었다는 것을 알게 된다. 부처님의 전생을 보면 부처님께 온 제자들 모두 부처님과의 과거 전생의 인연이 있었다는 것을 경전을 통해 알 수 있다. 그러므로 아브람은 내면을 들여다보는 신통이 있다는 것을 알게 된다.

(히 7:6) 레위 족보에 들지 아니한 멜기세덱은 아브라함(아브람)에게서 십 분의 일(데카토)을 취하고 그 약속(에팡겔리아) 얻은 자를 위하여 복(율로게오)을 빌었나니

멜기세덱은 아브람이 하나님의 '그 약속(에팡겔리아)을 소유한(에코) 자'라는 것을 이미 알고 있었고, 하늘의 양식인 떡(레헴)과 포도주를 가지고 그에게 왔다. 아브람은 하나님의 그 약속을 이미 소유하고 있었다고 말씀하신다. 이것이 중요하다.

떡과 포도주는 하늘의 양식인 예수의 살과 피를 비유한다. 물질이 아니다. 하나님의 말씀(호 로고스)을 나타낸다. 아브라함이 되기 이전부터 아브람은 이 복(예수 그리스도)을 이미 소유했다고 기록하고 있다. 하늘의 제사장인 멜기세덱이 복(율로기아;예수)을 아브람에게 넘겼다. 대단히 중요한 기록이다.

그러므로 아브람은 비록 육체 때를 살아도 보통 사람이 아니다. 하나님과 함께한 사람이라는 것이 드러난 것이다.

하늘의 제사장이 떡(레헴)과 포도주를 가지고 나와 아브람에게 먹게

하였다는 것은 하늘의 깨달음을 얻었다는 뜻이다. 떡(레헴)과 포도주 곧 말씀(호 로고스)이, 그 복(율로기아)이 아브람에게 들어갔다. 이 하늘의 양식은 수없는 생을 지나도 내면에서 결코 변하거나 없어지지 아니한다. 이 이야기가 창 2:7절에 기록되어 있다. 이것은 하나님을 대상으로 믿는 것이 아님을 알려주는 것이다. 비록 아브람이 육체 때를 살아왔어도 그는 자신의 내면에서 하나님을 계속 만났다는 뜻이다. 그리고 온 생애를 통해 하나님과 함께하였다.

예수 시대에도 예수를 따르는 자들이 많았다. 그러나 예수 안에 있는 자는 드물었다. 예수를 따르는 제자들도 마찬가지였다. 밖의 예수에게 실망하면 모두 떠난다. 자기 소원이 이루어지지 않기 때문이다. 예수께서 죽고 제자들 안에 그 예수가 나타나자 그때서야 비로소 제자들도 그 예수의 그 실체가 무엇인지 알게 되었다.

그 당시 기능을 제대로 하지 못하는 레위 제사장들도 아브람이 전쟁에서 이기고 돌아올 것을 고대하며 기다렸을 것이다. 그런데 레위 제사장에게 가지 않았다는 것은 그 시대의 통념을 깨는 것이고 이들을 무시하였다는 이야기다. 멜기세덱도 이러한 이유로 새 언약에서 예수처럼 핍박을 당했을 것이다. 인생의 역사는 쉬지 않고 그렇게 돌고 돈다. 붓다의 전생을 보아도 무수히 많은 핍박을 받았다. 진리를 가지고 있으면 세상이 그를 거부한다. 인생의 머리로 이해되는 것이 아니기 때문이다. 살렘 왕은 하늘의 평화의 왕이지 세상에서 실세가 있는 것이 아니다. 부처님도 법의 왕이지 세상의 권세자가 아니다. 살렘 왕은 법의 왕이다. 법왕은 하나님(부처님)의 법을 내면의 세상에 펴는 자이다.

석가모니 부처님 시대에도 승가에서는 일반인들이 입고 다니지 않는 가사를 입고 다녔다. 그리고 맨발로 공양을 받을 발우만을 들고 다녔고 어떤 소유물도 없었다. 어떤 이들은 이들을 거지 집단이라 말하기도 했다.

일하지 않고 왜 얻어먹느냐? 라고 한 이들도 있었다. 예수 시대에도 마찬가지다. 직업을 버리고 예수를 따랐다. 그리고 함께 기거하며 얻어

먹었다. 거지 집단이나 마찬가지였다. 기거할 집이라도 있었던 것이 아니다. 멜기세덱 또한 마찬가지였다. 그런데 아브람이 그를 알아본 것이다. 이 이야기는 현시대에도 똑같이 작용한다.

성경 말씀에 등장하는 사람들 대부분 밖의 하나님을 대상으로 섬겼다. 지금도 마찬가지다. 우리나라만 보더라도 천만여 명이 하나님을 믿는다고 한다. 그런데 자신 안에서 예수 그리스도와 하나 된 자가 얼마나 있겠는가? 자신 속에서 하나님을 만나지 못하고 종교 행위를 통해 하나님을 섬기는 자들을 적그리스도라 말씀하고 있다. 이 시대에도 이런 부류가 대부분이다.

아브람은 구약의 때를 살아도 여호와 하나님에 의하여 이미 확정(호리조) 되었다는 것이 드러난다. 이것은 하나님이 이미 계획하신 새 언약에 나타나게 될 그의 역할이었고 그 이후 그는 하나님과 함께한 아브라함 때를 살았다.

(행 9:17) 아나니아가 떠나 그 집에 들어가서 그에게 안수하여 가로되 형제 사울아 주 곧 네가 오는 길에서 나타나시던 예수께서 나를 보내어 너로 다시 보게 하시고 성령으로 충만하게 하신다 하니.

'안수하여'로 번역한 'ἐπιθεὶς ἐπ' αὐτὸν τὰς χεῖρας(에피데이스 에프 아우톤 타스 케이라스)'는 손으로 머리 위에 대는 행위가 아니다. 하나님의 손이 사울 위에 임하신 것을 비유(파라볼레)하여 말씀하고 있다. 하나님의 말씀이 사울에게 임하신 것이다. 지금도 말씀을 오해하여 목사들이 신도들 머리 위에 손을 올리고 있다. 어린아이 때는 관계가 없겠지만 손을 머리 위에 올리는 것과 하나님의 일과 아무런 관계가 없다. 아나니아를 통하여 사울에게 하나님의 말씀이 주어져 깨닫게 된다. 하나님 말씀이 머리(롯시)가 됨이다. 그래서 '거룩한 영으로 채우신다'라고 하였다.

'성령'으로 번역한 '프뉴마토스 하기우(πνεύματος ἁγίου)'는 '거룩한 영' 이다. '푸뉴마토스(영)' 앞에 관사가 없다. 거룩한 푸뉴마(영)와 하나 됨을 나타낸다. 이 '거룩한 하나님의 영' 은 살과 뼈가 있어서 보고 만질 수가 있다.

'충만하게 하신다' 로 번역한 4130번 '플레스데스(πλησθῆς)' 는 과정법,과거,수동태로 '가득 채워지게 되다, 공급받게 되다' 의 뜻이다. 하나님의 살과 뼈가 있는 하나님의 영이 속사람의 손을 통하여 그 머리(롯시) 위에 올려지게 된다. 깨달음이 임한 것이다. 사울의 내면에 깨달음이 임한 것을 말씀하고 있다. 지성소가 열리고 하나님의 양식(레헴)과 포도주를 마시게 된 것이다.

(행 9:18) 즉시 사울의 눈에서 비늘 같은 것이 벗어져 다시 보게 된지라 일어나 세례(밥티조)를 받고

번역이 큰 오해를 불러일으킨다.

'눈에서 비늘 같은 것이 벗겨져 다시 보게 된지라'

'눈' 으로 번역한 '옵달몬(ὀφθαλμῶν)' 은 얼굴에 달린 눈이 아니다. 겉사람에 의해 가려진 속사람의 눈이다. 이래서 인생들은 말씀을 알 수가 없다. 속사람의 눈이 '비늘' 로 번역한 3013번 '레피데스(λεπίδες)' 에 의하여 가려져 있었다.

3013번 λεπίς(레피스): 엷은 조각, (물고기의) 비늘.
3013번 λεπίδες(레피데스): 비늘들이. 명사,주격,여성,복수다.
3014번 λέπρα(레프라): 3013의 동일어에서 유래, 더러움, 문둥병, 나병

사울의 눈이 '비늘들' 로 번역한 '레피데스(λεπίδες)' 에 의하여 가려져 있었다. 사울이 그동안 하나님의 성전에 들어갈 수 없었던 문둥병자였다는 것이 드러난 것이다. 이래서 종교 행위를 통해서는 하늘나라에 들어가지 못한다. 모두 문둥병자들이 하는 행위들이다. 아나니아가 하나님의 말씀을 사울에게 가르쳐주자 그의 마음의 눈(옵달몬)이 문둥병

에서 벗어나게 되었다. 속사람의 눈이 열린 것이다.

열 명의 문둥병자 중에서 한 사람이 예수께로 돌아온 사건과 같다(눅 17:15). 아홉은 육체의 문둥병은 고침을 받았지만, 마음의 문둥병은 치유 받지 못하였다. 아홉은 하늘의 성전에 들어갈 수 없는 문둥병자로 남은 것이다.

'레피데스(λεπίδες)' 비늘(문둥병에서 유래)은 구약의 율법 아래에서는 모든 자가 다 문둥병인 비늘(레피데스)들을 뒤집어쓰고 있어서 하늘 곧 하나님의 성전에 들어갈 수 없음을 말씀하고 있다. '레피데스'를 가지고 있는 자는 절대로 하나님 앞에 나갈 수 없는 것을 말씀하고 있다. 중생들은 이 때문에 몸과 마음을 계속 만들어 나오고 있다. 윤회다.

그러나 하나님의 거룩한 영 곧 말씀이 임하자 사울의 마음의 눈에서 이 비늘(레피데스)이 떨어져 나갔다. 이 비늘(레피데스)이 떨어지자 자신 안에서 예수 그리스도 곧 생명의 빛과 하나 된 것이다. 이래서 종교 행위를 통해서 하는 모든 행위는 곁길로 간다.

'다시 보게 된지라 일어나 세례(밥티조)를 받고'

번역이 큰 오해를 가져온다. '다시 보게 된지라'로 번역한 '아네블레펜(ἀνέβλεψέν)'은 전치사인 303번 '위에(ἀνά 아나)'와 991번 알다, 깨닫다(βλέπω 블렙포)의 합성어다. 위에 있는 하나님의 세계가 열린 것이다. 그전에는 전혀 상상할 수 없었던 깨달음의 세계가 사울에게 일어난 것이다. 대상으로 섬기고 알던 하나님이 바로 자신이라는 것이 드러난 것이다. 그는 엄청난 충격에 휩싸인다. 얼굴에 달린 눈이 안 보이다 다시 보게 된 것이 아니다. 번역을 크게 잘못하고 있다.

'일어나 세례를 받고(ἀναστὰς ἐβαπτίσθη)'로 번역한 부분이다. 이 역시 큰 오역이다. '아나스타스 에밥티스데(ἀναστὰς ἐβαπτίσθη)': 450번 '아나스타스(ἀναστὰς)는 동사,분사,과거,능동태,남성,단수다. 원형 '아니스테미(ἀνίστημι)'는 전치사 303번 '아나(ἀνά)': '위로, 위에'의 뜻과 2476번 '히스테미(ἵστημι)': '세우다, 일어나다, 일으키다, 똑바로 서다'의 합성어다.

그러므로 깨달음에 의해 일어선 것이다. 부활로 설명하고 있다. 사울이 앉아 있다가 무릎을 펴고 일어나는 내용이 아니다. 사울의 근본(아르케)이 깨어난 것을 말씀하고 있다. 사울이 위에 있는 세계가 열려 부활한 것이다. 기막힌 일이 현실이 되어 일어난 것이다.

'세례를 받고'로 번역한 907번 '에밥티스데(ἐβαπτίσθη)'는 동사,직설법,과거,수동태,3인칭,단수로 과거, 수동태다.

세례를 받는 것이 아니다. 하나님 말씀 속에 잠기게 된 것을 말씀하고 있다. 하나님 말씀을 깊이 깨닫게 된 것을 이렇게 번역해 버렸다. 그러면 사울의 겉사람이 죽는 것이다. 곧 십자가에 달려서 겉사람이 죽고 위에 있는 세계가 열려 속사람이 나타난 것이다. 물로 세례를 받는 내용이 아니다. 물로 세례를 받는 것으로 오해하여 지금까지 종교인들에 의해 이 종교 행위가 행해진다. 세례요한은 물로 세례를 주었고 그 이후 예수께서는 말씀(예수 자신)으로 깨닫게 해 주셨다.

(요 10:30) 나와 아버지는 하나이니라 하신대

(요 14:10) 나는 아버지 안에 있고 아버지는 내 안에 계신 것을 네가 믿지 아니하느냐 내가 너희에게 이르는 말이 스스로 하는 것이 아니라 아버지께서 내 안에 계셔 그의 일을 하시는 것이라

(요 14:11) 내가 아버지 안에 있고 아버지께서 내 안에 계심을 믿으라 그렇지 못하겠거든 행하는 그 일을 인하여 나를 믿으라

사울이 자신 안에서 아버지와 하나 됨을 호라오(하나 되어 보다) 하게 된다.

(행 9:19) 음식을 먹으매 강건하여지니라 사울이 다메섹에 있는 제자들과 함께 며칠 있을새

번역한 내용이 오해를 가져온다.

'음식을 먹으매 강건하여지니라(λαβὼν τροφὴν ἐνίσχυσεν· 라본 트로펜 에니스퀴센)' : 2983번 '라본(λαβὼν)'은 '취하다, ~을 잡다, 붙잡다'의 뜻이다.

1765번 '에니스퀴센(ἐνίσχυσεν)'은 '굳세게 하다, 힘 있게 하다'의 뜻으로 세상 음식을 먹는 것이 아니라 하늘의 양식 하나님의 거룩한 지성소로부터 나오는 양식을 먹고 강건하게 깨달음 위에 서 있게 된 것이다. 아나니아를 통해서 하늘의 양식과 포도주를 마시게 된다. 이러므로 반드시 앞에서 가는 자의 안내를 받아야 곁길로 가지 아니한다. 아나니아는 중요한 역할을 하였다. 말씀을 가진 이 아나니아의 역할이 좋은 목자의 실상이다.

(행 9:20) 즉시로 각 회당에서 예수의 하나님의 아들이심을 전파하니

번역된 이 문장도 큰 오해를 불러일으킨다.

'각 회당에서 전파하니'는 '엔 타이스 쉬나고가이스'다. 예수를 모르고 있는 종교 행위를 하는 자들 속에서 말씀을 전파하신다(드러내신다). 건물 회당이 아니다. 종교 행위를 하는 이들이 회당이 된 자들이다. 대상을 섬기고 있던 이들이다. 이들에게 그 그리스도의 실상을 알려주고 있다. 이론이 아니다. 여기 기록된 '톤 크리스톤'은 대상이 아니다. 사울보다 먼저 왔던 역사적 예수가 아니다. 이래서 번역하면 문제가 생긴다. 사울은 자기가 현재 겪고 있는 것을 알리고 있다. 큰 충격을 받고 있다. 하나님이 대상인 줄 알았는데 그것이 아니었다.

'하나님의 아들이심'으로 번역한 '호 휘오스 투 데우(ὁ υἱὸς τοῦ θεου)'는 '그 하나님의 그 아들'이다.

창세기 1장부터 말씀하여온 생명의 빛인 그 하나님의 그 아들이다.

다시 히브리서 7장 아브람의 이야기로 돌아와서, 하나님은 문둥병자

를 받지 아니하신다. 말씀으로 치유하여 받으신다. 하늘의 제사장인 멜기세덱이 아브람이 전쟁에 이기고 빼앗긴 것을 되찾아 온 것과 탈취물 중에서 일부를 받으신 것이다. 있어서는 안 될 일이 일어난 것이다. 율법에서 보면 율법을 어긴 것이다. 이래서 서기관들과 바리새인들은 도저히 예수가 하는 말을 이해할 수 없었다. 하나님 말씀은 히다로 기록되어 있어서 마솰이 임해야 한다. 이들이 말씀을 열 수 없었기 때문에 일어난 일이다. 이래서 히다와 마솰은 이해하기가 참으로 어렵다. 히다와 마솰은 새 언약에서 파라볼레(비유)로 드러날 것이기 때문이다.

하나님은 결코 인간의 죄악을 받지 아니하신다. 그런데 이 히다와 마솰로 기록된 이 내용이 새 언약에 나타날 식양(투포스)인 것이다. 새 언약에서 열매로 나타나는 것이다. 이것을 이해할 수 있었던 자는 선지자들뿐이었다. 그 이외엔 하나님 말씀을 이해할 수가 없었다. 모두 대상 하나님을 섬겼다. 이래서 하나님의 말씀은 생명의 빛이신 예수 그리스도가 내면에 임하지 않고는 알 수가 없다.

살렘 왕은 평화의 왕이다. 지극히 높으신 하나님이요 하나님 아들이요 하늘의 제사장이다. 이 문맥을 보아서는 하나님의 아들이요 하나님이요 왕이요 제사장이요 선지자이신 예수 그리스도를 나타내고 있음을 보여준다. 새 언약에 나타나신 예수께서는 하늘의 제사장이요 선지자요 왕이시다. 곧 하나님의 그 아들이요 아버지와 하나 된 하나님이시다. 똑같은 분이다. 그런데 거룩한 제물이 아닌데도 받으신 것이다. 멜기세덱은 레위 제사장이 아니다. 여기에 성경에서 말씀하고 있는 하늘의 비밀(뮈스테리온)이 있다.

불경에도 이러한 기록이 많이 있다. 사람을 많이 죽인 앙굴리말라를 붓다께서 받으셨다. 그는 깨달음을 얻었다. 바로 멜기세덱이 가져온 하늘의 레헴(양식)과 포도주가 이처럼 중요하다. 누구나 이를 받아 지니면 그가 하나님의 아들로 바뀌는 것이다. 말씀(하늘의 양식과 포도주)으로 정결케 하여 받으신다. 그러므로 하늘의 양식을 먹고 마시는 자 누구든지 참 십일조인 아들로 받는다.

헬라인이나 야만인이나 지혜 있는 자나 어리석은 자에게 다 내가 빚진 자라(롬 1:14),

유대인이나 헬라인이나 차별이 없음이라(롬 10:12)

지금도 유대인들은 자신들만 선민으로 생각하여 다른 이들을 짐승으로 생각한다. 히다와 마샬로 이루어진 말씀을 바로 알지 못하여 발생한 일이다. 십일조(데카토오)는 하나님께 드려질 거룩한 제물이다. 영과 생명으로 거듭나야 십일조가 드러난다. 영과 생명으로 태어난 십일조는 반드시 어떻게 죄가 기능하는지 자세히 알아야 드려질 수 있다. 하늘의 떡(레헴)과 포도주가 아니면 무엇이 잘못되었는지 모른다. 반드시 죄의 그 실체를 알아야 한다. 그래서 반드시 율법이 먼저 와 있어야 죄의 실체가 드러난다. 그 자리에 생명의 빛인 예수 그리스도가 임하고 죄를 없이 한다.

그러므로 아브람이 드린 십 분의 일은 십일조가 아니었음을 알아야 한다. 좋은 소식을 전해준 자와 함께한 '좋은 소식을 전함과 나눔'인 것이며 여기에 죄가 기능하고 있다는 것이다. 로마서 7장에 자세히 나오고 있다. 새 언약에 나타날 그림자다.

멜기세덱이 나타남으로 인하여 아브람의 죄의 실체가 드러나고 그 해결 방법을 제시하고 있다. 곧 떡과 포도주로 깨끗이 하시고 그것을 멜기세덱이 받아들일 수 있었다. 떡과 포도주는 멜기세덱 자신의 희생이다. 예수께서는 십자가에서 자신의 피를 흘려주신다.

내 살은 참된 양식이요 내 피는 참된 음료로다(요 6:55)

멜기세덱은 아브람이 무엇이 부족한지를 잘 알고 있었다. 바로 죄에서 벗어나는 내면의 깨달음이다. 이것은 레위 제사장이 줄 수 없는 것이다. 멜기세덱이 이것을 알고 아브람에게 떡(레헴)과 포도주를 가져온 것이다. 멜기세덱 자신을 희생한 양식이요 음료다. 그러므로 구약성경에 나타난 새 언약이다. 생명의 빛이 임한 것으로 아브람이 잘나고 특별해서 임한 것이 아니다. 구약성경에 등장하는 노아에게도 새 언약이 임하였다. 바로 구름 속에 나타난 퀘쉐트다. 무지개로 번역하였다.

우선 아브람은 전쟁에서 사람을 죽이고 탈취한 물건들과 빼앗긴 것을 다시 찾아온 것은 하나님 앞에 제물이 되지 못함을 분명히 해야 한다. 아브람은 선견지명이 있었어도 육체의 때다. 육체의 때는 어떤 것이든 하나님 앞에 제물이 될 수가 없다. 문둥병에 걸려 있기 때문이다. 그래서 반드시 생명의 떡과 포도주가 필요하다. 영과 생명으로 다시 태어나야 하기 때문이다. 말씀으로 마음의 할례(십자가에서의 죽음)가 일어나야 한다. 그것을 알고 있었던 아브람은 멜기세덱으로부터 나오는 하늘의 양식(레헴)과 음료인 포도주를 마셨다. 멜기세덱으로부터 나오는 말씀을 받아들여서 그는 내면에서 생명의 빛을 본 것이다. 하나님의 사람으로 바뀌기 시작한 것이다. 아브람 안에 하늘의 양식과 포도주가 생긴 것이다. 그래서 아브람 자신을 멜기세덱에게 드릴 수 있었다. 그리고 멜기세덱이 이것을 받은 것이다. 아브람이 자신과 함께 드린 것은 소득(비유)의 십 분의 일이 아니라 원래 나의 것이지만 빼앗긴 것을 되찾아 온 것과 탈취물 중에 좋은 것을 멜기세덱에 드렸다. 그런데 그냥 드린 것이 아니라 하늘의 제사장인 멜기세덱으로부터 온 레헴과 포도주를 마시고 드린 것이다. 이것이 중요하다. 하나님은 하나님 자신 것만 받으신다.

아브람에게 계시된 십일조의 의미를 잊어버린 후손들은 모세를 통하여 새롭게 다시 교육을 받는다. 레위 제사장을 통해서 드리는 십일조가 새 언약에서의 마음의 할례(십자가의 죽음)의 예표 곧 그림자로서 기능을 한다. 그러므로 구약에 나타난 이 말씀은 반드시 히다와 마샬과의 관계성 안에서 보아야 한다. 그래야 이해할 수 있는 것이다. 종교의 행위가 아니다.

노아도 방주에서 나와 흰 구름 속에서 퀘쉐트를 보았다. 그리고 포도 농사를 짓고 열매를 내어 그 포도주(말씀)에 취하였다. 밖의 세상

(에레츠)이 노아를 떠나갔다. 노아가 깨달음 안에 있음을 비사로 말씀하고 있다. 노아가 포도주(하나님의 말씀)로 말미암아 하나님과 하나가 되었음을 이야기한다. 하나님은 하나님 자신 것을 받으신다.

멜기세덱 반차를 좇는 제사장은 빼앗긴(강도에게) 원래의 나의 것을 다시 찾아와서 바치는 다시 찾아온 것의 십일조(비유)를 받는다. 그런데 반드시 레헴을 먹고 포도주에 취해 있어야 한다. 그래야 아브람 자신을 드릴 수 있다. 이것은 빼앗긴 것을 되찾아왔다는 알림(선포)과 하나님이 받으시고, 하나님과 함께하신다는 것을 예표 한다. 이일은 비록 아브람이 육체 때의 일이지만 여호와 하나님께서는 할례를 통해 육체 때의 아브람에게서 속(참)사람인 아브라함을 아브람의 육체로부터 빼앗아 와서 그 자신과 함께한 자들과 그 후손을 여호와 하나님께 자신을 드리는 믿음의 조상(근원) 이야기를 우리에게 보여주는 이야기이다. 하나님께 드리게 됨은 내가 하나님과 하나가 됨이며 하나님이 됨을 새 언약에서 드러내 보인다. 그러므로 구약과 새 언약은 반드시 하나이다. 구약이 없이는 새 언약이 도래하지 아니한다.

(창 14:14) 아브람이 그 조카의 사로잡혔음을 듣고 집에서 길리고 연습한 자 삼백십팔 인을 거느리고 단까지 쫓아가서
(창 14:20) 너희 대적을 네 손에 붙이신 지극히 높으신 하나님을 찬송할지로다 하매 아브람이 그 얻은 것에서 십분 일(마이쎄르)을 멜기세덱에게 주었더라

하나님은 전쟁을 싫어하신다. 사람 죽이는 것을 금기하시며, 살생 또한 못하도록 하신다. 그런데 20절 내용이 아브람이 전쟁에서 승리하게 하신 것이 하나님이라고 말씀하시고 있다. 전쟁을 종용하고 있다. 어떻게 이런 일이 일어날 수 있는가? 그리고 이후에 나올 수많은 전쟁을 하나님이 하게 하신다. 이해가 안 되는 내용이다. 그러나 성경에 나오는 수많은 전쟁은 밖의 전쟁이 아니다. 모두 내면의 전쟁을 이야기한

다. 그래서 히다와 마솰로 이루어진 것이다. 그러므로 성경 말씀 모두 히다와 마솰과의 관계로 보아야 한다. 이것을 놓치면 그 어느 것도 하나님 말씀이 아니다. 이것은 모두 내면에서 겉사람의 번뇌와의 전쟁을 뜻한다.

창 14:14절 아브람이 삼백십팔 인을 데리고 네 왕과 전쟁을 치르고 이긴다. 말도 안 되는 이야기다. 성경에 삼백 명으로 수많은 자를 죽이는 전쟁 이야기가 나온다. 아브람은 밖의 사람을 죽이는 전쟁을 하는 자가 아니다. 하나님의 호리조 안에 있는 자이다. 하나님의 전쟁을 치르고 있다. 자기 내면의 전쟁이다. 이래서 히다는 참으로 어렵다.

우리의 의식 무의식 잠재의식 안에 셀 수 없이 많은 번뇌 망상들이 있다. 이 이방인들이 십사만사천이나 된다. 불경에서는 팔만사천 번뇌라 한다. 이 번뇌와의 전쟁을 그린 것이 성경 말씀이다. 반드시 이 전쟁에서 이겨야 한다. 마음을 초월해 가는 이야기다. 밖의 전쟁이 아니다. 하나님은 어떠한 살인 살생도 금하신다. 모든 생명체 안에 하나님의 씨가 묻혀있기 때문이다. 성경 내용은 모두 비사와 비유와의 관계에서 일어난 일이다. 석가모니 부처님도 사아승지 십만 겁을 통해 이 전쟁을 끊임없이 해왔다. 전쟁의 달인 중 달인이다. 예수께서는 십자가에서 자신의 휘장을 찢는 것으로 이 전쟁을 마무리하신다. 모두 마음을 초월하는 이야기이며 속사람을 찾는 이야기다.

성경에서 말씀하는 십일조와 헌물은 우리의 본래 참마음(속사람)을 우리의 겉 사람[안이비설신의(오온: 강도)]에 의해 빼앗긴 것을 되찾아와서 레헴(하늘의 양식)을 먹고 포도주에 취해야 자신을 하나님께 드릴 수 있음과 동시에 하나님과 하나를 이루는 이야기를 비사와 비유를 통해서 말씀하고 있다. 성경 전체의 핵심 내용이다.

레헴을 먹고 포도주에 취하려면 마음을 해체하여 그 속성을 알아야 하는 훈련이 필요하다. 번뇌 망상과의 전쟁이다. 이 전쟁에서 반드시 이겨야 레헴과 포도주를 마실 수 있다. 붓다께서는 사띠, 사마타, 위빠사나로 이 전쟁을 치르게 하신다. 아브람은 그의 전 생애를 통해 이 전쟁을 이어간다. 이 내용이 창 1:1절의 내용이며 계시록까지 이어진다.

겉사람인 처음 하늘(핫샤마임)과 처음 땅(하아레츠)에게 빼앗긴 것을 이것들로부터 베레쉬트를 되찾아 오는 내용을 창 1:1절부터 설명하고 있다. 원래 나의 것을 이것들로부터 빼앗아 와서 레헴(하늘의 양식)과 포도주를 먹이시고 거듭나게 하는 것을 '창조하다'로 오역한 '바라(בָּרָא)' 하심이다. 성경 첫 구절부터 이 내용을 이야기하고 있으며, 새 언약에서는 십자가의 사건으로 마무리하신다. 성경 전체를 통틀어서 계시록까지 흘러가는 핵심 내용이다. 그러므로 창조하다로 오역한 '바라'는 '아포 카타볼레스 코스무'이며 십자가에 달리심이다. 마음을 온전히 초월하는 내용이다.

빼앗아 오면 마음(휘장) 뒤에 원래부터 있었던 '베레쉬트(근본)'가 드러나게 된다. '베레쉬트'가 원래부터 나(예수 차원)의 성품이며 이것이 나의 근본이다. 베레쉬트가 온전히 드러날 때까지는 수많은 내면의 전쟁을 치러야 하는 마음공부를 요 한다. 불경에서는 베레쉬트를 부처라고 이름한다. 이 부처가 원래부터 나의 마음 너머에 있었다.

나라고 주장하는 마음(휘장) 때문에 나(예수 차원) 자신인 부처가 보이지 않았다. 그러나 빼앗긴 속성을 되찾아 오면 나라고 주장하던 마음이 허상임이 드러나기 시작한다. 허상인 마음(휘장)을 자세히 관찰하면 그 마음(휘장) 바로 뒤에 계시는 하나님이 보이기 시작한다. 이 공부는 밖을 향하여 있는 것이 아니라 내면에서 마음을 개간하는 공부다. 이 공부를 계속 이어가려면 지성소로부터 나오는 레헴과 포도주를 계속 마셔야 한다. 작은 깨달음부터 계속해서 이어가야 한다. 왜냐하면 이것을 놓치는 일이 있기 때문이다. 이 이야기가 창세기를 비롯하여 바울 서신에도 자세히 나온다. 단계별로 계속해서 떡(레헴)과 포도주를 마셔야 한다. 그러므로 계속하여 십일조와 헌물을 드리는 일은 쉽게 되는 것이 아니다. 마음을 해체하고 분석하여 자세히 들여다보아야만 이 마음이 허상이라는 것이 드러난다. 이렇게 계속해서 공부해야 한다. 그래야 참 십일조를 드릴 수 있다. 참 십일조를 바치게 되면 온전히 하나님의 아들로 나오게 된다. 그것이 어찌 쉽게 될 수 있을 것인가! 피눈물을 쏟아내야만 하는 길고도 긴 고난의 길임에 틀림이 없다. 예수께서는 마지막에 십자가 위에서 제물이 되셨다.

'다 이루어지게 되었다.' (수동태)

어쨌든 아브람은 소득의 십일조를 드린 적이 없음을 알아야 한다. 그러나 아브람이 떡(레헴)과 포도주로 변화되어 아브라함이 되어선 스스로 제사장이 되어 자신의 속(속사람)에서 나온 하나님의 것인 이삭(생명의 빛)을 번제로 드렸으며 이것은 아브라함 자신 또한 드림이다. 아브라함이나 그의 후손 이삭과 야곱은 물질의 십일조와 헌물을 드린 적이 없음을 반드시 알아야 한다. 물질 소득의 십 분의 일은 하나님께 드릴 십일조(데카토오)가 아님을 알아야 한다.

겉사람(육신의 정욕, 안목의 정욕, 이생의 자랑)을 십자가에 매다는 것 이외엔 어떠한 것도 참 십일조와 헌물이 될 수 없다. 그래야 겉사람 뒤에 있는 속사람이 나타나게 된다. 변화된 자신이, 속사람과 하나 된 자신이 십일조와 헌물이 됨을 말씀하고 있다. 하나님은 하나님의 것 외엔 어떠한 것도 받으실 수가 없다. 받으시는 것은 하나님 안에서 나온 바로 그 아들(토 휘오 투 데우:그 하나님의 그 아들)이다. 그 하나님의 그 아들이 바로 십일조와 헌물이다.

그러면 성경에서 그렇게 강조하는 생명의 십일조란 그림자인 율법의 십일조처럼 내 소득의 십 분의 일을 하나님께 드리는 것이 아니라 내가 강도에게서 빼앗겼던 것을 다시 찾아온 원래 나의 것(속사람)을, 즉 열 개(비유) 뒤에 숨겨져 있는 원래부터 하나님의 것을 되찾아 드림이며, 내가 하나님의 참 자녀 됨을 선포함이며, 대 자유인(마음으로부터 벗어남: 윤회에서 벗어남)이 되었다는 것을 선포하는 것이 핵심이라 할 수 있다. 그러기에 생명의 십일조는 마음의 할례요(마음의 휘장이 찢어짐) 하나님과 하나 됨이다.

원래부터 하나님의 것을 강도(몸과 마음: 겉사람)에게 빼앗겼던 것을 하나님(근원)께 다시 찾아 드리는 것이 십일조의 핵심이다. 참 십일조를 드리게 되면 내면에서 그리스도가 나투신다. 하나님의 아들이 됨이다. 마음(강도의 소굴)을 초월하는 이야기다.

그런데 우리는 십일조, 감사헌금, 헌신의 본래 의미를 잃어버리고 하나님과 협상하려 했고 얄팍한 개인 체험을 이용해 밖의 우상인 다른 하나님(바알)에게 매달리며 무던히도 애써왔고 지금도 그러하다. 특별히 어려운 일이 생기면 더욱 그러하다. 완전히 원래의 의미를 잃어버리고 왜곡하고 있다. 잘못 알고 있는 기도라는 도구를 가지고, 세상 음식을 먹지 않음을 가지고, 물질을 가지고, 종교의식을 가지고 하나님은 나의 반석이며 나의 요새시오, 나의 피할 바위시오, 나의 방패시오, 구원의 뿔이시오~(시 18:3)를 상기시키며 열심히 봉사함을 가지고 가짜 하나님과 타협하려 해오고 있다. 물질의 십 분의 일을 가지고 천국을 사려하고 있으며 우상 하나님에게 잘 보이려 무던히 애쓰고 있다. 예전이나 지금이나 바뀐 것은 별로 없는 것 같다. 이런 것들은 인간들이 말씀을 오해하여 얄팍한 마음에서 나온 것들이다. 이들이 그 하나님을 대적하는 적그리스도다.

외적인 행동을 하도록 하는 율법으로선(인간의 의지를 통해서) 하나님의 참뜻을 실현할 수가 없다. 그래서 레위인 제사장에게 드렸던 소득의 십일조(비유)는 예수의 십자가로 말미암아 폐기된 지 이천 년이 되었다(히 7,8,9,10장을 참조). 구약의 그림자인 십일조가 새 언약에서의 생명의 십일조(데카토오)로 나타난다. 구약에서 히다와 마샬과의 관계로 이루어진 이 내용을 예수께서 파라볼레(비유)로 베풀어서 우리에게 알려주고 있다.

야곱의 열두 아들 중 열한 번째 아들 요셉은 열 명의 형들에게 미움을 받아 애굽에 팔려 갔다. 이것도 참 십일조의 그림자다. 숫자 열이 아니다. 그러므로 십일조는 숫자 열 개 중 하나가 아니다. 비유는 이래서 어렵다. 요셉의 형들은 요셉을 미워하여(겉사람의 속성) 동생을 팔았으나 여호와 하나님께서 특별한 방식으로 요셉을 그의 형들(겉사람)에게서 떼어 받으시어 말씀으로 훈련하시고 그의 뜻에 맞게 모두에게 좋음

(온전함)을 이루신다. 겉사람과 속사람의 합일 관계다.

야곱은 형, 에서의 장자권을 팥죽(비사) 한 그릇에 빼앗고 형이 두려워 밧단아람으로 도망하던 길에 벧엘에서 밤을 지내던 중 꿈(비사)에 하나님을 뵙고 아침에 일어나서(비사) 십 분의 일을 바치겠다고 서원하였다(창 28:20-22). 이 야곱의 기도에 나타난 십일조 관이 곧 유대인의 십일조 관이며 오늘날 전 세계의 교회(돌 성전)에 퍼져있는 사망(죽음)의 십일조 관이다. 이 십일조를 하겠다는 서원은 아직 야곱이 마음의 할례를 받지 못한 아직 구원되지 못한 자, 야곱의 때 곧 육체의 때다. 문둥병으로 병들어 있었을 때다. 야곱은 그가 서원한(자기 서원은 하나님을 대적한다) 소득의 십일조를 드린 적이 없다. 그의 세상적 물질의 십일조는 애초 하나님이 받으시길 원하신 것도 아니며 받으시려 해도 받으실 수도 없다. 육체의 때에는 어떤 것이든 본질을 벗어나 있다. 죄를 더욱더 쌓는 일이 된다는 것을 보여준다.

하나님은 하나님 자신의 것을 반드시 자신을 통해 받으신다. 이를 몽학선생 아래서는 할례로 등장함이요, 새 언약에서는 마음의 할례 곧 십자가의 죽음이며 영과 생명으로 다시 태어나는 아들이 생명의 십일조다. 그러므로 오랜 후 여호와 하나님의 방법으로 야곱을 거듭나게 하여 이스라엘로 만들어 받으신다. 사기꾼 같은 야곱을 많은 훈련을 통해 변화시켜서 십일조로 야곱에서 변화된 이스라엘을 받으신다. 하나님은 자신의 것(속사람)을 받으시기 위해 사람의 마음(겉사람)을 변화시켜 (십자가의 죽음을 통해) 받으시는 것이다.

사람이 하나님과 같지 아니하다면 교통(하나 됨)할 수도 없으며 받으실 수가 없다. 그 사람의 그 아들(호 휘오스 투 안드로푸)이 되어야 한다. 그래서 거룩한 하나님의 영을 통해서 지독하게 힘든 훈련을 평생토록 하신다. 세상(코스모스) 마음이 하나님이 받으시기에 합당하게 변화되는 것이 어찌 어렵지 않겠는가! 온 생애를 걸쳐 험난한 훈련을 통해 이루어짐을 성경의 각 서신을 통해 알려주신다. 험난한 훈련을 통하지 않고 고난을 받지 않고 쉽게 새로운 아들이 나올 수 없다.

우리에게 있는 열(숫자 10이 아니다)은 그것이 무엇이 되었든 처음엔(겉사람) 제물이 되지 못한다. 하나님은 하나님 자신의 것을 받으신 후 말씀과 하나님의 영(프뉴마)으로 아들로 새롭게 태어나게 하신다. 하나님이 우리에게서 새로워진 내면의 십일조를 받으시는 것은 원래 하나님의 본체(아르케)로부터 온 것이기 때문이다.

우리를 십일조로 하나님께서 받으시는 목적은 우리를 말씀과 하나님의 거룩한 영으로 다시 태어나게 하시고 그리스도 예수의 모양과 형상으로 바꾸시기 위함이다. 지금은 구약의 율례가 예수의 십자가로 말미암아 폐기됨과 아울러 예수 그리스도의 새 계명으로 온전케 되었다.

"내가 너희를 사랑한 것 같이 네 이웃을 네 몸(자신)과 같이 사랑(아가파오)하라(비유)" 하신 새 계명으로, 율법의 십일조는 사랑을 향하는 이정표가 되어 그 기능을 다 하였다.

여기서 등장하는 이웃이 밖에 있는 이웃이 아니다. 우리가 생각하는 밖에 있는 네 이웃을 사랑하라는 말씀이 아니다. 이래서 비사와 비유로 된 말씀은 어렵다. 내면에서의 사랑(아가파오)이다. 아가파오는 생명의 빛이다. 인생들끼리 좋아하고 용서하고 하는 것이 아니다. 속사람과의 관계다. 이 사랑(아가파오)이 찾아오면 나의 근본 곧 그리스도가 내 안에 나타난다. 내 안에서 천국이 열린다. 그러면 겉사람 안에 있는 무수한 이방인들이 하나님을 향하여 돌아온다. 이처럼 깨달음이 완성된다. 내면에 있는 무수한 이방인들을 말씀으로 깨우치는 것이 아가파오다.

구약에서는 '아가파오'를 전쟁을 통해서 실현하신다. 모두 비사로 설명하고 있다. 밖에 살아있는 사람을 죽이는 전쟁이 아니다. 부처님은 누구보다도 이 전쟁의 달인이셨다. 마음을 온전히 초월하신 것이다.

내 안에 있는 십사만 사천 이방인들이 근본(아르케)에게로 돌아오게 하는 것이 아가파오다. 예수께서 오심으로 누구든지 하나님의 아들이 될 수 있으며 사랑의 왕이며 사랑의 제사장이 될 수 있다는 것을 창 1장부터 말씀하신다.

12. 십일조에 대하여 (3)

호세아 6장에서도 선지자는 그러므로 우리가 여호와를 알자 힘써 여호와를 알자 ~ 나는 인애를 원하고 제사를 원치 아니하며 번제보다는 하나님(내 안에 계심)을 아는(기노스코: 하나됨) 것을 원하노라고 하여, 제사와 긍휼, 제사와 인애, 번제와 하나님을 아는(하나 됨) 것을 등장시켜 설명하고 있다.

또한 미가 선지자도 "내가 무엇을 가지고 여호와 앞에 나아가며 높으신 하나님께 경배할까, 내가 번제물 1년 된 송아지를 가지고 그 앞에 나아갈까? 여호와께서 천천의 수양이나 만만의 강수 같은 기름을 기뻐하실까. 내 허물을 위하여 내 맏아들을, 내 마음의 죄를 인하여 내 몸의 열매를 드릴까. 사람아 주께서 선한 것이 무엇임을 네게 보이셨나니 여호와께서 네게 구하시는 것이 오직 공의를 행하며 인애를 사랑하며 겸손히 네 하나님과 함께 행하는 것 아니겠느냐"라고 탄식한 바 있다.

하나님이 우리에게 원하는 것은 제사(예배)나 예물이 아니며 거룩한 종교 행위가 아니다. 내면의 변화다. 도덕적으로 착한 사람이 되는 것과 관련이 없다. 내면으로 오는 생명의 빛에 의해 변화된 마음을 십일조(데카토오)로 받으시는 것이다. 말씀(생명의 빛)으로 변화된 사람을 받으신다. 하나님과 하나 된 사람(안드로푸스)이다. 멜기세덱이 가져온 떡과 포도주를 받아먹고 그것에 의해 변화된 사람(안드로푸스)이 하나님께 드려질 십일조와 헌물이다. 아브람이 가져온 전리품은 멜기세덱으로부터 나온 떡(레헴)과 포도주를 대신할 수 없다. 아브람 자신이 십일조가 되어야 함을 히다로 말씀하고 있다.

> 내 살은 참된 양식이요 내 피는 참된 음료로다. 내 살을 먹고 내 피를 마시는 자는 내 안에 거하고 나도 그 안에 거하나니(요 6:55-56)

예수의 피를 참된 음료라고 말씀한다. 이것은 겉사람의 눈으로 계시되는 것이 아니다. 각자 안에서 이 음료를 꺼내어 마셔야 한다. 이 음료를 포도주로 비유하여 말씀하신다. 곧 지성소로부터 나오는 하나님의 말씀이다. 이 지성소가 각자 안에 있다.

그러므로 하나님의 대제사장이신 멜기세덱이 가져온 떡(레헴)과 포도주는 물질이 아니다. 바로 하늘의 제사장이신 멜기세덱 안에서 나온 것으로 영과 생명의 말씀이다. 이 영과 생명의 말씀이 각자의 내면에 있다. 하나님의 말씀은 돈과 물질이 아니며, 돈과 물질은 먹고 마실 수 있는 것이 아니다. 그러므로 돈의 십일조가 아니다. 돈, 물질은 생명의 십일조가 될 수 없다. 십자가에서 예수께서 하나님께 제물이 되었는데 이것이 어떻게 돈이 되겠는가! 예수께서 우리를 대신하여 제물이 되신 것이 아니다.

우리에게 생명으로 거듭나는 그 길을 보이신 것이다. 대속이 아니라 속죄다. 각자가 하나님 앞에 제물이 되어야 함을 보여주신 것이다. 그런데 오늘날 이 십일조와 헌물이 돈으로 바뀌었다. 돈을 좋아하는 종교인들에 의해 원래 의미가 도적질 당한 것이다. 적그리스도는 하나님 말씀을 왜곡하는 자들이다. 그러므로 십일조와 헌물이 돈이라고 주장하는 자들이 누구인가? 돈 좋아하는 신을 만들어 놓고 위대하신 하나님이라 주장한다. 돈을 좋아하는 이 하나님에게 잘 보이기만 하면 열 배,

삼십 배, 육십 배, 백 배 대박이 터진단다. 말씀에서는 이를 다른 하나님 곧 바알 신이라 한다. 적그리스도의 일어남이다.

(왕상 22:17) 저가 가로되 내가 보니 온 이스라엘이 목자 없는 양같이 산에 흩어졌는데 여호와의 말씀이 이 무리가 주인이 없으니 각각 평안히 그 집으로 돌아갈 것이니라 하셨나이다

거짓 목자들이 없어져야만 평안히 그 집(하나님의 성전)으로 돌아갈 것이라고 비유로 말씀하신다.

(애 5:3) 우리는 아비 없는 외로운 자식이오며 우리 어미는 과부 같으니
(겔 34:5) 목자가 없으므로 그것들이 흩어지며 흩어져서 모든 들 짐승의 밥이 되었도다

참 목자가 없으면 들짐승(거짓 예언자)들의 먹이가 된다.

(겔 34:7) 그러므로 목자들아 여호와의 말씀을 들을지어다
(겔 34:8) 주 여호와의 말씀에 내가 나의 삶을 두고 맹세하노라, 내 양의 무리가 노략거리가 되고 모든 들짐승의 밥이 된 것은 목자가 없음이라 내 목자들이 내 양을 찾지 아니하고 자기만 먹이고 내 양의 무리를 먹이지 아니하였도다

모두가 자신은 참 목자라고 떠들어 댄다. 참 목자는 속사람의 지성소로부터 오신 예수 그리스도다. 자신 안에서 찾아야 한다. 내면에서 참 목자이신 예수 그리스도를 발견한 자는 어떻게 드러나는가? 부처님은 제자들에게 하루 한 끼 공양하는 것 이외엔 어떤 것도 소유할 수 없게 하였다. 시대가 바뀌었어도 이를 표준으로 삼아야 한다.

(마 9:36) 무리를 보시고 민망히 여기시니 이는 저희가 목자 없는 양과 같이 고생하며 유리함이라
(막 6:34) 예수께서 나오사 큰 무리를 보시고 그 목자 없는 양 같음을 인하여 불쌍히 여기사 이에 여러 가지로 가르치시더라
(요 10:12) 삯꾼은 목자도 아니요, 양도 제 양이 아니라 이리(탐심)가 오는 것을 보면 양을 버리고 달아나나니 이리가 양을 늑탈하고 또 헤치느니라

이 시대에는 신학교를 졸업하고 고시를 보고 합격하면 목사가 된다. 예수 그리스도와 하나 되는 깨달음이 없는데도 목사라 한다. 그리스도와 하나됨이 없는 이는 모두 삯꾼이요 도적이다.

첫째 조건이 내면에서 부활하여 오신 예수 그리스도를 발견하고 그와 하나 되어야 한다. 내면의 변화를 받아야 한다. 예수의 부활이 자신 안에서 이루어져야 한다. 그러면 이천 년 전에 오셨던 예수와 함께하였던 제자들과 하나가 될 것이다.

나는 선한 목자라 내가 내 양을 알고 양도 나를 아는 것이 아버지께서 나를 아시고 내가 아버지를 아는 것 같으니 나는 양을 위하여 목숨을 버리노라. 또 이 우리에 들지 아니한 다른 양들이 내게 있어 내가 인도하여야 할 터이니 저희도 내 음성을 듣고 한 무리가 되어 한 목자에게 있으리라.(요 10:14-16)

십일조와 헌물을 드리는 것은 하나님과 하나 되기 위해서다. 아버지와 아들은 하나다. 그래서 하나님이 바로 이 십일조와 헌물을 받으시기를 원하는 것이다. 자신과 똑같이 닮은 아들을 낳기를(만나기) 원하시기 때문이다. 하나님이 낳은 자녀로 바뀌려면 내면에 있는 정과 욕심을 모두 초월해야 한다. 그러려면 반드시 휘장을 찢기 위해 십자가에서의 죽음을 거쳐야 한다. 이것을 인생들에게 알려주려고 그렇게 많은 선지

자가 왔다. 십일조와 헌물을 받칠 수 있는 상태가 되면 그는 하나님의 아들로 바뀐다. 하나님의 종이 되는 것이 아니다. 아들은 아버지 속에서 나왔다. 베레쉬트(엔 아르케: 근본)로부터 나왔기 때문이다. 베레쉬트(엔 아르케)로부터 나온 자는 모두 근본이며 하나님이다. 이것은 변하지 않으며 모두 차이가 없다. 완벽히 똑같은 하나님이다. 헬라인이나 히브리인이나 이방인이나 모두 똑같다. 아들은 종교 행위를 통해 나오는 것이 아니다.

어릴 때는 몽학선생 아래서 잠시 종교 행위를 할 수 있다. 몽학선생 아래서 반드시 훈련을 받아야 하는 때가 있다. 이때는 바로 자신의 실체를 모르기 때문이다. 인생들은 알 수 없는 수많은 겁 동안 술 취한 상태로 살아왔다. 몸과 마음을 뒤집어쓰고 이를 나 자신으로 알고 살아왔다. 몸과 마음은 항상 변한다. 변하는 것은 모두 조건에 의해 나왔기 때문이다. 그러나 변하는 것과 맞대면하여 변하지 않는 것이 있다. 바로 그 하나님이다.

그 누구에게나 변하지 않는 하나님이 내면에 계신다. 이를 발견하는 것은 각자의 몫이다. 이 내용이 창 1:1절부터 계시록까지 이어져 간다. 술 취함에서 깨어나기 위해서다. 하나님은 자신이 낳은 아들을 회복시켜서 받는다.

신앙인들의 간증들을 들어보면 신비한 일 기적 같은 일들을 말한다. 하나님을 잘 믿으니 전화위복이 되었다고 한다. 이들은 자신들이 참 여인이라고 말한다. 그런데 험난한 일이 생기면 어떨까? 성경은 이미 간음했다 한다. 왜냐하면 나의 것이라고 할 만한 것이 조금도 없는 마음을 내 것이라고 했기 때문이다. 특히 황홀경이나 행복감에 빠지면 더욱 그러하다. 이때의 마음을 나와 일치시키기 때문이다. 이 모두가 사견이다.

참 여인이 된다는 것은 머리에 이고 있는 항아리가 비워질 때까지 이고 가야 한다. 아주 좁은 길을 간다. 겉사람으로부터 오는 모든 사견을 내려놓아야 하기 때문이다. 불경에서는 공(空)이 될 때까지 끊임없이 방하착(放下着) 해야 한다고 설명한다. 도마복음에서 여인이 항아리에 겉사람의 양식을 담아 머리에 이고 갈 때 쥐고 있던 손잡이가 떨어져 나간다고 하였다. 집에 도착했을 때 머리에 이고 있던 세상(코스모스) 양식이 다 없어지고 빈 항아리만 남게 되는데 그때가 비로소 참여인으로 등장한다.

> 도마복음 97
>
> 예수가 "아버지의 나라는 가루를 가득 담은 항아리를 이고 가는 여인과 같다. 여인이 길을 가는 도중 아직 집이 멀었을 때, 항아리의 손잡이가 떨어져 나가고 음식이 여인의 등 뒤로 길에 떨어졌다. 여인은 그 사실을 깨닫지 못하고 그런 사고를 눈치채지도 못했다. 집에 돌아와서 항아리를 내려놓으니 텅 비어 있었다."라고 말하였다.

항아리의 손잡이는 인생들의 의지처를 뜻한다. 머리에 이고 있던 겉사람의 양식이 없어지는 것은 큰 재난이다. 이 재난을 당하지 않으면 참여인이 되지 못한다. 이 재난을 당해야 마음이 허상이라는 실체를 알게 된다. 참여인은 이 재난을 재난으로 여기지 아니한다. 그런데 우리는 이 재난을 당하지 않게 간구한다. 감각적 욕망을 채워 달라고 한다. 인생들은 감각적 욕망이 채워지지 않으면 행복하지 않다. 인생들은 사랑스러움에 목말라 있다. 이것을 위해서라면 모든 것을 다 판다. 그리고 이것을 머리 위에 이고 꿈을 안고 인생길을 간다. 갈애를 나와 일치시킨다. 이것이 간음이며 선악과를 먹고 죽었다고 말씀하신다.

13. 고침을 받은 문둥병자

10명의 문둥병자가 와서 고침을 받고 제사장에게 보이기 위해 가다가 한 사람만이 예수에게 되돌아오는 이야기가 나온다(눅 17:12). 비사로 된 말씀이다. 돌아온 사람에게 '네 믿음이 널 구원했다'라고 예수께서 말씀하였다. 자신 안에서 그리스도 예수를 만났기 때문이다. 되돌아온 자가 육체의 문둥병을 고쳐주신 예수께 감사해서 돌아온 것이 아니다. 자신 안에서 예수가 바로 그 하늘의 제사장인 줄 알아보았다는 말이다. 한 사람만이 하늘의 제사장 예수를 바로 보는(호라오) 눈이 열린 것이다. 이것이 가장 중요한 핵심이다. 자신 안에 나타난 예수는 대상이 아니다. 나머지 아홉은 이 눈이 열리지 아니한 것을 말씀하고 있다. 바로 깨달음에 관한 것을 우리에게 말씀하고자 함이다.

예수께서 말씀하시는 '믿음'은 반드시 'καταβολῆς κόσμου(카타볼레스 코스무)'가 전제되어야 한다. 갈애의 열매가 열리는 마음 세상(코스모스)을 뒤집어놓아야 한다. 자신의 마음 밭이 해체되어야 본래부터 그 안에 감추어진 보석(그리스도)이 드러날 수 있다. 불경에서는 사념처(四念處)를 통해 마음의 실상을 설명하고 있다. 예수께 돌아온 고침을 받은 한 사람은 자신의 마음을 해체하여 그 안에 있는 그리스도 보석을 발견한 것을 말씀하는 내용이다. 육체적 질병을 고침을 받고 감사해서 돌아온 내용이 아니다. 자신 안에서 하늘의 제사장인 예수 그리스도를 발견한 것이다. 밖의 예수에게 온 내용이 핵심이 아니다. 이래서 비사와 비유로 된 말씀은 대단히 어렵다. 자신의 내면으로 들어와서 자신의 마음의 실상을 알게 된 것을 말씀한다. 그 마음 안에서 자신의 근원(베레쉬트)을 발견하는 것이 핵심 내용이다.

오천 명이 예수께서 주시는 빵을 먹었는데 그중에 깨달은 사람이 열둘 밖에 없었다. 나머지는 육신의 배고픔을 채워주시는 예수를 임금 삼고자 따라갔으나 예수께서는 이들을 떠나셨다. 예수께서 말씀하시는 믿음이 없이는 예수께 올 수 없다. 예수께서 이들을 떠나시기 때문이다. 예수께 돌아온 고침을 받은 한 사람은 자신 안에서 이 믿음을 발견한 것이다. 자신 안에서 베레쉬트로부터 나온 법(法)을 본 것이다.

성경 말씀의 대 주제인 창 1:1절 내용의 말씀은 우리 안에 원래부터 '베레쉬트'가 있다고 말씀하신다. 보통 인생들은 자신 안에 있는 이 '베레쉬트'를 발견하지 못하고 생을 마감한다. 불행한 일이다. 그런데 열 명 중 되돌아온 한 사람은 자신 안에서 이 보석을 발견한 것이다. 예수로부터 칭찬을 들을 만하다. 예수로부터 치유를 받은 자 마음 안에 이 진귀한 보석이 나타나 있다고 하는 것이 본문의 내용이다. 자신 안에서 예수를 찾은 것이다. 밖의 예수께 간 것이 아니다. 그런데 그 의미를 모르는 수많은 자는 밖의 예수를 찾아다닌다. 그래서 신당을 세워놓고 열심히 기도하고 예배드리고 각종 종교 행위를 한다. 그러나 밖의 예수를 찾아보아야 헛일이다. 혹 육신의 소원은 이루어질지도 모르지만? 죽여야 할 육체 예수다.

붓다께서 말씀하시길 '법을 보는 자는 나를 보고 나를 보는 자는 법을 본다'라고 하였다. 이 법이 각자 안에 있다. 밖에서 찾으면 잘못이다. 그런데 종교 행위들은 모두 밖을 향해 있다. 경에서는 이들을 문둥병자라고 말씀하고 있다. 이들은 절대로 하늘 성전에 들어갈 수가 없다. 그런데 자신들은 깨끗하다고 한다. 지금도 수많은 사람이 하나님의 일을 한다고 목사도 하고 화려하게 건물교회도 짓는다. 막을 길이 없다.

히브리서 저자가 그토록 설명하고자 애쓰던 제사, 제사장, 제사장 계통의 이중성은 바로 이 점이다. 율법으로 말미암은 제사장과 약속으로 말미암은 하늘의 제사장, 아론 반차를 좇는 제사장과 멜기세덱 반차를 좇는 하늘의 제사장 중에서, 고침을 받은 사마리아인 한 명은 하늘의 제사장인 예수 그리스도에게로 갔고 다른 아홉은 구약의 제사장에게로 갔던 것뿐이다. 육체적으로 깨끗함을 받은 아홉은 구원에 이르지는 못했다 (우리가 기적을 체험하면 십중팔구 육체-겉사람-로 돌아가기 마련이다).

율법의 개념을 뛰어넘는 것 이것이 믿음이다. 당시로선 어려운 일이었으며 지금도 그렇게 한다면 그 무리로부터 추방당할 것이 분명하다. 이 믿음이 속사람으로부터 나오기 때문이다. 세례요한도 레위지파 제사장인데 성전에서 번제를 드리는 것, 지켜야 할 율례를 버리고 들로 나가 생활하였다. 레위 제사장들은 반드시 성전에서 나오는 것을 먹어야 했는데 그것을 거부하고 광야에서 메뚜기와 석청을 먹었다. 또한 레위 제사장들이 입어야 할 제복을 버리고 약대 털옷을 입고 허리에 가죽 띠를 띠고 살았다. 그리고 짐승을 잡아 번제를 드리는 것을 거부하고 물로 세례(침지)를 주었다. 세례(침지)요한은 깨어난 자였다. 주의 길을 예비하는 자였다(마 3:3). 이어 오신 예수께서는 물로 세례(침지)를 주는 것조차 거부하고 말씀을 주어 깨닫게 하였다. 당시로서는 모두 대 혁명이다.

그런데도 그림자인 율법의 십일조를 여전히 드릴 셈인가? 예수께서 십자가에서 폐기한 것을 여전히 고집할 것인가? 예수께서 하지 말라고 한 종교 행위를 굳이 할 필요가 있을까? 여전히 예수 그리스도의 말씀을 대적할 것인가? 왜 적그리스도가 되려 하는가?

문둥병을 포함해서 모든 질병은 건강을 빼앗겼다는(강도당함) 증거다. 여기 강도당한 한 명의 사마리아인의 십일조는 빼앗긴 것(근본)을 다시 찾아와서 자신의 근본인 그리스도에게 드렸다(내면에서 빛을 발견함). 육신의 질병인 문둥병을 치료한 내용이 핵심이 아니다. 마음의 질병인 문둥병으로부터 자유를 얻은 내용이다. 당시 문둥병자는 성전에 들어올 수도 없었고 사람들과 같이 살 수도 없었다. 이 기사는 죄로부터 씻음 받은 것이 핵심이다.

치유 받은 한 사마리아인은 하늘 안에 있는 참 성전에 들어올 수 있게 된 것이다. 자신 안에 세워진 몸 된 성전에 자신을 드릴 수 있게 된 것이다. 자신이 하늘의 대제사장이 되어 드리고 자신이 하늘의 왕으로 자신을 받는다. 하나님 아들이 되었음을 이렇게 말씀하고 있다. 하나님은 자신의 것만 받으신다. 세상 제물은 절대로 받을 수 없다. 사마리아인 한 사람만이 십일조(데카토오)로 받으신다.

몸이 깨끗함을 받았다고 구원되는 것이 아니다. 몸이 치유되었다 해도 그 마음이 귀신의 양식(육신의 정욕, 안목의 정욕, 이생의 자랑)으로 몸이 치유되기 전보다 더 채워질 수 있다는 것이다. 귀신들이 왜 물 없는 곳을 다니며 쉴 곳을 구하는가? 물 있는 곳은 육신의 자랑(감각적 욕망)을 할 수 있는 곳이 아니다. (참조: 예수께서 말씀하신 내용 중에 내 배에서 나오는 물, 생수를 마시라)

계시록에서 귀신들이 무저갱(밑 빠진 독, 터진 부대)에 들어가길 싫어하는데 그곳 역시 이생의 자랑, 안목의 정욕, 육신의 정욕을 자랑할 수 있는 곳이 아니다. 귀신이 조금도 기뻐할 수 없다.

(마 12:44) 이에 가로되 내가 나온 내 집으로 돌아가리라 하고 와 보니 그 집이 비고, 소제 되고, 수리되었거늘
(마 12:45) 이에 가서 저보다 더 악한 귀신 일곱을 데리고 들어가 서 거하니 그 사람의 나중 형편이 전보다 더욱 심하게 되느니라 이 악한 세대가 또한 이렇게 되리라

'악한 세대' 란 그리스도를 대적하고 있다는 뜻이다.

예수께서 하지 말라고 하는 것은 하지 말아야 한다.
예수께서 성전에서 장사하는 자들의 상을 엎으신 적이 있었다.

(마 12:34) 독사의 자식들아, 너희는 악하니 어떻게 선한 말을 할 수 있느냐 이는 마음에 가득한 것을 입으로 말함이다.
(마 23:33) 뱀들아 독사의 새끼들아, 너희가 어떻게 지옥의 판결을 피하겠느냐
(눅 3:7) 요한이 세례받으러 나오는 무리에게 이르되 독사의 자식들아 누가 너희를 가르쳐 장차 올 진노를 피하라 하더냐
(요 2:15) 노끈으로 채찍을 만드사 양이나 소를 다 성전에서 내쫓으시고 돈 바꾸는 사람들의 돈을 쏟으시며 상을 엎으시고

'악한 세대'란 거룩한 영 하나님의 사랑 곁사람의 비움은 온데간데 없고 오로지 병 고침, 물질 축복, 소원성취 등 자신이 원하는 것들을 원하며 자신이 원하던 것(갈애)들이 이루어졌다고 하나님이 이루어 주셨다고 하는 자들이다. 육신의 갈애를 채우기 원하는 자들이다.

입으로 이름만 예수이지 생각하는 짓들은 무당과 같다. 구약에서는 이들을 온 산에 신당을 세우고 바알 신을 섬기는 자들로 곧 죽여야 할 자들이라고 비유하고 있다. 바알 신을 섬기는 이들은 자신들은 참 하나님을 섬기고 있다고 주장하고 있다. 이와 같은 끔찍한 일들이 지금도 예수의 이름으로 전 세계 곳곳에서 똑같이 행해지고 있다.

우리는 제사 직분이 바뀌고 제사장의 계통이 바뀌는 모습을 본다(히 7장).

아론 반차 → 레위 지파 → 제사장들(율법에 의해 십일조를 받았다, 예수의 십자가로 폐기되었다)

멜기세덱 반차 → 유다 지파 → 예수 그리스도(강도에게 빼앗겼던 것을 다시 찾아온다. 내면에서의 일이다)

히브리서 10장 1절 "율법은 장차 오는 좋은 일의 그림자요 참 형상

이 아니므로 해마다 늘 드리는바 같은 제사로는 나아오는 자들을 언제든지 온전케 할 수 없느니라"라고 하였다. 예배로는 온전케 할 수 없다. 종교 행위로는 겉사람의 속성이 바뀌지 아니하여 윤회에서 벗어날 수 없다. 율법의 십일조는 그림자이며 참이 아니다. 예수의 십자가로 이 그림자는 폐기되었다. 그런데도 여전히 강도에게 빼앗긴 적이 없는 물질의 소득에서 십 분의 일을 고집하려는가?

종교인들이 좋아하는 물질을 드리라 한다. 선택받은 자신들에게 희생 봉사하라고 한다. 레위 제사장에게 드렸었던, 예수 그리스도로 인하여 폐기된 그림자인 구약의 전통을 계속 이어 가려는가? 그러하다면 예수 그리스도를 하나님으로 참 선지자로 참 제사장으로 인정하지 않는 것이 된다. 예수 그리스도와는 아무런 관계없는 자이며 적그리스도다.

예수께로 돌아온 문둥병을 치유 받은 한 명의 고침받은 자가 될 수 없다. 밖을 향해 있기 때문이다. 예수 그리스도가 참 제사장인 것을 인정한다면 예수 그리스도가 그토록 강조하였던 것이 무엇인지 반드시 알아야 하며 그대로 행하여야 한다. 정성을 다해 예수를 부르고 애쓰고 종교 행위를 한다고 되는 것이 아니다. 달리 방법이 없다. 예수 그리스도가 그토록 강조한 것 '아버지의 그 뜻대로 행하는 것' 곧 강도에게서 빼앗겼던 참된 것을 되찾아 와야 한다. 나의 근본이 무엇인지 아는 것이다.

인생은 보는 나, 듣는 나, 느끼는 나, 생각하는 나가 있다고 생각한다. 인생은 이 나를 참 나로 오해한다. 강도에게 참된 것을 빼앗겼기 때문에 발생한 일이다. 안이비설신의(오온: 몸과 마음)를 통해 강도에게 참된 것을 빼앗겨서 일어난 일이다. 이 강도로부터 나(예수 차원)를 다시 찾아와야 한다. 이것이 십일조와 헌물이다. 그러면 보는 나, 듣는 나, 느끼는 나, 생각하는 나에 속지 아니한다. 자신 안에서 이러한 현상은 종교 행위를 통해서 일어날 수 없다.

성경 말씀에서는 몸과 마음을 휘장으로 설명하고 있다. 휘장을 초월해야 이 십일조와 헌물이 나온다. 휘장 뒤에 천사의 그림이 나타나 있다. 이 천사가 여호와 하나님을 비유한다. 몸과 마음(의식 무의식 잠재의식) 뒤에 여호와 하나님이 계신다. 여호와 하나님은 마음(휘장)에 의해 절대 오염되지 아니하신다. 마음에 영향을 받지 아니하신다. 마음으로부터 청정하시다. 마음이 윤회한다고 하여 그것에 영향을 받지 아니하신다. 시작도 끝도 없이 원래부터 휘장(마음) 뒤에 그대로 계셔왔다. 어떤 요동도 아니 하시고 계셔왔다. 그래서 마음(휘장)을 환히 꿰뚫고 있다. 영겁을 통해 모두 알고 계신다. 전혀 왜곡하지 않고 아시고 계신다.

마음(카르디아, 누스)은 여호와 하나님이 아니다. 휘장으로 설명을 한다. 휘장 뒤에 있는 여호와 하나님을 보아야 하는데 마음(카르디아와 누스)을 나로 여기는 한 알기가 힘들다.

몸과 마음에는 하나님이 거하시지 않는다. 하나님은 오직 하나님이 거하시는 집 곧 몸 된 성전 안의 지성소에만 계신다. 그런데 모두 밖을 향한 종교 행위를 통해 하나님을 만나려 하고 있다. 종교인들은 하나님은 무소부재(無所不在) 하다며, 왜곡하여 알고 있다. 이들이 적그리스도다. 왜곡된 성경을 버리고 말씀을 자세히 보아야 한다. 비사와 비유의 관계 속에 이어지는 내용을 알아야 한다.

여호와 하나님(예와 엘로힘)은 시제가 없다. '나는 스스로 있는 자'로 오역하였다(출 3:14). '스스로 있는 자' 가 아니다. 그 의미를 망각하고 크게 오역하였다. 그리고 위대하고 전지전능한 하나님으로 우상화하였다. 예와 엘로힘은 대상이 아니다. 이래서 비사로 된 말씀은 깨어나지 못한 인생들로선 여전히 장님이요, 귀머거리다. 자기가 보고 싶은 대로 성경을 보아서 일어난 일이다. 하나님 말씀이 무엇인지도 모르고 종교인들이 이렇게 왜곡하여 번역하였다. 그래서 일반인들은 이렇게 번역한 내용을 절대적으로 하나님 말씀으로 믿고 의지한다. 일점일획도 틀림이 없다고 인정해 버린다. 이렇게 번역한 성경은 하나님이 우리에게 전해주고자 하는 원래의 그 의미를 완전히 벗어나 버렸다. 그러면 이것을 전하는 자들이 누구인지 알아야 한다. 이 정신병은 고칠 방도가 없다. 잘못되었다고 하는 예수까지도 잔인하게 죽인다.

원래의 뜻은 '나는 나'다. '스스로 있는 자'가 아니다. 그런데 이 '나'는 현재상이 없고 완료시상과 미완료시상만 존재한다. 새 언약에서 예수 그리스도로 나타나기 위함이다. 새 언약에서의 예수 그리스도는 과거상과 미래상이 없고 다만 현재상만 가지고 있다. 예수께서 나와 아버지는 하나라고 말씀하신다. 예수 차원의 '나(에고 에이미)'가 구약에서 예와 엘로힘으로, 방편으로 나타나셨다. 새 언약에서 이 예수 그리스도로 열매를 맺기 위함이다. 그러므로 예수 그리스도는 대상이 아니다. 이천 년 전에 오신 역사적인 예수가 아니다. 바로 나 자신의 이야기를 말씀한다.

멍청한 것 같고, 바보 같고, 어리석고, 죄 많은 것 같은 바로 나에 관한 내용이다. 엉망인 상태로 진흙을 집어쓴, 나를 씻어서 받으시려 하는 것이다. 변화시켜서 받으시려 한다. 이 나(예수 차원)를 구약에서 예와 엘로힘이 지향하는 것이다. 그러므로 스스로 있는 자가 아니다. 스스로 있는 자라고 하면 존재다. 존재는 조건에 의해 나온다. 조건에 의해 나온다는 것은 변하는 것이다. 변하는 것은 모두 죄로부터 기인한다. 그러므로 여호와 하나님은 존재가 아니며 대상이 아니다. 정신이 나간 신학자들이 무지하여 이렇게 번역하였다. 그리고 우상화했다. 이것을 거역하면 이단이 되었고 그것은 죽음을 의미했다.

우리의 마음(휘장) 바로 뒤에 예와 하나님이 계신다. 그런데 이 예와 하나님이 계시는 이유는 베레쉬트 하나님을 지향하고 있기 때문이다. 베레쉬트는 하나님이며 근본이다. 예수 그리스도께서 이 근본으로부터 오셨다. 예수 그리스도는 마리아의 태를 통해 인간의 모습으로 오셨지만, 예수는 처음부터 근본이며 하나님이다.

예와 하나님과 베레쉬트 하나님 사이에 공간이 있다.(비사) 이 공간에 일 년에 한 번 대 제사장이 들어가서 이곳에 가지고 들어온 피를 뿌리는 의식을 행한다. 죄 사함이 이곳에서 일어난다. 이 내용이 성경에 자세히 나온다. 그러므로 나의 근본(베레쉬트)을 발견하려면 우선 여호와 하나님(근본)을 먼저 발견해야 한다. 이 여호와 하나님이 휘장 곧 의식 무의식 잠재의식의 바로 뒤에 거하시는 것을 발견해야 한다. 그러므로 몸과 마음에서 일어나는 각종 심리 현상을 인식하고 느끼고 생각하고 의도하고 반응하고 하는 그 심리 현상 바로 뒤에 예와 하나님이 거하시는 것을 발견하여야 한다. 그러므로 예와 엘로힘은 대상이 아니다. 이 하나님은 위대하고 전지전능하고 무소부재하고 큰 권능을 가진 신이 아니다. 성경 말씀은 모두 비사와 비유로 되어있다. 이것을 풀어내려면 지성소로부터 내면에 생명의 빛이 임하여야 한다. 새 언약에 나타날 바로 나(예수 차원) 자신에 관한 내용이기 때문이다. 나(예수 차원) 자신이 하나님이며 위대하고 전지전능하다는 것이다.

나 자신이 아무리 위대하고 전지전능하더라도 누가 나 자신에게 예배하며 기도를 하는가? 미치지 아니하면 이런 일은 일어날 수가 없다. 예배, 기도, 십일조, 헌금을 강요하는 자들이 누구인가? 바로 적그리스도들이다. 적그리스도들이 이 사회에서 인정받고 대접을 받는다. 이 세상은 이렇게 흘러간다. 말씀과 완전히 거꾸로 간다. 예수께서 이 세상은 내 나라가 아니다 하였다. 깨어 있는 자들은 극소수다.

하나님을 마음 밖에서 찾으면 큰일이다. 엉뚱한 곳에서 하나님을 찾으면 끝없는 윤회를 한다. 말씀의 본질을 잃어버리고 밖의 우상(다른 남편)에게 간음하는 것이다. 간음하는 자는 절대로 천국에 들어갈 수 없다. 이 천국이 자신 안에 있는 것이다. 내 안에 있는 하나님을 찾으면 윤회를 벗어나기 시작한다. 결국 내(예수 차원)가 하나님이 되는 차원까지 가야 한다.

(마 7:21) 나더러 주여 주여 하는 자마다 천국에 다 들어갈 것이 아니요, 다만 하늘(안)에 계신 내 아버지의 뜻대로 행하는(포이에오) 자라야 들어가리라

하늘 안(속)에 계신 아버지의 뜻대로 행하는(포이에오: 온전케 되는) 자는 바로 자신 안에 계신 아버지를 찾는 자가 포이에오(온전케 되는)하는 자다. 밖에서 찾으면 큰일이다. 어떠한 종교 행위도 하면 안 되는 이유다. 여기서 말씀하는 하늘은 내면에 있다.

(마 7:22) 그 에(호 헤메라) 많은 사람이 나더러 이르되 주여 주여 우리가 주의 이름으로 선지자 노릇을 하며 주의 이름으로 귀신을 쫓아내며 주의 이름으로 많은 권능을 행치 아니하였나이까 하리니
(마 7:23) 그때에 내가 저희에게 밝히 말하되 내가 너희를 도무지 알지 못하니 불법을 행하는 자들아, 내게서 떠나가라 하리라

하나님을 밖에서 찾고 밖의 종교 행위를 하는 자들은 불법한 자들이다. 예배, 기도, 헌물, 각종 절기 모임 등 이러한 것을 행하는 자들은 불법한 자들로 적그리스도라고 말씀하고 있다. 하늘 성전에 들어오지 못할 문둥병자들이다.

(벧전 2:9) 오직 너희는 택하신 족속이요 왕 같은(왕의) 제사장들이요 거룩한 나라요 소유된 백성이니 이는 너희를 어두운데서 불러내어 그의 기이한 빛(생명의 빛)에 들어가게 하신 자의 아름다운 덕을 선전하게 하려 하심이라

'그의 기이한 빛'으로 번역한 '다우마스토스(θαυμαστος)' 경이로운 놀라운 빛 곧 그리스도의 생명의 빛이다. 이 생명의 빛은 자신 안에서 발견하는 것이지 밖의 종교 행위를 통해 찾을 수 있는 것이 아니다. 이 생명의 빛을 발견하게 된다면 그는 하나님 아들이며 하늘의 제사장이며 하나님 나라가 된다. 이 '다우마스토스' 기이한 빛이 바로 나(예수 차원)인 것이다. 대상이 아니다.

기이한 빛 안으로 들어가면 기이한 빛이 된다. 바로 나에 관한 이야기다. 그러므로 장성하여서는 모든 종교 행위를 떠난다. 자신 안에 원래부터 있었던 기이한 빛 생명의 빛인 그리스도와 하나 되기 때문이다. 그러므로 술 취해 있는 적그리스도가 되면 안 된다. 하루에 기도를 20시간씩 수십 년을 하더라도 그것은 오히려 곁길로 간다. 기도하는 도중 마음 안에서 하나님의 음성을 듣고 신비한 현상을 체험하고 하나님을 만나 보더라도 아무 소용이 없다. 모두 변하는 대상이며 모두 꿈꾸는 자다. 이래서 말씀을 잘 보아야 한다. 모두 마음의 현상이며 마음의 조화에 미혹되는 것이다. 마음에서 일어나는 신비한 현상을 떨쳐버리기가 그렇게 어렵다. 내가 하나님 자신으로 드러나지 아니하면 모두 허상이며 나를 미혹하는 것일 뿐이다. 부처를 만나면 부처를 죽이고 조사를 만나면 조사를 죽이라 하였다. 내가 부처로 드러나기 위함이다. 밖의 부처는 소용이 없다. 내가 아니기 때문이다.

(시 51:16) 주는 제사를 즐겨 아니하시나니 그렇지 않으면 내가 드렸을 것이라 주는 번제를 기뻐 아니하시나이다.
(시 51:17) 하나님의 구하시는 제사는 상한(산산히 부서지는) 심령(영)이라 하나님이여 상하고 통회하는 마음(레브)을 주께서 멸시치 아니하시리이다.

산산이 부서지는 영이 되어야 마음 안으로 돌이켜서 마음속을 들여다보기 시작한다. 자신의 마음 밭이 뒤엎어져야 들여다보게 되고 그 속에서 그리스도 그 보석을 발견하게 될 것이다. 행복한 일 기쁜 일이 일어나면 절대로 마음 밭을 들여다 볼 수 없다.

(사 1:11) 여호와께서 말씀하시되 너희의 무수한 제물이 내게 무엇이 유익하뇨 나는 수양의 번제와 살진 짐승의 기름에 배불렀고 나는 수송아지나 어린 양이나 수염소의 피를 기뻐하지 아니

하노라

(사 1:12) 너희가 내 앞에 보이려 오니 그것을 누가 너희에게 요구하였느뇨 내 마당만 밟을 뿐이니라

(사 66:3) 소를 잡아 드리는 것은 살인함과 다름이 없고 어린 양으로 제사드리는 것은 개의 목을 꺾음과 다름이 없으며 드리는 예물은 돼지의 피와 다름이 없고 분향하는 것은 우상을 찬송함과 다름이 없이 하는 그들은 자기의 길을 택하며 그들의 마음은 가증한 것을 기뻐한즉

예물을 드리는 것은 살인함이요 우상을 섬기는 것이요 가증한 것이라 말씀하고 있다. 예배드리고 기도하고 돈 십일조 돈 헌금하는 행위는 살인함이요 우상을 섬기는 것이요 가증한 것이다.

그러면 무엇이 진정한 예물인가?

변화된 나(예수 차원)이며 하나님과 하나 된 나 자신이다. 술 취함으로부터 깨어나 하나님 아들로 돌아가는 것이다. 하나님 아들은 하나님이며 참 예물이다.

(겔 20:39) 나 주 여호와가 말하노라, 이스라엘 족속아 너희가 내 말을 듣지 아니하려거든 가서 각각 그 우상을 섬기고 이후에도 그리하려무나 마는 다시는 너희 예물과 너희 우상들로 내 거룩한 이름을 더럽히지 말지니라

여호와 하나님께서는 우리에게 종교 행위를 하지 말라고 하신다. 돈 십일조 하지 말라 하신다. 종교인들은 우상을 섬기는 가증한 것으로 죄를 더욱 쌓을 뿐이다.

참 십일조는 하나님(내면에 계심) 자신에게 돌아가는 길이며 근본으로 돌아오는 길이다. 참 십일조는 아버지의 뜻이 각자 마음 안에서 온전하게 이루어지게(포이에오) 하는 것이다. 하나님은 오로지 하나님의

것에만 관심이 있다. 월 소득의 십 분의 일이 하나님의 것으로 생각하는 한(여전히 나의 정신이 강도당하고 있다) 하나님의 것이 무엇인지 아버지의 뜻이 무엇인지 도무지 알 방법이 없다. 하나님에게 돌아가는(하나 되는) 길을 모르고 있다. 하나님에게 돌아가면 하나님의 아들이 된다. 하나님의 아들은 하나님이다. 아버지와 아들은 늘 하나다.

(말 3:7) 만군의 여호와가 이르노라 너희 열조의 날로부터 너희가 나의 규례를 떠나 지키지 아니하였도다. 그런즉 내게로 돌아오라 그리하면 나도 너희에게로 돌아가리라 하였더니 너희가 이르기를 우리가 어떻게 하여야 돌아가리이까 하도다

(말 3:8)사람이어찌하나님의것을도적질하겠느냐그러나너희는나의것을도적질하고도말하기를우리가 어떻게 주의 것을 도적질하였나이까 하도다. 이는 곧 십일조(마이세르)와 헌물(테루마)이라

(말 3:9) 너희 곧 온 나라가 나의 것을 도적질하였으므로 너희가 저주를 받았느니라

(말 3:10) 만군의 여호와가 이르노라 너희의 온전한 십일조(마이세르)를 창고에 들여 나의 집에 양식(테레프)이 있게 하고 그것으로 나를 시험하여(바한) 내가 하늘 문을 열고 너희에게 복(베라카)을 쌓을 곳이 없도록 붓지 아니하나 보라

말라기를 기록할 당시에도 1년에 한 번 씨앗을 뿌려 추수를 할 때면 마을 사람들 전체가 추수하는 곳에 가서 함께 거들었다. 추수할 때면 곡식을 100% 다 거두는 것이 아니라 어려운 사람들을 위해 곡식을 좀 남겨두기도 한다. 많은 사람이 함께 추수하므로 곡식의 십 분의 일을 안 드릴 수가 없는 것이다. 율법을 철저히 지키는 사람들이라 십 분의 일을 안 드린다면 그는 그 동네에서 추방될 수밖에 없다. 당시 물질의 십 분의 일을 철저히 드리던 때인데 '십일조와 헌물을 도적질했다'라고 말씀하신 그 이유가 무엇인지 반드시 알아야 한다. 십일조와 헌물을

도적질하였다니! 무슨 말인가?

드리는 도적질이다.

그 마음과 정신은 내 던져버리고 하나님이 원치 않는 쓰레기 곧 타락한 마음으로 드리는 물질만을 가져오고 있다는 것이다. 모양새는 있는데 본체를 삼켜버린 위선이라는 것이다. 이것이 사망(죽음)의 십일조이다. 우리 안에 하나님의 마음(레브) 하나님의 정신(영)을 담고 있는 것이 하나님이 원하시는 양식(브로마)이다. 예수 앞에 나아온다 해도 마음이 부패하면 예수의 양식이 되지 못하며 겉사람(강도)으로부터 여전히 도적질 당하고 있다. 그러면 하나님의 창고에 들여질 '양식(브로마)' 이 무엇인지 좀 더 자세히 알아보아야 한다.

새 언약에서 예수께서 그 양식(브로시스)을 받으신다.(요 4:30~)

"눈을 들어 밭을 보아라, 추수할 때가 되었다" 말씀하신다.

비로소 양식(브로마)을 드신다.

14. 십일조에 대하여(4)

십일조는 하나님이 아들을 되찾는 길이며, 내가 아들로 돌아가는 것이다. 십일조는 말씀으로 변화되어 아버지와 하나 되는 것을 말씀함이며 십일조는 내가 하나님의 모양과 형상으로 변화되는 것을 말씀한다. 그러므로 십일조와 헌물은 돈이 아니다. 그 의미는 비사와 비유를 통해 드러난다.

그런데 십일조의 의미를 모르고 종교인들이 물질로 설명을 하고 있다. 그리고 그 물질로 계급을 만들고 그 아래 들어오도록 하여 노예화 하였다. 하나님을 대상으로 믿는 자는 모두 종교의 노예가 된다. 수천 년 동안 계속되어왔다. 루터가 종교개혁을 하였으나 다른 형태로 변화된 것일 뿐 본질은 전혀 변화되지 아니하였다. 오히려 더 퇴보한 것들도 있다.

십일조는 내가 하늘의 제사장으로 나 자신을 드리고 내가 하늘의 왕인 하나님으로 나 자신을 받는다. 새 언약에서의 십일조와 헌물은 반드시 내가 드리고 내가 받는다. 십일조와 헌물을 받치고 받는 장소가 내 안의 몸 된 성전에서 일어난다. 그러므로 십일조는 돈이 아니다. 구약에 나오는 내용은 모두 히다와 마솰로 이루어졌다. 예수께서 오셔서 이 감추어진 내용(크룹토)을 파라볼레(비유)로 베풀어 주신다. 그러므로 예수께서 말씀하여 주신 내용이 핵심이며 그 내용을 자세히 보아야 한다. 구약의 모든 말씀은 크룹토 곧 감추어져 있는 말씀이다. 누구도 알 수 없는 내용이다. 이 감추어져 있는 말씀을 예수께서 오셔서 파라볼레를 드러내어 알려주신다. 그러므로 예수께서 말씀하시는 것이 캐논이다. 종교인들이 말하는 내용이 기준이 아니다.

성경에서 말씀하는 십일조와 헌물은 성경의 대 주제다. 어떤 이들은 십일조가 돈이 아니지만, 하나님이 나를 아들로 삼으셨으니, 구원받았으니 감사해서 감사헌금을 드리라 한다. 똑같이 거짓말하는 자들이며 속이는 자들이다. 서로 속고 속이는 것이다. 부처님께서는 비구들에게 수행을 위한 것 이외에 돈을 비롯해서 어떤 것도 소유하지 못하도록 하였다. 그러나 건물이나 조직을 운영하려면 돈이 필요하다. 그러면 물질이 있는 자들이 자유롭게 각출하면 된다.

인생들은 돈만 있으면 그래도 이 세상은 살만하다고 한다. 즐길 수 있는 것은 능력이 되면 최대한 즐긴다. 그래서 돈을 모으려 하고 권세를 잡으려는 모양이다. 그러나 부처님이나 예수께서는 전혀 다른 이야기를 하신다. 두 분의 말씀은 이 세상과 완전히 거꾸로 가는 이야기다. 이 세상은 윤회하는 세상이라는 것이다. 삶의 결과가 있다고 한다. 그 열매로 다음 생이 그 영향을 받아 온다는 것이다. 왜 윤회하는지 어떻게 윤회하는지 그 윤회의 실상을 알려주신다. 그리고 그 해결책이 무엇인지 함께 알려주신다.

부처님 시대에 부처님의 석가족을 죽이게 되는 위두다바 왕이 자신의 내생을 부처님께 찾아와 묻는다. 부처님께서는 곧은 나무는 나무가 잘릴 때 어느 방향으로 쓰러지는지에 따라 정해지지만 굽은 나무는 잘려도 굽은 쪽으로 쓰러지기 때문에 잘리기 이전에 안다고 하였다. 행동하였던 것에 따라 다음 생을 그대로 받게 된다. 심은 대로 거두며 자업자득이다. 우리가 살아 있을 때 마음공부를 계속하여야 하는 이유다. 그 기준이 경전 기록에 있으며 앞서간 이들이 체험하여 알려준다.

부처님이 사위국의 승광왕에게 설한 비유가 있는데 인생들은 이 세상을 살아가는 생사의 위험뿐만 아니라 고통을 망각한 채 오욕락을 좇는, 감각적 욕망에 미혹된 중생들의 삶의 실상을 잘 드러내서 설명하였다. 이 비유에서 광야는 생사윤회의 무명의 긴 밤을, 한 사람은 어리석은 중생을, 코끼리는 무상을, 우물은 생사를, 나무뿌리는 수명 또는 명줄을, 독룡은 죽음을, 네 마리의 독사는 지.수.화.풍 사대(육체)를, 흰 쥐와 검은 쥐는, 낮과 밤을, 들불은 늙음과 병듦을, 벌은 그릇된 생각(사견)을, 그리고 다섯 방울의 꿀은 오욕락(감각적 욕망)을 각각 의미하고 있다고 부처님은 설하였다. 이 세상은 험악하고 무상하며 헛되다고 말씀하신다. 모두 참이 아니라서 놓아 버려야 한다고 말씀하신다.

예수께서도 내 나라는 이 세상(코스모스: 몸과 마음)이 아니다 하였다. 머리 둘 곳이 없다 하였고 이 세상에는 행복이 없다고 말씀하신다. 우리는 이 말씀을 이해하지 못한다. 그래서 일생 살면서 감옥을 새로이 꾸며놓고 최신 가구도 들여놓고 한다. 행복감에 젖어보곤 한다. 인생의 의지처다. 그리고 자랑한다. 안 그러면 우울증에 걸린다. 그런데 아무리 새로운 것으로 치장해도 여전히 감옥이다. 인생들은 몸과 마음에서 일어나는 사랑스러움에 목말라 한다. 그래서 감각적 욕망을 위해서라면 모든 것을 판다. 그래서 삶의 희망이 생긴다. 이 상태가 애굽의 상황이다. 이 애굽으로부터 탈출하는 내용이 하나님 말씀이다.

> 예수께서 대답하시되 내 나라(바실레이아)는 이 세상(코스모스)에 속한 것이 아니라(요 18:36)

번역을 좀 더 세밀하게 하여야 한다.

내 나라는 '이 세상(코스모스)에 속한 것이 아니라' 고 번역한 '에크투-코스무-투투(ἐκ τοῦ-κόσμου-τούτου)' 는 '이 세상으로부터 나온 것이 아니다.' 다. '하나님 나라는 이 세상(몸과 마음)으로부터 나온 것이 아니다.' 하였다. 하나님 나라는 인생의 몸과 마음 곧 감각적 욕망(이생의 자랑, 안목의 정욕, 육신의 정욕)으로부터 기인한 세계가 아니다. 그러므로 하나님의 나라는 인간의 지식 인식 느낌 감정 반응을 통해서 알 수 있는 곳이 아님을 말씀하고 있다. 감옥을 새로이 꾸며놓고 행복감에 젖어보아야 여전히 감옥이며 의지처가 아니다.

부처님께서도 예수의 말씀과 같이 열반의 세계는 안이비설신의를 통해 나타나는 세계가 아니다 하였다. 반야심경에 나오는 내용이다.

"시고(是故) 공중무색무수상행식(空中無色無受想行識) 무안이비설신의(無眼耳鼻舌身意) 무색성향미촉법(無色聲香味觸法) 무안계(無眼界) 내지(乃至) 무의식계(無意識界)"

"그러므로 공 가운데는 색(몸)이 없고 수상행식(마음)도 없으며, 안이비설신의(눈,귀,코,혀,몸,마음)도 없고, 색성향미촉법도 없으며, 눈의 경계도 의식의 경계까지도 없으며"

그러므로 나타난 것은 몸이든 마음이든 우주이든 모두 사라져야 하나님 세계가 내면에서 나타난다. 나타난 것은 모두 가짜다. 환상으로 예수를 보았더라도 모두 가짜이다. 진짜라면 영원하고 불변해야 한다. 그러므로 하나님 나라는 밖의 우주로부터 나온 것이 아니다. 그래서 하나님은 변하는 우주를 다스리지 아니한다. 하나님 나라를 바로 알려면 나타난 우주가 곧 몸과 마음이 온전히 사라지는 경험을 하여야 알 수가 있다. 하나님이 천지를 창조하였고 다스린다고 하는 것은 모두 거짓이다. 나타난 우주 만물은 죄로부터 나왔다고 하는 것이 성경말씀이다.

(마 8:20) 예수께서 이르시되 여우도 굴이 있고 공중의 새도 거처가 있으되 오직 인자는 머리 둘 곳이 없다 하시더라

Καὶ λέγει αὐτῷ ὁ Ἰησοῦς, Αἱ ἀλώπεκες φωλεοὺς ἔχουσιν καὶ τὰ πετεινὰ τοῦ οὐρανοῦ κατασκηνώσεις, ὁ- δὲ υἱὸς τοῦ ἀνθρώπου οὐκ- ἔχει ποῦ τὴν κεφαλὴν κλίνῃ.

그리고 그 예수께서 그에게 이르시되 그 여우들도 굴들이 있고, 그리고 그 공중의 그 새들도 거처들이 있다, 그러나 그 사람의

그 아들은 그 머리를 둘 곳이 없다.

여기 등장하고 있는 여우, 굴, 공중의 새는 모두 파라볼레이며 공간 세상에 사는 들짐승들이 아니다. 내면에서의 심리 현상이다. '인자'로 오역한 '그 사람의 그 아들(호 휘오스 투 안드로푸)'은 사람의 아들이 아니며 하나님의 아들 곧 하나님이다. 속사람을 의미하고 있다. 속사람으로부터 나온 그 사람의 그 아들이다. 예수께서 사람(종)의 모습으로 일시적으로 나투셨다. 우리가 육신으로 보는 육체 예수는 그 사람의 그 아들(호 휘오스 투 안드로푸)이 아니다. 그 사람의 그 아들은 하나님(근본)으로부터 나왔다. 그러므로 근본(아르케)에서 오신 예수께서 안식하실 곳은 내면의 몸 된 성전이며 몸과 마음 세상(코스모스)이 아니다.

코스모스 세상에는 예수 그리스도를 초청할 안식처 곧 몸 된 성전이 없다고 하신다. 하나님은 하늘성전의 지성소에만 계신다. 이것이 하나님이 거하시는 성전(집)이다. 하나님이 거하시는 그 성전(집)이 우리 안에 있다. 하나님은 저 우주에 저 광활한 공간 어디에도 거하시지 아니하신다. 하나님은 하나님의 집 곧 성전의 지성소에만 거하신다. 이 성전이 우리 안에 세워지기를 바라지만 몸 된 성전이 세워지는 자, 곧 하나님의 말씀을 깨닫는 자가 없다 하신다. 그래서 머리 둘 곳(안식할 곳)이 없다 하였다. 하나님은 겉사람과 하나 되길 원하신다. 하나님이 쉬실 처소다. 처소인 베레쉬트(아르케)는 조건을 지어 나타난 것이 아니다. 부처님은 열반으로 말씀하신다. 저편(천국)의 세계는 안이비설신의(眼耳鼻舌身意)를 통해 알 수 있는 세계가 아니며 초월의 세계다.

천국은 사람들의 애씀 기도 금식 각종 종교 행위를 통해 볼 수 있는 세계가 아니다. 겉사람의 마음 작용으로 알 수 있는 세계가 아니다. 마음 작용을 내려놓아야 비로소 열리기 시작한다. 그런데 종교인들이 종교 행위를 통해 볼 수 있는 세계로 오해하였다. 그래서 이들은 열심히 기도하라 한다.

종교인들의 행위는 예수께서 말씀하신 것과 거꾸로 간다. 몸과 마음의 모든 속성을 내려놓아야 그때부터 보이기 시작한다. 이편의 세계와 저편의 세계는 하나가 아니다. 세례요한의 목이 잘려야 저편의 세계가 나타나며, 가룟유다의 목이 나무에 달리고 배에서 창자(스프랑크나)가 튀어나와야 비로소 저편의 세계로 넘어간다. 겉사람의 개념이 조금이라도 남아 있으면 저편의 세계가 온전히 나타나지 아니한다. 그런데 성경을 연구하는 종교인들이 하나님과의 관계를 대상으로 만들었고 종교의 행위를 통해 다가가는 것으로 단절시켜 놓았다. 그 이후 사람이 신(우상)의 노예가 되었고 종교의 노예가 되어왔다. 그러나 이젠 깨어나야 한다. 붓다께서는 중생이 깨달으면 부처라고 하였다. 똑같은 내용을 성경에 기록하고 있다. 이것이 성경의 핵심이다. 대 자유인이 되라고 하신다. 이것이 우리가 드려야 할 십일조와 헌물이다.

(요 21:25) 예수의 행하신 일이 이 외에도 많으니 만일 낱낱이 기록된다면 이 세상(톤 코스몬)이라도 이 기록된 책을 두기에 부족할 줄 아노라

번역된 문장을 다시 생각하여야 한다.

'행하신 일'로 번역된 '에포이에센'은 과거 능동태로 원형은 '포이에오'다. 예수께서 하시는 일은 하나님 자녀들 안에 행해지는 일로서 마음 밭을 옥토로 개간하여 하나님이 거하시는 몸 된 성전을 자녀들 안에 세우는 일이다. 이 일(포이에오)을 많이 하셨다. 마음 밖의 일이 아니다. 이것은 예수 안에 계시는 아버지의 뜻으로 온전한 십일조와 헌물이 되기 위함이다.

"이 세상(코스모스,목적격)이라도 이 기록된(현재,수동태) 책(목적격,복수;기록들을)을 두기에(코레사이;수용하다) 부족할 줄(결코 아니다) 아노라(오이마이:생각한다)"

'이 세상'으로 번역된 '톤 코스몬'은 목적격으로 '이 세상을'이다.

공간 세상이 아니다. 마음(코스모스)의 세계에 하나님의 말씀을 둘 곳이 없다고 말씀하신다. 마음(코스모스) 세상이 하나님의 말씀을 받아들이지 못하는 것이다. 말씀을 받아들이는 자가 없다 하신다. 이래서 마음 밭을 옥토로 개간하여야 한다. 마음 밭에 전쟁이 일어나고 벼락이 치고 홍수가 일어나고 지진이 일어나야 개벽이 일어난다. 영겁을 통해 길들어진 에고의 마음 밭은 이처럼 쉽게 개간이 되지 아니한다.

"현재 기록된 기록(말씀)들을 받아 지니기에 이 세상(마음)을 생각하면 결코 아니다"로 해석하는 것이 원문에 가깝다.

예수께서 말씀하시는 것을 현재 깨달아 소유하는 자가 거의 없다는 뜻이다. 하나님 말씀을 깨닫는 자는 그때나 지금이나 거의 없는 것 같다. 모두 왜곡해서 받아들였다. 왜곡된 것은 하나님 말씀이 아니라 오히려 하나님을 대적(적그리스도)하는 것이 된다. 지금 세상에서 예수의 이름으로 행해지는 것을 보라! 말을 안 해도 끔찍할 정도다. 모두 내면이 아닌 밖을 향해 있다. 모두 대상을 향하여 있다. 예수께서는 우리 안에 하나님 말씀이 새겨지기를 원하신다. 내 안에 원래부터 있었던 보석이 발견되길 원하신다. 내면의 일이다. 모두 하나님으로 돌아가는 길에서 벗어나 있다. 예수께서 쉬실 몸된 처소가 없다.

붓다의 가르침에 참 보시는 법보시를 말씀하신다. 내면의 깨달음이다. 부처님께서 하루 한 차례 공양을 받으셨다. 부처님이 물질 돈을 받아서 무엇을 하시겠는가? 왕자의 지위까지 버리고 나오셨다. 깨닫는 자들이 많이 나오는 것 외에 무엇을 더 바라시겠는가!

예수 또한 하늘에서 오신 하나님이다. 과연 하나님이 구더기들이 좋아하는 배설물을 받으시겠는가?

> 하물며 벌레인 사람, 구더기인 인생이랴(욥 25:6)
>
> 하나님이 세상(코스모스)을 이처럼 사랑하사 독생자(단독자)를 주셨으니

하나님께 드려질 '코스모스'와 버림을 당할 '코스모스'가 있다. 예수

(단독자)께서는 내면의 예수를 영접할 '코스모스'를 위해 오셨다. 그 코스모스 안에 몸된 성전을 세우시고 그 안에서 안식하기 위해서다.

15. 양식(브로마)

요한복음 4장에 사마리아 여인(귀네)이 등장한다. 34,35절 갑자기 추수 이야기가 나온다. "눈을 들어 밭을 보라 희어져 추수할 때가 되었다(에르코마이)"라고 말씀하신다.

고전 3:9절에 "너희는 하나님의 밭(γεώργιον·게올기온)이요 하나님의 집(성전)"이라 하였다.

사마리아 여인(귀네)은 예수의 말씀을 듣고 동네로 들어가 말을 전하자 많은 사람이 나왔는데 예수께서 그들을 보고 '밭(χώρα 코라)을 보라 추수할 때가 되었다(에르코마이)' 라고 말씀하였다. 말씀을 들으러 온 자들 모두 4가지 마음 밭(길가밭, 돌밭, 가시덤불밭, 옥토)이 있지만, 추수하시겠다고 하신다. 이들의 마음이 어느 정도 추수할 정도의 옥토가 되었다. 그동안 이 여인(귀네)은 열심을 내어 예수 그리스도의 말씀을 들어왔으며 또 주위에 있는 이들에게 많이 가르쳐 왔다는 것을 알 수가 있다. 그러므로 우물가의 여인으로 알아 온 이 여인(귀네)은 예수의 제자 중 한 사람이었다는 것을 알 수 있다. 그동안 예수의 말씀을 경청하여 왔었다.

귀네(γυνή)를 여자로 번역하였는데 우리가 생각하는 여성이 아니다.

창세기부터 등장하는 여자며 이는 비유다. 그동안 우물가에서 예수님과 대면한 여인을 여자(여성)로 알았다.

(요 4:31) 그 사이에 제자들이 청하여 가로되 랍비여 잡수소서.
(요 4:32) 가라사대 내게는 너희가 알지 못하는 먹을 양식(βρῶσις·브로시스)이 있느니라.
(요 4:33) 제자들이 서로 말하되 누가 잡수실 것을 갖다 드렸는가 한대
(요 4:34) 예수께서 이르시되 나의 양식(βρῶμα 브로마)은 나를 보내신 이의 뜻을 행하며 그의 일을 온전히 이루는 이것이니라.

제자들이 예수께서 시장하신 것을 보고 먹을 것을 구해 와서 잡수소서 청하니 '나의 먹을 양식'이 무엇인지 제자들에게 말씀하시고 계신다. 예수의 먹을 양식(브로마)은 "나를 보내신 하나님의 뜻을 행하며 그의 일을 온전히 이루는 것임"을 말씀하고 계신다. 하나님의 자녀들을 추수해서 '양식(브로마)'을 삼는 것을 뜻한다. 말씀으로 변화된 아들들을 낳고자 함이요 그 자녀들을 하나님의 창고(집)에 들이고자 하신다.

그러므로 십일조와 헌물은 돈이 아니다. 한 달간 소득의 십 분의 일이 아니다. 그러므로 돈을 드리는 자는 간음하는 자요 도적질하는 자요 살인하는 자다. 간음하는 자는 결단코 천국에 들어갈 수 없다.

이제는 말라기 3:7-9절의 말씀이 등장하는 그 이유가 무엇인지 알아야 한다. 십일조와 헌물이 왜 도적질 당해야 되었는지를~ 그들은 행위로 실천하려 애썼으나, 육체가 드리는 십 분의 일이 아니라 그들의 마음이 부패하여 하나님으로부터 떠나 있음을 알 수가 있다. 물질의 십 분의 일을 드리는 그들은 하나님의 자녀가 되지 못하였다. 마음이 부패하였기 때문이다. 말라기서에 등장하는 그들은 하나님의 양식(브로마)이 되지 못하기 때문에 성전에 드려질 십일조와 헌물을 도적질했다고 말씀하시고 있다. 마음이 부패했기 때문에 하나님이 받으실 양식(브로

마)이 되지 못하였다. 그러므로 십일조와 헌물은 물질이 아니라 말씀으로 변화된 나다.

(마 6:11) 오늘날(쎄메론) 우리에게(1인칭,복수) 일용할 양식(ἄρτος 아르토스)을 주옵시고

성경에서 '아르토스(ἄρτος)'의 양식과 '브로마(βρῶμα)' 양식이 나온다. 주기도문에 나오는 '아르토스(양식)'를 온전히 먹게 되는 때가 되면 하나님과 하나가 된다. 내(예수 차원)가 하나님이 되는 것이다. '브로마(양식)'는 아버지의 뜻을 온전히 내 안에 이루어지게 하는 것으로 하나님이 거하시는 몸 된 성전이 내면에 세워지게 된다.

(마 21:12) 예수께서 성전에 들어가사 성전 안에서 매매하는 모든 자를 내어 쫓으시며 돈 바꾸는 자들의 상과 비둘기파는 자들의 의자를 둘러 엎으시고
(마 21:13) 저희에게 이르시되 기록된바 내 집은 기도하는 집이라 일컬음을 받으리라 하였거늘 너희는 강도의 굴혈을 만드는도다 하시니라
(마 23:33) 뱀들아 독사의 새끼들아, 너희가 어떻게 지옥의 판결을 피하겠느냐

예수께서 성전 안에서 매매하는 모든 자를 내어 쫓으시고 돈 바꾸는 자들의 상과 비둘기파는 자들의 의자를 둘러 엎으시는 이유가 있다. 이들이 드리는 것은 하나님 앞에 헌물이 되지 못한다. 이들의 마음이 부패하였기 때문이다. 이들은 모두 종교인들의 행위를 본받은 것일 뿐이다. 마음이 변화되지 못하였기 때문에 이들 모두를 성전에서 내어 쫓으신다. 이 내용은 이천 년 전의 이야기가 아니다. 이 말씀은 시제가 없다. 현재의 일인 것이다. 지금도 똑같은 일이 반복하여 일어나고 있다.

만약 그 예수가 다시 오신다면 예배하는 이들을 칭찬하실까? 아마 그 때보다 더 심할 것이 틀림이 없다.

"뱀들아 독사의 새끼들아, 너희가 어떻게 지옥의 판결을 피하겠느냐!"

열심히 규정대로 물질의 십 분의 일을 드렸던 그들이다. 그러나 나중에는 병든 것, 잘못된 것도 드렸다. 하나님이 말씀하시는 십일조는 부패한 마음이 하나님께 돌아가는 원리다. 돈이 아니다. 사기꾼 같은 야곱(강도에게 빼앗겼음)이 이스라엘로 변하여 하나님께 돌아가는 길이 십일조다. 위에 등장하는 뱀들이 독사의 새끼들이 이천 년 전 서기관과 바리새인들이라고 생각하면 큰 오산이다.

바로 종교 행위를 통해 꿈을 이루고자 하는 겉사람을 가리키고 있다. 나의 겉 사람을 비유하여 말씀하고 있는 것을 잊어서는 안 된다. 나의 겉사람은 아주 교활하며 머리 회전이 정말 빠르다. 마음을 속이는 요술사다. 이 요술사에 안 넘어가는 인생은 없을 것이다. 행위로 눈가림의 천재다. 그리고 할 일을 다 했다고 안위하며 칭찬받기를 좋아한다. 겉 사람은 예외 없이 모두 이 같은 서기관과 바리새인이며 또 사기꾼 같은 야곱이다.

이 겉사람이 예수를 만나서 죽고 다시 태어나야 한다. 그러려면 종교 행위를 통해 이루려던 모든 것을 내려놓아야만 한다. 성직을 통해 이루려 하는 모든 겉사람의 꿈을 내려놓아야 한다. 그러면 레위 제사장에게 가던 발걸음을 돌이켜 멜기세덱의 반차를 따른 참 제사장 예수 그리스도에게로 왔던 한 명처럼 내면에 있는 보석을 캐내서 드릴 수 있게 된다. 생명의 십일조다. 참 십일조(참 마음)는 하나님의 것을 하나님에게 드리는 것이다. 원래 나(예수차원)의 것인데 잃어버렸던 것(참 마음)을 다시 찾는 원리다.

히브리서 7장에서 '십일조를 바친다(데카토오)' 라는 것은 '십일조를 받는다(데카토오)' 라는 말과 같다. '받는 것' 이 '바치는 것' 이다. 십일조를 바치고 받는 것이 동시에 일어난다. 내면에 계시는 하나님과 하나 됨이다. 내가 왕의 제사장으로서 바치고 내가 왕으로 받는다. 바치고 받는 것이 동시에 일어난다. 순간적으로 일어난다. 우리(하나님과 하나 된)는 십일조를 받기 위해서 반드시 십일조를 바쳐야 한다(보석을 캐내야 한다). 아들로 변화됨이다. 십일조를 받는 것(속사람)이, 바치는 것(겉사람)이다. 참 십일조는 아무나 받을 수 있는 것이 아니다. 하늘의 제사장만 받는다. 이것이 하나님께 돌아가는 유일한 길이다.

하나님께 돌아가다니 무슨 뜻인가?

내가 속사람 나(예수 차원)를 찾는 것이다. 원래 나의 근본은 '베레쉬트(엔 아르케)'다. '베레쉬트' 보석을 마음(휘장)이라는 강도 때문에 잃어버렸다. 내가 마음(겉사람)이라는 강도에게 홀려 살아왔기 때문에 이 보석을 잃어버리게 되었다. 결국 마음이라는 강도에게 나의 근본인 '베레쉬트'를 탈취당한 것을 하나님의 인도하심으로 탈취당한 것을 그 강도로부터 다시 찾아오는 것이다. 이 이야기가 창 1:1절의 내용이다. 쉽게 설명하자면 내(예수 차원)가 다시 하나님 위치로 돌아감이며 내가 하나님이 되는 것이다. 본래 나는 하나님의 씨를 가지고 있었다. 깨우치면 누구나 부처가 되는 것과 똑같은 뜻이다. 참 십일조(데카토오)는 내가 거룩한 왕의 제사장으로서 내가 드리고 내가 받는 것을 잊지 말아야 한다.(사망의 십일조는 드리는 자와 받는 자가 따로 있다.)

하나님은 다른 곳에서는 만날 수 없다. 오로지 하나님의 성전인 지성소에서 만난다. 그 지성소가 바로 내면의 거룩한 곳에 있다. 몸 된 성전이다. 밖에서 찾으면 수천 년이 지나도 헛일이다. 목사, 선교사, 장로, 신학박사의 직분을 통해 찾아지는 것이 아니다.

내 안의 하나님은 결코 나의 육신의 눈(안이비설신의)에는 계시 되지 않는다. 나의 눈에 안약을 바르고 한쪽 눈(범죄한 눈)을 빼어버리고 새로운 눈이 뜨일 때만 보인다. 범죄한 손발을 잘라 내고 새로운 손발이 생길 때만 만질 수 있다. 오른손이 하는 짓을 왼손이 모를 때만 찾아진다. 그래야 오른손과 왼손이 하나 된다. 겉사람의 옷을 벗어버리고 속사람의 옷으로 갈아입을 때만 내면의 거룩한 하나님을 만난다. 내가 내면의 예수 그리스도를 만났을 때 나 자신을 하나님이 받으신다. 하나님께 나를 드림이다. 이것이 하나님께 바치는 생명의 십일조의 원리다.

십일조는 하늘의 문을 여는 열쇠다. 하늘의 문이 열리는 곳에서 십일조는 드려진다. 그런데 이 거룩한 십일조가 돈(물질)으로 바뀌어 버렸다. 그래서 모두 돈에 미쳐있다. 정신이 세상 술(맘모나)에 취해 있다.

술 취해 있는 종교인들이 이렇게 만들어 버렸다. 그리고 인간의 머리로 생각한 그림자인 행위만 남았다. 핵심은 온전히 사라졌다. 지금은 말라기서를 기록한 때보다 비교할 수 없이 더욱 악해져 있다. 그리고 주 예수를 믿으라 그러면 너와 네 집이 구원받는다고 말한다. 미쳐도 보통 미쳐있는 것이 아니다. 그리고 십일조를 드려야 한다고 말한다. 모두 정신이 나갔다. 문둥병자가 되었다는 것을 알지 못한다. 무엇이 잘못되었는지 이들은 모른다. 성경 말씀을 제대로 알지 못하기 때문에 발생한 문제다. 외치기 전에 하나님 말씀을 바로 알 수 있게 눈에 안약을 먼저 발라야 한다. 범죄 하는 손발을 반드시 잘라야 하며, 겉옷을 벗고 온몸에 퍼져있는 문둥병을 생수로 씻어내야 한다.

(고전 3:9) 우리는(1인칭,복수) 하나님의 동역자들이요 너희는 하나님(관사없음)의 밭(게올기온: 하나님의 말씀이 뿌리내릴 수 있는 밭)이요 하나님의 집(몸 된 성전)이니라

(고후 6:16) 우리는(1인칭,복수) 살아 계신 하나님(관사없음)의 성전(몸 된 성전)이라

(요 14:20) 그날에(헤메라: 빛이 임하는 때)는 내가 아버지 안에 너희(2인칭,복수)가 내 안에 내가 너희(2인칭,복수) 안에 있는 것을 너희(2인칭,복수)가 알리라

(마 12:45) 이에 가서 저보다 더 악한 귀신 일곱을 데리고 들어가서 거하니 그 사람의 나중 형편이 전보다 더욱 심하게 되느니라 이 악한 세대가 또한 이렇게 되리라

(마 17:15) 주여, 내 아들을 불쌍히 여기소서 저가 간질(미치다)로

심히 고생하여 자주 불에도 넘어지며 물에도 넘어지는지라
(마 17:18) 이에 예수께서 꾸짖으시니 귀신이 나가고 아이가 그때
부터 나으니라

여기 등장하는 물은 비유로 바리새인들의 정신 상태를 나타내며 불은 바리새인들이 받아야 할 심판의 결과로 드러남을 비유한다. 아이를 고치려고 바리새인들(회칠한 무덤)에게 찾아다녔으나 더욱 심하여졌다. 공간 세상의 불과 물에 들어간다면 불에 타거나 물에 빠져 죽는다. 비사와 연결된 비유다. 예수께서 말씀으로 고치신다.

'간질'로 번역된 '셀레니아조마이'는 '미치다'라는 뜻으로서 세상의 이론, 논리, 개념 등으로 하나님을 대적하는, 하나님 앞에서는 진리가 아닌 술 취한 이론들이다. 세상 질병이라면 그 당시의 의사에게 찾아가야 하지 왜 바리새인들에게 찾아가서 고치려 했는가! '아이'라고 번역한 '파이스'는 파라볼레(비유)다. 우리가 생각하는 나이가 어린 어린아이가 아니다.

도마복음 말씀 4
예수가 말했다. "저의 날에 있는 노인은 태어난 지, 칠 일(째)된 어린아이에게 삶의 장소에 관해 묻기를 주저하지 않을 것입니다. 그렇게 하면 그는 살 수 있을 것입니다. 왜냐하면 많은 맨 먼저 것이 맨 나중 것이 되어, 그래서 그들이 단독자가 될 것이기 때문입니다."

여기 등장하는 어린아이는 비유로 각자 안에 있다. 각자 내면에서 어린아이를 발견하면 그는 살 것이다. 이 어린아이가 떡(아르토스)과 물고기(익두수)를 가지고 나온다. 떡과 물고기를 먹으면 그는 단독자 곧 하나님이 될 것이다. 바로 자신이 온전한 십일조와 헌물이 된다.

지금 이 시대에 수많은 사람이 너나 할 것 없이 예수 그리스도의 제

자라고 한다. 장님이 장님을 이끌어 가는데 어찌 죄의식이 있을 수 있겠는가! 오히려 자긍심이 대단한 것을 엿볼 수 있다. 지금 이 시대의 형편이 말라기 서신을 기록할 때보다 비교할 수 없이 더욱 악한 세대가 되어버렸다. 이 시대에는 서신을 기록한 말라기라는 깨어 있는 선지자가 외쳤기 때문이다.

과연 나는 내면에 계신 하나님의 길로 안내하는 자인가, 그 길을 막고 있는 자인가?

16. 여리고성은 내(겉사람)가 만든 성(비유)

이 성이 무너지게 하려면 전심으로 칠일을 법궤를 따라서 성 주위를 돌아야 한다. 하나님의 말씀을 수준에 이를 때까지 좌우로 치우치지 않고 똑바로 알아야 한다. 그렇지 않으면 여리고 성(에고)은 무너지지 않는다. 우리의 에고(휘장)가 그렇게 쉽게 무너질 리가 없다. 반드시 법궤를 따라가야지 법궤를 벗어나면 일곱 날(욤)은 도래하지도 않으며, 성 또한 무너질 수가 없다. 나의 믿음 나의 체험을 완전히 버려야 함을 이야기한다. 교활한 나(겉사람)의 것과 섞이면 안 된다. 붓다께서는 팔정도를 통하여 이를 설명하고 있다.

(신 14:28) 매 삼 년 끝에 그 해 소산(테부아)의 십분의 일(마이세르)을 다 내어 네 성읍에 저축하여
(신 14:29) 너희 중에 분깃이나 기업이 없는 레위인가 네 성 중에 우거하는 객과 및 고아와 과부들로 와서 먹어 배부르게 하라 그리하면 네 하나님 여호와께서 너의 손으로 하는 범사에 네게 복을 주시리라

삼 년마다 드리는 십일조(마이세르)는 성전에 드리지 않고 성읍에 두어서 기업이 없는 레위인과 객과 고아 과부들에게 주었다. 이 말씀은 모두 비사로 되어있다. 비유로 고아는 하나님 아버지를 잃어버린 자이며, 과부는 남편인 그리스도를 잃어버린 자다. 이방인은 아버지의 나라를 잃어버린 자이며, 병자는 건강(깨달음)을 잃어버린 자다. 구약에서 소산의 십 분의 일 중 삼 년째 것은 성전에 가져오지 않고 어려운(비유) 이웃에게 주었던 것을 잊어서는 안 된다. 이것은 참 것의 그림자다.

※ 그 소산의 십 분의 일 중에서 매 삼 년마다 드리는 것은 성전에 가져오지 않고 성읍에 두어서 기업이 없는 레위인 객과 고아 과부들에게 주었다. 삼 년마다 드리는 것은 그 어느 제사장도 건드리지 못하였다. 그 당시 먹을 양식이 없는 이들이 많이 있었다. 전쟁의 피해자들과 병자들 또한 그렇다. 이들은 스스로 양식을 구하지 못한다. 지금으로 말하면 1/3은 그 누구도 손을 댈 수가 없다.

새 언약에서 기업이 없는 레위인과 객과 고아 과부들 이방인들 속에서 하나님의 아들들이 나오는 것을 잊어서는 안 된다. 예수께서 하늘의 양식(레헴)을 가지고 이들을 찾아오신다. 기업이 없는 이들이 하늘의 기업을 얻고, 객이 아버지의 나라를 찾고, 고아가 아버지를 찾고, 과부가 신랑인 예수 그리스도를 만난다. 모두들 하나님께 드려질 참 십일조와 헌물이 됨이다.

소득의 십일조 중 삼 분의 일은 어려운 이웃을 위한 것이었다. 자기 것이 아닌 서로 서로의 나눔인 것을 잊지 않게 하는 것이요. 나의 것이라는 탐심으로부터 자유케 하는 근본적인 가르침이다. 그 깨끗한 마음 위에 예수 그리스도의 말씀이 떨어져서 열매를 맺게 되어 몸 된 성전을 세우는 기초 작업이다. 구약을 통해 우리 마음의 구조와 분석을 쉽게 할 수 있으며, 또 훈련을 통해 마음이 정화되어 앞으로 내면에 임하실 예수 그리스도 말씀의 씨가 뿌려져 자라날 수 있는 깨끗한 마음이 되기 위함이다. 구약은 새 언약이 임할 바탕이다. 그런데 본질을 잃어버리고 껍데기인 행위에만 집착하였다. 그래서 십일조와 헌물을 도적질하였다고 말씀하고 있다. 만약 구약에 등장하는 물질의 십 분의 일이 십일조라고 우긴다면 1/3은 어려운 이웃을 위한 것이라서 그 누구라도 손댈 수 없다. 이것을 어긴다면 그는 계명을 어긴 도적이라서 그 동네에서 추방당할 것이다. 만약 십일조가 돈이라고 가정한다면 이것을 지키고 있는 목회자가 있는지 묻고 싶다. 이것을 지키지 아니하였다면 모두 도적질한 자다.

(막 2:22) 새 포도주를 낡은 가죽 부대에 넣는 자가 없나니 만일 그렇게 하면 새 포도주가 부대를 터뜨려 포도주와 부대를 버리게 되리라 오직 새 포도주는 새 부대에 넣느니라 하시니라(마 9:17, 눅 5:37-)
(눅 5:38) 새 포도주는 새 부대에 넣어야 할 것이니라
(눅 5:39) 묵은 포도주를 마시고 새것을 원하는 자가 없나니 이는 묵은 것이 좋다 함이니라(오역)
도마복음 말씀 47
예수가 말했다. "아무도 두 말을 타거나 두 개의 화살을 동시에 당길 수 없다. 어떤 종도 두 주인을 섬길 수 없다. 그렇지 않으면 그는 한 주인을 공경하고 다른 주인에 의하여 학대를 받을 것이다. 아무도 낡은 술을 마시고 같은 순간에 새 술을 마시기를 원하지 않는다. 새 술은 낡은 가죽 부대에 따르지 않는다. 그것이 터지지 않도록 하기 위해서다. 아무도 낡은 조각을 새 옷에 대고 깁지 않는다. 그것이 찢어질 것이기 때문이다."

새 포도주는 예수 그리스도의 법 곧 새 언약을 뜻하며, 묵은 포도주는 구약을 의미하며, 바리새인들이 좋아하는 술이다. 새 포도주(새 언약)는 새 부대에 넣어야 한다. 구약의 부대에 새 언약을 넣을 수가 없다. 새 언약을 가진 사람은 구약의 율법을 지킬 수가 없다. 그리스도에게서 끊어짐을 뜻한다. 눅 5:39절 번역은 잘못되었다.

"묵은 포도주를 마시고 새것을 원하는 자가 없나니"가 아니라 "묵은 포도주를 마시면서(현재형) 새 포도주를 원하는 자가 없으며, 묵은(옛) 포도주를 좋아한다"라는 뜻이다.

바리새인들은 자신들이 지켜오고 있는 율법, 즉 묵은 포도주를 좋아한다. 새 언약을 주시는 예수 그리스도의 새 포도주는 배격한다. 그런데 문장의 의미가 세상의 마시는 술, 취하게 하는 술로 생각하여 오래 묵힌 술이 더 좋다는 뜻으로 오역하였다.

(마 5:17) 내가 율법이나 선지자를 폐하러 온 줄로 생각지 말라 폐하러 온 것이 아니요 완전케 하려 함이로라

※ 예수께서 말씀하시는 구약의 율법과 바리새인들이 해석한 구약의 율법과는 크게 다르다. 바리새인들이 해석한 구약의 율법은 그들의 행위로서 지키려 한 것이고, 예수께서 말씀하신 구약의 모든 율례는 앞으로 나타날 예수 그리스도 자신을 온전히 드러내기 위한 그림자였다. 구약의 모든 율례는 각자 안에 세워질 하나님이 거하시는 몸된 성전의 나타남을 지향하고 있다.

세상 물질(돈)에 대하여

누가 이 세상의 재물을 가지고 가까이 있는 형제의 궁핍함을 보고도 도와줄 마음이 없으면 하나님의 빛이 어찌 그 속에 거할 수 있을까? 마음의 바탕이 욕심이 없어야만 새 언약의 씨앗이 새 마음 밭에서 자랄 수 있다. 율법(그림자)에 따라서 십 분의 일을 드리는 것이 아니라 주위에 어려운 형제가 있으면 어찌 마음이 아프지 않겠는가! 도와 줄 수 있는 만큼은 도와주어야 한다. 이것은 기본적으로 인간이 가지고 있는 양심이다.

불경에서 말씀하는 십바라밀 중에서 보시바라밀에 해당한다. 보시바라밀은 육체적으로나 정신적으로 나누는 것을 말한다. 가지고 있는 물

질이나 불법을 나누어 주는 것이다. 함께 가야 할 이웃의 행복을 위해서다. 이웃이 행복하여야 나도 행복할 수 있다.

이 순례의 길을 가고자 하는 자는 나의 수중 안에 있는 것은 물질이든 무엇이든 내 것이라 하는 것을 버려야 함을 비사와 비유로서 말씀하고 있다. 세상 것들이 내 것이라고 여전히 주장하고 있으면 아직 애굽 땅(에레츠: 감각적 욕망)을 떠나지 못하고 있다. 애굽 땅이 의지처가 된 것이다. 그리스도의 비움의 도에 참여한 우리는 빛의 흐름 안에서 주는 것이 받는 것이며 주는 자와 받는 자가 함께 기뻐할 수 있어야 한다(참조 마 25:41-45).

불경에서는 무주상보시(無住相布施: 상(相)에 머무는 바가 없이 보시하라)를 말씀하고 있다. 주는 자도 받는 자도 없다고 한다. 이것이 성경에서 말씀하는 하나님의 길을 가고자 하는 자의 기본자세다. 물질은 참 십일조가 되지 못한다. 참 십일조가 된 자는 물질이 여유가 된다면 어려운 이웃에게 보시하게 된다. 이런 마음이 없다면 그냥 성경을 덮고 세상의 길을 가면 되는 것이다. 그런데 모두 양다리를 걸치고 있다. 세상에서도 잘 누리고 천국도 가고 싶어 한다. 모두 두 주인을 섬긴다.

자애경(慈愛經)

1. 완전한 고요함인 닙바나에 이르려면 수행자는 계(戒), 정(定), 혜(慧)를 닦고, 항상 올바르고, 정직해야 하며, 순종하고 온화하며 교만하지 않는다.
2. 작은 것에 만족하고 분주하지 않으며, 간소한 생활과 고요한 감관(感官), 신중한 태도와 겸손함을 가지며 가까운 이들에게 집착하지 않는다.
3. 현명한 이들에게 비난을 받을 만한 사소한 허물도 일삼지 않는다. 이 세상 모든 중생 평화롭고 행복하길!
4. 살아있는 생명이면 예외 없이 약하거나 강하거나, 길거나 짧거나, 크거나 작거나 중간이거나, 섬세하거나 거칠거나

5. 볼 수 있든, 볼 수 없든 가까이 있든, 멀리 있든 태어난 것이든, 태어날 것이든 이 세상 모든 중생 평화롭고 행복하길!
6. 누구든지 다른 이를 속이지 않고 어디서든 다른 이를 경멸하지 않으며, 원한과 미움으로, 몸으로 입으로, 다른 이의 고통을 바라지 않는다.
7. 어머니가 오직 하나뿐인 자식을 자신의 목숨보다 소중하게 보호하듯 이 세상의 모든 중생을 향하여 한없는 자애의 마음을 닦아야 한다.
8. 온 세상의 위로, 아래로, 옆으로 무한한 자애를 넓게 펼쳐라, 원한도 적의도 넘어선 자애를!
9. 걷거나 서거나 앉거나 눕거나, 깨어 있는 동안에는 언제 어디서나 자애의 마음을 닦아가는 생활을 고귀한 삶이라 부처님 설하셨다.
10. 계행과 지혜를 지니는 수행자는 잘못된 견해(有我見)에 매이지 않으며 감각적 욕망을 다스릴 수 있기에 다시는 입태되어 윤회하지 않으리.

— 붓다의 말씀 중에서

누가복음 18:22- 부자 관원이 예수께 나와 '내가 무엇을 하여야 영생(아이오니온 조에)을 얻으리이까?' 하고 묻는 대목이 나온다. 예수께서 말씀하시기를 '네게 있는 것을 다 팔아 가난한(푸토코스) 자들에게 나누어 주라(비유)' 하였지, 십일조로 헌금을 나에게 가져오라 하지 않으셨다. 지금도 예수께서는 '약대가 바늘귀로 들어가는 것이 부자가 하나님 나라에 들어가는 것보다 쉬우니라.'(눅 18:25) 하였다. 단순히 돈, 물질이 아니라 부자의 그 마음속에 천국(그리스도)보다 무엇이 우선해 있기에 그렇게 가혹하게 말씀을 하시는가.

약대는 바늘귀로 절대로 들어갈 수 없다.

그런데 부자는 약대보다도 바늘귀로 들어가기가 더 어렵다고 하신다. 그러나 목사들은 그렇게 이야기하지 아니한다. 십일조 감사헌금 건축헌금 선교헌금 많이 하는 자에게 관심도 많고 기도도 많이 해준다. 성경에서 말씀하는 내용과 거꾸로 가고 있다. 그러므로 성경에 나오는 사도, 장로, 집사로 번역한 이들은 자신의 삶을 통해 내면에서 예수 그리스도의 빛을 드러내는 자다. 직분이나 직업이 아니다. 모두 하나님의 아들들이다. 밖의 예수가 죽고 예수 그리스도의 부활을 자신 안에서 함께한 자들이다. 하나님 말씀은 하나님의 사람(그 하나님의 그 아들)에게서 나온다. 가난한(푸토코스) 형제에게 베푸는 것(말씀을 베푸는 것)이 곧 그와 함께한 하나님께 한 것임을 잊어선 안 된다.

부처님께서는 법보시를 귀하게 여기셨다. 하나님 아들들을 찾아 드리기 위함이다. '푸토코스'는 세상 물질로 가난한 자(물질이 없는 자가 아님)들을 말씀하는 것이 아니라 대표적으로 나사로와 같은 자를 지칭한다. 말씀에 목마른 자다.

마음이(여격) 가난한 자는 복이 있다.(마 5:3)

번역이 잘못되었다.

Μακάριοι οἱ πτωχοὶ τῷ πνεύματι· ὅτι αὐτῶν ἐστιν ἡ βασιλεία τῶν οὐρανῶν.

'심령이'로 오역한 '토 푸뉴마티(τῷ πνεύματι)'는 명사, 여격, 중성으로 '그 영(관사가 있다)'이다. 주격인 '심령이'가 아니라 여격으로 '그 영에 대하여'다.

그 하나님(영)에 대하여 '그 갈구하는 자'가 '가난한 자(푸토코이)'다. 마음이 허한 것이 아니며, 돈 물질이 없음을 이야기하는 것도 아니다. 세상 것이 비워진 상태로 오로지 하나님(영)에 대한 갈망으로 채워진 자가 '그 가난한 자(호 푸토코스)'다. 세상에서는 세상 물질이 없는 자를 가난한 자라 이야기 하나 이런 자가 하나님 말씀을 찾는 마음 역시 없다면 이는 세상 것을 채우려 하는 부자의 마음을 가지고 있다. 예수께서는 이들(저희)을 떠나신다. 예수 그리스도의 말씀에 어긋나는 것은 반드시 테라타(심판)를 가져온다.

테라타(심판): 하나님은 그 누구도 심판하지 않으신다. 비유다.

비유로 나와 있는 내용을 잘못 해석하여 심판하시는 하나님, 무서운 하나님으로 오해를 한다. 각자 안에 있는 근본에 의해 겉사람의 속성을 갈라낸다.

(창 1:5) 빛을 낮이라 칭하시고 어두움(호쉐크)을 밤(라옐라)이라 칭하시니라 저녁(에레브)이 되며 아침(보케르)이 되니 이는 첫째 날(욤)이니라
(창 1:6) 하나님이 가라사대 물 가운데 궁창(라키아으)이 있어 물과 물로 나뉘게(빠달) 하리라 하시고
(창 1:7) 하나님이 궁창을 만드사 궁창(라키아으) 아래의 물과 궁창 위의 물로 나뉘게(빠달) 하시매 그대로 되니라

위 성경 구절은 다음에 번역을 다시 하여 설명을 하여야겠다.

모두 히다와 마솰과의 관계로 되어있는 내용이다. 일인칭 현재 단수가 기본이며 시상에 있어서 과거시상과 미래시상이 없고 현재상만을 가지고 있는 문장이다. 하나님의 말씀을 따라가는 자의 내면에서 한 욤(그리스도의 생명의 빛)이 임하면서 드러나는 내용이다. 말씀으로 겉사람의 속성과 속사람의 속성을 정확하게 가르는(빠달) 내용이다. 말씀이 기준이 된다. 자신이 행한 일은 반드시 자신이 받는다. 십이연기를 통해서, 아포 카타볼레스 코스무를 통해서 자세히 드러나고 있다.

예수께서 새 언약(새 포도주)을 주시기 위해 오신 분이시지 구약의 율법(묵은 포도주)에 근거한 것을 행하기 위해 오신 것이 아니다. 구약은 말씀의 씨가 뿌려지기 위해 그 마음을 옥토로 개간하기 위함이요 깨끗이 비우기 위함이다. 그래서 구약은 과거상과 미래상만 지니고 있다(창 1장 제외).

진정한 의미의 십일조는 내 안에서 그리스도의 빛이 발현되는 것이다. '아가페(사랑)' 인 예수 그리스도가 내 안에 계시 되는 것이 진정한 십일조와 헌물의 핵심 내용이다. 빛이신 하나님이 변하는 이 세상(호코스모스)의 물질에 무슨 관심을 가지겠는가! 예수께서 '세상(코스모스: 마음 세상)의 죄(하마르트티아)를 지고 간다' 라고 하였고, '이 세상(코스모스)에 머리 둘 곳이 없다.' 했으며, 또 '내가 세상(코스모스)을 이기었노라' 말씀하셨는데, 세상(코스모스)의 물질을 쌓아서 무엇을 하겠는가!

십일조와 헌물은 내 안(마음 밭)에 맘모나(수많은 업)에 의해 숨겨져 있는 보석, 그리스도를 캐내어(팔정도를 통해) 드러내는 것이 진정한 십일조와 헌물이다. 그러므로 십일조와 헌물은 마음 밭에 숨겨진 보석을 캐내어 자신 안에 계시는 하나님(나)께 바쳐질 빛(보석)이다.

이 보석이 무엇을 비유하고 있는가? 예수 그리스도다. 내면에 오시는 예수 그리스도는 대상이 아니다. 내 안에서 참나(예수 차원), 예수 차원의 나를 찾는 이야기다. 내면에 예수 그리스도의 보석이 묻혀있다. 이 보석을 발견하면 즉시 마음 밭을 해체하여 그 보석을 캐내야 한다. 예수 그리스도의 보석을 캐내는 것이 십일조를 드리는 것이요 받는 것이 된다. 내가 왕의 제사장으로서 드리고 내가 하나님(관사 없음)이 됨으로 받는 것이다. 십일조와 헌물을 내가 왕의 제사장이 되어 드리고 내가 하늘의 왕으로 받는 것이다. 단독자(천상천하유아독존)가 되었기 때문이다. 이것을 모르고 술에 취해 종교적으로 행하게 되면 십일조와 헌물을 도적질했다고 말씀한다. 참 나를 잃어버렸기 때문이다. 술에 취해 자신의 본질을 잃어버리고 그림자인 물질을 드리는 것이 도적질이며 살인이며 간음이다.

마음속(게)에 감추어져 있는 이 보석을 캐내었던 대표적인 분들은 디오게네스, 성프란시스, 테레사수녀, 콜베신부, 헬렌켈러 등 수많은 성자가 있다. 이들 모두 내면에 감추어져 있는 생명의 빛인 그리스도를 발견하였다. 종교에 귀의한다고 해서 이 보석을 캐낼 수 있는 것은 아니다. 종교가 없는 많은 사람이 내면에서 이 보석(빛)을 발견하였다.

붓다께서 마지막 열반하실 때도 제자들이 부처님이 가시는 것을 안타까워하는 것을 보시고 부처님께서 말씀하시길 '법을 보는 자는 나를 보고, 나를 보는 자는 법을 본다'라고 하였다. 이 법이 각자 안에 있다. 밖에서 찾으면 큰일이다. 그런데 종교 행위들은 모두 밖을 향하여 있다. 부처님의 썩어질 육체를 보는 것은 그림자를 보는 것이므로 의미가 없다. 예수를 십자가에 매단 것도 같은 맥락이다. 죽임을 당한 역사적 예수를 그리워하여 찾으면 헛것이다. 내 안에서 역사적 예수가 지향한 그 예수를 찾아야 한다. 내 안에서 이 보석(그리스도)을 캐내는 것은 진실로 나의 것이 된다. 밖에서 아무리 이론을 많이 배운다 해서 내 안에 있는 이 보석을 캐낼 수 있는 것이 절대로 아니다. 이 보석을 캐내기란 정말 어렵다는 것을 성경을 통해서 알 수가 있다. 내 안에 있는 보석을 캐내려면 마음 밭을 해체하여 일구고 가꾸어야 한다. 몸과 마음이 어떻게 작동하는지 관찰해서 꿰뚫어 보아야 한다.

이것을 제처두고 밖을 향해(대상으로) 행복을 위해 사랑스러움에 목말라 하면 결코 자신 안에 있는 이 보석을 캐어 낼 수 없다. 세상에는 행복이 없다고 경에서 말씀한다. 내 안에 이 보석(진정한 행복)이 있다고 하였다. 이 보석을 반드시 캐내서 예수(나)께서 가져오라고 하신다. 이것이 진정한 십일조이며 헌물이다. 많이 캐낼수록 칭찬을 받는다. 경에 달란트 비유가 나온다.

두 달란트 세 달란트~ 모두 칭찬을 받으나, '한 달란트 받은 자는 땅(게)에 묻어두었다.' 하였다. '땅'이라 번역한 것이 '게(γη)'다. 마음 밭을 말씀하고 있다. '게(γη)'는 마음 밭을 의미하고 그 안에 수많은 '맘모나'가 자리를 차지하고 있다. 끊임없는 수행(아바드)으로 마음 밭(게)을 뒤집고 파헤쳐서 '맘모나'를 솎아내고 감추어진 보석을 캐내야만 한다. 묻어두면 끝없는 고통이 이어지며 보석을 캐낼 때까지 계속해서 윤회한다.

한 달란트 받은 자는 자신의 마음 땅(게)에 그대로 묻어두어서 주인으로부터 꾸지람을 듣는다고(마 25:24-) 말씀하신다. 반드시 마음 밭이 어떻게 구성되어있는지 해체하여 분석하고 개간해야 한다(사념처 수행). 그래서 예수 그리스도라는 보석(달란톤)을 발견하고 캐내야 한다. 누구든지 자신 안으로 돌이켜서 몸과 마음이 어떻게 작용하는지 공부하여야 한다. 수행이 깊어진 자는 많은 달란트를 캐낸 자이며, 수행이 안 된 자는 기본적으로 한 달란트를 가지고 있다.

한 달란트 가진 자라도 이 공부를 계속해야 한다고 말씀하고 있다. 그대로 묻어두면 꾸지람 받는다. 윤회의 구렁텅이로부터 나오지 못하기 때문이다. 성경에서는 마음이 지옥(게엔나)으로 나온다. 자신 안에 있는 예수 그리스도를 발견하여 캐내지 못하면 지옥에서 나오지 못한다.

십일조는 나의 마음속에서 그리스도를 찾아내서 소유해야 하는 비유다. 그런데 지금 시대에 십일조의 핵심인 예수 그리스도가 돈으로 바뀌었다. 온 세계가 사망의 십일조를 바치라 한다.

미쳐도 대단히 미쳐있다. 이들은 자신들이 지극히 온전하다고 생각한다. 십일조(데카토오)와 헌물을 온전히 바치면 일어나는 현상이 있다. 몸과 마음이 내가 아니라는 것을 확실히 알게 된다. 임시방편으로 몸과 마음을 사용하고 있음을 알게 된다. 몸과 마음은 조건으로 형성되었으며 변하고 사라지는 것을 반복한다. 이것은 무상하며 고통을 가져온다. 참 십일조와 헌물은 변하는 것이 아니다. 이것을 온전히 드리면 겉사람의 마음에서 일어나는 모든 심리 현상을 꿰뚫어 보게 된다. 예수께서는 온전한 십일조를 십자가에서 드리신다. 그리고 그리스도가 되신다. 우리도 온전한 십일조를 드리면 속사람 그리스도와 하나 된다. 속사람은 대상이 아니다.

그러므로 몸과 마음에서 일어나는 인식 느낌 반응 의도 각종 알음알이(번뇌 망상)가 허상임을 알게 되며 좀 더 깊이 알아 가면 이것들이 뱀으로부터 기인한 것을 알게 된다. 불경에서는 이를 십이연기로 설명한다. 십이연기를 온전히 알기란 대단히 어렵다. 붓다나 예수 그리스도 이외에는 온전히 알 수 없다. 그렇지만 여호와께서 십일조(데카토오)와 헌물을 온전히 드리라 하신다. 예수께서도 십일조와 헌물을 온전히 드리시는 것을 십자가상에서 보여주셨다. 십일조와 헌물을 온전히 바치면 모든 번뇌 망상이 사라진다. 겉사람 안에서 일어나는 십이연기에 대하여 상세히 알게 된다.

십일조(데카토오)는 하나님께 돌아가는 길이다. 그러면 마음을 초월하여 윤회가 끝이 난다. 나(속사람) 자신을 찾는 내용이다. 예수 차원의 내 안에 아버지가 계신다. 그 아버지와 나는 하나다. 내면에서 온전한 깨달음 곧 '각(覺)'을 소유하는 것이다. 드디어 일곱째 날(욤)이 온다. 더욱 쉽게 설명한다면 병든 나의 마음을 치료하는 것이다. 나의 병든 마음을 온전히 초월하여 다스리는 내용이다. 돈 십일조와 헌물을 바쳐보아라. 마음이 사라지는가? 마음의 수많은 번뇌와 망상이 사라지는가?

그래도 인생들이 좋아하는 돈 십일조와 돈 헌물을 드리라 한다. 모두가 술 취해 있다. 존경받는 자들도 취해 있다. 술 취한 자가 되지 못하면 술 취한 자와 한통속이 되지 아니하면 이 세상에서 살아가기 힘들다. 성경에서는 이들을 사단, 마귀, 귀신, 회칠한 무덤, 마른 뼈, 독사, 개, 돼지라 부른다. 사단, 마른 뼈, 뱀, 개, 돼지들이 더 존경받고 아는 척하고 설치고 다닌다. 이래서 세상은 말씀과 완전히 거꾸로 간다.

(빌 4:18) 내게는 모든 것이 있고 또 풍부한지라 에바브로디도 편에 너희의 준 것을 받으므로 내가 풍족하니 이는 받으실만한 향기로운 제물이요 하나님을 기쁘시게 한 것이라
(빌 4:19) 나의 하나님이 그리스도 예수 안에서 영광 가운데 그 풍성한 대로 너의 모든 쓸 것을 채우시리라

위 내용은 에바브로디도의 편에 사도 바울이 사용할 물질을 보낸 것으로 오해하고 있다. 사도 바울이 쓸 물질이 아니다. 바울도 물질을 필요로 한다. 그러나 이 내용은 비유로 된 내용이다. 에바브로디도의 편

에 온 것은 그들이 말씀으로 변화되었다는 것을 가지고 왔다. 바울은 천안통이 열려있다. 이 문장은 번역이 잘못되어 있다. 큰 오역이다.

"이는 받으실 만한 향기로운 제물이요 하나님을 기쁘시게 한 것이라" 부분이다. ὀσμὴν εὐωδίας, θυσίαν δεκτήν, εὐάρεστον τῷ θεῷ.(오스멘 유오디아스, 뒤시안 데크텐, 유아레스톤 토 데오)

'향기로운' 으로 번역한 '오스멘 유오디아스(ὀσμὴν εὐωδίας)' 는 목적격으로 '좋은(향내) 향기를' 이다. 좋은 열매를 맺었다.

'뒤시안 데크텐(θυσίαν δεκτήν)' 또한 목적격으로 '받으실만한 희생제물을' 이다. '유아레스톤 토 데오(εὐάρεστον τῷ θεῷ)' 또한 목적격으로 '그 하나님의 기쁨을' 이다. 에바브로디도로부터 가져온 것은 그 하나님의 기쁨이며, 좋은 향기이며, 받으실만한 희생제물이 된 '너희들(휘몬)' 이다. 돈, 물질이 아니다. 이래서 번역은 바로 해야 한다. 원래의 그 의미를 벗어나면 더는 하나님 말씀이 아니다.

그 하나님께 향기로운 제물(뒤시아: 희생제물) 됨이요 그 하나님과 하나 되는 기쁨(유아레스토스: 온전히 일치하는)이다. 말씀을 따라 사는 너희들이 하나님과 하나 된 것을 사도 바울이 받은 것이다. 말씀으로 풍성히 채워진 이들을 받게 되어서 사도 바울이 기뻐한 것이다. 사도 바울은 이 일을 위하여 모든 것을 희생하고 가버렸다. 우리는 하나님께 드려질 살아있는 아들(향기로운 제물)들이다. 하나님은 자기의 아들을 다시 찾는 것 이외에 아무런 관심이 없다. 자기의 아들들이 하나님 앞에 향기로운 제물이다.

19절 '너희 모든 쓸 것을 채우시리라' 에서 '쓸 것(크레이아)' 은 결핍, 요청으로 이것은 자신이 올바르게 하나님을 따라 사는 것에 대한 말씀이다. 돈이 아니다. 하나님의 말씀이 자신 안에서 풍성히 열리기를 소망하는 것이다. 그래서 20절 말씀이 이어서 나오고 있다.

(빌 4:20) 하나님 곧 우리 아버지께 세세 무궁토록 영광을 돌릴지어다 아멘

τῷ-δὲ θεῷ καὶ πατρὶ ἡμῶν ἡ δόξα εἰς τοὺς αἰῶνας τῶν αἰώνων. ἀμήν.(토-데 데오 카이 파트리 헤몬 헤 독사 에이스 투스 아이오나스 톤 아이오논. 아멘.)

번역이 크게 잘못되었다.

"지금 그 하나님 곧 우리(1인칭,복수)의 아버지께 그 영광이 그 아이온들의 그 아이온들 안으로. 아멘."

'세세 무궁토록'으로 오역한 'εἰς τοὺς αἰῶνας τῶν αἰώνων(에이스 투스 아이오나스 톤 아이오논)'은 '그 아이온들의 그 아이온들 안으로'다. 그 아이온들의 그 아이온들 안으로 들어가서 아버지와 하나 됨이다. '세세 무궁토록 영광을 돌릴지어다'가 아니다. 아버지가 대상이 아니다. 여기 아이온은 속사람의 아이온으로 지성소를 뜻한다. 지성소 안에는 아버지가 계신다. 그 아버지와 하나 되어야 함을 말씀하신다. 나(예수 차원)의 이야기를 한다. 1인칭 복수로 성도들 각자 안에서 일어나야 하는 일을 말씀하고 있다. 아버지와 하나 되었다는 고백이다. 다음기회에 '영원히'로 오역한 '아이온'에 대하여 보충하여 설명을 이어 가겠다.

여기 등장하는 '아이온'은 겉사람이 십자가에 달려 죽고 나서 온전히 부활하여 하나님과 하나 된 속사람의 '아이온들'이다. 하나님이 거하시는 몸 된 성전이 세워진 자들이다. 이 아이온들 안에서 하나님의 영광(독사)이 하나 되어있다고 고백하는 것이다. 하나님과 하나 된 것이다. 이것이 참 십일조이며, 희생제물이다. 이것은 사도 바울이 사용할 물질(돈)을 보내는 것으로 이루어질 수 있는 일이 아니다. 불경에서는 '에이스 투스 아이오나스 톤 아이오논'을 열반으로 설명하고 있다.

땅, 밭으로 번역한 단어 중 게(γη)는 다음에 자세하게 다루어야 하겠다. '게'는 창 1:1절 '그 땅(에레츠)'으로 번역한 단어와 상응한다. 마

음 밭이다. 창 1:1절 처음 등장하는 마음 하늘과 땅은 형성된 것으로 괴로움 덩어리이며 그 안에는 '맘모나(탐진치)' 가 채워져 있다. 감각적 욕망으로 가득한 처음 하늘과 처음 땅에 대하여 계시록에서는 처음 하늘과 처음 땅이 사라졌다 하였다. 모든 고통이 사라진 천국이 내 안에 나타났음을 말씀하고 있다. 온전히 마음 하늘과 땅을 꿰뚫어 알고 초월한 내용이다. 하나님께 온전한 십일조와 헌물이 되었다고 기록하였다.

(사 65:17) 보라 내가 새 하늘과 새 땅(에레츠)을 창조(바라)하나니 이전 것은 기억 되거나 마음에 생각나지 아니할 것이라

새 하늘 새 땅은 과거 기억이 없는 새롭게 태어난 나(예수 차원)를 비유하고 있다. 과거의 기억이 온전히 사라진 나다. '창조하다' 로 번역한 '바라' 동사는 창조하는 것이 아니라 과거의 기억을 담고 있는 그 마음(카르디아)을 내려놓게(찢어버림) 하는 내용이다. 예수께서는 십자가에서 이 일을 수행하신다. 그런데 창조하다로 번역하여서 수천 년 동안 하나님이 우주 만물을 창조하시고 다스리신다는 거짓 믿음과 교리가 전해져 왔다. 하나님은 우주 만물을 창조하지도 아니하였고 다스리지도 아니하신다. 우주 만물은 죄로 인하여 생겨났다고 경에서 말씀하시고 있다. 하나님은 그 어느 것도 창조하시지 아니하신다. 오직 집나간 아들을 찾기 위해서만 일하신다.

지극히 높으신 하나님이 인간 나라를 다스리시며 자기의 뜻대로 누구든지 그 위에 세우시는 줄을 알기까지 이르게 되었었나이다 (단 5:21)

번역이 크게 잘못되었다.

שַׁלִּ֣יט אֱלָהָ֤א בְּמַלְכ֣וּת אֲנָשָׁ֔א(샤리트 엘라하 빼말쿠트 아나샤)

606번 원형 '에나쉬(אֱנָשָׁא)' 는 '사람' 이다. 582번에서 유래
582번 '에노쉬(אֱנוֹשׁ)' 는 죽을 수밖에 없는 사람이다.
4437번 '말쿠(מַלְכוּ)' 는 통치, 다스림, 왕국의 다스림. 4438번과 일치

'하나님이 인간 나라를 다스리시며' 로 오역한 내용은 '하나님이 나라 안에서 인간(에나쉬)을 다스리신다' 다.

'인간' 으로 번역한 '에나쉬' 는 '에노쉬' 에서 유래한 것으로 죄로 인하여 죽을 수밖에 없는 인간이다. 죄(하마르티아)로 인해 죽을 수밖에 없는 인생임을 확실히 알고 있는 자로서 진리를 찾아가는 그 속에서 하나님은 오셔서 말씀으로 몸 된 성전을 세우시고 다스리는 일을 하신다. 그러므로 '인간' 으로 번역한 '에나쉬' 는 하나님을 따르기는 하지만 하나님에게서 벗어나 있는 자를 말씀하고 있다.

인생들이 말하는 '인간' 이 아니다. 하나님을 따라가려고 하지만 말씀이 없어서 그 뜻에서 벗어나 있는 것이다. 자신이 하나님으로부터 끊어져 죽어 있다는 것을 확실히 아는 자다. 이런 자들 속으로 하나님이 오셔서 다스리겠다고 말씀하시는 것이다. 그래야 하나님 안으로 돌아오게 될 것이다. 곧 '아포 카타볼레스 코스무' 의 일을 행하시게 된다.

'나라' 로 번역한 4437번 '뻬말쿠트(בְּמַלְכוּת)' 는 명사, 연계형으로 단어 앞에 '뻬' 전치사가 붙어 있다. '뻬(בְּ)' 전치사는 '~안에, ~속에' 의 뜻을 가진다.

그러므로 하나님의 자녀인 나라 안(속)에서 통치하심, 곧 인간(자기 백성) 마음 안에서 자신이 거하는 몸된 성전을 세우시고 자기 왕국(몸된 성전)만을 다스리신다고 말씀하신다. 하나님은 자기 자신만 다스리신다. 변하는 세상 사라져갈 인간 세상 나라는 결코 그가 다스릴 왕국이 아니다. 세상 나라는 조건이 일어나 나타났으며 유지하다가 조건이 사라지면 사라진다. 예수께서 이 세상(코스모스)은 자신의 나라가 아니

라 하였다. 변화하는 것은 참이 아니다. 하나님은 참이 아닌 것 진리가 아닌 것과는 무관하다. 하나님 나라를 '자기 자신'이라 말씀한다. 자기 자신이 아닌 것에는 관심이 없으시다(요 1:11절 참조). 하나님 자신은 결코 변하지 아니하신다. 하나님은 자기 자신 안에만 오셔서 변하지 아니하는 자기 자신만을 다스리신다. 자신의 실상을 잘 아는 죽을 수밖에 없는 사람(에나쉬) 안에 오셔서 사라지지 아니하는 몸 된 성전을 세우셔서 그 몸된 성전만 다스리신다. 몸된 성전이 바로 그의 나라다.

(사 66:22) 나 여호와가 말하노라, 나의 지을 새 하늘과 새 땅(에레츠)이 내 앞에 항상 있을 것같이 너희 자손과 너희 이름이 항상 있으리라

새 하늘과 새 땅(에레츠)을 '너희'라고 비유로 말씀하고 있다. 창세기 1:1절부터 너희인 그 땅(에레츠)과 그 하늘이 등장한다. 성경은 우리의 과거 마음(카르디아)이 없어진 새 마음(누스)을 되찾게 하신다. 우주 창조가 아니다.

(벧후 3:7) 이제 하늘과 땅(게)은 그 동일한 말씀으로 불사르기 위하여 간수하신 바 되어 경건치 아니한 사람들의 심판과 멸망의 날까지 보존하여 두신 것이니라

여기 나오는 하늘과 땅은 '경건치 아니한 사람들'이라고 말씀하고 있다. 창 1:1절부터 개간해야 할 땅(마음)이 등장한다. 하나님을 따라가는 자의 겉사람(처음)을 지칭한다.

(벧후 3:13) 우리는 그의 약속대로 의에 거하는바 새 하늘과 새 땅(게)을 바라보도다

처음 하늘과 처음 땅이 사라지면 새 하늘과 새 땅이 나타난다. 하나님이 약속한 새로운 '우리(1인칭,복수)'로 말씀하고 있다. '우리'는 1인칭 복수로서 과거 기억이 없는 하나님이 거하시는 몸된 성전인 새 하늘 새 땅이 나타날 것을 말씀하신다.

(계 21:1) 또 내가 새 하늘과 새 땅을 보니 처음 하늘과 처음 땅이 없어졌고 바다도 다시 있지 않더라

처음 하늘(이루어지길 원하는 것들: 갈애)과 처음 땅(이루어진 것: 조건으로 형성된 것)과 바다(무의식)가 사라진 새 하늘 새 땅 곧 번뇌망상이 사라진 새로운 세계가 나타났다고 말씀하신다. 하나님이 거하시는 몸된 성전이 세워졌다. 모두 내면에서 일어나는 일이다.

구약에 등장하는 '에레츠(땅)'와 신약에 등장하는 '게(땅)'는 서로 상응한다. 세상 땅(earth, ground)을 의미하지 않고 모두 마음 상태인 내면의 심리 현상들에 관하여 이야기하고 있다. 모두 비사와 비유의 관계로 되어있다. 처음 땅(게)에는 정과 욕심인 '맘모나'로 가득 채워져 있다. 마태복음 13장에서는 길가밭(게), 돌밭(게) ,가시덤불밭(게)으로 등장한다. 처음 '그 땅(갈애의 열매를 맺는 바탕)'을 토대로 처음 '그 하늘(원함, 갈애)'들은 하나님을 늘 대적하며 참 십일조와 헌물을 열매로 내놓지 못한다. 처음 '그 하늘들'과 처음 '그 땅'을 쓸어버리는 것이 비사와 비유로 된 노아의 홍수 사건이다. 모두 하나님을 따라가는 자의 내면에서 일어나야 하는 사건으로 역사적 사건이 아니다. 모두 히다와 마솰로 된 내용이다.

번뇌 망상이 가득한 '그 하늘들'에서 비(갈애)가 쏟아져 내려오고 '그 땅(에레츠)'에서는 샘(잠재의식으로부터 나오는 것들: 과거에 기인함)이 터져 나온다. 모든 들짐승(표면에 드러난 심리 현상들)이 모두 죽으나 큰 홍수에서도 바다에 사는 물고기들(무의식의 수많은 심리 현상들, 유식에서는 아뢰아식으로 설명한다)은 죽지 않는다. 그러나 아라

랏에 도달하면 물들이 빠져나가 그 많던 물고기들이 사라진다. 계시록에 이 무의식들이 의식으로 드러나 치유되는 내용이 나온다. 같은 내용이다. 내면에 수많은 번뇌 망상들이 허상임을 깨닫고 하나님 품 안으로 돌아오는 것이 짜바인 십사만 사천이다.

크게 오역한 창 1:1절 "태초에 하나님이 천지를 창조하시느니라."

원 의미는 "뻬레시트(근본)를 (하나 되기 위해) 드러내기 위하여 겉사람의 그 하늘들(핫샤마임)과 그 땅(하아레츠)을 엘로힘이 바라(해체하여 개간)하시느니라"라고 설명하고 있다. 베레쉬트와 하나 되기 위함이다. 말씀으로 아들을 깨워서 돌아오게 하는 내용이며 아들을 낳는 내용이다.

'바라'를 '창조하다, 만들다'로 번역한 것은 큰 오역이다. '그 하늘들'과 '그 땅'은 하나님을 따라가지만 아직은 정과 욕심으로 채워진 마음이다. 이 마음 밭을 해체하고 갈아엎어 온전히 옥토로 개간해야 말씀의 씨를 그 밭에 뿌릴 수가 있다(마 13장).

그래서 예수께서 우리 내면의 마음 밭에 오셔서 아포 카타볼레스 코스무의 일을 하신다. 자신의 밭을 개간하여 가꾸어 말씀의 씨를 뿌려서 열매를 거두어 아버지께 바치려는 것이다.

(창 1장은 1인칭, 현재, 단수가 기본이다. 1인칭은 나다. 내면에서 일어나는 일을 히다로 말씀하고 있다.)

의식, 무의식, 잠재의식의 마음 밭을 갈아엎어서 감추어져 있던 그 뿌리들이 의식의 표면으로 드러나야 마음이 치유될 수 있다. 예수께서 오셔서 새 마음 밭에 말씀의 씨를 뿌리시고 그 씨가 발아되어 자라서 열매를 맺으면 수많은 새들이 깃든다고 하였다. 그러나 길가밭, 돌밭, 가시덤불밭에 말씀의 씨를 뿌려보아야 잡초가 자라서 말씀이 열매를 맺지 못한다. 옥토가 되지 못한 마음 밭은 말씀을 배우지만 마음밭에 뿌리내리지 못하여 열매를 맺을 수 없다. 예수께서 말씀의 씨를 옥토가 되지 못한 밭(게)에 뿌려보아야 뿌리내리지 못한다고 하였다. 그래서 이들을 떠나신다.(구약의 율법을 열심히 지킨다고 해서 마음에 번뇌 망상이 사라지는 것이 아니다).

"첫 사람(6천 년 전 아담 아님)은 흙(게)에서 났으니~ 혈과 육은 하나님의 나라를 유업으로 받을 수 없고 또한 썩을 것은 썩지 아니한 것을 유업으로 받지 못하느니라"(고전 5:47-50)와 같이 성경에서는 처음 '땅(게)'은 '하나님 나라를 유업으로 받을 수 없는 혈과 육의 썩어질 몸(업의 결과)'으로 말씀하고 있다. 예수께서는 이들을 떠나신다.

(마 13:34) 예수께서 이 모든 것을 무리에게 비유(파라볼레)로 말씀하시고 비유(파라볼레)가 아니면 아무것도 말씀하지 아니하셨으니
(마 13:35) 이는 선지자로 말씀하신바 내가 입을 열어 비유(파라볼레)로 말하고창세부터(아포 카타볼레스 코스무) 감추어진 것(크룹토:파로이미아와 같음)들을 드러내리라 함을 이루려 하심이니라

예수께서는 오셔서 모든 말씀을 제자들에게 비유(파라볼레)로 말씀하였다. '아포 카타볼레스 코스무'를 통해 감추어진 것(크룹토)을 드러내기 위함이다. 이것을 벗어나서 해석하면 그 어느 것도 하나님 말씀이 아니다. 과녁에서 빗나간 것이다. 과녁에서 빗나간 것은 모두 죄(하마르티아)다.

17. 십일조에 대하여(5)

예수께서 비유(파라볼레)로 말씀하신 십일조와 헌물을 통해 성경 전체의 핵심에 다가가 보려 한다.

불의의 재물의 비유(파라볼레)

(눅 16:9) 내가 너희에게 말하노니 불의의 재물로 친구를 사귀라 그리하면 없어질 때에 저희가 영원한 처소(아이오니우스)로 너희를 영접하리라

큰 오역이다.
Κἀγὼ ὑμῖν λέγω, Ποιήσατε ἑαυτοῖς φίλους ἐκ τοῦ μαμωνᾶ τῆς ἀδικίας, ἵνα ὅταν ἐκλίπητε δέξωνται ὑμᾶς εἰς τὰς αἰωνίους σκηνάς.

'불의의 재물'로 번역한 'ἐκ τοῦ μαμωνα τῆς ἀδικίας(에크 투 맘모나 테스 아디키아스)'는 '그 불의의 그 맘모나 밖에서'다.

번역을 크게 잘못하고 있다. '에크(ἐκ)'는 전치사로 ~밖에서, ~밖으로의 뜻이며 '아디키아스(ἀδικίας)'는 불의, 불법, 불의의 것을 뜻한다.

'그 맘모나(τοῦ μαμωνα· 투 맘모나)'는 물질명사가 아닌 추상명사로 이생의 자랑, 육신의 정욕, 안목의 정욕을 비유로 나타내고 있다. 불경에서는 탐,진,치 삼독으로 표현한다. 에고의 핵심이다. '그 맘모나'는 십자가에서 찢어버려야 할 것으로, 휘장 안에서 터를 잡고 살아간다.

창세기 2장에 선악나무(좋아함, 싫어함의 지식나무)에서 살아가는 뱀이 그 뿌리다. 이 뱀은 부처님이 말씀하신 무명에 해당한다. '그 맘모나'는 끊임없이 갈애를 열매로 맺는다. 모든 인생은 이 갈애로 인하여 태어나고 갈애의 노예가 되어 살아가고 있다. 몸과 마음을 나와 일치시키며 살아가고 있다. 보는 나, 듣는 나, 느끼는 나의 종이 되어 살아간다. 대부분의 인생은 이 갈애가 자신에게 이루어지도록 그 꿈을 꾸고 산다. 갈애의 열매가 자신에게 열리도록 온 생애를 통해 애쓰며 살아간다. 인생은 깨어 있지 아니하면 모두 '그 맘모나'에 지배당하는 삶을 살아간다. 뱀(무명)의 노예이기 때문이다.

예수께서는 이 휘장의 뿌리인 무명(뱀)의 실체를 알고 십자가에서 찢어버리신다. 그러므로 아무나 이 예수를 따라가지 못한다. 자신 안에서 이 무명(뱀)을 발견하고 그 실체를 알아야 하기 때문이다. 대부분의 인생은 이 세상에서도 감각적 욕망을 채우며 잘살다가 천국에도 들어가고 싶어 한다. 즉 뱀을 지극히 좋아한다. 두 주인을 섬기는 것이다.

예수께서는 이들에게 낙타가 바늘구멍으로 들어가는 것보다 더 어렵다고 하신다. 그러므로 아무나 예수의 제자가 되지 못한다. 불자들은 이를 하심(下心)으로 방하착(放下着)으로 설명한다.

대부분 예수를 몇 걸음 좇아가다가 애굽으로 다시 돌아간다. 이 애굽이 내면에 있다. 육신의 정욕, 안목의 정욕, 이생의 자랑이 열매로 열리는 선악(좋아함 싫어함)지식 나무로부터 먹으며 살기를 원한다. 이 갈애의 열매를 먹으면 반드시 갈애가 마음 밭에 열린다. 뱀의 노예가 되어 끊임없이 이어지는 윤회의 늪에서 나오지 못하는 이유다. 그래서 이들은 절대로 천국에 들어가지 못한다. 그러므로 겉사람으로부터 나오는 성직(聖職)은 모두 예수를 대적한다.

만약 이런 직분이 진짜라면 마음을 해체하고 개간하여 말씀의 씨를 뿌리고 열매를 거두어 몸 된 성전에 드릴 수 있는 예수의 제자들처럼 되어야 한다. 냉정하게 이야기하면 이런 이들이 세우는 돌 성전은 도살장이며 이들의 이야기는 사람을 악처로 끌어가는 백정들의 달콤한 꿀에 해당한다. 장로 집사들도 마찬가지다. 사람을 죽이는 백정이다. 도덕적으로 잘못이 없는 것과는 별개다. 사회를 위해 봉사하고 어려운 사람을 돕는 행위는 좋은 것이지만 예수께서 우리에게 오셔서 말씀하신 핵심은 이런 것과는 별개로 내면의 문제인 것이다. 마음을 초월하고자 함이다. 이래서 좁은 길이다. 마음(휘장) 너머에 천국이 있다. 세상에서 몸과 마음을 희생하여 좋은 일을 많이 하면 내면의 좁은 길이 열리기가 쉽다. 몸과 마음을 희생하는 것은 힘든 일이다. 우선 나에게 손해가 오고 고통이 따른다. 이런 이들은 대부분 내면세계가 잘 열린다.

붓다께서 말씀하였다.

사람으로 태어나서 불법을 만나 공부하기란 백천만겁에 한 번이라고 하였다. 농담이 아니다. 내면에 있는 무의식 세계가 그렇게 넓다. 윤회하는 동안 내면의 세상에서 공부할 수 있는 사람이 되는 기회를 만난다는 것은 기적이다. 한 겁은 우주가 생겨나고 사라지는 무한한 기간이다. 그런데 백천만겁에 한 번이란다. 그만큼 어렵고도 어려운 이야기이다. 그러므로 예수께서 말씀하시는 모든 내용은 그 내용을 면밀하게 검토하고 깊이 상고하고 실천해야만 한다. 유전을 따라 해석한다든지 유명한 사람이 말하였다고 그 해석을 믿으면 정말 큰 일이다. 내가 직접 그 말씀을 내면에서 확인하여야 한다. 왜냐하면 죽고 사는 문제가 달려있기 때문에 당장 다음 생부터 크나큰 문제가 된다.

"소문으로 들었다고 해서 그 말을 따르지 마시오. 대대로 전승되어 왔다고 해서, 많은 사람이 믿는다고 해서, 경전에 쓰여 있다고 해서, 유명한 사람이 말했다고 해서 스승이 말했다고 해서, 그 말을 따르지 마시오. 스스로 깨닫고 알게 되면, 그때 그것을 받아들이시오."(앙굿따라 니까야)

반드시 스스로 깨달아 알아야 한다. 목사를 따라다니면 절대로 안 된다. 서기관들과 바리새인들이 그러했다. 이들은 자신들이 하는 행동은 모두 말씀에 근거하여 옳다고 생각하고 있었으며, 자신들이 해석한 하나님의 말씀이 옳다고 생각하고 있었다. 그들은 예수가 몹시 잘못됐다고 생각하였다. 그래서 그들은 직분을 가지고 논리를 가지고 항상 예수를 대적하였고, 그리고 그를 죽였다. 예수가 죽어야 종교의 권위와 밥그릇이 그대로 보존될 수 있다. 인생들은 이것이 없이는 살아가지 못한다. 그러므로 예수를 따라가는 자들은 전생부터 예수와 인연이 있었다는 것을 알 수 있다. 이 시대에도 그 예수를 따른다면 돌 맞아 죽을 확률이 있다.

부처님과 부처님의 제자들 또한 그러하였다. 이들 모두 특별한 사람들이다. 전생부터 이러한 내면의 길을 모두 걸어왔던 자들이다. 인생들은 대부분 자신에게 손해가 나면 참지 못한다. 그런데 예수를 따라다니는 자들은 다르다. 세상으로 말하자면 바보들이며 거꾸로 가는 자들이다. 세상의 권세와 물질을 포기한 자들이다. 무소유를 따른다. 대표적으로 성프란시스코와 그와 함께하는 자들이 그러했고, 꼴베 신부와 테레사 수녀와 그와 함께 하는 자들이 그러했다. 그 외 수많은 이들이 그러했다. 이런 이들은 내면의 세계가 많이 열린 자들이다. 종교와 관계가 없다. 그러므로 아무나 '그 맘모나'를 포기하는 이 길을 갈 수가 없다. 에고가 그렇게 쉽게 찢어지지 아니한다. 그러므로 종교성으로는 에고가 찢어지지 아니한다. 목사나 신학박사 학위로는 에고를 찢어질 수 없다. 오히려 종교의 직분을 통해 드러나는 에고가 더 견고해지는 것을 알 수 있다.

'에크 투 맘모나 테스 아디키아스(ἐκ τοῦ μαμωνα τῆς ἀδικίας)'의 그 뜻은 '그 불의의 그 맘모나 밖에서', '그 불의의 그 맘모나를 버리고'의 뜻이 된다. '불의의 재물로 친구를 사귀라'가 아니다. 크나큰 오역이다.

반드시 '그 불의의 맘모나'를 버려야 한다. 내면의 문제다. '그 불의의 맘모나'를 버리려면 반드시 이 속성을 꿰뚫어 알아야 한다. '그 불의의 맘모나'가 마음(휘장) 안에서 어떻게 작용하는지 알아야 한다. 그러하다면 반드시 자신 안에서 사성제, 사념처, 십이연기와 팔정도에 대하여 알아야 한다. 그래야 내면에 살고있는 무명(뱀)의 그 뿌리가 정확히 드러나고 해결할 힘이 생긴다. 예수께서는 내면에 있는 그 맘모나의 실체를 정확히 알고 있어서 우리에게 이것에 대해 말씀하시는 것이다. 반드시 '그 불의의 맘모나'의 실체를 알고 버려야 한다. 그러하다면 내면에서 반드시 생명의 빛인 예수 그리스도를 만나 카타볼레스 코스무(καταβολῆς κόσμου)와 메타노에오(μετανοέω)의 일이 일어나야 한다. 내면을 해체, 개간하여 말씀의 씨앗을 뿌리고 거두어야 한다.

"너희가 하나님(관사 없음)과 재물(맘모나)을 겸하여 섬길 수 없느니라"라고 말씀하고 있기 때문이다. "하나님과 재물(맘모나) 두 주인을 함께 섬길 수 없다"(13절)고 말씀하였다.

'맘모나(μαμωνα)'를 '불의의 재물'로 번역한 것이 부정부패로 벌어들인 돈으로 오해하기 쉽다. 파라볼레로 된 말씀이다. 파라볼레는 반드시 크룹토와 관련되어 있다. 그러면 크룹토(비사)가 열린다. '불의의 재물로 친구를 사귀라' 오역하였기 때문에 별의별 해석이 난무한다. 모두 하나님 말씀이 아닌 거짓이다. 이렇게 말하는 자들로 인하여 그 거짓을 믿고 따르는 자들을 사망케 하는 것이다. 하면 안 되는 살인이다. 하나님 말씀을 왜곡하면 큰일이다. 예수께서 말씀하신 그 모든 말씀을 정확하게 알게 하는 이유다. 누룩이 섞이면 절대로 안 되는 이유다.

기록에서 9절에는 '그 불의의 그 재물'로 번역된 그 맘모나로 친구를 사귀라(포이에오: 온전케 하다)고 번역하고 있고, 13절에는 '하나님과 불의의 맘모나를 겸하여 섬길 수 없다'고 번역하고 있어서 도무지 무슨 뜻인지 혼란을 초래해 본래의 뜻을 완전히 왜곡하게 하였다.

(눅 16:13) 집 하인이 **두 주인을 섬길 수 없나니** 혹 이를 미워하고 저를 사랑하거나 혹 이를 중히 여기고 저를 경히 여길 것임이니라 너희가 하나님과 재물을 겸하여 섬길 수 없느니라.

"οὐ- δύνασθε θεῷ δουλεύειν καὶ μαμωνᾷ.(우- 뒤나스데 데오 둘류에인 카이 맘모나): 하나님(관사 없음)과 재물(맘모나)을 겸하여 섬길 수 없느니라."고 번역한 부분이다.

"하나님(관사 없음)과 재물(맘모나)을 겸하여(예속되다) 섬길 수 없느니라."

'맘모나'는 무명(뱀)으로부터 나오는 갈애로 겉사람 안에 터를 잡고 살아간다. 선악(좋아함 싫어함)지식 나무로부터 나오는 열매다.

두 주인: 한 주인은 몸 된 성전에 거하시는 하나님이며, 다른 한 주인은 불의의 재물로 번역한 '맘모나'다. 곧 이생의 자랑, 육신의 정욕, 안목의 정욕으로 겉사람과 속사람을 비유하여 설명하고 있다. 예수께서는 동시에 두 주인에게 예속될 수 없다 하였다. 그런데 우리는 천국도 가고 싶고 세상에서도 누릴 것 누리고 즐길 것 즐기고 싶어 한다. 갈애에 목말라한다. 그렇게 잘못 배웠기 때문이다. 그런데 예수께서는 너무나 냉정하게 말씀하신다. 아무리 지위가 높은 대제사장이라도, 총독이라도 의식하여 말씀하시지 않는다.

뱀들아 독사의 새끼들아, 너희가 어떻게 지옥의 판결을 피하겠느냐(마 23:33)

그래서 예수의 말씀과 이 세상과는 완전히 거꾸로 간다. 그러므로 예수나 붓다를 따르는 자들은 종교인들이 보기에 조롱거리다. 만약 이 길을 가려면 예수께서 말씀하시는 그 핵심을 잘 알아야 한다. 예수께서 말씀하시는 핵심은 항상 내면의 문제다. 그리고 그 방법을 말씀하신다. 우리의 눈(안), 귀(이), 코(비), 혀(설), 몸(신), 마음(의)을 통해 들어오는 것들이 우리의 마음을 혼란케 한다는 것이다. 이것들이 감각적 욕망으로 변하여 나의 주인 행세를 하면서 나의 근본(근원)을 잃어버리게 만든다는 것이다. 그래서 자세히 우리의 마음을 들여다보고 분석하여야 한다.

보는 것(눈), 듣는 것(귀), 냄새(코), 맛(입), 감촉(몸), 마음(의)의 대상은 세상(코스모스)에서 즐겁고 기분 좋은 것들이며 사랑스러운 것들이다. 여기서 갈애가 일어난다. 이 갈애가 바로 창세기 2장의 선악(좋아함 싫어함)지식 나무에서 열리는 그 열매다. 끝없는 생을 반복하면서 이 열매들이 우리의 마음 안에서 갈애의 열매를 맺는다. 좋아하는 것은 취하고 싫어하는 것은 밀어낸다. 이것들은 내 안에 있는 뱀, 곧 무명이 그 뿌리다. 그래서 나의 근본인 하나님이 거하시는 몸된 성전을 잃어버리게 만든다. 이 내용은 창세기를 언급할 때 다시 다루어야겠다.

우리의 몸과 마음의 속성은 이 갈애들을 참으로 인식하게 되고 숨겨진 마음 너머에 있는 하나님의 성전(몸된 성전)을 못 보게 만든다. 선악(좋아함 싫어함)지식의 나무 열매들이 마음에 열려서 발생하는 갈애들은 모두 나로 알게 하는 요소들이다. 세상(코스모스)인 오온(몸과 마음:색수상행식)을 나와 일치시키는 것을 맘모나라 한다. 무더기인 오온(몸과 마음)을 참으로 잘못 인식하게 된다. 에덴동산 안에 있는 그 뱀이 뿌리다.

오온(몸과 마음:코스모스)은 업(까르마)에서 나온다. 말씀에서 '맘모나'는 업의 결과다. 끊임없이 반복되어 일어나고 있다. 바울서신에서는 멜론토스로 비유하여 설명하고 있다. 업에 의해 나온 변화하는 몸과 마음이 주인 행세를 하는 것이다. 그래서 인생들은 변하는 몸과 마음을 초월하지 못한다. 뱀을 주인으로 섬기는 것이다. 몸과 마음은 변한다. 변하는 것은 참이 아니다. 하나님은 변하지 아니한다. 변하는 몸과 마음은 맘모나를 양식으로 삼고 살아간다. 근본을 속이는 것이다. 몸과 마음은 나의 원함대로 되질 않고 그 고유 성질대로 흘러갈 뿐이다. 그러므로 몸과 마음은 나라고 할 만한 요소가 전혀 없다. 느껴지는 것 모든 것은 고(苦), 괴로움이다. 괴로움은 휘장 안에서만 일어난다. 그러므로 휘장 너머를 들여다볼 수 있는 선정 이외의 모든 것은 괴로움이다. 괴로움은 움켜쥐고 있어야 할 것이 아니라 버려야 한다는 것이 예수의 말씀이다. 바로 재물로 번역한 맘모나다. 이 맘모나를 버려야 한다. 그런데 목회자들이 인생들의 먹을거리인 이 재물을 하나님께 드려야 한다는 것이다.

미쳤다!

우리는 느낌에 속고 산다. 느낌이 재앙이다. 느낌이 맘모나의 속성이며 그 핵심이다. 세상에서는 좋은 느낌을 찾아다닌다. 몸과 마음에 즐거움을 주기 때문이다. 그런데 성경에서는 몸과 마음이 내가 아니라 찢어야 할 휘장이라 말씀하고 있다. 세상 풍조와는 완전히 반대 방향이다. 몸과 마음의 속성을 따라 움직이는 동물들은 먹이를 구하는 것과 우두머리가 되는 것, 종족을 퍼트리는 일에 관심이 있다. 인간들 위의 차원의 세계는 그런 것이 거의 없다. 더 높은 차원일수록 마음의 속성에서 벗어난다. 높은 천상에는 마음 작용이 거의 일어나지 않는다.

예수께서 십자가에서 휘장의 속성, 무명으로부터 나오는 이 맘모나의 그 실체를 해체해 버리신다. 이것이 십자가의 핵심이다. 십자가(장대)에 달리기 시작하면 몸과 마음의 속성을 알고 그것에 따라 살지 아니한다. 생명의 빛인 예수 그리스도께서 내면으로 오셔서 카타볼레스 코스무(καταβολῆς κόσμου)와 메타노에오(μετανοέω)의 일을 하시기 때문이다. 그러므로 내면으로 오신 예수는 겉사람의 눈으로 계시되는 것이 아니다. 이 이야기가 창 1:1절부터 시작하여 계시록까지 흘러가는 성경 전체의 핵심이다. 맘모나의 실상을 해체하여 알고 그 뿌리인 뱀을 드러내기 위함이다. 이 뱀의 머리를 발로 밟아야 한다.(창 3:15) 마음을 초월하기 위함이다.

길가밭, 돌밭, 가시덤불밭을 해체하고 뒤엎어서 옥토로 가꾸는 이야기다. 말씀의 씨를 뿌리고 키워서 열매를 맺어 창고에 들이기 위함이다. 마음 안에 있는 맘모나의 속성인 갈애들이 허무하고 빛바랠 때가 될 때 하나님의 몸 된 성전이 내면에 보이기 시작한다. 생명의 빛이다.

이러한 때가 비로소 하나님(관사 없음)과 맘모나를 겸하여 섬길 수 없다는 것이 정확히 열매로 드러나는 때이다. 몸과 마음이 내가 아니라는 것이 드러난다. 예수께서 강조하시는 말씀이다. 그래서 많은 내면의 훈련이 필요하다. 쉽게 되는 것이 아니므로 아무나 이 길을 갈 수 있는 것이 아니다. 예수를 따라간다는 것은 내면의 실체를 드러내어 다 버려야 한다는 뜻이다. 거꾸로 가는 세계다.

> 무릇 내게 오는 자가 자기 부모와 처자와 형제와 자매와 및 자기 목숨까지 미워하지 아니하면 능히 나의 제자가 되지 못하고(눅 14:26)

예수의 제자가 되는 조건이 제시된다. 여기 등장하는 것은 모두 맘모나의 속성으로 의지처가 되기 때문이다. 그래서 붓다께서도 마음으로부터의 출가를 이야기하였다. 승복을 입은 것과 아무 관련이 없다는 내용이다. 의지처인 맘모나를 버리지 못하면 예수의 제자가 되지 못한다. 그런데 이를 넘어서지 못하였는데도 자신은 예수의 제자라 한다. 목사 선교사 신학박사들이라 하여 맘모나를 버릴 수 있는 것은 더더욱 아니다.

> 없어질 때에 저희가 영원한 처소로 너희를 영접하리라(눅 16:9)

이 또한 오역이다.

ἵνα ὅταν ἐκλίπητε δέξωνται ὑμᾶς εἰς τὰς αἰωνίους σκηνάς.
(히나 호탄 에클리페테 데크손타이 휘마스 에이스 타스 아이오니우스 스케나스.)

'없어질' 로 오역한 '에클리페테(ἐκλίπητε)' 는 동사,가정법,과거,능동,2 인칭,복수이며 에크(ἐκ)와 레이포(λείπω)에서 유래했다. 어의는 생략하다, 즉(함축적으로) 그치다(죽다), 실패하다, 결핍되다, 부족하다의 뜻이다.

그러므로 '없어질 때' 가 아니라 뒤에 이어진 문장의 뜻과 연결이 되는 것이다. '영원한 처소로' 로 오역한 '에이스 타스 아이오니우스 스케나스(εἰς τὰς αἰωνίους σκηνάς)' 는 시간개념이 아니다. 시제가 없다. 그러므로 '영원한 처소' 가 아니다. '아이오니우스(αἰωνίους)' 는 영원히, 영원한으로 오역한 단어인데 이생의 자랑, 안목의 정욕, 육신의 정욕, 곧 정과 욕심으로 가득한 마음의 속성이 십자가에 달려 죽고 난 이후에 나타나는 세계다. 겉사람 곧 휘장이 찢어지고 난 이후에 오는 차원이다. 맘모나가 사라진 이후에 나타나는 것으로 천국이며 불경에서는 열반으로 설명하고 있다. 이 '아이오니우스' 안에 아버지가 거하신다. 아버지와 나는 하나라 하였다. 아버지와 하나인 내(예수 차원)가 나타나는 것이 '아이오니우스' 다.

그러므로 이 문장 앞에 '없어질 때' 로 오역한 '에클리페테' 는 십자가에 달리기 전 내면에 이생의 자랑, 안목의 정욕, 육신의 정욕이 모두 사라지는 상황을 이야기한다. 겉사람의 속성인 맘모나 곧 겉사람의 아이오니우스가 사라지는 것이다. 그러면 앞에서 말씀하신 "무릇 내게 오는 자가 자기 부모와 처자와 형제와 자매와 및 자기 목숨(혼)까지 미워하지 아니하면 능히 나의 제자가 되지 못하고"(눅 14:26)의 말씀이 열린다.

그러므로 아무나 이 길을 갈 수 없다. 목사가 되고 신학박사로 포장한다고 되는 것이 아니다. 모두 내려놓아야만 한다. 광야 사십 년 생애를 통해 험악한 훈련을 받아야 하는 길이다. 그런 후에도 여호수아 갈렙에 속한 자들만 가나안 에레츠에 들어간다. 탈락자들은 어차피 윤회의 삶을 살아야 하며 다음 기회를 얻어야 한다. 예수는 종교 지도자들에게 뱀들아 독사의 새끼들아! 말씀하신다. 충족된 자만 '에이스 타스 아이오나스(εἰς τὰς αἰωνίους)' 곧 열반 안으로 들어가는 것을 말씀한다. '에이스(εἰς)' 전치사는 '~안(속)으로 들어가다'의 뜻으로 하나 되기 위함이다.

처소로 번역한(σκηνάς 스케나스)는 하나님이 거하시는 몸 된 성전이다. 열반의 세계로 언어의 세계를 초월해 있다. 모두 내면에서 일어나는 일이다. 나에게 있는 정과 욕심이 십자가에 달려서 없어지면 비로소 아버지가 계시는 '아이오니우스'가 내 안에 나타나는 것이다. 그러므로 '영원한 처소로 너희를 영접하리라'가 아니다.

시간과 공간의 의미가 전혀 없다. 마음(카르디아) 너머의 세계(아이오니우스), 곧 누스 안에 있는 성소 너머의 지성소가 나타나는 것을 이렇게 번역하여 오해하도록 만들었다. 그러므로 아이오니우스 안에는 어떠한 언어도 생각도 없다.

도마복음 말씀 47

예수가 말했다. "아무도 두 말을 타거나 두 개의 화살을 동시에 당길 수 없다. 어떤 종도 두 주인을 섬길 수 없다. 그렇지 않으면 그는 한 주인을 공경하고 다른 주인에 의하여 학대를 받을 것이다. 아무도 낡은 술을 마시고 같은 순간에 새 술을 마시기를 원하지 않는다. 새 술은 낡은 가죽 부대에 따르지 않는다. 그것이 터지지 않도록 하기 위해서이다. 아무도 낡은 조각을 새 옷에 대고 깁지 않는다. 그것이 찢어질 것이기 때문이다."

(막 2:22, 마 9:17) 새 포도주를 낡은 가죽 부대에 넣는 자가 없나니 만일 그렇게 하면 새 포도주가 부대를 터뜨려 포도주와 부대를 버리게 되리라 오직 새 포도주는 새 부대에 넣느니라 하시니라.

(눅 5:37) 새 포도주를 낡은 가죽 부대에 넣는 자가 없나니 만일 그렇게 하면 새 포도주가 부대를 터뜨려 포도주가 쏟아지고 부대도 버리게 되리라

(눅 5:38) 새 포도주는 새 부대에 넣어야 할 것이니라

(눅 5:39) 묵은 포도주를 마시고 새것을 원하는 자가 없나니 이는 묵은 것이 좋다 함이니라(오역이다)

묵은 포도주는 바리새인들이 마시는 율법이므로 그리스도의 법(새 포도주)을 거부한다. 바리새인들은 율법을 지킴으로 대상으로서의 하나님을 만나려 한다. 이들은 예수께서 주시는 새 포도주를 거부한다. 새 포도주는 새 마음 안에서만 마실 수 있다. 예수 그리스도께서 내 안에 계시기 때문이다. 그러므로 종교 행위를 통해서 마실 수 있는 것이 아니다. 하나님은 우리 마음(카르디아) 뒤에 계신다. 새 포도주를 마시려면 많은 훈련이 필요하다. 우선 먼저 묵은 포도주를 마시고 건하게 취해보아야 한다. 이 훈련도 만만치 않다. 이 훈련을 마쳐야 비로소 새 포도주를 마실 기회가 온다. 묵은 포도주를 생략하고 새 포도주를 마실 수 없다. 사도 바울은 이런 자를 음부(간음한 자)라 말씀하고 있다.

"그러므로 만일 그 남편 생전에 다른 남자에게 가면 음부(간음한 자)라"(롬 7:3) 하였다. 반드시 묵은 술에 취해보아야 한다. 그래야 율법 남편의 그 속성을 꿰뚫어 알 수 있다. 예배드린다고, 예수 믿는다고 되는 일과 관계가 없다. 종교인들의 말에 속으면 큰일이 난다. 길고도 험난한 이 훈련을 받아야 똑바로 간다. 이 힘든 훈련을 성공적으로 마치려면 먼저 이 길을 간 참 스승이 꼭 필요하다. 목사가 아니다. 마음 안에서 일어나는 일을 자세하게 알아야 하기 때문이다. 그렇지 아니하면 엉뚱한 곳으로 이끌려 간다. 사망의 길이다. 올바르게 따라가야 '아포카타볼레스 코스무'와 '메타노에오'의 일이 내면에서 순서대로 일어난다. 그래야 진행하면서 가라지의 속성들을 하나하나 솎아낼 수 있다. 그런 후에야 하나님이 계신 몸된 성전이 내면에 밝히 나타나기 시작한다.

조금 더 쉽게 설명하자면 우리 마음(카르디아) 너머에 하나님이 계신다. 계시는 곳이 누스(νους) 안의 지성소다. 이것을 속사람으로 표현하여 설명하였다. 겉사람의 마음(카르디아)과 맞대면 하고 있다. 하나님 계신 천국과의 거리는 0.1mm도 안 된다. 그런데 보기도 어렵고 아주 멀게 느껴진다. 마음이 안으로 향하여 있지 않고 밖으로 향하여 있기 때문이다. 하나님은 마음(카르디아)과 붙어 있다. 여기서 예수께서 주시는 새 포도주가 쉬지 않고 항상 흘러나온다. 눈이 떠지면(호라오) 새 포도주를 발견하고 스스로 마실 수 있게 된다. 깨달음을 얻는 것이다. 그런데 서기관과 바리새인들은 모두 마음 밖을 향해 있는 것이다. 이들은 마음 밖의 하나님을 섬기고 있다. 다른 하나님이다. 이들은 내면으로부터 나오는 새 포도주를 마실 수 없다. 그런데 이 서기관들과 바리새인들의 목소리가 더 크다. 이들은 자신들을 따르라 한다. 지금 이 시대에도 변한 것은 없다. 그러므로 목사 선교사 장로들은 크게 반성하고 반드시 돌이켜야 한다. 죽지 않으려면 백정의 삶에서 돌이켜야 한다.

예수를 찾아오는 자들에게 지성소로부터 흘러나오는 하나님의 말씀(새 포도주)을 마시게 해야 하는데 오히려 막고 있다. 모두 자신 안에서 원래부터 있었던 깨달음을 얻어야 하는데 그것을 막고 있다. 장님이 장님을 인도하면 더욱 중병에 걸린다. 이들은 자신의 죄를 더욱 쌓아 간다.

> 열두 해를 혈루증으로 앓는 한 여자(귀네)가 있어 많은 의원에게 많은 괴로움을 받았고, 있던 것도 다 허비하였으되 아무 효험이 없고 도리어 더 중하여졌던 차에 예수의 소문을 듣고 무리 가운데 섞여 뒤로 와서 그의 옷에 손을 대니(중간태) 이는 내가 그의 옷에만 손을 대어도, 구원을 얻으리라 함일러라. 이에 그의 혈루 근원이 곧 마르매 병이 나은 줄을 몸에 깨달으니라(막 5:25-29)
> 예수께서 가라사대 딸아 네 믿음이 너를 구원하였으니 평안히 가라 네 병에서 놓여 건강할지어다(막 5:34)

혈루병은 하나님 말씀을 들어도 자신의 자궁 안에서 열매를 맺지 못하고 밖으로 피(말씀)가 흘러나오고 있는 것을 비유하였다. 아들을 낳을 수 없는 것이다. 그녀는 열두 해(비유)의 오래도록 바리새인들의 가르침을 들었으나 자신 안에서 말씀의 열매를 맺지 못한다는 것을 알았다. 많은 의원이 바로 바리새인들을 비유하고 있다. 이들에게 가르침을 받았으나 아무 효험도 없고 괴로움만 더하였다는 것을 알았다. 그런데 예수의 소문을 듣고 그에게 와서 그의 옷(비유)에 손(비유)을 대어 치유함을 받은 것이다. 그녀는 예수를 알아보았다.

아브람이 하늘의 제사장인 멜기세덱이 떡(레헴)과 포도주를 가지고 있는 것을 알아본 것처럼 그녀 또한 예수가 하늘의 제사장인 것을 알아보았다. 참으로 놀라운 일이다. 이 기사는 육신의 질병을 고치는 내용이 아니다. 모두 비사와 비유의 관계로 된 내용이다. 그녀 또한 아브람처럼 하늘의 제사장인 예수를 어떻게 알아보았을까? 대단한 여인(귀네)이다. 보통 사람으로서는 있을 수 없는 일이다. 예수 주위에 있던 수많은 사람이 예수와 몸을 부딪치기도 하고 예수의 옷에 손을 대었을 것이다. 그런데 그들은 예수의 옷을 만지지 못하였다.

그 당시 인기 있고 권위 있는 바리새인들과 레위 제사장을 버리고 거지 모습을 한 예수께 찾아온 것이다. 그런데 34절 '네 믿음(피스티스)'을 이야기한다. 이 믿음(피스티스)을 여인(귀네)이 가지고 있었다는 것이다. 여기 등장하는 귀네(여인)는 여성이 아니다. 그리고 인생들이 생각하는 믿음이 아니다. 예수께서 가지고 있는 아버지에 관한 것이다. 이것이 예수께서 가지고 있는 믿음(피스티스)이다. 이 여인은 예수께서 가지고 있는 믿음을 가지고 있었다는 것이다. 이는 그 내용을 통해 들여다보면 수많은 전생을 예수와 관계가 있었던 것이 분명하다.

성경에서 말씀하는 믿음에 대하여는 앞에서 설명하였다. 수많은 사람이 바리새인들의 가르침을 받고도 자신이 혈루병자인 줄 몰랐다. 지금 이 시대가 그러하다. 교회에 나가는 자신이 혈루병자인 줄 모른다.

그러나 그녀(귀네)는 자신이 혈루병자인 것을 알았다. 어떻게 알았을까? 그녀(귀네)는 자신의 내면의 실상을 잘 알고 있었다. 내면의 세계를 들여다보았다는 뜻이다. 그녀는 자신의 내면의 실상을 들여다보는 방법을 터득하였다는 뜻이다. 대단하다. 자신의 내면을 들여다보는 방법을 모르면 밖의 인기 많은 목사를 따르기 마련이다. 바리새인들은 자신의 실상을 모른다. 자신의 내면을 들여다보지 못하기 때문이다. 지금도 곳곳에 수많은 혈루병자들이 모여 있다. 그런데 이들은 뱀독에 취해 자신들은 구원받았다고 기뻐한다. 술에 취했어도 보통 취한 것이 아니다. 그녀(귀네)는 예수의 옷에 헤프사토(소속하다, 관계되다) 하였다(비유).

예수께서 입고 있던 옷은 옷감으로 만든 것이 아니다. 옷에 대하여 창세기에서부터 입고 벗고 하는 내용이 자세히 등장한다. 모두 비사로 기록하고 있다. 이래서 종교인들은 성경을 읽지 못한다.

예수가 입고 있던 옷은 예수의 실상이다. 보통 사람들은 예수가 입고 있는 옷을 만지고 싶어도 만질 수 없다. 보이지 않기 때문이다. 그런데 이 여인(귀네)은 예수의 옷을 정확하게 보고 만졌다(헤프사토:소속되다). 계시록에 그리스도의 신부들은 모두 이 세마포를 입는다. 이 여인은 예수가 입고 있는 옷을 빼앗아 함께 입는 내용이다. 그러므로 예수께서 입고 있는 옷은 물질로 된 옷이 아니라 근본(엔 아르케)으로부터 온 생명의 빛이다.

> 세례요한의 때부터 지금까지 천국은 침노를 당하나니 침노하는 자는 빼앗느니라(마 11:12)

(예) 선악(좋아함 싫어함)나무 열매를 먹은 아담과 하와는 무화과나무로부터 떨어져 나온 잎으로 만든 옷을 입었다. 무화과나무와 단절된 잎으로 옷을 지어 입었다. 에덴동산을 나올 때는 그 옷을 버리고 가죽옷을 입었다. 세례요한은 낙타 털옷을 입고 있었다. 반드시 겉옷을 입을 때와 벗을 때가 있다.

> 또 너를 송사하여 속옷을 가지고자 하는 자에게 겉옷까지도 가

지게 하며(마 5:40)

밭에 있는 자는 겉옷을 가지러 뒤로 돌이키지 말지어다(마 24:18)

나귀와 나귀 새끼를 끌고 와서 자기들의 겉옷을 그 위에 얹으매 예수께서 그 위에 타시니 무리의 대부분은 그 겉옷을 길에 펴며 다른 이는 나뭇가지를 베어 길에 펴고(마 21:7,8)

밭(아그로스)에 있는 자는 겉옷을 가지러 뒤로 돌이키지 말지어다(막 13:16)

네 이 뺨을 치는 자에게 저 뺨도 돌려대며 네 겉옷을 빼앗는 자에게 속옷도 금하지 말라(눅 6:29)

성경에 등장하는 옷은 모두 비사와 비유의 관계에서 나오는 말씀이다. 이 내용이 무엇인지 창세기부터 그 문장들을 들여다보고 그 내용을 풀어내야 한다. 창세기부터 계시록까지 옷에 대한 말씀이 계속 이어지고 있다.

막 5:27절 '손을 대었다'고 번역한 단어가 중간태인 '헤프사토(ἥψατο)'다. 원형은 '합토마이(ἅπτομαι)'다. 중간태로서 자기 자신을 위해서다. '헤프사토'는 손을 대는 내용이 아니다. 번역을 할 수가 없어서 종교인들이 이렇게 번역하여 버렸다. 무슨 뜻을 나타내는지 모르기 때문이다. 예수 그리스도로부터 나오는 생명의 빛을 체험하지 못하였기 때문이다. '합토마이'가 무엇인지 알게 되면 전체의 내용을 쉽게 이해할 수 있다. 이 여인(귀네)을 지배하고 있던 겉사람의 병이 떠나간다. '헤프사토'는 예수와 하나 되는 내용이다. 이론이 아니다. 이 여인은 예수와 하나 되는 방법을 알고 있었다. 반드시 체험하여야 한다.

헬라어의 중간태에 대하여 약간의 설명을 해본다면 수동태와 능동태의 중간위치에 있으며, 주어가 문장 서술의 결과에 참여하는 것으로 주어에 대한 언급을 위해 쓰이는 일종의 재귀태(reflexive voice)다. 동사가 나타내는 동작이 주체이며 자신에 또는 자신을 위해 구심적으로 적용되는 것을 말하는 형태다. 주어 자신과 동사의 동작이 밀접한 관계에 놓여있다. 자기에 대한 동작 또는 자기를 위한 동작이 수동에 의해 나타난 것이다. 결국 예수 그리스도에 의해 이 일이 일어난 것이다. 이 예수가 여자(귀네) 안에 있다. 이것이 그녀(귀네)가 가지고 있었던 예수 그리스도로부터 온 믿음이다. 자기 믿음이 아니다. 계산된 자기 믿음, 터득된 자기 믿음은 철저히 버려야 한다. 불경에서는 하심(下心)으로 이야기한다.

(마 12:45) 이에 가서 저보다 더 악한 귀신 일곱을 데리고 들어가서 거하니 그 사람의 나중 형편이 전보다 더욱 심하게 되느니라 이 악한 세대가 또한 이렇게 되리라
(마 17:15) 주여, 내 아들을 불쌍히 여기소서 저가 간질(미치다)로 심히 고생하여 자주 불에도 넘어지며 물에도 넘어지는지라
(마 17:16) 내가 주의 제자들에게 데리고 왔으나 능히 고치지 못하더이다
(마 17:17) 예수께서 대답하여 가라사대 믿음이 없고 패역한 세대여 내가 얼마나 너희와 함께 있으며, 얼마나 너희를 참으리요 그를 이리로 데려오라 하시다

불은 바리새인들이 받아야 하는 심판이며 물은 바리새인들의 가르침이다. 병든 아이를 데리고 고치고자 계속 유명하다는 바리새인들에게 찾아갔던 것이다. 그런데 그들의 가르침은 진리가 아니라는 것을 알았다. 그러면서도 그들을 찾아갈 수밖에 없었다. 예나 지금이나 진리를 알고자 이렇게 찾아다니는 이들이 있다는 것을 알 수가 있다.

간질은 바리새인들의 가르침으로 인하여 병이 들어서 하나님의 말씀을 받아먹으려 해도 받아먹을 수 없는 것을 비유하고 있다. 진리를 이야기해도 자신 안에서 다른 것이 나오는 것이다. 간질을 하면 정신을 잃고 거품을 내품기 때문이다. 이 거품이 진리가 아닌 세상의 헛된 이론들, 철학 종교적인 것들이 마음속에서 계속 나오는 것이다. 자기 지

식이며 자기 믿음이다. 예수 앞에서는 세상 이론들, 종교적인 것들이 모두 허상인 거품이다. 그동안 받아먹었던 것이 밖으로 쏟아져 나온다. 그래서 하나님 말씀이 그의 마음 안에 들어갈 수가 없다. 우선 잘못된 앎을 내려놓아야 한다. 그래서 다음 구절이 이어져 나온다.

(마 17:18) 이에 예수께서 꾸짖으시니 귀신이 나가고 아이가 그때부터 나으니라
(눅 10:9) 거기 있는 병자들을 고치고 또 말하기를 하나님의 나라가 너희에게 가까이 왔다 하라(오역이다)

아이는 나이가 적은 어린아이를 이야기하는 것이 아니다. 비유다. 바리새인들의 가르침을 늘 받아먹는 개나 돼지는 간질이나 경기를 하지 않는다. 성경에 나오는 하나님 자녀에게 오는 모든 질병은 비유(파라볼레)로 되어있다. 성경 말씀은 예수께서 육체적 질병을 고치시는 이야기가 아니다. 모두 말씀을 먹지 못하여 생기는 질병이다. 자신 안에 계신 하나님을 바로 보지 못하여 오는 질병이다.

18. 질병에 대하여

(마 17:15) 주여, 내 아들을 불쌍히 여기소서 저가 간질로 심히 고생하여 자주 불에도 넘어지며 물에도 넘어지는지라

만약 세상에 타오르는 불이라면 불에 넘어지면 타서 죽든지 큰 화상을 입는다. 물에 빠지는 것 역시 호흡하지 못하므로 죽게 된다. 하나님 말씀은 그런 의미가 아니라 모두 비사와 비유로 되어있다는 것을 잊으면 안 된다.

여기서 '간질'은 '거품을 내품다'의 뜻으로 말씀을 받아먹었는데 마음에서 나오는 것은 헛된 것으로 다른 복음 또는 하나님을 대적하는 허망한 내용을 비유하여 말씀하고 있다. 성경에 나오는 모든 병은 육신의 질병이 아니라 그 질병을 비유하여 숨어있는 하나님 나라를 못 보게 막고 있다. 하나님 나라를 볼 수 없게 방해하는 것들을 앉은뱅이, 소경, 문둥병, 혈루병, 간질, 손마른 자, 절름발이, 중풍병자, 귀신들린 자로 말씀하고 있다.

사울이 다메섹 도상에서 하나님을 만나고 나서 그가 하나님이 계시는 성전에 들어갈 수 없는 문둥병자였음을 알았다.

소 경: 하나님 나라가 어디 있는지 볼 수 없는 것을 비유한다.
문 둥 병: 살이 썩어들어가서 하나님의 성전에 들어갈 수도 없고 사람들과 함께 지낼 수도 없음을 비유한다.
혈 루 병: 하나님의 말씀을 먹고 마시는 것은 모두 열매를 맺지 못하고 밖으로 쏟아내는 것을 비유한다.
손마른자: 하나님의 말씀(살과 뼈)을 손으로 잡을 수 없다.
절름발이: 하나님이 계시는 천국을 바로 걸어갈 수가 없고, 옆으로 빗나가는 것을 비유한다.
앉은뱅이: 하나님이 계시는 천국을 스스로 걸어갈 수가 없다.
중풍병자: 온몸을 쓰지 못해서 천국에 갈 수가 없다.
귀신들린 자: 하나님 말씀이 아닌 세상 학문 철학 우상숭배 종교적인 것들로 채워진 자를 말씀하고 있다. 다른 복음으로 채워진 것을 비유한다.
간 질: 내면에서 진리는 나오지 아니하고 거품들인 허망한 세상 지식이 쏟아져 나온다.

(마 8:14) 예수께서 베드로의 집에 들어가사 그의 장모가 열병으로 앓아 누운 것을 보시고
ειδεν τὴν-πενθερὰν-αὐτοῦ βεβλημένην καὶ πυρέσσουσαν,
(에이덴 텐-펜데란-아우투 베블레메넨 카이 퓌렛수산,): 그의 장모가 열병으로 앓아누운 것을 보시고

4443 πυρα (퓌라) 어의: 불, 4442번 πῦρ(퓌르): 불에서 유래
4445 πυρέσσω(퓌렛소): 열이 있다, 불이 붙다, 열병을 앓다.
4443번에서 유래.

말씀에서 바리새인들은 퓌라, 불(심판) 아래 있는 자들이라 정의한다. 이 열병은 '심판 아래 있는 병'으로 주님을 만나야 낫는 병이다.

베드로의 장모는 베드로가 예수를 따라다니는 것을 반대하였다. 그

당시 대부분 베드로의 장모처럼 사위가 종교 생활과 일은 안 하고 자신의 딸을 버려두고 예수를 따라다니는 것을 싫어하였을 것이다. 이 때문에 일어난 병이다.

(고전 7:9) 만일 절제할 수 없거든 혼인하라 정욕이 불같이 타는 것보다 혼인하는 것이 나으니라

'정욕이 불같이 타는 것'으로 번역한 '퓌루스다이(πυροῦσθαι)'는 동사,현재,수동태로 불이 붙다, 태우다, 자극되다의 뜻이다.

원형은 퓌로오(πυρόω)이며 퓌르(πῦρ) 불에서 유래했다. 모두 하나님의 심판 아래에 있음을 나타낸다. 육체적 질병이 아니다.

(마 8:15) 그의 손을 만지시니 열병이(퓌레토스) 떠나가고 여인이 일어나서 예수께 수종들더라

καὶ ἥψατο τῆς χειρὸς- αὐτῆς, καὶ ἀφῆκεν αὐτὴν ὁ πυρετός· καὶ ἠγέρθη καὶ διηκόνει αὐτοῖς.

예수께서 그녀의 손을 만지니 열병이 없어진 내용이 아니다. 원문의 기록은 번역한 것처럼 단순한 이야기가 아니다. 바로 깨달음이 어떻게 일어나는가 하는 중요한 내용이 담겨 있다. '그의 손을 만지시니'에서 '손'으로 번역한 '케이로스(χειρὸς)'는 손으로 번역을 하였지만 수단 또는 도구의 뜻이다. '만지시니'로 번역한 '헤프사토(ἥψατο)'는 동사, 직설법,중간태로서 원형은 '합토마이(ἅπτομαι)'이며 소속하다, 관계되다의 뜻이다. 곧 예수 그리스도로부터 생명의 빛을 받아 변화 받게 된 것을 뜻하고 있다. 예수와 하나 됨이다.

'케이로스'는 예수(생명의 빛)와 하나다. 이로 인하여 그녀의 '퓌레토스(불붙는 것)'가 떠난 것이다. 그녀의 잘못된 개념이 사라지고 바른 정신으로 돌아온 것이다. 예수와 하나 된 것을 말씀하고 있다. 예수를

열심히 따라다니는 베드로는 아직 예수와 하나 되지 못하였다. 그런 베드로는 다른 제자들 앞에서 나서기를 좋아한다. 그런데 예수를 별로 좋아하지 않던 베드로의 장모가 예수와 하나 된 체험을 하였다. 기이한 일이 일어난 것이다. 이는 육신의 질병이 낫는 것을 뜻하는 것이 아니다. '케이로스'는 속사람으로부터 나온 것으로 그녀는 자신의 속사람을 본 것을 말씀하고 있다. 그녀는 태어나서 처음으로 밖의 예수로 인하여 그녀의 속사람(케이로스)을 본 것이다. 이것이 중요한 핵심이다. 자신 속에서 생명의 빛, 곧 예수 그리스도를 만진 것이다. 밖의 예수가 그녀의 손을 만진다고 해서 이런 일이 일어나는 것이 아니다. 그녀의 내면의 마음 밭이 말씀을 통하여 옥토로 개간된 것이다. 이 내용이 예수의 부활 사건 이후에 마가의 다락방에서 제자들에게 일어난다. 이때 다락방에서 도마가 자신 안에서 예수 그리스도를 '호라오(보고 만지는)' 하는 사건이 일어났다. 도마와 예수가 하나 되는 사건이다.

과거, 수동태인 '에게르데(ἠγέρθη)'는 눈을 뜨게 되다. (문자적으로 잠에서, 누운 것에서, 병에서, 죽음에서, 파멸에서) 깨우다, 일으키다, (다시)일으키다, 세우다, 자리를 차고 일어나다, (다시)일어나다, 서다의 뜻이다. 그녀가 사망에서 깨어남을 이야기한다. 자신 속에서 속사람 그리스도를 만난 것을 이야기한다. 그래서 그다음 이야기가 나온다.

'예수께 수종들더라'로 번역한 '디에코네이(διηκόνει)' 동사, 미완료, 능동태로 자신 스스로 '디아코니아'의 일을 한다. 밖에 있는 예수에게 수종드는 것이 핵심이 아니다. 그녀 내면에 세워진 몸 된 성전 안에 계신 예수 그리스도에게 수종을 드는 것이다. 겉사람으로부터 오는 감각적 욕망의 강도로부터 몸 된 성전을 지키는 '디아코니아'가 된 것이다.

'디아코니아'는 앞에서 여러 번 언급하였던 것처럼 자신 안에 있는 하나님이 거하시는 몸 된 성전을 겉사람의 감각적 욕망 곧 강도로부터 지키는 자이며, 만약 강도로부터 침입당하여 성전이 허물어지면 성전을 다시 세우는 일을 한다. 마음 챙김이며 깨달음이 온 것을 지키는 자이다. 집사로 오역하였다. 자신 안에 있는 예수 그리스도에게 수종드는 것이다. 물론 밖에 있는 예수를 위해 일하지만, 핵심은 그것이 아니다. 치료받은 열 명의 문둥병자 중 한 사람만 자신 안에 있는 예수에게 돌아왔던 것처럼, 이 여인도 자신 안에 있는 예수를 찾은 것이 핵심이다.

'만지다'로 번역한 '헤프사토(ἥψατο·중간태)'는 예수 그리스도에게 소속됨이요 관계됨이다. 결국 하나 됨이다. 생명의 빛이 그녀 안으로 비쳐옴이다. 밖의 예수에게서 빛이 나오는 것이 아니다. 그녀는 그녀 안에서 예수를 만난 것을 이렇게 비유로 말씀하는 것이다.

서기관과 바리새인들은 예수에게 소속(헤프사토)되지 못한다. 그들의 논리와 종교성 때문에 예수와 단절을 가져온다. 그들은 자신들이 생각하는 대상인 다른 하나님을 섬긴다. 그러므로 아무나 예수와 '합토마이' 될 수 있는 것이 아니다. '합토마이' 되어야 십일조와 헌물을 예수와 하나 되어 드리고 받게 된다.

우리에게 주는 교훈이 아주 크다. 종교 행위가 아니라 하나님께 소속(합토마이) 되었는가? 하는 것이다. 깨달으려면 내 안에 있는 그리스도를 만나야 한다. 다른 방법은 없다. 반드시 이론이나 종교 행위를 버리고 자신 안에서 찾아야 한다. 어릴 때 잠시 도움이 되는 그 종교 행위를 넘어서야 한다. 서기관과 바리새인들은 그들의 유전을 따랐다. 지금도 변한 것은 없다. 자신들은 선택받은 선민이며 하나님 말씀을 잘 따른다고 한다. 그래서 이방인들을 짐승으로 본다. 중한 병이 들어 있다. 그러나 내면에 오신 예수를 발견한다면 '합토마이' 되어 심판 아래 있던 모든 질병이 떠나간다.

(고후 4:6) 어두운 데서 빛이 비취리라 하시던 그 하나님께서 예수 그리스도의 얼굴에 있는 하나님의 영광을 아는 빛을 우리 마음(카르디아)에 비취셨느니라

(고후 4:7) 우리가 이 보배를 질그릇에 가졌으니 이는 능력의 심히 큰 것이 하나님께 있고 우리에게 있지 아니함을 알게 하려 함이라

우리는 이같이 예수 그리스도의 생명의 빛을 담을 수 있는 질그릇을 가지고 있다. 그런데 하나님이 채울 수 있도록 이 질그릇을 비워야 하는 것이 우리의 할 일이다. 사실 이것은 크나큰 숙제다.

모든 이론과 자기 믿음을 내려놓을 수만 있다면 깨달음은 쉽게 온다. 마음 안에서 일어나는 현상을 버린다면 마음(카르디아) 너머로부터 생명의 빛은 쉬지 않고 항상 비추어 오고 있다는 것을 알게 된다. 항상 비추어 오고 있는 생명의 그 빛을 막는 것은 자기 믿음이다. 서기관과 바리새인들의 종교성과 그들의 학문의 노예가 되면 큰일이다. 지금도 이들과 별반 다르지 않고, 이들이 지배하고 있고, 이들이 가르치고 있다. 자신들은 하나님으로부터 특별히 선택받은 자로 알고 있다. 이들은 여전히 하나님을 대상으로 섬기고 연구하며 가르친다.

> (약 5:15) 믿음의 기도는 병든 자(캄논타)를 구원하리니 주께서 저를 일으키시리라 혹시 죄를 범하였을찌라도 사하심을 얻으리라
> καὶ ἡ εὐχὴ τῆς πίστεως σώσει τὸν κάμνοντα, καὶ ἐγερεῖ αὐτὸν ὁ κύριος· κἂν ἁμαρτίας ῃ- πεποιηκώς, ἀφεθήσεται αὐτῷ.

κάμνοντα(캄논타): 수고하다, 과로하다, 근심하다, 허약해지다.
σῴζω(소조):구원하다, 보호하다, 구조하다, 보존하다, 완전하게 만들다.

'병든 자(톤 캄논타)'는 육신의 질병이 아니다, '죄를 범하였을찌라도'라고 번역하고 있는 '하마르티아(죄)'로 인하여 온 병이다. 그래서 그 믿음(소유격)의 기도가 필요하다. 여기 등장하는 믿음은 자기 믿음이 아니다. 예수께서 소유하고 있는 아버지에 대한 믿음이다. 예수와 아버지는 늘 하나다. 예수 안에 있는 아버지가 보이는가? 마음(카르디아)으로는 보이지 아니한다. 그 마음을 넘어서야 한다.

'하마르티아(죄)' 때문에 연약해진 것이다. 말씀을 떠나 있어서 허약하여 일어나지(깨어나지) 못하는 것이다. 이 믿음의 기도(유케)는 겉사

람의 감각적 욕망으로부터 보호되며(소조), 온전히 몸된 성전을 보존(소조)할 수 있게 된다.

'기도'로 번역하고 있는 '유케(εὐχή)'는 '간구하다.'라는 뜻이다. '믿음의'로 번역하고 있는 '테스 피스테오스(τῆς πίστεως)'는 소유격으로 나의 믿음이 아니라 예수 그리스도와 하나 되어있는 아버지가 핵심이다. 이것이 예수가 소유하고 있는 믿음이다. 마음에서 나오는 나의 믿음이 아니다. 그래서 '기도'로 번역하고 있는 '유케'는 육신의 요구를 들어 달라는 것이 아니라 내 안에 하나님의 몸 된 성전이 세워지길 원하는 것이다. 그래서 그다음 말씀이 이어서 나온다. 에게레이(ἐγερεῖ), '주께서 저를 일으키시리라' 하신다.

에게레이는 깨우다, 눈을 뜨게 하다, (누운 것에서, 병에서, 죽음에서, 혹 파멸에서) 깨어나다, 일으키다, (다시)일으키다, 세우다, 자리를 차고 일어나다, (다시)일어나다, 서다의 뜻이다. 앞에서 설명한 마 8:15절에 베드로의 장모가 치유 받고 일어나는 뜻과 같은 내용이다. 깨달음을 이야기한다.

'사하심을 얻으리라'로 번역한 '아페데세타이(ἀφεθήσεται)'는 미래 수동태로 내면에서 휘장이 찢어짐을 나타낸다. 그래야 겉사람과 속사람이 하나 된다. 사람들 간에 잘못한 것을 용서하는 것과 관련이 없다. 예수께서 십자가 안(속)에서 막힌 담을 헐고 하나 되게 하신다. 이것이 용서(아페데세타이)다.

휘장이 찢어짐, 곧 십자가에 달리심을 이야기한다. 각자 안에서 이 용서(아피에미)가 이루어져야 한다. 이 용서(아피에미)는 겉사람이 속사람에게 제물이 되어 감각적 욕망이 사라졌음을 뜻한다. 이 용서가 일어나는 자의 그 마음 안에 하나님을 모르던 수많은 이방인(십사만사천 번뇌)이 속사람, 곧 하나님에게 돌아오게 된다. 십일조와 헌물을 온전하게 드리게 됨이다.

그는 우리의 화평이신지라 둘로 하나를 만드사 중간에 막힌 담을 허시고 원수 된 것 곧 의문에 속한 계명의 율법을 자기 육체(싸르크스 안에서)로 폐하셨으니 이는 이 둘로 자기의 안에서 한 새 사람을 지어 화평하게 하시고 또 십자가(십자가를 통하여)로 이 둘을 한 몸으로 하나님과 화목하게 하려 하심이라 원수 된 것을 십자가(십자가 안에서)로 소멸하시고(엡 2:14-16)

'십자가 안(속)에서(엔 아우토)'는 예수 안(속)에서의 뜻이다. 그러므로 나무 십자가(장대)를 이야기하는 것이 아니다. 예수 자신이 하나님과 화목케 하는 십자가로 비유하여 말씀하신다. 예수 안(속)에서 하나님과 화평하게 되는 것은 예수 안(속)에 아버지가 계시기 때문이다. 예수 안(속)에 들어가면 모든 질병으로부터 자유를 얻는다. 곧 깨달음이 오는 것이다. 그러므로 성경에 치유하는 내용은 육신의 질병을 고치는 내용이 핵심이 아니다.

(눅 17:12) 한촌에 들어가시니 문둥병자 열 명이 예수를 만나 멀리 서서 (13)소리를 높여 가로되 예수 선생님이여 우리를 긍휼히 여기소서 하거늘 (14)보시고(호라오) 가라사대 가서 제사장들에게 너희 몸을 보이라 하셨더니 저희가 가다가 깨끗함을 받은지라 (15)그중에 하나가 자기의 나은 것을 보고 큰 소리로 하나님께 영광을 돌리며 돌아와 (16)예수의 발아래 엎드리어 사례하니 저는 사마리아인이라 (17)예수께서 대답하여 가라사대 열 사람이 다 깨끗함을 받지 아니하였느냐 그 아홉은 어디 있느냐 (18)이 이방인 외에는 하나님께 영광을 돌리러 돌아온 자가 없느냐 하시고 (19)그에게 이르시되 일어나 가라 네 믿음이 너를 구원하였느니라 하시더라

이 이야기는 앞에서 다루었다. 여기서 열 명 모두는 육신의 문둥병으로부터 고침을 받았다. 그러나 구원받은 자, 곧 용서(아피에미) 받은

자는 한 명이었다. 내면에서 온전한 치료를 받은 사람은 한 사람뿐이었다. 그는 마음의 휘장이 찢어지는 체험을 하였다. 속사람을 만난 것이다. 이것이 용서(아피에미) 받음이다.

나머지 아홉은 육신의 질병은 고쳤지만, 하늘 성전에 들어가지 못하는 영적인 문둥병자로 남아 있었음을 알아야 한다. 성경 말씀은 육신의 질병이 치유되는 것을 말씀하고 있는 것이 아니다. 몸과 마음으로부터 자유함, 곧 마음을 초월해야 한다. 그러므로 육신의 것을 위하여 간구하면 안 된다. 육신의 것은 무엇이든지 불의의 재물로 번역한 맘모나다. 맘모나는 하나님과 원수다. 용서받지 못해서 일어나는 질병이다.

부처님의 말씀에서도 자신의 소원을 빌지 말라는 것은, 수행하면서 탐심의 원인이 될 수 있기 때문이며, 집착의 마음이 일어나 수행하는데 장애가 일어나 공부하는데 방해받을 수 있기 때문이다.

마음이 원하는 모든 것은 선한 것이든 악한 것이든 내가 아니라 찢어야 할 휘장(마음)에서 나오기 때문이다. 내(속사람)가 아닌 마음이 원하는 것이다. 공부가 많이 되면 마음에서 일어나는 일에 매이지 않게 되어 자유 할 수 있게 된다. 무심(無心)이 되어 어떤 것도 바라는 것이 없는 상태가 되면 현상계에서 일어나는 모든 인과를 여실히 바라볼 수 있게 된다. 몸과 마음에서 일어나는 모든 것을 떨어져 볼 수 있게 된다. 초월함이며 용서함(아피에미)을 받은 것이다. 이 경지에 이르게 되면 바라는 마음도 원하는 마음도 모두 사라지게 되니 이것이 성경 기록에서 말씀하는 기도의 결과다. 휘장(마음)이 찢어짐으로 하나님과 하나되는 것이다. 이때 비로소 하나님께 바쳐질 십일조와 헌물이 됨이다. 무심(無心)이 된 자신 안에서 하나님과 하나 된다. 이로써 하나님은 대상이 아니다. 그러므로 육신의 것을 위하여 기도하는 것은 어릴 때 이거나 병이 들어 있을 때다. 소원성취 이런 것은 중병이 든 상태다.

너무도 어려운 이들에게 육신을 위해 기도해 줄 수 있다. 마음이 아픈 이들을 위로해 주는 것은 당연한 이치다. 어릴 때는 성경 말씀이 무엇인지 모르기 때문이다. 그러나 성장할 때가 되면 위로는 위로고, 도와주는 것은 도와주는 것이고, 성경 말씀은 바로 가르쳐야 한다. 예수께서 육신의 질병을 고치지 않았다는 뜻이 아니다.

성경에서 말씀하고 있는 질병은 하나님의 나라를 잘 못 보는 것, 잘못 가고 있는 것을 '질병'으로 비유한다. 질병이 있는 자는 십일조와 헌물을 드릴 수 없다. 예수께서는 자녀들이 하늘나라를 잘못 보는 모든 질병을 바르게 고치신다. 하나님을 자신 안에서 보게 하는 것이다.

성경 말씀은 돈복을 위해 육신의 질병을 고침받기 위해 간구하면 그는 불의의 맘모나를 섬기는 자라 말씀하신다. 마음(카르디아)의 노예다. 마음 안에 지옥(게엔나)이 있다. 이런 자들은 마음 너머에 있는 천국에 들어가기가 약대가 바늘구멍으로 들어가는 것보다 더 어렵다고 말씀하신다. 왜냐하면 마음(카르디아) 안으로 들어가기 때문이다. 자신 안에 계신 하나님을 똑바로 보게 마음을 고치는 일이 제일 중요하다. 그래서 불의의 맘모나를 과감히 떠나야 함을 강조하고 있다. 조금이라도 맘모나에 대한 미련이 있으면 광야 안에 들어갔을지라도 죽게 된다.

특히 소돔과 고모라 성을 황급히 나올 때 롯의 아내가 맘모나에 대한 작은 미련 때문에 소금 기둥이 되었던 것을 기억하여야 한다.

> 롯의 아내는 뒤를 돌아본 고로 소금 기둥이 되었더라(창 19:26)
> 예수께서 이르시되 손에 쟁기를 잡고 뒤를 돌아보는 자는 하나님의 나라에 합당치 아니하니라 하시니라(눅 9:26)

과감히 맘모나를 떠나는 내용이 창 1:1절부터 성경 전체에 걸쳐 말씀하고 있다. 감각적 욕망에 길들어진 마음을 초월하는 내용이다. 부처님의 가르침에도 이 길을 가는 자들은 아무나 갈 수 있는 것이 아님을 알 수 있다. 아무나 부처님의 신실한 제자가 될 수 있는 것은 아니다. 그러므로 결함이 있는 자는 십일조와 헌물을 하나님께 드릴 수 없다.

19. 십일조에 대하여(6)

육체에 흠이 있는 자

(레 21:17) 아론에게 고하여 이르라 무릇 너의 대대 자손 중 육체에 흠이 있는 자는 그 하나님의 식물을 드리려고 가까이 오지 못할 것이라 (18) 무릇 흠이 있는 자는 가까이 못할지니 곧 소경이나 절뚝발이나 코가 불완전한 자나 지체가 더한 자나 (19) 발 부러진 자나 손 부러진 자나 (20) 곱사등이나 난장이나 눈에 백막이 있는 자나 괴혈병이나 버짐이 있는 자나 불알 상한 자나 (21) 제사장 아론의 자손 중에 흠이 있는 자는 나아와 여호와의 화제를 드리지 못할지니 그는 흠이 있은즉 나아와 하나님의 식물(레헴)을 드리지 못하느니라

레위기에 외적으로 흠이 있는 자는 사람의 손으로 세운 성전에 들어가지 못하였고 화제(이솨)나 양식(레헴)을 드리지 못하였다. 새 언약에서는 내적으로 이상이 있는 자, 마음의 할례가 일어나지 않는 자는 하늘나라에 들어갈 수 없다는 것을 레위기를 통해 히다로 말씀하고 있다.

(신 28:27-29) 여호와께서 애굽의 종기와 치질과 괴혈병과 개창으로 너를 치시리니 네가 치료함을 얻지 못할 것이며 여호와께서 또 너를 미침과 눈멂과 경심증으로 치시리니 소경이 어두운데서 더듬는 것과 같이 네가 백주에도 더듬고 네 길이 형통치 못하여 항상 압제와 노략을 당할 뿐이니 너를 구원할 자가 없을 것이며

여호와 하나님이 소경이 되게 하시면 그 누구도 깨달음에 이를 자가 없다. 말씀에서 소경은 구원과 관련이 있다. 육체적으로 눈이 안 보이는 것을 말씀하는 것이 아니다. 자신 안에서 하늘나라를 못 보는 것을 소경이라 한다. 깨달음이 없는 자는 누구든지 소경이다.

(시 146:8) 여호와께서 소경의 눈을 여시며 여호와께서 비굴한 자를 일으키시며 여호와께서 의인을 사랑하시며

(사 35:5) 그때에 소경의 눈이 밝을 것이며 귀머거리의 귀가 열릴 것이며

(사 35:6) 그때에 저는 자는 사슴 같이 뛸 것이며 벙어리의 혀는 노래하리니 이는 광야에서 물이 솟겠고 사막에서 시내가 흐를 것임이라

(사 42:7) 네가 소경의 눈을 밝히며 갇힌 자를 옥(마스게르)에서 이끌어내며, 흑암에 처한 자를 간에서 나오게 하리라

여호와께서 소경의 눈을 열어주시면 마음(휘장)의 감옥 안에서 나오게 된다. 마음의 실체를 알게 되고 속사람을 보게 되어 윤회의 늪에서 벗어날 수 있다. 드디어 율법의 남편으로부터 이혼이 되어 그리스도의 신부가 된다. 감옥(마스게르)은 마음(카르디아)을 비유하여 말씀하신다.

소경과 귀머거리가 등장한다.

하나님을 볼 수도 없고, 말씀을 들을 수도 없다. 왜냐하면 이생의 자랑, 안목의 정욕, 육신의 정욕으로 채워져 있기 때문이다. 탐진치 삼독으로 소경과 귀머거리가 되었다. 하나님을 멀리 떠나 윤회의 감옥(카르

디아) 안에서 살아가고 있음을 비유하였다. 겉사람의 강도떼들로부터 침입을 당하여 몸 된 성전을 지키는 파수꾼들은 죽임을 당하고 성전은 허물어졌고 결국 소경이 되고 귀머거리가 되었다. 속사람이 겉사람에게 점령당하였다. 죄악으로 인하여 눈이 어두워지고 귀는 멀었고, 성전은 허물어져 더는 십일조와 헌물을 드릴 수 없다.

(사 43:8) 눈이 있어도 소경이요 귀가 있어도 귀머거리인 백성을 이끌어 내라
(사 50:5) 주 여호와께서 나의 귀를 열으셨으므로 내가 거역지도 아니하며 뒤로 물러가지도 아니하며
(렘 6:10) 내가 누구에게 말하며 누구에게 경책하여 듣게 할꼬 보라 그 귀가 할례를 받지 못하였으므로 듣지 못하는 도다 보라 여호와의 말씀을 그들이 자기에게 욕으로 여기고 이를 즐겨 아니하니

하나님이 속사람의 눈과 귀를 열어주시지 않으면 소경과 귀머거리가 될 수밖에 없다. 반드시 눈과 귀가 할례를 받아야 바로 보고 바로 듣는다. 종교 행위를 통해 많이 아는 것은 소경과 귀머거리가 되었다는 증거다. 이론과 행위는 휘장(마음) 안에서 일어나는 일이므로 여호와 하나님과 아무 관계가 없다. 이것들과 하나님은 결코 만나는 법이 없다. 하나님은 마음(휘장)으로부터 단절되어 있다. 하나님은 마음으로부터 청정하다. 절대로 오염되는 일이 없다. 하나님은 항상 마음(휘장) 너머에 거하시기 때문이다. 그러므로 하나님은 단절된 마음의 세계에 나타난 것들과 아무 관계가 없다. 하나님은 물질 시간 공간을 만드시지 아니하였다. 나타난 것은 모두 변화한다. 하나님은 절대 변하지 않기에, 변하는 어떠한 것도 만드시지 아니한다. 변하는 것은 모두 귀머거리요 소경이다. 그래서 하나님께 참된 제물이 되지 못한다. 그러므로 돈은 십일조와 헌물이 되지 못한다. 하나님이 낳은 아들만이 십일조와 헌물

이 될 수 있다. 휘장을 넘어서 있기 때문이다.

(요 9:39) 예수께서 가라사대 내가 심판하러 이 세상(코스모스)에 (안으로) 왔으니 보지 못하는 자들은 보게 하고 보는 자들은 소경되게 하려 함이라 하시니

본다고 하는 자들은 모두 소경이다. 종교 행위와 이론은 아무 소용이 없다. 오히려 더욱 소경이 되게 만든다. 하나님을 안다고 하는 자들은 모두 거짓이다. 하나님을 안다면 결코 종교 행위를 하지 아니한다. 자신 안에서 하나님을 만나기 때문이다.

(요 9:40) 바리새인 중에 예수와 함께 있던 자들이 이 말씀을 듣고 가로되 우리도 소경인가
(요 9:41) 예수께서 가라사대 너희가 소경 되었더면 죄가 없으려니와 본다고 하니 너희 죄가 그저 있느니라

서기관과 바리새인들은 하나님으로부터 받은 율법에 정통하다 여겨왔다. 그런데 예수께서 너희가 하나님을 모르는 참담한 소경이라고 말씀하신다. 이 시대에도 목사들과 신학박사들은 하나님 말씀을 잘 안다고 곳곳에 돌 성전을 세워놓고 설교한다. 그들의 말이 사실이라면 원어로 기록된 성경은 거짓이 된다. 이들은 이미 각자 안에 오신 예수를 알지 못하기 때문에 여전히 밖으로 오실 예수를 간절히 기다리며 예수께서 하지 말라고 명한 각종 종교행위를 한다. 그러므로 이들은 무엇이 잘못되어 있는지 조차도 모른다. 소경들이요 거짓말하는 자들이다. 이 시대에는 거짓말 하는 자들, 곧 소경들이 판을 친다.

(사 29:9) 너희는 놀라고 놀라라 너희는 소경이 되고 소경이 되라 그들의 취함이 포도주로 인함이 아니며 그들의 비틀거림이 독주

로 인함이 아니라

(시 58:4) 저희의 독은 뱀의 독 같으며 저희는 귀를 막은 귀머거리 독사같으니

(사 42:18) 너희 귀머거리들아 들으라 너희 소경들아 밝히 보라

(사 42:19) 소경이 누구냐 내 종이 아니냐 누가 나의 보내는 나의 사자같이 귀머거리겠느냐 누가 나와 친한 자 같이 소경이겠느냐 누가 여호와의 종같이 소경이겠느냐

(마 15:14) 그냥 두어라 저희는 소경이 되어 소경을 인도하는 자로다. 만일 소경이 소경을 인도하면 둘이 다 구덩이에 빠지리라 하신대

(마 23:26-27) 소경된 바리새인아 너는 먼저 안을 깨끗이 하라 그리하면 겉도 깨끗하리라 화 있을찐저 외식하는 서기관들과 바리새인들이여 회칠한 무덤 같으니 겉으로는 아름답게 보이나 그 안에는 죽은 사람의 뼈와 모든 더러운 것이 가득하도다

이 시대에도 변한 것은 없다. 자신은 소경이 아니라 한다. 그래서 모두들 이 소경을 따라가고 있다.

(눅 4:18) 주의 성령이 내게 임하셨으니 이는 가난한 자에게 복음을 전하게 하시려고 내게 기름을 부으시고 나를 보내사 포로된 자에게 자유를 눈먼 자에게 다시 보게 함을 전파하며 눌린 자를 자유케 하고

(사 35:5) 그 때에 소경의 눈이 밝을 것이며 귀머거리의 귀가 열릴 것이며

(사 61:1) 주 여호와의 신이 내게 임하였으니 이는 여호와께서 내게 기름을 부으사 가난한 자에게 아름다운 소식을 전하게 하려 하심이라 나를 보내사 마음이 상한 자를 고치며 포로 된 자에게 자유를, 갇힌 자에게 놓임을 전파하며

주의 거룩한 영이 임하셔야만 눈먼 자가 내면에 있는 하나님을 보게 된다. 어디에서 임하는 것인가? 바로 자신 안에 있는 속사람으로부터다. 밖으로부터 오는 것이 아니다. 그러므로 주여! 주여! 소리 지르는 것 역시 소경이다. 그런데 오늘날 소경들이 대상인 하나님의 영을 받았다고 광고하고 다닌다. 무너져야 할 돌(리도스) 성전을 세워놓고 교회에 나오라 한다. 그리고 오실 예수를 간절히 기다리라 한다. 종말이 가까이 왔으니 하나님이 곧 오신다고 한다. 오시면 믿지 아니하는 자들은 심판을 받는다고 한다. 그래서 밖에서 오실 하나님을 위해 준비하여야 한다고 한다. 완전히 미쳤다. 자신이 적그리스도인 줄도 모른다.

이 세상은 목소리가 크고 미쳐야 대접도 받고 인정을 받는다. 바른 소리를 하면 이단으로 몰리고 돌 맞아 죽는다.

(애 4:13) 그 선지자들의 죄와 제사장들의 죄악을 인함이니 저희가 성읍 중에서 의인의 피를 흘렸도다.
(애 4:14) 저희가 거리에서 소경같이 방황함이여 그 옷이 피에 더러웠으므로 사람이 만질 수 없도다

그때나 지금이나 수많은 거짓 선지자들이 외치고 있으나 그 자신은 죄악으로 이미 사망 당하였다는 것을 모른다.

(사 43:2) 네가 물 가운데로 지날 때 내가 함께할 것이라 강을 건널 때에 물이 너를 침몰치 못할 것이며 네가 불 가운데로 행할 때 타지도 아니할 것이요 불꽃이 너를 사르지도 못하리니

물과 불은 이 세상(코스모스: 몸과 마음)의 풍류를 말씀하고 있다. 물은 바리새인들의 정신세계이며 불은 이들이 받아야 할 심판으로 곧 윤회의 구렁텅이에 빠져서 나오지 못하고 있다는 것이다. 그런데 너는 의식 무의식 잠재의식으로부터 나오는 모든 번뇌 망상으로부터 보호하

시겠다고 말씀하신다. 내면에서 일어나는 일이다.

(마 17:15) 주여 내 아들을 불쌍히 여기소서 저가 간질로 심히 고생하여 자주 불에도 넘어지며 물에도 넘어지는지라

불은 바리새인들의 받을 심판이며 물은 그들의 가르침이다. 병자는 바리새인들의 율례에 매어서 간질로 고통을 받고있는 상태다. 그 부모가 아들의 상태를 아는 것이다. 부모는 예수의 제자 중에 하나다. 여기 등장하는 부모와 아들은 육신의 부모와 아들이 아니다. 비유다. 예수의 제자로부터 양육 받는 자가 다시 바리새인들의 종교 행위로 돌아간 것을 말씀하고 있다. 그래서 그 아들을 예수께 이끌고 나왔다.

대답하여 가라사대 누가 내 모친이며 내 동생들이냐 하시고 손을 내밀어 제자들을 가리켜 가라사대 나의 모친과 나의 동생들을 보라 누구든지 하늘에 계신 내 아버지의 뜻대로 하는 자가 내 형제요 자매요 모친이니라 하시더라(마 12:48-50)

(살후 2:9) 악한 자의 임함은 사단의 역사를 따라 모든 능력과 표적과 거짓 기적과 (10) 불의의 모든 속임으로 멸망하는 자들에게 임하리니 이는 저희가 진리의 사랑을 받지 아니하여 구원함을 얻지 못함이니라

(신 13:1-5) 너희 중에 선지자나 꿈꾸는 자가 일어나서 이적과 기사를 네게 보이고 네게 말하기를 네가 본래 알지 못하던 다른 신들을 우리가 좇아 섬기자 하며,이적과 기사가 그 말대로 이룰지라도 너는 그 선지자나 꿈꾸는 자의 말을 청종하지 말라 이는 너희 하나님 여호와께서 너희가 마음을 다하고 성품을 다하여 너희 하나님 여호와를 사랑하는 여부를 알려 하사 너희를 시험하심이니라 그 선지자나 꿈꾸는 자는 죽이라 이는 그가 너희로 너희를 애굽 땅에서 인도하여 내시며 종 되었던 집에서 속량하여 취하신 너희

하나님 여호와를 배반케 하려 하며, 너희 하나님 여호와께서 네게 행하라 명하신 도에서 너를 꾀어내려고 말하였음이라 너는 이같이 하여 너희 중에서 악을 제할지니라

그러므로 병(육신의 병) 고치고 예언(육신적인 세상 것에 대한 것을)하는 것은 다른 복음이라고 단호하게 말씀하고 있다. 그 선지자나 꿈꾸는 자의 말을 청종하지 말고 죽이라 하였다. 예수가 다시 오셔서 심판하신다는 말은 모두 거짓 선지자, 꿈꾸는 자의 속임수다. 예수께서는 이미 각자 안에 오셨다. 그러므로 각자 안에서 찾으면 된다. 오실 예수를 기다리며 종교 행위를 하는 자들은 모두 악한 자들이다. 이들은 사단의 역사를 따라 모든 능력과 표적과 거짓 기적과 불의의 모든 속임수로 사람들을 속인다. 그 간증들을 들어보라! 모두 하나님이 기적을 베푸셔서 어려운 살림이 회복되고 건강을 되찾고 사업이 잘되고 전화위복이 되고 원하는 기도가 이루어졌다고 말한다. 그때나 지금이나 맘모나로 하나님을 만나려 한다. 이들은 맘모나가 생기지 아니하면 실망하여 모두 자신의 길로 가버린다.

(마 11:5) 소경이 보며 앉은뱅이가 걸으며 문둥이가 깨끗함을 받으며 귀머거리가 들으며 죽은 자가 살아나며 가난한 자에게 복음이 전파된다 하라

복음은 속사람으로부터 겉사람(가난한 자)에게 복음이 전파된다.

각자 마음 안에서 일어나는 일이다. 예수께서는 이미 각자의 마음 안에 오셔서 거하신다. 이미 오신 예수(보석)를 내면에서 발견하여 캐내면 되는 것이다.

20. 천국이 네 안에 있다.

(마 3:2) 회개하라(메타노에오) 천국이 가까웠느니라(엥기켄) 하였으니
καὶ λέγων, Μετανοεῖτε· ἤγγικεν-γὰρ ἡ βασιλεία τῶν οὐρανῶν.(카이 레곤, 메타노에이테 엥기켄-가르 헤 바실레이아 톤 우라논)

'회개하라!' 번역이 잘못되었다.

우리가 죄지은 것이 많이 있으니 죄를 고백하고 반성하라는 뜻으로 오해하게 번역하였다. '메타노에오(μετανοέω)'는 회개하라, 반성하라 뜻이 전혀 아니다. 이렇게 말하는 자들이 종교인들이다. 회개하라고 이해한다면 잘못된 마음을 돌이켜야 한다는 뜻이다. 반성하고 율법을 잘 지키고 좋은 일 많이 하여 훌륭한 사람이 되라는 것으로 생각할 것이다. 그런데 이 내용은 전혀 다른 뜻을 지니고 있다. 종교적이고 도덕적인 것을 말씀하는 것이 아니다.

그 의미는 마음 안을 들여다보고 해체하여 그 실상을 알아서 무엇이 잘못되었는지 파악하여야 한다. 마음 밭을 해체해서 그 마음 밭의 속성

을 알아내서 길가밭(게) 돌밭(게) 가시덤불밭(게)을 옥토(게)로 변화시켜야 한다는 뜻이 있다. 하나님 말씀의 씨를 옥토에 반드시 뿌려야 하며 열매를 거두어 하나님의 몸 된 성전에 열매로 드려야 하는 조건이 들어있는 것이다. 내 안에 원래부터 계셔왔던 보석인 예수 그리스도를 발견하여 캐내서 나의 것으로 만들어야 한다는 내용이다. 깨달음을 소유하고 있어야 한다. 그러면 나와 아버지는 하나다. 결국 내가 하나님으로 나타남을 이야기하고 있다.

"깊이 생각해 보아라! 네 안에 그 하늘들의 그 나라(몸된 성전)가 이미 와서 있다."

'회개하라' 라고 번역한 '메타노에오(μετανοέω)' 는 '(다시)생각해 보아라, 재고하다, 깊이 생각하다.' 라는 뜻이다. 그러므로 '회개하라' 가 아니다 '회개하라' 라는 뜻은 잘못한 것을 반성하라는 뜻이다. 종교적인 의미가 강하다. 그러나 깊이 생각하려면 마음 안을 들여다보고 마음이 어떻게 작용하는지 그 실상을 알아야 한다. 예수께서 오셔서 처음 사용하신 '아포 카타볼레스 코스무' 의 다른 표현이다.

예수께서 오셔서 처음 사용하셨던 '카타볼레스 코스무' 는 감각적 욕망으로 채워진 마음 밭을 갈아엎으시고 옥토로 가꾸셔서 말씀의 씨를 뿌려서 열매를 거두기 위함이다. 끝없이 변화하며 이어지는 마음 밭의 속성에서 벗어남, 곧 윤회의 끝남을 위해서다. 하나님은 변화되지 않는다. 이것이 원래 우리의 속성이다. 우리가 하나님의 말씀으로 하나님에게 돌아감이다. 이것이 십일조와 헌물이다. 내가 제사장이 되어 드리고 내가 하늘의 왕인 하나님으로서 받는 것이다.

'가까웠느니라' 로 오역한 '엥기켄(ἤγγικεν)' 은 능동,완료태로서 '이미 와서 있다' 라는 뜻이다. 원래부터 내 안에 이미 오셔서 계셔왔다. 그런데 내면으로 이미 오신 하나님을 기다려야 한다니! 술 취한 자들이다. 정신이 온전하다면 하나님 말씀을 왜곡시킬 수 없다.

곧 오실 예수를 기다리라니! 성경 말씀을 완전히 부정하는 자들이다. 이들은 하나님 말씀이 아닌 다른 복음 곧 거짓 복음을 알리는 자들이다. 이천 년 전 서기관과 바리새인들이 그러했고 지금도 종교인들이 그러하다. 이들은 천국이 네 안에 벌써 와서 있다고 말씀한 그 예수를 죽였다. 그 예수가 미친 줄 알았다. 그러고도 반성할 줄을 모른다. 지금도 변한 것은 없다.

(눅 7:22) 대답하여 가라사대 너희가 가서 보고 들은 것을 요한에게 고하되 소경이 보며 앉은뱅이가 걸으며 문둥이가 깨끗함을 받으며 귀머거리가 들으며 죽은 자가 살아나며 가난한 자에게 복음이 전파된다 하라

복음(하나님 말씀)이 없어서 소경 앉은뱅이 문둥이 귀머거리 죽은 자가 되었다 하였다. 이들 모두 말씀이 없어서 병들어 있는 가난한 자(푸토코스)들이다. 그러므로 말씀에 나오는 가난함과 질병은 육신의 가난함과 질병이 아니므로 육신의 원함이 이루어지는 것과 아무 관련이 없다. 오히려 물질의 부자들과 권세를 가진 자들이 하나님 말씀을 떠나는 것을 보게 된다. 오히려 이들은 하나님을 이용하려 하고 있다.

부처님께서도 꿈을 이루고 행복해하는 자에게 말씀하신다.

"꿈을 이룬 자여 불행할지어다!"

그러므로 간증을 하는 자들이 누구인가?

(사 29:18) 그날에 귀머거리가 책의 말을 들을 것이며 어둡고 캄캄한 데서 소경의 눈이 볼 것이며

말씀의 핵심은 오직 하나님의 말씀을 듣고 깨우침에 있는 것이다. 반드시 하나님의 말씀으로 깨달음에 이르러야 한다.

(눅 14:12) 또 자기를 청한 자에게 이르시되 네가 점심(조반)이나 저녁이나 베풀거든 벗이나 형제나 친척이나 부한 이웃을 청하지

말라 두렵건대 그 사람들이 너를 도로 청하여 네게 갚음이 될까 하라

점심(조반)과 저녁은 모두 비유로 나오는 하나님의 말씀이다. 말씀을 벗이나 형제나 친척이나 부한 이웃에게 주지 말라 하신다. 벗이나 형제나 친척이나 부한 이웃은 모두 겉사람의 속성을 터로 삼고 살아간다. 감각적 욕망에 지배를 받는 이들로서 그 결과 갈애의 열매가 나온다. 감각적 욕망과의 단절을 말씀하신다.

(눅 14:13) 잔치를 배설하거든 차라리 가난한 자들과 병신들과 저는 자들과 소경들을 청하라
(눅 14:14) 그리하면 저희가 갚을 것이 없는 고로 네게 복이 되리니 이는 의인들의 부활시에 네가 갚음을 받겠음이니라 하시더라

여기 등장하는 가난한 자들 병신들 저는 자들 소경들은 모두 속사람으로부터 나오는 말씀에 굶주리고 있다. 말씀을 갈망하는 자들로서 말씀이 없어서 병들어 있는 것이다.

'의인들의 부활 시에' 번역이 잘못되었다. 'ἐν τῇ ἀναστάσει τῶν δικαίων.(엔 테 아나스타세이 톤 디카이온)' 은 '그 의인들의 다시 살아남(다시 일어남,부활) 안에서' 다. '그 의인들의 부활(깨어남) 안에서' 다. 그 의인들은 우리의 속사람을 나타내고 있다. 내 안에서 속사람이 깨어남이요 속사람이 나타남이다. 내 안에 원래부터 있었던 보석(그리스도)이 드러남이다.

'갚음을 받겠음이니라(안타포도데세타이:미래,수동태)' 는 깨어남을 되받게 됨이다. 내면에서 생명의 빛인 말씀이 나타나는 것을 이렇게 표현하였다. 더욱 쉽게 표현하자면 내면에 원래부터 있었던 깨달음이 나타남이다. 깨달음이 찾아온(드러난) 것이다. 그러므로 깨달음을 소유한다는 것은 종교 행위가 아니다. 말씀은 종교 행위를 하라고 하는 것이

아니라 원래부터 내 안에 있는 깨달음을 캐내어 지니고 있으라 하는 것이다. 그래서 위의 잔치는 말씀을 베푸는 잔치다. 말씀을 되돌려 주는 것이다. 이 잔치는 쉬지 않고 계속되고 있다.

이 말씀을 먹는 자 곧 가난한 자들과 병신들과 저는 자들과 소경들 모두 온전하게 되어 내면에 몸된 성전을 세우는데 그 지체가 된다. 온전하게 깨닫게 됨을 이렇게 표현하고 있다. 내면의 일이다. 말씀을 캐내어 소유하면 가난한 자 병든 자 죽은 자들이 살아나는 일을 기록한 것이다.

예수께서 역사적으로 볼 때 육신의 질병을 고치셨다는 것을 자료를 통해 알 수 있다. 그러나 성경 말씀은 역사적인 것을 기록한 것이 아니다. 육신의 질병을 고치시는 것을 이야기하는 것이 아니다. 그래서 비사와 비유는 어렵다. 신약은 그 내용이 일인칭 현재 단수가 기본이다. 역사적 과거 사건을 말하는 것이 아니다. 일인칭 현재는 내 안에서 현재 일어나고 있는 것을 말씀하고 있다. 밖의 사건을 말씀하고 있는 것이 아니다. 그런데 학자들은 시제가 있는 현대 히브리어나 현대 헬라어로 성경 말씀에 접근하고 있다. 왜곡하고 있다. 왜곡된 성경 때문에 오해하여 육신의 원함을 이루려 하는 자들이 나오고 각종 종교 행위들이 나온다.

육신의 질병은 될 수 있으면 고쳐야 하며 세상사 문제 또한 해결되면 좋은 일이다. 이러한 것들은 세상에서 해결해야 할 문제다. 하나님의 말씀은 내면의 치료이며 마음을 초월하는 일, 곧 윤회에서 벗어나는 일을 말씀하신다. 돈 십일조하고 헌금하는 것과 아무 관련이 없다. 돈 십일조 한다고 윤회의 늪에서 나오지 못한다.

하나님의 말씀은 육신의 질병이나 세상사의 문제를 해결하는 것이 아니다. 모두 비사와 비유로 된 것이다. 그러므로 병을 고치고자 하는 행위, 축복을 비는 행위 등 모든 종교 행위는 본질을 벗어나 있어서 반드시 버려야 한다. 상대방이 행복하기를 바라는 마음은 좋은 일이다. 이것은 종교 행위가 아니다. 양심의 문제다.

하늘나라에 못 들어가게 하는 그 질병은 반드시 생명의 빛인 말씀을 받아야 치료가 된다. 육신의 질병을 지니고 있다 하여 물질이 없어서 가난하다고 하여 하늘나라에 못 들어가는 것이 아니다. 오히려 육신의 고통으로 인하여 깨달음에 이르는 자들이 많이 있다. 육신의 고통이 있으면 그만큼 마음 안을 들여다보고 고뇌하게 되는 것이다.

성경 말씀은 시제가 없다.

창세기 1:1절부터 계시록까지 모두 나에 관한 기록이기 때문이다.

나의 마음의 문제를 다루고 있다. 이래서 종교인들은 절대로 하나님의 말씀에 접근할 수 없는 소경이요 귀머거리인 것이다. 헬라어나 히브리어를 공부한다고 해결되는 문제가 아니다. 만약 그러하다면 모국어로 사용하는 유대인이나 그리스인들은 모두 깨달아 알았을 것이다. 그런데 그들 또한 말씀을 전혀 모르고 있다. 예수 주위에 수많은 사람이 그를 따라다녔다. 이들에겐 모국어로 들었으나 그 의미를 아는 사람은 깨어난 자 극소수에 불과했다.

(요 6:37) 아버지께서 내게 주시는 자는 다 내게로 올 것이요 내게 오는 자는 내가 결코 내어쫓지 아니하리라

아버지가 보내주시는 자는 모두들 소경, 앉은뱅이, 문둥병자, 귀머거리, 죽은 자들의 비유다. 이들은 모두 말씀이 없어서 병들고 죽었다는 것을 스스로 아는 자들이다. 그러므로 이 시대에 하나님 말씀을 안다고 하는 자들을 보아라. 모두 귀머거리요 소경이다. 예수 그리스도와 닮은 곳이 어디 있는가?

(마 9:27) 예수께서 거기서 떠나 가실쌔 두 소경이 따라오며 소리 질러 가로되 다윗의 자손이여 우리를 불쌍히 여기소서 하더니 (28) 예수께서 집에 들어가시매 소경들이 나아오거늘 예수께서 이르시되 내가 능히 이 일 할 줄을 믿느냐 대답하되 주여 그러

하오이다 하니 (29) 이에 예수께서 저희 눈을 만지시며 가라사대 너희 믿음대로 되라 하신대 (30) 그 눈들이 밝아진지라 예수께서 엄히 경계하시되 삼가 아무에게도 알게 하지 말라 하셨으나

여기 등장하는 소경은 말씀이 없어서 소경 된 것을 알고 있는 자들로 예수로부터 나오는 생명의 말씀으로 눈을 떠서 자신 안에 있는 그 하나님을 볼 수 있게 해 달라고 간청하고 있다. 예수께서 너희 믿음대로(목적격) 되라(수동디포넌트 동사)고 말씀하신다.

'되라' 고 번역한 '겐네데토(γενηθήτω)' 는 과거,수동디포넌트로 되어있다. 수동디포넌트 동사는 수동태로 '어떠한 상태로 있어지라' 의 뜻이다. 그러므로 '겐네데토' 는 믿음과 하나 된 상태를 말씀하신다. 자신 안에 와서 있는 예수 그리스도와 하나 되어있는 상태로 있으라 하신다. 자신 안에서 그리스도를 만나게 된 것이다. 그래서 이 소경은 그리스도 예수가 되는 것이다. 그 눈들이 이미 밝아졌다(아네오크데센: 이미 열리게 되다,과거,수동태). 그리스도 뒤에 나오는 예수는 보편적 예수다. 이 소경들이 예수께서 가지고 계신 그 믿음을(목적격) 가지고 있었기 때문에 가능하였다. '그대로 되어져라' 라고 말씀하신다. 자기 믿음이 아니다. 여기 등장하는 성경 말씀을 자세히 보면 일반인들이 해석하는 내용과 전혀 다르다는 것을 알게 된다. 이 시대를 사는 우리에게는 참으로 어려운 문제다.

이 내용은 바로 예수를 따라다니는 제자들에게는 큰 부담으로 작용하는 것이다. 제자들에게 너희가 바로 소경이라는 것을 알려주는 내용이기 때문이다. 제자들은 항상 예수를 따라다니기에 마음이 뿌듯하였을 것이다. 제자 자신들이 소경인데도 그것을 모르고 예수께서 잘되면 한 자리씩 얻을 것이라는 기대를 하고 있다. 제자들 자신들은 소경이 아니라고 생각하고 있다.

'그 눈들이 밝아진지라' 로 번역한 '안네오크데산(ἀνεῴχθησαν)' 은 과거,수동태 복수로 '그 눈들이 이미 열려졌다' 라는 뜻이다. 휘장이 찢

어진 것이다. 소경들의 눈들이 열려서 자신 안에 계신 하나님을 보는(호라오) 것이다. 그런데 옆에 따라다니는 제자들은 그렇지 못하였다. 밖의 예수를 따라다닌 것이다. 이들이 내면으로 참 예수를 만난 것은 부활 후 마가의 다락방에서였다. 이 말씀은 우리에게 주는 교훈이 크다. 예수를 매일 보고 따라다닌다고 말씀을 깨닫는 것이 아니다. 예수를 따라다니는 제자들이 소경이었다는 것을 깨닫게 된 것은 예수께서 십자가에 죽은 후, 부활 이후였다.

부처님의 제자 중 아난존자도 이와 같았었다.

그는 부처님을 바로 옆에서 25년 동안 모셨으며 어느 제자들보다도 부처님의 법문을 제일 많이 들었다. 그리고 그는 부처님의 모든 법문을 통째로 암기하는 놀라운 재능이 있었다. 그러나 그는 부처님이 열반하실 때까지도 말씀을 깨닫지 못하였다. 그는 그 이후 깨닫게 된다.

(요 9:1) 예수께서 길 가실 때에 날 때부터 소경 된 사람을 보신지라 (2) 제자들이 물어 가로되 랍비여 이 사람이 소경으로 난 것이 뉘 죄로 인함이오니이까 자기오니이까 그 부모오니이까 (3) 예수께서 대답하시되 이 사람이나 그 부모가 죄를 범한 것이 아니라 그(안)에게서 하나님의 하시는 일을 나타내고자 하심이니라 (5) 내가 세상(코스모스)에 있는 동안에는 세상(코스모스)의 빛이로라 (36) 대답하여 가로되 주여 그가 누구시오니이까 내가 믿고자 하나이다 (37) 예수께서 가라사대 네가 그를 보았거니와(호라오) 지금 너와 말하는 자가 그이니라

예수께서 가시는 길은 내면으로 가는 좁은 길이며 생명의 길이다. 그 길에서 말씀이 없어 소경 된 사람을 고치신다. 제자들은 그를 날 때부터(에크 겐네테스) 육신의 소경으로 보고 있어서 죄(하마르티노)로 인하여 생긴 것으로 오해를 한다.

제자들과 예수와의 차이를 볼 수 있다.

37절에 '네가 그를 보았다'에서 보았다가 '호라오(ὁράω)'다. '호라오'는 성경에서 아주 중요하게 다루고 있다. '호라오'는 속사람의 눈으로 보고 만지고 하는 것을 말씀하고 있다. 속사람의 눈이 열린 것이다. 자신의 에고가 찢어져야 가능하다. 깨달음에 이른 것을 말씀하고 있다. 그런데 제자들은 아직 속사람의 눈이 열리지 아니하였다. 제자들은 예수의 부활 후에 속사람의 눈이 열리고 나서 그동안 그 예수를 따라다닐 때 자신들이 소경이었다는 것을 그때에야 알았다.

불경에서는 부처를 만나면 부처를 죽이고 조사를 만나면 조사를 죽이라 한다. 성경 말씀에서도 예수를 만나면 예수에 대하여 철저히 알아야 하며 그리고 그 예수를 십자가에 매달아 죽여야 한다는 것이다.

종교 행위를 지극정성으로 오래 하다 보면 경험하지 못했던 신비한 현상들을 만나게 된다. 빛으로 빛나는 천상의 신들을 만나거나 십자가에 달려서 피를 흘리는 예수를 보기도 한다. 신비한 음성을 듣기도 하며 이해할 수 없는 신비한 현상에 이끌리는 경우가 있다. 예전에 전혀 경험하지 못한 움직이는 찬란한 빛깔들의 빛이나, 빛나는 보석 같은 것이나, 형언할 수 없는 움직이는 빛깔들의 불기둥을 보기도 한다. 그래서 더욱 열심히 종교 생활을 한다. 완전히 그에 노예가 된다. 이러한 경험을 기억하고 있다. 이러한 일은 그 길을 가는 중에 어느 정도 필요하다고 본다.

출애굽 한 이스라엘 백성들 또한 사십 년을 매일 매일 낮에는 신비한 구름과 밤에는 신비스럽고 따뜻한 불기둥 그리고 아침에는 하늘에서 내려오는 만나를 먹었고 하나님의 음성을 들었다. 그리고 하나님의 선지자 모세를 매일 보았다. 이러한 일들은 어느덧 그들에게는 일상적인 일이 되었고 더는 관심을 끄는 신비스러운 일은 아니었다. 오히려 관심 있는 일은 자신의 소원을 이루는 것이었다. 애굽에서 먹고 마시고 즐기며 지내던 일을 기억하고 그때 먹고 마시던 것 그것을 원했다.`

(출 16:12) 내가 이스라엘 자손의 원망함을 들었노라 그들에게 고

하여 이르기를 너희가 해 질 때에는 고기(빠사르)를 먹고 아침에는 떡(레헴)으로 배부르리니 나는 여호와 너희의 하나님인 줄 알리라 하라 하시니라

해 질 때(에레브:저녁)에는 고기(빠사르:살)를 먹고 아침(보케르)에는 떡(레헴:양식)을 먹는다.(히다다) 저녁에는 반드시 자신 속에 빠사르를 넣어야 하고 그것으로 인하여 사망이 접근하지 못하고 넘어간다. 그리고 아침에는 이것이 생명의 양식으로 바뀌게 된다. 이 내용이 새 언약에 자세히 나온다. 여기 나오는 빠사르(살)와 레헴(양식)은 애굽에서 먹던 것과는 그 출처가 전혀 다르다.

(출 17:3) 거기서 백성이 물에 갈하매 그들이 모세를 대하여 원망하여 가로되 당신이 어찌하여 우리를 애굽에서 인도하여 내어서 우리와 우리 자녀와 우리 생축으로 목말라 죽게 하느냐
(출 17:6) 내가 거기서 호렙산 반석 위에 너를 대하여 서리니 너는 반석을 치라 그것에서 물(마임)이 나리니, 백성이 마시리라(솨타) 모세가 이스라엘 장로들의 목전에서 그대로 행하니라.

애굽에서 마시던 물(취하는 물)과 전혀 다른 반석(쭈르:예수)에서 나오는 물을 공급하여 주신다. 모두가 쭈르(반석)에서 나오는 물을 강하게 들이킨다(솨타:흡수한다).

8354번 '솨타(שָׁתָה)'는 칼동사, 완료태다. 칼동사는 강의형이다. 쭈르(반석이신 예수)에서 나오는 생명의 말씀을 아주 강하게 흡수하였다는 뜻이다.

바람(루아흐:영)이 여호와에게로서 나와 바다에서부터 메추라기를 몰아, 진 곁 이편저편 곧 진 사방으로 각기 하룻길 되는 지면 위 두 규빗쯤에 내리게 한지라 백성이 일어나 종일 종야와 그

이튿날 종일토록 메추라기를 모으니 적게 모은 자도 십 호멜이라 그들이 자기를 위하여 진 사면에 펴 두었더라 고기(빠사르)가 아직 이 사이에 있어 씹히기 전에 여호와께서 백성에게 대하여 진노하사 심히 큰 재앙으로 치셨으므로 그곳 이름을 기브롯 핫다아와라 칭하였으니 탐욕을 낸 백성을 거기 장사함이었더라(카베루)(민 11:31-34)

하나님을 따라가는 사람은 일반 사람들과 많이 다른 것을 생각하여야 한다. 이 길을 가다 보면 너무나 어려운 일을 만난다. 대부분 그런 것 같다. 그렇더라도 자신의 육체의 욕심을 채우는데 관심을 집중한다면 위와 같은 일이 일어나는 것이 다반사인 것 같다.

고기(빠사르)가 아직 이 사이에 있어 씹히기 전에 여호와께서 백성에게 대하여 진노하사 심히(메오드) 큰 재앙(마카 라빠)으로 치셨으므로(바야크)

이 말씀은 비사(히다)이며 비유(마샬)의 관계로 이루어져 있다.

하나님이 진노하고 재앙을 내리고 하는 내용이 아니다. 하나님은 그 누구에게도 심판하지 아니하신다. 의인과 악인에게 차별이 없이 빛과 비(말씀)를 내려주신다. 받고 안 받고는 자신이 결정하는 것이다. 모두 자업자득이다.

위 큰 재앙은 모두 자신들이 그릇된 길을 가기 때문에 발생한 사건이다. 모두 내면에서 일어나는 일을 비사(히다)로 말씀하신다. 하나님은 각자 안에 계시기 때문이다. 그렇지 아니하면 사람에게 재앙을 내리고 죽이고 전쟁을 좋아하는 신으로 오해를 한다. 비사와 비유에 대하여 앞에서 설명하였다.

종교 행위를 오래 하다 보면 신비한 경험을 하는데 모두들 그것으로부터 자신의 육신 소원이 이루어지기를 원한다. 잘못 배웠기 때문이다.

생활이 어려울수록 더욱 그러하다. 대부분의 간증은 열심히 진심으로 예수를 믿으면 좋은 일이 일어난다고 한다. 그래서 어려워도 열심히 희망을 품고 살아간다. 하나님은 기도한다고 해서 육신의 소원을 이루어 주시는 분이 아니다. 육신의 원함을 이루는 것은 모두 업(까르마)에 해당한다. 자업자득이다. 심은 대로 열매를 맺는다. 그러므로 육신의 소원이 이루어졌다는 것은 저주일 수 있다. 지극히 조심하여야 한다. 기뻐할 일이 전혀 아니며 자랑하고 다닐 일이 아니다.

"꿈을 이룬 자여 불행할지어다!" 붓다께서 말씀하였다.

미남 미녀로 태어나는 것도 부자로 태어나는 것도 심은 대로 나온 결과다. 그러나 그 때문에 저주의 길로 갈 확률이 대단히 높다. 그 결과 다음 생에서 그 결과를 받아야 하기 때문이다. 그러므로 조심하여야 한다. 깨어 있는 자들은 자신이 택하여 나온다. 디오게네스, 성프란시스, 데미안 신부, 꼴베 신부, 테레사 수녀가 잘 먹고 즐기면서 가지 아니하였다.

성경에서 말씀하고 있는 순례의 길은 자신의 에고를 찢어야 하는 길이다. 마음을 내려놓고자 하는 길이라서 그 길에서 예수도 고통스러워하였다. 그러므로 아무나 이 길을 가지 못한다. 그러므로 하나님(내 안에 계신다)의 입장으로 보면 정과 욕심을 내려놓는 훈련을 하고 있는데 오히려 육신의 욕망을 채우려 한다면, 찢어야 할 휘장인 몸과 마음에 기쁨을 주고 행복해하는 것을 가만히 두고 내버려 두시지는 않을 것이 분명하다. 그러면 그 고통은 대단히 클 것이다. 자업자득이다. 밖에 계시는 하나님(바알 신)이 하시는 것이 아니다.

탐욕을 낸 백성을 거기 장사함이었더라(카베루)(민 11:34)

כִּי־ שָׁם֙ קָבְר֔וּ אֶת־ הָעָ֖ם הַמִּתְאַוִּֽים׃

(키샴 카베루 에트-하암 함미타임)

'장사함이었더라' 고 번역한 6912번 '카베루(קָבְרוּ)' 는 칼동사,완료,공성,3인칭,복수로 '그들을 매장했다' 라는 뜻으로 칼동사인 강의형이다. 강하게 매장하였다, 강력하게 죽였다는 뜻이다.

'탐욕을 낸'으로 번역한 183번 '함미타임(הַמִּתְאַוִּים)'은 히트피엘동사다. 히트피엘동사는 재귀형으로 자신 스스로 탐욕을 드러낸 결과다. 자신 안에 탐욕이 있었다는 것이다. 탐욕이 없는 사람은 없다. 그런데 이 내용은 광야 안에서 훈련받는 상황 중에 일어난 사건이다. 훈련받고 있는 자는 모두 조심하여야 하는 상황이다. 우리는 주위에 소원 성취한 사람들을 자주 보게 된다. 몹시 부러워 보이지만 말씀으로 보면 저주의 길로 간 것일지도 모른다. 하나님의 일은 세상일과 완전히 거꾸로 간다. 그러므로 더욱 조심하여야 한다.

이 길을 가는 자 누구든지 탐심이 일어난다. 마음 안에 탐욕이 있더라도 그 탐욕이 무엇인지 들여다보고 그 실상을 알아야 한다는 것이다. 그 탐욕의 실체를 보아야 하는 것이 이 공부다. 사띠, 사마타, 위빠사나다. 마음 안으로 돌이켜서 그 탐욕을 들여다보지 아니한다면

심히(메오드) 큰 재앙(마카 라빠)으로 치셨으므로(민 11:33)

וַיַּךְ יְהוָה בָּעָם מַכָּה רַבָּה מְאֹד

(베야크 예와 빠암 마카 라빠 메오드)

크나큰 재앙(마카 라빠) 아래에서 이유도 원인도 모르고 당하면 더 큰 일이다. 고통을 당했더라도 그 마음 안을 들여다보아야 한다고 하는 것이 성경 말씀이다. 불경에도 같은 이야기가 있다. 호랑이에게 물리면 어떻게 되는가? 묻는다. 살아날 방법이 없다. 고통스럽고 두려운 일이다. 선지식들은 말한다. 몸이 호랑이 아가리에 들어가는 것을 알면 된다고 한다. 지금 깨어 있으라 하는 내용이다.

'치셨으므로'로 번역한 '베야크(וַיַּךְ)'는 히프일, 미완료다. 사역형으로 수동태며 아직 완료되지 아니한 상태다. 재앙을 불러일으킨 원인이 자기 자신이다. 하나님(마음 너머에 계신다)은 누구도 심판하지 아니하신다. 모두 히다로 된 말씀이다. 그러므로 하나님은 존재가 아님을 알

아야 한다.

이 내용은 예수께서 우리 내면에 오셔서 마음 밭을 '카타볼레스 코스무'와 '메타노에오'를 행하심이다. 모두 현재의 일이다. 우리의 마음은 주로 과거와 미래에 가서 있다. 과거의 일 때문에 고통을 받고 미래의 일 때문에 걱정을 하고 산다. 예수께서 이러한 마음 밭을 해체하고 뒤집어 놓는다. 그 실체를 드러내어 항상 현재에 있게 하신다. 그래서 신약 성경은 일인칭 현재 단수가 기본이다. 이천 년 전 역사적인 사건을 다룬 것이 아니다. 구약은 신약(새 언약)을 향하여 손가락질하고 있다. 구약은 삼인칭 과거 단수가 기본이다. 현재상이 없고 과거 시상과 미래시상만 존재한다. 이 개념을 모르고 성경을 해석하면 엉뚱한 이야기가 되며, 동화나 소설로 둔갑한다. 지금까지 수천 년간 그래왔다.

예수께서 오셔서 처음 사용하셨던 '카타볼레스 코스무'는 우리의 감각적 욕망으로 채워진 마음 밭을 갈아엎으시고 옥토로 가꾸셔서 말씀의 씨를 뿌려서 열매를 거두기 위함이다. 끝없이 변화하며 이어지는 윤회의 실체를 알게 하심이다. 하나님은 변하지 아니하신다. 나(예수 차원)의 원래 성품이다. 그리고 항상 이 순간에 와 있다. 과거나 미래에 가서 계시지 아니한다. 이것이 원래 나(예수 차원)의 속성이다. 겉사람을 내려놓고 속사람인 하나님으로 돌아감이다. 바로 '메타노에오'하게 하여서 정과 욕심 때문에 과거와 미래에 가 있는, 정과 욕심으로 채워진 마음이 어떻게 구성되어 있는지 파헤쳐서 그 실체를 드러내기 위함이다. 반드시 몸(물질) 관찰, 마음(수,상,행,식) 관찰이 필요함을 말씀하신다. 그 마음 밭 속에 우주보다 비교할 수 없이 방대한 천국이 있기 때문이다. '카타볼레스 코스무'와 '메타노에오'는 같은 뜻이다.

21. 사념처(四念處)에 대하여

사념처의 네 가지는 몸(身), 느낌(受), 마음(心), 법(法)을 말한다. 사념처 수행은 이들에 대한 마음 지킴과 지속적인 관찰을 구체적인 방법으로 실행한다. 대념처경에 자세히 설명하고 있으니 참고하면 좋겠다.

과거와 미래에 가 있는 마음 때문에 가려져 있는 '베레쉬트(근본)'를 드러내기 위하여 '바라' 하시는 것이 성경 전체의 핵심이다. 베레쉬트가 드러나면 윤회에서 온전히 벗어난다. 마음을 해체하여 그 실체를 드러내기 위함이다. '아포 카타볼레스 코스무'와 '메타노에오'가 '바라' 하심이다. 온전히 마음 밭을 옥토로 개간하여 몸된 성전이 세워져서 그 안에서 아버지와 하나 되는 것이 '아사'다. '아사' 역시 그 의미가 무엇인지 모르고 '만들다'로 오역하였다. 바라 하심이 계시록 마지막까지 흐르는 내용이다.

그러므로 예수께서 말씀하시는 핵심은 마음 안을 계속 들여다보아야 하는 훈련이다. 한평생 걸리는 훈련이다. 밖으로 향하면 넘어진다. 그래서 좁은 길이다. 붓다께서는 사념처로 이를 말씀하신다.

사람들은 상처를 받으면 마음 안에 있는 그 상처를 들여다보지 아니한다. 생각나면 더욱 고통스러우므로 회피하려고 밖으로 향한다. 성경에서 말씀하는 훈련 방법이 아니다. 그러므로 끊임없이 업(까르마)에 노예가 된다. 상처받은 마음은 모두 과거로부터 기인한다. 처음 땅(마음 밭)이다. 그리고 다양한 미래에 가 있다. 이것이 처음 하늘들이다. 이것을 들여다보고 해체해서 분석해야 한다. 그 자리에 하나님이 계시는 것을 보기까지 강한 훈련이 이어진다. 기쁜 것은 취하려 하고 고통이 오면 모두 피한다. 커피도 마시고 여행도 하고 사람을 만나서 위로를 받는다. 모두 회피한다. 미래를 바꾸고 싶은 것이다. 그 고통으로부터 자유를 얻고 싶다. 이것은 회피한다고 피할 수 있는 것이 아니다. 의식과 무의식 바다에 멀쩡히 살아 있어서 조건이 되면 느닷없이 밖으로 튀어나온다. 뱀은 마음의 이 모든 것을 알고 있다. 창세기 2장 이하의 내용이다. 그래서 반드시 마음 안으로 돌이켜 그 상처를 보아야 하는 훈련을 해야 한다. 한평생을 통해 들여다보아야 한다. 그러면 그것들은 차츰 변해 간다. 변하는 것을 보아야 하는 훈련이다. 변하는 것은 실체가 아니다. 변하는 것을 확실히 들여다보면 변하지 않는 것이 서서히 나타난다. 붓다께서는 위빠사나로 말씀하신다.

유대인 수용소에서 일어났던 일이다. 바이올린 연주자였던 유대인의 한 여성은 자기 종족이 죽임을 당할 때마다 모짤트 곡을 연주해야만 했다. 모짤트 곡은 아름다운 곡이 많다. 전쟁이 끝나고 그녀는 음악을 듣지 않았다. 그런데 시간이 지나고 음악회에 갔다가 자신이 연주해야만 했던 그 모짤트 곡이 나오자마자 바로 기절해 버렸다. 그 주위에 있는 사람들은 그 이유를 몰랐다. 무의식 안에 있는 내면의 문제 그 상처를 어떻게 해결할 것인가? 하는 문제다. 창세기에서는 짜바로 설명한다. 만물로 번역하였다. 무의식 안에는 무수한 물고기들이 살아간다. 각종 수많은 물고기는 모두 과거 기억을 가지고 살아 있는 비유다. 수면 위로 나타나지 않았다고 해서 없는 것이 아니다. 언제나 조건이 되면 이놈들이 의식의 수면 위로 튀어나온다. 성경의 내용이다.

큰 물고기와 용으로 나오는 것들이 모두 이런 내용이다. 우리가 이 놈들을 잡아서 다스릴 수가 없다. 그런데 하나님의 빛이 임하면 수동

(태)으로 해결된다는 내용이다. 바로 예수께서 오셔서 처음 말씀하신 '아포 카타볼레스 코스무'와 '메타노에오'다. 마음 밭을 해체하여 그 실상을 드러내는 일이다. 밖의 역사적 사건이 아니다. 역사적으로 전쟁에 이겼다고 마음이 치유되는 것이 아니다. 이긴 자나 진 자 모두 마음은 엉망진창이다. 창 1:1절부터 계시록까지 마음을 초월하고 다스리는 내용이다. 밖의 사건이 아니라 바로 나의 사건이다. 이래서 시제가 없다. 이천 년 전 사건이 아니다.

말씀은 실패한 그 자리에서, 상처 입은 그 자리에서부터 이를 거부하지 않고 인정하는 것으로부터 치유가 시작된다는 것을 비사와 비유로 말씀하고 있다.

이 내용은 대단히 어려운 내용이다. 상처가 없는 사람이라고 해서 쉬운 일이 아니다. 과거 어느 생에서라도 상처를 주고받은 것은 무의식 바다에 살아 있어서 조건만 되면 튀어나온다. 과거 생은 카르디아 안에서 결코 없어지지 아니한다. 이것이 애굽 땅(에레츠)이다. 그래서 애굽 땅을 벗어나야 한다. 출애굽은 쉽게 되는 것이 아니다. 그 순서와 절차가 있는 것이다. 붓다께서는 애굽의 실상을 업(까르마)과 십이연기로 말씀하신다. 성경에서는 에레츠, 아다마, 테벨, 코스모스, 게, 오이쿠메네, 아이온, 멜론토스 등으로 설명할 뿐이다. 그래서 반드시 치유해야 하며 치유하는 과정이 성경 내용이다. 이것을 생략하고 복음으로 오면 음부(간음)이다. 조건이 되어 나타나면 다시 애굽으로 붙들려 되돌아간다. 바울 서신에 이를 잘 설명하고 있다.

우리에게는 마주하고 싶지 않은 사람과 마주해야 하는 고통이 있고 또 얻고 싶은 것을 얻지 못하는 고통도 있으며 헤어지기 싫은 사람과 이별해야 하는 아픔도 있다. 또 피해당한 경험도 있을 것이다. 피하고 싶은 고통이 우리 안에 있다. 그런데 피한다고 없어지는 것이 아니라는 것이 성경 말씀이다. 반드시 마주 대하여 싸워야 한다. 하나라도 그냥 놔(살려)두면 안 되는 것이다. 모두 다 전쟁하여 반드시 모두 없애야 한다. 번뇌 망상과의 싸움이다. 하나라도 그대로 놔두면 언젠가는 힘을 길러 다시 쳐들어온다. 인생들은 스트레스와 대면하기를 싫어한다. 어릴 때는 피할 수밖에 없다. 그러나 말씀은 마주 대하여 그 실상을 알아야 하는 훈련을 제시한다.

그러므로 이는 애굽에서의 재앙과 광야 사십 년 길과 가나안 안에서의 싸움이다. 백이십 년 동안의 방주를 만드는 훈련을 하고, 그 방주 안에서 밖으로 나올 때까지 치유하는 이 훈련을 받아야만 한다. 의식, 무의식, 잠재의식의 밭을 갈아엎어서 감추어져 있던 것들이 의식의 표면으로 드러나야 마음이 치유될 수 있다(옥토). 그러니 마음에서 일어나는 모든 것들에 대하여 회피하지 않고 순간순간 관해야 함을 말씀하신다. 사념처 수행이다.

우리는 좋은 기억은 간직하고 싶어 하고 싫은 것은 피하고 싶어 한다. 부정적인 생각, 고통을 주는 마음은 모두 과거로부터 온 것이다. 성경 말씀은 덮고 잊어버린다고 해서 억압한다고 해서 피한다고 해서 치유되는 것이 절대로 아니라고 말씀한다. 우리의 무의식 세계는 모든 것을 간직하고 있기 때문이다. 조건이 되면 언제라도 의식의 표면으로 튀어 나와서 문제를 일으키는 것이다. 붓다께서는 사념처의 네 가지 몸(身), 느낌(受), 마음(心), 법(法)을 통하여 이를 말씀하였다. 사념처 수행은 이들에 대한 마음 지킴과 지속적인 관찰을 구체적인 방법으로 실행한다. 이같이 해결하는 내용이 성경 말씀이다. 피한다고 해서 치유되는 것은 아무것도 없다.

초기 불교에서는 사띠 사마타 위빠사나로 이 사념처 공부를 말씀한다. 현재 미국의 유대인인 Jon Kabat-Zinn, Jack Kornfield, Joseph Goldstein, Sharon Salzberg, Henen Tworkov 등 세계적인 위빠사나 명상 지도자들이 이런 내용을 깊이 다루고 있다. 참고하면 좋을 것이다. 하나님의 말씀이 이와 같은 흐름이다. 성경에 쓰인 언어와 다르다고 이단으로 생각하고 외면하면 자신만 손해다.

창 1장에 무의식 바다에 수많은 종류의 물고기가 산다. 그중에 큰 물고기(탄님)가 왕 노릇을 한다. 탄님이 무의식 안에 갑자기 출현하면 모든 종류의 물고기는 휘둘려서 도망을 간다. 이 큰 물고기에 대항한다는 것은 있을 수 없다. 이 큰 물고기가 무의식 세계를 휘어잡고 있다. 다음 생애에도 큰 영향을 준다. 마음(카르디아)이 큰 물고기의 집이다. 그래서 예수께서는 반드시 이 큰 물고기의 실체를 알고 해결해야 한다고 말씀하신다. 이 큰 물고기의 실체를 알고 해결한다면 수많은 종류의 물고기들은 쉽게 해결될 수 있다는 것이 성경 말씀이다. 무의식의 세계를 초월하고 다스릴 수 있다는 것이 성경 말씀이다. 이 큰 물고기가 사는 집(휘장)을 반드시 헐어버려야 한다.

요나서에도 이를 기록하고 있다. 계시록에 이 큰 물고기가 용으로 등장한다. 무의식의 바다에서 하늘로 올라가는 것이다. 드디어 그 실체를 드러낸다. 그리고 하늘 세계를 장악한다. 그러나 미가엘과 싸우다 땅(게)으로 떨어져서 맞대면하기가 쉬워진다. 아이를 안은 여인(남자를 낳은 여인)이 이 용 머리를 짓밟는다. 이 용은 여자의 발뒤꿈치를 상하게 하는데 약간의 고난이 임하나 여인은 아무런 해를 입지 아니하고 더욱 굳건히 서게 된다. 바로 말씀이 임한 나에 관한 내용이다. 말씀으로 온전히 변화된 나를 이야기한다.

말씀은 깊은 내면의 실상이 의식의 표면으로 드러나면 누구든지 쉽게 이 싸움에서 이길 수 있다고 한다. 그래서 항상 내면을 향해 관찰하고 있어야 한다. 마음 땅(게)으로 떨어진 용은 그래도 정과 욕심을 포기하지 아니한다. 여자에 대항하여 계속해서 싸움을 벌인다. 겉사람의 에고가 이렇게 끈질기다. 겉사람의 에고는 항상 대상 예수를 섬긴다. 예수께서는 무의식 세계의 실세인 큰 물고기를 이기고 다스리는 방법을 우리에게 말씀하신다. 끝없이 아가파오(사랑으로 번역하였다)하라 하신다. 겉사람과 하나 되기 위함이다. 피하지 말고 마음에서 일어나는 작용을 그대로 직면하라 하신다. 카타볼레스 코스무이며 위빠사나다. 붓다께서는 사념처로 말씀하신다. 겉사람의 속성 멜론토스의 그 실체를 드러내서 해결하기 위함이다. 그러면 겉사람의 집이 무너지고 윤회의 늪에서 나온다. 성경 전체의 핵심이다. 사랑(아가파오)이 완성되면 과거가 사라진 새 하늘과 새 땅이 내면에 나타난다.

(갈 5:14) 온 율법은 네 이웃 사랑(아가파오)하기를 네 몸(자신)같이 하라 하신, 한 말씀에 이루었나니

겉사람을 속사람과 하나 되게 하라, 곧 속사람으로 돌아오라는 뜻이다. 밖에 있는 이웃을 사랑하라고 하는 내용이 아니다. 내면에서의 일이며 마음을 온전히 초월하는 내용이며 십계명의 핵심이다.

※ 십계명은 온전히 마음을 초월한 상태로 있으라는 내용이다. 이래서 서기관들과 바리새인들은 십계명이 무엇인지도 몰랐고 지금도 그 의미를 모른다. 유대인들은 모세를 통하여 주어진 십계명이 무엇인지 여전히 모른다. 기독교인들 또한 십계명이 무엇이지 역시 모른다.

(마 5:23) 그러므로 예물(도론)을 제단에 드리다가 거기서 네 형제에게 원망 들을만한 일이 있는 줄 생각나거든 (24) 예물(도론)을 제단 앞에 두고 먼저 가서 형제와 화목하고 그 후에 와서 예물(도론)을 드리라

'예물'로 번역된 1435번 '도론'은 희생제물이다. 겉사람을 십자가에 매달아야 하는 제물이다. 다른 것은 희생제물이 되지 못한다. 나로 위장하고 있는 겉사람이다. 마음을 온전히 초월하기 위해서다. 속사람 안의 지성소에 거하시는 하나님께 도론(희생제물)을 드리다가 형제(겉사람)와 불화하면 먼저 겉사람인 형제와 화목해야 함을 말씀하신다. 겉사람 곧 이웃 형제가 감각적 욕망에 빠져들면 우선 겉사람인 이웃을 십자가에 달아 죽어야 속사람과 화목하게 된다. 각자 안에서 일어나는 일이다. 종교 행위가 아니다. 그러므로 밖에서 사람들 사이에 용서하고 사랑하는 것은 아가파오(사랑)가 아니다. 이래서 비사와 비유는 대단히 어렵다. 눈에 안약을 바르고 치료가 되어야 아가파오가 무엇인지 알 수

있다. 마음의 속성을 알고 윤회하게 하는 뱀의 실체를 드러내어 해결해야 함을 말씀하신다. 카타볼레스 코스무다.

(마 22:37) 예수께서 가라사대 네 마음을 다하고 목숨(혼)을 다하고 뜻을 다하여 주 너의 하나님을 사랑하라 (38) 이것이 크고 첫째 되는 계명이요 (39) 둘째는 그와 같으니 네 이웃을 네 몸(자신)과 같이 사랑하라 하셨으니

첫째 되는 계명(엔톨레)은 각자 안에 있는 근원(베레쉬트)을 발견하여야 하며 둘째 계명(엔톨레)은 이웃인 겉사람을 아가파오(사랑: 마음 밭을 해체해서 그 실체를 보아야 한다) 해야 한다. 겉사람과 속사람과의 하나 됨이다. 아가파오(사랑)는 겉사람의 모든 속성을 십자가에 매달아 죽여야 한다. 의식 무의식 잠재의식 속에 살아가는 십사만 사천의 번뇌를 모두 없애고 세마포를 입혀서 속사람의 주인인 그리스도의 신부들로 만들어야 한다. 번뇌 망상의 실체를 알게 되면 자연히 다스릴 수 있는 것이다. 마음 밭의 속성을 자세히 알아야 한다. 어떻게 변해 가는지 끊임없이 지켜보게 될 일이다. 성경에서 말씀하는 '사랑(아가파오)'은 좋아하고 용서하고 돌봐주고 하는 것들이 아니다. 파라볼레다. 사람들 간에 사랑하고 용서하고 하는 것들은 모두 밖의 일들이다. 그러나 아가파오는 인생들의 마음을 초월하는 내용이다.

고린도 전서 13장은 인기가 많이 있다. 그러나 매우 오해하고 있다.

이 사랑이 완성되려면 겉사람을 해체하여 그 실상을 낱낱이 알고 초월해야 한다. 피눈물을 흘려야 하는 일이다. 석가모니 부처님은 사아승지 십만겁을 지나야 했다.

(요 13:34) 새 계명을 너희에게 주노니 서로 사랑하라 내가 너희를 사랑한 것 같이 너희도 서로 사랑하라

(요 15:12) 내 계명은 곧 내가 너희를 사랑한 것 같이 너희도 서

로 사랑하라 하는 이것이니라

모든 율법의 결론이며 완성이다.

아가파오 하려면 겉사람 곧 몸과 마음의 속성을 자세히 들여다보고 알아야 한다. 겉사람 속에 뱀(무명)이 왕으로 살아간다. 속사람 안의 몸된 성전 안에는 하나님이 거하신다. 서로 맞대면하고 있다. 그래서 겉사람을 해체하여 들여다보아야 한다. 그러면 속사람인 예수 그리스도가 내면에 보이기 시작한다. 예수께서 사랑(아가파오)하신 것과 똑같이 우리도 그렇게 내 안에 계신 하나님을 발견해야 한다. 예수와 똑같은 모양(호모이오마)을 우리에게 요구하는 것이다. 아가파오(사랑) 하려면 예수께서 십자가를 지신 것 같이 자기 십자가를 지고 그를 따라야 한다. 그렇지 아니하면 그의 제자가 아니다. 십자가를 지지 아니하면 내 안에 거하시는 하나님을 발견하기 힘들다. 왜냐하면 겉사람이 속사람을 막고 있기 때문이다.

결국 내가, 나(예수 차원) 자신을 사랑하는 것이므로 율법이 아니라 율법의 완성 곧 초월이다. 내 문제이기 때문에 율법이 아니다. 나 자신을 깨달음에 이르게 하는 것은 율법으로나 종교 행위를 통해서 이루어지는 것이 아니다.

"내가 너희를 사랑한 것 같이~" '너희'가 바로 예수 안에 하나로 있으므로 예수는 대상이 아니다. 속사람 예수께서 '자기 땅에 오신 것으로' 오역한 자기 자신 안으로 오시는 이유다(요 1:11). 그가 바로 속사람 예수(보편적 예수)이며 겉사람 안으로 오신다. 십자가를 통과하지 아니하면 지 헛 마음을 하나님으로 잘못 안다. 요즘 자신이 하나님이라고 하는 사람들이 등장한다. 가만히 그들의 이야기를 들어보면 그를 따르고 있는 사람들은 하나님이 아니라고 한다. 정말로 자신이 하나님이라면 그들에게 정확하게 가르치고 떠나야(죽어야) 한다. 그 역시 다른 예수를 섬기고 있다. 부처님 말씀을 인용하자면 아라한 정도가 되어야 하나님이란 말을 사용할 수 있을 것이다.

22. 휘장에 대하여

불경에서는 몸과 마음을 '오온(五蘊)'이라 한다. 몸과 마음을 취하는 것을 '오취온(五取蘊)'이라 한다. '나'라고 하는 것이 '오취온'을 취했기 때문에 발생한다. 몸을 '색'이라 하며 마음을 수,상,행,식이라 한다.

'색(色)'은 물질을,

'수(受)'는 느낌을,

'상(想)'은 인식을,

'행(行)'은 의도, 의지를

'식(識)'은 알음알이 또는 전체적으로 아는 마음이라 한다.

그래서 몸을 색온 마음을 수온, 상온, 행온, 식온으로 설명한다.

여기서 몸이 없어지면(육체의 죽음이 오면) 색온, 수온, 상온, 행온은 없어지고 식온만 남게 된다. 수온, 상온, 행온은 육체가 있으므로 해서 생겨나는 마음(정신)이며 식온은 육체와 상관없는 마음이라 한다. 그러므로 육체가 없어져도 식온은 남게 된다. 이 식온을 아뢰아식 또는 함장식 이숙식이라 유식에서 이야기한다.

몸은 28가지이며 식온은 89가지 마음과 52가지 마음 부수로 이야기한다. 이를 구약 성경에서는 에레츠(אֶרֶץ), 아다마(אֲדָמָה)로 신약 성경에서는 코스모스(κόσμος), 게(γη)로 표현하다.

창 1:1절부터 이를 해체하기 시작한다. 휘장이 찢어지면 몸 28가지, 마음 89가지와 마음 부수 52가지가 사라진다. 몸 28가지와 89가지 마음과 52가지 마음 부수를 '나'라고 인식하는 것이 오취온이며 성경에서는 이를 휘장으로, 겉사람으로 표현한다. 중생들은 휘장을 '나'라고 여기며 살아간다. 중생은 행복하고 기쁘면 내가 행복하고 기쁘다 하고 슬프고 괴로우면 내가 슬프고 괴롭다 한다. 그런데 이 행복과 기쁨과 슬픔이 사라져도 나는 남는다.

기쁨이 사라지면 나도 사라져야 하는데 사라지지 않는다. 슬픔 또한 마찬가지다. 그러므로 행복과 슬픔이 사라지고 남아있는 '나'도 내가 아니다. 이래서 질기고 질긴 이 휘장을 해체해서 그 실상을 자세히 알아야 한다. 예수께서는 이를 카타볼레스 코스무를 통해 말씀하시며 창 1:1절부터 창조하다로 오역한 바라를 통해서 계시록까지 이 마음을 해체하여 개간하신다. (아비담마 참조) 부처님께서는 이를 사념처(四念處)를 통해 말씀하신다.

붓다께서 말씀하였다.

수행승들이여, 그대들이 오랜 세월을 통하여 유전하고 윤회하면서 목을 잘려 흘리고 흘린 피가 사 대양에 있는 물에 비할 바가 아니다.

수행승들이여, 그대들이 오랜 세월을 각종 짐승으로 태어나 목을 잘려 흘리고 흘린 피가 사 대양에 있는 물에 비할 바가 아니다.

수행승들이여, 그대들이 오랜 세월을 도둑으로 살다가 사로잡혀 목을 잘려 흘리고 흘린 피가 사 대양에 있는 물에 비할 바가 아니다.

수행승들이여, 그대들은 오랜 세월 동안 수 없는 어머니의 죽음을 경험했다. 그대들이 어머니의 죽음을 경험하면서 사랑하지 않은 사람과의 만남과 사랑하는 사람과의 헤어짐 때문에 비탄하고 울부짖으며 흘린 눈물이 훨씬 많아 사 대양의 물에 비할 바가 아니다.

수행승들이여, 어떤 사람이 1겁의 유전하고 윤회하는 동안 그가 남긴 유골을 한데 모아 놓고 사라지지 않게 한다면 그 유골의 더미는 베뿔라 산만큼이나 클 것이다.

이같이 수행승들이여, 모든 지어진 것은 무상하다, 모든 지어진 것은 견고하지 않다, 모든 지어진 것은 불안전하다, 그러니 수행승들이여 이제 그대들은 모든 지어진 것에서 싫어하여 떠나기에 충분하고 초연하기에 충분하며 해탈하기에 충분하다.(상윳따니까야)

모두 지어진 것은 무상하고 크나큰 고통이기에 출애굽이 시작되는 것이다. 이래서 히다(비사)로 되어 있는 출애굽기는 대단히 중요하다. 이들과 맞대면하여 싸워서 탈출해야 한다. 모두 내면에서 일어나는 일이다.

부정적인 생각(번뇌 망상)은 모두 과거로부터 온 것이다. 덮고 잊어버린다고 억압한다고 피해버린다고 해서 치유되는 것이 절대 아니니다. 재(무의식)가 해쳐지고 불씨가 나타나면 활활 다시 더 크게 타오른다. 조건이 되면 또 나타난다. 붓다께서는 십이연기로 윤회를 설명하신다.

도망가서 해결되는 고통은 없다. 고통의 실체다. 피하면 고통이 몇 배가 된다. 찾아올 때마다 있는 그대로 직면해서 마주 보아야 한다. 깊이 마주해서 성찰해야 한다. 관찰자 역할로 관찰자(객관화)로서 지켜보아야 하는 곳까지 가야 한다. 깊이 꿰뚫어 보고 꿰뚫어 보면 언젠가는 그렇게 심각한 문제가 아니라는 것이 드러날 때까지 멀고도 험한 광야안을 말씀을 따라 걸어가고 또 걸어가야 한다. 광야 사십 년 길이며 방주를 지음이 백 이십 년 길이다. 또 생은 이번 생뿐만 아니라 다음 생이 바로 연결되어 있다. 이번 생에 이 공부가 안되면, 다음 생에서 해야 한다. 공부가 완성될 때까지 끊임없이 이어지는 윤회를 해야 한다. 중간에 자살한다고 이 번뇌 망상은 절대로 없어지지 아니한다. 식온이 남기 때문이다.

몸과 마음을 가지고 있는 우리는 이러한 고통을 나와 일치시킨다. 그래서 더욱 고통스럽다. 그러나 이 훈련을 계속하게 되면 언젠가는 이것을 지켜보는 관찰자가 될 수 있다는 것이다. 몸과 마음이 내가 아니라는 것이 드러난다. 단지 내가 아닌 마음 작용일 뿐이라는 것을 알게 된다. 만약 몸과 마음이 나라고 한다면 나에게 고통을 절대 주지 않아야 한다. 그러므로 몸과 마음은 변하지 않는 하나님이 아니다. 내(예수 차원)가 아니다. 그러므로 마음 안으로 찾아오는 업(까르마)들이 작아지는 방안을 말씀하신다. 어린아이 때 몽학선생 아래서 하는 훈련이다. 이 훈련부터 반드시 거쳐야 한다고 예수께서 말씀하신다. 그렇지 않으면 복음으로 온다고 올 수 있는 것이 아니다. 음부라 기록하였다. 기회가 되면 어린아이로 다시 돌아가기 때문이다. 기분이 좋다고 해서 해결되는 문제가 아니다. 세상일이 잘되어 기분이 좋은 것은 오히려 재앙일 수가 있다.

이 일은 역사적 예수가 대신해 주는 것이 아니다. 이 훈련을 계속한다면 다음 생은 인간 이하로는 안 떨어질 수가 있는 것이다. 마음 안에서 다가오는 업(까르마)은 바꿀 수가 있다. 다음 생은 지금 어떻게 하는 가에 달려 있다. 누구나 운명을 좋게(공부할 수 있게) 바꿀 수 있다는 것이 성경과 불경의 말씀이다. '카타볼레스 코스무'와 '메타노에오'를 자신이 직접 행해야 함을 말씀하신다.

자신의 마음을 어느 정도 들여다보고 그 실상을 파악할 수 있게 되면 만났던 그 예수를 쫓아내야 한다. 육체 예수이기 때문이다. 내면에서 일어나는 것을 십이연기를 통해 알 수 있다. 밖의 예수는 더 필요 없게 된다.

종교인들은 처음 숫처녀의 가슴으로 만나 존경하고 사랑하는 그 임은 버릴 수가 없다. 그래서 그 수많은 어려움을 견디면서 대부분 마지막 목숨이 끊어지는 순간까지 주여! 주여! 한다. 열심인 예수의 열두 제자 모두 그러했다.

예수가 십자가에 비참하게 절망스럽게 죽는 것을 보고 열성을 다해 따랐던 베드로도 두려워하고 절망하였다. 그가 기대하고 따랐던 그 모든 것이 무너졌다. 모든 것을 포기할 수밖에 없었고 고향으로 가서 다시 고기잡이 한다. 예수에게 거는 기대가 그만큼 컸던 탓이다. 그 예수가 자신의 소원을 들어줄 유일한 분이라는 것을 알았기에 모든 것을 버리고 그를 따랐었다. 로마의 권세 아래에서 이젠 어떠한 희망도 없었을 것이며 삶의 의미 또한 무너졌다. 살아도 호흡하는 것 이외에는 그 어떤 희망도 없었을 것이다. 이것이 십자가 위에 달리는 내용이다. 이 경험을 하여야 한다. 이 경험을 하지 않고 나오면 음부(간음)라고 성경에서 말씀하고 있다. 기분이 좋다 하여 되는 일이 아니며 생각했던 일이 잘된다고 하여 내면의 부활이 이루어지지 않는다. 자신을 따르는 자들이 많고 생활이 안정되었다고 내면의 부활이 이루어지지 않는다. 여기에 전해 주고자 하는 복음의 핵심이 있는 것이다.

숫처녀의 가슴으로 기대했던 그 예수에게 처절하게 실망하여야 한다. 그래야 그 예수에게 소망했던 그 모든 것을 포기해야만 했던 그 베드로 안에서 예수 그리스도가 부활한다. 베드로 안에서 부활했던 그리스도는 원래부터 베드로 안에 있었다. 이처럼 우리 안에 감추어져 있었던 예수 그리스도가 부활(깨어남)해야 하는 것이 성경의 핵심 내용이다. 밖의 예수가 부활한 것을 이야기하는 내용이 아니다. 내(무덤) 안에서 원래부터 있었던 보석 곧 그리스도가 나타나는 내용이다. 나의 에고가 이렇게 죽어야 이런 일이 일어난다. 그러므로 아무에게나 예수 그리스도가 내면에 부활(깨어남)하는 것이 아니다. 종교인들에게는 부활이 없다. 그 예수를 숫처녀의 가슴으로 사랑해 보아야 한다는 것이 조건이다. 그리고 그 대상에게 처절하게 실망해야 한다는 내용이다. 그 후에 자신 안에서 새로운 세상 곧 깨어남이 있다는 것이다. 지혜가 나타난 것이다. 그러면 그 예수와 내가 벗(친구)이 된다. 그 예수도 하나님이고 내 안에서 부활 한 나(예수 차원)도 하나님이다. 이 둘이 하나가 된다. 그러므로 내면에 부활한 예수는 대상이 아니다.

이 내용을 역사적 예수께서 오셔서 우리에게 전해 주고자 했던 내용이다. 이것을 알려주시고 그 예수는 저편의 세계로 가버린다. 아주 가버린 그 예수를 그리며 기다리면 헛일이다. 내가 살아야 그 예수도 내 안에서 그렇게 살아 있다. 역사적인 그 예수가 말씀하였던 그 그리스도 예수가 내 안에 있다. 이것을 깨워야 하는 것이 내가 해야 할 일이다. 이것이 죄 사함이다. 이천 년 전에 오셨던 그 예수가 대신 내 죄를 사해 주시는 내용이 아니다. 번역을 잘못하고 있다.

밖에 오셨던 그 예수에게 처절하게 절망하여야 한다. 그래야 자신 안에서 부활이 일어난다는 내용이다. 그러려면 그 예수에게 열심히 매달려야 하는 때가 있어야 한다. 그러므로 그 예수에 대하여 자세히 알아야 한다. 그리고 그 위대한 스승 지극히 존경하는 그 예수를 죽여야만 한다. 그래야 내 안에서 부활이 일어난다. 이것을 알면 다음 생부터 윤회에 빠지지 않는다. 태어나도 내가 원해서 태어날 수 있다. 내가 천하에 제일 중요하다. 우선 나부터 살아나야 한다. 이 부활한 나(예수)를 지극 정성으로 사랑해야 한다. 밖의 예수가 아니다.

윤회의 구렁텅이로부터 빠져나오는 방법을 우리에게 알려주는 것이 성경 말씀이다. 내가 윤회에서 벗어나려면, 이 공부를 해야 한다. 그래야 나도 살고 다른 이들도 윤회의 감옥으로부터 끌어낼 수 있다.

> (마 23:25) 화 있을찐저 외식하는 서기관들과 바리새인들이여 ① 잔과 대접의 겉은 깨끗이 하되 그 안에는 탐욕과 방탕으로 가득하게 하는도다. (26) ② 소경된 바리새인아 너는 먼저 안을 깨끗이 하라 그리하면 겉도 깨끗하리라. (27) 화 있을찐저 ③ 외식하는 서기관들과 바리새인들이여 ④ 회칠한 무덤 같으니 ⑤ 겉으로는 아름답게 보이나 그 안에는 죽은 사람의 뼈와 모든 더러운 것이 가득하도다.

①,②,③,④,⑤는 모두 서기관과 바리새인들의 속성이며 깨어나지 못하는 소경들로서 하나님을 대적하는 자들이다. 이들은 종교적으로 아주 열심이었다. 그런데 자신 안에서 예수 그리스도를 '호라오' 하지 못하는 자들이다. 이 시대의 종교지도자들 역시 마찬가지다. 목사들이나

신학자들이 자신 안에서 만약 조금이라도 그 예수를 '호라오' 하게 된다면 그는 그 모든 직함을 바로 던져버리게 된다. 왜냐하면 수치스러운 일을 저질렀다는 것을 스스로 알기 때문이다. 하나님을 대적하는 적그리스도였다는 것이 드러난다. 그동안 그는 다른 예수를 섬겨온 것이다.

(벧후 1:6) 지식에 절제를 절제에 인내를, 인내에 경건을,
(벧후 1:7) 경건에 형제 우애를, 형제 우애에 사랑을 공급하라
(벧후 1:8) 이런 것이 너희에게 있어 흡족한즉 너희로 우리 ①주 예수 그리스도를 알기에 게으르지 않고 ②열매 없는 자가 되지 않게 하려니와
(벧후 1:9) 이런 것이 없는 자는 소경이라 원시치 못하고 그의 옛 죄를 깨끗케 하심을 잊었느니라

예수를 알고 사랑한다고 말들은 많이 하나 내면에서 그리스도의 열매가 없는 자들은 여전히 소경이다. 그 열매들은 6,7절에 나타나 있다. 절제, 인내, 경건, 우애, 사랑은 모두 비유로 되어 있다. 이것은 내면에서 '호라오'가 열려야 열매 맺을 수 있다. 이 열매들이 자신 안에 계신 하나님께 드려야 할 십일조와 헌물이다. 결국 변화된 내가 하나님에게 십일조이며 헌물이며 아들로 다시 돌아감이다. 이 내용은 깨닫지 못하고 알 수 있는 내용이 아니다. 최소한 초선정(初禪定)에라도 들어가야 한다.

화 있을찐저 외식하는 서기관들과 바리새인들이여 왜냐하면 너희가 그 박하와 그 회향과 그 근채의 십일조를 현재 드리고 있는데 그 율법의 더 중요한 그 공의와 그 긍휼과 그 붙잡힘(믿음)은 버렸도다. 그러나 이것들을(목적격) 네 안에서 온전하게 이루어져야 하며 저것들을(목적격) 행하는 것을 결코 용서하면 안 된다.(마 23:23)

"화 있을찐저(비통) 외식하는 서기관들과 바리새인들이여"

예수께서는 원래 그 의미를 모르고 종교적으로 열심을 내는 이들에게 아주 가혹하게 말씀하시고 계신다. 이들은 하나님으로부터 조금도 칭찬이나 위로의 말씀을 듣지 못한다. 그러나 서기관과 바리새인들은 늘 하나님으로부터 칭찬을 받을 것으로 생각해 왔으며 지금도 그러하다. 이들은 자신들만이 하나님으로부터 특별히 선택받은 백성이라는 선민사상을 가지고 있다. 그래서 이들은 자신들이 섬기고 있는 하나님(바알 신)을 모르는 다른 이들을 짐승으로 보고 있다. 이들의 종교성은 지금도 대단하다. 목숨을 내어놓는다.

지금의 기독교인들과 똑같은 모양이다. 자신들은 구원받았고 자신들은 예수님의 사랑으로 택함을 받았다는 것이다. 다른 이들은 택함을 받지 못하여 지옥에 갈 사람으로 사탄의 자식이라는 생각을 대부분 가지고 있어서 이들과 별반 다르지 않다. 이들 모두 내면으로 오는 새 언약을 거부한다. 자신 안에 임하신 예수 그리스도를 배격하고 밖의 예수를 대상으로 섬기고 있다. 유대인들과 별반 다르지 않다. 이 시대를 사는 우리에게 주는 교훈이 대단히 크다. 종교적으로 아주 열심을 낸다고 하여, 도덕적으로 깨끗하게 생활한다고 하여 예수로부터 칭찬받을 일이 아니라는 것이다. 내면의 변화가 없으면 오히려 무서운 책망이 따르는 것이다. 그런데 종교지도자들은 예수께서 하지 말라고 하는 것을 지금도 행하고 있다. 자신들은 하나님으로부터 칭찬을 받는다고 생각하기 때문이다. 그때나 지금이나 변한 것은 별로 없다.

예수께서 말씀하시는 핵심은 내면의 변화다. 종교가 아니다. 성경 기록(그라페)은 종교 행위를 하라고 주신 것이 아니다. 자신의 마음 밭을 해체(카타볼레스 코스무)하여 몸과 마음의 그 실상을 알아야 한다는 것이 핵심이다. 몸과 마음이 실체가 아니며, 내가 아니라고 말씀한다. 왜냐하면 몸과 마음은 항상 변한다. 태어나면 늙고 병들고 죽어야 하기 때문이다. 나라고 한다면 영원하고 불변해야 한다. 그러므로 몸과 마음의 실체를 반드시 알아야 한다. 이 핵심을 놓치고 거룩한 종교 행위를 해보아야 너희는 하나님의 것인 너희 자신인 십일조와 헌물을 강도(겉사람)로부터 빼앗겼다고 책망을 듣는 것이다. 허상인 겉사람(몸과 마음)으로부터 너희 자신을 도적질 당하였다고 책망을 듣는다.

"하나님의 그 공의와 그 긍휼과 그 붙잡힘(이것들을)을 너희 안에 온전하게 이루어지도록 해야 하며(내면의 변화) 그 박하와 그 회향과 그 근채의 십일조를 드리는 것을 절대 용서해서는 안 된다." 말씀하시고 계신다. 이것은 예수께서 강조하시는 말씀이다. 십일조를 비롯해 어떠한 종교 행위도 못 하게 하신다. 겉사람의 종교 행위 때문에 속사람이 나타나지 못한다.

'그 박하와 그 회향 그 근채의 십일조'는 기도를 포함한 거룩하게 보이는 모든 형태의 종교 행위들이다. 거룩하게 보이는 어떤 종교 행위도 못 하게 하신다.

그리고 종교 행위에 필요한 직분들 또한 그렇다. 이 직분들이 예수 그리스도를 대적하고 있다. 종교 행위를 위한 모든 직분을 버려야 하는 이유다. 예수 그리스도의 말씀이다.

예수께서 이것을 이해하지 못하는 서기관들과 바리새인들에게 끊임없는 도전을 받았다. 자신들의 신앙의 기준으로 본 예수의 말과 행동은 하나님을 대적하는 것으로 보았다. 이들은 결코 자신들의 신앙을 포기하지 아니하였다. 자신들의 신앙이 예수를 대적하였고 그를 죽였다. 사람들은 몸과 마음으로 열심히 행하는 행위로 구원받으려는 경향이 있다. 이들의 내면에 생명의 빛이 임하지 않았는데 행위로 눈가림하는 것이다. 자신들은 하나님의 계명대로 한다고 말한다. 그러나 이들에게 전해진 말씀은 모두 비사로 말씀하셨다는 것을 몰랐기 때문에 이러한 문제가 생기는 것이다.

(요 10:6) 예수께서 이 비유(파로이미아;비사)로 저희에게 말씀하셨으나 저희는 그 하신 말씀이 무엇인지 알지 못하니라

성경에 등장하는 모든 비사는 새 언약에 나타날 예수 그리스도(예수 차원의 자기 자신)를 지향하고 있는 것을 이들은 몰랐다. 예수 그리스도가 비유(파라볼레)를 통해 드러나는 것을 몰랐다. 이는 내면에 나타나는 생명의 빛이다.

그래서 구약에 쓰여 있는 기록은(창 2:4~ 말라기). 3인칭, 과거, 단수가 기본이며 과거시상과 미래시상만 존재한다. 현재 시상이 없다. 그러나 새 언약은 과거시상과 미래시상이 없는 현재 시상만 가지고 있다. 1인칭 현재 단수가 기본이다. 1인칭은 나다. 이래서 이들은 성경을 모른다.

그러므로 구약은 현재 와 있는 나(예수 차원)에 대한 이야기를 하기 위함이다. 서기관과 바리새인들은 이것을 몰랐다. 현재 살아가는 종교인들 또한 구약의 서기관과 바리새인들과 비교하여 다를 바가 없다. 이들은 앞으로 다시 오실 메시아를 손꼽아 기다린다. 이미 각자 안에 오신 예수 그리스도(하나님)를 거부하고 다시 오실 예수를 기다린다. 하나님은 내면에 계신다. 마음(카르디아) 뒤쪽에 맞대면하고 있다. 출애굽하여 가나안 땅까지 침노하기 위함이다. 하나님은 마음에서 일어나는 어떠한 현상에도 반응하지 아니하시고 거울처럼 비추는 역할만 하신다. 마음에 결코 오염되는 일이 없다. 하나님은 겉사람의 마음(카르디아)이 아무리 슬퍼도 그것에 대해 객관적이다. 마음(겉사람)이 아무리 윤회 해도 거기에 반응하시지 아니하신다. 겉사람의 몸에 해를 당해도 반응하지 아니하신다. 그런데 모두 아신다. 그래서 여호와의 속성을 반드시 알아야 한다. 안 그러면 오해를 해서 계속해서 육신이 원하는 복을 달라고 애원한다. 그러므로 여호와는 내 안에 있는 모든 심리 현상을 아시고 계신다. 의식 무의식 잠재의식까지도 모두 다 아신다. 잠잘 때나 기절했을 때도 우리(몸과 마음)는 모르나 하나님은 모든 것을 아신다. 내가 태어나기 전, 영겁 전부터 모든 것을 아시고 미래까지 아신다. 내가 인식하지 못하는 내 안에 일어나는 모든 심리 현상을 아신다.

그러므로 이 겉사람이 원하는 모든 것들을 내려놓을 때 내면에 계신 하나님이 계시 되기 시작한다. 육신의 모든 소원이 사라질 때 그때 그 부활이 보인다. 하나님(엘로힘)이 나(예수 차원) 자신으로 등장하신다.

하나님은 무아여서 육신의 어떠한 원함을 가지고 있지 않다. 하나님은 마음(카르디아)이 없다. 그러므로 마음이 원하는 어떠한 것도 들어주지 못한다. 하나님은 오직 하나 지성소 안에 있는 근본(베레쉬트)을 드러내기 위해서만 일하신다. 그래야 일곱째 욤 안으로 들어가 하나가 되기 때문이다. 곧 베레쉬트(근본)가 되는 것이다. 이것은 언어의 세계가 아니며 마음(카르디아)의 세계를 초월한다.

내 안에 근본(베레쉬트)이 있다. 이 근본은 결코 겉사람에게 계시 되지 아니한다. 그래서 엘로힘(하나님)이 등장하셔서 근본(베레쉬트)으로 향하게 하신다. 엘로힘(하나님)은 근본(베레쉬트)을 향해서 겉사람을 이끌고 나가신다. 근본(베레쉬트)을 드러내기 위함이다. 엘로힘(하나님)의 일하심이 바라 하심이며, 메라헤페트, 멜라크토 하심이다. 통칭해서 바라하심이요, 아사하심이다. 히다와 마솰의 관계 속에서 이야기되는 내용이다.

엘로힘(하나님)은 오직 이 일만 하신다.

육신이 원하는 돈, 명예, 출세, 건강, 복에 관심이 없다. 이것을 위해 열심을 내는 모든 행위에 대하여 무관심 하신다. 이것을 위해 성경 읽고 예배하고 기도하는 모든 행위에 대하여 무섭게 말씀하신다.

(사 66:3) 소를 잡아 드리는 것은 살인함과 다름이 없고 어린 양으로 제사드리는 것은 개의 목을 꺾음과 다름이 없으며 드리는 예물은 돼지의 피와 다름이 없고 분향하는 것은 우상을 찬송함과 다름이 없이 하는 그들은 자기의 길을 택하며 그들의 마음은 가증한 것을 기뻐한즉

(렘 4:1) 여호와께서 가라사대 이스라엘아 네가 돌아오려거든 내게로 돌아오라 네가 만일 나의 목전에서 가증한 것을 버리고 마음이 요동치 아니하며

(렘 17:9) 만물(모든 것)보다 거짓되고 심히 부패한 것은 마음(레브)이라 누가 능히 이를 알리요마는

근본 '베레쉬트'가 새 언약에서 '엔 아르케'다.

이 내용은 나(예수 차원) 자신을 바로 찾으라 하는 이야기이지 종교 행위를 하라고 하는 말씀이 아니다. 종교 행위로 돌아가면 자신(베레쉬트)을 찾지 못한다. 만약 베레쉬트를 발견한다면 누가 나(예수 차원) 자신에게 기도하고 예배하고 잘 보이려고 금식하고 돈 십일조를 하는가?

베레쉬트가 발견된다면 마음(카르디아)은 온전히 사라지는 것이다. 의식 무의식 잠재의식을 벗어난다. 의식 무의식 잠재의식이 없어지는데 어떻게 종교 행위가 일어나겠는가! 이것이 어떤 상태인지 직접 경험하여야 한다.

하나님은 마음 너머에 계신다. 하나님이 나(예수 차원) 자신이라는 것을 모르게 하는 것이 몸과 마음(겉사람)의 속성들이다. 그러하다면 문제가 되는 나의 마음(카르디아) 안을 들여다보고 해체해야 하는 것이 첫 번째 할 일이다. 마음이 무엇이 잘못되었는지 알아야 하는 것이 최우선이다. 이것을 제쳐두고 밖의 종교 행위를 한다면 오히려 다른 길로 가는 것이다. 그래서 예수께서 이 진리의 길을 막고 있는 서기관과 바리새인들에게 '화 있을 진저 독사의 새끼들아!' 심하게 대하는 것이다. 그러므로 예수께서는 각자의 마음을 스스로 초월하기 위함이지 직분을 통해서 이루어지는 것이 아님을 말씀하신다. 붓다께서도 출가 수행자를 빅쿠, 빅쿠니로 불렀다. 빅쿠, 빅쿠니는 직분이 아니다.

성경에서 예수는 하나님의 아들, 아버지와 하나 된 자, 선지자, 하늘의 제사장이라고 말씀하고 있는데, 이것은 직분이 아니라 예수 안에서 이루어진 상태를 말씀하고 있다. 예수께서는 지금도 종교인들에게 말씀하신다. 뱀들아 독사의 새끼들아! 직분을 가진 종교인들에게 가혹하게 말씀하신다. 나이가 많던, 적던 상관이 없다. 그러므로 새 언약에서는 어떠한 종교의 직분도 가져서는 안 되는 것이다. 모두 버려야 한다.

총회 총회장 교단 노회는 모두 사람을 도살하는 백정들의 모임이며 교회도 사람을 도살하는 곳이다. 예수께서 이들에게 가혹하게 말씀하신다.

'οὐαι ὑμῖν(우아이 휘민)' '너희들에게 비통 비탄이 있을 지어다!'

'화 있을 진저'로 번역한 부분이다. 비통 비탄은 지옥을 말한다.

이렇게까지 가혹하게 말씀하시는 이유가 있다. 이들이 각자의 내면에서 예수 그리스도(천국)를 만나는 것을 막고 있기 때문이다. 그러므로 종교 행위를 버리고 문제가 되는 그 마음(카르디아)의 속성을 반드시 알아야 한다. 마음을 넘어서야 깨어남(부활)이 있는 것이다.

예수께서 강조하신 말씀을 종교인들이 왜곡시켜 버렸다. 그들 자신도 하나님이 말씀하시는 그 핵심을 몰랐다. 예수의 그 생명의 그 빛 안으로 들어오지도 못하였고, 그 결과 육신의 눈으로 성경을 보았기 때문이다. 그리고 모든 것을 종교 행위로 포장해 버렸다. 하나님에게 지극정성으로 아부하면 칭찬을 받을 것으로 알았다. 그래서 종교의 노예로 만들어 버렸고 철저히 하나님 말씀을 왜곡시키고 소수 집단이 하나님을 세워놓고 절대 권력을 쥐고 철저하게 순종하도록 교육시켰다. 그것이 하나님의 뜻인 줄 알았다. 왜냐하면 그들은 예수께서 말씀하시는 생명의 빛 안으로 들어와 본 경험이 없었다. (중세시대에 많은 수도사와 수녀들이 이 빛 안에 들어온 체험을 하였다.)

그들은 성경 기록을 라틴어로 번역하였고, 그때부터 일반인들은 라틴어로 번역한 기록을 보지도 못하였다. 종교인들이 번역한 라틴어 기록은 왜곡될 수밖에 없었다. 루터가 종교개혁을 하고 나서 일반인들이 성경을 보기는 하였어도 여전히 왜곡된 번역본으로 보아야 했다. 그 실상은 변하지 아니하였다. 밖에 있다고 생각하는 그 하나님은 바알 신에 불과하다.

> 예수가 말했다. "바리새인과 율법 학자들이 지식의 열쇠들을 가져갔고 그것들을 숨겨 놓았다. 그들은 그들 자신이 들어가지 않

았고 들어가기를 원하는 자들이 들어가려 하는 것을 허락하지도 않았다. 그러나 너희에 관하여 뱀처럼 신중하고 비둘기처럼 순진하라."(도마복음 말씀 39)

뱀처럼 신중하고 비둘기처럼 내가 직접 체험해야 한다. 남들이 이야기하였다 하여 믿으면 큰일 난다. 하나님은 하늘의 하나님의 집(지성소)에만 거하신다. 하나님의 거룩한 성전이 마음(카르디아) 너머에 그리고 누스 너머(지성소)에 있다. 겉사람이 속사람의 제물이 되어야 몸된 성전이 드러난다. 내면의 십자가 사건이다.

밖의 돌(리도스) 성전이 하나님이 거하시는 성전이 아니다. 돌(리도스) 성전은 각자 마음 안에 있는 몸 된 성전을 오히려 볼 수 없게 한다. 밖의 돌(리도스) 성전이 무너져야 자신의 내면으로 들어올 수 있다. 돌(리도스) 성전은 겉사람의 결과물이다. 그러므로 돌(리도스) 성전은 겉사람 안에 세워져 있다. 겉사람 안에 세워져 있는 돌 성전이 무너져야 그 위에 하나님의 몸 된 성전이 세워진다. 밖의 종교 행위를 통해서 각자의 몸 된 성전은 세워지지 아니한다. 십일조는 내면에 있는 몸 된 성전 안에 계시는 하나님께 드려야 한다는 것이다. 그러므로 십일조(데카토오)는 돈이 아니다. 십일조는 나타난 하나님 곧 그 생명의 빛을 하나님께 다시 되돌려 드리는 것이 십일조와 헌물이다. 이 십일조와 헌물을 드리면 내가 하나님의 아들로 나오게 된다. 그러므로 생명의 십일조와 헌물은 예수 그리스도의 그 생명의 빛으로 바로 나 자신이다. 이 생명의 빛인 나를 내면에서 찾아서 드려야 하는 것이지, 밖의 돈이 아니다. 이 빛을 발견해야 내가(예수차원) 하나님 아들로 나타난다. 내면에 있는 마음 밭(게)에 이 생명의 빛(보석)이 많이 묻혀있다. 많이 캐내는 사람은 칭찬을 많이 받는다. 캐낸 것은 모두 자신의 것이 된다. 많이 캐낼수록 더욱 크게 깨달음을 지닌다. 이 보석을 살아가는 동안 마음 안에서 캐내라고 하였지 돈 십일조를 가져오라는 종교행위를 하라고 한 것이 아니다. 돈 십일조 돈 헌금은 내면에 계신 하나님이 쓸 방법이 없다.

그러므로 돈 십일조를 드리라 한 이들은 하나님의 뜻이 무엇인지도 모르는 술 취한 자들이며 방탕한 자들이며 음행을 하는 자들이며 살인자들이다.

"οὐαι ὑμῖν(우다이 휘민): 너희들에게 비통 비탄이 있을 지어다!"

지옥으로 가라 말씀하신다. 예수의 말씀이다.

요즘 방송을 통해 이와 같은 스님들을 많이 보게 된다. 목사들과 별반 다르지 않다. 겉사람의 정과 욕심 곧 이생의 자랑 육신의 정욕 안목의 정욕을 내려놓을 때만 거룩한 십일조(데카토오) 곧 그 생명의 그 빛이 내면에 나타난다. 이 생명의 빛을 찾아서 드러내는 것이 생명의 십일조와 헌물이다. 내가 제사장으로서 드리고 내가 하늘의 왕으로서 받아야 한다. 그러므로 '십일조를 드리다'의 '데카토오'는 '드리는 것'과 '받는 것'이 동시에 일어난다. 드리는 것이 받는 것이다. 내가 제사장이 되어서 드리고 내가 하늘의 왕으로서 받는다. 내가 드리고 내가 받는다. 내가 드린 생명의 빛은 나의 생명의 빛이 되는 것이다. 생명의 십일조인 그 생명의 그 빛이 내 안에 나타나는 것이다. 내가 하나님이 되는 것이 핵심이다.

그런데 세상 종교에서는 드리는 자와 받는 자가 다르다. 성경에서 말씀하는 내용과 완전히 다르다. 종교인들은 내가 하나님의 종으로서 하나님을 섬기고 예배하고 십일조를 드려야 하는 것으로 착각을 하였다. 이것은 성경에서 말씀하는 생명의 십일조가 아니다. 사망의 십일조다. 사망의 십일조를 드리는 자 누구든지 하나님과 단절되어 죽는다. 다음 생은 악처에 태어날 확률이 대단히 높다. 어릴 때는 잠시 그럴 수 있다. 그러나 수십 년이 흘렀는데도 똑같다면 이는 정말 큰 일이다. 이 세상은 사망의 십일조를 드리는 이들이 판을 친다. 이들의 목소리가 힘이 있다.

'십일조'는 내가 강도인 겉사람의 육신의 정욕, 안목의 정욕, 이생의 자랑인 강도들에게 빼앗긴 것을 다시 찾아와서 내 안의 몸 된 성전 안에 거하시는 하나님께 드려야 한다. 그러면 몸과 마음이 허상이라는 것이 드러나고 몸과 마음을 떠나게 된다. 그러면 나와 하나님이 하나가 된다. 곧 그 생명의 그 빛이 되는 것이다. 겉사람에게 빼앗겼던 원래부터 순수한 나(예수 차원) 자신을 다시 찾아 와야 한다. 그러므로 생명의 십일조와 헌물은 예수 그리스도의 그 생명의 그 빛이 드러남이다. 결국 십일조와 헌물은 말씀으로 하나님의 형상과 모양으로 드러난 나 자신을 일컫는다. 나 자신이 생명의 십일조와 헌물이다. 예수께서는 지금도 자신의 그 생명의 빛 안으로 이끄신다.

예수께서 지금도 말씀하신다. 화있을 진저 종교인들아!

꿈을 이루고 행복해하는 자들에게 부처님께서도 가혹하게 말씀하신다.

불행할지어다! 꿈을 이룬 자여.

23. 과부의 헌금

(눅 21:1) 예수께서 눈을 들어 부자들이 연보궤에 헌금(도론) 넣는 것을 보시고

헌금으로 번역한 1435번 '도론(δῶρον)'은 희생, 제물이다.

(눅 21:2) 또 어떤 가난한 과부의 두 렙돈 넣는 것을 보시고
(눅 21:3) 가라사대 내가 참으로 너희에게 말하노니 이 가난한(프토코스) 과부가 모든 사람보다 많이(플레이온) 넣었도다

4119번 '플레이온(πλείων)'은 매우 많은, 넘치다의 뜻이다.

(눅 21:4) 저들은 그 풍족한 중에서 헌금(도론)을 넣었거니와 이 과부는 그 구차한(궁핍) 중에서 자기의 있는 바 생활비(비오스) 전부를 넣었느니라 하시니라
(막 12:41) 예수께서 연보궤를 대하여 앉으사 무리의 연보궤에 돈 넣는 것을 보실쌔 여러 부자는 많이 넣는데

(막 12:42) 한 가난한(푸토코스) 과부는 와서 두 렙돈 곧 한 고드란트(코드란테스)를 넣는지라

(막 12:43) 예수께서 제자들을 불러다가 이르시되 내가 진실로 너희에게 이르노니 이 가난한 과부는 연보궤에 넣는 모든 사람보다 많이 넣었도다

(막 12:44) 저희는 다 그 풍족한 중에서 넣었거니와 이 과부는 그 구차한(휘스테레시스:궁핍) 중에서 자기 모든 소유 곧 생활비(비오스) 전부를 넣었느니라 하셨더라

(마 5:24) 예물을 제단 앞에 두고 먼저 가서 형제와 화목하고 그 후에 와서 예물을 드리라

(마 5:25) 너를 송사하는 자와 함께 길에 있을 때에 급히 사화하라 그 송사하는 자가 너를 재판관에게 내어 주고 재판관이 관아에게 내어 주어 옥에 가둘까 염려하라

(마 5:26) 진실로 네게 이르노니 네가 호리(코드란테스)라도 남김이 없이(에스카토스) 다 갚기 전(아포디도미)에는 결단코 거기서 나오지 못하리라

κοδράντης(코드란테스): 고드란트(사분의 일) 라틴어
ἔσχατος(에스카토스): 가장 먼, 최후의, 마지막의

'호리'라고 오역한 단어는 2835번 '코드란트 또는 코드란테스'다. '남김이 없이'로 오역한 2078번 '에스카토스'는 최후의, 마지막의 뜻이다. '다 갚기 전에'로 오역한 591번 '아포디도미(ἀποδίδωμι)'는 '도로 주다, 다시 넘겨주다'의 뜻이다. '나오지'로 번역한 '엑셀코마이(ἐξέρχομαι)'는 나오다, 떠나다, 피하다의 뜻이다.

마지막의 코드란트를 모두 되돌려 넘겨주기까지는 거기로부터 못 나온다고 하였다. 그러므로 마지막 남은 이 '코드란트'가 무엇인가? 하는 것이다. 반드시 나에게 있는 마지막 '코드란트'를 예수에게 모두 넘겨주어야 한다. 나에게 있는 모든 '코드란트'를 예수에게 넘겨주어야

윤회의 감옥에서 나올 수 있다. 예수께서는 이 '코드란트'를 받기 위해 오셨고 지금도 이 '코드란트'를 받기 위해 나(코스모스)에게 계속해서 오고 계신다. 그러므로 우리가 가지고 있는 이 '코드란트'가 무엇인가? 아는 것이 대단히 중요하다. 반드시 이 코드란트를 찾아서 예수께 내어놓아야만 한다. 그렇지 아니하면 윤회의 감옥에서 절대로 나올 수 없다. 마음 안에 있는 이 '비오스'를 반드시 찾아내서 예수께 주어버려야 하는 것이 이 말씀의 핵심이다. 그러므로 종교 행위로 돌아가면 큰일이다. 돈 물질을 드리는 내용이 전혀 아니다.

반드시 예수 앞에 내어놓아야 하는 이 '코드란트(코드란테스)'가 생활비로 번역한 '비오스(βίος)'라는 것이다. 그래서 이 '비오스'는 성경에서 대단히 중요하게 다루고 있다. 그러므로 성경에서 이 '비오스'가 사용된 문장을 모두 살펴보아야 한다.

※ 가난한 과부가 자신이 가지고 있었던 생활비 전부인 두 냥을 예수가 지켜보고 있는 연보궤에 넣는 내용이 아니다. 나에게 있어서 아주 귀한 것을 예수께 드리는 내용이 아니다. 모두 비사로 되어 있는 내용이다.

예수가 위대하여 그 앞에 부복하여 잘 보이려고 전 재산을 드린 내용이 아니다. 자신이 가지고 있는 귀한 것을 힘이 있는 자에게 아부하여 드리는 행위가 아니다. 인간들은 남에게 선물 받기를 좋아한다.

인간 역사를 보더라도 힘이 있는 자들은 힘이 없는 백성으로부터 원하는 것을 강제로 빼앗기도 하지만 받기를 원한다. 그래야 인과관계가 성립되어 힘이 없는 자들은 이들로부터 보호를 받을 수 있다. 이것은 나약한 대부분 인간이 가진 공통된 심리 현상이다. 그래서 종교인들이 생각한 천지 만물을 창조하시고 무소부재(無所不在) 하시고, 전지전능한 위대한 하나님에게 작으나마 나의 전 재산인 귀한 물질을 드리고 그 위대한 신으로부터 칭찬을 받은 것으로, 예수께 인정받은 것으로 오해하여 기록하였다. 착하고 착한 과부가 예수에게 전적으로 헌신한 것으로 생각하여 번역했다.

그래서 돈 많은 부자들은 이러한 구절을 볼 때마다 괴로운 것이다. 왜냐하면 그 예수가 계신 천국을 들어가야 하기 때문이다. 이렇게 전 재산을 드린 자는 천국에서 예수로부터 면류관을 받고 그렇지 못한 자는 개털 모자를 쓰게 되어 얼굴을 못 들게 된다는 이야기를 듣는다. 마치 북한에서 일어나는 이야기처럼 윗사람에게 잘 보여서 칭찬을 받고 은혜를 받았다며 기뻐서 눈물을 흘리는 장면을 방송 통해 본다. 그러한 기회를 얻지 못한 자들은 부러워한다.

번역된 성경 구절이 이것과 무엇이 다른가?

지극 정성으로 예수를 잘 섬기면 예수에게 칭찬도 받고 천국도 가는 것으로 오해를 한다. 오직 위대한 예수에게 인정받고 싶은 것이다. 그래야 그동안 눈물을 흘리며 힘들게 신앙생활을 해왔던 그 모든 것을 보상 받을 수 있는 것이다. 충성된 딸아 그동안 고생 많았다. 이 한마디를 듣고 싶은 것이다. 그러나 대단히 오해하였다. 왜냐하면 이 문장 앞뒤에 나오는 문장들을 살펴보면 말이 안 되는 내용이다. 이상한 내용이다. 헌금을 드리는 내용이 아니라는 것이 드러났다. 높고 높은 예수에게 무릎 꿇고 아부하는 내용이 아니다. 예수 앞에 놓인 연보궤(가좁휠라키온)는 겉사람의 눈에 보이지 않는다. 혈루병을 가진 여인(귀네)이 예수의 옷에 헤프사토(소속하다, 관계되다) 하였던 것처럼(막5:28). 이 연보궤는 속사람의 눈이 열려야만 보인다. 이래서 비사로 된 말씀은 어렵다. 눈에 안약을 발라야 그 의미를 알게 된다.

979번 '비오스(βίος)'는 신약에 모두 11회 쓰였다.

막 12:44 모든 소유 곧 생활비 전부를	딤전 2:2 고요하고 평안한 생활을
눅 8:14 이생의 염려와 재리와 일락에	딤후 2:4 자기 생활에 얽매이는
눅 8:43 모두 가산을 허비하고	벧전 4:3 지나간 (이생의) 때가
눅 15:12 아비가 그 살림을 각각 나눠	요일 2:16 안목의 정욕과 이생의
눅 15:30 아버지의 살림을 창기와 함께	요일 3:17 누가 이 세상 재물을
눅 21:4 생활비 전부를 넣었느니라	

여기 등장하는 비오스를 살펴보면 두 종류의 비오스가 나오는 것을 알게 된다.

겉사람의 비오스와 다른 하나는 속사람의 비오스다. 하나는 버려야 할 비오스며 다른 하나는 잃어버리지 않고 지니고 있어야 할 비오스다. 이래서 혼돈을 초래한다. 여기 나오는 성경 구절 모두를 살펴보면 비오스는 우리가 생각하는 돈이 아니다. 가난한(푸토코스) 과부가 드린 것은 돈 물질이 아니다. 바로 '코드란테스' 곧 '비오스'를 드린 것이다.

이 '비오스'가 과부의 전 재산이다. 그동안 이 과부는 전 재산인 이 '비오스'를 가지고 얼마나 고뇌하였던가! 자신 마음 안에 있는 이 비오스 때문에 마음 안을 계속 들여다보았기에 마침내 이 비오스의 실상을 알게 된 것이다. 바로 예수께 던져버려야 할 비오스인 것이다.

어린 양이 세상(코스모스)의 죄(하마르티아)를 지고 가기 위함이다. 그래야 속사람의 비오스, 예수를 소유하게 된다. 겉사람의 비오스와 함께 속사람의 비오스를 찾아야 한다. 자신이 드리고 자신이 받는다. 자신의 마음 밭(게)을 해체해서 자신 안에 있는 이생의 자랑 육신의 정욕 안목의 정욕의 뿌리를 알아냈고 이것을 던져버리고자 했었다는 것을 알 수 있다. 이 비오스는 버려야 할 자신의 에고로 드러난 것이다. 바로 무명이다. 지금 이 시대로 말한다면 이 과부는 대단히 지혜가 있는 수행자다. 자신 안에서 자신의 실상을 보고 알았고, 그리고 그것을 초월하려는 노력을 하여왔다는 것을 알 수 있다. 그리고 소유하고 있어야 할 비오스 곧 자신 안에서 예수 그리스도를 소유하게 된다. 그러므로 자신 안에서 사념처(四念處)에 대하여 꿰뚫고 있었다는 것이 드러난다. 그녀(귀네)는 예수 앞에서 이를 증명하였다. 예수로부터 칭찬을 받는다.

아나니아라 하는 사람(아네르)이 그 아내(귀네) 삽비라로 더불어 소유(크테마)를 팔아 (2) 그 값에서 얼마를 감추매(훔치다) 그 아내(귀네)도 알더라 얼마를 가져다가 사도들의 발 앞에 두니 (3) 베드로가 가로되 아나니아야 어찌하여 사단이 네 마음(카르디아)

에 가득하여 네가 성령을 속이고 땅(코리온) 값 얼마를 감추었느냐 (4) 땅이 그대로 있을 때에는 네 땅이 아니며 판 후에도 네 임의로 할 수가 없더냐 어찌하여 이 일을 네 마음에 두었느냐 사람에게 거짓말 한 것이 아니요 하나님께로다 (5) 아나니아가 이 말을 듣고 엎드러져 혼(엑크쉬코)이 떠나니 이 일을 듣는 사람이 다 크게 두려워하더라(행 5:1-5)

수많은 열심인 교인들이 이러한 구절을 보고 소득의 십일조를 떼어 먹으면 저주받을까 전전긍긍한다. 이 구절 또한 번역도 문제지만 비사로 되어 있다. 남편(아네르)과 그 아내(귀네)가 등장한다. 세상의 결혼한 부부가 아니다. 창 2장부터 부부가 등장한다.

이들이 자신의 땅(코리온)의 그 소유를 팔아 그중에 일부를 감추는 내용이다. 이로 인하여 저주를 받아 죽은 것으로 기록하고 있다.

'소유'로 번역한 2933번 크테마(κτῆμα)가 나온다. 이들이 가지고 있는 재물이다. 버려야 할 맘모나이며 비오스다. 붓다께서는 이를 탐진치 삼독으로 말씀하신다. 이생의 자랑, 안목의 정욕, 육신의 정욕이다. 마음으로 번역한 카르디아(휘장) 안에 이를 감춘 내용이다. 카르디아를 넘어서지 못하고 카르디아를 견고히 한 내용이다. 이래서 문제가 된다. 사도 베드로가 이를 모를 수가 없다.

세상 물질 돈을 이야기하는 것이 아니다. 그동안 사도들이 이들에게 말씀을 주어 가르쳐 왔다는 것을 알 수 있다. 그런데도 마음(카르디아)을 넘어서지 못함을 베드로가 책망한다. 베드로는 내면에서 부활한 예수 그리스도와 하나 된 사도다. 사도는 하루 한 끼 먹으면 그만이며 오직 하나님의 말씀을 전할 뿐이다. 세상 돈을 가지고 책망을 할 이유가 없다. 아나니아와 그의 아내로 번역한 동역자(아나니아로부터 배운 자)는 공부한 결과를 베드로 앞에 내어놓지 못하였다. 정과 욕심으로 채워진 마음 밭(코리온)을 온전히 팔아 버리지 못하였다. 누구에게 팔아야 하는가? 예수다. 그래서 예수는 내면으로 오신다. 세상(몸과 마음) 죄(하마르티아)를 지고가기 위함이다.

이들의 혼(엑프쉬코)이 떠났다 하였다. 이것은 목숨이 끊어진 내용이 아니다. 말씀을 거부하였기 때문에 깨달음을 유지하지 못한 것을 비유한다. 크테마를 감추면 보는 나, 듣는 나, 느끼는 나를 초월하지 못한다. 그때나 지금이나 공부 안 하는 것은 마찬가지인가 보다. 베드로를 포함한 사도들이 말씀으로 그를 가르쳤고 그러면 그는 다른 이에게 마음(카르디아)을 초월하는 것을 바로 가르쳐야 한다. 그러나 그들은 마음세상으로부터의 초월을 유지하지 못하였다는 것이 드러난 것이다. 돈을 떼어먹은 것이 아니다. 에이스 푸시켄 조산(ϵἰς ψυχὴν ζῶσαν)에서 에이스 푸뉴마 조포이운(ϵἰς πνϵῦμα ζωοποιοῦν)이 되어야 하나 그렇지 못하고 세상 욕심으로 인하여 산 혼 밖으로 밀려난 것을 보고 모두 놀라게 된다. 이들은 자신 안에 계신 하나님과의 관계가 단절되었다고 말씀하고 있다. 내면에 계신 하나님(생명의 빛)은 겉사람으로 돌아가면 관계가 단절된다.

사념처(四念處)에 대하여 간략히 설명한다면

사념처의 네 가지는 몸(身), 느낌(受), 마음(心), 법(法)으로 이것에 대하여 그 속성을 반드시 알아야 한다고 예수께서 강조하여 말씀하고 있다. 몸과 마음(코스모스)에서 일어나는 모든 현상은 조건에 의하여 일어나고 조건이 사라지면 사라지는 항상 변화하는 것으로 그 실체가 있는 것이 아니다. 내(예수 차원)가 아니다. 사념처에 관한 공부를 하여야 몸과 마음의 그 실상을 알아낼 수 있다. 세상으로 번역한 코스모스(몸과 마음)의 그 실상을 해체하여 알아내야 한다. 그냥 예수 믿으면 되는 것이 아니다. 초기 불경의 주석서인 아비담마에서는 몸 28가지와 마음 89가지와 마음 부수 52가지로 분류하여 설명하고 있다. 미얀마에서는 아비담마를 주석서가 아닌 부처님께서 설한 경으로 보고 있다. 사념처는 성경에서는 코스모스를 해체하여 보는 것으로 같은 내용이다. 이 내용은 앞서 설명한 아포 카타볼레스 코스무와 메타노에오 그리고 창 1:1절에서 바라를 통하여 설명하고 있다.

번역자들이 오해하여 코스모스를 세상, 천하, 세계, 우주로 오역하였고 종교인들이 오해하여 마음 밖의 세상, 공간적인 개념으로 해석해 놓았다. 그래서 예수께서 마음 밖의 세상(공간)에 오신 것으로 오해하여 오역하였다. 새 언약은 기본이 일인칭 현재 단수가 기본이다. 과거시상과 미래시상이 없는 현재 상만 존재한다. 일인칭은 '나'를 지칭한다. 내 안에서 일어나는 일이다. 이 개념을 놓치면 큰일이다. 더는 하나님의 말씀이 아닌 종교인들의 이야기로 전락하여 종교의 노예가 된다.

아포 카타볼레스 코스무(ἀπο καταβολῆς κόσμου)에서 코스(κόσμου)는 코스모스(κόσμος)의 소유격이다. 카타볼레스(καταβολῆς)는 마음 밭을 해체하여 길가밭(게), 가시덤불밭(게), 돌밭(게)을 옥토로 개간하여 말씀의 씨를 뿌리기 위해 개간함이 카타볼레스다. 옥토(게)가 된 밭(게)에 하나님 말씀의 씨를 뿌리고 키워서 열매를 맺어 하나님이 계시는 몸된 성전 안에 십일조와 헌물을 드려야 한다. 그러므로 코스모스(κόσμος)는 시공의 개념이 전혀 없다. 세상 공간에 어떻게 하나님 말씀의 씨를 뿌리고 키워낼 수가 있는가! 이 씨는 하나님의 생명의 빛으로 발현한다. 이생의 자랑, 안목의 정욕, 육신의 정욕이 가득한 마음 밭(코스모스)을 갈아엎어서 옥토로 가꾸어야 한다. 마음 밭을 이야기하고 있다. 이것이 바로 비오스를 소유한 과부의 이야기다. 버려야 할 비오스를 마음 밭에서 발견하여 버림으로써 소유하게 된 아버지의 재산인 비오스 곧 예수 그리스도다. 그녀(귀네)는 예수 그리스도를 소유한 신부가 되었다. 더는 남편을 잃어버린 과부가 아니다. 그러므로 예수 그리스도가 우리 내면 안으로 오신 것을 창 1:1절부터 이렇게 말씀하고 있다. 이 개념을 놓치고 역사적으로 해석해 버리면 하나님의 말씀이 아닌 동화나 소설이 되어 버린다. 말씀을 많이 연구한다고 하는 이들, 곧 종교인들이 이렇게 엉뚱하게 번역해버렸다.

하나님이 세상을 이처럼 사랑하사 ~(요 3:16)

여기 나오는 '세상'이 '코스모스(κόσμος)'다.

코스모스는 몸과 마음의 속성을 이야기한다. 예수 그리스도의 말씀을 받아들이려 하는 자는 자신의 몸과 마음을 들여다보고 개간하여 그 실상을 온전히 알아내야 한다. 곧 깨어남이다. 깨달음을 자신 스스로 이루어야 한다는 내용이다. 그 예수께서 마음(코스모스) 안으로 오셨으므로 이것을 알아야 한다는 것이다. 이 공부가 쉽지 않다. 창 1장부터 계시록까지 마음 안에서 일어나는 내용이다. 이래서 시제가 없다. 각자 깨달음의 길로 가는 그 마음의 상태가 모두 다르다. 그러므로 밖에서 찾는 자(종교 행위)는 모두 버림을 당한다. 학자들은 시제가 있는 히브리어나 헬라어로 성경을 본다. 모두가 엉뚱한 길로 간다.

버림을 받을 자(코스모스)들은 자신의 몸과 마음의 실상을 모르고 종교 행위를 하는 자들이다. 예수께서는 이들을 떠나신다. 이들은 자신의 육신의 정과 욕심을 채우려 예수를 임금 삼으려 따르는 자들이다. 이들은 밖의 예수를 좇으며 내면(코스모스)으로 오시는 예수를 거부한다. 내면으로 오시는 예수는 생명의 빛이며 지혜다. 색깔과 모양이 없다. 그러므로 생명의 빛은 대상이 아니다.

다시 과부의 이야기로 돌아가서

과부는 비유(파라볼레)다. 육신의 남편을 잃어버린 자가 아니다. 몸과 마음(코스모스)을 거부한 과부의 이야기다. 내면에서의 일이다. 누구든지 자신의 생명(남편인 예수)으로부터 나오는 말씀을 먹고 마시지 못하는 자가 과부다. 예전에 남편과 함께 한때가 있다. 그 남편을 잃어버린 과부의 이야기다. 창세기 2,3장에 이 이야기가 나온다. 생명과를 소유했다가 잃어버리고 선악(좋아함 싫어함)지식나무를 소유함으로써 생명과를 잃어버린 것이다. 생명과를 먹으면 좋은 것과 싫어하는 것을 초월해 있다. 그러나 선악과를 먹으면 좋은 것은 끌어당기고 싫은 것은 밀어낸다. 카르디아 마음 안으로 들어왔기 때문이다. 아아니아와 삽비라에게 이 일이 발생한 것이다.

이 이야기가 다시 등장한다. 과부의 전 재산인 비오스가 무엇인지 알려준다. 신랑과 함께하지 아니하였다면 그는 참 과부가 무엇인지 모른다. 새 언약을 잃어버리고 옛 언약을 소유하고 있다. 버려야 할 비오스를 소유하고 있다. 밖에 나타난 예수에게 돈을 드리는 내용이 아니다. 내면에서 일어나는 일을 이렇게 기록하였다. 이래서 비사와 비유는 눈에 안약을 바르지 아니하면 절대로 알 수 없다. 그러므로 하나님의 길을 따라가는 우리 모두에게 이 비오스가 있는 것이다. 좋아하는 것은 취하고 싫어하는 것은 밀어낸다. 이처럼 겉사람의 비오스가 근원(베레쉬트)으로부터 나오는 생명의 양식인 말씀을 먹지 못하게 막고 있다. 휘장 안에 있는 살림살이가 과부가 가지고 있는 전 재산 비오스다. 겉사람의 비오스를 발견하여 드릴 때까지는 모두 과부다. 그래서 과부에도 두 종류가 등장한다. 경수가 끊어진 과부와 경수가 흐르는 과부가 성경에 등장한다. 경수가 흐르는 과부는 옛 남편이 부르면 그에게 다시 돌아가서 아이를 낳는다. 참 과부가 되려면 이 과정도 모두 거쳐야 한다.

겉사람의 비오스를 발견하여 던져버리게 된다면 그는 더는 가난한 과부가 아니다. 예수 그리스도의 신부가 되는 것이다. 마음(카르디아)을 초월한 내용이다. 속사람 남편을 다시 찾는 이야기를 한다. 내면에서 예수 그리스도와 하나 되는 내용이다. 나에게 일어나야 하는 내용을 기록하였다. 겉사람의 비오스가 예수 그리스도와 나를 단절 시켜 놓았다.

과부의 전 재산인 비오스 전부를 던져버린다는 것이 핵심 내용이다. 우리는 마음 안에 있는 이 비오스의 실체를 알아내기도 어렵다. 마음 밖을 향하여 종교 행위를 하기 때문이며 구약을 모르기 때문에 일어난 일이다. 보통 사람들은 예수께 이 비오스를 오히려 달라고 간구한다. 그래서 금식하며 열심히 종교 행위를 하고 기도한다. 매일매일 자신의 소원이 이루어질 때까지 눈물로 간구한다. 수십 년을 그렇게 기도한다. 나의 소원을 이루어달라고 애원한다. 죽기 전까지 자녀들이 잘되게 해 달라고 간구한다.

그런데 여기 등장하는 가난한(푸토코스) 과부는 자신 안에 있는 이 비오스의 실상을 정확히 알았다. 이 비오스는 앞에서 설명한 맘모나와 뜻을 같이한다. 이 과부는 자신의 마음 안에서 비오스가 어떻게 작용하는지 알고 있다. <아비담마를 참고하면 많은 도움이 된다.>

비오스를 내면에서 발견한다고 하더라도 어떻게 이 비오스를 예수에게 내 던질 수 있을까? 그동안 참 과부는 이 비오스 때문에 엄청난 고뇌가 있었다는 것을 보게 된다. 사도 바울도 깨달음이 온 이후에 자신 안으로 슬그머니 찾아온 죄(하마르티아) 때문에, 고뇌하였던 것처럼 이 과부도 고뇌해 왔다는 것을 알 수 있다.

사울이 다메섹 도상에서 예수 그리스도를 자신 안에서 만나고 나서 바울이 된 그 이후 그것을 놓친다. 그리고 자신 안에서 나타난 죄 때문에 고뇌하기 시작한다. 그 죄가 사라졌는데 슬그머니 다시 나타난 것이다. 버려야 할 비오스다. 로마서 8장 1절에 이르게 될 때까지 많은 고뇌를 하였다. 혹자는 바울이 자신 안으로 죄가 들어와서 죄의 실체를 알고 해결될 때까지 이삼십 년이 걸렸다고 한다.

롬 8:1절을 잠시 들여다보겠다. 원문과 비교하여 번역이 잘못되었다는 것을 알 수 있다.

(롬 8:1) 그러므로 이제 그리스도 예수 안에 있는 자에게는 결코 정죄함이 없나니.

한글 번역은 원본에 나와 있는 문장이 빠져있다.

Οὐδὲν-ἄρα-νῦν κατάκριμα τοῖς ἐν Χριστῷ 'Ιησοῦ, μὴ κατὰ σάρκα εριπατοῦσιν, ἀλλὰ κατὰ πνεῦμα.
(우덴-아라-뉜 카타크리마 토이스 엔 크리스토 예수, 메 카타 사르카 페리파투신, 알라 카타 푸뉴마.)

"(현재 육신을 따라 행하지 않고 오직 하나님의 영(관사없음)을 따라 사는 자)곧 그 예수 그리스도 안(속)에서 하나로 있는 자는 결코 정죄함이 없다."

한글 성경에는 ( )번역이 빠져있다.

말씀에 '예수 그리스도'와 '그리스도 예수'가 나온다.

어느 문장에서는 예수 그리스도가 나오며 또 어느 문장에서는 그리스도 예수가 나온다. 나타내고자 하는 그 의미가 다르다. 여기서는 사도 바울이 '그리스도 예수 안에서' 하나로 있다는 것을 고백하고 있다. 이에 대해서는 로마서를 다룰 때 설명을 이어가겠다.

사도 바울이 이 고백을 하기까지 이 죄(하마르티아) 때문에 큰 고뇌를 하였다는 것을 알 수 있었던 것처럼 이 가난한(푸토코스) 과부 또한 무수한 고뇌가 있었음을 짐작할 수 있다. 그러므로 가난한(푸토코스) 과부는 바로 자신 앞에 나타난 그 예수 때문에 바로 내면의 문제점을 해결하는 방법을 알았다.

이 방법은 스스로 해결해야 한다. 알아낼 때까지 끊임없이 마음 안을 들여다보아야 한다. 결국 자신 안에서 예수 그리스도를 만나는 내용이다. 그만큼 내면에서 고뇌가 일어났다는 것을 알 수 있다. 이는 밖의 예수가 대신 해결해 주신 것이 아니다. 과부 자신이 해결하였다.

위 문장을 번역한 대로 단순하게 이해하면 큰일이다. 번역된 한글 내용과 원문의 내용은 큰 차이가 난다. 예수가 즉시 과부의 문제를 해결해 주었다고 생각하면 큰일이다. 핵심에서 완전히 빗나가는 것이다. 만약 그랬다면 예수께서 이 세상(코스모스)에 올 필요 없이 말씀 한마디로 모든 죄가 없어지라고 말하면 그대로 해결될 것이다. 기독교인들이 하나님에 대하여 오해하는 것들이 있다. 하나님은 무소부재하고 전지전능하다고 배웠다. 무엇이든지 모두 할 수 있다고 배웠다. 이것은 성경에 없는 거짓말이다. 예수님이나 부처님은 상대방의 죄를 조금도 대신하여 해결해 주실 수 없다. 자신의 죄의 문제는 자신이 해결해야 한다는 것이 성경 말씀이며 불경 말씀이다. 대속이 아니라 속죄다. 번역을 잘못하고 있다.

예수가 우리의 죄를 대신 사(赦)해 주는 것이 절대로 아니다. 예수는 우리의 죄를 조금이라도 대신 사해 줄 수 있는 능력이 전혀 없다. 죄를 해결하는 방법을 우리에게 알려주시고 저편의 세계로 가버렸다. 비유로 된 내용을 오해한 것이다. 이 내용은 사복음서와 로마서를 다룰 때 좀 더 자세히 설명을 이어가겠다.

보통 사람 같으면 예수가 자신 앞에 나타나면 우선 자신의 소원, 육신의 문제부터 해결해 달라고 한다. 그래서 그렇게 매달리며 끊임없이 애원하고 기도하는 것이다. 깨어 있다고 하더라도 예수께서 자신 앞에 나타나면 예수와 비교되어 대부분 사람은 자신 안에 정과 욕심이 있다는 것을 알게 된다. 그런데 그 정과 욕심을 내 던지기가 어렵다. 십자가에 달리면 된다는 이론은 알고 있다. 그런데 그것이 안 되는 것이다. 자신 안에 있는 비오스보다 더 귀한 것을 발견하지 못하였기 때문에 겉사람의 비오스를 움켜쥐고 있다. 우리는 나 자신을 제일 중요하게 생각한다. 그러나 중요하게 생각하는 몸과 마음이 변하는 허상이라고 말씀하고 있다. 몸과 마음이 허상인 이 비오스를 양식으로 삼고 살아간다. 의지처(애굽)인 것이다. 그래서 이것을 떨쳐내기가 대단히 어렵다.

그러나 여기 등장하는 가난한(푸토코스) 과부는 자신의 죄의 실상인 비오스를 던져 버렸다. 깨달음인 예수 그리스도를 내면에서 만난 것이다. 자신 안에서 남편인 그리스도를 만나는 내용이다. 가난(푸토코스)했던 과부는 버려야 할 이 비오스를 가지고 있어서 과부로 있었다는 것이 성경 내용이다. 겉사람의 노예가 되어 속사람 남편을 잠시 잃어버리고 과부가 되었다. 그녀는 과부가 되었는데도 절대 잃어버리지 않고 지니고 있었던 것이 있었다. 그것은 '푸토코스(πτωχός)' 다. 가난, 궁핍, 거지, 목마름이라는 뜻이 있다.

과부가 되기 전 남편에 대한 사랑을 소유하고 있었다. 그리고 과부가 된 후에도 그에 대한 목마름을 지니고 있었다. 곧 말씀에 대한 가난함(푸토코스)이다. 우리의 무의식 안에 있는 과거 생 곧 전생에서 선정에 들어간 경험은 수많은 생을 지나도 없어지지 아니한다. 그만큼 중요하다. 예수 그리스도의 남편은 반드시 선정에 들어가야 만날 수 있다.

선정에 들어가면 몸과 마음이 사라진다. 몸과 마음 안에 이 비오스가 있다. 이 비오스가 사라져야 남편 그리스도가 나타난다. 그러므로 이번 생에 선정에 들어가는 경험은 대단히 중요하다. 선정에 들어가는 경험은 무수한 생을 반복하더라도 없어지지 않기 때문이다. 그 복은 대단히 크게 작용한다. 다음 생에서도 크게 도움이 되는 것이다. 나의 삶에 있어서 무엇보다도 우선되어야 한다. 내면으로 돌이켜서 이 공부를 해야 하는 바로 그 이유다.

푸토코스를 가지고 있는 것은 깨달음으로 가는데, 대단히 중요하다. 우리 안에 계신 예수 그리스도께서는 이것 때문에 나의 마음 밭을 카타볼레스 코스무, 메타노에오를 하실 수 있다. 창 1장에 일곱 욤(날로 번역하였다)까지 갈 수 있게 인도하신다. 붓다께서는 사념처 수행을 위한 사띠 사마타 위빠사나를 말씀하였다.

그러므로 한 과부가 예수께 돈을 드린 내용이 아니다. 성경 이론은 모르더라도 남편에 대한 푸토코스가 있어야 한다. 그래야 깨달음을 찾을 수 있다. 그러므로 아무나 이 위빠사나를 할 수 있는 것이 아니다. 십일조와 헌물을 드리게 되는 선 조건이 바로 푸토코스(가난함)다. 이 푸토코스 때문에 겉사람에게 빼앗겼던 것이 무엇인지를 알게 된다. 강도에게 빼앗긴 나의 몸과 마음이 어떻게 구성되어 있는지 들여다보고 그 실상을 알게 되는 것이다. 그래야 자신 안에 있는 비오스를 보고 그 해결책을 구할 수 있는 것이다. 단기간에 될 수 있는 내용이 아니다. 광야 사십 년을 지나야 한다.

"하나님에 대하여 갈망(푸토코스)하는 자는 복이 있다." 하였다(마 5:3).

"마음이 가난한 자가 복이 있다"라고 번역한 것은 크나큰 오역이다.

그래서 이 과부는 예수를 만나자마자 바로 그 핵심을 알아보고 자신의 비오스를 연보궤에 던져 버리고 깨달음에 이른 것이다. 과부라는 것을 던져 버린 것이다. 그리고 남편 그리스도를 내면에서 찾았다. 그녀는 더는 겉사람의 비오스를 가지고 있지 않다. 이제는 목마른 과부가 아니다. 자신의 남편을 찾은 것이다. 부요(富饒)하게 된 이야기를 우리에게 들려준다. 그러므로 두 렙돈 한 고드란트는 돈이 아니며 연보궤 또한 비유다.

한 가난한(푸토코스) 과부는 와서 두 렙돈 곧 한 고드란트(코드란테스)를 넣는지라(막 12:42)

'넣는지라' 로 번역한 906번 '발레켄(βέβληκεν)' 은 3인칭,완료,능동태로서 자신 스스로가 던져 버렸다. 라는 뜻이다. 원형 '발로(βάλλω)' 의 뜻은 '던지다, 던져 버리다.' 다. 그러므로 한 가난한 과부가 돈을 넣는 내용이 아니다. 헌금하는 내용이 아닌데 예수 앞에서 헌금하는 내용으로 오해하여 기록하였다. 번역을 잘못한 것이다. 그래서 모두 오해하여서 지금도 예수에게 잘 보이려고 조금이라도 더 헌금을 한다. 돈이 없는 사람은 못 드려서 안타까울 뿐이다. 그래서 열심히 봉사한다. 위대한 예수, 힘 있는 예수에게 정말로 잘 보이고 싶다. 점수를 따서 대박을 한번 터트리고 싶어 한다.

그 때에 세베대의 아들의 어미가 그 아들들을 데리고 예수께 와서 절하며 무엇을 구하니 예수께서 가라사대 무엇을 원하느뇨 가로되 이 나의 두 아들을 주의 나라에서 하나는 주의 우편에, 하나는 주의 좌편에 앉게 명하소서(마 20:20-21)

모친까지 동원해서라도 예수에게 더욱 잘 보이고 싶다. 대박을 터트리고 싶은 것이다. 그래야 남들을 누르고 자랑도 할 것이 아닌가! 옆에 있던 다른 제자들의 질투가 얼마나 심한지 기록을 통해 알 수 있다. 다른 제자들도 모두 마찬가지다. 기적을 일으키는 그 예수에게 잘 보이려고 모두 애를 쓴다. 비오스를 예수 앞에 던진 참 과부는 예수에게 잘 보이려고 헌금을 정성껏 드리는 내용이 아니다.

현재 교회에서 간증하는 것을 모두 들어 보았을 것이다. 얼마나 부러운 일인가! 헌금을 많이 하는 사람들을 보면 모두 부러워한다. 목사로부터 장로들로부터 칭찬도 많이 받고, 관심까지 받는다. 물론 다 갖춘 사람들은 부러울 게 없지만, 대부분 교회 나오는 사람들은 부족함을 느낀다. 사는데 외롭고 두렵기까지 하다. 그래서 모두 애쓴다. 그분에게 점수를 따야 하기 때문이다. 그분으로부터 정말 인정받고 싶은 것이다. 그래야 안위가 된다. 그것 때문에 힘들어도 살아간다. 없이 살아도 예수만 있으면 위로가 된다. 그래서 슬프고 힘들고 외로워도 나중에 천국에 들어가서 그분에게 인정받고 싶어서 견뎌 나간다. 그래서 그토록 매달리는 것이다. 물론 힘들게 살아가는 이들을 다양하게 위로해야 하지만 말씀은 똑바로 가르쳐야 한다.

가난한(푸토코스) 과부는 열 명의 문둥병을 고침을 받은 사람 중 한 명이 자신 안에 있는 예수 그리스도에게 돌아왔던 것처럼 같은 내용이다. 더는 하늘의 성전 안에 들어갈 수 없는 병자가 아니다. 자신의 가장 큰 문제점인 죄의 문제를 내던져 버린 것이다. 죄로부터 해방된 것이다. 이것보다 더 귀한 일이 어디 있겠는가! 예수께서 십자가에서 휘장을 찢어버리고 부활한 것처럼 부활을 체험한 것이다. 과부의 비오스를 드리지 아니한다면 여전히 십일조와 헌물을 도적질하였다 하신다. 대부분 사람은 자신이 가지고 있는, 겉사람의 비오스를 던져 버리지 못한다. 죽을 때까지 이 비오스를 움켜쥐고 있는 것이다. 이 공부를 제대로 하지 못한 결과다. 결국 다시 윤회를 반복한다.

그래서 간음에 대하여 다음 문장이 이어서 나오는 것이다. 겉사람의 비오스를 드리지 아니하면 간음을 하고 있다는 내용이다. 부자들은 이 비오스를 드릴 수도 없으며, 항상 간음하고 있음을 이야기한다. 부자들은 버려야 할 이 비오스를 많이 가지고 있다. 그래서 부자다. 이들은 약대가 바늘구멍으로 들어가는 것보다 천국에 들어가기가 더 어렵다고 말씀하신다. 세상 돈으로 물질로 부자를 이야기하는 것은 아니다. 그러나 세상 물질 권세를 많이 가진 부자들 또한 자신을 내려놓기가 그만큼 힘이 든다.

루빠난다의 이야기

자나빠달깔야니는 부처님의 양어머니이자 이모(고따미)의 딸로서 용모가 아주 아름다웠기 때문에 루빠난다(용모가 아름다운)라고 불리었다. 그녀는 부처님의 이복동생인 난다와 결혼하기로 되어 있었는데, 난다가 결혼 당일 부처님을 따라가 빅쿠가 되었기 때문에, 신랑 없이 의식만 치루었다.

어느 때 그녀는 혼자 이렇게 생각했다.

'나의 큰오빠인 싯달타 태자는 세상에 남아 있었으면 전륜성왕이 되었을 텐데도 세상을 버리고 수행자가 되어 이제는 부처를 이루시었다. 또 싯달타 오빠의 아들 라훌라와 나의 남편, 난다 왕자 역시 빅쿠가 되어 이 세상을 버렸다. 그뿐만이 아니라 나의 어머니도 빅쿠니가 되었고 이제는 나 홀로 여기 남아 있구나.'

그녀는 이렇게 생각한 끝에 자기도 수도원으로 들어가 빅쿠니가 되었다. 그녀가 이같이 빅쿠니가 된 것은 해탈에 대한 신심이 있어서가 아니라 고독감을 이기지 못하여 다른 사람들의 흉내를 낸데 불과했다.

빅쿠니가 된 루빠난다는 자주 다른 빅쿠니들로부터 부처님께서는 몸은 무상하며, 둑카(苦)로 가득 차 있고, 거기에 나라고 하는 주재자가 없다고 설법하신다는 이야기를 들었다. 그러자 그녀는 그것은 부처님께서 자기 같은 미인을 보지 못하신 탓이라 여기며, 자기를 보게 되면 부처님께서 그렇게 말씀하시지 않고 그와 반대되는 설법을 하실 것이라고, 생각했다. 그녀는 이 같은 생각으로 부처님을 멀리했다. 그러나 다른 빅쿠니들이 부처님에 대해 존경과 찬탄을 했기 때문에 그녀의 궁금증은 커져만 갔다. 그래서 부처님의 법문이 있는 날 자기도 다른 빅쿠들을 따라가 뒤에 서서 법문만 살짝 듣고 오리라 마음먹게 되었다. 마침내 그날이 되어 그녀는 부처님께 갔다. 부처님께서는 다른 빅쿠니들 속에 루빠난다가 있는 것을 멀리서 보시고 스스로 이렇게 생각하시었다.

'가시는 가시로써 빼어야 하는 법이다. 루빠난다는 자기 용모가 아름다운 것에 집착하여 자만심이 대단하니 여래는 루빠난다보다 더 아름다운 여인을 보여 그 교만과 애착을 끊으리라.'

부처님께서는 즉시 신통력으로써 열여섯 살쯤 되는 아주 환상적인 미인이 부처님께 부채를 부치는 영상을 만드시어 이를 다만 부처님과 루빠난다만 볼 수 있게 하시었다. 루빠난다가 대중의 뒤편에서 부처님을 멀리 바라보니 부처님 옆에서 아주 아름다운 여인이 부처님께 부채를 부치고 있었다. 그 여인을 보고 루빠난다는 스스로 저 여인이 맑은 호숫가에 노니는 백조와 같다면 자기의 아름다움은 차라리 보기 흉한 늙은 까마귀에 지나지 않는다고 생각했다. 루빠난다는 여인이 아주 아름다운 데 마음이 끌려 친해지고 싶은 마음이 들었다. 그런저런 생각을 하다가 루빠난다는 다시 그 여인을 쳐다보았다. 그런데 그 여인은 이제 스무 살쯤 되는 여자로 성숙해져 있는 것이었다. 그리고 계속하여 그녀를 관찰해보니 점점 나이가 들어 마침내는 머리털이 하얗게 변해 버렸다. 이같이 매우 아름다웠던 그 여인은 중년이 되고 늙은이가 되어 결국은 몸도 제대로 가누지 못하는 병든 모습으로 변해 버리는 것이었다.

루빠난다는 늙은 모습이 나타나면서 한때 젊고 아름다운 모습이 사라져버리는 뼈저린 장면을 목격하고 나서, 이 몸이라는 것은 계속 변화하면서 늙고 병들고 시들어 죽어가는 것이라는 진실을 깨달았다. 그래서 루빠난다의 마음은 진보되어, 자기 용모의 아름다움에 대한 애착과 자만심이 많이 줄어들게 되었다. 이러는 동안 부처님의 옆에 앉아 있던 여인의 모습은 몸을 더 이기지 못하고 자기 대변 위에서 뒹굴더니 마침내 죽어 버렸다. 그리고 얼마 뒤에는 몸이 부패하여 아홉 구멍으로부터 썩은 고름이 흐르며, 구더기와 벌레들이 기어 다니기 시작했고, 까마귀와 독수리 떼가 살점을 뜯어먹으려고 달려드는 것이었다. 이 같은 현상을 똑똑하게 지켜본 루빠난다는 중얼거렸다.

'저 젊은 여인은 내가 지켜보는 가운데 나이가 들고 늙더니 몸을 가누지 못하고 드디어는 죽고 말았다. 이같이 내 몸도 역시 늙어가 마침

내 병들어 죽게 될 것이다.'

그녀는 이 같은 생각으로 오온(五蘊)의 진실한 성품을 잘 관조하여 다스리기 시작했다. 루빠난다의 마음이 여기까지 이르고 있을 때 부처님께서는 존재의 세 가지 특성, 즉 제행무상1)과, 일체개고2)와 제법무아3)를 설법하시었다. 이에 루빠난다는 즉시 소따빳띠 팔라를 성취하였다.

그리고 부처님께서는 다음 게송을 읊으시었다. 이 몸은 뼈들로 만들어지고 살과 피로 발라진 성채 그곳에 늙음과 죽음, 그리고 자만과 위선이 들어있다.

부처님께서 설하신 이 내용을 반드시 알아야만 한다.

① 제행무상(諸行無常) :

나타난 모든 만물은 항상 생사와 인과가 끊임없이 윤회하므로 한 모양으로 머무르지 않는다. 끊임없이 일어나고 사라지며 동시에 사라지고 일어난다. 사물 일체는 조건 지어 생성하고 조건이 다하여 소멸할 뿐이다. 행(行)이란 의도적 행위나 지향하는 작용을 말한다. 이런 것이 없는 것을 무위(無爲)라고 한다. 무상(無常)이란 항상 함이 없이 변화하여 고정됨이 없다. 모든 행(行)은 무상하다.

구경무아(究竟無我): 결국 무아다. 몸과 마음은 항상 변하기 때문에 나라고 할 만한 것이 전혀 없다.

구경(究竟)이란 마침내, 결국, 궁극적이라는 뜻이다.

무아(無我)란 내가 없다는 말이 아니라 나라고 하는 변치 않는 궁극의 실체로서 존재하는 것은 없다는 뜻이다. 나라고 할 만한 요소가 전혀 없다는 것이다.

제행을 무상이라고 알지 못하고 내가 있다고 착각하면 그것에 자꾸만 매달리기 때문에 각종 번뇌가 일어난다. '조건 지어져 생성된 일체의 사물은 덧없다.'

② 일체개고(一切皆苦) :

이와 같은 제행무상은 나타난 것들의 바라는 바가 아니므로 고통(둑카: 불만족)이다. 인간이 괴로운 이유는 오온(몸과 마음)에 집착하기 때문이다. 몸과 마음을 나와 일치시키고 있기 때문이다. 생,노,병,사 모두 괴로움이며 사랑하는 사람과 헤어지는 괴로움, 미운 사람과 만나는 괴로움, 원하는 것을 얻지 못하는 괴로움, 오온(색수상행식)에 집착하여 다섯 가지 쌓임이 괴로움이다. 인생은 삶 그 자체가 괴로움이다.

③ 제법무아(諸法無我) :

이와 같은 진실로 보아 모든 사물 속에는 영속적이고 불변하는 어떤 주체 또는 불변하는 진아(眞我)가 없다.

초기 경전에서 이 같은 세 가지 진리는 끊임없이 반복하여 강조되고 있으며, 붓다께서는 이 같은 진실 수행을 통하여 깨우쳐, 모든 사물과 자기 자신에 대한 집착을 떠나야 한다고 강조하신다.

위에 나오는 소따빳띠 팔라는 성경 창 1장에서 등장하는 첫째(한)음에 해당한다고 볼 수 있다. 자신 안에서 깨달음을 얻은 것이다.

하나님의 빛이 내면에 비추어 오면 몸과 마음이 실체가 아니라 변하고 무상하다는 것을 알게 된다. 윗물과 아랫물이 갈라진다. 몸과 마음에서 벗어나기 시작한다. 업(까르마)으로 인하여 잠시 몸과 마음을 뒤집어쓰고 나타났다는 것을 자세히 연기로서 알게 되는 것이다. 그러므로 창 1장의 내용은 대단히 중요하다.

(마 5:27) 또 간음치 말라 하였다는 것을 너희가 들었으나
(마 5:28) 나는 너희에게 이르노니 여자(귀네)를 보고 음욕을 품는 자마다 마음에 이미 간음하였느니라

간음하게 하는 여자(귀네)가 마음 안에 있다. 이 여자(귀네)가 몸과

마음을 나로 알게 한다. 그 뿌리가 아주 견고하고 깊다.

가난한(푸토코스) 과부는 보고, 듣고, 냄새 맡고, 맛을 보고, 몸에서 느끼고, 마음에서 나오는 모든 알음알이에 대해서 파악하고 있었다. 간음이 내면에서 어떻게 일어나는지 알았다. 마음에서 음욕을 품고 간음이 일어난다. 마음 안에서 늘 갈애(渴愛)가 일어나는 그 원인을 알아낸 것이다. 마음에서 원하는 소원(음욕)이 이루어지지 아니하면 대부분 사람은 힘들어한다. 항상 귀네(여자)를 보자마자 그 즉시 간음하고 살아가는 것이다. 마음은 이렇게 길들어져 왔다.

여자(귀네)를 보고 간음하는 것은 당연한 일이 되었다. 이 간음은 좋은 것으로 귀중한 것으로 여기며 살아왔다. 이것은 간음이 아니라 세상에서 이루어져야 할 꿈으로 생각해 왔다. 이 간음의 실체를 모르고 살아왔다. 그런데 이 가난한(푸토코스) 과부는 자신 안에서 간음이 일어나는 그 원인을 알았다. 참으로 대단한 수행자다. 보고, 듣고, 냄새 맡고, 맛을 보고, 몸에서 느끼고, 마음에서 나오는 모든 알음알이 속에서 이 음욕이 일어난다.

육경이 육식(안식,이식,비식,설식,신식,의식)을 만나서 육근 안으로 들어오는 이 과정에 이 갈애가 일어나며 여기서 음욕과 간음이 시작된다. 육경과 육근 사이에 여자(귀네)가 있고 또 오식(안,이,비,설,신)과 육식(의) 사이에 이 여자(귀네)와 남자가 붙어 있다. 이들은 부부다.

대부분 기독교인은 내면에 이 여자(귀네)가 어디에 거하는지도 모른다. 많은 불자는 이를 공부한다. 그러나 기독교인들은 금시초문일 것이다. 이런 공부를 하지 않았기 때문이다. 예수 믿으면 천국, 불신 지옥 여기에 머리가 굳어져 있다. 내 안에 있는 여자(귀네)를 보고 음욕이 일어나면 즉시 육식으로 넘어간다. 오식과 육식은 순간적으로 일어난다. 좋은 것은 취하고 싫은 것은 밀어낸다. 육식 안에 이미 들어와 있었던 것을 동원하여 육경으로부터 육근 안으로 들어오는 것을 순간에 왜곡시켜버린다. 이는 간음이다. 간음은 항상 과거와 미래로부터 온다.

과부는 자신의 내면을 항상 들여다보았고 그 해결책을 마음 안에서 찾아다녔다는 것을 이야기한다. 오식과 육식 사이에 일어나는 일을 면밀하게 보았다는 내용이다. 그런데 아직 확실한 해결책을 만나지는 못하였다. 그래서 과부다.

그리스도의 신부들은 오식과 육식을 완전히 구분한다. 오식과 육식을 왜곡시키지 아니한다. 몸과 마음을 해체하여 들여다보기 때문에 무더기로 보지 않는다.

아브람이 강도에게 빼앗겼던 자신의 것을 쫓아가서 그들을 죽이고 다시 찾아왔던 것처럼 자신의 원래의 실상을 강도들로부터 왜곡된 것을 다시 찾아온 것을 말씀한다. 자신의 속사람을 이 강도떼들(겉사람)로부터 찾아온 것을 뜻하고 있다. 우리는 보고, 듣고, 냄새 맡고, 맛을 보고, 몸에서 느끼고, 마음에서 일어나는 것에 포로가 되어 살아간다. 한순간도 이들에게서 벗어나지 못하고 있다. 항상 왜곡하여 보고 듣고 냄새 맡고 맛을 보고 느끼고 한다. 그 결과 좋아하는 것들은 받아들이고, 싫어하는 것들은 밀어낸다. 깨어 있지 못하면 한순간도 음욕을 품지 않고 살아가지 못한다. 이 내용이 창세기 2장부터 아담과 하와를 등장시켜 내면의 이야기를 시작한다.

예를 들어 사과를 보았다고 하자.

그 즉시 사과라는 것을 알게 되고 색깔이 어떤지, 익었는지, 맛이 있는지 맛이 없는지 그 즉시 판단하게 된다. 먹게 되면 입 안에서 느낌이 온다. 맛이 있고 맛이 없고 과거 경험이 동원된다. 보고, 듣고, 냄새 맡고, 맛보고, 느끼는 것 이모두는 과거 기억을 가지고 여자(이솨)가 나타났으며 이것에 대해 남자(이쉬)가 인정하였기 때문이라고 히다로서 이야기 하고 있다. 이것은 본질을 왜곡시키는 주요한 내용이다. 이것이 간음이다. 예수께서 이 문제를 들고나오는 것이다. 여자(귀네)를 보고 음욕을 품고 간음하는 문제를 제기한다.

과부가 소원(음욕)을 품고 돈을 드린 내용이 아니다. 과부는 간음하는 자가 아니다. 간음을 벗어나고자 하는 것을 말씀하고 있다. 간음하고 있는 그 주체를 알고 있었다. 자신의 실상을 알고 예수를 만나 깨달음을 얻는다는 내용이다. 내면에서 일어나고 있는 현상에 대하여 비사(파로이미아)로 우리에게 말씀하고 있다. 이래서 성경 말씀은 시제가 없다. 과거 역사적인 사건으로 보면 곁길로 나간다. 성경 전체가 내면에서 일어나는 일을 비사와 비유로 말씀하고 있다. 그러므로 성경은 역사서가 아니다. 역사적인 사건으로 보면 하나님 말씀이 아니다. 그래서 역사적인 그 예수는 과감히 떠나보내야 한다.

가난했던(푸토코스) 과부는 자신 안에서 간음하게 하는 그 원인을 알아보고 그 마음을 해체해서 그 실체를 알았고 그 여자(귀네)가 허상인 것을 발견한 것이다. 몸과 마음에서 일어나는 현상이 실체가 아니라는 것을 안 것이다. 몸과 마음에서 일어나는 현상을 떨어져 보고(호라오) 있다. 마치 하나님이 우리 마음을 보고 있는 것처럼 보고(호라오) 있다. 여기 가난한(푸토코스) 과부를 등장시켜 우리가 가지고 있는 간음의 문제를 해결하는 내용을 보여주시는 것이다.

과부라는 의미는 현 남편을 잃어버리고 항상 과거와 미래로 향하여 왜곡하여 있는 것을 뜻한다. 그래서 좋은 것은 취하고 싫어하는 것은 밀어내는 것이다. 그 과부의 실상을 알고 내 버린 것이다. 항상 현재에 와 있는 신랑을 찾은 것이다. 그가 온전한 십일조와 헌물이 됨이다. 비사와 비유로 되어 있다.

24. 십일조에 대하여(7)

(마 5:25) 너를 송사하는 자와 함께 길에 있을 때에 급히 사화하라 그 송사하는 자가 너를 재판관에게 내어 주고 재판관이 관예에게 내어 주어 옥에 가둘까 염려하라

마 5:25절에 등장하는 '옥'은 우리가 생각하는 감옥이 아닌 윤회의 구렁텅이에 빠져있는 겉사람의 세계를 일컫는다. 곧 휘장 안에서의 일이다. 겉사람의 생활비 곧 비오스를 전부 탕진해야 이 옥에서 나올 수 있는 것이다. 비로소 윤회의 구렁텅이에서 빠져나올 수 있는 그 길을 알게 된다. 생활비 곧 비오스는 이생의 자랑, 안목의 정욕, 육신의 정욕인 맘모나다. 예수께서는 십자가에 달리시므로 이 일을 성취하신다.

(마 13:23)좋은 땅에 뿌리웠다는 것은 말씀(호 로고스)을 듣고 깨닫는 자니 결실하여 혹 백배, 혹 육십 배, 혹 삼십 배가 되느니라

ὁ λόγος(호 로고스) 말씀. 요 1:1에 호 로고스의 정의가 잘 나타나 있다. 호 로고스는 근원이며 예수 그리스도로 나투신다.

하시더라

말씀을 깨닫는 자로서 결실하여 삼십 배, 육십 배, 백 배가 된다. 이것은 돈이 아니다. '호 로고스' 이며 예수 그리스도를 뜻한다. 예수 그리스도는 하나님의 그 생명의 그 빛이다. 하나님의 그 생명의 그 빛은 원래부터 내 안에 있었고 내가 발견해야 한다. 이것을 발견하여 몸된 성전에 드려야 한다. 그러므로 말씀(호 로고스)은 돈이 아니다.

(마 13:25) 사람들이 잘 때에 그 원수가 와서 곡식(씨토스) 가운데 가라지를 덧뿌리고 갔더니

σῖτος(씨토스)는 '곡식' 이 아니라 '밀' 이다. 번역을 잘못하고 있다.

성경에서 '밀' 은 추수해야 할 열매로서 하나님 자녀들의 부활(오순절 추수)을 비유한다. 물질 곡식을 추수해서 하나님께 드리는 내용이 아니다. 씨토스는 물질이 아니며 돈이 아니다. 밀을 추수해서 하나님의 몸 된 성전에 바쳐야 한다. '밀(씨토스)' 은 하나님의 자녀가 열매로 나와야 할 것을 말씀하고 있다.

(마 13:38) 밭(아그로스)은 세상(호 코스모스)이요 좋은 씨(스페르마)는 천국의 아들들이요(그 천국의 그 아들들이요) 가라지(지자니온)는 악한 자의 아들들이요.

씨(스페로마)는 하나님의 아들들로 나온다. 돈, 물질이 아니다. 몸 된 성전에 드려야 할 십일조이며 헌물이다.

가라지(지자니온)는 악한 자의 아들들이다. 사망의 십일조와 헌물이다. 대상 하나님을 섬겨서 감각적 욕망을 열매를 맺는다.

'밭(아그로스)은 세상이요' 에서 세상이 '호 코스모스(ὁ κόσμος)' 이다.

"ὁ-δὲ ἀγρός ἐστιν ὁ κόσμος:(호-데 아그로스 에스틴 호 코스모스) 는 "그 아그로스(밭)는 호 코스모스(몸과 마음)이다."

'코스모스' 는 몸과 마음을 비유하고 있다. 마음 밭이다. 밖의 세상이나 공간적인 개념이 아니다. '코스모스' 가 '아그로스 마음 밭' 이라고 정의하고 있다. '코스모스' 마음 밭을 일구고 말씀의 씨를 심고 가꾸어서 열매를 내어 백 배, 육십 배, 삼십 배의 결실을 하고, 마음 밭을 개간해서 추수한 것을 하나님께 드린다. 사람의 마음 밭에서 난 밀(씨토스)은 물질이 아니라 마음 밭에서 하나님의 말씀이 열매를 맺는 것을 말씀하고 있다. 그러므로 말씀으로 변화된 내(예수 차원)가 하늘의 제사장이 되어서 하나님(근본)께 드려야 할 십일조와 헌물인 것이다. 그러므로 십일조와 헌물은 하나님 아들이 된 나(예수 차원)이다. 이 내용을 설명하기 위하여 창 1장에서부터 히다와 마샬의 관계 속에서 설명하고 있다. 그리고 새 언약에서 그 열매를 맺는다.

요 3:16절 '하나님이 세상을 이처럼 사랑하사' 에서 '세상' 이 '호 코스모스' 다.

'코스모스(κόσμος)' 에는 두 종류 코스모스의 밭이 있다. 개간해서 경작해야 할(카타볼레스) 코스모스와 말씀을 거부하는 코스모스가 등장한다. 말씀을 거부하는 코스모스(마음 밭)와 하나님의 말씀을 받아들이는 코스모스(마음 밭)다. 말씀을 받아들이는 코스모스(마음 밭) 세상은 몸과 마음의 그 실상을 알아서 몸과 마음에서 벗어나는 길을 간다. 몸과 마음을 무더기로 보는 것으로부터 탈출한다. 참 십일조가 되는 선조건이다.

예수께서는 너희와 저희로 구분하신다. 예수께서는 자기 자신을 찾으러 온다. 많은 사람이 예수께서 만백성 모두를 사랑하셔서 오신 것으로 잘못 알고 있다. 이것은 성경 말씀에 없는 거짓이다. 예수께서는 자기 자신 안으로만 오셨다. 땅(지구)에 오신 게 아니다. 지구는 자기 자신이 아니다. 그러므로 너희(코스모스)에게만 오시고 저희(코스모스)를 떠나신다. 저희는 말씀을 거부하는 코스모스다.

"자기 땅(이디아)에(εἰς 안으로) 오매(엘덴) 자기 백성이 영접지 아니하였으나"번역이 잘못되었다는 것을 앞에서 다루었다. 예수 그리스도께서는 '자기 자신(이디아) 안으로 이미 오셨다' 라고 말씀하신다. 밖의 공간적인 세상에 오신 것이 아니다. 이천 년 전 역사적으로 오신 것을 말씀하시는 것이 아니라 내 안으로 이미 오셨다. 내면에서 일어나는 일이다. 결국 내 안에 속사람이 와 있는 것을 이런 식으로 표현하였다. 겉사람 너머에 속사람이 언제나 이렇게 와 계신다. 그러므로 이천 년 전 오신 것이 아니다. 영겁 전부터 이렇게 와 계신다. 한시도 떠난 적이 없었고 떠날 수도 없는 것이 하나님의 속성이다. 이것을 이해할 수 없게 만드는 것이 버려야 할 비오스다. 이 비오스만 버린다면 그는 하나님이 된다. 그런데 종교인들이 오해하여 이천년 전 지구 땅에 오신 예수로 번역을 하였다.

예수께서 바로 내 안으로 오셔서 계신 것을 말씀하고 있다. '자기 자신 안(εἰς τὰ-ἴδια:에이스 타-이디아)' 으로 이미 오셔서 계신다. 참 십일조와 헌물이 되기 위해서다. 참 십일조와 헌물을 드리기 위해서 예수께서 제사장으로 왕으로 선지자로 자기 자신 안으로 이미 오신 것이다. 인생들은 이런 예수 그리스도와 나를 분리하고 있다. 그러나 밖으로 오셨던 예수와 나를 분리해야 하는 이유는 안이비설신의를 통해서 왜곡하여 보고, 왜곡하여 알고 있기 때문이다. 이 안이비설신의를 십자가에 달아 죽여야, 그 실체가 보이기 시작한다. 그래서 세례(침지) 요한의 목이 잘리고 그 목이 율법이 기록된 서판 위에 올라가야 예수의 목으로 바뀐다. 그리고 가롯유다의 목이 선악 지식나무에 달리고 그 배에서 스프랑크나가 나와야 예수의 몸으로 바뀐다. 이렇게 지혜 있는 자는 술 취함에서 깨어난다. 이처럼 자신과 하나 되어 있는 그 하나님의 은혜로만 이루어진다. 그러므로 밖의 예수는 그만 떠나보내야 한다.

그 안에 생명이 있었으니 이 생명은 사람들의 빛이라 빛이 어두움에 비취되 어두움이 깨닫지 못하더라(요 1:4-5)

우리 안에 그 생명이신 그 빛 곧 예수 그리스도께서 이미 오셔서 계시나 이것을 모르고 있다고 말씀한다. 그래서 요한과 같은 자들을 보내어 우리 안에 있는 이 빛에 대하여 알려주고 있다. 이 빛이 각자 안에 있다. 이 빛이 예수 그리스도다. 그러므로 예수 그리스도는 대상이 아니다. 그래서 사람의 눈으로 보이는 육체 예수를 찾으면 큰일이다. 성경 기록(그라페)이 우리에게 주시고자 하는 원래 그 의미를 벗어나면 안 된다. 많이 안다고 하는 종교인들 때문에, 크게 존경받는 종교인들 때문에 이 길을 가고자 하는 많은 인생이 장님이 되었고 술 취하게 되었다. 이들이 초대 교부들로부터 시작하는 유명한 이들이다. 이들은 성자의 반열에 오른 이들이다. 그런데 이와 같은 이들이 우리를 장님으로 만들고 있다. 이들의 종교심은 참으로 대단하다. 그러나 이제는 정신 차려야 한다. 붓다께서도 스스로 깨닫고 알게 되면 그때 그것을 받아들이시오 하였다.

(출 12:7) 그 피로 양을 먹을 집문 좌우 설주와 인방에 바르고 (8) 그 밤에 그 고기를 불에 구워 무교병과 쓴 나물과 아울러 먹되 (12) 내가 그 밤에 애굽 땅(에레츠)에 두루 다니며 사람과 짐승을 무론하고 애굽 나라 가운데 처음 난 것(베코르:여자에게서 난 초태생)을 다 치고 애굽의 모든 신에게 벌을 내리리라 나는 여호와로라 (13) 내가 애굽 땅(에레츠)을 칠 때에 그 피가 너희의 거하는 집에 있어서 너희를 위하여 표적(오트)이 될지라 내가 피를 볼 때(라아)에 너희를 넘어가리니(파사흐) 재앙이 너희에게 내려 멸하지 아니하리라

이스라엘 백성이 출애굽 전날 밤 양의 피를 문설주에 바르고 그 양고기와 무교병을 몸 안에 넣었다. 이로써 출애굽이 시작된다. 양의 피를 보고 사망이 넘어가며 그 양고기(양식)와 무교병을 몸 안에 넣어야 갈대 바다를 똑바로 건너갈 수 있다. 얍빠샤가 드러난 갈대바다를 건너

야 애굽 땅(에레츠)으로부터 온전히 벗어난다. 같은 내용으로 멜기세덱이 가져온 포도주와 떡(레헴)을 아브람이 소유하였다. 그리고 아브람이 아브라함으로 가는 여정이 시작된다. 모두 히다로 된 내용이다.

(요 6:53) 예수께서 이르시되 내가 진실로 진실로 너희에게 이르노니 인자의 살을 먹지 아니하고 인자의 피를 마시지 아니하면 너희 속에 생명이 없느니라
(요 6:54) 내 살을 먹고 내 피를 마시는 자는 영생(ζωὴν αἰώνιον: 조엔 아이오니온)을 가졌고 마지막 날(에스카토스 헤메라)에 내가 그를 다시 살리리니(세우다)
(요 6:55) 내 살은 참된 양식이요 내 피는 참된 음료로다
(요 6:56) 내 살을 먹고 내 피를 마시는 자는 내 안에 거하고 나도 그 안에 거하나니

'내 살과 내 피'를 마시게 되면 몸된 성전이 각자 안에 세워지게 된다. 몸 된 성전은 카르디아를 넘어서 있는 누스 안에 세워져 있다. 비유(파라볼레)다. 그러므로 예수의 살과 피는 아무나 먹고 마실 수 있는 것이 아니다. 어떻게 먹고 마실 수 있는지 전혀 알 수가 없다. 이론이 아니기 때문이다. 만약 먹고 마신다면 그 생명의 빛으로 들어간다. 너희와 종교인들은 절대 먹고 마실 수 있는 양식과 음료가 아니다. 초기 불경에서는 최소한 선정상태에 들어가야 나타나는 예수의 살을 먹고 그의 피를 마실 수 있는 것이다. 선정은 초선정부터 팔선정까지 설명하고 있다. 그러나 깨달음은 초선정에서도 이루어질 수 있다.

예수의 피에는 사망(죄)이 접근할 수 없다. 그리고 예수의 살과 피는 깨달음이 담겨있다. 예수의 살과 피를 마시려면 우선 몸과 마음 관찰을 하여야 한다. 마음 밭을 파헤치고 뒤집어엎고 개간하여 옥토로 만들어야 한다. 우리의 의식 잠재의식 무의식의 속성을 알아내야만 한다. 그래야 말씀의 씨를 그 밭에 뿌릴 수 있으며 자라나게 할 수가 있다. 계

속해서 햇빛과 공기와 물을 공급해 주어야 한다. 그리고 포도 열매를 수확해서 포도주(예수의 피)를 마시고 취해야 한다. 참된 음료다. 그러므로 참된 음료는 누구나 마실 수 없다. 온전히 마음을 해체하여 알아야 한다는 조건이 있다. 마침내 아침(깨달음)이 도래한다. 예수 그리스도와 하나를 이룬다. 참 십일조와 헌물은 여기서 나온다. 모두 내면에서 일어나는 일을 비사와 비유로 말씀하고 있다.

> 영접하는 자 곧 그 이름을 믿는 자들에게는 하나님의 자녀가 되는 권세를 주셨으니(요 1:12)

우리가 너무도 잘 아는 구절이다. 그런데 큰 오역이다. 번역한 내용은 원래 나타내고자 하는 그 의미와 완전히 다르다. 이렇게 번역한 구절은 하나님 말씀이 아니다. 신학자들이 혼돈하여 번역을 자신들 개념으로 하였다. 그리고 자신들이 번역한 것을 하나님 말씀이라고 규정하였다. 결국 거짓말을 한 것이다. 거짓으로 번역한 내용을 하나님 말씀이라고 사기를 쳐버린 꼴이다. 자신들도 몰랐다고 변명을 할 수 있는 일이 아니다. 이것은 살고 죽는 문제를 다루는 일이다. 칼빈도 오해하여 오직 믿음으로 구원받는다고 하였다. 그러면 무엇이 잘못되었는지 다시 이 문장을 들여다보아야 한다.

> "ὅσοι-δὲ ἔλαβον αὐτὸν ἔδωκεν αὐτοῖς ἐξουσίαν τέκνα θεοῦ γενέσθαι, τοῖς πιστεύουσιν εἰς τὸ ὄνομα αὐτοῦ:
> (호소이-데 엘라본 아우톤 에도켄 아우토이스 엑수시안 테크나 데우 겐네스다이, 토이스 피스튜우신 에이스 토 오노마 아우투.)

"그러나 그를 받아들이는 자 누구든지 그들에게는, 현재 그의 그 이름 안으로 믿어서 들어오는 자들에게는 하나님(관사없음)의 자녀들을 이루는(과거,중간디포넌트, 하나 된) 권세(능력)를 이미 주셨으니(되 돌려주다)."

한글로 번역된 내용과 원본과는 그 의미가 전혀 다르다.

예수를 믿으면 구원되는 내용이 아니다. 그러므로 예수를 믿으면 구원된다는 말은 성경에 없는 거짓말이다. 자녀가 되는 선 조건을 제시하고 있다.

'현재 믿어서(피스튜우신:현재,분사,여격) 예수 그리스도 안으로 들어와 하나 되어야(에이스) 한다.' 라는 것이다. 내 안으로 오신 속사람 예수와 하나 되어야 하는 선 조건이 있다. 그러하다면 하나님(데오스)의 아들(테크나)이 된다. 나의 믿음을 버리고 예수께서 소유한 믿음 곧 아버지와 하나 된 것을 소유해야 한다는 것이다. 이래서 몸과 마음을 해체하여 그 실상을 알아야 한다는 것이다. 몸과 마음은 버려야 할 휘장이다. 믿음은 겉사람의 마음에서 생긴다. 이 자기 믿음을 버려야 속사람의 믿음이 온다고 말씀하고 있다.

피스튜우신(πιστεύουσιν)은 동사,분사,현재,능동,여격,남성,복수다. 현재, 여격이다. 예수께서 가지고 있는 아버지와 하나 됨이다. '데오스(하나님)' 의 소유격인 '데우(θεοῦ)' 앞에 관사가 없다. 말씀에서 하나님 앞에 관사가 없는 것은 대단히 중요하다. 관사가 없이 기록한 하나님은 보이지 않는 하나님이 아니다. 나와 온전히 하나로 있는 하나님을 말씀하고 있다. 그래서 보고 만질 수 있다.

> 내 손과 발을 보고(호라오) 나인 줄 알라 또 나를 만져 보라(호라오) 영(귀신)은 살과 뼈가 없으되 너희 보는 바와 같이 나는 있느니라(눅 24:39)

귀신은 살과 뼈가 없으나 부활한 예수 그리스도는 보고 만질 수 있는 살과 뼈로 되어 있다. 살과 뼈는 비사이며 비유가 임해야 알게 된다. 창세기에서부터 이 살과 뼈에 관한 내용이 이어져 나온다. 그러므로 하나님을 볼 수 없다고 말하는 것은 거짓이다. 반드시 자신(예수 차원)이 보고 만질 수 있어야 한다. 이래서 예수께서는 반드시 보고(호라오) 만져야 한다고 말씀하고 있다. 붓다께서도 자신 안에서 법을 보는 자가 나를 본다고 하였다.

(요 20:27) 도마에게 이르시되 네 손가락을 이리 내밀어 내 손을 보고 네 손을 내밀어 내 옆구리에 넣어보라 그리하고 믿음 없는 자가 되지 말고 믿는 자가 되라 (28) 도마가 대답하여 가로되 나의 주시며 나의 하나님이시니이다.

도마가 부활하신 예수 그리스도를 자신 안에서 보고 만지는 내용이다. 그러므로 우리도 반드시 예수 그리스도를 내면에서 보고 만져야 한다.

(요 20:29) 예수께서 가라사대 너는 나를 본(호라오) 고로 믿느냐 보지 못하고 믿는 자들은 복되도다(마카리오스, 복들이 있다) 하시니라

크나큰 오역이다.
Λέγει αὐτῷ ὁ 'Ιησοῦς, "Οτι ἑώρακάς με, Θωμᾶ, πεπίστευκας· μακάριοι οἱ μὴ- ἰδόντες καὶ πιστεύσαντες.
(레게이 아우토 호 예수스 호티 헤오라카스 메, 도마, 페피스튜카스 마카리오이 호이 메-이돈테스 카이 피스튜산테스)
"그 예수께서 말씀하시되 도마야 나를 호라오(보다) 하고 믿는구나, 나를 에이도(보다) 아니하고 믿는 자들은 복들(마카리오스)이 있다."
29절 '보다' 라는 단어가 '호라오' 와 '에이도' 각기 다른 두 단어가 나온다.
3708번 호라오(ὁράω): 보다, 깨달음의 눈으로(속사람의 눈) 보는 것을 말한다. 본문에서는 동사,직설법,완료,능동태,이인칭으로 '헤오라카스(ἑώρακάς)' 다.

3708번 에이도(εἴδω): 보다, 육신(세상)의 눈(자기 믿음)으로 보는 것을 뜻한다. 동사,분사,과거,능동태,주격으로 '이돈테스(ἰδόντες)' 다.

'보다' 로 번역한 두 단어가 다른데 모두 3708번으로 되어 있다. 사전을 만들었던 이들이 그 뜻을 구별하지 못하였다. '3708A', '3708B' 로 구분해야 한다.

이 문장은 의문사가 아니라 감탄문이다. 예수께서 도마를 칭찬하는 내용이다. 에고의 눈, 세상의 눈(육체의 눈, 지식의 눈, 경험의 눈, 도덕의 눈, 자기 믿음의 눈)으로, 보지(에이도) 아니한 자는 복들(마카리오스)이 있다고 말씀하신다. 이미 도마는 육체의 눈(겉사람)으로 보는 마음을 버리고 깨달음의 눈(속사람)으로 그리스도를 자신 안에서 보고(호라오) 있다.

그러므로 경에서 강조하고 있듯이 예수께서는 반드시 겉사람을 통해서 보는(에이도) 눈을 제거하고 깨달음의 눈으로 보고(호라오) 듣고 만져야 하는 체험을 해야 한다고 하신다.

> 만일 네 눈이 너를 범죄케 하거든 빼어 내버리라 한 눈으로 영생에 들어가는 것이 두 눈을 가지고 지옥 불에 던지우는 것보다 나으니라(마 18:9)
> 만일 네 눈이 너를 범죄케 하거든 빼어 버리라 한 눈으로 하나님의 나라에 들어가는 것이 두 눈을 가지고 지옥에 던지우는 것보다 나으니라(막 9:47)

이 비유의 내용은 도마의 속사람의 손(깨달음의 손)으로 자신의 옆구리(몸 된 성전)를 만진(호라오) 것이다. 도마 자신 안에서 부활하신 예수 그리스도를 보고 만지고 있는 내용이다. 밖에 나타난 예수를 보고 만지는 내용이 아니다. 이래서 성경은 비사와 비유의 관계로 되어 있다. 그러므로 역사적 사건이 아니다. 내면에서 부활하신 예수 그리스도를 보고 만지고 있다. 도마가 '나의 주님 나의 하나님' 으로 말한 것은 대상이 아니다. 이래서 비사로 된 말씀은 깨어나지 아니하면 이해하기가 대단히 어렵다.

종교인들이 해석한 이 문장은 하나님을 대상으로 만들었다. 그러나 닫혀있는 자신을 둘러싸고 있는 에고의 벽(마음의 벽, 이 세상 가치관의 벽)을 허무시고 들어오신 예수 그리스도를 보고 만지고(호라오) 있다. 도마의 에고(카르디아)를 찢고 내면에 나타나신 하나님과 하나(호라오) 된 것이다. 도마는 에고(겉사람) 안에 갇혀 있었는데 예수 그리스도(속사람)가 도마의 에고의 벽을 뚫고 들어오심으로 인하여 마음(카르디아)이 사라지고 자신의 속사람을 보고 만지고 있다. 그래서 도마는 자기 자신인 주님을, 나의 하나님을 외쳤다. 이는 대상이 아니다. 하나님의 몸된 성전이 도마 안에 세워진 것을 호라오 하면서 고백하고 있다. 도마 자신이 참 십일조가 되었다. 그러므로 하나님은 대상이 아니다.

도마 내면에서 하늘의 제사장이 되어 십일조를 드리고 받는 내용이다. 도마 자신이 제사장으로서 드리고 하늘의 왕으로서 참 생명이 된 도마 자신을 받는다. 속사람의 눈으로 보는 호라오는 현재상만 가지고 있다. 그러면 몸과 마음에서 일어나는 모든 현상을 떨어져 지혜로서 보게 된다. 이것이 예수 차원의 '나(에고 에이미)' 다. 그러면 몸과 마음이 내가 아닌 것이 드러난다. 몸과 마음은 잠시 조건에 따라 나온 것이며, 이 몸과 마음을 잠시 이용한다는 것을 안다. 십일조를 바친 결과다. 그러므로 십일조는 돈이 아니다. 그러므로 아무나 참 십일조와 헌물을 드릴 수 있는 것이 아니다.

세상의 돌 성전(교회)에서는 참 십일조와 헌물이 아닌 돈 십일조와 돈 헌물을 드리고 받는다. 사망의 십일조다. 이 행위가 도적질하고 간음하고 살인을 저지르고 있는지도 모른다. 예수는 이 행위를 도적질, 간음, 살인으로 말씀하였다. 간음한 자는 결단코 천국에 들어갈 수 없다 하였다. 참 십일조와 헌물은 하나님을 대상으로 믿는 자들에게는 감추어져 있다. 하나님을 대상으로 섬기는 자들은 이러한 하늘의 비밀(뮈스테리온)을 모르고 있다. 이들은 내면에서 하나님과 하나 된 자들을 이단으로 몰아 죽였다. 미친 자들로 본 것이다.

종교인들에게 있어서 감히 위대하고 전지전능하고 우주보다도 더 크나큰 하나님이 더럽고 추악한 인간 안으로 들어와서 계신다는 것은 있을 수 없는, 죽여야 할 이단이었다. 기독교는 피의 역사다. 많은 참 사람을 죽였다. 지금도 달라진 것은 없다. 이들에겐 이해할 수 없는 미친 사람으로 보이는 것이다. 사울이 그러했다. 그러나 다메섹 도상에서 그의 생각이 모두 무너졌다. 자신 안에서 핍박하던 그 예수가 나타났다. 비로소 하나님 말씀의 핵심을 알게 되었다. 그러므로 말씀에서 예수 그리스도 안으로 들어와야 하는 선 조건이 있다. 자신 안에서 부활하신 예수 그리스도와 하나 되는 사건이 있어야 한다. 자신 안에 계신 예수 그리스도를 보고 만지고 해야 하는 것이 선 조건이다. 밖에서 종교 행위를 하는 내용이 아니다. 내면의 예수 그리스도와 하나 되어야 한다. 이론이 아니다.

예수 그리스도와 하나 되는 자 누구나 하나님의 아들이며 하나님이라 하였다. 예수를 믿으면 구원되는 것이 아니다. 이들은 거짓을 진리로 믿고 있다. 하나님은 죄가 없다. 그러므로 예수 안에 들어온 자는 어떤 죄도 없는 것이다. 왜냐하면 죄가 있는 마음(휘장)이 없어지기 때문이다. 죄를 초월한 자는 어떠한 종교 행위를 할 수도 없으며 다른 이에게도 종교 행위를 종용하지도 못한다. 그러므로 예수께서 그토록 종교 행위 하는 것을 용서(아피에미)하지 말라고 하시는 그 뜻을 알아야 한다.

요 1:12절 '믿는'으로 번역한 '피스튜우신(πιστεύουσιν)'은 현재, 분사, 능동, 여격, 복수다. 현재형이며 여격인 것을 잊어서는 안 된다. 믿음은 항상 현재에 와 있어야 한다. 여기 등장하는 믿음은 내가 대상으로 믿는 것을 말씀하는 것이 아니다. 나의 믿음이 아니다. 예수께서 가지고 계신 아버지에 대한 믿음이다. 여격의 형태다. 곧 예수 안에 하나로 있는 아버지를 이야기한다. 이것이 예수의 실상이며 예수께서 가지고 있는 믿음이다. 우리에게도 예수께서 가지고 있는 똑 같은 믿음을 요구한다.

'그 이름을 믿는 자들에게는'으로 오역한 '에이스 투 오노마 아우투(ϵἰς τὸ ὄνομα αὐτου)'는 '그의 이름 안으로 믿어서 들어오는 자들, ~들어와서 하나 된 자들'이다.

한글로 번역한 내용은 원문과는 그 의미가 전혀 다르다. 그 이름을 (목적어) 대상으로 믿는 것이 아니다. 예수 믿으면 구원된다는 것은 성경에 없는 거짓이다. 예수 믿으면 천당 불신 지옥은 성경에 없는 거짓말이다. 여기 나오는 '오노마(이름)'는 부르는 이름이 아니다. '예수 이름으로 기도'하라고 번역하여서 모두 간구를 마칠 때에 '예수 이름으로 기도합니다'라고 마친다. 오해해도 너무 오해하였다. 이래서 종교의식이 생긴다.

'이름'으로 번역한 '오노마'는 비유(파라볼레)다. 예수 그리스도 자신이 '오노마'다. 단지 부르는 '이름'이 아니다. 이 '오노마' 안으로 들어와야 함을 말씀하신다. 그런데 선 조건이 있다. 현재 '믿어서'다. 현재형이다. 과거나 미래에 가서 있지 아니한다. 믿음은 대상을 믿는 것이 아니다. 마음을 해체하여 그 실상을 알아야 가능하다.

예수 안에 하나 되어 계신 아버지를 정확히 알아야 한다. 과거상이나 미래상이 없다. 내 안에 거하시는 그리스도 예수에 대하여 정확히 알아야 한다는 것이다. 나의 마음 밭을 해체하여서 과거와 미래에 가서 있는 마음 밭을 모두 뒤집어 놓아야 한다. 번역의 잘못으로 큰 오해가 발생하였다. 여기 등장하는 믿음은 예수께서 가지고 계신 아버지다. 예수와 하나로 있는 아버지다. 요한복음 1:1절에 '엔 아르케(EN ἀρχη)와 톤 데온(τὸν θϵόν)'으로 기록하고 있다. 예수와 아버지는 하나다. 이것이 근본이다. 근본이 말씀하는 믿음이다. 마음으로 어떤 대상을 믿고 의지하고 하는 내용이 아니다. 마음으로 어떤 대상을 믿고 의지한다는 것은 항상 과거로부터 기인한다. 하나님은 과거상이나 미래상이 전혀 없다. 지성소 안에 거하시는 하나님은 의식 무의식 잠재의식을 온전히 초월하여 있다. 언어의 세계가 아니다. 이것이 무엇인지 각자가 체험해야 할 뿐이다.

(사 65:17) 보라 내가 (그)새 하늘과 (그)새 땅을 창조(바라:개간) 하나니 이전 것은 기억되거나 마음에 생각나지 아니할 것이라
(계 21:1) 또 내가 새 하늘과 새 땅을 보니 처음 하늘과 처음 땅이 없어졌고 바다도 다시 있지 않더라

과거 기억이 전혀 없다. 새 하늘과 새 땅은 겉사람(마음)이 사라졌음을 이야기한다. 아버지에게 온전한 십일조와 헌물이 됨이다. 참 아들로 돌아옴이다. 그리고 하나가 된다. 처음 하늘 처음 땅과 바다는 겉사람을 이야기한다.

아버지와 하나 된 예수가 창 1:1절에 베레쉬트요, 요 1:1절에는 엔 아르케로 나오고 있다. 시간 공간 개념이 전혀 없다. 근본이며 히다로 기록하였다. 한글 성경은 모두 태초로 오역하는 실수를 저질렀다. 이는 시간개념이 들어있다.

라오디게아 교회(에클레시아)의 사자에게 편지하기를 아멘이시요 충성되고 참된 증인이시요 (그)하나님의 (그)창조(크티세오스)의 근본이신 이(헤 아르케)가 가라사대(계 3:14)

창조로 오역한 크티세오스는 창 1:1절의 창조로 오역한 바라와 같다. 마음 밭을 해체하여 개간하다의 뜻이다. 예수가 그 근본(ἀρχὴ아르케)다.

그는 몸인 교회(에클레시아)의 머리라 그가 근본(아르케)이요 죽은 자들 가운데서(속에서) 먼저(처음) 나신 자니 이는 친히 만물(파신)의 으뜸(프로튜온;주인)이 되려 하심(기노마이: 이루어지다,

하나되다)이요(골 1:18)

예수가 근본(아르케)이다.

그러므로 태초로 오역한 베레쉬트(엔 아르케)는 아버지와 하나 된 예수 그리스도다. 이 베레쉬트를 보아야 한다. 그러면 어떻게 이 근본(베레쉬트)을 볼(호라오) 수 있는가? 예수 안으로 들어가서 예수와 하나 되면 보인다. 이것이 믿음의 선 조건이다.

찬송하고 기도하고 예배하고 헌금하는 종교 행위로서는 이를 볼 수가 없다. 기도 많이 한다고 열심히 봉사한다고 예수가 칭찬하는 것이 절대 아니다. 오히려 간음했다고 한다. 그 의미를 모르고 거룩하게 보이는 모든 종교 행위들이 도적질이고 간음이고 살인 행위다. 이래서 비사와 비유는 대단히 어렵다. 나(예수 차원)를 잃어버리는 모든 행위가 도적질이요, 간음이요, 살인이며, 안식일(예수)을 잃어버리는 것이다. 성경 말씀은 내가 깨어나면 하나님이라고 말씀하고 있다. 이천 년 전 오신 예수는 이를 알려주시고 가셨다. 그는 포장된 종교 행위를 거부하였다.

25. 내 이름으로

이 내용을 잠깐 들여다보겠다.

(마 24:5) 내 이름으로 와서 이르되 나는 그리스도라 하여 많은 사람을 미혹케 하리라

'내 이름으로' : '에피 토-오노마티-무(ἐπί τῷ-ὀνόματί-μου)'
'나의 그 이름(오노마) 위에서' 다. '내 이름으로'가 아니다. 번역을 잘못하고 있다. 예수 그리스도 그 이름(오노마)과 하나 되지 못하고 그 이름을 빙자해서 이용하는 자들이다. 이들은 외적으로 보이는 예수를 이용하는 자들이며 하나님 말씀을 왜곡하는 자들이며 미혹하는 자들이다. 이들을 적그리스도라 말씀하고 있다.

(요 14:13) 너희가 내 이름으로 무엇을 구하든지 내가 시행(포이에오)하리니 이는 아버지로 하여금 아들을 인하여 영광을 얻으시게 하려함이라

'내 이름으로'로 번역한 '엔 토 오노마티-무(ἐν τῷ ὀνόματί-μου)'는 '나의 그 이름(오노마) 안에서'다. 나의 그 이름(오노마) 안에서 하나로 있어야 한다. 그러므로 대상으로 부르는 이름이 아니다. 비유다. '엔(ἐν)'은 전치사로서 '~속에, ~안에서'의 뜻이다. '엔(ἐν)' 전치사 안으로 들어가면 완전하게 하나가 된다. 그리스도 예수 안으로 들어가면 그리스도 예수가 된다. 포도주 안으로 들어가면 온전히 포도주가 됨을 나타내는 전치사다. 그러므로 예수 그 이름(오노마) 안에 있으면 예수가 된다. 아들 안에 하나로 계신 아버지가 영광을 받게 된다. 시행(포이에오)한 결과다. 포이에오는 온전케 몸된 성전을 세운 것을 말씀한다. '무엇을 구하든지'는 '아이테오'다. 아이테오는 묻다다. 그래야 아버지에게 묻고 물어야 하나님이 거하시는 몸 된 성전이 온전히 세워진다. 개인적인 문제를 해결해 달라는 내용이 아니다.

(요 14:14) 내 이름으로 무엇이든지 내게 구하면 내가 시행(포이에오)하리라

'내 이름으로'로 오역한 '엔 토 오노마티 무(ἐν τῷ ὀνόματί-μου)'는 '나의 그 이름 안에서'다. '내 이름으로'가 아니다. 예수와 온전히 하나 되어서다. 그러면 이를 온전케 시행(포이에오)하신다. 아버지와 하나 되기 위함이다. 내면에 계신 예수께 계속하여 이를 묻고, 물어야(아이테오) 한다.

(요 15:16) 내 이름으로 아버지께 무엇을 구하든지 다 받게 하려 함이니라

'내 이름으로'로 오역한 '엔 토 오노마티 무(ἐν τῷ ὀνόματί-μου)'는 '나의 그 이름 안에서'다. 아버지에게 묻고 물으면(아이테오) 아버지로부터 양식이 나온다. 그러면 아버지와 하나가 된다. 이 역시 큰 오역

이다.

(요 16:23) ~ 너희가 무엇이든지 아버지께 구하는 것을 내 이름으로 주시리라

'내 이름으로'로 오역한 '엔 토 오노마티 무(ἐν τῷ ὀνόματί-μου)'는 '나의 그 이름 안에서'다. 예수 안에서 하나로 있는 것을 뜻한다. 이 역시 큰 오역이다. 앞에서 언급하고 있는 내용과 같다. '무엇이든지'로 번역한 '호사-안(ὅσα-ἄν)'은 많은 오해를 낳고 있다. 예수 안에서 하나가 되면 겉사람이 사라지게 된다. 이생의 자랑, 육신의 정욕, 안목의 정욕이 모두 사라진다. 겉사람이 요구하는 것들이 모두 없어진 상태다. 그러므로 '무엇이든지'는 하나님이 거하시는 몸된 성전이 세워지는 것을 뜻한다. '구하는 것을'로 번역한 아이테오는 아버지에게 묻고 물어야 한다. 몸 된 성전 안에 계신 아버지가 가지고 있는 하늘의 양식(아르토스)이다. 이 양식을 먹으면 아버지와 하나가 된다.

(요 20:17) 예수께서 이르시되 나를 만지지 말라 내가 아직 아버지께로 올라가지 못하였노라 너는 내 형제들에게 가서 이르되 내가 내 아버지 곧 너희 아버지, 내 하나님 곧 너희 하나님께로 올라간다 하라 하신대

'나를 만지지 말라'로 번역한 '메 무 합투(Μή μου ἅπτου)'는 마리아에게 손으로 나를 '만지지 말라'의 뜻이 아니다. '합투(ἅπτου)'는 예수께서 부활하였음에도 아직 아버지와 하나(아나바이노) 되지 못하였다는 뜻이다.

"나와 아버지는 하나이다."(요 10:30) 하였다. 그러나 앞으로 마리아와 하나를 이루어야 한다. 부활하신 예수께서 아버지와 하나 되어야 마리아와 하나 될 수 있다. 이 과정을 마리아가 겪어야 한다. 이 과정은

각자마다 다르게 일어난다. 그러므로 마리아는 아직 겉사람(휘장)을 온전히 벗지 못하고 있다. 아직은 겉사람이 속사람을 만질 수 없다. 겉사람이 속사람과 하나 되려면 속사람에게 먼저 제물이 되어야 한다. 마리아는 부활한 예수 그리스도를 보고 있는 정도로 깨어났어도 아직 온전한 상태가 되지 못하였다. 이 내용은 비사로 되어 있다. 기회가 되면 다시 설명을 이어가겠다.

(요 16:24) 너희가 내 이름으로 아무것도 구하지 아니하였으나 구하라 그리하면 받으리니 너희 기쁨이 충만하리라

'내 이름으로'로 오역한 '엔 토 오노마티-무(ἐν τῷ ὀνόματί-μου)'는 '나의 그 이름 안에서'다. 예수 안에서 하나로 있는 것을 뜻한다. 그리고 '구하라(아이테오)' 말씀하신다. '구하라'고 번역한 '아이테오(αἰτέω)'는 '묻다'다. 예수와 하나 되어 계속 물어야 한다. 그러면 아버지로부터 양식이 나오고 그것을 받아먹으면 아버지와 하나 된다. 그리하면 너희의 기쁨(카라)이 넘친다. '기쁨'으로 번역한 '카라'는 예수 그리스도의 또 하나의 비유다. '카라(예수)'가 충만하리라 하신다. 감각적 욕망을 채워서 마음이 기뻐하는 것이 아니다. 겉사람의 감각적 욕망이 온전히 사라져야 오는 기쁨(예수)이다. 마음이 없어지는 것이 '카라(기쁨)'다.

(요 16:26) 그 날에 너희가 내 이름으로 구할 것이요 내가 너희를 위하여 아버지께 구하겠다 하는 말이 아니니
(요 16:28) 내가 아버지께로 나와서 세상(호 코스모스)에 왔고 다시 세상(호 코스모스)을 떠나 아버지께로 가노라 하시니

'내 이름으로'로 오역한 '엔 토 오노마티 무(ἐν τῷ ὀνόματί-μου)'는 '나의 그 이름 안에서'다. 예수 그리스도와 하나 되어야 함을 말씀

하신다. '그날에'로 오역한 '테 헤메라(τῇ ἡμέρα)'는 시간개념의 날이 아니다. 내 안에서 부활을 지향하고 있다. 창 1장에 '날'로 번역한 '욤(יוֹם)'이다. 욤은 하나님의 그 생명의 그 빛이다. 삼 일로 오역한 삼 헤메라 역시 세 번째 임하는 하나님의 그 생명의 빛이다. 시간개념의 삼 일이 아니다. 이래서 안약을 바르지 아니한 인생들이 성경을 보면 오해를 한다. '삼 헤메라'에 겉사람의 휘장이 찢어지고 그리스도가 내면에 온전히 나투신다. 하나님 계신 성전이 내면에 온전히 계시된다. 그러면 '구할 것'으로 번역한 '아이테오'가 완성된다. '아이테오(묻다)' 하면 반드시 그 답을 주신다고 하였다. 바로 아버지와 하나 된 예수다. 결국 아버지와 하나 됨이다. 참 십일조와 헌물이다.

(요 10:30) 나와 아버지는 하나다.
(요 14:20) 그날(헤메라; 생명의 빛)에는 내가 아버지 안에 너희가 내 안에 내가 너희 안에 있는 것을 너희가 알리라(기노스코; 하나 됨)

대중 앞에서 간구하고 나서 '예수 이름으로 기도합니다.' 하는 것은 성경 말씀에 없는 종교의례다. '예수 이름으로' 하는 것이 아니라 '예수 그 이름(오노마) 안에서 하나 되는 것'을 말씀한다. 이는 성경 전체의 핵심으로 대단히 중요한 내용이다. 십자가의 죽음 이후에 오는 내용으로 반드시 겉사람(휘장)을 장대에 매달아야 한다는 뜻이다. 예수와 하나 되지 못하고 단지 입으로 예수 이름을 이용하는 것은 아무 가치 없는 것이며, 오히려 사람을 미혹하는 것이다. 그러면 내 안에 계신 예수와 어떻게 하나가 될 것인가? 이것은 대단히 어려운 내용이다. 마음 안을 들여다보고 그 마음을 해체하여서 그 실상을 알아야 한다. 그리고 예수(보석)가 어디에 거하는지 발견해야 한다. 마음 밭 안에 감춰진 보석이다. 보석을 발견하는 것은, 각자의 몫이다. 역사적 예수가 대신 찾아주는 것이 아니다. 이상으로 '이름'이 나오는 성경 구절 몇 개를 보았다.

> (요 1:13) 이는 혈통으로나 육정으로나 사람의 뜻으로 나지 아니하고 오직 하나님께로서 난 자들이니라
> οἳ οὐκ ἐξ αἱμάτων οὐδὲ ἐκ θελήματος σαρκὸς οὐδὲ ἐκ θελήματος ἀνδρὸς ἀλλ' ἐκ θεοῦ ἐγεννήθησαν.(호이 우 에크 하이마톤 우데 에크 델레마토스 사르코스 우데 에크 델레마토스 안드로스 알 에크 데우 에겐네데산.)

"사람(남편)의 뜻으로나 육신의 뜻으로나 혈통으로부터 나오지 아니하고 오직 하나님(관사없음)으로부터 나와졌다."

'하나님께로서 난 자들'로 번역한 것 중에 '난(나온)'은 원형 '겐나오(γεννάω)'의 동사,과거,수동태,복수,3인칭의 '에겐네데산(ἐγεννήθησαν)'은 '근본으로부터 나와진', '하나님으로부터 나온'이다. 바로 앞에 있는 하나님으로 번역한 '데우(θεοῦ)' 앞에 관사가 없다. 하나님과 하나 된 나(예수 차원)다. 자신 안에 있는 근본(베레쉬트)으로부터 나와진 것을 말씀하고 있다. 하나님으로부터 나오게 되면 마음(카르디아)은 온전히 정복된다. 하나님(근본)과 하나 된 자는 사람의 속성(이생의 자랑, 육신의 정욕, 안목의 정욕)이 완전히 사라진 것이다. 마음(휘장)이 없어지기 때문이다. '혈통으로나 육정으로나 사람의 뜻으로 나지 아니하고'로 번역한 '에크 하이마톤 우데 에크 델레마토스 사르코스 우데 에크 델레마토스 안드로스'의 뜻은 '남편의 뜻으로나 육의 속성(이생의 자랑,육신의 정욕,안목의 정욕)으로부터 나오지 아니하였다.'라는 뜻이다.

'사람'으로 번역한 '아네르(ἀνήρ)'의 소유격인 '안드로스(ἀνδρὸς)'는 남편을 뜻한다. 남편은 창세기 2장부터 등장한다. '아네르(ἀνήρ)'는 남자, 남편, 씨를 가지고 있는 자다. '사람'으로 번역하면 오해를 가져

온다. '남편'으로 해석해야 원래의 그 의미를 잘 나타낸다. 곧 율법을 가진 남편을 이야기한다. 남편을 이야기하면, 여자(아내)가 있다는 뜻이다. 여자가 결정하기 전에 남편에게 묻는다. 이를 결정하는 자가 남편이다. 현재 에덴동산 안에서 일어나는 일이다. 하나님 말씀은 에덴동산을 초월해 있다. 겉사람인 남편의 결정과는 아무 상관이 없다. 겉사람은 속사람의 세계를 모른다. 하나님의 자녀가 되는 것은 율법의 세계로는 알 수 없다고 말씀하고 있다. 그러므로 휘장 너머의 세계는 율법의 행위로는 종교의 행위로는 전혀 알 수 없이 감추어져 있는 비밀(뮈스테리온)인 것이다.

속사람의 세계는 '아네르(ἀνήρ)' 곧 율법의 남편과 이혼하여야 알 수 있는 것이다. 율법의 남편 '아네르(ἀνήρ)'는 겉사람 안에서 이혼해주는 법이 없다. 만약 이혼이 된다면 내면에 거하는 번뇌 망상은 조금도 남아 있지 아니한다. 남편과 이혼이 되었기 때문이다. 마음으로 슬며시 들어온 율법은 결코 나(겉사람)를 떠나는 일이 없다. 인생에게 주어진 율법을 통해서 몸과 마음이 살아있는 동안 순간순간 나(겉사람)를 끊임없이 감시하고 정죄하는 것이 기본이다. 겉사람의 도덕적인 양심을 도구로 이용을 하기도 한다. 율법의 본래 기능은 겉사람 안에 거하는 죄가 무엇인지 드러내어 알려주고 있는 역할이다. 그래서 속사람으로부터 오는 지혜를 통해 이 남편의 역할 곧 그 실상을 내면에서 알아야 한다. 이 남편의 속성을 알려면 몸과 마음의 속성을 해체하여 자세히 알아야 한다. 그러면 이 율법의 남편(아네르)이 몸과 마음에 어떻게 작용하는지 그 실상을 알게 된다. 결국 허상인 것이 드러난다. 이렇게 될 때까지 끈임없이 묻고(아이테오) 알아야 한다. 이것을 불경에서는 사념처, 십이연기, 팔정도를 통해서 말씀하고 있다.

겉사람으로부터 이혼을 하려면 반드시 이 마음공부가 필요하다. 그래서 우리에게 주어진 이 율법의 그 기능을 반드시 알아야 한다. 그리고 겉사람과의 이혼이 먼저 되어야 속사람과 하나 된 대 자유인이 된다. 예수를 믿고 예수를 섬기는 일이 아니다. 종교 행위로서는 불가능하다.

(롬 5:20) 율법이 가입한 것은 범죄를 더하게 하려 함이라 그러나 죄가 더한 곳에 은혜가 더욱 넘쳤나니 (21) 이는 죄가 사망 안에서 왕 노릇 한 것같이 은혜도 또한 의로 말미암아 왕 노릇 하여 우리 주 예수 그리스도로 말미암아 영생에 이르게 하려 함이니라

<이 구절은 다음에 번역을 다시 하여 설명을 이어가겠다.>

실체를 알려면 종교의 행위를 내려놓고 각자의 마음 안을 들여다보고 분석해 들어가야 한다. 그래서 율법이 어떻게 내면에서 기능하는지 알아야 한다. 다른 방법은 없다. 계속 묻고 물어야 한다.

예수께서 말씀하시는 율법과 바리새인들이 해석한 율법은 완전히 다르다. 바리새인들이 해석한 율법은 돌 성전(우상)을 세우기 위함이다. 율례와 전통을 중요시한다. 겉사람의 세계를, 밖의 세계를 지향하고 있다. 예수께서는 이들은 늘 여자(귀네)를 보고 음욕을 품고 있다고 말씀하고 계신다. 간음하는 자는 결단코 천국에 들어갈 수 없다. 바리새인들의 거룩하게 보이는 모든 종교 행위가 여자를 보고 음욕을 품고 간음을 하고 있다고 말씀하신다.

(롬 3:31) 그런즉 우리가 믿음으로 말미암아 율법을 폐하느뇨 그럴 수 없느니라 도리어 율법을 굳게 세우느니라

번역이 잘못되었다.

"νόμον ουν καταργοῦμεν διὰ τῆς πίστεως μὴ-γένοιτο· ἀλλὰ νόμον ἱστῶμεν.(노몬 운 카타르구멘 디아 테스 피스테오스; 메-게노이토, 알라 노몬 히스토멘)

"따라서 우리가(1인칭) 그 믿음(소유격)을 통하여 율법을 폐하느뇨? (율법)과 하나가 되지 못하며, 다만 율법을 현재 세운다(1 인칭)."

무슨 뜻인가? 율법과는 하나(기노마이)가 되지 못한다고 하였고 다만 율법을 현재 세운다고 하였다. 그 율법은 현재 내 안에 계신 하나님에게로 인도할 뿐이며 몽학선생의 역할을 한다. 그래서 이 율법을 폐할 수 없는 것이다. (1인칭은 내 안에서 일어나는 일이다.)

율법을 최상으로 세우기 위함이 아니다. 내 안에 계신 하나님과 내가 하나가 되기 위해 안내하는 그 역할을 할 뿐이다. 율법은 몽학선생으로서 이정표로서 역할을 감당하기 위함이다. 내 안에 하나님이 거하시는 몸 된 성전이 세워지기까지 한시적으로 율법을 세워야 한다. 이 율법(노몬)이 없으면 가고자 하는 그 길을 잃어버린다. 그래서 반드시 필요하다.

어떤 이들은 율법의 남편에게 매인 바 없이 떠나온 이들이 있다고 말씀한다. 그리고 새 언약으로 오려 한다고 말씀하고 있다. 이들은 율법의 남편에 대하여 상세히 모르기 때문에 마음 안에 경수가 흐르고 있어서 기회가 되면 다시 율법의 남편에게 돌아가 아이를 낳는다고 하였다. 이는 간음(음부)을 말씀하고 있다. 그러므로 반드시 율법의 그 남편 안에 들어가 그 속성을 알 때까지 있어야 한다는 것이다. 그래서 마음 밭을 해체하여야 그 순기능을 들여다보기가 쉽다.

율법은 몽학선생으로서 우리를 그리스도(내 안에 있다)에게로 인도한다. 그리스도에게로 인도되면 몽학선생을 떠나보내야 한다. 율법과는 하나가 될 수 없다. 그러므로 반드시 그 율법의 속성을 잘 알아야 한다. 목적을 이루었으면 잔인하지만, 그 스승(몽학선생)을 십자가에 매달아 죽여야 한다. 그래야 그 스승(몽학선생)으로부터 자유로운 단독자가 된다. 그런데 이 몽학선생이 우리를 떠나려 하지 않는다. 우리(겉사람)가 놓아주질 않고 계속해서 섬긴다. 이 내용이 로마서에서 다루어지고 있다. 그래서 예수께서 십자가를 지신다. 그리고 큰 자유를 얻는다. 밖에 오신 예수는 목적이 이루어지면 반드시 떠나보내야(죽여야) 한다. 그러므로 예수께서 말씀하시는 율법과 바리새인들이 생각하는 율법의 개념은 완전히 다르다. 바리새인들이 생각한 율법은 행위로 지켜야 할 것들이고 예수께서 말씀하시는 구약의 율법은 각자 안에서 세워질 하나님의 몸된 성전이 세워지는 일을 지향하고 있다. 하나님의 아들을 낳기 위함이다. 참 십일조와 헌물이다.

(요 1:14) 말씀이 육신이 되어 우리 가운데 거하시매 우리가 그 영광을 보니 아버지의 독생자의 영광이요 은혜와 진리가 충만하더라
"Καὶ ὁ λόγος σὰρξ ἐγένετο, καὶ ἐσκήνωσεν ἐν ἡμῖν, καὶ ἐθεασάμεθα τὴν- δόξαν- αὐτοῦ, δόξαν ὡς μονογενοῦς παρὰ πατρός, πλήρης χάριτος καὶ ἀληθείας.

잘못된 번역으로 오해를 가져온다.
"말씀(호 로고스)이 육신(사르크스)과 하나 되어 우리(1인칭) 속에 거하시매 그리고 그의 그 영광을 우리(1인칭)가 보니(하나 되어 봄) 아버지(관사없음)의 단독자의 거룩이요 은혜와 진리가 넘치더라."

한글 번역은 예수께서 육신이 되어서 우리들 가운데 독립된 개체로서 계신 것으로 번역하였으나 원문의 내용은 예수께서 바로 나의 육신(속사람의 사르크스) 속에서 나와 하나 되었다고 한다. 그래서 '우리가 보니'에서 '우리'가 1인칭, 복수다. 우리나라 언어에서는 1인칭 복수의 개념이 없다. 바로 내 안에 와서 계신 것을 말씀하고 있다. 예수를 독립된 개체로 보고 섬기는 행위를 적그리스도라고 성경은 말씀하고 있다. 신약성경을 기록한 코이네 헬라어 자체는 시제가 있다. 그러나 그 내용은 구약성경과 연결이 되어 시제가 없는 1인칭 현재 단수가 기본이다. 그래서 예수의 사건은 이천 년 전 사건이 아닌 현재 내 안에서 일어나는 일을 말씀하고 있다. 지금 내 안에 있는 예수에 대하여 온전히 알았다면 그 예수를 십자가에 매달아 죽여야 한다는 것이다. 내 안에서 예수가 죽어야 하는 사건이 이루어져야 한다. 밖의 역사적 사건을 말씀하

는 것이 아니다. 이래서 비사와 비유는 대단히 어렵다. 자신이 온전히 체험해야 안다.

'우리가 보니'에서 '보니'로 번역한 '데아오마이(θεάομαι)'의 과거 중간디포너트 동사인 '에데아사메다(ἐθεασάμεθα)'는 '하나님과 하나 되어서 보는 것'이다. '하나님의 지혜로 봄'이다.

중간 디포넌트는 나 자신을 위하는 능동적인 상태다.

※ 육 또는 육신으로 번역한 '사르크스(σὰρξ)'는 겉사람의 '사르크스'와 속사람의 '사르크스'가 있다. 속사람의 사르크스는 겉사람(안이비설신의)을 통해서 보고 만질 수 있는 것이 아니다. 깨달음(호라오)을 통해서만 보고 만질 수 있다. 이래서 어렵다. 이 문장에 나오는 사르크스는 속사람의 사르크스다.

'호 로고스(예수그리스도)'가 속사람의 사르크스와 하나를 이루어 우리(1인칭) 안(속)에 하나 되어 거하신다. 나(1인칭)의 살과 뼈가 되신다.

(히 1:2) 이 모든 날(헤메라) 마지막(에스카토스)에 아들로 우리에게 말씀하셨으니 이 아들을 만유(파스)의 후사로 세우시고 또 저로 말미암아 모든 세계(아이오나스)를 지으셨느니라(포이에오: 온전케 하다)

<한글 성경은 2절 후반부 "이 모든 날(헤메라) 마지막(에스카토스)에 아들로 우리에게 말씀하셨으니"는 원문에서는 1절에 나온다.>

ἐπ! ἐσχάτου τῶν ἡμερῶν τούτων ἐλάλησεν ἡμῖν ἐν υἱῷ, ὃν ἔθηκεν κληρονόμον πάντων, δι! οὗ καὶ ἐποίησεν τοὺς αἰῶνας·

바른번역: "이 모든 그 날들(헤메라)의 마지막(에스카토스)에 아들 안에서 우리(1인칭)에게 말씀하셨으니 이 아들을 만유(판톤)의 소유자로 세우시고 저를 통하여 그 아이오나스(복수)를 온전케 하셨느니라"

무슨 뜻인가?

번역하여도 원어를 깊이 연구하지 아니한 사람들은 무슨 의미인지 이해하기가 어렵다. '이 모든 날 마지막에' 라고 번역한 '에프 에스카톤 톤 헤메론' 은 번역이 잘못되었다.

'날' 로 번역한 것이 '헤메라' 다. '헤메라' 는 창세기 1장에 등장하는 '욤' 이다. '욤' 을 '날' 로 번역하였다. 이 '욤' 은 시제가 없다. 하나님 자신이며 그 생명의 빛이기 때문이다. '날' 로 번역한 '헤메라' 는 하나님 자신이며 그 생명의 그 빛이다. '헤메라' 빛이 임하면 내 안에서 겉사람이 죽고 속사람이 새로이 태어난다. 아들이 탄생하는 것이다. '헤메라' 는 '삼일(삼 헤메라)' 곧 부활을 지향한다. 날짜 개념이 아니다. '삼 헤메라' 에 예수께서 부활하신다. 바로 내면에서 부활하실 것을 말씀하시는 것이다. 나의 속사람이 나타나는 것이다. 그래서 그다음 내용이 계속해서 나오고 있다.

'아들로 우리에게 말씀하셨으니' 로 오역한 '아들 안에서 우리(1인칭)에게 말씀하셨으니' 는 말씀하시는 곳이 아들 안에서다. 대상으로서 아들에게 하는 말씀이 아니다. 이 아들은 바로 각자 안에 있기 때문이다. 내면에서 하나로 계신 예수께서 말씀하심이다. 곧 내 안에서 부활하셨기 때문이다.

"이 아들을 만유(판톤)의 소유자로 세우시고 저를 통하여 그 아이오나스(복수)를 온전케 하셨느니라"에서 '그 모든 세계를 지으셨느니라' 라고 해석한 부분이 '에포이에센 투스 아이오나스' 다. 번역이 잘못되었다. '그 아이오나스(복수)를 온전케 하셨느니라' 다. 천지를 창조하신 내용이 아니다. 크나큰 오역이다.

여기 등장하는 '그 아이오나스' 는 겉사람의 정과 욕심을 십자가에 매달아 죽이고 난 이후 나타난 '아이오나스' 다. 이 아이오나스 안에 아버지가 계신다. 하나님이 거하시는 몸 된 성전이 내 안에서 온전케 세워진 것을 말씀하고 있다. 불경에서는 아이오나스를 열반으로 설명한다. 그러므로 '모든 세계를 지으셨느니라' 가 아니라 하나님이 거하시는 몸 된 성전이 내면에 온전케 세워졌음을 말씀하고 있다. '모든 세계를 지으셨느니라' 로 해석해 버리면 하나님이 우주 천지 만물을 만드신 것으로 착각하게 하였기 때문이다. 하나님은 우주 만물을 만드시지 아니하였다고 성경을 통해 말씀하신다. 생겨난 것들은 모두 조건 지어 생겨난 것이라고 말씀하신다. 번역의 잘못이 무서운 결과를 초래한다. 잘못 번역한 탓에 수많은 사람이 망가졌다. 그로 인하여 하나님을 천지를 창조한 위대한 신으로 섬기는 것이다. 그렇게 해서 종교가 만들어졌고 천지를 창조 하였다는 그 하나님에게 노예가 되었다.

이 하나님은 거짓말하는 자요, 우상숭배자요, 살인자요, 사단이요, 마귀다.

"이 아들을 만유(판톤)의 소유자로 세우시고 저를 통하여 그 아이오나스(복수)를 온전케 하셨느니라"

이 말씀이 창 2:1절에 나오고 있다.

(창 2:1) 천지와 만물이 다 이루니라

크나큰 오역이다.

וַיְכֻלּוּ הַשָּׁמַיִם וְהָאָרֶץ וְכָל־צְבָאָם׃

(바예쿨루 핫샤마임 베하아레츠 베콜-쩨바암)

"이로써 그 하늘들과 그 땅의 모든 군대가(주인이) 완성(완료)되었다."

'바예쿨루' (이로써 완성되었다)

'바예쿨루' 는 접속사 '바(그리고)' 가 '킬라(마치다, 이루다, 성취하다의 뜻인 '킬라' 동사의 강의 형)' 의 수동태에 접두된 와우 연속법이다. '바예쿨루' 는 하나님이 온전케(아사) 하신 모든 것(하나님의 군대, ~백성)을 보시니 매우 좋았다고 부족함 없이 완성되었음을 선포하고 있다.

- 짜바(צָבָא)에 대하여: 마음의 하늘에는 새가 날아다니고, 땅에는 기는 것, 네발 달린 것, 육축, 짐승과 땅속에 사는 것, 그리고 바다에 사

는 각종 물고기는 하나님을 모르는 이방인들로 나오고 있다. 이들 모두에게 말씀으로 변화시켜 예수 그리스도의 신부(십사만 사천)들로 나오게 하신다. 불경에서는 팔만사천 번뇌로 설명한다.]

'쩨바암(צְבָאֳם)' 과 '쩨바오트(צְשָׁאוֹת)'

'쩨바암' 은 '짜바' 의 남성 복수이며 '쩨바오트' 는 여성 복수이며 '짜바' 는 주인, 군대, 큰 무리 등의 뜻이 있다.

창세기 2:1절의 '쩨바암' (주인들,하나님의 군대)이란 무엇을 일컬음인가? 하나님은 처음 그 하늘들과 그 땅을 해체하여 옥토로 개간하신다. 이생의 자랑, 안목의 정욕, 육신의 정욕으로 가득한 그 마음 밭을 그 하늘들과 그 땅이라 말씀하였다. 그 하늘들과 그 땅을 새롭게 개간하시면서 거기에 궁창(하늘들)과 얍빠샤(메마른 땅)와 바다(얌)를 다스릴 수 있게 그 속성을 드러나게 하였다. 그리고 그 하늘들과 그 땅과 그 바다를 초월하여 다스릴 수 있게 하신다. 바로 그 주인인 예수 그리스도다. 이는 대상이 아닌 나의 원래의 본성, 원래의 본 성품을 이야기하고 있다. 히다로 말씀하였다.

히브리어 성경은 다스리는 자(섬기는 자)' 를 남성으로, 다스림(섬김)을 받는 자를 여성으로 표현하고 있다. 그래서 남자와 여자는 항상 하나로 있다.

'쩨바암' 은 다스림을 받는 자들과의 관계성 속에서는 남성으로, 또한 쩨바암도 주이신 하나님으로부터 인도하심을 받으므로 하나님과의 관계성에서는 여성인 '쩨바오트' 가 된다. 그리하여 자칼(남자)과 네케바(여자)가 온전히 하나 되어 여섯째 날을 지나 일곱째 날 안으로 들어가게 된다.

그리고 "이로써 (마음의)그 하늘들과 그 땅의 모든 (하나님의) 군대가(주인이) 완성(완료)되었다." 아들 예수 그리스도가 변화된 하나님의 모든 군대를 다스리는 대장으로 그 주인으로 등장하신다.

보라 내가 새 하늘과 새 땅(에레츠)을 창조(바라)하나니 이전 것은 기억 되거나 마음에 생각나지 아니할 것이라(사 65:17)
또 내가 새 하늘과 새 땅(게)을 보니 처음 하늘과 처음 땅(게)이 없어졌고 바다도 다시 있지 않더라(계 21:1)

히 1:2절과 같은 내용으로 몸과 마음을 온전히 초월하고 다스리는 내용이다.

(고후 11:2) 내가 하나님의 열심으로 너희를 위하여 열심 내노니 내가 너희를 정결한 처녀로 한 남편인 그리스도께 드리려고 중매함이로다

하나님께 드려야 할 정결한 십일조와 헌물이 될 수 있도록 중매해야 한다.

창 1:1절의 내용이며 성경의 대 주제다. 그러하다면 반드시 정확한 하나님의 말씀을 알아야 한다. 오역된 내용을 성경 말씀이라고 알려주면 안 된다. 하나님으로부터 나오는 말씀으로 올바른 양심을 회복해야 한다. 양심을 회복한다면 당연히 목사직을 버려야 마땅하다. 그렇지 아니하면 자신도 죽고 인도받는 자도 사망을 당한다.

26. 십일조에 대하여(8)

(고후 9:1) 성도를 섬기는 일(디아코니아)에 대하여 내가 너희에게 쓸 필요가 없나니 (5) 이러므로 내가 이 형제들로 먼저 너희에게 가서 너희의 전에 약속한 연보(εὐλογία:율로기아)를 미리 준비케 하도록 권면하는 것이 필요한 줄 생각하였노니 이렇게 준비해야, 참 연보(εὐλογία:율로기아)답고 억지가 아니니라 (6) 이것이 곧 적게 심는 자는 적게 거두고 많이 심는 자는 많이 거둔다 하는 말이로다 (7) 각각 그 마음(카르디아)에 정한대로 할 것이요 인색함으로나 억지로 하지 말지니 하나님은 즐겨(화목함, 즐거운) 내는 자를 사랑하시느니라(아가파오)

번역한 내용이 마치 가지고 있는 돈, 물질을 성의껏 내라는 말로 들린다. 많이 낼수록 하나님으로부터 사랑을 많이 받는다는 뜻으로 들린다. 하나님으로부터 점수를 많이 딸 수 있는 절호의 기회로 보인다. 이런 기회를 놓칠 수 없다는 뜻으로 오해하는 내용이다. 참으로 그럴듯하게 보인다. 그래서 생활이 힘들어 돈이 없는 사람들은 드리고 싶어도 못 드려서 시간을 내어 봉사한다. 적게 심는 자는 적게 거두고 많이 심는 자는 많이 거두게 된다는 내용이 무엇인지 바로 알아야 한다. 바로 율로기아(εὐλογία)인 하나님 말씀이다.

돈 많은 부자가 된 이들의 간증을 심심치 않게 들어 본다. 어려워도 월 소득의 십 분의 일을 제일 먼저 떼어서 하나님 앞에 어김없이 드렸다고 한다. 그런데 십일조를 점점 더 많이 할 수 있게 되었고, 지금은 남들이 다 부러워할 정도로 많은 돈을 벌었다고 한다. 그래서 약정 헌금을 수억씩 하는 사람도 있다. 집을 팔고 전세로 옮긴 사람의 이야기도 듣는다. 나중에 하나님이 몇 배로 갚아 주실 것이라고 믿고 또 주위에서도 그렇게 이야기들을 한다. 그리고 실제로 그렇게 해서 부자가 된 이들이 있다. 이러한 이들이 있는 교회에서는 그곳에 있는 사람들은 더욱 드리지 못해서 마음이 아프다. 돈이 없는 이들은 양심에 가책을 느껴 교회(돌성전)에 가서 앉아 있기도 힘들다. 돈도 없고 능력이 없는 자들은 교회(돌성전)에 가 있어도 기가 죽기 마련이다. 그래도 교회에 나가지 아니하면 예수님으로부터 꾸지람이 예상되기 때문에 나간다. 참으로 어이가 없는 현상들이 이 시대에 벌어지고 있다. 하나님이 돈을 좋아하는 잡신이 되어 버렸다. 성경 기록에는 이런 말씀이 전혀 없다.

성경 기록에는 인생들이 좋아하는 돈을 내라는 곳이 한 구절도 없다. 돈을 낸다는 것은 하나님과의 관계가 단절되었다는 증거이다. 돈을 내고 시간을 내서 봉사하는 것은 마음이 이미 사망 당하였기 때문이라 기록하고 있다. 외도이며 음행을 저지르고 살인하고 있는 것을 이들은 모른다. 그래서 힘들어하는 이들에게 말씀(율로기아)을 바로 알려주어야 한다.

인생들은 돈을 참으로 좋아한다. 돈이 있어야 원하는 것을 할 수가 있는 세상이며 돈이 없으면 남들에게 무시를 당하는 세상이다. 그러므로 예수님도 돈을 좋아하는 것으로 생각하는 모양이다. 없는 살림에 돈 십일조하고 봉사도 열심히 한다. 나중에 예수로부터 칭찬받으리라 생각하고 위로받는다. 그런데 상세히 성경 말씀을 보면 돈을 내는 것 그 자체가 간음이고 살인 행위로 나온다. 말씀을 왜곡하였기 때문이다. 성령을 거부한 자, 간음한 자, 살인한 자는 결단코 천국에 들어가지 못한다고 하였다. 예수 그리스도와 단절이 된다. 저희의 그런 행위가 예수께서 강조하여 말씀하신 그 의미와 완전히 다르다. 그런데도 돈을 내라 한다. 돈 십일조, 돈 헌금, 감사헌금, 선교헌금, 건축헌금 등을 내라 한다. 미쳐도 보통 미친 것이 아니다. 이런 자들을 경에서 적그리스도라 말씀하고 있다. 그러므로 본문의 내용을 자세히 검토해 가야한다.

고후 9:5절 '연보'로 번역한 단어가 'εὐλογία(율로기아)'이다.

사도 바울은 이 '율로기아(εὐλογία)'를 드리라 한다. 반드시 이 '율로기아'를 각자의 내면에서 찾아서 드려야 한다고 말씀하고 있다. '율로기아'는 돈, 물질이 아니다. 그러므로 '연보'가 아니다. 번역을 잘못하고 있다. 예수께서 몸과 마음을 십자가에 달아 죽었는데 무슨 세상 돈이 필요하겠는가! 사도 바울이 돈을 내라고 하는 말씀이 아니다. 알기 쉽게 설명하자면 자신을 십자가에 달아 죽이라 하는 내용이다. 더욱 쉽게 설명하자면 자신 안에 있는 이생의 자랑, 안목의 정욕, 육신의 정욕을 없애 버려야 한다. 내면에 있는 비오스를 반드시 던져 버리라 한 내용이다. 비오스를 없애 버려야 내 안에 원래부터 있었던, 하나님의 말씀(호 로고스)이 나타난다. 바로 율로기아이다. 자신 안에 원래부터 있어 왔던 말씀 곧 율로기아(εὐλογία)를 찾아서 드리라 한다. 좋은 하나님 말씀을 찾아서 내 놓아라 하신다. 반드시 이것을 내 놓아야 하며 내 놓지 아니하면 도적질한 것이 된다. 예수께서 이것을 받으러 내면으로 오셨다. 지금으로 말하자면 깨달음 곧 마음을 개간하여 심은 그 열매를 내 놓으라 한다. 그러므로 번역한 내용이 본문의 원래 그 의미와 완전히 다르다. 이제는 정신을 차리고 깨어나야 한다.

그러므로 돈 십일조, 돈 헌금, 기도하고 시간을 내서 봉사하라고 하는 자들이 누구인지를 알아야 한다. 이런 내용은 종교인들이 하나님을 잘 섬기는 것으로 오해한 결과이다. 이것은 예수께서 말씀하시는 원래의 그 의미를 완전히 벗어나 있다.

2129번 εὐλογία(율로기아): 복, 아름다운 말. 2095번, 3056번에서 유래.
2095 εὐ(유): 좋은. + 3056 λογος(로고스): 말씀.
'εὐ(유)'는 하나님 자신을 나타낸다. 창 1장에 '좋다'로 표현하였다.
'로고스' 또한 하나님 자신이다. '복'으로 번역한 '율로기아'는 좋은 하나님이며 말씀이다. '하나님 자신'이 '복'이다. 예수와 하나 된 자들은 모두 '복(율로기아)'을 소유한 자들이다.

그러므로 '많이 심는 자는 많이 거둔다'라는 것은 자신 안에 계신 하나님(보석)을 많이 발견했다는 것이며, 많이 발견 할수록 자신의 것이 된다. 그만큼 말씀에 대해 깊은 고뇌를 해야 한다는 것을 의미한다.

'억지로 하지 말고'로 번역한 '에크 아낭케스(ἐξ ἀνάγκης)'는 율법에 매이지 말고 종교적으로 하지 말라는 뜻이다. '억지로 하지 말라'는 뜻이 아니다. 내면에서 자신과 하나로 있는 하나님을 찾는다는 것은 율법에 매여서 찾게 되는 것이 아니다. 번역을 잘못하고 있다. 종교인들이 의미를 모르고 번역하였기 때문에 발생한 문제이다. 마음 안에 일어나는 자기 경험 지식 번뇌 망상을 내려놓아야 이 생명의 빛(율로기아)이 임한다. 지혜를 가지고 자세하고 세밀하게 내면을 들여다보아야 한다는 뜻이다. 내면으로 이미 오신 예수 그리스도를 보기 위해 마음 밭을 자세히 들여다보아야 마음과 분리되어있는 예수 그리스도가 희미하게 보이기 시작한다. 다섯 달란트를 발견한 자는 다섯 달란트를 받게 된다. 밭에 숨겨져 있는 보석을 많이 캐낼수록 자신의 것이 된다.

마음 너머에 있는 지성소로부터 하나님 말씀(빛)이 임하여 온다. 하나님 말씀을 따라 공부하라는 뜻이다. 속사람의 의지를 따라 마음 밭을 개간하라는 뜻이다. 붓다께서는 사념처와 팔정도 수행을 말씀하였다. 겉사람의 의지로 욕심으로 종교적으로 하지 말라고 하신다. 의지에는 겉사람의 의지와 속사람의 의지가 있다. 불경에서는 의도로 이야기한다. 속사람의 의지를 따라서 해야 한다고 말씀하고 있다. 겉사람의 의지를 버리고 속사람의 의지를 알아차리는 것은 대단히 어렵다. 겉사람의 의지는 모두 감각적 욕망을 지향하고 있다. 그 결과인 갈애의 열매가 열리게 된다.

사도 바울이 창세기 2장의 내용을 적용하여 가르쳐 왔다는 것을 알 수 있다. 여기 '율로기아'를 내는 자들은 자신 안에서 마음을 해체하여 들여다보고 공부를 해온 자임을 알 수가 있다. 사도 바울이 돈 내라고 하는 뜻이 아니다. 마음공부를 하라는 내용이다. 종교인들이 오해하여 '연보'를 내라고 번역하였다. 하나님 말씀을 완전히 왜곡하고 있다. 자신 안에서 발견한 그 율로기아(εὐλογία)의 그 복(예수)을 내놓으라 한다. 자신 안에서 발견한 보석 곧 예수 그리스도를 내놓으라 한다. 깨달음을 내놓아야 한다는 것이다. 이것은 어떠한 종교행위로 발견해 낼 수 있는 것이 아니다. 인생은 끝없이 윤회하였다. 이번 생에 잘사는 것이 복(율로기아) 받은 것이 아니다. 하나님의 입장으로 보면 세상 복은 스스로 저주의 길로 간 것일 수도 있다. 세상 복은 육신의 갈애를 채운다. 그래서 부처님께서도 자신의 세상 꿈을 이루고 행복해하는 자를 향하여 꿈을 이룬 자여 불행할지어다! 말씀하시고 있다.

그러므로 사도 바울이 강조하고 있는 '연보'로 오역한 '율로기아'는 돈, 물질이 아니다. 그런데 목사들이 감사헌금 건축헌금 선교헌금 등을 하라 한다. 술 취해도 보통 취해 있는 것이 아니다. 에덴동산 안에도 소돔과 고모라 성안에도 취하게 하는 물이 넘쳐흐른다. 모두 취해 있는 것이다. 어떤 목사들은 헌금을 한 자들을 위하여 예배 마지막에 그 이름들을 불러준다. 그리고 축복해 준다. 미쳐도 보통 미친 것이 아니다. 바알신에게 예배하고 있다. 하나님의 말씀을 잘못 알고 그랬다고 변명할 수는 없다. 하나님 말씀을 왜곡한 자는 하나님 말씀이 아닌 그릇된 길을 따라 스스로 가는 것이다. 이런 자들은 자신 안에서 다음 생이 어떻게 될지 들여다보게 된다면 후회할 것이다.

"적게 심는 자는 적게 거두고 많이 심는 자는 많이 거둔다고 하였다." 각각 그 마음(카르디아)에서 추수한 대로, 결실된 대로 하라 함이다. 마음공부를 이야기한다. 하나님은 자신의 마음 안을 들여다보고 그 마음 안에서 하나님(율로기아)을 발견하는 자를 아가파오(사랑으로 번역하였다) 하신다 하였다. 돈 내라는 이야기가 아니다. 자신 안에서 발견한 하나님 자신인 '율로기아' 곧 하나님의 것을 내놓으라 하신다. 하나님은 자신의 것만 받으신다.

사람들은 윗사람이 무엇을 시키면 규칙에 매여서 하려는 경향이 있다. 그래서 말씀이 이어져 나온다. 즐겁게(화목하게) 기뻐하는 마음으로 하는 자를 하나님은 사랑하신다고 하였다. 이 즐거움이나 기쁨은 겉사람을 초월해야만 나온다. 자신 안에서 좋은(유:하나님) 열매를 맺으라는 뜻이다. 자신 안에서 발견한 십일조와 헌물은 자신 안에 있는 하나님 계신 성전에 드린다. 자신이 하늘의 제사장이 되어 드리고, 자신이 하늘의 왕으로 받는다. 드리고, 받는 일이 순간적으로 일어난다. 시간개념을 초월하여 있다. 이것이 마음을 초월한 즐거움이다. 바울 사도가 성도들에게 마음공부가 얼마나 되어 있나 하는 것을 점검하겠다는 것이다. 그때나 지금이나 하나님을 따른다는 사람들이 공부를 안하는 모양이다. 모두 바쁜가 보다. 돈도 벌어야 하고, 운동도 해야 하고, 스트레스받으니 술도 한잔해야 하고, 자녀들도 돌보아야 하고, 여행도 다녀야 하고, 모임에도 가야하고, 수다도 떨어야 하고, 차도 같이 마셔야 한다. 그때나 지금이나 할 일이 태산이다.

> 잔치할 시간에 그 청하였던 자들에게 종을 보내어 가로되 오소서 모든 것이 준비되었나이다 하매 다 일치하게 사양하여 하나는 가로되 나는 밭(아그로스)을 샀으매 불가불 나가 보아야 하겠으니 청컨대 나를 용서하도록 하라 하고 또 하나는 가로되 나는 소 다섯 겨리를 샀으매 시험하러 가니 청컨대 나를 용서하도록 하라 하고 또 하나는 가로되 나는 장가들었으니 그러므로 가지 못하겠노라 하는지라(눅 14:17-21).

사도 바울은 우리에게 굳건히 지속하여 마음을 들여다보는 공부를 하라 강조한다. 부처님께서도 늘 사띠 사마타 위빠사나를 해야 함을 말씀하신다. 예수님과 부처님이 말씀하시는 것은 하나같이 이 세상과 거꾸로 가는 이야기이다. 거꾸로 가도 너무나 거꾸로 간다. 세상 사는데 모임에 가서 수다도 떨어야 하고, 오락도 즐기면서 해야지, 안 그러면, 스트레스받아 병이 생긴다. 그래서 지금 시대는 변질한 하나님이 인기이다. 돈 신, 권세 신이 최고이며 오락, 여행, 취미를 자유롭게 해야 환영을 받는다. 하나님을 잘 믿으니, 하나님에게 열심히 헌신하니 부자가 되고 소원성취하고~ 교회나 절이나 다 유사하게 같이 간다. 불경에는 없는 직분들도 등장한다. 교회도 총회장 노회장이 있으며 생소한 직함들이 등장했다. 종교불교 종교기독교가 현대 세상에서 유행한다. 예수의 말씀, 붓다의 말씀과는 거꾸로 간다. 그런데도 마음에 화인을 맞으니 감각이 없다. 대부분 문둥병자가 되어 있다.

(마 13:23) 좋은 땅(게)에 뿌리웠다는 것은 말씀을 듣고 깨닫는 자니 결실하여 혹 백배, 혹 육십배, 혹 삼십배가 되느니라

말씀(호 로고스)을 듣고 깨닫는 자는 호 로고스가 혹 백 배, 혹 육십 배, 혹 삼십 배가 된다. 물질이 아니다. 말씀(호 로고스)을 깨달아 지니고 있으라는 것이다. 하나님 자신에게는 이러한 깨달음을 얻은 아들이 재산이며 창고에 들여질 양식(브로마)이다.

(롬 15:16) 이 은혜는 곧 나로 이방인을 위하여 그리스도 예수의 일군이 되어 하나님의 복음의 제사장 직무를 하게 하사 이방인을(이방인 안으로) 제물(인정된, 받아들일 만한)로 드리는 그것이 성령(관사가 없다) 안에서 거룩하게 되어 받으심 직하게 하려 하심이라

복음의 제사장은 이방인 안에서 그를 합당하게 만들어 하나님께 드려

야 한다. 이방인들이 모두 자신 안으로 이미 와 계신 하나님을 만나야 진정한 헌물이 된다. 돈이 아니다.

(렘 2:3) 그때에 이스라엘은 나 여호와의 성물(코데쉬:성소) 곧 나의 소산 중 처음 열매(레쉬트)가 되었나니 그를 삼키는 자면 다 벌을 받아 재앙을 만났으리라 여호와의 말이니라

여호와의 성물(코데쉬:성소) 곧 나의 소산 중 처음 열매(레쉬트)가 하나님의 자녀 곧 이스라엘이다. 처음 열매(레쉬트)는 물질이나 돈이 아니다. 하나님께 드려야 할 아들이다. 첫 열매(레쉬트)는 아버지께 드려야 할 아들을 비유한다. 아들이 근본(레시트)이다. 아버지와 하나이기 때문이다. 모두 나(예수 차원)를 찾기 위함이다. 물질이 근본(하나님)이 아니다. 물질은 변한다. 그러나 하나님 아들은 변하지 않는다. 하나님이기 때문이다. 하나님의 아들을 욕심으로 삼키는 자는 모두 변질하게 만드는 자이다. 이들은 모두 스스로 벌을 받게 된다. 그러므로 구약의 말씀은 모두 히다와 마솰과의 관계로 이루어졌다.

근본(뻬레쉬트, 엔아르케)에 대하여 창세기 1:1절과 요한복음 1:1절에서 다루었다. 아들로 돌아오도록 바로 가르쳐 하나님 안으로 하나 되게 인도하여야 한다. 내 양, 네 양이 아니다. 내 양, 네 양을 말하는 자는 이리의 탈을 쓴 강도요 도적이다. 하나님의 것을 자기 것이라 말하는 자이다. 또 일시적으로 자신에게 위임되었다고 말하는 자들이 있다. 거짓말이다.

이들은 하나님과 하나 된 적이 없는 자들이다. 도적들이요 강도들이다. 성경책을 손에 들었다고, 따르는 자들이 많다고 해서 사도가 아니다. 수만 수십만 명이 그를 따른다 해서 사도가 아니며 인생들이 좋아하는 기적을 일으킨다고 사도가 아니다.

(마 7:15). 거짓 선지자들을 삼가라 양의 옷을 입고 너희에게 나아

오나 속에는 노략질하는 이리라

(사 66:20). 나 여호와가 말하노라 이스라엘 자손이 예물(מִנְחָה:민하)을 깨끗한 그릇에 담아 여호와의 집에 드림 같이 그들이 너희 모든 형제를 열방에서 나의 성산 예루살렘으로 말과 수레와 교자와 노새와 약대에 태워다가 여호와께 예물(מִנְחָה:민하)로 드릴 것이요

여호와께 드릴 예물(מִנְחָה:민하)이 '너희 모든 형제'로 나온다. 인생들이 좋아하는 돈, 물질이 아니다.

(사 66:3) 소를 잡아 드리는 것은 살인함과 다름이 없고 어린 양으로 제사 드리는 것은 개의 목을 꺾음과 다름이 없으며 드리는 예물은 돼지의 피와 다름이 없고 분향하는 것은 우상을 찬송함과 다름이 없이 하는 그들은 자기의 길을 택하며 그들의 마음은 가증한 것을 기뻐한즉

말씀으로 변화된 아들로 나와야 한다. 그렇지 아니하고 돈 십일조와 헌물은 살인함과 다름이 없고, 우상숭배를 하는 것이라 말씀한다. 종교 행위로는, 이론으로는 절대로 하나님 아들로 변화될 수 없다.

(사 65:17) 보라 내가 새 하늘과 새 땅을 창조(온전케)하나니 이전 것은 기억 되거나 마음에 생각나지 아니할 것이라

(사 66:22) 나 여호와가 말하노라 나의 지을 새 하늘과 새 땅이 내 앞에 항상 있을 것 같이 너희 자손과 너희 이름이 항상 있으리라

새 하늘과 새 땅이 너희 자손과 너희 이름(쉠)으로 나온다. 이름은 부르는 이름이 아니다. 하나님께 바쳐진 예물은 새 하늘과 새 땅이 된 자녀들을 말씀하고 있다. 과거의 모든 기억 곧 죄가 사라진 아들들이다. (일곱째 욤 안에서는 모든 의식을 넘어서 있다. 마음이 없어졌기 때문이다).

그러므로 구약시대에 성전에서 예물을 드린 것은 참 예물이 아니라 새 언약에서 마음(휘장)을 초월한 아들들이 참 예물임을 그림자로 보여준다.

그때에 이스라엘은 나 여호와의 성물 곧 나의 소산 중 처음 열매(레쉬트)가 되었나니 그를 삼키는(아칼) 자면 다 벌(아샴)을 받아 재앙을 만났으리라 여호와의 말이니라(렘 2:3)

이스라엘 = 처음열매(레쉬트) = 그를(하나님의 아들)

처음 열매인 하나님의 아들에게 조금이라도 흠집을 내는 자는 반드시 그에 따른 보응이 주어진다. 이들이 강도요 도적이다. 그러므로 말씀을 정확하게 주어야 한다. 왜곡하는 자는 사망을 받는다(아샴).

(겔 20:41) 내가 너희를 인도하여 열국 중에서 나오게 하고 너희의 흩어진 열방 중에서 모아 낼 때에 내가 너희를 향기로 받고 내가 또 너희로 말미암아 내 거룩함을 열국의 목전에서 나타낼 것이며

너희가 하나님 앞에 바쳐질 향기(베레이아흐 니호아으)이다. 죄가 없어졌기 때문에 향기(베레이아흐 니호아으)이다. 코로 맡는 좋은 냄새가 아니라 마음을 초월하였다.

(고후 2:15) 우리는 구원 얻는 자들에게나 망하는 자들에게나 하나님 앞에서 그리스도의 향기니

'우리는 그리스도의 향기니'로 번역한 부분이다.

'ὅτι χριστοῦ εὐωδία ἐσμὲν (호티 크리스투 유오디아 에스멘)

'우리는'으로 번역한 '에스멘(ἐσμὲν)은 현재,1인칭,복수다. 1인칭은 나를 지칭한다. 내면의 일이다. '향기'로 번역한 '유오디아(εὐωδία)'는 주격, 여성, 단수다. 2095번과 3605번의 어간의 합성어에서 유래했다.

2095번 'ϵυ(유): 좋은' + 3605번 'ὄζω(오조): 향기'. ϵυ(유)는 '좋은, 좋다'라는 뜻으로 하나님 자신을 지칭한다.

'향기'로 번역한 '유오디아'는 사람이 코로 맡는 향기가 아니다. 하나님의 아들들이 나타남을 비유함이다. 하나님 자신의 향기이며 그리스도의 향기이다. 우리(1인칭, 복수)가 하나님의 향기이며 그리스도의 향기이다. 곧 하나님과 하나 됨을 말씀하고 있다. 각자가 하나님이 된 것을 말씀하고 있다. 붓다께서 깨달은 자는 누구나 부처라 말씀한 것과 같다. 그러므로 하나님은 대상이 아니다. 하나님과 하나 된 자들이 참 십일조와 헌물이다.

구약에 제물을 태워 그 향기를 하나님께 드렸다. 안, 이, 비, 설, 신, 의(몸과 마음)를 통해서 나타나는 세계는 허상이기 때문이다. 몸과 마음(휘장)을 초월하는 비유이다. 이것이 하나님께는 향기이다. 죄가 거하는 마음(카르디아)의 집을 태우는 것으로 비유하고 있다. 결국 새 언약에서의 그 향기는 몸과 마음을 초월한 아들들이 나타남이다. 마음을 초월한 하나님의 아들들이 그리스도의 향기이다. 죄가 없기 때문이다. 그러므로 원죄가 있다고 종교인들이 설명하는 것은 모두 거짓이다. 종교인들은 아담이 선악과를 따먹고 원죄가 있다고 오해하고 있다. 잘못 번역된 성경을 가지고 진리로 알고 있다. 그래서 많은 사람을 죄의식에 빠뜨려 죄의 노예로 만들고 자신들은 그 위에 군림한다.

사도 바울은 로마서에서 왜 원죄가 없는지 그 이유를 자세하게 설명하고 있다. 그런데 권위 있다고 하는 종교인들이 원죄가 있다고 말씀을 오역하였다. 그리고 수천 년간 사람들을 노예로 만들고 피와 눈물을 흘리게 하였다. 그래서 예배를 드리고 기도를 하고 돈 십일조를 하여도 하나님의 눈치를 보느라 항상 자유롭지 못하다. 나중에 하나님에게 꾸중을 듣게 될까 고민한다. 그래도 하나님의 종이 되어 사는 것을 영광으로 안다. 성경에서 말씀하는 것과 완전히 다르다. 잘못된 원죄의 내용은 다음에 로마서와 창세기 2장 이하의 원문을 보면서 자세히 다루겠다.

(행 11:28). 그 중에 아가보라 하는 한 사람이 일어나 성령(그 영: 관사가 있다)으로 말하되 천하(오이쿠메네)가 크게 흉년(리모스) 들리라 하더니 글라우디오 때에 그렇게 되니라

하나님을 따르는 자들의 마음 안에 하나님의 말씀이 없어서 말씀의 흉년이 들었다. 그래서 바나바와 사울이 하나님의 말씀을 전파하기 위해 보냄을 받는다. 글라우디오 때에 핍박을 심하게 받았었다. 먹을 양식이 없는 흉년을 이야기하는 것이 아니다. 하나님의 말씀이 고갈된 흉년(리모스: 말씀이 없는 기근)이다. 이 당시 헬라 철학이나 다른 외도들이 많이 활동한 것 같다. 말씀을 공부하는 이들이 외도로 휩쓸리고 있다는 것을 알 수 있다.

(암 8:11) 주 여호와께서 가라사대 보라 날이 이를지라 내가 기근을 땅(에레츠)에 보내리니 양식이 없어 주림이 아니며 물이 없어 갈함이 아니요 여호와의 말씀을 듣지 못한 기갈이라

(행 12:24) 하나님의 말씀(호 로고스)은 흥왕(아욱사노)하여 더하더라

(행 12:25) 바나바와 사울이 부조의 일(디아코니아)을 마치고 마가라 하는 요한을 데리고 예루살렘에서 돌아오니라

부조(διακονία:디아코니아)의 일은 말씀으로 몸된 성전을 세우고 파수꾼이 되어 강도로부터 침입하지 못하게 지키는 일이다. 세상 물질 돈을 보내는 내용이 아니므로 번역을 잘못하고 있다. 바나바와 사울이 '디아코니아'의 일을 하였다. 그래서 '부조의 일'이라고 번역하면 오해하게 된다. 바나바와 사울이 하나님의 말씀(호 로고스)을 목마른 자에게 풍성하게 넘겨주고 온 내용으로 세상 물질을 주고 온 내용이 아니다.

'부조의 일'로 오역한 '디아코니아'는 하나님이 거하시는 몸된 성전이 세워지도록 가뭄이 든 자녀에게 말씀을 주어 허물어진 몸 된 성전을 굳건

히 세워서 안,이,비,설,신,의(몸과 마음)를 통해 쳐들어오는 강도들로부터 몸 된 성전을 지키는 파수꾼이 됨이다. 겉사람의 감각적 욕망으로부터 속사람을 보존하는 내용이다. 강도들에게 무너진 몸 된 성전을 보수하거나 몸 된 성전 안으로 강도(겉사람: 감각적 욕망)가 침입하지 못하게 지키는 일(파수꾼)을 하는 것이 '디아코니아'의 일이다. '집사'로 번역한 것은 큰 문제가 된다. 집사가 아니다. 집사와 디아코니아와는 아무런 관련이 없다. 디아코니아가 이루어진 자는 자신의 몸 된 성전 안에 하나님이 계시는 것을 늘 보고 만진다. 깨달음을 얻은 것이다.

하나님의 말씀을 잃어버리고 말씀의 흉년이 든 모든 자녀의 마음 안에 생명의 양식인 말씀을 공급하는 일을 사울과 바나바가 하고 있다. 하나님의 말씀이 없어서(리모스: 말씀이 없는 기근) 하나님이 거하시는 몸 된 성전이 허물어지고 있다는 내용을 사도들이 알게 되어 바나바와 사울을 보내는 내용이다. 그만큼 바나바와 사울은 말씀의 흉년이 든 이들을 위하여 준비된 자들이다. 이들이 왜 이렇게 하나님의 말씀을 잃어버리고 궁핍하게 되었는지를 자세히 알고 있다.

하나님 말씀으로 준비되지 아니한 삯꾼들이 간다면 하나님이 거하시는 몸 된 성전은 더욱더 헐리고 겉사람의 강도떼(각종 논리들, 감각적 욕망들)들로부터 점령당하게 되면 몸과 마음을 나와 일치시키게 된다. 그러면 겉사람의 감각적 오욕에 사로잡히게 되고 속사람을 잃게 된다. 그러면 돌 성전을 세우는 종교인들이 되는 것이다. 바로 바알 신을 섬기게 된다. 다른 예수이다. 모두 위태롭기만 한 상황을 이 시대에도 똑같이 겪고 있다. 지금 일어나는 일이며 말씀의 흉년(리모스: 말씀이 없는 기근)이 와 있는 세상이다. 지금 이 시대에도 사울과 바나바 같은 이들이 나와야 한다. 그래야 자신 안에서 하나님을 정확하게 볼 수 있다. 그러면 밖으로 향하여 있는 모든 종교 행위를 멈추고 내면으로 돌리게 된다. 불경에서는 회광반조(回光返照)라 이름한다. 내면에서 일어나는 일이다.

27. 디아코니아

διακονία(디아코니아) : 부조, 집사로 오역하였다. 부조, 집사가 아니다. 부조, 집사로 번역한 내용이 큰 오해를 가져오고 있다.

종교인들이 건물 성전을 세워놓고 신도들에게 장로 집사 직분을 준다. 성경에서 말씀하는 장로 집사로 오해를 한다. 흉내 낸다고 같을 수는 없다. 성경 말씀과 아무 관련이 없다.

(고후 5:18) 모든 것이 하나님께로 났나니 저가 그리스도로 말미암아 우리를 자기와 화목하게 하시고 또 우리에게 화목하게 하는 직책을(디아코니아) 주셨으니

(고후 9:1) 성도를 섬기는 일(디아코니아)에 대하여 내가 너희에게 쓸 필요가 없나니

(딤전 3:8) 이와 같이 집사(디아코니아)들도 단정하고 일구이언을 하지 아니하고 술에 인박히지 아니하고 더러운 이를 탐하지 아니하고

(빌 1:1) 그리스도 예수의 종 바울과 디모데는 그리스도 예수 안에서 빌립보에 사는 모든 성도와 또는 감독들과 집사(디아코니

아)들에게 편지하노니

'종'으로 오역한 '둘로스'는 헌신함, 귀의함, 붙들림 바 됨이다. 종이 아니다. 사도 바울과 디모데는 하나님과 하나를 이룬 하나님(데오스)이다. 하나님과 하나 된 이들은 마음을 초월한 대 자유인이다. 대상인 하나님의 종이 아니다. 크나큰 오역이다.

(딤전 3:12]. 집사(디아코니아)들은 한 아내의 남편이 되어 자녀와 자기 집을 잘 다스리는 자일지니
(딤전 3:10]. 이에 이 사람들을 먼저 시험하여 보고 그 후에 책망할 것이 없으면 집사의 직분을(디아코니아) 하게 할 것이요
(딤전 3:13]. 집사의 직분을(디아코니아) 잘한 자들은 아름다운 지위와 그리스도 예수 안에 있는 믿음에 큰 담력을 얻느니라

1248 διακονία(디아코니아): 1249에서 유래, 시중, 봉사, 구원, 섬기는 일.
1249 διάκονος(디아코노스): 섬기는 자, 시중드는 사람.
1247 διακονέω(디아코네오): 1249에서 유래, 섬기다, 시중들다, 봉사하다

앞에서 다루었던 '부조'에 대해서 다시 잠깐 예를 든다면 행 11:28-30과 행 12:24~에 천하(오이쿠메네)가 흉년(기근)이 들어 '부조(디아코니아)'를 보낸다. 바나바와 사울이 이를 위해 준비해 간다. 행 12:24절 하나님의 말씀을 전하니 모두에게 말씀(호 로고스)의 풍년이 왔다고 전한다. 25절 '부조로 오역한 디아코니아'의 일을 마치고 돌아온다. 몸 된 성전을 세우고 섬기는 일(디아코니아)을 부조로 오역하였다.

'디아코니아'는 말씀(호 로고스)이 없어 흉년(리모스: 기근)이 임한 자녀들 안(오이쿠메네)에 하나님이 거하시는 몸 된 성전이 세워지기 위해 하는 일 그리고 강도(감각적 욕망)들이 세워진 몸 된 성전 안으로 침입하지 못하게 지키는 일을 '섬기는 일'이란 의미로 사용하며 사도행전에서만 '부조'로 오역하였다.

'부조'는 '돈, 물질'이 아니고 '섬기는 일'(고후 9:1)인 하나님의 말씀을 갈구하는 자녀들에게 말씀(호 로고스)을 풍성히 주고 온 것이다. 그 결과 말씀(호 로고스)이 흥왕하였다고 말씀하고 있다. 하나님의 말씀으로 몸 된 성전을 견고하게 세웠다는 내용이다.

본문에서 '천하(오이쿠메네)가 흉년이 들어'에서 '천하'로 오역한 '오이쿠메네(οἰκουμένη)'는 하나님 자녀들의 마음 상태를 나타내고 있는 단어 중 하나다. 밖의 공간 세상을 이야기하는 것이 아니다. 이처럼 한 단어만이라도 오역하면 문장 전체가 원래의 그 의미와 완전히 다른 뜻이 되어 버린다. 이같이 말씀을 올바로 번역 한다는 것은 대단히 중요한 일이다.

'호 로고스(ὁ λόγος)'는 '말씀'으로 번역하였으나 오해하기가 쉽다.

'호 로고스'는 하나님 자신이다.

바나바와 사울이 이론을 넘겨준 것이 아니고 하나님 자신(호 로고스)을 넘겨준 것이다. 하나님을 넘겨받은 이들은 모두 깨달음을 얻은 것이다. 각자 안에 하나님이 계시는 몸 된 성전을 확고히 세운다. 내면에서 하나님이 부활하여 계신 것을 말씀하고 있다. 그러므로 지금 모든 기독교인은 종교 행위를 버리고 이 일(디아코니아)을 해야 한다. 부활이 각자의 내면에 현재 일어나야 한다. 바나바와 사울이 말씀이 없어 흉년(기근)이 온 자들에게 그들 안에 원래부터 있어왔던 하나님의 말씀을 깨닫게 바로 전한다. 자신의 실상을 바로 알게 한 것이다.

이처럼 하나님 말씀이나 붓다의 말씀은 나의 근본이 무엇인지를 바로 알게 하는 내용이다. 내(예수 차원)가 그 무엇보다도 제일 중요하기 때문이다. 붓다께서는 천상천하 유아독존이라 하였고 성경에서는 단독자로 표현하였다. 독생자는 오역이다. 그러므로 밖의 하나님보다도 밖의 부처님보다도 내가 더 중요하다. 내가 깨닫지 못하면 아무 소용이 없는 것이다. 그러므로 성경의 모든 말씀은 바로 나(예수차원) 자신을 찾는 내용이다. 마음(휘장) 때문에 그 뒤에 가려져 있는 원래의 나를 찾는 내용이 하나님 말씀이며 붓다의 말씀이다. 그러므로 밖의 하나님,

밖의 부처를 떠나보내야 한다.

모두 자신 안에서 살과 뼈가 된 하나님의 말씀(호 로고스)을 보고 만지고 있다는 내용을 우리에게 전해 준다. 이 일을 하는 자를 '디아코노스'라 한다.

그러면 내면에 거하는 말씀(호 로고스)을 찾아내면 일어나는 현상이 있다. 윤회에서 벗어나기 시작한다. 윤회의 속성을 알기 때문에 그 윤회에서 벗어나는 것을 스스로 알게 된다. 다음 생을 자연히 알게 된다. 마음(카르디아)에서 벗어나기 때문이다. 마음이 필요할 때마다 그 마음을 도구로 이용할 수 있다.

창 1장에 '첫째 날'로 오역한 '한 욤(에하드 욤)'의 현상이 일어난다면 그 사람은 다음 생에 사람 이하로 떨어지지 아니할 뿐 아니라 몇 생 안에 지성소 안으로 들어가게 된다. 천국이다. 그리고 일곱째 욤 안으로 들어가게 된다. 작은 깨달음이라도 얻는다면 육신의 죽음이 임하는 그 순간에 자신 안에서 다음 생을 바꿀 수가 있다. 다가오는 업(카르마)을 바꿀 수가 있다. 평소에 바꿀 수 있는 이 연습이 필요하다. 그러므로 밖으로 지향하고 있는 모든 종교 행위를 버려야 한다. 우리는 이와 같은 마음공부를 하여야 한다. 말씀에 의지하여 스스로 이 방법을 터득해야만 한다. 밖의 육체 예수가 이 일을 대신해 주는 것이 아니다.

※ 초기 불경에서는 깨달음에 대하여 수다원과 사다함과 아나함과 아라한으로 이야기한다. 수다원과는 다음 일곱 생을 사람으로 태어나 수행하다가 열반하게 된다고 하였다. 사다함과는 다음 생을 한번 사람으로 태어나 수행하다가 열반하게 되며, 아나함과는 다음 생은 천상에 태어나 수행하다가 열반하게 된다. 부처님 같은 아라한은 다음 생이 없이 바로 열반한다고 하였다. 아라한은 다시 태어나지 아니한다. 몸과 마음(휘장)을 온전히 찢어버렸기 때문이다.

깨달음을 가진 자는 모두 전지전능한 신이 있다거나 하나님이 우주를 창조였다고 하는 거짓된 견해에서 벗어난다. 정견이 이루어졌기 때문이다. 왜 우주가 나왔는지 그리고 우주가 어떻게 될 것인지 아는 지혜가 일어난다. (성경에서 말씀하는 하나님은 각자의 내면에 계신다.)

항상 현재 이 순간에 와 있어서 마음에서 일어나는 현상을 지켜본다. 깨달음이 깊어지면 겉사람(마음)이 꿈을 꾸면 그 꿈을 지켜보며 그것에 대해 알기도 한다. 모든 현상을 보면 그것에 대하여 십이연기의 순관 역관이 일어난다. 조건 지어져 나온 모든 것은 고통이며 변화하며 자아라는 것이 없이 윤회하는 현상이라는 것을 안다. 번뇌와 망상 욕망(이생의 자랑, 안목의 정욕, 육신의 정욕) 또한 사라진다. 그러므로 마음이 과거나 미래에 가서 있지 아니한다. 몸과 마음이 '나'라고 할 만한 것이 전혀 없음을 알게 된다. 항상 임시방편으로 몸과 마음을 사용하고 있게 된다. 몸과 마음이 나라고 한다면 나를 아프게 하지 않아야 하며 영원하고 불변하여야 한다. 몸과 마음은 나의 마음대로 되는 것이 아니다. 그러므로 몸과 마음은 내가 아닌 것이 드러난다. 말씀에 대한 의심이 없어진다.

그러므로 예수 믿으면 구원된다는 것은 모두 거짓이다.

예수를 대상으로 믿으면 이와 같은 현상은 일어나지 않는다. 하루에 스무 시간을 기도한다고 이런 일이 자신 안에 일어나지 아니한다. 그러므로 종교 행위를 통해, 신념을 통해 하나님과의 만남은 일어나지 않는다.

(딤전 3:12) 집사(디아코니아)들은 한 아내(귀네)의 남편(그리스도)이 되어 자녀와 자기 집(몸된 성전)을 잘 다스리는 자일지니

비유(파라볼레)로 '디아코니아'는 하나님의 몸 된 성전(각자 안에 있음)을 지키는 자로서 육경, 육근, 육식으로 인하여, 아내(귀네)가 감각적 욕망에 사로잡히지 않게 자신 안에 있는 하나님의 몸 된 성전을 잘 지킬 수 있도록 아내와 자녀를 하나님의 말씀으로 잘 다스려야 한다는 것을 말씀하고 있다. 아내(귀네)와 자녀는 내면의 집 안에 있다. 내면에서 일어나는 일을 비유하여 말씀하고 있다. 밖의 아내와 자녀들이 아니

다. 교회 다니는 신도 중에 어쩔 수 없이 힘들게 이혼한 이들도 있고 그로 인하여 자녀들에게 불신을 당하여 왕래가 끊어진 분도 있고 불의의 사고로 자녀들을 잃어버리고 가정이 깨어진 이들도 있다. 이들은 이러한 말씀을 볼 때마다 항상 죄의식을 느낄 것이다. 물론 가정이 잘되어야 한다. 그러나 이 말씀은 그것과는 아무 관련이 없다. 내면의 일로서 마음 안에 십사만 사천의 번뇌 망상을 남편 예수와 함께 온전히 마음을 다스려서 몸 된 성전(집)을 보호해야 한다는 내용이다. 좌우로 흔들리지 말고 자신을 잘 지켜야 한다는 말씀이다.

(딤전 3:10) 이에 이 사람들을 먼저 시험하여 보고 그 후에 책망할 것이 없으면 집사의 직분(디아코니아)을 하게 할 것이요
(딤전 3:13) 집사의 직분(디아코니아)을 잘한 자들은 아름다운 지위와 그리스도 예수 안에 있는 믿음에 큰 담력을 얻느니라

한글 성경에서 '디아코니아'를 여러 가지로 번역하였는데 사도 장로 집사 교사로 번역한 이들 모두 '디아코니아'의 일을 감당하는 것이다. 이것들은 직분이 아니다. 깨달음의 차원을 이야기하고 있다. 사도와 장로와 같은 이들은 초기 불경에서는 아라한에 비유된다. 이들은 자신 안에서 그리스도가 부활한 것을 보고 만지는 자들이다. 사도 바울의 경우는 초기 불경에서 육신통이 이루어진 아라한에 비유된다.

'디아코니아'는 몸 된 성전(하나님이 계심)을 겉사람의 감각적 욕망(이생의 자랑, 안목의 정욕, 육신의 정욕)으로부터 지키며 또 감각적 욕망으로 인하여 허물어진 몸 된 성전을 보수하는 일을 수행하는 이들이다. 내면에서 일어나는 대부분의 심리 현상들의 속성을 잘 알고 있으며 대처할 수 있는 능력이 있다.

'부조'로 오역한 '디아코니아'는 몸 된 성전을 세우는 재료(말씀)이며, 겉사람의 감각적 욕망으로부터 성전을 지키는 것이 '디아코니아'다. 그러므로 교회에서 받은 집사가 성경에서 말씀하는 '디아코니아'와

는 아무런 관련이 없으며, 오히려 그 의미를 변질시킨다.

부처님께 올린 춘다의 마지막 공양

이 내용은 성경에서 말씀하는 십일조와 헌물이 아니다.

하나님을 따라가는 자의 마음 상태가 어떠해야 하는지를 보여주고 있다.

깨달음에 이른 자에 대한 섬김이다. 이 내용은 부처님께 올린 공양에 관한 이야기다. 부처님과 같은 분에게 올리는 신실한 공양은 좋은 과보를 가져온다. 부처님으로부터 귀한 진리의 말씀을 듣고 깨어나기 때문이다.

부처님이 베살리를 떠나 쿠시나가라를 향하는 도중 파바 마을에 이르렀을 때의 일이다. 대장장이의 아들 춘다가 부처님이 이 마을에 오셨다는 말을 듣고 찾아왔다. 춘다는 부처님의 설법을 듣고 기쁜 마음으로 이렇게 청했다.

"내일은 우리 집에 오셔서 공양을 받으소서."

아침이 되자 부처님은 제자들과 함께 춘다의 집으로 갔다. 춘다는 밤을 새워 준비한 공양을 올렸다. 그 음식은 전단나무 버섯을 지져 만든 아주 귀한 것이었다. 부처님은 이 음식을 공양받은 뒤 이렇게 말했다.

"이 버섯은 다른 비구들에게 주지 말라."

부처님은 공양을 마치고 춘다를 위해 설법한 뒤 다시 길을 떠났다. 그러나 부처님은 등 병을 앓고 계신 터에 춘다의 공양으로 식중독까지 겹쳐 매우 힘들어했다. 부처님은 너무 힘든 나머지 얼마 가지 못해 어떤 나무 아래 멈추어서 아난에게 말했다. "자리를 깔아라. 등 병이 심하구나."

아난다는 자리를 깔고 부처님이 앉을 때를 기다렸다가 말했다.

"춘다는 비록 공양을 올렸지만 아무 공덕도 얻지 못할 것입니다. 여래가 그 집에서 마지막 공양을 받고 열반에 드시려고 하기 때문입니다."

"아난다야. 그런 말을 하면 안 된다. 도리어 춘다는 큰 이익을 얻을 것이다. 왜 그런가. 여래가 처음으로 도를 이루었을 때 공양을 베푼 자와 멸도 할 때 이르러 공양을 베푼 자의 공덕은 똑같아서 다를 바가 없기 때문이다. 너는 춘다에게 가서 이렇게 말해주어라. 춘다여. 걱정하지 말라. 그대는 친히 부처님을 친견하고 설법을 듣고 공양을 올렸다. 그러므로 큰 이익을 거두고 큰 과보를 거둘 것이다."라고.

부처님은 자리에서 일어나 다시 길을 재촉했다. 그러나 조금 걸으시다가 다시 어떤 나무 밑에서 다시 아난다에게 말씀했다. "내 등 병이 아주 심하구나. 자리를 깔아다오." 부처님은 아난다가 자리를 깔자 거기에 앉아 쉬셨다.

부처님에게 올린 공양 가운데 중요한 의미를 갖는 공양 두 가지가 있다. 하나는 부처님이 수행자였을 때 수자타라는 처녀가 올린 공양이고, 또 하나는 부처님이 열반하기 직전 대장장이 춘다가 올린 공양이다.

수자타의 공양은 성자에게 올린 최초의 공양이란 점에서 큰 의미가 있다. 당시 부처님은 오랜 고행 끝에 죽음 일보 직전에 이른 극도로 쇠약한 상태가 되자 이를 본 수자타는 유미죽을 끓여 부처님께 공양을 올렸다. 부처님은 이 공양을 받고 원기를 회복해 마침내 진리를 깨닫고 교화의 삶을 살았다. 만약 이때 수자타가 공양을 올리지 않았다면 부처님의 성불이 더 미루어졌을지도 모른다. 또한 춘다가 올린 공양은 부처님께 올린 마지막 공양이란 점에서 특별히 기억되는 공양이다. 그러나 이 공양은 결과적으로 부처님을 살리는 공양이 아니라 육신의 죽음으로 이끈 공양이었다. 부처님은 이 공양을 받고 식중독을 일으켜 설사와 복통에 시달리게 되어 열반에 드신다.

춘다는 음식이 식중독을 일으키는 줄 모르고 정성을 다해 공양하였다. 부처님께서는 춘다의 그 마음을 받으셨다. 춘다는 그 일로 인하여 천상 세계에 태어났다. 부처님께서는 춘다의 공양을 받고 병으로 인하여 열반에 드실 것을 미리 알고 계셨다. 예수께서도 십자가에 달려 죽을 것을 아시면서도 일부러 그 길을 택하셨다. (그러므로 가롯유다에 대한 해석을 원전 성경에 기록된 대로 다시 해석해야 한다). 부처님은 춘다의 공양을 일부러 받으시고 죽음의 길을 택하셨다. 그러므로 춘다의 정성이 담긴 한 끼의 공양을 기억해야 한다. 춘다도 다음 어느 생에 자신 안에서 부처를 발견하여 십일조와 헌물을 드리게 될 것이다. 그러므로 정성으로 어려운 이웃에게 대접하는 것은 아무리 작은 것이라도 큰 의미가 있다.

붓다께서 말씀하시는 사성제 십이연기 그리고 바라밀과 팔정도에 대하여 반드시 알아야 한다. 예수님이 아닌 석가모니 부처님이 언급하였다 해서 무시하면 안 된다. 성경에서 말씀하는 십일조와 헌물 됨이 무엇인지 바로 알려주시기 때문이다.

6바라밀은 '안이비설신의' 로부터 오는 감각적 욕망을 내려놓기 위해, 보시, 지계, 인욕, 정진, 선정, 지혜를 가지게 한다.

8정도는 고집멸도(苦集滅道)의 4성제 중 마지막 도제(道諦)의 내용을 설명한 것이다

1. 정견(正見): 바르게 보기, 실제 성품을 그대로 바로 보는 것, 일어나면 일어나는 줄 알고, 사라지면 사라지는 줄 알고 바로 보는 것
2. 정사유(正思惟): 바른 사유, 알아차림으로 마음을 집중 대상에 보내는 것
3. 정어(正語): 바른말, 정직한 말(근원을 통해서)
4. 정업(正業): 바른 행위, 마음에 빼앗기지 않는 행동
5. 정명(正命): 바른생활, 바르고 정직하게 생계를 이어가는 것
6. 정정진(正精進): 바르게 수행하는 것, 모든 일어나는 것은 좋든, 나쁘든 가리지 않고 마음 챙김 하는 것
7. 정념(正念): 바르게 깨어 있기, 바른 사띠, 분명하게 관찰하는 것
8. 정정(精定): 한 대상을 분명하게 관찰해 완전히 밀착하는 것

28. 달란트(τάλαντον 탈란톤)의 비유

(마 25:15) 각각 그 재능대로 하나에게는 금 다섯 달란트를, 하나에게는 두 달란트를, 하나에게는 한 달란트를 주고 떠났더니 (16) 다섯 달란트 받은 자는 바로 가서 그것으로 장사하여 또 다섯 달란트를 남기고 (17) 두 달란트 받은 자도 그같이 하여 또 두 달란트를 남겼으되 (18) 한 달란트 받은 자는 가서 땅(게)을 파고 그 주인의 돈을 감추어 두었더니 (20) 다섯 달란트 받았던 자는 다섯 달란트를 더 가지고 와서 가로되 주여 내게 다섯 달란트를 주셨는데 보소서 내가 또 다섯 달란트를 남겼나이다 (22) 두 달란트 받았던 자도 와서 가로되 주여 내게 두 달란트를 주셨는데 보소서 내가 또 두 달란트를 남겼나이다 (24) 한 달란트 받았던 자도 와서 가로되 주여 당신은 굳은 사람이라 심지 않은 데서 거두고 헤치지 않은 데서 모으는 줄을 내가 알았으므로 (25) 두려워하여 나가서 당신의 달란트를 땅(게)에 감추어 두었었나이다 보소서 당신의 것을 받으셨나이다 (26) 그 주인이 대답하여 가로되 악하고 게으른 종아 나는 심지 않은 데서 거두고 헤치지 않은 데서 모으는 줄로 네가 알았느냐 (27) 그러면 네가 마땅히 내

돈을 취리하는 자들에게나 두었다가 나로 돌아와서 내 본전과 변리를 받게 할 것이니라 하고 (28) 그에게서 그 한 달란트를 빼앗아 열 달란트 가진 자에게 주어라

우리 모두 잘 알고 있는 내용이다.

그러나 이 내용을 자세히 들여다보면 우리가 그동안 알아 왔던 내용과는 전혀 다르다는 것을 알 수 있다.

예수께서 말씀하시고 있는 비유(파라볼레)로 된 내용은 인생들이 이해하기가 대단히 어렵다. 구약의 히다와 연결된 하늘의 이치이기 때문이다. 예수의 말씀을 이해하려면 마음 안을 들여다보고 그 마음을 해체하여 그 마음의 실상을 알아야 한다는 선 조건이 있다. 그 당시나 지금이나 밖의 하나님을 대상으로 섬긴다면 알 수 없는 이치다. 내면에 있는 '달란트(탈란톤)'를 각자가 찾아내야 하기 때문이다.

성경	개역성경	KJV	헬라어 성경
마 25:15	달란트	talent	τάλαντον(탈란톤)
롬 5:15	선 물	gift	δωρεα(도레아)
롬 5:15	은 혜	grace	χάρίς(카리스)
롬 5:15	은 사	gift	χάρισμα(카리스마)
롬 5:16	선 물	gift	δώρημα(도레마)
고후 9:15	은 사	gift	δωρεα(도레아)
약 1:17	은 사	gift	δόσις(도시스)

달란트(탈란톤), 도레아, 카리스, 카리스마, 도레마, 도시스를 구분해서 사용하여야 한다. 전달하고자 하는 각 단어의 의미가 다르다. 원문과 비교해 한글과 영어 번역은 원래의 그 의미를 제대로 전하지 못하고 있다. 그동안 은사, 은혜, 달란트를 오해하여 사용하였다. 이 의미는 모두 예수의 십자가를 통하여 오는 것들이다. 세상의 축복이 아니다. 반드시 십자가(장대)의 죽음을 통과해야만 임한다. 붓다께서 말씀하시

는 팔정도와 육바라밀에 상응한다.

- 1431번 δωρεα(도레아): 선물

1431 δωρεα<도레아> 1435 1435 δωρον<도오론> 1432 δωρεαν<도레안> 1431

선물 선물, 희생, 제물 무료로, 값없이

'도레아' 는 값없이 주는 선물, 희생 예물임을 나타낸다.
희생 제물이 되어 주시는 하나님의 선물이다.
그러므로 속사람에 희생 제물이 되어야 이 선물이 나온다.

- 1434번 δωρῆμα(도레마): 선물

1434 δωρῆμα<도레마> 1433 δωρεω<도레오>

선물 무료로 주다. 거져주다.

도레마' 는 일한 대가로 종교적 행위로 받는 것이 아니라 거져 받는 선물이다. 값없이 주어지는 선물이다.

- 1394번 δόσις(도시스): 선물

1394 δόσις<도시스)√1325 1325 διδῶμι<디도미)

선물 넘겨주다

'도시스' 는 넘겨받는 것이다. 예수 그리스도를 넘겨받는 것이다.

- 5486번 χάρισμα(카리스마): 선물, 구속, 영적인 증여, 신비한 은사

5486 χάρισμα<카리스마> 5483 5483 χαρίζομαι<카리조마이>

선물, 신비한 은사, 영적인 증여. 무료로 주다, 수여하다.

'카리스마' 선물, 은사는 댓가로 받는 것이 아니라 무료로 받는다.

- 5485번 χάρις(카리스): 은혜

5485 χάρις <카리스> 5463 — 5463 χαίρω <카이로>

선물, 은혜, 자비, — 기뻐하다, 행복하다

'카리스' 은혜, 자비는 십자가를 통과한 이후에 임한다.

세상일로 인한 감각적 욕망을 충족하는 기쁨이 아니다.

단어의 그 의미를 따라 해석해 보았지만 원 의미를 충분히 나타내지 못하고 있다. 이러한 방식의 해석은 그 의미를 나타내는데 제대로 알려주지 못하고 있다. 어느 때는 전혀 다른 의미가 나오기도 한다. 단지 단어가 가지고 있는 그 의미를 참고하였을 뿐이다. 그러므로 원 의미를 알려면 각 단어가 나오는 모든 문장을 모아서 구약과 연결하여 종합적으로 해석해 보아야 그 의미를 알 수 있다. 특히 예수께서 파라볼레(비유)로 말씀하신 내용에서 그 의미를 찾아야 한다.

오늘날 문장 전체에서 나오는 단어의 원 의미를 알지 못하고 사용하고 있는 것이 큰 문제다. 위의 내용은 사전에 나와 있는 그 의미를 따라 해석해 본 내용이다. 이런 방식은 단지 참고 사항일 뿐이다. 그러므로 알고 버려야 한다. 이렇게 공부하면 원래 우리에게 전해 주고자 하는 그 의미와 전혀 다른 뜻이 되어 버리는 경우가 있다. 그렇다면 하나님 말씀이 아니다. 반드시 이런 방법들은 참고하고 버려야 한다. 오래전 초창기 원어 성경을 공부할 때 이런 방법으로 하였던 때가 있었다.

하나님의 '은혜(카리스)'를 알게 되면 내가 하나님의 아들로 돌아간다. 대가(종교행위) 없이 무상으로 받은 것이다. 술 취함에서 깨어나기만 하면 된다. 그래서 '은혜(카리스)'가 임한다면 하나님의 아들로 돌아간다. 그러므로 '은혜(카리스)'를 알려면 반드시 내면으로 들어가서 마음을 해체하여 보아야 한다. 그 안에 천국(예수)이 이미 와서 있다. 원래부터 내 안에 있던 이것들을 발견하면 된다. 이미 나에게 주어진 선물이다. 이것이 '은혜(카리스)'다. 마음(휘장)을 찢어야 하는 내용이다.

나에게 이미 주어진 선물을 발견하려면 반드시 마음의 속성을 어느 정도 해체하여(카타볼레스 코스무) 볼 수 있어야 한다. 달란트(탈란톤), 도레아, 카리스, 카리스마, 도레마, 도시스는 창 1:14절에 등장하는 생명의 빛들에 의해 일어난다. 마음(카르디아)을 넘어서 일어나는 일로서 오트들, 모에드들, 욤들과 샤네들이 임하는 것은 모두 예수 그리스도의 나타나심을 지향한다. 교인들이 은혜를 받았다는 말을 자주 사용하고 있으나 이는 마음(카르디아) 안에서 기쁘고 행복함을 주로 이야기 하는 것이지만 원래의 뜻은 내면에 그리스도가 임하면서 나타나는 현상들이다. 겉사람의 마음 밭이 뒤집히고, 해체되는 현상 속에서 일어나는 일로서 고난 속에서 나타나는 내용이다. 겉사람의 행복감과 거리가 멀다. 겉사람의 집 곧 의지처를 떠나게 되어서 나타나는 현상이다.

그러므로 열심히 종교 행위를 통해서 받는 것이 아님을 명심해야 한다. 위에 나오는 내용은 이미 내면에 온전히 갖추어져 있다. 발견하기만 하면 된다. 예배를 드리고, 눈물을 흘리며 열심히 기도를 통해서, 그리고 돈 십일조, 돈 헌금을 한다고 해서 예수 그리스도를 넘겨받는 것이 아님을 알아야 한다. 종교 행위들은 오히려 곁길로 가게 만든다. 원래부터 예수께서 내면에 보석으로 와서 계신다. 이미 주어진 것을 찾으면 된다. 그러므로 이미 오신 예수를 기다린다는 것은 외도이며 적그리스도다. 이미 각자 안으로 오신 예수를 기다린다는 것은 술 취해도 보통 취한 자들이 아니다.

'가신 대로 오시리라!'

크나큰 오역이다. 미래형이 아니다.

앞으로 오실 예수가 아니다. 종교인들이 이렇게 번역하였고 이런 자들이 깨달음에 이른 자들을 이단으로 몰아 모두 잔인하게 죽였다. 그리고 이들은 예수를 이용해서 권력과 돈을 취하였다. 지금도 마찬가지다. 변한 것은 없는 것 같다. 이들이 여전히 권세를 가지고 있다. 이들은 앞으로 오실 예수를 위해 준비하며 기다려야 한다고 말한다. 예수가 오시면 이 세상은 심판받을 것이므로 예수를 믿지 아니하는 자는 모두 지옥으로 떨어져 영원한 형벌을 받는다고 한다. 미쳐도 보통 미친 것이 아니다. 교회나 신학교나 모두 미쳐있다. 성경 말씀에는 이런 내용이 전혀 없다. 이 내용은 다음 책에 자세히 설명하여야겠다.

다시 본론으로 돌아가서

오늘날 '달란트(τάλαντον: 탈란톤)'를 말할 때 재능, 은사, 은혜로 말하고 있다.

그런데 말씀에서 '달란트(탈란톤)'를 가지고 있는 자들은 반드시 자신이 가지고 있는 그 달란트를 찾아서 내놔야 음부에 가지 않는다고 한다(마 25:30). 예수께서 이 달란트(탈란톤)를 반드시 나로부터 받아야 한다는 것이다. 내 안에 있는 이 '달란트(탈란톤)'가 예수 그리스도 자신이라고 말씀하고 있다. 숨겨져 있는 이 달란톤 곧 예수를 찾아서 반드시 내어놓으라고 말씀하신다. 찾아내지 못하면 다음 생부터 그 대가를 받아야 한다. 하나님과의 단절 곧 사망이다. 예수 그리스도 자신이 생명의 빛이며 지혜이며 은사다. 그러므로 어떤 형체가 있는 것이 아니다. 나에게 무상으로 넘겨준 이 '달란트(탈란톤)'를 다시 넘겨받아야 한다는 것이다. 예수께서 내 안에 이미 넘겨준 자신의 '달란트(탈란톤)'가 있으며 반드시 이것을 다시 넘겨받아야만 한다는 것이다. 그렇지 아니하면 음부에 가야 한다고 말씀하고 있다(마 25:30). 윤회에서 벗어나지 못한다는 무서운 내용이다. 그러므로 반드시 숙지하여서 이를 찾아내야 한다. 종교 행위가 아니다.

내가 원래부터 하나님의 아들이므로 하나님이 될 수 있는 씨앗 곧 예수께서 넘겨주신 그 달란트(탈란톤)를 내 안에 이미 가지고 있다는 것이다. 이런 내용을 신학자들 곧 종교인들이 이해하지 못했다. 위대하고 성스럽고 전지전능한 하나님이 어떻게 더럽고 추한 인간 안에 들어올 수 있을 것인가 생각하였다. 종교인들은 성경 말씀이 무엇인지 알지 못한다. 오해한 이들 때문에 수많은 무고한 사람이 피해를 보았다.

이제는 성경 말씀을 자세히 알아야 한다.

말씀에서는 대부분 사람은 자신 안에 있는 하나님으로부터 나온 '달란트(탈란톤)'를 캐내지 못하고 평생을 통해 밖을 향해 종교 행위를 하다 죽는다고 하였다. 종교인들은 마음이 밖을 향해 있어서 종교 행위를 통해 하나님 앞에 나가려고 노력하고 있다. 모두 정신병에 걸려 있는 것이다. 이 하나님이 우상인 바알이다. 그러므로 내면으로 돌려서 '달란트(탈란톤)'를 찾아내야 함에도, 불구하고 종교인들은 그렇지 못한다.

뱀들아 독사의 새끼들아 너희가 어떻게 지옥의 판결을 피하겠느냐(마 23:33)

반드시 생각을 안으로 돌려서 내면의 세계를 보아야 한다. 달리 방법이 없다. 각자 내면에 있는 이 달란트(탈란톤)를 찾아내지 아니한 자는 지옥의 판결을 피할 수 없다고 말씀하시고 있다. 지옥의 판결을 피하려면 반드시 밖으로 향해 있는 마음을, 돌 성전을 향하여 있는 종교 행위를 멈추고 내면으로 돌이켜야 한다.

예수께서는 돌 성전(겉사람의 세계)이 무너져야 몸 된 성전이 세워진다고 말씀하였다. 밖으로 향하여 있는 모든 종교 행위들, 율례나 절기를 지키므로 하나님 앞에 나가려는 모든 행위를 중단해야만 한다. 마음이 모두 돌 성전을 향하여 있기 때문이다.

이 잘못된 문제를 어떻게 해결할 것인가?

우선 자신의 마음(게) 안에서 달란트(탈란톤)를 발견한 자를 찾아야 한다. 그래야 그 방법을 자세히 알 수 있다. 반드시 이런 깨어 있는 자들의 지도를 받아야 한다. 그동안 너무나 잘못된 길을 걸어왔기 때문이다. 이런 깨어 있는 자들이 이 시대에도 거의 보이지 않는다. 거짓 선지자들이 너무도 많기 때문이다. 진실한 자들을 찾아보기가 대단히 어렵다. 이런 자들은 밖으로 드러내어 활동하지 않기 때문이다. 그리고 교회라는 건물도 세우지 않는다. 종교 활동으로 하나님을 만나려 하는 자들은 깨어 있는 자들을 만나도 무시해 버리기 때문에 알 수가 없다.

선각자를 만나 내면에서 보화를 캐내는 방법을 알았다면 그때는 그 스승을 떠나 자신 안에서 계속해서 찾으면 된다. 종교 행위가 아니다.

구약성경에서 짐승을 죽여 번제로 드리는 일을 기록하였다. 성막 안에서 행해지는 일이다. 솔로몬은 일천 번 제를 드렸다. 쉬지 않고 계속 드려야만 했다. 모두 히다로 이루어진 내용이다. 내면에 있는 모든 번뇌 망상이 각종 짐승으로 비유되어 나온다. 발견되면 모두 없애야 한다. 통칭 십사만 사천이다. 불경에서는 팔만사천 번뇌로 말한다. 팔만사천 번뇌 모두를 없애야 해탈할 수 있다. 비오스 때문에 달란트(달란톤)가 가려져 있다. 성막에서 행해지는 제사로는 한계가 있다. 일 년에 한 번 대제사장이 죽인 짐승의 피를 들고 지성소 안으로 들어가 그곳에 뿌린다. 이는 그림자인 히다다. 히다는 마샬(예수)이 임해야 그 실상이 드러난다.

십사만 사천 번뇌는 모두 마음 안에 있는 것들이다. 이들은 마음의 하늘 땅 바다에서 살아간다. 오늘날의 표현으로는 의식 무의식 잠재의식에 해당한다. 숫자 개념이 아니다. 내면에 번뇌 망상은 숫자로 셀 수 없이 많고도 많다. 의식 무의식 잠재의식 안에서 이들이 살고 있다. 하나님을 모르는 이방인들이라고 설명을 하고 있다. 이들을 모두 죽이는 것은 불가능하다. 그래서 예수께서는 십자가에 달리셔서 마음(휘장)을 찢어버리시고 마음 너머로 가셨다. 모든 번뇌 망상은 의식 무의식 잠재의식이라는 마음의 집 안에 거한다. 예수께서 이들이 거하는 집을 철거해 버린 것이다. 마음 안에 있는 모든 번뇌 망상의 그 뿌리를 뽑아버린 것이다. 싸움은 아주 간단하다 이들이 사는 집을 무너뜨리면 된다. 그러면 더는 번제를 드릴 필요가 없다. 그래서 종교행위 또한 없애 버렸다.

구약 성경에 나오는 방법은 방향을 제시한 것이다. 새 언약에서 예수께서 이를 온전케 하였다. 구약 성경에도 새 언약에 해당하는 마샬이 등장한다. 생명의 빛이다. 그러므로 구약에서 제시하는 종교 행위로는 마음을 초월하는 것은 불가능하다. 예수께서는 마음 안을 들여다보시고 마음의 그 속성을 알아서 그 마음(휘장)을 철거해 버리는 방법을 우리에게 보여주신 것이다. 그러므로 우리도 우리 마음 안을 들여다보고 겉사람(휘장)을 철거해야 한다. 예수가 대신 나의 마음(카르디아)의 집을 철거해 주시는 것이 아니다. 내가 알아내서 이 일을 해야 한다. 그리고 이제는 처녀 마리아가 되어 예수라는 아들을 낳아야 한다.

(마 1:23) 보라 처녀가 잉태하여 아들을 낳을 것이요 그 이름은 임마누엘이라 하리라 하셨으니 이를 번역한즉 하나님이 우리(1인칭,복수)와 함께 계시다 함이라

(마 1:25) 아들을 낳기(틱토)까지 동침치 아니하더니 낳으매(프로토토코스) 이름을 예수라 하니라

(눅 23:29) 보라 날(헤메라)이 이르면 사람이 말하기를 수태 못하는 이와 해산(겐나오)하지 못한 배와 먹이지 못한 젖이 복(마카리오스)이 있다 하리라

(요 16:21) 여자(귀네)가 해산(틱토)하게 되면 그 때(호라)가 이르렀으므로 근심하나 아이를 낳으면(겐나오) 세상(코스모스)에 사람 난(겐나오) 기쁨(카라)을 인하여 그 고통을 다시 기억지 아니하느니라

(딤전 2:14) 아담이 꾀임을 보지 아니하고 여자(귀네)가 꾀임을 보아 죄에 빠졌음이니라 (15)그 러나 여자(귀네)들이 만일 정절로써 믿음과 사랑과 거룩함에 거하면 그 해산함(테크노고니아)으로 구원을 얻으리라

(계 12:2) 이 여자(귀네)가 아이(가스텔)를 배어(에코) 해산하게(틱토) 되매 아파서(오디노) 애써 부르짖더라

위 구절은 모두 비사다.

번역한 내용이 오해를 가져온다. 다음 기회에 번역을 다시 하여 설

명을 이어가겠다. 반드시 처녀(παρθένος 팔데노스)가 되어 하나님과 결혼을 하여 아들을 낳아야 한다. 처녀(팔데노스)가 되려면 그 마음을 들여다보고 그 실상을 알아야 한다. 그래야 율법의 그 실상을 알아서 현재 살고있는 율법의 남편과 이혼을 먼저 하여야 한다. 율법의 남편과 이혼이 되어야 예수의 신부가 된다. 율법의 남편을 향하여 있는 경수가 끊어져야 아이를 낳지 못하여 이혼이 된다. 그러므로 이 남편의 실상인 몸과 마음에 대한 속성을 반드시 해체하여 들여다보아야 한다. 그래야 참 남편인 예수를 자신 안에서 만나게 된다. 달란트(탈란톤)를 찾는 방법이다.

(롬 11:17) 또한 가지 얼마가 꺾여졌는데 돌감람나무인 네가 그들 중에 접붙임이 되어 참감람나무 뿌리의 진액을 함께 받는 자 되었은즉

(롬 11:19) 그러면 네 말이 가지들이 꺾이운 것은 나로 접붙임을 받게 하려 함이라 하리니

(롬 11:23) 저희도 믿지 아니하는 데 거하지 아니하면 접붙임을 얻으리니 이는 저희를 접붙이실 능력이 하나님께 있음이라

(롬 11:24) 네가 원 돌감람나무에서 찍힘을 받고 본성을 거스려 좋은 감람나무에 접붙임을 얻었은즉 원 가지인 이 사람들이야 얼마나 더 자기 감람나무에 접붙이심을 얻으랴

율법의 남편과 이혼이 되면 예수의 신부가 된다. 그러므로 감각적 욕망으로 다시 돌아가면 찾았던 달란트(탈란톤)를 잃어버리게 되어 카르디아(마음)의 집이 다시 세워진다.

붓다께서 "무소의 뿔처럼 혼자서 가라" 하였다. 내면으로 향하여 가는 길이다.

무소의 뿔처럼 혼자서 가는 길은 선정안에서 결실을 맺는다. 자신 안에서 달란트(탈란톤)를 찾아서 내어놓아야 옳은 길이다. 그래서 반드

시 선정 체험을 하여야 한다. 아무래도 세상의 풍류에 문화에 깊이 빠지면 반대 방향으로 가게 된다. 그러면 이 길을 갈 수가 없다. 찢을 마음에 양식을 공급하여 주기 때문이다. 그러므로 거꾸로 가는 이 길을 걸어가야 달란트(탈란톤)를 캐낼 수 있다. 마음 밭에 있는 달란트(탈란톤)를 캐서 내놓지 아니하면 지옥의 판결을 피할 수 없다. 윤회의 늪에서 나오지 못한다. 그러므로 모든 종교 행위가 무익하다.

구약성경에서 전쟁이 많이 등장하고 있다. 번뇌 망상과의 전쟁을 비유하였다. 하나라도 살려두면 안 되는 것이다. 밖의 전쟁이 아니라 내면의 전쟁으로 히다와 마쏼과의 관계로 되어 있다. 잔인하게 죽여야 한다. 하나라도 살려두면 그것으로 인하여 죄가 자라나게 된다. 이처럼 번뇌망상은 무서운 적으로 그려져 나온다. 우리는 좋은 망상들을 원하고 또 그렇게 꿈을 가진다. 그래야 즐겁다. 무서운 적으로 생각하지 아니한다. 그런데 성경 기록에서는 무서운 적이라 말씀한다. 모든 번뇌망상은 과거와 미래로부터 기인한다. 그러므로 죄의 그 뿌리를 보아야 한다. 예수 그리스도가 오심으로 인하여 내면세계의 전쟁이 시작되었다. 죄의 실상이 드러나게 된 것이다. 여호와 하나님은 내면세계의 전쟁에 달인이시다. 부처님 또한 마찬가지다. 전쟁하여 마음을 온전히 초월하였다.

붓다께서도 이 전쟁에서 이길 수 있는 도구로 사띠 사마타 위빠사나를 이야기한다. 성경에서 등장하는 모든 전쟁은 밖에서 사람을 죽이는 전쟁이 아니다. 그런데 유대인들이나 기독교인들은 성경에 등장하는 모든 사건을 역사적으로 일어난 사건으로 보고 있다. 대단히 오해하였다.

하나님과 부처님은 살생 살인을 금하였다. 남에게 해를 끼치면 반드시 그 보응이 일어난다. 마음 작용이다. 예수님과 부처님은 이 마음 작용에 대하여 설명하시고 이 마음을 초월하는 내용을 모든 말씀을 통하여 설명하고 있다. 예수께서는 십자가에서 하나님 앞에 제물이 되신다. 번뇌 망상이 거하는 집을 부순 것이다. 하나 된 하나님께 십일조와 헌물을 온전히 드리는 내용이며 내면에 있는 모든 번뇌 망상과의 전쟁에서 승리하게 된 내용이다. 달란트(탈란톤)를 찾아낸 결과다. 매달 드리는 소득의 돈 십일조가 참 십일조라면 마음 안에서 어떤 번뇌 망상도 일어나지 않는다. 이 도적떼가 모두 죽었기 때문이다.

(마 25:19]. 오랜 후에 그 종들의 주인이 돌아와 저희와 회계할 새

(마 25:20]. 다섯 달란트 받았던 자는 다섯 달란트를 더 가지고 와서 가로되 주여 내게 다섯 달란트를 주셨는데 보소서 내가 또 다섯 달란트를 남겼나이다

마 25:19절 '회계할 새(συναίρει)' 라고 번역한 단어 뒤에 목적격인 'λόγον(로곤)' 이 번역에 빠져있다. 번역을 잘못하고 있다.

'저희와 회계할 새' 로 번역한 부분이다.

καὶ συναίρει μετ' αὐτῶν λόγον.(카이 쉬나이레이 메트 아우톤 로곤)

'αὐτῶν λόγον(아우톤 로곤)' 은 '저희들의 로고스를' 이다. (목적어 '로곤' 의 원형은 '로고스(λόγος)' 이다.) '로고스(λόγος)' 는 요 1:1절에 '말씀' 으로 번역하고 있다. 예수 그리스도다.

정확한 번역은 '저희의 로고스를 계산할 새' 라고 번역해야 한다.

'회계할 새' 로 번역하면 그동안 열심히 일한 것, 또는 장사를 해서 이윤을 남긴 것으로 생각하기 마련이다.

그런데 여기 나오는 '달란트(달란톤)' 는 '로고스(λόγος)' 라 정의하고 있다. 그러므로 앞에서 언급한 달란트(탈란톤), 도레아, 카리스, 카리스마, 도레마, 도시스 모두는 로고스(말씀)의 또 다른 속성으로 말씀하고 있다. 로고스는 한 달란트나 다섯 달란트나 똑같은 예수 그리스도임을 나타낸다. 예수 그리스도가 많고 적고의 문제가 아니다. 비유(파라볼레)의 말씀이다. 예수 그리스도를 소유한 아들들마다 그 특성이 있는 것이다. 그러므로 '달란트' 라 번역한 '탈란톤' 은 재능 또는 돈이 아니다. 자신 안에서 로고스(말씀)를 찾아낸 것을 말씀하고 있다. 자신 안에 이미 오셔서 거하시는 예수 그리스도를 발견한 것이다. 자신 안에서 탈

란톤 곧 호 로고스(말씀)를 발견한 자는 누구나 예수의 신부(처녀)가 되며 하나님의 씨를 받아 그 아들을 낳게 됨이요 하나님과 하나 됨이요 하나님이다.

(마 18:23) 이러므로 천국은 그 종들과 회계하려 하던 어떤 임금과 같으니
ἠθέλησεν συνᾶραι-λόγον μετὰ τῶν-δούλων-αὐτοῦ.(에델레센 쉬나라이-로곤 메타 톤-둘론-아우투.)

'그 종들과 회계하려 하던' 부분이다.

앞에서 언급하였던 달란트(탈란톤)와 연결하여 다시 언급하여보겠다.

본문에서도 '하려(συνᾶραι:쉬나라이)'로 오역한 그 단어 뒤에 '로고스(λόγος)'의 목적격인 'λόγον(로곤)'이 한글 번역에 빠져있다. 로곤(말씀)을 '회계'로 오역하였다. '쉬나라이'는 회계하다, 계산하다의 뜻인데 '하려'로 오역하였다. 앞에서 설명한 문장과 같은 내용이다. 모두 자신 안에서 하나님의 말씀(로고스), 곧 하나님을 찾아야 한다는 내용이다. 달란트(탈란톤)이다. 찾지 못하면 스스로 책망(엘렝코스)을 받아야 하며 음부에 가야 하는 이유다(마 25:30).

하나님은 그 누구도 심판하지 아니하신다. 자업자득이다. 카르디아(마음) 안에서 깨닫지 못하고(말씀을 발견하지 못하고) 윤회의 늪에 빠져나오지 못한다.

(마 5:32) 나는 너희에게 이르노니 누구든지 음행한 연고 없이 아내를 버리면 이는 저로 간음하게 함이요 또 누구든지 버린 여자에게 장가드는 자도 간음함이니라

"음행한 연고 없이 아내를 버리면 이는 저로 간음하게 함이요" 부분

이다.

τὴν-γυναῖκα-αὐτοῦ, παρεκτὸς λόγου πορνείας, ποιεῖ αὐτὴν μοιχασθαῖ (텐-귀나이카-아우투, 파레크토스 로구 포르네이아스, 포이에이 아우텐 모이카스다이)

번역이 잘못되었다.

'음행한 연고 없이'라고 오역한 문장을 보면 '포르네이아스(πορνείας 음행)' 단어 앞에 '로고스'의 소유격인 'λόγου(로구)'가 빠져있다. '로구(말씀)'를 '연고'로 오역하였다.

이 문장은 세상의 간음, 세상의 음행을 이야기하는 것이 아니라 바로 하나님 말씀에 대한 간음, 음행을 이야기한다. 말씀을 왜곡한 것이다. 세상의 남녀 사이의 간음을 이야기하는 것이 아니다. 내 안에서 '로고스(λόγος)'를 찾지 못하는 것을, 간음이라고 하고 있다. 마음이 로고스(말씀)를 벗어나서 밖을 향하여 있기 때문이다. 요 8장에 간음한 여인(귀네)이 바로 로고스를 찾지 못한 간음을 이야기하고 있다. 겉사람의 감각적 욕망에 눈이 팔려 자신 안에 있는 남편(말씀)에 관하여 관심이 없다. 마음 안에 있는 달란트(탈란톤)를 찾지 못하면 여전히 겉사람의 감각적 욕망에 마음을 빼앗기고 있는 것을 음행, 간음하고 있다고 말씀한다. 이것은 내면으로 돌이켜보지 아니하고 밖의 종교 행위에 감각적 욕망에 마음을 빼앗겼으므로 일어나는 문제다. 율법의 남편에 대한 경수가 흘러 전 남편의 아이를 품고 있기 때문이다. 참 남편인 예수를 버리고 옛 남편과 간음하고 있다는 것이다. 모든 성경 말씀은 세상적인 것, 도덕적인 것을 이야기하는 것이 아니다. 이래서 비사와 비유는 대단히 어렵다. 마음을 해체하여 그 실상을 알지 못하면 평생을 통해 간음하고 있을 수밖에 없다.

간음하지 말라! 네 이웃의 아내를 탐내지 마라!

여자(귀네)를 보고(블레포) 마음(카르디아)에 음욕을 품(에피듀메

사이)는 자마다 이미 간음(에모이케우센) 하였느니라(마 5:28)

육경(모양,소리,냄새,맛,감촉,마음의 대상), 육근, 육식을 해체하여 구분하지 않고 미혹하여 무더기로 보는 것이 죄 곧 간음이다. 인생들은 알 수 없는 전생부터 태어나자마자 평생을 통해 간음하면서 살아가다 병들고 늙고 죽는다. 계속해서 이를 반복할 뿐이다. 마음 안에 있는 뱀으로부터 경수가 흘러나오기 때문이다. 이것이 죄로부터 빠져나오지 못하도록 하는 올가미다.

참 남편 예수를 알아보려면 마음에 흐르는 경수가 모두 끊어져야 한다. 그래야 밖을 향해 있는 모든 갈애를 끊을 수 있다. 마음에 속지 않아야 그 속에 와 계신 참 남편인 예수 그리스도를 만나게 된다. 간음은 겉사람에 대하여 파악하지 못하고 겉사람으로부터 오는 감각적 욕망에 마음을 빼앗기고 있는 것을 비유한다. 그 마음을 해체(카타볼레스 코스무)하지 아니하고 무더기로 보면 이것들을 나 자신과 동일시한다. 촉수애취(觸手愛取)에 대한 문제를 가지고 이를 여자(귀네)를 보고 왜곡하여 음욕을 품은 자는 이미 간음 했다고 말씀하신다.

※ 여자로 번역한 '귀네'는 밖으로 보이는 여성이 아니다.

내면에서 간음으로 향하게 하는 이 여자(귀네)가 늘 유혹한다. 몸과 마음을 나와 일치시키는 일을 한다. 몸과 마음(오온)을 무더기로 보고 있어서 일어난 일이다. 싫은 느낌은 밀어내고 좋은 느낌은 취하려고 하는 것이다. 인생사 그러하다. 좋은 느낌을 취하려고 평생을 통해 하이에나와 같이 찾아다닌다. 이것을 낭만이라 하는 이들도 있다. 그래서 하나님이 이 실상을 밝히고자 우리의 마음을 세세히 바라(בָּרָא) 하신다(창 1:1).

말씀은 하나님의 아들을 되찾기 위함이며 아들을 낳는 내용이다. 아버지와 아들은 원래부터 하나다. 아버지는 아들 예수 그리스도를 내면으로 이미 보내셔서 나 자신으로 알고 있는 겉사람의 속성을 속속들이 해체하여 그 실상을 온전하게 드러내어 알게 하신다. 온전히 알게 된 상태가 자칼(남자) 네케바(여자)라 부른다. 이들은 간음의 세계를 떠나 하나님과 하나가 된 상태다. 몸과 마음 안에서 일어나고 있는 그 실상을 꿰뚫고 초월하였다. 그래서 자칼과 네케바는 하나님의 아들을 낳는다. 창 1:27절의 말씀이다. 여섯째 욤에서의 일이다. 남자와 여자를 창조하는 이야기가 아니다. 내면에서 온전한 깨달음을 이루는 내용이다. 내면에서 깨달음을 이루는 남자(자칼)와 여자(네케바)를 찾은 내용이다. 달란트(달란톤) 곧 말씀(호 로고스)을 찾았다. 그러나 한글로 번역된 내용과는 그 의미가 완전히 다르다. 하나님이 남자 여자를 창조하였다는 어린이 동화가 성경 말씀으로 둔갑하여 수천 년 동안 내려왔다. 종교인들이 번역하였기 때문이다. 하나님은 어떠한 인생들, 남자 여자를 만들지 아니한다. 인생들 모두 자신의 업(심은 결과)으로 태어났다. 모든 짐승도 마찬가지다.

> 너희 생명이 무엇이뇨 너희는 잠깐 보이다가 없어지는 안개니라(약 4:14)

하나님은 잠깐 보이다가 없어지는 안개와 변하는 안개와 같은 죄를 만드시지 아니한다.

> 안개만 땅에서 올라와 온 지면을 적셨더라(창 2:6)

이 말씀은 번역된 내용과 원래의 그 의미와는 아무 관계가 없다. 안개가 땅에서 올라와 온 지면을 적시는 내용이 아니다. 육경과 육근 그리고 육식의 속성을 자세히 드러내어 알려주는 내용이므로 창세기를 다룰 때 설명하여야겠다. 유식에 관한 내용이므로 유식에 대하여 알게 되면 쉽게 이해할 수 있다.

하나님으로부터 나온 예수 그리스도 이외엔 모두 거짓이며 허상이며 죄다. 허상인 마음의 실상을 해체해서 그 실체를 알아야 한다. 그래야 마음의 요술에 넘어가지 않는다. 몸과 마음은 조건에 의하여 일어났고, 그리고 변화한다. 그러므로 영원하고 불변한 것이 아니다. 영원하고 불변하지 아니한 것은 천상의 세계라도 모두 가짜다.

예수께서 온전히 마음의 바다 위를 초월하여 걸어오시는 것을 보여주신다. 마음을 온전히 초월하였기 때문이다. 기적을 보이고자 바다 위를 걸어오시는 내용이 아니다. 내면의 바다를 일컫는다. 여기 등장하는 바다는 창 1장에서부터 등장하고 있다. 의식 무의식 잠재의식의 하늘과 땅과 바다다. 하늘과 땅과 바다를 온전히 초월하여 정복하신 것을 말씀하신다.

하나님의 신은 수면에 운행하시니라(창 1:2)

וְר֣וּחַ אֱלֹהִ֔ים מְרַחֶ֖פֶת עַל־פְּנֵ֥י הַמָּֽיִם׃

(베루아으 엘로힘 메라헤페트 알-페네 함마임)

"하나님의 영(루아흐)은 그 물들(겉사람의 속성)의 얼굴들 위를 메라헤페트(초월하여 나투신다) 하신다."

이래서 하나님은 대상이 아니다. 내면의 겉사람을 초월하여 오셔서 항상 나에게 나투신다. 내가 하나님의 아들이며 하나님이라는 것을 쉬지 않고 알려주고 계신다.

예수께서는 아버지께 온전한 십일조와 헌물이 되었다. 자신 안에 감추어진 달란트(탈란톤)를 온전히 찾아 드린 것이다. 예수께서 우리에게 오셔서 우리도 이같이 해야 함을 말씀하신다. 베드로는 예수로 인하여 잠시 자신의 마음 바다 위를 걷는 체험을 하였다. 이 경험은 대단히 중요하다. 결코 없어지지 아니한다. 그러므로 십일조와 헌물은 돈이 아니다. 깨달음이다.

이 일은 모두 각자 안에서 일어나야 하는 것을 보여주신다. 그러려면 마음을 해체하고 분석하는 '카타볼레스 코스무'의 일을 해야 한다. 예수께서는 자신 안에서 로고스(말씀)를 발견하려면 골방 안으로 들어가서 안이비설신의(眼耳鼻舌身意)로부터 강도가 들어오지 못하도록 그 문을 닫고 깨어 있어야 한다고 말씀하신다. 부처님께서는 사띠, 사마타, 위빠사나로 이를 말씀하신다.

골방 안에 들어가 있으려면 광야 사십 년을 지나야 한다. 참으로 기나긴 세월이다. 노아의 기사에서는 백이십 년 동안 방주를 만들어야 하는 것으로 나온다. 내면의 속성을 속속들이 알아가는 기간이다. 그 이후 골방 안으로 들어가게 된다. 골방은 반드시 자신이 만들어야 한다. 그리고 때가 되면 골방을 나와 지성소로 넘어가야 한다. 그 누구도 예외가 없다. 그래야 생명의 빛이 자신 안에 도래한다. 일곱째 욤과 하나 되기까지 계속 가야 한다. 몸과 마음을 완전히 벗어버리면 저편의 세상인 지성소 안에 이르게 되며, 그리고 베레쉬트와 하나가 된다. 내가 근본이며 하나님이다. 이것은 영원(시간개념 아님)하고 불변하다. 하나님은 대상이 아니므로 존재가 아니다. 몸과 마음의 세계(보는 나, 듣는 나, 느끼는 나, 생각하는 나)가 아니라서 언어로 접근할 수 없다. 온전히 쉬는 곳이 일곱째 욤(빠욤 핫쉐비이) 안에서다.(창 2:2-3) 붓다께서는 무아로 말씀하실 뿐이다.

※ 번역 성경에서는 '욤(יוֹם)'을 시간개념의 '날'로 번역하여 오해를 가져오게 한다. 그래서 하나님이 칠 일동안 천지 만물을 창조하였다고 하는 웃을 수 없는 일이 발생하였다. 어린이 동화가 하나님 말씀으로 둔갑한 것이다. 거짓이 하나님 말씀으로 둔갑하였다. 그것을 믿는 인생들은 자신이 무지한 줄을 모른다. 유명한 사람들이 말했다고, 많은 사람이 그렇게 이야기했다고 해서 진리가 아니다. 한 욤(יוֹם)에서부터 일곱 욤(יוֹם)까지 하나님의 말씀을 따라가는 자 안에서 일어나는 깨달음의 과정이다. 일곱 욤 안으로 들어가야 아버지와 하나 된 베레쉬트(근본)가 된다. 완전한 해탈이다.

> 제자 중에 또 하나가 가로되 주여 나로 먼저 가서 내 부친을 장사하게 허락하옵소서 예수께서 가라사대 죽은 자들로 저희 죽은 자를 장사하게 하고 너는 나를 좇으라 하시니라(마 8:21-22)

또 다른 사람에게 나를 좇으라 하시니 그가 가로되 나로 먼저 가서 내 부친을 장사하게 허락하옵소서 가라사대 죽은 자들로 자기의 죽은 자들을 장사하게 하고 너는 가서 하나님의 나라를 전파하라 하시고 또 다른 사람이 가로되 주여 내가 주를 좇겠나이다마는 나로 먼저 내 가족을 작별케 허락하소서 예수께서 이르시되 손에 쟁기를 잡고 뒤를 돌아보는 자는 하나님의 나라에 합당치 아니하니라 하시니라(눅 9:59-62)

예수께서는 종교 행위를 하는 이들은 죽은 자(하나님과 끊어진)들이라 말씀하신다. 이들의 우두머리를 아비(부친)라 하고 이들과 함께하는 이들을 가족이라 한다. 예수께서는 죽은 그 아비를 떠나라 하신다. 진리가 아닌 것을 잘못 전하는 자를 죽은 아비라 말씀하신다. 죽은 아비에게서 가르침을 받는 행위가 죽은 자들이 행하는 장사하는 행위라 하였다. 그래서 조금이라도 미련을 두지 말고 이들을 떠나라 하신다.

손에 쟁기를 잡고 뒤를 돌아보는 자는 하나님의 나라에 합당치 않다고 하였다. 소돔과 고모라 성에서 급히 나올 때 롯의 아내는 뒤를 돌아보았다. 소돔과 고모라 성안에서 하던 거룩한 종교 행위들에 미련이 남았었다. 그 순간 그녀는 소금 기둥이 되어 버렸다. 소금 기둥은 하나님이 계시는 성전을 세우는데 기둥으로 사용할 수 없다. 하나의 지체가 되지 못한다. 바사로 기록된 내용이다. 뒤를 돌아보지 말고 말씀을 따라 떠나야 한다. 그러므로 이들의 도량은 사람을 죽이는 도살장이며 이들이 백정들임을 말씀하신다.

가라사대 누가 내 모친이며 내 동생들이냐 하시고(마 12:48)
죽은 자들로 저희 죽은 자를 장사하게 하고 너는 나를 좇으라

말씀에서는 육체의 목숨이 끊어져 죽은 자를 '잠잔다' 라고 이야기한다. 죽은 자는 선악(좋아함 싫어함) 지식나무 열매를 먹고 하나님과 끊

어져 사망(죽음) 당한 자를 말씀하고 있다.

붓다께서도 제자들에게 마지막 유언을 하였다.

"방일하지 말라, 열심히 정진하라, 네 안에서 법을 보아라"

예수께서도 같은 말씀을 하시며 제자들에게 보여주신다.

"다 이루어지게 되었다(테텔레스타이: 완료,수동태)."

자신 안에 원래부터 있었던 그리스도의 법으로 마음(휘장)을 초월하였다.

전생을 기억하는 천상녀 빠띠뿌지까가 지상에 내려와 살다간 내용이다.

이 이야기는 욕계, 천상세계의 하나인 도리천에서부터 시작된다.

33천에서 말라바리(꽃다발을 만드는 남자) 한 천신이 꽃다발과 꽃목걸이를 만들기 위해 즐거운 동산으로 갔다. 그때 거기에서는 일천 명의 선녀들이 꽃목걸이를 만들고 있었는데, 그중 오백 명은 나무에 올라가 꽃을 땄고, 다른 오백 명은 밑에서 그녀들이 던진 꽃을 주워서 목걸이 따위를 만드는 것이었다. 그런데 그때 한 선녀가 나뭇가지에 앉아 있다가 순식간에 사라져서 인간 세상의 사왓티의 어느 집에 사람의 아기로 태어났다. 그녀의 이름은 빠띠뿌지까라고 지어졌으며, 태어날 때부터 과거 전생을 기억하는 능력이 있어서, 자신이 전생에 천상에서 꽃목걸이를 만드는 말라바리의 아내였다는 것을 알고 있었다.

빠띠뿌지까는 열여섯 살이 되던 해에, 결혼을 했고 네 명의 자녀를 두었다. 결혼한 다음 그녀는 빅쿠들에게 아침, 저녁으로 그리고 초하루 보름마다 공양을 올렸는데, 그때마다 그녀가 올린 한결같은 발원은 천상의 남편과 다시 만나고 싶다는 것뿐이었다. 빅쿠들은 그녀의 간절한 발원을 익히 아는 터여서 그녀는 남편을 존경하는 여인(빠띠뿌지까)이라고 불렀다.

빠띠뿌지까는 때때로 수도원에 나와서 강당을 청소하고 빅쿠 대중들이 마실 물을 준비하기도 하는 등 빅쿠들에게 바치는 정성이 지극했다. 그래서 빅쿠들은 공양할 물건이 있으면 그녀로 하여 공양하게 하며 여러 가지로 배려를 해주었다. 그러는 동안에 빠띠뿌지까는 임신을 하여 아기를 낳았고, 그 아기가 걸을 만하게 되었을 때 또 아기를 낳는 식으로 하여 모두 네 명의 아들을 두었다.

그녀는 빅쿠들에게 공양을 올리며 다섯 가지 계를 받아 지니고 법문을 받들어 잘 실천하고 있었다. 그러던 어느 날 그녀는 갑자기 병을 앓더니 곧 죽어 버리고 말았다. 그녀는 죽자마자 예전의 33천상세계에 다시 태어났다. 그녀가 천상에 선녀로 돌아와 보니, 자기가 인간계에 태어났다가 다시 천상으로 돌아오는 동안 오랜 시간이 흘렀는데도 아직도 천상의 선녀들은 여전히 꽃목걸이를 만들고 있었다. 아직도 천상의 하루는 다 지나가지 않고 있었다.

이때 꽃목걸이를 만드는 말라바리가 그녀를 보고 물었다.

"우리는 아침부터 지금까지 당신을 볼 수 없었는데, 도대체 그동안 어디에 갔다 온 거요?"

"저는 잠시 천상을 떠나 있었습니다."

"아니, 지금 뭐라고 말했소?" "저는 잠시 천상을 떠나 있었다고 말했습니다, 낭군님." "그랬소? 그래서 어디에 태어났었소?" "사왓티의 한 가정에서 태어났었습니다." "얼마를 거기에 머물러 있었소?"

"어머니의 태중에서 열 달, 태어나서 열여섯 살이 되어 결혼했고, 그 뒤 아들 넷을 낳을 동안이었습니다. 저는 인간으로 있는 동안 빅쿠 테라들에게 공양을 올리면서 다시 천상의 남편에게 태어나고 싶다고 발원했습니다."

"그랬소? 그래 그곳 사람들의 수명은 대체로 얼마나 됩디까?"

"길게 잡아도 단지 백 년 정도 될 뿐입니다."

"아, 참으로 짧은 수명이로군!" "그렇습니다."

"그렇다면 묻겠소. 그렇게 짧은 기간을 사는 사바세계의 사람들은 어떠하였소? 그들은 태어나 살아가는 동안 잠이나 자며 주의력 없이 보내던가요? 아니면 수행자들에게 공양을 올리고, 주의력을 유지하면서 열심히 자신을 살피던가요?"

"낭군이시여, 그들은 대체로 정신없이 살고 있습니다. 마치 자기들의 수명이 한없이 길어서 죽음이란 자기들과는 아무런 관계가 없다는 듯이 살아가고 있었습니다."

이런 아내의 말을 듣고 나서 꽃목걸이를 만드는 천인은 말했다.

"당신의 말대로 인간이 단지 백 년밖에 살지 못한다면 그들은 잠이나 자면서 정신을 딴 데 빼앗겨서는 안 될 것이오. 그래 가지고야 어떻게 해탈을 성취할 수 있겠소? 인간의 백 년은 천상의 하룻밤 하룻낮에 지나지 않는 것, 천상인의 수명을 인간의 햇수로 계산하면 무려 삼천육백 만 년이나 되오. 그러하거늘, 그런 곳에 살면서 정신을 차리지 않고 방탕하다면 이는 참으로 안타까운 일이 아닐 수 없소."

한편, 다음 날 빅쿠들은 마을로 탁발을 나갔는데, 마을의 회관은 아무도 청소하지 않은 채 더럽혀져 있었고, 앉을 자리와 물도 준비되어 있지 않았다. 그래서 빅쿠들은 마을 사람들에게 물어보았다.

"매일같이 탁발 준비를 하던 부지런한 빠띠뿌지까 부인은 어디 있습니까?"

마을 사람 하나가 대답했다.

"그녀는 어제 테라님들을 공양한 다음 한낮에 세상을 떠났습니다."

이 소식을 듣고 아직 법안을 갖추지 못한 빅쿠들은 그녀의 친절했던 봉사에 아쉬움을 느끼며 눈물까지 보였다. 그렇지만 아라한이 된 빅쿠들만은 의연하게 감정을 다스리고 있었다.

빅쿠들은 아침 공양을 마치고 수도원으로 돌아와 부처님께 사뢰었다.

"부처님이시여, 매우 활동적인 성품으로 오직 남편만을 생각하던 여인, 저희를 위해 좋은 일이든 궂은일이든 가리지 않았으며, 자기의 모든 공덕을 남편에게 회향하던 여인이 죽었습니다. 그녀는 어디에 태어났습니까?"

"빅쿠들이여, 그녀는 자기의 남편에게로 돌아갔느니라."

빅쿠들은 의아하여 여쭈었다. "부처님, 그녀는 자기 남편과 함께 죽은 것이 아닙니다." "빅쿠들이여, 그녀가 발원했던 남편이란 인간으로서 만난, 살아 있는 그 남편을 가리키는 것이 아니었느니라. 그녀는 꽃목걸이로 천상을 장식하는 천인의 아내였으며, 그녀가 공덕을 회향했던 것은 그 남편이었느니라. 이제 그녀는 다시 옛 남편에게로 돌아간 것이니라."

그리고 부처님께서는 천상 세계에 관해서 설명해 주시었다. 이에 빅쿠들이

"부처님이시여, 그 말씀이 사실입니까? 그렇다면 인생이란 참으로 짧은 것이라 하겠습니다. 그리고 빠띠뿌지까의 경우로 보더라도 그녀는 아침에 공양을 올리고 저녁때는 병이 들어 곧 죽은 것입니다."

"그러하니라. 빅쿠들이여, 이 생명이란 그렇게 짧고 무상한 것이니라. 사람들이 채 감각적인 쾌락에 만족하기도 전에 죽음은 그들을 덮치느니라."

그리고 부처님께서는 다음 게송을 읊으시었다(게송 48).

아름다운 꽃을 찾아 헤매듯
마음이 감각적 쾌락에 빠져 있는 자를
죽음은 먼저 앗아 가버린다,
욕망이 채워지기도 전에.

인생은 참으로 무상하며 덧없다.

인간 위의 천상 세계는 욕계, 색계, 무색계의 천상이 있다.

무색계 천상 너머에 열반의 세계가 있다. 지성소다. 말씀에서는 천국으로 설명한다. 베레쉬트(בְּרֵאשִׁית)이며 엔 아르케(ἐν ἀρχῇ)다. 모두 '태초'로 오역하는 실수를 범하였다. 윤회를 벗어나 있다. 더 이상 태어남이 없기 때문이다. 몸과 마음이 없어졌다. 의식, 무의식, 잠재의식을 초월한다. 성경에 누락되어 있는 바울의 기록에 보면 바울도 열 단계의

하늘 세계에 들어갔었던 것을 기록하였다. 그러나 바울 역시 이 천상의 세계를 온전히 넘어가 버렸다. 다시는 몸과 마음을 입고 태어나지 않는 곳으로 가버렸다.

욕계의 세계는 여섯 단계가 있고 그 위에 있는 색계의 세계는 열여덟 단계가 있으며, 그 위에 무색계 세계는 네 단계의 천상이 있다. 인간 위의 천상은 모두 28천상이 있다. 높은 천상의 세계로 올라갈수록 마음이 더욱 사라지게 되어 더욱 긴 세월을 살아간다. 욕계 천상은 사왕천, 도리천, 야마천, 도솔천, 화락천, 타화자재천으로 되어 있으며 욕계의 두 번째 천상인 도리천 세상은 33천으로 이루어졌다. 그러나 높은 천상에 올라가는 것이 좋은 것은 아니다. 높은 천상은 마음 작용이 없으므로 이 공부를 하지 못한다. 그래서 반드시 깨달음을 얻고 가야 한다. 그렇지 않으면 다시 윤회한다. 어떤 천상은 가면 안 되는 곳도 있다.

성경 말씀에서는 천상에 태어나는 것을 말씀하지 아니한다. 윤회의 세계이기 때문에 골방 안으로 들어가 문을 닫고 있어야 하며 때가 이르러 지성소 안으로 들어가야 함을 말씀하신다. 하나님과 하나 되는 천국이다. 그러므로 하나님은 대상이 아니다. 그러나 그 이외의 모든 천상은 넘어서야 할 대상이다.

전생을 기억하였던 여인 빠띠뿌지까는 이 도리천 천상에 살다가 죽어 인간계에 와서 결혼하여 자녀를 낳고 살다가 다시 도리천으로 간 여인이다. 그러나 인간계 위의 모든 천상은 늙고 병들고 하는 고통 없이 비록 오래 살지만, 이 역시 윤회한다. 이것이 큰 문제가 되는 것이다. 그래서 천상 세계라 해도 온전한 깨달음을 얻지 못하면 다시 아래로 떨어지게 되어 끝없이 윤회를 계속한다. 그러므로 온전히 깨달음에 이르러야만 윤회에서 벗어날 수 있다. 그래서 부처님이나 예수께서는 몸과 마음을 온전히 벗어나 깨닫기를 원하시는 것이지 천상 세계에 태어나는 것을 원하시는 것이 아니다. 종교 행위를 초월하여 작은 깨달음이라도 얻으면 언젠가는 온전한 깨달음에 이를 수 있다.

성경 말씀으로는 창 1장에 나오는 '첫째 날'로 오역한 '한 욤' 안에만 들어갈 수 있다면 몇 생 안에 온전한 깨달음(일곱째 욤)에 이르게 된다. 열반의 세계에 미치지 못하는 천상 세계는 모두 대단히 아름답고 생이 길어서 죽음이 없는 곳이라고 착각하게 한다. 그래서 천상에 태어나자마자 이 공부를 할 수 있는 마음이 순간적으로 사라진다고 한다. 천상 세계에서도 마음공부를 할 수 있는 곳이 아니면 오히려 인간 세계에서 공부하는 것이 더욱 좋다고 선지식들은 말한다. 부처님께서는 수 억겁을 사는 천상 세계도 아주 짧은 시간이라고 말씀하고 있다. 인간 세상은 삶이 짧고 희,노,애,락이 깊고 크기 때문에 고뇌를 많이 하게 되어 마음을 들여다보기가 천상 세계보다도 더 쉽다고 한다. 그래서 생,노,병,사의 힘들고 고뇌가 많은 인간 세상에 일부러 와서 깨닫고 가는 이들이 많은 것이다. 어떤 선지식들은 일부러 장애를 가져와 고통을 겪고 가기도 한다. 성경 말씀에서는 장애를 가지고 있는 많은 이들이 예수 앞에 나와 깨달음을 얻는 내용이 등장한다. 쉽게 넘길 내용이 아니다.

깨달은 빅쿠들이 법문을 할 때면 천상의 신들이 지상에 내려와서 그 법문을 듣고 간다. 대표적인 분이 태국에 계셨던 빅쿠 아짠 문이다.(1870 -1950).

아짠 문은 20세기 태국에서 가장 존경받는 아라한에 이르렀던 선사였다. 그가 설법할 때는 천상계의 많은 천신이 조용히 내려와 그의 설법을 듣고 질서정연하게 올라가는 것을 그의 주위에 있는 수행자들은 볼 수가 있었다 한다. 이같이 천상 세계에서는 공부하기가 힘이 든다는 이야기를 듣는다. 깊은 깨달음을 얻기가 어렵다 한다. 도솔천 내원궁에는 부처님이 계시기 때문에 공부를 할 수가 있다. 그러나 이런 곳에는 아무나 갈 수 없다.

그 외에 천상 세계는 부족한 것이 없으므로, 마음을 들여다보는 공부를 할 이유가 없어서 공덕을 쌓고 깨달음에 이르기가 대단히 어렵다고 한다. 오히려 인간 세계에 와서 공덕을 쌓고 공부를 하여 깨달음에 이르기에 더 좋다고 한다. 대표적인 분들이 석가모니 부처님과 그의 제자들이다. 석가모니 부처님은 사아승지 십만겁 전에 오신통을 얻을 정도로 깨달음에 이르렀으나 온전한 깨달음을 일부러 미루시고 계속해서 인간계에 오셔서 많은 선업을 쌓으셨다. 수많은 사람을 가르치고 그들에게 진리의 길을 보이셨다. 그리고 그와 함께 많은 고통을 받으셨다는 것을 전생의 기록을 통해 알 수 있다. 이같이 어느 정도의 깨달음에 이른 분들이 힘든 이 세상에서 많이 나온다는 것을 경전을 통해 알 수 있다. 지금도 이 세상에 정견을 갖추고 있는 분들이 와 있다는 것을 알 수 있다. 이런 분들을 통해 많은 사람이 외도에서 벗어나 정견을 갖추게 되어 작은 깨달음이라도 얻게 되는 것이다. 크나큰 공덕이다. 이러한 분들을 만난다는 것 또한 그에게는 특별한 행운일 것이다. 이들을 알아보는 바른 눈을 가지는 것이 필요하리라 생각한다.

원래부터 있었던 온전한 십일조와 헌물을 각자 안에서 발견할 수 있다면 그는 하나님과 하나 된 베레쉬트(근본)이므로 윤회의 질긴 감옥(휘장, 잠근 동산)을 찢어버리고 대 자유인이 된다.

29. 로마서 1:1절의 의미가 무엇인가?

성경에서 말씀하는 핵심 중의 핵심이다. 그러므로 반드시 알아야 할 내용이다.

(롬 1:1) 예수 그리스도의 종 바울은 사도로 부르심을 받아 하나님의 복음을 위하여 택정함을 입었으니

큰 오역이다.

파로미이아로 된 내용이기 때문에 제대로 번역이 된다고 하여도 그 의미를 알 수가 없다. 그래서 이 내용을 바로 알기 위해선 반드시 요한복음 1:1절부터 먼저 들여다보아야 한다. 그렇지 아니하면 그 내용을 절대로 알 수 없다. 그러므로 요한복음 1:1절 또한 성경 말씀의 핵심 내용이므로 반드시 그 의미를 바로 알아야 한다.

(요 1:1) 태초에 말씀이 계시니라 이 말씀이 하나님과 함께 계셨으니 이 말씀은 곧 하나님이시니라

번역이 크게 잘못되었다.

종교인들이 잘못된 개념으로 번역하였기 때문에 원래의 그 의미와 아무 관계가 없는 내용으로 번역되었다.

1722	746	1510	3588	3056	2532	3588	3056	1510
'Eν	ἀρχῇ	ἦν	ὁ	λόγος,	καὶ	ὁ	λόγος	ἦν
PD	NDFS	VIIAS3	DNM	NNMS	JC	DNMS	NNMS	VIIAS3
엔	아르케	엔	호	로고스	카이	호	로고스	엔
4314	358	2316	253	2316	1510	3588	3056	
πρὸς	τὸν	θεόν,	καὶ	θεὸς	ἦν	ὁ	λόγος.	
PA	DAMS	NAMS	CC	NNMS	VIIAS3	DNMS	NNMS	
프로스	톤	데온	카이	데오스	엔	호	로고스	

요 1:1절은 휘장(몸과 마음) 너머의 세계 곧 지성소 안에서 일어나는 내용이므로 시간과 공간을 초월하여 있어서 시제가 없다. 몸과 마음을 온전히 초월한, 몸과 마음을 온전히 초월한 사도 요한의 내면에서 일어나는 내용이다. 시상에 있어서 과거시상과 미래시상이 끊어지고 오직 현재시상만을 가지고 있다. 바로 이 순간만 있다. 이것을 이해하기란 대단히 어렵다. 새 언약에 나타난 하나님은 과거시상과 미래시상이 온전히 끊어진 현재상만 지니고 있을 뿐이다.

언어의 세계인 몸과 마음의 세계가 아니기 때문에 마음으로 들여다볼 수 없어서 반드시 마음을 넘어서 있는 지성소 안으로 들어가서 체험하여야만 알 수 있다. 휘장 너머의 지성소 안에서 일어나는 상황으로 시간과 공간이 모두 사라진 상태라서 체험으로서만 알 수 있다. 그래서 문자로 표현된 요 1:1절은 학문이나 지식으로 해석할 수 있는 것이 아니다. 이래서 파로이미아(히다)이며 파라볼레(마솰)의 관계로 되어 있다. 그러면 우선 한 단어 한 단어씩 자세히 들여다보겠다.

(요 1:1) 태초에 말씀이 계시니라 이 말씀이 하나님과 함께 계셨으니 이 말씀은 곧 하나님이시니라.

①	②	③	④	⑤			⑥	⑦
'Eν	ἀρχῇ	ἦν	ὁ	λόγος,	και	ὁ	λόγος	ἦν
PD	NDFS	VIIAS3	DNM	NNMS	JC	DNMS	NNMS	VIIAS3
엔	아르케	엔	호	로고스	카이	호	로고스	엔

⑧	⑨	⑩		⑪	⑫		⑬
πρὸς	τὸν	θεόν,	και	θεὸς	ἦν	ὁ	λόγος.
PA	DAMS	NAMS	CC	NNMS	VIIAS3	DNMS	NNMS
프로스	톤	데온	카이	데오스	엔	호	로고스

이 문장을 해석한다고 해서 그 의미가 풀리는 것이 아니다. 이 내용은 사도 요한 내면에서 하나님과 하나 된 일을 기록하였다.

①,②번은 '엔 아르케('Eν ἀρχῇ)' 다.

'태초에' 로 오역한 '엔 아르케' 는 창 1:1절의 '태초에' 로 오역한 '베레쉬트(בְּרֵאשִׁית)' 와 똑같은 뜻이다. 그 의미는 근본, 근원, 본원, 본성, 본 성품, 원래의 성품의 뜻으로 해석할 수 있다. 나(예수 차원)의 원래의 성품이다. 불경에서는 상수멸(想受滅), 멸진정(滅盡定), 무아(無我) 또는 부처, 비로자나불로 그 의미를 대신한다. 성경에서는 '베레쉬트', '엔 아르케' 를 '하나님' 또는 '천국' 으로 표현을 하며 '에이스 투스 아이오나스' 로 설명하기도 한다. 모두 임시방편으로 사용하고 있을 뿐이다. 그래서 '태초에' 로 오역하고 있는 원래 문자 그대로 '엔 아르케' 라고 표현을 하여야겠다.

"근본이신(ἡ ἀρχη 헤 아르케) 이가 가라사대"(계 3:14)

"그는 몸(소마)인 교회(엑클레시아; 몸 된 성전)의 머리라 그가 근본(아르케)이요"(골 1:18).

그러므로 '엔 아르케(베레쉬트)'는 근본으로 예수 그리스도를 지칭하고 있으므로 요 1:1절은 예수 그리스도의 속성에 대하여 자세하게 설명하고 있다. 예수 그리스도가 그 하나님이며 그 천국이다. 그런데 몸과 마음(휘장)이 생겨나면 ③번 '엔(ἦν)'과 ④,⑤번 '호 로고스(ὁ λόγος)'가 등장하게 된다. '계시니라'로 번역하고 있는 ③번 '엔(ἦν)'은 동사, 미완료, 3인칭, 단수로 '계속해서 오신다', 또는 '계속해서 나투신다'의 뜻이다. 바로 ④,⑤번 '호 로고스(ὁ λόγος)'로 계속해서 나투시는 것이다. 계속하여 호 로고스로 등장하는 것을 말씀하고 있다. 그러므로 '계시니라'로 번역을 하면 오해가 생길 수 있다.

'호 로고스'는 말씀으로 번역하고 있어서 오해가 크다. '호 흐레마'도 말씀으로 번역하였기 때문이다. '호 로고스'는 근본(엔 아르케)이며 하나님(데오스)이다. 그런데 ④,⑤번 호 로고스가 ⑨,⑩번 톤 데온(τὸν θεόν)을 향하여 ⑦번 '엔(ἦν)' 동사를 사용하여 '계속해서 오고 계신다.', '계속해서 나투시고 계신다.'의 뜻으로 설명하고 있다. 완료되기까지 계속해서 미완료 상태로 등장하시고 있다. 보통 '톤 데온(τὸν θεόν:목적격)'을 아버지로 표현하고 있다. 호 로고스가 아버지로 계속해서 등장하고 있다. 호 로고스가 아버지라 부르고 있다. 이를 다른 문장에서는 아버지와 하나 되어 있다고 말씀하고 있다.

본문에서는 아버지를 향하여 계속해서 나투시고 계신다고 기록하였다. 이렇게 문자대로 해석하다 보면 '톤 데온'과 '호 로고스'가 따로 분리되어있는 것으로 오해하게 된다. 문자로 설명하다 보니 이런 오해를 가져온다. 그래서 요 1:2절 이하에 이에 관한 추가 내용이 계속해서 나오고 있다. 아버지와 예수(호로고스: 말씀)는 분리되지 아니한다. 이래서 문자대로 읽으면 크나큰 오해를 초래한다.

"이 말씀은 곧 하나님이시니라"로 번역한 부분이다.

"καὶ ⑪ θεὸς ⑫ ἦν ⑬ ὁ λόγος.(카이 데오스 엔 호 로고스)"

⑬번 '호 로고스(ὁ λόγος)'가 ⑪번 데오스(θεὸς:주격,단수)로 ⑫번

'계속해서 오신다,' '계속해서 나투신다'고 미완료로 말씀하고 있다. 결국 호 로고스가 계속하여 하나님(데오스) 되심을 정의하고 있다.

그런데 이는 크게 주의할 내용이며 핵심 내용으로 이 문장에 하나님(데오스)이 두 번 나오는데 앞에 나오는 ⑨,⑩번 '톤 데온(τὸν θεόν;목적격)'에서 ⑩번 '데온(θεόν;하나님)' 앞에 관사 ⑨번 '톤(τὸν)'이 붙어 있으며 뒤에 나오는 ⑪번 데오스(θεὸς) 앞에는 관사가 붙어 있지 않다. 이 부분이 대단히 중요한 내용이다. 이 부분을 놓치고 해석하면 성경 전체가 완전히 다른 내용이 되어 버린다. 관사(τὸν)가 붙어 있는 하나님(데오스)과 관사가 없는 하나님(데오스)이 한 문장 안에 등장하고 있다. 사도 요한이 이를 구별하여 잘 설명하고 있다. 원어로 읽어 보는 성경의 많은 문장에서 하나님 앞에 관사가 붙어 있는 것과 관사가 없는 것이 구별되어 등장하고 있다. 그 의미가 완전히 다르기 때문이다. 영(푸뉴마) 또한 마찬가지다. 그런데 번역된 성경 말씀은 이를 전혀 구분하지 않고 있는 것이 크나큰 문제다.

아버지(톤 데온)를 향하여(프로스;하나 됨) 있는 호 로고스가 하나님(데오스)이라 정의하고 있다. 그러므로 '호 로고스'이신 예수 그리스도가 톤 데온(하나님)이며 데오스(하나님)로 계속해서 나투시고 있다. 이는 사도 요한 자신에 대한 실상을 언어로 설명하고 있다. ③,⑦,⑫번 1510번 '엔(ἦν): 동사,직설법,미완료,능동태,단수,3인칭'에 대하여는 그 내용이 많아서 다음에 설명하여야겠다. '톤 데온'과 하나 되시며 '데오스' 이심을 계속해서 드러나게 하는 단어다. 원형은 '에이미(εἰμί)'이며 1인칭 단수로 '나는 ~이다', '나는 나다'의 뜻을 갖으며, 예수께서 계속해서 자신을 '에고 에이미(나는 나다)'로 말씀하고 있다. 나는 근본(엔 아르케)이며 말씀(호 로고스)이며 나는 아버지(톤 데온)와 하나 되어 있으며 나는 하나님(데오스)이라고 정의하고 있다. 이 구절을 이해하면 다음에 나오는 성경 구절을 바로 알 수가 있게 된다.

(요 10:34) 예수께서 가라사대 너희 율법에 기록한바 내가 너희를

신이라 하였노라 하지 아니하였느냐.

번역이 크게 잘못되었다.

'Απεκρίθη αὐτοῖς ὁ 'Ιησοῦς, Οὐκ-ἔστιν γεγραμμένον ἐν τῷ-νόμῳ- ὑμῶν 'Εγὼ ειπα, θεοί ἐστε;(아페크리데 아우토이스 호 예수스, 우크- 에스틴 게그람메논 엔 토-노모-휘몬 에고 에이파, 데오이 에스테;)

그 예수께서 그들에게 가라사대 너희들의 그 율법 안에 기록된바 내가 너희들을 하나님(θεοί 데오이)이라 하였노라 하지 아니하였느냐?

※ 2316번 'θεοί(데오이; 하나님)' 는 주격,남성,복수로서 단어 앞에 관사가 없다. θεὸς(데오스)의 복수형이다. 신이 아니다.

'내가 너희를 신이라 하였노라' 고 오역한 내용은 '내가 너희들을 하나님(관사없음,복수)이라 하였다(에이파;과거태)' 다. 구약에서부터 하나님(데오스)이 대상이 아님을 계속해서 이미 말씀하였다(과거태)는 뜻이다. 그러므로 구약에 나오는 하나님(엘로힘)은 대상이 아님을 말씀하시고 있다. 하나님이 대상이 아니다. 이래서 구약에 등장하는 모든 깨어 있는 자(믿음의 선진들) 이외의 모든 이들은 하나님을 대상으로 보았음을 알 수 있다. 이들 모두 하나님에 대하여 대단히 오해하였다.

가나안 에레츠에 들어가지 못한 모세 또한 느보산 꼭대기에서 그의 죽음 앞에서 비로소 여호와 하나님이 대상이 아님을 그때서야 알게 되었다. 이때 그가 평생 함께하였던 그 지팡이를 놓아버린다. 그러므로 모세 또한 평생을 계속해서 여호와 하나님에 대하여 오해하였다. 그래서 그는 가나안 땅(에레츠) 안으로 들어가지 못하였다. 가나안 에레츠(땅)는 모세 내면에 있는 땅을 히다로 말씀하고 있다. 여호수아(예수)와 갈렙에 속한 이들만 가나안 땅(에레츠) 안으로 들어가게 된다. 그러므로 모세 오경이라고 알고 있는 기록은 모세가 기록한 것이 아님을 알 수 있다. 하나님 말씀은 반드시 하나님과 하나가 되어 있는 자 이외엔 그 누구도 하나님의 말씀을 제대로 알 수도 없으며 기록할 수도 없다. 모세는 그의 죽음 직전에 깨달음을 얻게 된다. 그러므로 다음 구절이 계속 이어져 나온다.

(요 10:35) 성경은 폐하지 못하나니 하나님의 말씀을 받은 사람들을 신이라 하셨거든

이 역시 번역이 매우 잘못되었다.

Eἰ ἐκείνους ειπέν θεούς, πρὸς οὓς ὁ λόγος τοῦ θεοῦ ἐγένετο, καὶ οὐ-δύναται λυθῆναι ἡ γραφή:(에이 에케이누스 에이펜 데우스, 프로스 우스 호 로고스 투 데우 에게네토, 카이 우-뒤나타이 뤼데나이 헤 그라페.)

그 기록(그라페)은 폐하지 못한다, 그(관사있음) 하나님의 그 말씀(호 로고스)이 이루어진(기노마이;하나 된) 자들을 하나님(θεούς, 데우스:목적격,복수,관사없음)이라 하였다.

'받은' 으로 오역한 1096번 '에게네토(ἐγένετο)' 과거,중간디포넌트 동사의 원형은 '기노마이(γίνομαι)' 며 '이루어지다, 하나 되다' 의 뜻이다. '말씀을 받은' 으로 해석해 버리면 대상으로부터 이론으로 기억으로서 받은 것으로 해석할 수가 있어서 '말씀을 받은' 이 아니라 '내가 이미 말씀으로 이루어진(과거태), 내가 이미 하나님의 말씀으로 변한(깨어난)' 으로 해석해야 그 의미가 드러난다. 내가 하나님 말씀(호 로고스)과 하나가 되면 하나님(관사없음)이라고 성경 말씀은 정의하고 있다.

요 1:1절 호 로고스(ὁ λόγος)가 하나님(θεὸς)이라 정의하고 있다. 내가 하나님(θεὸς)이 되는 것이 구약부터 말씀하여온 내용이다. 그래서 예수께서 너희들에게 오신 것은 대상으로 오신 것이 아니라 각자 안에 있는 '예수 자신의 마음 땅(밭)으로 오신 것으로' 정의하고 있다. 이미 예수 그리스도 자기 자신 안으로 들어오셨음을 말씀하시고 있다. 공간 밖의 땅에, 밖의 백성에게 오신 것이 아니다(요 1:11). 자기 자신 안으

로 오신 것이라고 정의하고 있다. 이천 년 전 밖(공간)에 오신 것이 아니라 자기(나) 자신 안으로 자신의 살과 뼈로(말씀으로) 각자 안에 이미 오신 것(과거태)이라고 말씀하고 있다. 이래서 하나님 말씀은 대단히 어렵다. 자신 안으로 오신 예수 그리스도(생명의 빛)와 하나 되지 못하면 도저히 알 수 없는 내용이다.

이런 핵심 내용이 역사적으로 오신 예수 시대로부터, 종교인들로부터 이단으로 규정되어 이렇게 보이는 모든 문서를 없애버렸고 깨어 있는 이들이 이들로부터 죽임을 당했다는 것을, 역사를 통해서 알 수 있다. 역사적 예수가 오셨던 때부터 이를 알 수 없었던 최고의 학문의 대가들인 서기관들과 바리새인들은 예수가 하나님을 대적한다고 늘 따라다니면서 죽이려 하였고 결국 그들의 뜻대로 그를 죽였다. 이때부터 하나님 말씀은 완전히 왜곡되어 종교적으로 우상화되어 내려왔다.

이 문장에서 말씀(호 로고스)이 이루어진(기노마이;하나 된. 과거태) 사람들을 '신'으로 번역해 버리면 하나님이 제일 높고 그 아래에 '신'이 있는 것으로 오해하게 되었으니, 반드시 번역을 다시 하여야 한다. 관사가 없는 하나님(데오스)은 대상이 아닌 바로 나(예수차원)다. 그러므로 기독교인들이 말하는 삼위일체론과 원죄론은 말씀에 비추어 크게 잘못되어 있다는 것을 알 수 있다. 이 내용은 2부에서 원전을 자세히 들여다보고 하나하나 그 설명을 이어가겠다. 이를 바로 알게 되면 롬 1:1절의 그 의미를 바로 알 수 있다.

(롬 1:1) 예수 그리스도의 종 바울은 사도로 부르심을 받아 하나님의 복음을 위하여 택정함을 입었으니

번역된 내용이 원래 그 의미와 완전히 다르게 왜곡되어 있다. 왜곡된 번역 때문에 지금까지 종교인들과 학자들은 바울 서신에 대하여 목소리를 높여 엉뚱한 해석을 하고 있다.

ΠΑΥΛΟΣ δοῦλος Ἰησοῦ χριστοῦ, κλητὸς ἀπόστολος,

ἀφωρισμένος εἰς εὐαγγέλιον θεοῦ,(파울로스 둘로스 예수 크리스투, 클레토스 아포스톨로스, 압호리스메노스 에이스 유안겔리온 데우,)

다시 번역하면

"예수 그리스도의 둘로스(말씀에 헌신 됨, 말씀과 하나 됨, 말씀과 한 몸 됨) 바울은 사도로 부르심(하나 됨) 받아서 하나님(관사 없음)이 된 좋은 하나님의 말씀을 안으로 아포리조(이미 선택됨)를 입었나니"

'종'으로 번역한 '둘로스(δοῦλος)'는 '종'이 아니라 자신의 근본으로부터, 근본에 의해서 '헌신된' '하나 된'이다. 말씀의 흐름을 모르고 세상 사람들이 사용하는 종의 개념으로 번역한 것은 큰 오역이다. 사도 바울은 자신이 하나님(데오스;관사없음)이라고 선언하고 있다. 하나님과 하나 됨에 헌신(둘로스) 되었다.

※ 2316번 '데우(θεου,하나님, 소유격)' 앞에 관사가 없다. 호 로고스(ὁ λόγος)가 데오스(θεὸς;주격,관사없음)라고 정의하고 있다(요 1:1).

'하나님의 복음을 위하여'로 오역한 'εἰς εὐαγγέλιον θεου(에이스 유안겔리온 데우)'는 '하나님(관사없음)의 좋은 말씀 안으로' 또는 '하나님(관사없음)의 좋은 말씀 안으로 들어가서 하나 되다.'라는 뜻이다. 대상인 '하나님의 복음을 위하여'가 아니라 좋으신 하나님(나 자신) 말씀 안으로 들어가 하나님과 하나 되게 하는 일을 감당하는 사도(아포스톨로스)가 되었다. 사도 바울은 자신이 좋은(εὐ 유) 하나님 말씀을 소유한, 좋은(εὐ 유) 말씀과 하나 된 데오스(하나님)라 정의하고 있다. 사도 바울 자신은 하나님(데오스;관사없음)이 되었다고 선언하고 있다. 따라서 바울 서신 전체가 하나님이 되어서 말씀하고 있다. 그러나 중간에 하나님 됨을 놓치게 되는 내용이 등장하고 있다. 왜 그러한 일이 일어났는지 그에 관한 내용을 자세히 기록하고 있다.

번역된 한글 성경은 사도 바울이 자신보다 먼저 오신 역사적 그 예수께서 말씀하신 것을 전하는 자가 된 것처럼 번역하였다. 크나큰 오역이다. 그러나 원문은 바울 자신은 이미 말씀으로 이루어진 하나님(관사없음)이 되었다고 선언하고 있다. 자신이 하나님(관사없음) 된 것을 전하는 것이 바울의 모든 서신 기록이다. '복음' 으로 번역한 2098번 '유안겔리온(좋은 하나님 말씀: 하나님 되게 한 말씀)' 의 뜻이다. 그래서 '복음' 으로 번역을 하면 역사적 예수가 가르쳤던 그 내용으로 오해하게 된다. 기록된(그라페) 말씀은 반드시 자신 안에서 파라볼레(예수)가 임해야 열리게 된다. 내면에 파라볼레(예수)가 임하지 아니한 자는 여전히 수수께끼가 되어 그 의미가 감추어져 있다. 이래서 입으로 성경을 읽어도 하나님 말씀과는 전혀 관련이 없게 된다. 자신이 하나님(데오스)으로 변화지 아니하였기 때문이다.

지금 이 시대에 기독교인들이 사용하는 '복음' 은 우상화되어 있어서 원래의 그 의미와 아무 관계가 없다. 복음으로 번역한 '유안겔리온(좋은 하나님 말씀)' 은 사도 바울과 하나 되어 있어서 대상이 아니다. 깨달음이다. 초창기부터 번역하던 이들이 이 핵심을 놓쳤다. 종교인들이 번역하였기 때문에 바울 서신뿐만 아니라 성경 전체의 기록이 대상이 되어 오해를 불러일으키고 있다.

"하나님의 좋은 하나님 말씀을 위하여 아포리조(이미 선택됨)를 입었으니."

ἀφωρισμένος εἰς εὐαγγέλιον θεοῦ: (압호리스메노스 에이스 유앙겔리온 데우)

'에이스 유안겔리온(εἰς εὐαγγέλιον)' 에서 '에이스(εἰς)' 는 '~안으로', '~안으로 들어와서 하나 되다.' 는 뜻의 전치사다. 예를 들어 포도주 안으로 들어가면 온전히 포도주가 되며 빵 안으로 들어가면 빵으로 뒤바뀌는 전치사로서 파로이미아다. 그러므로 하나님 안으로 들어가면 하나님이 되는 전치사를 사용하고 있다. '유앙겔리온(εὐαγγέλιον)' 은 목적어로 전치사(에이스)와 결합하여 '좋은 하나님 말씀 안으로 들어가서' 이므로 따라서 '내가 하나님의 유안겔리온(εὐαγγέλιον : 좋은 하나님 말씀) 안으로 들어가 하나님 말씀과 하나 되다' 라는 뜻으로 자신과 분리되지 않는다. 유안겔리온은 대상이 아니다.

'택정함을 입었다' 고 번역한 완료, 수동태인 '압호리스메노스' 원형인 '압호리조(ἀφορίζω)' 는 '예정, 택정' 으로 번역하였는데 873번 '압호리조' 는 575번 아포(ἀπο)와 3724번 '호리조(ὁρίζω)' 의 합성어로 호리조는 '프로리조(결정 전)' 와 '압호리조(결정 후)' 로 구분된다. 여기서는 873번 '압호리조(결정이후)' 의 '압호리스메노스(ἀφωρισμένος :동사,분사,완료,수동태)' 는 '하나님에 의하여 이미 결정된 것(완료,분사,수동태)' 이다. '하나님에 의하여 이미 결정 되어진' 으로 번역을 하면 대상인 하나님에 의하여 이미 결정된 것으로 오해하기 쉽다. 그래서 번역하면 반드시 그 설명이 뒷받침되어야 한다. 사도 바울과 하나 된 하나님(데오스, 관사없음)으로부터이다. 이미 하나님(데오스)과 하나 된 사도 바울 자신으로부터다. 그러므로 사도 바울 입으로 나오는 모든 말씀(호 흐레마)은 하나님(데오스)으로부터 나오는 말씀이다.

'호리조(결정)' 의 뜻은 하나님이 하갈의 태(율법)에서 사라의 태(유안겔리온)로 옮기겠다는 것을 미리 확정해놓은 것을 말씀하고 있다. 겉사람에서 벗어나게 하시고 속사람으로 옮기시겠다고 하는 것을 전부터(시간개념 아님) 이미 계획(호리조)하고 있었다는 뜻이다. 프로 카타볼레스 코스무에서 아포 카타볼레스 코스무로 옮기시겠다고 이미 호리조(결정) 하였다. 겉사람과 속사람과의 관계 속에서 일어나는 일로 이는 원죄와는 아무런 관련이 없다. 그러므로 아담과 하와가 에덴동산에서 뱀에 꼬임에 빠져 선악과를 먹고 원죄를 저질렀다고 하는 해석이 학자들과 종교인들에게서 나왔는데 이는 말씀을 전혀 모르고 나온 해석일 뿐이다. 이에 대하여는 원전을 통해 다음에 그 설명을 이어가겠다.

예수께서는 이를 말씀(호 로고스)을 모르고 있는, 술에 취해 있는 길가밭, 돌밭, 가시덤불밭의 상태인 프로 카타볼레스 코스무(코스모스의 소유격)를 옥토로 개간하기 위해서 코스모스(마음) 안으로 오셔서 말씀으로 아포 카타볼레스 코스무 하심을 통하여 정과 욕심으로 가득한 술에 취한 마음 밭을 말씀의 씨를 뿌릴 수 있는 옥토로 개간하여 씨를 뿌리고 열매를 거두겠다고 작정(호리조)하였다. 이것이 압호리스메노스(ἀφωρισμένος)다. 이미 처음(아르케)으로부터 확정된 하나님의 일이다. 그러므로 택정이나 예정으로 번역을 할 수밖에 없지만, 그 의미를 바로 알아야 한다. 그러므로 원죄와는 아무 관련이 없다. 이것이 '유안겔리온(εὐαγγέλιον:좋은 하나님 말씀)' 으로 아들을 다시 찾으시겠다는 내용이다. 잠시 진흙에 빠진 아들은 말씀으로 씻어서 받으시겠다는 내용이다. 그래서 양자가 아니며 피조물이 아니다. 종교인들이 학자들이 모두 오해하여 말씀을 엉뚱하게 오역하였다. 말씀을 따라가는 우리는 처음부터 하나님의 씨를 가지고 있는 하나님의 아들이므로 이미 지니고 있는 말씀을 찾아 깨어나는 것은 각자의 몫이다. (예정으로 번역한 호리조는 내가 장래에 목사가 되고 선교사가 되고 사업이 성공하는 것 등등 미래에 세상에서 잘되는 것들을 하나님이 예정해놓은 것을 이야기하는 내용이 아니므로 이런 세상의 해석들은 모두 거짓 선지자의 말이며 속임수다.)

'유안겔리온(εὐαγγέλιον)' 좋은 하나님의 말씀 곧 호 로고스(ὁ λόγος)는 사도 바울보다 먼저 오신 역사적 예수께서 말씀하여주신 것이 아니라 사도 바울과 원래부터 하나 되어 있는 속사람의 살과 뼈 곧 사도 바울 자신의 근원(엔 아르케)으로부터 나온 호 로고스(ὁ λόγος)를 말씀하고 있다. 자신 안에서 자신과 하나로 있는 온전한 말씀을 찾은 내용이다. 사도 바울은 각자 안에 원래부터 근원(엔 아르케)으로부터 나오는 말씀(호 로고스)을 무지한 백성들은 알지 못하고 있어서 이를 깨닫게 해주는 일을 하였다.

> (고후 11:2) 내가 하나님(관사없음)의 열심으로 너희를 위하여 열심 내노니 내가 너희를 정결한 처녀로 한 남편인 그리스도께 드리려고 중매함이로다

번역된 내용은 하나님이 대상이 되어 있다.

"내가 하나님의 열심으로 너희를 위하여 열심 내노니"로 번역한 부분이다. ζηλῶ-γὰρ ὑμᾶς θεοῦ ζήλῳ·(젤로 가르 휘마스 데우 젤로)

2316번 '데우(θεοῦ 소유격)' 앞에 관사가 없다. 한 남편인 그리스도는 각자 안에 원래부터 하나로 있었다. 그러므로 한 남편인 그리스도는 대상이 아니다. 사도 바울은 이미 하나님(데오스)과 하나 된 하나님이다. 그러므로 사도 바울은 이미 근본(엔 아르케)이며 호 로고스이며 톤 데온과 하나 되어 있으며 하나님(데오스)이 되었다.

중매하는(헬모사멘; 결합하는, 하나 되게 하는) 이 일(유안겔리온 안으로 들어오게 하심)을 온전하게 할 수 있는 자가 하나님(데오스)과 하나 된 모든 사도(아포스톨로스)다.

▷ 헬모사멘(ἡρμοσάμην): 과거,중간태,1인칭,단수. 어의 : 결합하다, 하나 되다. 과거, 중간태로 자기 자신을 위하여 이미 하나 되게 하다의 뜻이며, 1인칭으로 각자 자신의 내면에서 한 남편(ένι ἀνδρὶ;헤니 안드리)인 그리스도와 하나 되는 일이다.

※ 한 남편(ένι ἀνδρὶ;헤니 안드리): 헤니는 하나, 오직의 뜻이며 안드리(남편) 앞에 관사가 없으므로 하나의 한 남편의 뜻이다. 그러므로 내면에 다른 남편이 있다는 것을 암시하고 있다. 떠나온 과거의 전 남편이다. 그러므로 반드시 경수가 끊어진 정결한 처녀(παρθένον ἁγνὴν;팔데논 하그넨)가 되어야 그리스도와 하나가 된다.

내면에 이미 와서 계신 그리스도와 결합하는 자는 누구나 그리스도가 된다. 이를 말씀에서는 그리스도 예수라고 칭하고 있다. 예수가 그리스도 뒤에 나온다. 예수 그리스도와 하나 되었기에 자신이 그리스도가 되었다. 그리스도 뒤에 나오는 예수는 보편적 예수다. 그러므로 예수 그리스도가 대상이 아니다.

결론은 관사가 있는 하나님과 관사가 없는 하나님에 대하여 자세히 알아야 하는 이유이다. 신약성경에 관사가 없는 하나님이 문장에 많이 등장하고 있다. 하나님이 대상이 아니므로 그 문장 모두 번역을 자세하게 다시 하여야 한다.

30. '간음하지 말라'의 참 의미가 무엇인가?

마 5:27-32

또 간음치 말라 하였다는 것을 너희가 들었으나 28 나는 너희에게 이르노니 여자를 보고 음욕을 품는 자마다 마음에 이미 간음하였느니라 29 만일 네 오른눈이 너로 실족케 하거든 빼어 내버리라 네 백체 중 하나가 없어지고 온 몸이 지옥(게엔나)에 던지우지 않는 것이 유익하며 30 또한 만일 네 오른손이 너로 실족케 하거든 찍어 내버리라 네 백체 중 하나가 없어지고 온 몸이 지옥(게엔나)에 던지우지 않는 것이 유익하니라 31 또 일렀으되 누구든지 아내를 버리거든 이혼 증서를 줄 것이라 하였으나 32 나는 너희에게 이르노니 누구든지 음행한 연고없이 아내를 버리면 이는 저로 간음하게 함이요 또 누구든지 버린 여자에게 장가드는 자도 간음함이니라

ἐγὼ-δὲ λέγω ὑμῖν, ὅτι ὃς-ἂν ἀπολυσῃ τὴν-γυναῖκα-αὐτοῦ, παρεκτὸς λόγου πορνείας, ποιεῖ αὐτὴν μοιχᾶσθαι καὶ ὃς-ἐὰν ἀπολελυμένην γαμήσῃ, μοιχᾶται.

32절 번역은 크게 잘못되었다. 이 구절은 여기 등장하는 전체의 문장을 해석하는데 핵심부분이다. 이 구절의 의미가 왜곡된다면 문장전체의 의미가 왜곡된다.

"음행한 연고 없이 아내를 버리면 이는 저로 간음하게 함이요"부분이다.

τὴν-γυναῖκα-αὐτοῦ, παρεκτὸς λόγου πορνείας, ποιεῖ αὐτὴν μοιχασθαι (텐-귀나이카-아우투, 파레크토스 로구 포르네이아스, 포이에이 아우텐 모이카스다이)

'음행한 연고 없이'라고 오역한 문장을 보면 '포르네이아스(πορνείας:음행)' 단어 앞에 '로고스(λόγος)'의 소유격인 'λόγου(로구)'가 빠져있다. '로구(말씀)'를 '연고'로 오역하였다. 앞에서 언급하였다. 로고스(λόγος)의 정의는 요1:1절을 포함하여 그 이하 구절에 자세히 등장하고 있다. 바로 예수그리스도를 지칭하고 있으며 바로 나의 근본(아르케)을 말씀하고 있다.

문장의 흐름은 세상의 간음, 세상의 불륜을 이야기하는 것이 아니라 바로 하나님 말씀(로고스)에 대한 간음, 말씀(로고스)을 왜곡하는 음행을 이야기하고 있다. 성경전체의 핵심이다. 몸과 마음(겉사람)에서 일어나는 속성 때문에 속사람이 왜곡되어 보이지 않는 것을 간음으로 말씀한다. 세상의 남녀 사이의 간음(불륜)을 이야기하는 것이 아니다. 내 안에서 원래부터 있어왔던 '로고스(λόγος)'를 찾지 못하고, 또는 로고스를 잃어버리고 행하는 모든(종교행위) 행위를 간음이라고 말씀하고 있다. 이것이 이사야에서 말씀하고 있는 오락(헤페쯔)이다. 마음이 로고스(말씀)를 벗어나서 밖(감각적 욕망)을 향하기 때문이다. 요8장에 간음한 여인(귀네) 또한 바로 로고스(예수그리스도)를 자신 안에서 찾지 못한 간음을 이야기하고 있다. 이 여인(귀네)은 서기관들과 바리새인들에 의해 예수 앞으로 끌려나온 바로 그 자리에서 자신 안에서 예수그리스도를 만나는 내용을 담고 있다. 겉사람의 감각적 욕망에 눈이 팔려 자신 안에 원래부터 있었던 남편(속사람)에 관하여 관심이 없음을 간음으로 이야기하고 있다. 밖에 있는 다른 남편에 유혹되어 바람난 것을 비유한다.

"간음하지 말라! 네 이웃의 아내를 탐내지 마라!"

"여자(귀네)를 보고(블레포) 마음(카르디아)에 음욕을 품(에피듀메사이)는 자마다 이미 간음(에모이케우센) 하였느니라"

"오른 눈이, 오른 손이 너로 실족케 하거든 ~"

육경(모양,소리,냄새,맛,감촉,마음의 대상), 육근, 육식을 해체하여 구분하지 않고 미혹되어 무더기로 보는 것이 죄 곧 간음이다. 인생들은 태어나면서부터 평생 간음하며 살아가다 병들고 늙고 죽기를 반복한다. 몸과 마음에서 일어나는 촉수애취(觸手愛取)에 대한 문제를 제기하고 있다. 이를 일컬어 여자(귀네)를 보고 음욕(밖으로 오는 것에 대하여)을 품은 자는 이미 간음 했다고 말씀하고 있다. 자신과 하나로 있는 근본(아르케)을 바로 찾지 못하여 일어난 일이다. 몸과 마음을 무더기로 보아 보는 나, 듣는 나, 느끼는 나, 생각하는 나가 있다고 생각하기 때문에 간음(여자를 보고 음욕을 품는)과 함께 살아간다. 몸과 마음을 말씀(로고스)으로 인하여 초월하게 되면(속사람을 만나면) 간음이 끝이 나게(종말이 옴) 된다.

※ 여자로 번역한 '귀네'는 밖으로 보이는 여성이 아니다.

"아내(귀네)를 버리면 이는 저로 간음하게 함이요 또 누구든지 버린(완료,수동태;이미 버림을 당한) 여자(귀네)에게 장가드는 자도 간음함이니라" 말씀을 따라가는 자 모두 예수그리스도 앞에서 여자(귀네)다. 그래서 예수 앞에서 모두 잠잠하라 하였다.

여자(귀네)는 (그)교회(엑클레시아) 안(속)에서 잠잠하라(고전 14:34)

엑클레시아는 속사람이 거하는 몸 된 성전(내면에 있음)을 뜻한다. 밖의 건물 교회는 무너져야할 서기관과 바리새인의 리도스(에고)로 세워졌다. 남자(말씀을 가르치는 자, 말씀의 씨앗을 뿌리는 자)는 말씀(로고스)을 변질시키거나 말씀에서 떠나지 아니한 여자(귀네)와 이혼(내쫓다)할 수 없는 것은 당연하다. 분리될 수 없는 하나이기 때문이다. 깨달음을 놓치지 않아야 함을 말씀하고 있으며, 그러나 이미 변질되어 복음을 떠난 자(귀네)와 혼인(변질됨을 공유)할 수 없다는 것 또한 당연한 이치다. 이미 버린 여자(귀네)는 말씀을 떠나 몸과 마음을 나와 일치 시키고 있는 속성이며 이를 받아들이면(혼인하면) 안 된다고 말씀한다. '항상 깨어 있으라' 라는 뜻이다.

※귀네(여자)는 말씀을 받아서(들어서) 마음 밭에 씨를 뿌리고 보살피고 돌보는 자다.

(마 5:31) 또 일렀으되 누구든지 아내(귀네)를 버리거든 이혼 증서를 줄 것이라 하였으나

여기 나오는 여자(귀네)는 이미 변질되어 말씀에서 떠나 있다. 몸과 마음을 무더기로 보아 나와 일치시키고 있는 겉사람의 속성이다. 그러므로 '이혼 증서'로 번역하고 있는 647번 '아포스타시온(ἀποστάσιον)'은 648번 '아포스테가조(ἀποστεγάζω)'로부터 파생된 단어로서 '폭로하다, 실체를 드러내다'의 뜻이다. 결국 마음이 부패하여 말씀을 떠나 잘못된 길로 갔다고 하는 것을 드러내는(그 이유를 확실히 알아야 하는) 내용이다. 이혼 증서, 이혼 서류를 써주는 뜻이 아니다. 이혼(끊어버릴) 할 수밖에 없다. 모든 번뇌 망상이 그러하다.

말씀과 하나 되어 있다가 말씀을 떠나(몸과 마음을 자신과 일치시킴) 있는 자를 뱀의 꼬임에 빠져 선악과(좋아함 싫어함을 알게 하는 나무열매)를 먹고 죽었다고 경에서 말씀하고 있다.

— 1부 끝 —